Une histoire
du monde antique

Une histoire du monde antique

Direction scientifique et préface de

Claude Mossé

Bibliothèque historique Larousse

Conception graphique
et couverture
François Junot

En couverture :
– *Vénus et Mars*, fresque romaine de Pompéi.
Ph. © Mimmo Jodice / Corbis.
– Arbalétrier de l'armée du Premier Empereur
Qin Shi Huangdi, IIIe siècle avant J.C.
Terre cuite. Musée de Xi'an, province de Shaanxi.
Ph.© Laurent Lecat / AKG-images.

Précédemment publié en album illustré,
dans la série « Histoire du monde »
en 5 volumes dirigée par Jacques Marseille,
ce texte a été largement refondu et mis à jour
pour la présente édition. Les cartes du cahier
hors-texte sont extraites du *Grand atlas historique*
de Georges Duby.

ISBN 978-2-03-584177-7

Liste des auteurs ayant participé à cet ouvrage :

Martine AZOULAI,
chargée de recherches au CNRS ;

Marie-Françoise BASLEZ,
professeur à l'École normale supérieure ;

Flora BLANCHON,
professeur à l'université de Paris-IV ;

Sophie CLUZAN,
chargée de mission au Louvre ;

Jean-Paul DEMOULE,
professeur à l'université de Paris-I ;

Jean-Jacques GLASSNER,
chercheur au CNRS ;

Francine HÉRAIL,
professeur à l'université de Paris-IV ;

Viviane KŒNIG,
historienne et enseignante ;

Sophie LE CALLENNEC,
chercheur en sciences sociales et africaniste ;

Florence MALBRAN,
chargée de recherches au CNRS ;

Paul MARTIN,
professeur à l'université de Montpellier-III ;

Jean-Pierre MINIOU,
professeur d'histoire ;

Jean-Pierre NERAUDAU,
professeur à l'université de Reims ;

Marianne PICARD,
professeur agrégé d'histoire ;

Delphine ROGER,
professeur d'histoire ;

Catherine SALLES,
maître de conférences à l'université de Paris-X ;

Paul THUILLIER,
professeur à l'université de Grenoble-III ;

Jacques VANDER,
professeur à l'université de Paris-I.

Préface

Présenter une histoire du monde est a priori un pari hasardeux, tant nous sommes accoutumés aux découpages géographiques et aux périodisations de notre histoire, celle du monde occidental, dans laquelle nous comptons l'Antiquité méditerranéenne. Mais c'est un pari qui méritait d'être tenu, car il est bon, aujourd'hui où les distances s'amenuisent, où l'on peut faire le tour du monde en un seul jour ou presque, que l'on prenne conscience de l'unité du monde qui est le nôtre, de cette Terre où l'homme est né il y a des millénaires, mais dont l'histoire ne commence vraiment qu'avec l'apparition de l'écriture.

C'est en Mésopotamie, dans cette région comprise entre le Tigre et l'Euphrate, que l'on commence, au IVe millénaire av. J.-C., à utiliser des signes, le plus souvent pour tenir à jour des comptes ou relater les hauts faits de tel ou tel souverain. Dans le même temps, ou presque, l'écriture fait aussi son apparition en Égypte, au moment où se constitue l'unité du pays sous les pharaons des premières dynasties (l'Ancien Empire). Ailleurs, des monuments mystérieux, les mégalithes, témoignent de sociétés déjà organisées et de rites religieux dont l'essentiel nous échappe. Vers la fin du IIIe millénaire, c'est le bassin méditerranéen oriental qui devient le centre de brillantes civilisations. Alors qu'en Mésopotamie les pouvoirs rivaux se déchirent, le monde égéen voit naître les premiers palais crétois et cette civilisation minoenne raffinée qui imprégnera la civilisation grecque. Au début du IIIe millénaire, c'est Babylone qui domine en Mésopotamie, avec Hammourabi, dont les premiers codes de lois attestent les progrès de l'organisation sociale. Dans le même temps, la Chine émerge de l'obscurité, cependant que l'Égypte, après les crises du Moyen Empire, connaît un regain de puissance avec les pharaons du Nouvel Empire. En Grèce se développe alors la civilisation dite «mycénienne», du nom de la plus puissante des cités du Péloponnèse. Ces cités, Mycènes, Tirynthe, Pylos dans le Péloponnèse, Orchomène et Athènes en Grèce centrale, sont organisées autour de palais imposants, centres du pouvoir, de la vie religieuse, économique et culturelle. Des Mycéniens réussissent vers 1450 av. J.-C. à s'emparer de la Crète, dont ils adoptent l'écriture pour transcrire leur propre langue. Leurs navires fréquentent les côtes de l'Asie Mineure, celles de Sicile et d'Italie méridionale. Mais, sans qu'on en connaisse encore aujourd'hui les raisons, la plupart des palais mycéniens disparaissent brusquement à la fin du XIIIe siècle av. J.-C. Entre 1400 et 1200, l'Égypte traverse une grave crise religieuse sous le règne d'Akhenaton, le pharaon adorateur du Soleil. C'est aussi à ce moment qu'un petit peuple nomade, venu du centre de l'Asie, se retrouve asservi en Égypte ; il se libérera sous la conduite de Moïse, qui saura s'attirer les faveurs du pharaon. Belle histoire, qui fonde « l'élection » du peuple juif et donnera naissance, quelques siècles plus tard, à la première religion monothéiste.

Tandis que la Grèce traverse ce que les archéologues appellent les « siècles obscurs » (XIIe-IXe siècles), à l'autre extrémité du monde, la Chine commence à s'organiser politiquement autour de la cité de Xi'an. Sur le continent que l'on nommera plus tard l'Amérique apparaissent les premières sociétés constituées. À l'est de la Méditerranée, c'est le début du grand Empire assyrien : pendant plus d'un siècle, grâce à une force militaire qui recourt aux moyens les plus brutaux, celui-ci étend son autorité à l'ensemble de la Mésopotamie. Au même moment, le royaume établi en Palestine par les Hébreux connaît son apogée sous le règne de Salomon.

Mais, au début du VIIIe siècle, c'est surtout la renaissance de la Grèce qui mérite de retenir l'attention. En deux siècles et demi, les Grecs s'installent sur les rives septentrionales de la Méditerranée (Grande-Grèce, Gaule) et fondent des cités, organisations politiques d'abord apparues en Grèce puis sur les côtes d'Asie Mineure à la fin du IXe siècle. La cité grecque est caractérisée par le partage de l'autorité entre les membres de la communauté civique. Ceux-ci se réunissent à intervalles plus ou moins réguliers pour y débattre des décisions qui engagent la vie de tous. À l'origine, seuls ont la parole ceux qui se disent eux-mêmes « les meilleurs » (*aristoi*). Mais leurs rangs ne tarderont pas à s'élargir, à la faveur des transformations sociales et des nécessités militaires. Les Grecs ont ainsi inventé la politique (de *polis*, « cité »), fondée sur le libre débat et la prise de décision commune.

Entre le VIIIe et le VIe siècle, l'Orient traverse une série de bouleversements : l'Empire assyrien décline et Babylone redevient le centre d'un État puissant, la

Babylonie, qui atteint son apogée sous le règne de Nabuchodonosor. L'Égypte, après une période de troubles, connaît au début du VIe siècle une renaissance provisoire sous la dynastie saïte. Mais c'est du plateau de l'Iran que provient l'ébranlement le plus important : à partir de son avènement, en 558 av. J.-C., Cyrus s'empare en quelques décennies de la Babylonie, du puissant royaume lydien de Crésus et de la côte syro-palestinienne. Après sa mort, son fils Cambyse conquiert l'Égypte. À cette même époque, dans la seconde moitié du VIe siècle, Confucius et le Bouddha dispensent leur enseignement en Extrême-Orient, tandis que dans les cités grecques d'Asie Mineure naissent la science et la philosophie avec les Milésiens Thalès, Anaximandre et Anaximène. À la fin du VIe siècle, la petite cité de Rome, en Italie, se libère de ses rois et crée la République (509 av. J.-C.) ; au Moyen-Orient, la menace perse se manifeste de façon de plus en plus pressante. Mais les Perses se heurtent à la résistance des Grecs. Les victoires de Marathon et de Salamine fondent les prétentions de l'Athènes démocratique – principal artisan de la victoire – à dominer le monde égéen. Ce sont aussi ces prétentions qui, après l'âge d'or que constitue le « règne » de Périclès, entraînent le monde grec dans la guerre du Péloponnèse, guerre qui marque le début d'une crise et l'affaiblissement des cités grecques face à la puissance macédonienne.

Avec les conquêtes d'Alexandre de Macédoine (356-323) s'ouvre la période hellénistique. De vastes États monarchiques se constituent sur les ruines de l'Empire perse, centres d'une brillante civilisation à dominante grecque, mais où se fait sentir l'influence de l'Orient. En Occident, Rome entreprend la conquête de l'Italie, puis transforme bientôt la Méditerranée occidentale en une mer romaine, avant de se lancer à la conquête de l'Orient dès la fin du IIe siècle av. J.-C. Dans le même temps apparaît le premier Empire chinois, tandis que l'Inde des Maurya réalise une synthèse entre l'héritage bouddhique et l'apport des Grecs venus avec les armées d'Alexandre. Alors que la Chine connaît son apogée sous la dynastie des Han, Rome, déchirée par les guerres civiles, voit la République tomber entre les mains de généraux ambitieux. La conquête de la Gaule par César et celle de l'Égypte par Octave Auguste scellent les destinées du monde méditerranéen. À la fin du Ier millénaire avant notre ère, Auguste fait régner la paix romaine sur tout le territoire de l'Empire. Pourtant, cette paix ne fait que dissimuler les mouvements qui couvent sous l'apparente unité. Dans la Palestine soumise à Rome, ces révoltes, influencées par des prophètes inspirés, prennent un caractère religieux. L'un d'entre eux, Jésus de Nazareth, condamné au supplice de la croix par le procurateur romain Pilate, deviendra, grâce à la diffusion de son enseignement par ses disciples, le fondateur d'une foi nouvelle qui bientôt gagnera des fidèles dans tout le monde romain. Mais, tandis que se répand le christianisme et que sont écrasées les dernières révoltes juives, l'Empire, qui n'a jamais trouvé un réel équilibre après la mort d'Auguste, traverse des périodes de désordres culminant sous le règne de Néron et de ses successeurs immédiats.

Au IIe siècle de notre ère, l'Empire romain connaît une période de paix relative sous le règne des Antonins. C'est aussi l'âge d'or en Inde, alors que dans le lointain Mexique se succèdent de brillants empires. Au IIIe siècle, la pression des peuples « barbares » commence à se faire sentir aux frontières de l'Empire romain, et le pouvoir devient le jeu de rivalités entre chefs militaires. La crise sociale, le dépeuplement des campagnes, l'infiltration lente des « barbares » dans l'armée romaine ne font qu'aggraver la situation. Au moment où le christianisme, jusque-là persécuté, devient, après la « conversion » de Constantin, la religion officielle, c'est tout le système qui se désagrège. Lorsque les peuples germaniques auront déferlé sur les provinces occidentales de l'Empire, l'Église seule maintiendra pendant quelques siècles la tradition gréco-romaine en Orient, où l'Empire romain subsiste avec Constantinople – redevenue Byzance – pour capitale.

Claude Mossé, professeur à l'université de Paris-VIII

Sommaire

PREMIÈRE PARTIE

Les berceaux de l'humanité (des origines à –1500)

TROISIÈME PARTIE

Penseurs et conquérants (– 600 à – 100)

QUATRIÈME PARTIE

Le temps des grands empires (– 100 à 400 après J.-C.)

PREMIÈRE PARTIE

Les berceaux de l'humanité

(des origines à –1500)

Introduction

Si les origines de l'homme sont difficiles à élucider, il est toutefois admis que nos ancêtres ont commencé à se distinguer des singes il y a 6 à 8 millions d'années. À cette époque, en effet, notre lointain aïeul fait ses premiers pas. Isolé au cœur de la savane sèche, à l'est de l'Afrique, il doit s'adapter et modifier son style de vie. Des changements décisifs dans l'anatomie des hanches et des pieds lui permettent de garder la station verticale et de marcher debout.

Vers 1,5 million d'années apparaît une espèce plus évoluée. Né en Afrique, l'*Homo erectus* va conquérir le monde. Cette espèce, qui nous ressemble en taille, en poids et en capacité crânienne, fabrique des outils et invente le feu. Il y a 40 000 ans, *Homo sapiens sapiens* achève de coloniser le monde en atteignant l'Australie et en franchissant le détroit de Béring pour occuper l'Amérique. Cet homme parle, enterre ses morts, prend conscience du temps. Il ne lui reste plus qu'à cultiver les plantes, domestiquer les animaux et construire des villes.

Vers 3200 av. J.-C., dans les grandes vallées alluviales du Proche-Orient – le Nil, le Tigre et l'Euphrate –, l'histoire du monde franchit une étape décisive. C'est en effet dans les limons de ce croissant fertile que naissent les premières civilisations urbaines, que se structurent des empires, que se construisent des villes remarquables par leur taille, leur plan et leur architecture, que s'élabore surtout un système de signes destiné d'abord à comptabiliser les échanges de marchandises, puis à traduire et consigner les sentiments et les pensées de l'homme. L'écriture est née et, avec elle, l'Histoire.

Apparue d'abord en Mésopotamie et en Égypte, l'écriture permet pour la première fois de nommer les hommes et de dater les événements constituant la trame dans laquelle s'inscrit le temps historique.

Entre les cités-États de Mésopotamie, le royaume d'Égypte et l'ensemble du Proche-Orient, jusqu'à la vallée de l'Indus, se développent alors courants d'échanges et mouvements de population.

Vers le milieu du IIIe millénaire, aux quatre coins du monde, les hommes éprouvent la fièvre de bâtir. Sur les bords de l'Indus comme sur la rive occidentale du Nil, de la Suède à l'île de Malte, le long des côtes de l'Europe, s'édifient cités, pyramides, temples et dolmens.

Préservés par le désert, enfouis sous le limon des fleuves ou battus par les vents de l'océan, ces monuments restent autant de points d'interrogation sur la science et la spiritualité des hommes qui vivaient en ce temps-là.

Pourquoi avoir édifié des œuvres aussi gigantesques ?

Pourquoi avoir dépensé autant d'énergie à une époque où le pain quotidien était loin d'être assuré ?

Pourquoi, à la même époque, les hommes ont-ils éprouvé, avec le fouet pour rythmer leur effort ou par simple contribution volontaire, la nécessité de charrier sur des milliers de kilomètres ces blocs de plusieurs tonnes ? Dans l'histoire du monde, en effet, il n'est guère d'exemples comparables d'une telle fureur de construire.

Mais tandis qu'en Mésopotamie et en Égypte des souverains guerriers tentent d'unifier des cités rivales et d'imposer leur autorité, dans l'île de Crète, en mer Égée, s'épanouit une civilisation originale.

Alors que les sombres constructions mésopotamiennes protègent leurs occupants contre les ennemis et le soleil, les palais crétois s'ouvrent à la lumière. Alors que Pharaons égyptiens et armées akkadiennes épuisent leur énergie à repousser des envahisseurs, la Crète impose au monde méditerranéen et au Proche-Orient les produits de son commerce, pièces d'orfèvrerie et armes d'apparat, ivoires et tissus, produits de la vigne et de l'olivier. Seuls les tremblements de terre et les incendies mettent régulièrement à mal des édifices souvent reconstruits, toujours plus lumineux, toujours plus grands, toujours plus beaux. Pendant plus de cinq siècles, les Crétois apporteront à la Méditerranée l'originalité d'une civilisation fondée sur l'art de vivre et le commerce.

Enfin, au début du IIe millénaire, alors qu'Hammourabi fait de Babylone la capitale de la Mésopotamie, l'Europe émerge des brumes.

L'apparition d'objets de bronze y marque le début d'une ère nouvelle où s'affirme l'élite sociale. Celle-ci répugne à partager les sépultures communes et bâtit ses tombes dont la richesse témoigne de la puissance du défunt.

C'est le temps aussi où s'élargissent les routes du commerce international. De l'ouest de l'Angleterre à la France, du nord-ouest de l'Espagne au nord de l'Italie, des côtes de la Scandinavie au Péloponnèse circulent l'ambre et l'étain, les fourrures et les peaux, les animaux et les esclaves.

C'est le temps enfin où la Chine voit s'établir, dans la vallée moyenne du fleuve Jaune, la première dynastie royale, fondée par Yu le Grand. Selon la légende, celui-ci épuisa ses forces à creuser des canaux et à construire des digues, rendant ainsi hommage au peuple chinois qui domestiqua les fleuves, comme l'avaient fait avant lui les Égyptiens et les Mésopotamiens.

CHAPITRE 1

Les débuts de l'aventure humaine (–7 000 000 à –3 500)

Voilà 6 à 7 millions d'années, notre lointain ancêtre commence à faire ses premiers pas, sur le théâtre de l'Est africain, où s'ouvrent les archives de l'aventure humaine.

Notre Univers est né, voilà 15 milliards d'années, à la suite d'une gigantesque explosion, le fameux big-bang. Ce qui le précédait est inconnu. Les atomes apparaissent au bout de 300 000 ans, puis les galaxies, dont la nôtre, avec le système solaire, il y a 5 milliards d'années. L'Univers serait toujours en expansion continue. Selon les théories, ou bien il continuera indéfiniment cette expansion, et les étoiles, dont notre soleil, s'éteindront les unes après les autres. Ou bien il finira par se rétrécir, et ce sera le « big crunch ». Dans les deux cas, le résultat est le même, mais il ne sera d'actualité que dans quelques milliards d'années !

Les origines de l'homme

C'est grâce à une température favorable qu'un océan primitif a pu se former sur la Terre. Du mélange d'eau, de gaz carbonique, de méthane et d'ammoniac, traversé par des orages électriques continuels, la vie a fini par apparaître, au sein de cette « soupe océanique primitive », sous la forme de molécules combinées entre elles de manière de plus en plus complexe. Il n'est pas impossible que ce phénomène puisse se produire dans d'autres parties de l'Univers. Cependant la probabilité de l'apparition d'une forme de vie ailleurs est, selon les bases de calcul, d'au moins une chance sur 5 000...

Si l'Univers existe depuis 15 milliards d'années et notre planète depuis 4,6 milliards d'années environ, l'homme est apparu sur cette terre il y a 6 à 7 millions d'années seulement. Encore n'avons-nous atteint notre morphologie actuelle que depuis quelques dizaines de milliers d'années.

Certes, tous les détails de cette immense histoire ne sont pas encore complètement connus. Il a même fallu que les scientifiques, seuls convaincus de l'existence de l'homme préhistorique, mènent d'âpres combats durant tout le XIXe siècle pour faire admettre leur point de vue.

Dater l'histoire

Les scientifiques disposent de deux principales sources de données pour retracer l'histoire humaine : les restes, retrouvés par l'archéologie, et la biologie de l'homme actuel. Les données biologiques permettent d'évaluer la distance entre les différentes espèces vivantes. C'est ainsi que nous partageons avec les chimpanzés 99,9 p. 100 de nos gènes. Tout indique que nous nous en sommes séparés voilà 6 millions d'années. L'archéologie, quant à elle, ne cesse d'apporter des informations nouvelles, même si les grandes lignes sont désormais connues. Les matériaux retrouvés sont analysés selon différentes méthodes de datation.

Pour dater, il faut mesurer un phénomène qui varie de manière uniforme dans le temps. Certaines matières emmagasinent au moment de leur formation des substances radioactives, dont la radioactivité décroît de manière constante. Il suffit alors de mesurer la quantité restante de radioactivité dans le matériau pour en déterminer l'âge. C'est le cas des minéraux, avec le potassium, ou des matières vivantes, avec le carbone 14. À l'inverse, un objet abandonné dans le sol accumulera certaines substances contenues dans ce sol (fluor, uranium, etc.), dont on pourra mesurer la proportion. D'autres méthodes existent : dégradation progressive des acides aminés, direction et mesure du champ magnétique. Pour les derniers millénaires, la dendrochronologie compte et compare les cercles de croissance du bois dont l'épaisseur varie avec le climat.

Les dinosaures

Il y a 200 millions d'années, la Terre se peuple de dinosaures, du grec *deinos*, « terrifiant », et *sauros*, « reptile ». Leur plus ancien fossile date de 220 millions d'années environ. Aujourd'hui, les spécialistes distinguent morphologiquement deux groupes : les saurischiens et les omitischiens. Certains sont végétariens, d'autres carnivores, attaquant les premiers. Certains peuvent se dresser sur leurs pattes de derrière, d'autres ont des ailes et volent lourdement. Leurs tailles sont très différentes : le *Compsognathus* n'est pas plus grand qu'un coq, alors que l'*Ultrasaurus* devait dépasser 30 mètres, pour un poids de 135 tonnes environ.

Les dinosaures ont disparu il y a 65 millions d'années peut-être à cause de la collision d'un astéroïde avec la Terre, d'une intense activité volcanique ou des modifications climatiques. Mais en réalité cette disparition s'est étalée sur 1 à 2 millions d'années.

Un singe très inventif

L'apparition du premier primate, le *Purgatorius*, ancêtre de tous les singes, des lémuriens et de l'homme, remonte à 67 millions d'années environ. Il ressemble à une sorte de souris et vit dans les monts du Purgatoire, aux États-Unis. Plus tard, vers 35 millions d'années, apparaît l'Égyptopithèque, de la taille d'un chat, ancêtre des Hominoïdes, la famille commune des grands singes et de l'homme. Attesté en Égypte et en Oman, il évolue vers le Proconsul, au Kenya et en Ouganda, entre 25 et 15 millions d'années – le premier à être dépourvu de queue –, puis à partir de 15 millions d'années vers le Kenyapithèque. Ce dernier, comme certains chimpanzés, aurait peut-être déjà manipulé des outils rudimentaires, en brisant des os avec des éclats de pierre. Des variétés proches ont également été découvertes en Grèce et en Inde.

En Afrique, entre 8 et 6 millions d'années, l'ancêtre de l'homme se sépare des gorilles puis des chimpanzés. C'est en effet sur le continent africain qu'apparaît l'origine de l'homme.

Des découvertes récentes ont éclairé d'un jour nouveau le scénario de la séparation entre les grands singes africains et les hominidés. En 2002, une équipe de chercheurs français a mis au jour au Tchad le crâne de Toumaï, qui représente une nouvelle espèce : *Sahelanthropus tchadensis*. Daté de 6 à 7 millions d'années, il est le premier vrai hominidé connu.

Découvert deux ans plus tôt en 2000 au Kenya, *Orrorin tugenensis* est un hominidé daté de 6 millions d'années. Il est probablement bipède et apparaît soit comme le dernier ancêtre commun entre la lignée des australopithèques et celle des hommes, soit comme un membre de notre lignée, placé juste après la divergence d'avec les australopithèques.

L'australopithèque, le « singe-du-Sud », est découvert en 1924 en Afrique du Sud par Raymond Dart. Par la suite, beaucoup de vestiges furent mis au jour en Afrique de l'Est (Éthiopie, Kenya, Tanzanie). Malgré ce nom de « singe », il s'agit déjà d'un bipède. On en distingue aujourd'hui près d'une dizaine de variétés dont *Afarensis*, *Anamensis*, *Africanus*... Leur dentition témoigne d'une alimentation omnivore, même s'ils se procuraient de la viande en « charognards », suivant à la trace les grands fauves. Dès cette période, ils possédaient des outils rudimentaires. Le fossile d'Orrorin, plus âgé que ceux retrouvés des australopithèques, présente pourtant des caractères plus humains que ces derniers, ce qui confirme que les australopithèques ne sont pas nos ancêtres directs, mais une branche latérale de notre généalogie, qui s'est éteinte par la suite.

Lucy et le triangle de l'Afar

En 1974 furent mis au jour dans les gisements de l'Afar, en Éthiopie, 52 fragments osseux appartenant à un même individu. Baptisée « Lucy » d'après une chanson des Beatles, *Australopithecus afarensis* de son vrai nom, cette frêle jeune fille, qui est peut-être un jeune homme, est, depuis, la star incontestée de tous les Australopithèques. Avec 40 p. 100 de son squelette, elle demeure en effet la mieux connue de ces petites créatures bipèdes. Il n'est pas étonnant, dès lors, que les paléontologues, qui la découvrent en 1974, aient réussi à en dresser le portrait.

Lucy, âgée de vingt ans, n'est guère plus haute qu'une enfant actuelle de six ans et vit il y a plus de 3 millions d'années dans les galeries forestières qui longent la rivière Aouache. Marchant debout sur ses deux jambes, il lui arrive parfois de s'aventurer dans les savanes herbeuses, pleines de danger, qui s'étendent au-delà de la forêt, mais qu'elle regagne bien vite pour grimper dans les arbres afin de s'y réfugier et peut-être aussi de s'y reposer.

La Rift Valley

Les préhistoriens attribuent souvent cette apparition de l'homme à un accident géologique. Le rehaussement de tous les plateaux d'Afrique orientale, à l'est de la grande faille du Rift, aurait rendu ces régions beaucoup plus sèches. Elles n'auraient plus été couvertes que d'une savane, tandis qu'à l'ouest l'épaisse forêt équatoriale offrait un couvert adapté aux chimpanzés et aux gorilles, qui vivaient à l'abri dans les arbres et se nourrissaient de végétaux. Les primates, au contraire, isolés dans la savane sèche, auraient dû s'adapter à un milieu différent, moins abondant et plus dangereux. Ils auraient diversifié leur nourriture en devenant omnivores, la bipédie offrant par ailleurs une locomotion plus adaptée à ce paysage plat et pauvre en arbres. Le seul inconvénient de cette hypothèse lancée en 1983 par le préhistorien français Yves Coppens, et connue sous le nom d'*East Side Story*, est sans doute d'être trop simple, d'autant que les observations des zoologues semblent montrer que les singes de la forêt sont plutôt plus inventifs que les singes de la savane. D'ailleurs de récentes découvertes effectuées au Tchad, soit à plus de 2 000 km à l'ouest de la Rift Valley, ont contribué à ébranler cette théorie. En effet, outre le crâne de Toumaï, dont la présence semble indiquer que la lignée conduisant à l'homme n'a pas forcément pris naissance en Afrique orientale, la mise au jour d'un nouvel australopithèque, l'*Australopithecus bahrelghazali*, surnommé Abel, signale l'importance de l'Afrique centrale et qu'il faut sans doute élargir la zone géographique des berceaux de l'humanité.

La maîtrise du feu

Vers 2 millions d'années, au sein des australopithèques apparaît sans rupture une espèce plus évoluée, *Homo habilis*, la première à laquelle les archéologues osent désormais donner le nom d'« homme ». Sa capacité crânienne est de 700 à 800 centimètres cubes (pour 1 400 centimètres cubes en moyenne chez l'homme actuel), il présente un squelette proche de *Homo sapiens* et possède une bipédie presque parfaite. Dans les sites africains (Éthiopie, Tanzanie, Kenya), *Homo habilis* a légué des traces de son intelligence technique ; la fabrication d'outils de pierre est le premier exemple d'une « industrie » primitive. À partir de ce dernier se développe *Homo erectus*, dont le volume crânien peut atteindre 1 250 centimètres cubes, attesté de 1,5 million d'années jusqu'à 300 000 ans au moins. C'est cette espèce qui part à la conquête de l'ensemble de l'Ancien Monde, de l'Atlantique au Pacifique. Diverses formes locales sont connues, comme le pithécanthrope de Java ou le sinanthrope de Chine découvert dans la grotte de Chou kou-tien, site préhistorique situé à 40 kilomètres de Pékin.

Vers 500 000 ans avant notre ère, un bipède est déjà doté de fémurs comparables à ceux de nos contemporains. Le médecin militaire néerlandais Dubois l'a découvert en 1890, au cours des recherches qu'il menait pour découvrir le « chaînon manquant » entre l'homme et le singe. Il nomme *Pithecanthropus erectus* l'homme dont il découvre les restes près de la rivière Solo. Ceux-ci appartiennent à un hominidé de l'espèce des archanthropiens. Forme fossile humaine, telle le pithécanthrope, le sinanthrope, l'atlanthrope et quelques fragments non identifiés, ils constituent l'espèce *Homo erectus* et disparaissent vers 100 000 av. J.-C.

En Europe, une vingtaine d'individus ont été relevés, un des plus anciens provenant d'Espagne, de Venta Micena. Des dates très anciennes, remontant à 2 millions d'années, notamment en Auvergne, ont été avancées. Mais les vestiges mis au jour jusqu'à présent ne sont que des éclats de pierre, dont il faut démontrer qu'il s'agit bien d'outils taillés par l'homme et qu'ils datent des couches géologiques dans lesquelles ils ont été trouvés.

C'est *Homo erectus* qui invente le feu, même si des traces de feux sans doute accidentels ont été décelées dans des sites plus anciens. Des foyers aménagés, autour desquels les campements s'organisent, comme dans les grottes de Lunel, près de Montpellier, ont été découverts. Ces campements se différencient les uns des autres, et l'on distingue des sites destinés à la chasse et à la boucherie, d'autres à la taille du silex. L'outillage se diversifie tout autant, des formes régulières et symétriques apparaissent. *Homo erectus* est à l'origine d'une industrie lithique (de *lithos*, « pierre ») fort célèbre : celle des bifaces, dites aussi « industrie acheuléenne ». Les bifaces sont des outils allongés à l'extrémité pointue ou arrondie, obtenus à partir d'un bloc qui est taillé sur ses deux faces.

C'est sans vraie rupture que l'on débouche sur l'homme moderne, *Homo sapiens*, entre 300 000 et 100 000 ans. Entre les mers et les glaces de la glaciation de Würm, l'Europe voit se développer l'homme de Neandertal (nom d'une grotte près de Düsseldorf). Il connaît son apogée vers 80 000 et 40 000 ans, creuse des sépultures, manifeste les premières préoccupations pour l'au-delà et a un langage articulé. Il a d'autres pratiques désintéressées : il rapporte à son campement des curiosités naturelles (fossiles, cristaux), grave des marques sur des fragments d'os, fabrique des pendeloques. Nul ne le reconnaîtrait aujourd'hui s'il était habillé, malgré le « chignon » occipital à l'arrière de son crâne. Il disparaît vers 30 000 ans, cohabitant pendant un temps avec l'*Homo sapiens sapiens*.

L'idée de l'au-delà

C'est à cet *Homo sapiens sapiens* (l'« homme-sage-sage ») que nous appartenons et qui n'a plus guère changé, depuis plusieurs dizaines de milliers d'années. C'est lui qui parachèvera la colonisation du monde, atteignant l'Europe orientale entre 50 000 et 40 000 av. J.-C., l'Australie, vers 40 000 av. J.-C., l'Amérique par le détroit de Béring, alors en glaces, et enfin la France vers 30 000 av. J.-C. (l'homme de Cro Magnon). Plus tard, dans les premiers siècles de notre ère, l'ensemble des îles de l'Océanie seront à leur tour conquises.

Dès son apparition, l'homme moderne témoigne à la fois d'un sens esthétique et de soucis religieux. Les peintures recouvrent les parois des grottes, transformant les profondeurs en sanctuaires. Les hommes sculptent le bois ou la pierre pour figurer des animaux, des symboles sexuels ou des Vénus qui annoncent les cultes de la fertilité du néolithique.

Les premiers outils

Quand les animaux utilisent des outils, il ne s'agit que de gestes instinctifs. Pour quelques singes, comme certains chimpanzés, ce sont parfois des comportements acquis. Ces comportements varient suivant les régions : pierres pour briser des fruits, bâtons pour extraire du miel, etc. Les premiers outils humains ont pour la plupart disparu (s'ils étaient en bois) ou ne sont pas reconnaissables (s'il s'agissait de cailloux non travaillés). Progressivement, les australopithèques aménagent le tranchant d'un outil. Avec *Homo erectus* apparaissent les premiers outils symétriques, les bifaces, naguère appelés « coups-de-poing ». Les outils ne cesseront plus de se diversifier, et les techniques de taille de la pierre de se raffiner. Avec 1 kilogramme de silex, *Homo erectus* ne parvient à fabriquer qu'un seul outil. Plus tard, l'homme de Neandertal, avec la même quantité, en confectionne plusieurs. *Homo sapiens sapiens*, quant à lui, avec la même matière en réalise plusieurs dizaines.

La « roche » de Solutré

Pour se procurer sans risque un gibier abondant, les néandertaliens installés en Bourgogne vers 15 000 av. J.-C. obligent les troupeaux de chevaux sauvages à suivre un itinéraire soigneusement préparé. Ils poursuivent les hordes d'animaux jusqu'à une falaise abrupte. C'est au pied de celle-ci qu'ils se rendent pour recueillir les carcasses qui les nourriront. Mais est-il certain que ce soit là l'explication du « cimetière » de chevaux retrouvé au pied de la célèbre « roche » de Solutré ? Le fait que les carcasses soient intactes prouve peut-être que les chevaux, affolés par un incendie, se sont précipités de la falaise.

La civilisation du renne

Vers 13000 av. J.-C., les outils ne cessent de progresser et une véritable « civilisation du renne » s'épanouit au bord de la Dordogne. Au lieu dit La Madeleine, les hommes du magdalénien fabriquent avec la peau des bêtes des abris et des embarcations. Avec les os, ils font des harpons et des aiguilles pour assembler les peaux, et les nerfs servent de fils.

Le sanctuaire de Lascaux

Dans le sud de la France et dans le nord de l'Espagne, près de 200 grottes ont été ornées de peintures et de gravures, pour la plupart entre 20 000 ans et 10 000 ans av. J.-C., la civilisation la plus récente étant appelée le « magdalénien ». C'est la seule période de l'histoire, avec la nôtre, où les hommes se sont enfoncés aussi loin sous la terre, jusqu'à une heure de marche. Les dessins représentent surtout des animaux (chevaux, bisons, bouquetins, mammouths, rhinocéros, grands félins). Associés entre eux suivant des règles précises, ils ne sont pas disposés au hasard : ces grottes devaient être des sanctuaires dont la mythologie nous est inconnue. Il existe aussi de nombreux signes abstraits. On y a parfois retrouvé des traces de pas et de rituels (foyers, offrandes, etc.). Découverte par quatre enfants en 1940, la grotte de Lascaux a dû être fermée aux visiteurs, dont le trop grand nombre avait bouleversé l'atmosphère et entraîné la dégradation des peintures. L'art des grottes cesse vers 10000 avant notre ère, lorsque le climat se réchauffe et modifie complètement l'environnement traditionnel des hommes du magdalénien.

La révolution néolithique

Six mille ans avant notre ère, une « révolution » parcourt la planète. Pour la première fois de son histoire, l'homme cesse d'être un prédateur pour devenir un producteur : il se met à cultiver.

Depuis leur apparition, voilà 6 millions d'années, les hommes ont vécu de chasse, de pêche et de cueillette. L'homme moderne, *Homo sapiens*, se forme progressivement dans un environnement hostile, celui de la dernière glaciation de Würm. 10 000 ans avant notre ère environ, le climat se réchauffe peu à peu. Les glaces fondent, les niveaux marins remontent, de grandes forêts de feuillus et de conifères apparaissent, les animaux des temps glaciaires comme les mammouths meurent en Sibérie ou en Amérique du Nord, migrent vers le nord (rennes) ou se font plus rares (chevaux et bisons). Peu après, dans plusieurs régions du monde, certaines sociétés humaines vont entreprendre de domestiquer les animaux et les plantes. Cette période est appelée le « néolithique » (le « nouvel âge de la pierre »), et l'on parle souvent de « révolution néolithique » pour ce mode de vie, dont l'importance pour l'humanité peut se comparer à la révolution industrielle.

L'histoire du climat

Depuis 6 millions d'années, l'histoire des hommes a été rythmée par des alternances de périodes froides (les glaciations) et de périodes chaudes. Ces alternances semblent dépendre de modifications de l'inclinaison de la Terre par rapport au Soleil.

Lors des grandes glaciations du quaternaire (Günz, Mindel, Riss et Würm), le refroidissement du climat a des conséquences étonnantes : la calotte de glace du pôle Nord augmente, les glaciers recouvrent l'Angleterre, celui du Rhône atteint Lyon, le niveau des eaux baisse. On peut traverser le Pas-de-Calais à pied sec, la Tamise et la Seine ne sont qu'un seul fleuve. Dans les périodes intermédiaires, appelées interglaciations, les glaces du pôle fondent, le niveau de la mer monte, elle envahit certaines plaines, ce qui explique la présence de coquillages fossiles au beau milieu de nos pâturages.

La dernière glaciation, celle de Würm, commence vers 80 000 avant notre ère et s'achève vers 10 000. Le réchauffement est l'une des conditions nécessaires, sinon suffisantes, de l'apparition de l'agriculture. Avec le réchauffement, les glaces des pôles fondent, le niveau de la mer monte, pour atteindre sa cote actuelle quelques siècles avant notre ère. C'est pourquoi de nombreux sites se trouvent actuellement sous la mer. Depuis la fin de la glaciation, des oscillations climatiques de faible amplitude causent le recul continu des glaciers alpins ou la désertification du Sahel. Par ailleurs, aujourd'hui, l'homme est devenu capable d'influencer le climat : déboisements, irrigation, etc.

Les premiers paysans

Au néolithique, l'homme passe du stade de prédateur à celui de producteur. Il domestique les animaux qu'il ne faisait que chasser ; au lieu de pratiquer la cueillette, il prévoit peu à peu, prépare ses récoltes en semant des graines et améliore le milieu naturel par des labours, des boutures ou des travaux d'irrigation.

La domestication constitue une étape décisive dans l'histoire des hommes, qui interviennent désormais dans la vie des plantes et des animaux. De très nombreuses espèces vivantes ont été domestiquées par l'homme. La plus ancienne semble avoir été le loup, devenu le chien avant même le début du néolithique, pour des raisons liées plus à la chasse qu'à l'alimentation. Les autres animaux sont progressivement élevés au Proche-Orient : le mouton, la chèvre, le bœuf puis le porc. Les premières domestications ont pour fonction de fournir une alimentation sûre et stable, mais, à partir de 4 000 ans avant notre ère, les progrès des techniques de domestication permettent un usage non alimentaire des animaux : laine et surtout travail. Pour l'agriculture, les premières plantes domestiquées sont les céréales : blé, orge, froment, seigle et millet. La lentille, le pois chiche et le lin sont aussi cultivés très tôt.

L'invention de l'agriculture et de l'élevage assure alors aux hommes la sécurité alimentaire. La population fait un véritable bond. À la fin du paléolithique, il y a 30 000 ans, bien que *Homo sapiens* fût présent dans tout l'Ancien Monde, en Australie et en Amérique, le genre humain ne comptait que 6 millions d'individus. Au néolithique, entre 8000 et 6000 av. J.-C., la population représente environ 80 millions d'habitants.

Les premiers foyers du néolithique sont au Proche-Orient, essentiellement dans la zone du Croissant fertile (Sinaï, Palestine, Syrie du Nord, Mésopotamie), en Iran et en Anatolie. La néolithisation touche à la même époque le Mexique et le Pérou ; plus tard, ce sera la Chine, l'Asie du Sud-Est et l'Afrique orientale.

À la charnière du paléolithique supérieur et du néolithique vers 8000 av. J.-C., l'outillage de pierre est de plus en plus sophistiqué. Des pointes de flèches ou de lances ont été mises au jour lors des différentes fouilles menées en Afrique du Nord. Ces microlithes témoignent de l'extrême habileté des tailleurs de pierre, qui sont peut-être déjà des artisans spécialisés.

Vers 9000 av. J.-C., des groupes de chasseurs-cueilleurs se sédentarisent peu à peu dans une zone qui s'étend du Nil à l'Euphrate. Ils commencent par cueillir le blé et l'orge sauvages puis les domestiquent comme ils le feront pour le mouton, pour la chèvre et, un peu plus tard, pour le bœuf, espèce déjà moins docile. Ils vivent dans des petites huttes circulaires à fondations de pierre, retrouvées à Jéricho. Ils modèlent des statuettes féminines aux traits sexuels marqués, souvent interprétées comme un culte de la fertilité en liaison avec le nouveau mode de vie. Ils honorent aussi le taureau, dont ils fichent des cornes dans les murs, comme à Çatal Höyük en Turquie.

Peu après 8000 av. J.-C. apparaissent, dans la vallée du Jourdain, les villages de Nahal Oren, sur le mont Carmel, et de Beidha, près de Pétra. Vers 6 500 ans avant notre ère, la poterie apparaît à son tour, rendue nécessaire par la quantité croissante d'aliments à stocker et à cuisiner. Les communautés humaines qui se consacrent à l'élevage et à l'agriculture sont désormais sédentaires et les activités se différencient les unes des autres. On ne peut pas encore vraiment parler de « spécialistes », mais il est sûr qu'en fonction de leurs aptitudes, des conditions de production et des besoins des différents groupes, certains hommes se consacrent plutôt à la céramique, d'autres au tissage, d'autres encore au travail des premiers métaux.

À la conquête de l'Europe

La révolution néolithique apparaît en Europe au Ve millénaire, d'abord dans les Balkans, puis, de proche en proche, du sud-est vers le nord-ouest.

En France, entre le Ve et le IVe millénaire, le néolithique arrive par deux voies. Venues du sud, des populations de pêcheurs, s'étendant progressivement le long de la mer depuis les côtes de la Grèce et de la Yougoslavie jusqu'au Portugal et même au nord de l'Afrique, produisent une poterie décorée d'impressions de coquillages. Arrivée par le nord, une civilisation venue d'Europe centrale, les Danubiens, s'installe le long des grandes vallées du Bassin parisien. Ils construisent, dans des villages, de longues maisons de bois et de terre qui peuvent atteindre 45 mètres de long. C'est dans la vallée de l'Aisne que ces villages, qui s'échelonnaient tous les 5 kilomètres environ, sont les plus connus : celui de Cuiry-lès-Chaudardes couvrait plus de 6 hectares et comptait une trentaine de maisons qui pouvaient loger entre 50 et 200 habitants.

Bientôt, vers 3500 av. J.-C., l'ensemble du continent va être colonisé par les agriculteurs, les derniers chasseurs-cueilleurs étant alors assimilés ou refoulés dans le Grand Nord. Toute l'Europe occidentale (péninsule Ibérique, Italie du Nord, Suisse, îles Britanniques) voit la diffusion de cette poterie, et le blé est cultivé dès le début du IVe millénaire (à Rocamadour, dans le Lot). Au même moment commence en Europe occidentale la diffusion d'une des civilisations néolithiques les plus originales, celle des mégalithes.

Premiers villages et premières villes

À partir du néolithique, l'homme se sédentarise pour cultiver la terre et élever du bétail. Certaines populations de chasseurs-cueilleurs vivent parfois de manière sédentaire, lorsque l'abondance du milieu naturel les dispense de migrations saisonnières à la recherche de ressources alimentaires. Ils constituent alors de véritables villages.

Les premiers villages

Vers 9000 avant notre ère, c'est le cas des Indiens de la côte nord-ouest des États-Unis et du Canada, qui se nourrissent de saumons et de glands, ou des chasseurs-cueilleurs de la civilisation de Lepenski Vir, qui vivent sur les bords du Danube. Ainsi, des communautés de plus de 100 personnes s'établissent de façon durable à Lepenski Vir dans des maisons de bois, au sol de calcaire rouge, peut-être recouvertes de chaume. Ces maisons, disposées selon un plan rigoureux comportent un foyer, près duquel se dresse une statue et un atelier. Le fait que celle du centre soit plus grande que les autres démontre peut-être que la société est de plus en plus hiérarchisée et qu'il faut compter avec des chefs capables de faire respecter leur volonté.

C'est aussi le cas des chasseurs-cueilleurs, qui, au Proche-Orient, récoltent blé et orge sauvages. Leurs maisons sont des fosses rondes de 3 à 9 mètres de diamètre, creusées dans le sol sur 1 mètre de profondeur, ceinturées de parois de pierre.

Les premières habitations humaines ont été soit des abris naturels, soit des constructions légères puisque les groupes humains étaient nomades. Dès le néolithique, les maisons sont, au Proche-Orient et en Europe, en bois et en terre. D'autres régions du monde, notamment plus chaudes, utilisent uniquement les végétaux. Deux techniques sont employées : la brique crue, plutôt orientale, et le clayonnage, plutôt européen. Dans l'Europe du Centre et de l'Ouest, on quitte la légère hutte de branchages recouverte de peaux pour de grandes maisons en torchis. Cette dernière technique, dans une région riche en bois, consiste à construire un mur de branchages entrelacés, sur lequel est projeté un mélange de terre et de paille, le torchis.

La pierre sèche est rarement utilisée dans les régions où elle affleure : c'est le cas des maisons ovales de la culture de Fontbouisse, construites dans la garrigue languedocienne à la fin du IVe millénaire av. J.-C. Des pierres massives, les mégalithes, seront utilisées pour l'architecture funéraire. En zone méditerranéenne, le toit peut être plat, mais il est à double pente dans tout le reste de l'Europe. La couverture est végétale (chaume, roseaux).

L'invention de la domestication et de l'élevage, en garantissant des ressources stables, va considérablement accroître la taille des agglomérations. On passe d'ailleurs vite des huttes circulaires à des maisons quadrangulaires, dont la forme permet aisément d'ajouter des pièces supplémentaires au gré de l'augmentation de la cellule familiale.

La taille des villages augmente, jusqu'à atteindre dans certains cas, comme à Çatal Höyük, en Anatolie, plusieurs milliers de personnes. Ce site, au sud de la Turquie, s'étend sur 7 hectares et compte un millier de maisons. Le village occupe 12 ou 15 hectares. Les maisons sont en brique crue, de forme quadrangulaire, accolées les unes aux autres. Les toits en terrasse sont utilisés pour passer d'une maison à l'autre car il n'y a pas de rues. Les murs sont recouverts de nombreuses peintures, dont certaines semblent évoquer des scènes mythiques (vautours attaquant des hommes sans tête, taureaux). Les morts sont parfois enterrés sous les maisons et le crâne déposé dans la demeure.

Bien que très spectaculaire, ce site n'est sans doute pas le seul de ce type. Un peu partout, la civilisation néolithique s'étend. C'est ainsi que l'ensemble de l'Europe est colonisé en trois millénaires, mais la surface des villages est beaucoup plus modeste qu'en Anatolie ou qu'au Proche-Orient.

À la fin de la période du bronze ancien, vers 2300 av. J.-C., les populations qui occupent la Palestine actuelle pratiquent une agriculture de subsistance, enterrent leurs morts dans des cavernes, réalisent des peintures rupestres et édifient des villages fortifiés. C'est probablement aux Amorrites qu'est due la fin de cette civilisation. Ces tribus nomades s'installent vers 1900 av. J.-C. dans cette région, détruisent les villages de pierre et les remplacent par de fragiles constructions de briques vertes.

En Grèce, les plus anciens villages comptent trois ou quatre maisons, voire une dizaine, et leur surface ne dépasse guère 10 hectares.

Mais, vers 4000 ans avant notre ère, l'absence de nouvel espace disponible (il faudra attendre cinq millénaires de plus pour pouvoir franchir l'Atlantique) crée des tensions et oblige les communautés humaines à s'organiser pour défendre leur territoire, leur propriété, préserver leur bétail et leurs richesses.

Les plus anciennes forteresses

C'est aussi pour se défendre que les villages montent sur les hauteurs ou se fortifient. Dans le sud de la France, en Languedoc, vers le milieu du IIIe millénaire av. J.-C., la population ne formera jamais d'importantes agglomérations, mais les hameaux de la culture de Fontbouisse regroupent plusieurs familles dans de longues habitations de pierre sèche, à l'intérieur d'une grande enceinte basse, flanquée de tours rondes. On ne sait si cette fortification avait une fonction défensive ou si elle était le signe de la domination des bergers des hauteurs sur les cultivateurs du plat pays.

La guerre apparaît : on trouve des traces d'incendie, des charniers où les hommes sont jetés pêle-mêle, le crâne enfoncé, des pointes de silex fichées entre les côtes. Les vainqueurs pratiquent probablement un cannibalisme rituel, ce que prouvent les restes humains retrouvés mêlés à des aliments dans les ruines calcinées de certaines « forteresses » de l'Hérault ou dans les foyers de grottes du Var. Le groupe social des guerriers tend alors à dominer ceux qu'il défend. La société est de plus en plus hiérarchisée : des tombes beaucoup plus riches apparaissent dans les cimetières. Certaines sont construites avec d'énormes blocs de pierre, afin d'affirmer pour l'éternité la toute-puissance du défunt et de sa famille, ainsi que le contrôle intangible d'une communauté sur son territoire : ces sépultures sont les mégalithes. D'autres hommes ont peut-être des fonctions religieuses : chamans, sorciers. À cette époque apparaissent les premiers objets de métal, de cuivre ou d'or, d'abord parures ou marques de prestige destinées à ces premiers chefs. On parle d'ailleurs pour cette période, entre 4000 ans et 2000 ans avant notre ère, d'âge du cuivre, ou chalcolithique. Les hommes exploitent alors les gisements métallifères locaux, fabriquent une céramique qui est décorée de damiers ou de cannelures. Ce sont eux également qui, dans le midi de la France, édifient les premières statues-menhirs anthropomorphes.

Vers 3000 av. J.-C., se développe en France la culture chasséenne, qui a été nommée ainsi à partir des premières découvertes faites à Chassey, en Saône-et-Loire. Une statue découverte à Capdenac-le-Haut, dans le Lot, appartient à cette culture. Il s'agit d'une femme grossièrement sculptée, dont la tête se détache à peine du corps massif, quasi sphérique, sans bras ni jambes. En relief, des seins ronds et des mains énormes, posées sur le ventre. Il s'agit sûrement d'une déesse-mère, garante de la fertilité du sol et de la prospérité. La seule statuette comparable se trouve en Yougoslavie, à Lepenski Vir, mais il existe de nombreuses autres déesses de la Fécondité. Certaines d'entre elles sont parfois représentées assises, accouchant d'un enfant.

Vers la révolution urbaine

Même si certaines agglomérations comptent parfois plusieurs milliers de personnes les villages néolithiques ne dépassent guère quelques centaines d'habitants.

Plus tard, au IVe millénaire, les villages de la civilisation de Cucuteni-Tripolie, sur les bords de la mer Noire, regroupent plusieurs milliers d'habitants. On estime toutefois que ce n'est pas le nombre qui fait la ville, mais l'organisation de l'espace, c'est-à-dire l'existence de bâtiments publics, la spécialisation des constructions liées au pouvoir, au culte, aux loisirs, à l'artisanat et au commerce, et la différenciation des activités humaines, aussi bien à l'intérieur de la ville qu'entre la ville et les bourgades, plus modestes, qu'elle contrôle. Dans ce cas, on ne peut guère parler de ville avant 3000 environ, avec les premières cités d'Égypte, de Mésopotamie, puis de la vallée de l'Indus.

Au IVe millénaire, cette hiérarchie entre individus, mais aussi entre agglomérations, va assez rapidement déboucher au Proche-Orient sur les premières cités-États : une agglomération plus puissante, contrôlée par un roi, soutenue par une religion centralisée, règne sur un territoire et toute une série de villages ou de petits bourgs.

Ces premières villes distinguent un secteur résidentiel et un quartier public où des bâtiments richement décorés témoignent de leur puissance. Le commerce lointain s'organise. De proche en proche, comme en Égypte, de vastes royaumes, puis des empires se constituent. L'écriture, dont le principe de notation symbolique remonte à l'*Homo sapiens*, sera rapidement développée. L'histoire débute au Proche-Orient, tandis que l'Europe voit s'affirmer le village paysan.

Le développement des échanges

Contrairement à une idée répandue, les sociétés néolithiques ne vivent pas en autarcie complète. Dès le paléolithique, certaines matières premières prisées parcourent plusieurs dizaines de kilomètres, et, au néolithique, les échanges vont se développer rapidement sur des centaines de kilomètres. L'obsidienne de l'île grecque de Milo, une roche noire volcanique, circule dans toute la Grèce. Les bracelets en coquille de spondyle de la Méditerranée atteignent toute l'Europe centrale et servent peut-être de monnaie, tandis que l'on retrouve des coquillages des bords de l'Atlantique dans des tombes d'Alsace. Il en va de même pour le cuivre de la Bulgarie, l'or du Caucase ou le sel des bords de l'Atlantique.

En France, au Grand-Pressigny, en Indre-et-Loire, les hommes du néolithique utilisaient encore la pierre taillée vers 2900 av. J.-C. Ils fabriquaient de robustes poignards de silex jaune, emmanchés de bois, plus dangereux et plus durs que n'auraient pu l'être des lames de métal. Les alliages étaient d'ailleurs encore inconnus. Ces pièces étaient massivement exportées, parfois semi-finies ; elles ont été retrouvées aussi bien en Bretagne qu'en Charente mais aussi en Belgique, en Hollande, en Allemagne ou en Suisse. On a découvert un peu partout, dans le Bassin parisien, la Bourgogne, la Lorraine, des puits d'extraction de silex. On y a trouvé de petites statuettes de divinités féminines, que les mineurs emportaient pour se protéger des dangers qui rôdent dans les profondeurs de la Terre. Cette production intensive et ces échanges sont l'indice de sociétés développées, capables de produire plus que leurs besoins, afin d'acquérir d'autres matières prestigieuses.

Les rites funéraires au néolithique

Si les premières tombes ont été creusées par l'homme de Neandertal il y a 50 000 ans, c'est avec le néolithique que les pratiques funéraires deviennent complexes. Alors que les néandertaliens déposaient dans une simple fosse le défunt accompagné de quelques offrandes (fleurs, cornes de bouquetin), les sépultures des groupes sédentaires sont riches et témoignent de rapports étroits entre le monde des morts et celui des vivants. La plupart des défunts sont inhumés, mais l'incinération est connue très tôt ; elle sera pourtant rarement majoritaire, sauf dans quelques régions, comme l'Irlande avant la fin du IIe millénaire avant notre ère. Les morts sont enterrés en position fœtale, allongés sur le dos. Dans l'hypogée (tombeau souterrain) de Roaix, en

France, 35 corps massacrés sont jetés pêle-mêle. La plupart du temps, les villages se dotent de cimetières, espaces réservés aux morts, distincts de ceux des vivants. En Anatolie, les morts sont mêlés à la construction des maisons. Vers 3500 avant notre ère apparaissent les premières sépultures collectives, probablement familiales, et la hiérarchisation de la société se perpétue dans les tombeaux : les tombes de chefs se distinguent des autres par des objets somptueux. À Varna, en Bulgarie, elles renferment des quantités de bijoux, et même 1,5 kilo d'or pour la plus riche.

Les autres aires de civilisations

Si l'Europe et le Proche-Orient concentrent nombre de civilisations importantes à l'époque néolithique, de nombreuses autres régions du monde connaissent également un développement certain.

Dans le Caucase

C'est dans la région du Caucase que les premiers chariots ont dû être fabriqués, au IVe millénaire avant notre ère, par les peuples qui ont colonisé les steppes d'Europe orientale et d'Asie centrale. En Russie, en effet, les fouilles menées par les archéologues ont mis au jour des chariots à roues pleines, datant peut-être de 3650 av. J.-C., donc antérieurs à ceux qui ont été retrouvés en Mésopotamie. On estime que le cheval a été domestiqué entre 4500 et 3500 av. J.-C., en Russie du Sud, mais les plus anciens chariots étaient certainement tirés par des bœufs.

Au millénaire suivant, des traces d'une civilisation ont été retrouvées près d'Erevan. Les archéologues qui l'ont découverte, l'ont baptisée « Kouro-Araxe », du nom des deux fleuves auprès desquels elle s'est développée. Éleveurs et agriculteurs, les hommes habitent des maisons à fondations de pierres sèches dont les murs sont faits de blocs de terre cuite. Ils utilisent des outils de pierre et d'os, fabriquent une céramique à glaçure lustrée, noire ou grise, décorée d'incisions géométriques. Ils disposent en outre de quelques objets de cuivre et d'argent et n'accordent pas grande importance aux rites funéraires : en effet seul un petit nombre de sépultures, très modestes, a été retrouvé.

Dans le Grand Nord

Au IIe millénaire av. J.-C., les Inuit (Esquimaux) et les Samits (Lapons) peuplent, depuis la fin du millénaire précédent, le nord de la Sibérie et la côte Est du Groenland. Ce sont probablement les descendants des migrateurs qui, profitant du réchauffement climatique du Xe millénaire, étaient passés de l'Asie à l'Amérique par le détroit de Béring. Ils chassent l'ours, l'élan et le renne, mais se nourrissent surtout de poissons et de mammifères marins. Leur outillage microlithique, très caractéristique, est formé de très petits objets, d'abord en pierre puis en os : sagaies, couteaux, pointes de flèches, finement ouvragés. Les Samits ont une céramique décorée au peigne ; ils gravent des dessins géométriques sur les andouillers de rennes ou des plaquettes de bois et d'os.

En Afrique noire

À Gwisho, sur le Zambèze, vivent, au IIe millénaire avant notre ère, des chasseurs-cueilleurs, qui fabriquent des bâtons à fouir et les utilisent pour déterrer des tubercules. Ils tuent le gibier avec de longues flèches de bois, à la pointe empoisonnée. Ces chasseurs-cueilleurs se servent aussi de calebasses, qu'ils taillent dans le bois, en guise de récipients, et savent probablement naviguer sur le fleuve grâce à de très longues pirogues qu'ils creusent dans des troncs d'arbres.

Au Sahara

Les derniers foyers retrouvés dans les « abris à peinture » du Tassili datent de 1800 av. J.-C. Une civilisation très riche s'est développée dans cette région 5000 ans avant notre ère, couvrant les murs des cavernes de centaines de représentations d'animaux et figurant les hommes par des dessins stylisés, les « têtes rondes », qui évoquent des casques de scaphandriers. À cette époque, il y a assez d'herbe dans les steppes du Sahara pour nourrir des troupeaux de chèvres, de moutons et de bœufs. Les graminées sont si abondantes qu'il semble que la cueillette ait suffi pour approvisionner en farine les meules et les broyeurs de pierre. Mais, au début du IIe millénaire, débute l'assèchement qui fera du Sahara le plus grand désert du monde. Le pin d'Alep, le cyprès, le micocoulier, l'aulne et le frêne, qui témoignaient de la richesse de cette région au climat méditerranéen, disparaissent. L'olivier ne subsiste plus que de façon résiduelle, 1000 ans avant notre ère, l'espèce dominante est le palmier, quand il trouve assez d'eau pour se développer.

En Asie

En Indonésie, dans l'île de Timor, les habitants de la grotte de Bui Ceri Uato ont domestiqué le porc, vers 2000 av. J.-C., et cultivé des ignames et du riz. Un millénaire auparavant, ils n'étaient que des chasseurs-cueilleurs, consommant des mollusques, des chauves-souris et des serpents, mais aussi des rats géants, espèce aujourd'hui disparue. Les restes de ces anciens festins, mêlés aux cendres des foyers, constituaient le sol de la caverne longue et étroite dans laquelle ils vivaient au début du IIe millénaire et dont ils barraient l'entrée d'un mur de pierres sèches.

C'est vers le IIe millénaire av. J.-C. que la société de chasseurs-pêcheurs sédentarisée à l'est de l'île de Honshu au Japon connaît son apogée. L'ère Jomon, qui commence au IIIe millénaire av. J.-C. pour s'achever au milieu du Ier millénaire, est marquée par une poterie d'abord « cordée », puis ornée de bords rapportés et torsadés, d'aspect baroque. Les hommes, groupés en petites communautés, vivent dans des *Tate-ana*, demeures semi-souterraines ; les divinités sont représentées par des statuettes d'argile stylisées, aux yeux en amande, au corps décoré d'incisions géométriques. Près des villages, les hommes accumulent des *kaizuka*, amas de coquillages dont certains sont incrustés dans les poteries, technique représentée surtout dans l'île de Kyushu, au sud de l'archipel.

Les hommes qui peuplent la péninsule coréenne vers 1500 av. J.-C. consomment du riz et non plus seulement du millet. C'est probablement à cette époque que leur agriculture devient plus savante, plus complexe. Ils possèdent des champs aménagés avec un système de diguettes et peuvent inonder le terrain, ce qui accélère la croissance du riz, céréale qui aime avoir « les pieds dans l'eau et la tête au soleil ». La riziculture inondée et ses abondantes récoltes permettent à des populations toujours plus nombreuses de se développer.

Dans le Pacifique

La culture lapita, ancêtre des civilisations polynésiennes, se diffuse en Océanie à partir des côtes du Sud-Est asiatique, au milieu du IIe millénaire. Les densités de population sont si fortes qu'elles causent une vague d'émigration, par Taïwan, puis par les îles d'Indonésie, vers des îles plus lointaines encore. La culture lapita atteint alors les îles de l'Amirauté, Tonga et Samoa. Les « colons » se déplacent sur des centaines de kilomètres, à bord de pirogues à balancier ou des sortes de catamarans. Ils fabriquent des outils de pierre, souvent d'obsidienne, cultivent l'igname et le cocotier, et ont domestiqué le cochon et la pintade. Dès le IIe millénaire, ils savent modeler une poterie incisée, décorée de rouge.

Les ancêtres des aborigènes

Grâce à la glaciation de Würm, qui a accru le volume de la calotte glaciaire des deux pôles et fait baisser le niveau de la mer, des groupes humains quittent vers 36 000 av. J.-C. les rivages de l'Asie pour l'Australie, la Nouvelle-Guinée et la Tasmanie. Ils sont les ancêtres des aborigènes, les seules populations « autochtones » de cette partie du monde.

Installés depuis 30 000 ans dans la grande île, les aborigènes australiens fabriquent depuis 2 000 ans environ des outils d'os et de pierre, ont domestiqué le dingo, sorte de chien, et commencent à organiser des échanges sur de longues distances. À partir du Ier millénaire, la population augmente. Elle vit regroupée en villages de 700 individus environ, qui bâtissent des cabanes rondes, en pierre et en chaume. La vie religieuse s'organise autour de très anciennes cavernes aux murs peints et d'alignements de pierres dressées, les « boras », toujours en place à l'arrivée du capitaine Cook, en 1770.

• • •

CHAPITRE 2

La Mésopotamie ancienne (– 3500 à – 1500)

Située au cœur du Moyen-Orient, à plus de 900 km à l'est de la Méditerranée, dans une plaine monotone brûlée par le vent du désert, la Mésopotamie semblait condamnée à n'être qu'un éternel désert. C'est sur ce rude théâtre que, vers la fin du IVe millénaire se produisent pourtant des événements capitaux pour l'histoire du monde. L'agriculture et le commerce, la médecine et l'astronomie, la musique, le système de gouvernement et la religion s'y développent en effet tandis que naît l'écriture. Les antiques Mésopotamiens sont bien, en ligne directe, nos plus vieux parents.

Les premiers Mésopotamiens

Enserrée entre le Caucase, le golfe Persique, les plateaux iraniens et le désert arabo-syrien, la Mésopotamie n'est qu'une large vallée, drainée par le Tigre et l'Euphrate, que le géographe grec Polybe a justement appelée, au IIe siècle avant notre ère, « le pays d'entre les fleuves ». Chargés de limon, ces deux fleuves ne cessent d'en remplir leur lit et coulent au-dessus de la plaine entre deux cordons d'alluvions.

Si cette vallée est extraordinairement fertile, seule la peine des hommes peut la mettre en valeur. La crue est en effet très irrégulière et se situe au printemps. Tout au long de l'année, l'écoulement des eaux est difficile en basse Mésopotamie. Il faut donc construire tout un système de canaux pour amener l'eau des fleuves dans les champs en été et en automne, pour évacuer vers des réservoirs le trop-plein de la crue de printemps qui risquerait de noyer la végétation qui sort de terre et, en toute saison, pour éviter que l'eau d'irrigation ne stagne et ne dépose alors ses sels. Ce travail pénible, toujours à refaire, permet toutefois au moins deux récoltes par an et des rendements élevés.

Les excédents de grain, de dattes et d'huile permettent alors de faire venir de la haute Mésopotamie et des montagnes les pierres dures, absentes de ces immenses plaines argileuses et marécageuses, le bois et les minerais.

Des premiers habitants de la Mésopotamie nous ne savons presque rien. Les différents sites fouillés démontrent seulement que le territoire a été peuplé au fur et à mesure de son assèchement. Les grottes montagneuses du Nord, d'abord : Chanidar, entre 50 000 et 10 000 avant notre ère, puis Zawi Chami, vers 8000, jusqu'aux villages en pleine vallée, échelonnés du nord au sud ; Hassouna, vers 6000, Samarra, plus bas, vers 5500, et, enfin, tout près du golfe Persique, Obeïd, vers 5000.

C'est vers 3500 avant notre ère qu'interviennent toutefois les changements les plus notables. La cause en est l'arrivée de nouveaux groupes humains, les Sémites et les Sumériens. Les Sémites sont arrivés du nord-ouest et se sont installés dans la vallée qu'ils ont occupée depuis le nord jusqu'aux environs de l'actuelle Bagdad. Par convention, ils sont appelés Akkadiens, du nom de la partie septentrionale de la basse Mésopotamie, Akkad.

Le chemin que suivirent les Sumériens pour occuper le sud du pays est en revanche moins connu. Peut-être venaient-ils d'Asie centrale, du Caucase et d'Arménie et sont-ils descendus à travers la Mésopotamie en suivant l'Euphrate et le Tigre, le long desquels on a trouvé, à Assour par exemple, des traces de leur première culture. Peut-être, comme le veut la légende, sont-ils arrivés par la mer, d'Égypte ou d'ailleurs. Le mythe des *Sept Sages*, consigné vers 300 avant notre ère par Bérose, un prêtre babylonien, décrit en effet l'arrivée de sept monstres, venant des flots du golfe Persique et qui auraient appris aux habitants « la culture, l'écriture, les sciences et les techniques de toute sorte, la fondation des villes, la construction des temples [...] la culture des céréales et la récolte des fruits [...], en somme, tout ce qui constitue la vie civilisée ».

Les fouilles ont révélé un peuple de gens de taille plutôt petite et trapue avec des cheveux noirs, un nez droit, le front légèrement fuyant et les yeux un peu bridés. Ils sont vêtus de tissus de laine fine ; les femmes drapent leur vêtement sur l'épaule gauche, les hommes autour de la ceinture, laissant ainsi le torse nu. Les textes littéraires et religieux dont ils sont les créateurs sont écrits dans une langue qui s'apparente à l'une de celles que l'on parlait près de la mer Caspienne et qui est totalement isolée au Proche-Orient.

La rivalité des cités-États

Ce sont les premières tablettes écrites, vers 3200 av. J.-C., qui nous permettent de mieux connaître ces habitants de la basse Mésopotamie et de découvrir l'existence d'un pays morcelé en une trentaine de cités-États dirigées par des souverains, vicaires (*ensi*) du dieu de la cité, véritables maîtres de la population et de ses biens. Ils doivent toutefois composer avec la puissance d'un clergé qui gère les possessions importantes de la divinité. Il arrive ainsi, à Lagash, que l'héritier d'un vicaire soit évincé du pouvoir par un prêtre. Dans leur manoir de brique, au toit couvert de roseaux, non loin du temple qui se dresse sur une terrasse le mettant à l'abri d'une inondation toujours redoutée, ces princes vivent des redevances de la population.

Leur ambition est d'imposer leur suzeraineté aux cités avoisinantes, sinon à toutes celles du monde mésopotamien. Vainqueurs, ils maintiennent en place les vicaires locaux et se contentent du titre prestigieux de « roi ». On comprend alors que la guerre soit un thème artistique de prédilection. Précédant la lourde phalange armée de piques, le vicaire et les grands, montés sur des chars à quatre roues tirés par des ânes sauvages, se précipitent sur l'armée adverse ; si elle cède du terrain, ils la poursuivent, escaladent les remparts derrière elle et pillent la ville ennemie sans épargner les sanctuaires. La célèbre *stèle des Vautours*, qui commémore la victoire d'Eannatoum, vicaire de Lagash, sur la cité d'Oumma, nous donne une idée de la cruauté de ces affrontements.

La *Liste royale*, qui est une des plus anciennes inscriptions, consigne les noms des différents rois : « sire Enme-Baragisi », souverain de Kish, Meskalamdug, roi d'Our vers 2550, Our-Nanshé, roi de Lagash vers 2500, et Gilgamesh, roi mythique d'Ourouk.

Ces princes ont pour mission d'assurer la prospérité de leurs cités. C'est que la Mésopotamie tire d'extraordinaires richesses de son agriculture et de son artisanat. L'activité commerciale est intense. Pour descendre les fleuves avec leur lourde cargaison de bois et de pierres, les négociants venus du nord attachent ensemble les grumes pour en faire des radeaux dont ils améliorent la flottaison à l'aide de peaux de bêtes gonflées d'air. D'autres conduisent des caravanes d'ânes à travers la Syrie jusqu'à la côte méditerranéenne et, vers l'est, jusque dans les terres des tribus élamites, en passant par les cols de la chaîne de Zagros. D'autres naviguent dans le golfe Persique sur de petits voiliers, entrent dans la mer Arabique et poussent vers le sud jusqu'à Oman. Certains d'entre eux font même route jusqu'à la vallée de l'Indus.

Ces marchands ne rapportent pas seulement les matières premières qui font défaut à la Mésopotamie : matériaux de construction, or, pierres dures semi-précieuses, mais aussi les objets précieux retrouvés dans les tombes royales d'Our et qui révèlent le goût du temps pour les bijoux, les représentations d'animaux, les panneaux mosaïqués et les meubles marquetés.

Les premiers Mésopotamiens ne montaient pas à cheval mais avaient des chariots à quatre roues. On en a retrouvé des représentations en terre cuite. Pour les tirer, ils se servaient d'un animal aujourd'hui disparu, l'onagre, intermédiaire entre l'âne et le cheval, qui vivait à l'état sauvage dans les steppes qui vont de l'Inde à l'Iran.

Le panthéon mésopotamien

Les tablettes écrites nous révèlent aussi l'importance capitale de la religion. Chaque cité reconnaît comme souverain une grande divinité que le sort lui a assignée, affirment les prêtres, le jour de la naissance du monde. Ces dieux, semblables aux hommes, mangent, boivent, aiment, se marient et se querellent comme les humains, mais ils s'en distinguent par l'intelligence et la vie éternelle. Chacun est chargé d'une fonction liée à la marche du monde : Outou-Shamash le dieu-soleil, Nanna-Sin le croissant de lune, Doumouzi le dieu du monde végétal, les vents, Ishkour-Adad l'orage, les mers, les fleuves, le feu, la guerre, Inanna, future Ishtar, la planète Vénus.

C'est par l'intermédiaire des prêtres et des prêtresses qu'ils communiquent leurs désirs aux hommes, qui doivent leur construire des temples magnifiques, leur offrir des vêtements précieux et des bijoux, des musiques et des chants, et leur préparer de riches repas quotidiens.

Ils ne leur imposent aucune contrainte morale, mais chaque manquement à la révérence ou à l'exécution des rites est alors susceptible d'entraîner des catastrophes : inondations, sécheresse ou razzias par des tribus descendant des montagnes. Comme de telles calamités sont fréquentes, la peur engendre dans la population un état d'anxiété permanent dont les prêtres et les temples profitent largement. Des offrandes généreuses aux greniers des temples sont en effet les seuls moyens de se protéger de la colère des dieux. Les tablettes énumèrent les objets qu'ils préfèrent : bœufs, chèvres, moutons, pigeons, poulets, canards, poissons, dattes, figues, concombres, biscuits… Des prières et des formules d'exorcisme peuvent aussi aider à détourner le mal envoyé par les agents surnaturels des dieux irrités.

Le temple est bien l'édifice le plus grandiose des cités. À l'origine, il est de dimensions modestes et consiste en un bâtiment rectangulaire comportant une salle unique, fait de la même brique de boue que les maisons. De façon générale, il est construit sur une plate-forme qui l'élève au-dessus des habitations voisines. Puis, avec le développement et l'enrichissement des cités, il devient plus vaste et s'élance vers le ciel, adoptant la forme de pyramide à étages connue sous le nom de « ziggourat ». À mesure que les temples s'agrandissent, leur zone d'influence grandit aussi. De grands domaines leur sont annexés dont une partie est cultivée par les prêtres. Les récoltes nourrissent les prêtres eux-mêmes et parfois des habitants démunis, comme les veuves et les orphelins.

Avec le temps aussi, un panthéon unique, commun à tous, est instauré au-dessus des divinités. Enlil, « Seigneur du Vent », dieu souverain de l'Univers, son père An, qui n'exerce plus le pouvoir mais en garde le prestige, Enki, un dieu à l'intelligence supérieure, composent la triade suprême. Dès 2500 avant notre ère, ce culte commun a pour siège le grand temple central d'Ekour, le « temple-Montagne » situé à Nippour. Enlil y règne, entouré d'une multitude de divinités.

Cette mise en ordre du monde, qui sera poursuivie et développée tout au long de l'histoire du pays, inspirera largement les voisins de la Mésopotamie et, au-delà, notre propre civilisation. C'est bien entre le Tigre et l'Euphrate que sont déposés nos plus vieux papiers de famille.

Les tombes royales d'Our

En 1927-1928, dans les ruines de l'ancienne capitale d'Our, des archéologues anglais retrouvent, sous d'autres sépultures, les tombeaux des dignitaires de la Ire dynastie d'Our (entre 2600 et 2400 av. J.-C.). Les seize tombes « royales » comprennent un ensemble de six fosses sans caveau et dix tombes contenant un caveau à une ou plusieurs chambres. Elles sont remplies d'un prodigieux trésor : mobilier, bijoux, objets d'art. Les corps des grands personnages, reconnaissables à leurs parures, sont entourés de chars avec ânes, bœufs et cochers ; d'autres corps sont moins richement parés. La « grande fosse de la mort » renferme 74 victimes : 6 soldats en armes, probablement des gardes, et 68 femmes : 4 joueuses de harpe ou de lyre et 64 « dames de compagnie ». Dans une autre tombe, la hiérarchie des vivants est respectée : les 28 femmes les plus proches de la « reine » portent dans leurs cheveux des rubans d'or ; les 36 autres, plus éloignées, des rubans d'argent.

Les corps ne portent pas trace de violence, mais la plupart ont près d'eux une petite coupe de terre cuite ou de métal, ce qui confirmerait l'hypothèse d'une mort par empoisonnement, peut-être volontaire. Les femmes sont très nombreuses dans ces tombes, aussi peut-on imaginer les prêtresses du dieu-lune Nanna-Sin se sacrifiant ensemble lors de la mort de la grande prêtresse…

Dans les tombes du « cimetière royal » d'Our a été retrouvé un panneau de bois dont une face représente la guerre et l'autre la paix. On a d'abord supposé qu'il s'agissait d'un « étendard » destiné à être monté sur une hampe, mais c'est en fait un diptyque composé de deux panneaux séparés par des plaques triangulaires, qui devaient lui donner la forme d'un lutrin. Le décor est fait de coquillages nacrés, incisés et découpés, incrustés dans un fond de calcaire de couleur, le tout collé avec du bitume sur des plaques de bois. Des objets comparables, mais moins bien conservés, ont été retrouvés dans les fouilles de Mari et de Kish. En haut, sur la face de la paix, le roi festoie, entouré de dignitaires, vêtus du costume caractéristique des Sumériens ; des serviteurs, personnages moins importants, sont représentés plus petits et circulent entre eux. En bas, des soldats conduisent un chariot tiré par des ânes sauvages.

QUELQUES REPÈRES...

• Néolithique (6500-4500)

– V. 6500 av. J.-C. Occupation du site de Jarmo.

– V. 6000-5000 Au nord-est : culture de Samarra : céramique peinte à petits motifs répétés. Culture de Halaf : figures de déesses-mères.

Au sud : culture d'Obeïd : utilisation du métal, céramique à motifs figuratifs, premier temple sur terrasse d'Eridou, apparition de l'écriture graphique.

Occupation des sites de Hassouna, Samarra, Obeïd.

• Protohistoire (4500-2800)

Occupation des sites de Tell Halaf, Eridou, Ourouk, Djemdet-Nasr.

Peuplement : Subaréens et Sémites, arrivée des Sumériens.

– V. 3500 Établissement des premières cités-États.

– V. 3200 Invention de l'écriture. Premières archives d'Ourouk.

– 3100-2800 Civilisation de Djemdet-Nasr ; période « prédynastique », premiers monuments de Mari, figures de rois-prêtres, sceaux-cylindres.

• Premiers royaumes (2800-2400)

Occupation des sites d'Ourouk, Lagash, Girsou, Our, Nippour, Kish, Mari, Khafadje.

– 2700 Enme-Baragisi, roi de Kish, puis Mésilim.

– 2675 Gilgamesh, roi d'Ourouk, luttes contre Kish.

– 2550 Mes-anni-pada, « Ire dynastie d'Our ».

Our-Nanshé, roi de Lagash.

– 2500-2450 Eannatoum, roi de Lagash, renverse la Ire dynastie d'Our.

Festins et banquets

Les repas des dieux et des princes étaient très raffinés, même si tous les plats ne correspondent pas à notre goût. Trois courts recueils de recettes datant du XVIIe siècle avant notre ère ont été retrouvés et les mets qu'ils décrivent étaient servis lors des banquets rituels du IIe millénaire. Certaines recettes sont très brèves, d'autres plus complexes, telle celle de la tourte aux petits oiseaux, en écriture cunéiforme, qui ne fait pas moins de 49 lignes :

« Supprimer cou et pattes ; retirer la fressure et notamment les gésiers ; laver le tout, après avoir découpé la fressure, et le passer rapidement au feu dans un chaudron ; mettre de l'eau et du lait dans une marmite et y ajouter oiseaux et fressure, sel, graisse, "bois aromatiques" et un peu de rue effeuillée ; à ébullition, ajouter oignon, poireau et ail et un peu d'eau froide ; laisser cuire ; préparer une pâte de farine, de lait, de saumure parfumée et d'un peu de gras de cuisson ; diviser la pâte gonflée en deux abaisses et les faire cuire ; disposer une des abaisses sur le plat de service et y disposer les viandes aspergées de jus de poireau et d'ail et accompagnées de petits morceaux de pâte cuite ; recouvrir le tout de l'autre abaisse, qui sert donc de couvercle et envoyer à table. »

L'invention de l'écriture

Au IVe millénaire, Ourouk, cité prospère, développe des relations commerciales avec des contrées lointaines ; les souverains passent des commandes, leurs fonctionnaires vérifient la comptabilité. Pour mémoriser des opérations qui deviennent de plus en plus complexes, comptabiliser des têtes de bétail ou des sacs de grains, distribuer des rations, les scribes mettent progressivement au point un système de signes pour noter les quantités et la nature des marchandises. L'écriture est née. D'abord un « aide-mémoire », cette écriture va passer du simple pictogramme à la représentation d'une idée et d'un son et sera utilisée jusqu'au Ier siècle de l'ère chrétienne.

Les pictogrammes

Pour conserver ces informations, les administrateurs gravent des marques à l'aide de roseaux pointus sur de petites tablettes d'argile, matière première que la Mésopotamie possède en abondance. Ils travaillent l'argile lorsqu'elle est humide et molle. La rédaction terminée, le scribe fait cuire au feu ou au soleil la tablette d'argile. Une fois sèches, les marques sont indélébiles. Les plus anciens témoignages d'écriture, datés de 3200 avant notre ère, ont été retrouvés dans l'enceinte du grand temple d'Ourouk et sur les sites de Djemdet-Nasr et d'Our : ce sont des tablettes qui établissent une sorte de comptabilité du temple.

Les premiers scribes inscrivent sur ces tablettes des pictogrammes qui représentent les faits de la vie courante : gerbes d'orge, bestiaux, personnages humains. Ainsi, le dessin stylisé d'une tête humaine signifie « tête », tandis que deux lignes ondulées indiquent « eau ». La silhouette du pied évoque cette partie du corps et un triangle pubien avec le trait de la vulve désigne la femme.

Ces pictogrammes proviennent probablement d'un système plus ancien. Dès 6000 avant notre ère, les agriculteurs du Moyen-Orient utilisent de petits objets d'argile afin de tenir l'inventaire de leurs récoltes. Un cône peut indiquer la quantité d'orge qu'un paysan a dans son grenier. Plus tard, les marchands se servent aussi de ces objets. Ils les placent dans des sphères d'argile creuses et scellées et marquent celles-ci par un signe numérique.

Les pictogrammes, qui sont, au dire des spécialistes, des « aide-mémoire », évoluent au fil des siècles. En combinant plusieurs pictogrammes, on peut alors exprimer une idée, d'où le terme d'idéogramme. Une bouche proche d'une ligne sinueuse figurant l'eau signifie « boire ». Si l'on ajoute au triangle pubien des signes désignant les montagnes, on indique qu'il s'agit de « femmes étrangères » venues de l'autre côté des montagnes, c'est-à-dire des esclaves. L'étoile indique le ciel et, par extension, un dieu. « Grand » et « homme » ensemble donnent « roi », un oiseau et un œuf, « fécondité ».

Vers l'écriture phonétique

Vers 3000 avant notre ère, un progrès décisif est accompli avec le passage au phonétisme. Le génie des Sumériens a été en effet d'utiliser un procédé aussi simple qu'un jeu d'enfant, le rébus. Ils eurent l'idée de se servir d'un pictogramme désignant non pas l'objet qu'il représentait directement, mais un autre objet au nom phonétiquement voisin. Comme dans un rébus où un dessin de chat et un dessin de pot n'ont rien à voir avec l'animal et le récipient mais avec le couvre-chef, « chat-pot » désignant en fait un « chapeau ». Ainsi le pictogramme de la flèche (*ti* en sumérien) désigne « la vie », qui se prononce également *ti*. Le caractère monosyllabique d'un grand nombre de mots sumériens facilite les choses en conférant à chaque signe une valeur syllabique simple : *su* pour le caractère de la main, *ab* pour celui de la vache.

Ce système est si souple que, avec un vocabulaire écrit de 600 caractères environ – soit moins du tiers de l'ancien langage pictographique –, les scribes sumériens peuvent exprimer par l'écriture tout ce qui peut être décrit dans leur langue parlée.

De gauche à droite

En même temps qu'évolue l'écriture, évoluent aussi la forme et le style. Sur les premières tablettes, les images sont gravées en colonnes verticales à partir du coin supérieur droit. Mais le système se révèle peu satisfaisant, la main brouillant souvent les signes qu'elle vient de graver. Les scribes jugent plus commode de suivre la méthode qu'allaient adopter, ultérieurement, les peuples occidentaux : l'écriture horizontale de gauche à droite.

Ils abandonnent aussi l'outil pointu qui laissait des bosses et des creux inesthétiques. Vers 2500 av. J.-C., ils utilisent la pointe de roseau triangulaire, qui pénètre plus facilement dans l'argile et y creuse une empreinte bien nette. Ces empreintes prennent la forme de « coins » et de lignes constituant des espèces de clous censés représenter les dessins primitifs. Plus tard, on qualifia le système d'écriture sumérien de cunéiforme, du latin *cuneus*, « en forme de coin ». Limitée d'abord aux temples et aux palais, l'écriture cunéiforme se propage dans la société sumérienne puis s'étend à d'autres régions. Utilisées pour consigner les lois, pour transcrire les ordres des chefs militaires, mais aussi par les poètes pour inscrire les anciens mythes et les anciens récits – dont le plus célèbre est l'*Épopée de Gilgamesh*, un roi ayant effectivement régné à Ourouk –, ou simplement pour donner des conseils à un fils, ces tablettes sont bien les plus riches documents « historiques ».

La quête de Gilgamesh

Œuvre maîtresse de la littérature mésopotamienne, l'*Épopée de Gilgamesh* est avant tout une méditation sur l'amitié et le destin de l'homme.

Ce mythique roi d'Ourouk a bien existé et a vécu vers 2700 av. J.-C., mais c'est tout ce qu'on peut affirmer à son sujet. En effet, s'il est un des personnages les plus célèbres de Sumer, c'est que, des siècles plus tard, ses exploits merveilleux, ainsi que le récit du Déluge, étaient encore chantés dans toute la Mésopotamie, comme ceux d'Héraclès en Grèce.

Née de la mythologie sumérienne, cette vaste épopée s'épanouit pendant plus d'un millénaire dans tout le Proche-Orient ancien. Traduite dans plusieurs langues, elle figure, dans sa forme la plus achevée, en douze tablettes ou douze « chants », dans la grande bibliothèque d'Assurbanipal à Ninive. Elle raconte les exploits de Gilgamesh, roi en partie légendaire, qui vainquit le géant Houwawa, le gardien de la Forêt. Elle narre aussi sa découverte horrifiée de la mort lorsque son ami Enkidou est frappé par la maladie, sa quête de l'immortalité, sa rencontre avec le survivant du Déluge qui lui en dit le secret. Mais elle dit aussi comment, après sa traversée des « eaux de mort » et sa plongée pour s'approprier la plante de vie, cette dernière lui fut ravie par un serpent.

Les déchiffreurs du cunéiforme

Jusqu'au début du XIXe siècle, la Mésopotamie n'était connue que par la Bible, les récits quelque peu inexacts des historiens de l'Antiquité, comme Hérodote, et par les narrations de voyageurs du Moyen Âge et de la Renaissance.

Vers 1800, les inscriptions trilingues gravées par les grands rois achéménides à Persépolis et Béhistoun permirent les premiers travaux de déchiffrement. Un même texte y était écrit en trois langues cunéiformes différentes : le vieux perse, l'élamite et l'akkadien (babylonien). Tout commença avec G. F. Grotefend, professeur à l'université de Göttingen, qui pensait avoir identifié en 1802 « les inscriptions persépolitaines cunéiformes ». À partir de 1835, le diplomate militaire anglais H. C. Rawlinson termina le déchiffrement de la première langue en escaladant, au péril de sa vie, le rocher de Béhistoun, gravé d'un bas-relief commémorant le triomphe du roi perse Darios Ier.

Norris découvrit que la seconde langue était de l'élamite en 1851 et un pas décisif fut fait lorsqu'en 1857 la Royal Asiatic Society de Londres demanda à Rawlinson, Fox-Talbot, Hincks et Oppert de traduire un même texte akkadien ; ils envoyèrent leurs traductions un mois plus tard : elles coïncidaient ! En 1857, Jules Oppert publia son *Expédition scientifique en Mésopotamie*, qui contribua au déchiffrement de l'écriture cunéiforme et, en 1905, enfin, le Français F. Thureau-Dangin publia ses *Inscriptions de Sumer et d'Akkad*, sur le déchiffrement d'une langue, plus ancienne encore et qui avait servi à noter l'akkadien : le sumérien.

La guerre des cités en Mésopotamie

Entre 2300 et 1800 avant notre ère, alors que la Mésopotamie est une mosaïque de petits États farouchement attachés à leur indépendance, des cités conquérantes tentent d'unifier la région. La guerre est permanente entre les cités de Sumer comme entre celles de la vallée de l'Euphrate et de la Syrie du Nord. Mais, vers 2250 av. J.-C., Sargon d'Akkad coupe court aux tentatives du roi de la cité d'Oumma, en unifiant pour son compte la Mésopotamie.

Sargon le conquérant

La légende fait de Sargon le fils d'un nomade et d'une prêtresse. Sa mère n'ayant pas le droit de garder son enfant, celui-ci fut exposé dans un couffin, livré au gré du fleuve et recueilli par un jardinier qui s'occupa de lui comme de son propre fils. C'est alors que la déesse Ishtar le reconnut et l'éleva à la dignité royale. Il devint le conquérant du monde et le roi de l'Univers. Cette histoire, comparable à celle de Moïse, de Cyrus ou de Romulus, fait de Sargon le héros idéal, civilisateur, qui sauve le monde du chaos et en devient le maître incontesté. Son nom lui-même signifie « roi légitime », même si quelques scribes babyloniens, en falsifiant les signes de l'écriture cunéiforme, tentèrent d'en faire un usurpateur. Après avoir vaincu le roi d'Oumma, qu'il affronta au cours de trente-quatre batailles, Sargon lance des actions contre la vallée de l'Euphrate et la Syrie à l'ouest, contre l'Élam à l'est. Le règne de son petit-fils, Naram-Sin, marque l'apogée de l'empire ; les armées akkadiennes poussent toujours plus avant dans des terres et des contrées inconnues et réputées redoutables. Au nombre des États défaits figurent les royaumes de la vallée de l'Indus. Une expédition victorieuse est conduite contre Oman, qui tombe à l'issue d'une bataille navale.

Malgré des succès répétés, l'édifice impérial reste fragile et s'écroule dès le règne de Shar-kali-Sharri, le propre fils de Naram-Sin, victime des incursions étrangères : montagnards du Goutioum au nord-est, Élamites à l'est, nomades amorrites à l'ouest. À l'intérieur aussi le pouvoir est fragile : toute l'histoire du royaume d'Akkad est marquée par des révoltes et des soulèvements de palais, qui condamnent chaque souverain à reconquérir les armes à la main le trône laissé vacant par la mort de son prédécesseur. Le pouvoir chancelant du fils de Naram-Sin est encore affaibli par de multiples défaites. À sa mort, la guerre civile achève de ruiner un empire déjà moribond, qui se survit pourtant quelque temps. Le dernier roi d'Akkad règne encore alors que brille déjà l'étoile grandissante d'Our.

En dépit de cette histoire agitée, les souverains d'Akkad savent mettre en œuvre une politique novatrice et originale qui consiste en l'affirmation sans cesse répétée de la victoire militaire et en un effort centralisateur qui place la personne du souverain au cœur d'un processus politique auquel il donne son impulsion. C'est la conquête qui est à la base de la puissance des monarques, avec la capture d'un important butin redistribué aux élites dirigeantes et aux dieux. L'appellation de « divin » qui est associée au nom du souverain est l'expression la plus haute de ces principes.

La puissance d'Our

Après la chute d'Akkad en 2115 av. J.-C., la Mésopotamie est à nouveau divisée en principautés indépendantes. Ainsi vers 2040 av. J.-C., l'État du prince Goudéa est le plus prospère du moment, et son règne marque l'apogée de la cité de Lagash, au temps de la « renaissance sumérienne ». Les inscriptions gravées sur les statues et les cylindres votifs ne lui attribuent qu'un seul succès militaire, contre les Élamites, mais il fait figure de grand bâtisseur. Il est célèbre pour ses constructions pieuses, engageant d'énormes dépenses pour le sanctuaire du dieu tutélaire de ses États, Ningirsou. Il en fit un édifice d'une incomparable splendeur. Il est réputé pour avoir inspiré des écrits religieux d'une très haute tenue littéraire, les plus beaux textes sumériens connus, et un art plastique de grande qualité.

Cependant, le roi d'Ourouk est la figure majeure de cette époque. Il parvient à chasser les armées du Goutioum, qui ravagent Sumer, mais il est renversé par Our-Nammou, roi d'Our, qui est peut-être son propre frère. Ce dernier fonde, avec son fils et successeur, un nouvel empire centré sur Our, comparable à celui des souverains d'Akkad. Mais leur œuvre est moins durable. Dès 2003 av. J.-C., incapable de contenir la pression des nomades amorrites qui déferlent jusque sur les rives du golfe Persique, défait par les Élamites qui mettent Our à feu et à sang, trahi par les siens, le dernier roi d'Our, Ibi-Sin, part, enchaîné, pour une captivité lointaine, où il meurt.

Le pouvoir des rois d'Our repose sur une bureaucratie importante qui caractérise leur État. Au sein d'une unité territoriale, les souverains imposent leur justice, leur administration, leur fiscalité, un système de poids et mesures, en un mot, leur ordre, avec le concours d'agents très nombreux.

L'un des principaux artisans de la chute d'Our est un haut dignitaire de l'empire déchu, Ishbi-Erra, qui s'établit dans la ville d'Isin pour y créer la capitale d'un nouvel État souverain. Pour assurer sa légitimité, il tient déjà de la main de ses anciens maîtres la capitale religieuse Nippour, la ville du dieu Enlil, et revendique l'héritage d'Our. Dans la vingt-deuxième année de son règne, il chasse les Élamites, qui campent encore sur les ruines de l'ancienne capitale. Cette action d'éclat lui assure la première place aux yeux de ses contemporains. La dynastie qu'il fonde règne jusqu'en 1924 avant notre ère et, après sa mort, la monarchie d'Isin durera jusqu'en 1794. Mais les rois d'Isin ne sont pas les seuls à se réclamer de l'héritage d'Our, et la Mésopotamie, malgré tous leurs efforts, se trouve à nouveau divisée. À Larsa, dès la fin du XXe siècle avant notre ère, une dynastie amorrite affirme son pouvoir avec Goungounoum, qui se fait proclamer roi. Son exemple est suivi ailleurs, particulièrement à Ourouk, tandis que la guerre sévit de façon endémique et que s'écroule le pouvoir d'Isin.

À la charnière du XIXe et du XVIIIe siècle, deux frères, Warad-Sin et Rim-Sin, se succèdent sur le trône de Larsa, qui connaît alors une exceptionnelle prospérité.

Une alimentation frugale

En Mésopotamie, même si les vergers, les vignobles et les palmeraies fournissent des produits variés, la majorité du peuple se nourrit de façon sommaire. Peu propre à la panification, l'orge, la céréale le plus cultivée, est consommée en galettes ou en bouillies et sert aussi à fabriquer la bière. Comme corps gras, on utilise de l'huile de sésame, rarement de l'huile d'olive, qui reste un luxe, comme les légumes et les fruits, sauf les dattes. Les troupeaux de bovins, de moutons et de chèvres, élevés dans les steppes ou les marais, fournissent une viande que seuls les plus riches peuvent s'offrir et que les pauvres ne consomment que dans les grandes occasions, complétant leur alimentation par les poissons de la mer ou des fleuves.

En dépit de la fertilité d'un sol bien entretenu, les habitants de la Mésopotamie sont à la merci de toutes sortes de calamités : outre les inondations et la sécheresse, ils redoutent surtout les guerres, qui interrompent les travaux d'entretien des digues et des canaux. Il suffit alors d'une campagne un peu longue, d'une incursion ennemie, pour que la disette menace.

Le premier Empire de Babylone

Après la chute de la IIIe dynastie d'Our en 2003 av. J.-C., la Mésopotamie, sous influence amorrite, est à nouveau divisée. Au nord du pays, les princes assyriens tentent d'imposer leur pouvoir. Mais le personnage le plus célèbre de l'époque,

Shamshi-Addad, qui se fait appeler « le Vainqueur de l'Univers », abat la puissance d'Akkad sans parvenir à fonder un empire durable. Les cités de Mari, Eshnounna, Larsa et Babylone ne cessent de guerroyer.

C'est finalement Babylone qui l'emporte, grâce à la ténacité, la prudence et l'habileté d'Hammourabi, fils d'un roi de Babylone, le premier souverain à témoigner de réelles capacités diplomatiques et politiques. Vers 1750 av. J.-C., ce puissant souverain, conquérant, bâtisseur et lettré fait de Babylone la capitale de la Mésopotamie.

Le règne d'Hammourabi

Hammourabi se tient d'abord sur la réserve à l'égard de l'Assyrie, respectant le pacte d'alliance qu'il avait sollicité de Shamshi-Addad. Redoutable politique, il abat un à un ses rivaux, semant entre eux la discorde, s'aidant de l'un pour écraser l'autre, l'allié d'un jour devenant la victime du lendemain. Rusé, excellent diplomate, « avare en promesses, réticent et préférant engager ses alliés que ses troupes sur le champ de bataille », Hammourabi, « roi des quatre régions du monde », agrandit son royaume avec ténacité et prudence. En moins de vingt-cinq ans, il constitue un véritable empire qui n'est pas seulement l'œuvre d'un conquérant, mais aussi celle d'un administrateur et d'un lettré. La centralisation est extrême, quoique les villes aient conservé leur propre administration avec un collège d'anciens et un maire. Le roi s'occupe de toute l'activité économique du pays, du montant des salaires, du prix des marchandises aussi bien que de la perception des taxes et des impôts, de la surveillance des fonctionnaires, de l'entretien des voies d'eau, des questions de coupe d'arbres ou de bornage des champs. Le triomphe politique d'Hammourabi porte à son apogée le puissant mouvement culturel inauguré par Sargon. Les techniques se perfectionnent, les institutions se développent, ainsi que la lexicographie, la grammaire, les mathématiques, la divination, la médecine et la jurisprudence.

Le premier code de lois

C'est avant tout pour son œuvre juridique qu'Hammourabi est passé à la postérité : son code de lois – en fait un recueil de jurisprudence – est un testament politique destiné à fournir aux princes à venir un modèle de sagesse.

Les quelque 282 articles regroupent par thème des « arrêtés » concernant le vol, le travail agricole, le commerce, la famille, les coups et blessures, l'exercice des diverses professions. À chaque délit, le code assigne un tarif précis, selon le rang de la victime : « Si quelqu'un casse un membre à un *awilou* (notable), on lui cassera un membre. S'il crève l'œil d'un *moushkenou* (simple paysan), ou s'il lui casse un membre, il paiera une mine d'argent. S'il brise les dents d'un *awilou*, on lui brisera les dents ; s'il brise les dents d'un *moushkenou*, il paiera un tiers de mine d'argent. » À travers ces jugements se dégage l'image d'une société avec ses hommes libres – propriétaires fonciers, paysans, artisans, commerçants, fonctionnaires et prêtres –, sa classe inférieure, les *moushkenou*, et ses esclaves. Ces derniers – prisonniers de guerre, enfants vendus, débiteurs insolvables – sont protégés par la loi. Ils peuvent contracter le mariage, même avec une femme libre, avoir une famille, exercer un métier, posséder des biens, racheter leur liberté ou être affranchis. La femme apparaît aussi, avec son statut juridique : elle peut ester en justice, exercer une profession, assumer des fonctions publiques.

Le code connut immédiatement une large diffusion : chaque ville importante en possédait sans doute un exemplaire. Devenu un classique, ce texte était copié dans les écoles par les apprentis scribes.

Le commerce assyrien

Vers 1800 av. J.-C., les marchands assyriens développent dans les grandes villes hittites d'Asie Mineure un commerce florissant. Les grandes familles assyriennes, organisées en véritables firmes commerciales, sont subordonnées à l'administration centrale du bureau de Kanesh, un organisme d'État pourvu de prérogatives économiques, financières et judiciaires. Les princes du pays réglementent ce commerce, son développement, les routes marchandes, les impôts et ses modalités ; les seuls partenaires en sont les commerçants assyriens, qui en retirent de larges profits et achètent dans les pays à l'est du Tigre l'étain dont l'Anatolie a besoin pour la fabrication du bronze. L'étain est transporté en Anatolie ainsi que des étoffes, grâce à des ânes chargés avec des selles de charge aux normes très précises. Les douanes, les taxes sur les personnes, les impôts de voyage et le coût de la nourriture pour les animaux, tout est enregistré et comptabilisé. Les conducteurs de caravanes ont à leur disposition pour leurs dépenses des sommes en « étain de main ».

Les palais de Mari

En 1761 av. J.-C., les soldats du roi Hammourabi prennent la ville de Mari, à la limite de la Syrie et de l'Iraq actuels. Superbe ensemble qui témoignait de la puissance des princes de la ville et plaque tournante entre l'Assyrie et la Babylonie, les somptueux palais de Mari, datant du IIe millénaire, sont incendiés et ruinés. Les fouilles archéologiques menées depuis près de soixante-dix ans sur le site de Tell Hariri attestent que la totalité des palais couvrait une surface de près de 2 hectares et comprenait plus de 300 pièces ornées de peintures murales, avec cuisines, salles d'eau, celliers, dépôts d'archives et une salle du trône. Construite en plein désert, il semble que cette ville ait été un grand centre de métallurgie.

Le Moyen Âge de Babylone

Avec l'empire d'Hammourabi, Babylone s'affirme durant plus de un siècle comme la capitale religieuse et culturelle de la Mésopotamie, même si la construction politique d'Hammourabi s'est révélée fragile et instable.

Depuis la fin du IIIe millénaire, de nouveaux peuples étaient apparus en Mésopotamie. Face à la pression des Hittites d'Anatolie, des Mitanniens de Syrie et des Hourrites, la Babylonie est en position de faiblesse. Bien que les successeurs d'Hammourabi se soient battus avec courage tout au long de leur règne, l'empire se désagrège vite, une grave crise économique et sociale s'abat sur un pays désorganisé par les infiltrations des Kassites. Envahisseurs venus du Zagros, ceux-ci sont avant tout des combattants d'élite. Experts dans l'art d'élever et de dresser les chevaux, ils ont mis au point une arme redoutable : un char très maniable, qui leur assure pendant longtemps la maîtrise du champ de bataille.

En 1595 av. J.-C., un raid hittite met fin à la Ire dynastie de Babylone. La ville est pillée. Une longue période de crise s'ouvre alors, à laquelle seuls les barbares kassites pourront mettre fin. La société babylonienne connaît sous leur domination un important changement avec l'introduction d'éléments féodaux et l'existence de propriétés foncières qui proviennent de donations royales faites à des fonctionnaires de la Cour, à des gouverneurs ou à des officiers. Des titres de donation de terres, sur pierre, appelés « koudourrous », sont l'expression la plus évidente de ces mesures. Par ailleurs, l'organisation des provinces, dirigées par des gouverneurs souvent d'origine locale, entraîne une multiplication des gros villages. Les Kassites servent la grandeur babylonienne en revitalisant aussi bien l'agriculture, le commerce, les techniques que les arts.

Le dieu Mardouk

Le grand dieu de Babylone, Mardouk, illustre à la fois la grandeur et les vicissitudes de la ville phare de la Mésopotamie. Un temple lui est dédié pour la première fois par le troisième roi de la Ire dynastie de Babylone. C'est l'enlèvement de sa statue avec sa parèdre Zarpanitum qui marque la fin de cette dynastie.

À l'époque des Kassites, qui avaient largement adopté le panthéon babylonien, l'ascension de Mardouk apparaît de manière éclatante dans une des très nombreuses œuvres littéraires que produit l'époque kassite, le *Poème de la création*. Mardouk s'y affirme comme le champion des dieux. Souvent représenté symboliquement sur les koudourrous, son caractère agraire se révèle dans son animal-attribut : le dragon-serpent cornu.

Rapportée à Babylone par un roi kassite, c'est à nouveau son emprisonnement en Élam, en 1157, qui symbolise la fin de la domination kassite en Babylonie.

Elle se libère des Kassites, montagnards venus du nord qui la dominaient depuis quatre siècles. Nabuchodonosor Ier (1124-1103 av. J.-C.), roi de la IIe dynastie d'Isin, acquiert une gloire séculaire en remportant une victoire décisive sur l'« ennemi héréditaire », qui lui permet de reprendre, à Suse, la statue de Mardouk et de réinstaller la divinité dans ses murs. Grâce à Nabuchodonosor Ier, la ville retrouve un rôle dirigeant, mais sa puissance politique ne sera jamais la même qu'à l'époque d'Hammourabi, car elle devra se défendre sans cesse contre des vagues d'invasions successives, sans jamais venir définitivement à bout des peuples nomades qui ne cesseront de la menacer.

• • •

CHAPITRE 3

L'Égypte des pharaons (–3500 à –1500)

Depuis le IVe millénaire av. J.-C., les Égyptiens cultivent la plus grande oasis du monde, ruban vert au cœur du désert le plus aride d'Afrique.

L'« Égypte est un don du Nil » écrira l'historien grec Hérodote à propos de ce pays qui connut la plus longue civilisation de l'histoire. Prodige inexpliqué jusqu'au XIXe siècle de notre ère, le Nil, dont les sources se trouvent dans la zone équatoriale, augmente tellement lors de la saison des pluies qu'il inonde chaque été les vallées du Soudan et de l'Égypte. En se retirant, les eaux laissent un limon fertile. L'irrigation est alors possible toute l'année grâce à une organisation minutieuse aussi ancienne que la civilisation égyptienne. Les Égyptiens remercient scrupuleusement Hâpî, le dieu du Nil, car, si la crue est trop faible, la famine et la disette menacent le pays.

Les premières dynasties

Les mythes de création du monde ne se sont structurés que tardivement en Égypte, où chaque région avait sa divinité protectrice. À Héliopolis, les Égyptiens rendaient un culte au soleil identifié à Khepri, « soleil-levant », Rê, « soleil de midi », et Atoum, « soleil couchant » ; une ennéade, ensemble de neuf dieux, y était adorée. Selon les théologiens qui ont élaboré la légende tout au long de l'histoire égyptienne, à l'origine du monde était un chaos liquide. Aton, le soleil, en sortit de sa propre volonté et se posa sur une pierre verticale, que représentèrent par la suite les obélisques. De la semence d'Aton naquit un couple divin : Shou, l'Atmosphère, et Tefnout, l'Humidité, qui engendrèrent à leur tour deux autres couples. Le deuxième couple associe Geb, dieu de la Terre, dont la légende fait le premier pharaon, et Nout, déesse du Ciel, dont le corps est parcouru durant la journée par le soleil, qu'elle avale chaque soir pour le mettre au monde chaque matin. Elle constitue souvent le couvercle des sarcophages.

Dans la plupart des légendes, l'origine de la Terre est un chaos liquide, fécondé par le soleil ; cette représentation est peut-être due à la réalité des inondations du Nil.

Avant les pharaons

En 5000 avant notre ère, la partie nord de l'Égypte était toute entière recouverte par les eaux. Ce sont la mer et le fleuve qui ont construit le Delta, la zone la plus fertile du pays. En effet, le niveau de la mer, qui avait souvent varié, était plus élevé qu'aujourd'hui, et ce n'est qu'à partir de 3500 que ce niveau s'est mis à baisser ; les eaux n'ont atteint leur niveau actuel qu'au bout de 600 ans, tandis que le fleuve accumulait lentement ses limons.

Au sortir de l'ère paléolithique (mésolithique), la flèche, le harpon, l'emploi des ocres comme colorants, l'usage des meules pour écraser les produits de la cueillette, l'art de coudre les peaux, de travailler l'os avec des grattoirs, de tresser, puis enfin la poterie font leur apparition. Au néolithique, les paysans égyptiens plantent et tissent le lin, défrichent la vallée du Nil, qui leur donne les céréales, les légumes et le poisson nécessaires à la vie. Terre de riches moissons, l'Égypte est une des premières régions à produire des surplus alimentaires, grâce auxquels elle peut créer des activités diversifiées.

Au milieu du IVe millénaire avant notre ère, les premières civilisations prédynastiques en sont les héritières directes. On sait déjà dessiner des scènes de la vie quotidienne, modeler des vases en calcaire, sculpter des bas-reliefs, fabriquer du fard vert pour protéger les yeux des hommes et des femmes. Casse-tête et massue, hache, faucille, herminette sont faits avec de la pierre finement polie ou bien avec du silex taillé pour être tranchant comme de l'acier. Des couteaux, sortes de bifaces emmanchés d'or ou d'ivoire sculptés, sont utilisés pour les fêtes. Si les cultures présentent bien des traits communs sur tout le territoire, l'Égypte est divisée ; les 42 nomes (provinces) d'origine sont regroupés en 2 royaumes : la Haute-Égypte, au sud, qui a un climat chaud et sec, la vallée n'y étant qu'une longue oasis, et la Basse-Égypte, au nord, arrosée par les bras du Delta, qui connaît un climat méditerranéen légèrement plus doux, où il pleut parfois.

Le mythe d'Osiris, aimé des Égyptiens, rend compte de cette dualité et a connu un grand succès dans tout le monde antique, jusque dans les premiers siècles de l'ère chrétienne. On racontait qu'Osiris, qui régnait sur l'Égypte, jalousé par son frère Seth, fut tué par ce dernier. Isis, qui était sa sœur et sa femme, habile magicienne, arriva à le ranimer le temps de concevoir de lui un fils, Horus, qui vengea alors son père et lui succéda. On ne sait pas si les Égyptiens se rendaient compte que cette légende portait une trace des luttes qui divisèrent l'Égypte avant l'unification.

L'unité de l'Égypte

Vers 3200 av. J.-C., les dynasties thinites, dont les tombes ont été découvertes à This au sud du pays, unifient l'Égypte. Les trois premières dynasties de pharaons, qui sont plus mythiques qu'historiques, ont fondé l'Égypte. La conquête de la Basse-Égypte a été longue, et il a fallu, entre 2990 et 2930 av. J.-C., les guerres du pharaon Den contre les peuples orientaux du Delta pour en venir à bout. Symbole de cette domination, Memphis, ville fondée, selon la légende, par le roi Ménès et appelée le *Mur Blanc* jusqu'à la VIe dynastie, est la capitale de l'Ancien Empire.

Un « roi-scorpion » est mentionné en Haute-Égypte et, après lui, un certain Narmer règne sur le pays. Est-il le légendaire roi Ménès qui, venu du Sud, aurait conquis et unifié le territoire ? Il porte le *pschent*, la double couronne rouge et blanche de l'Égypte du Nord et de l'Égypte du Sud. Succédant aux « serviteurs d'Horus », qui gouvernaient le pays au nom des dieux, la première dynastie est née.

Les historiens ont découpé l'histoire de l'Égypte en différentes périodes : l'Ancien Empire (2778-2260 av. J.-C.), la première période intermédiaire (2260-2160), le Moyen Empire (2160-1785), la deuxième période intermédiaire (1785-1580), le Nouvel Empire (1580-1085), et la Basse Époque (1085-333), durant lesquelles on comptera près d'une trentaine de dynasties.

Le tombeau du roi Djoser

Vers 2700 av. J.-C., Djoser, le plus célèbre pharaon de la IIIe dynastie, se lance dans des expéditions dans le Sinaï et gouverne le pays, aidé par son vizir Imhotep, un homme hors du commun à qui le roi demande de construire son tombeau, sa « demeure d'éternité », sur le plateau de Saqqarah, sur la rive gauche du Nil.

La falaise domine la vallée et la capitale Memphis, construite là où se rencontrent les deux Égyptes. Imhotep décide d'utiliser des pierres pour un monument qui défiera le temps mieux encore que toutes les constructions de briques crues utilisées jusque-là. Pour le revêtement extérieur, il emploie le calcaire blanc des carrières de la rive droite. Tandis que les ouvriers taillent des milliers de pierres et les hissent sur le plateau, les terrassiers creusent d'abord un large puits de 7 mètres de côté, puis, à 28 mètres de profondeur, la chambre funéraire secrète, un caveau revêtu de granite venu des carrières d'Assouan après un voyage de 960 km. On y accède par un long couloir. C'est là que sera déposé le sarcophage du pharaon, après l'accomplissement des rituels funèbres. Le couloir sera ensuite fermé par un bloc de granite d'un poids de 3,5 tonnes, qui n'empêchera d'ailleurs pas la tombe d'être pillée.

De nombreuses autres chambres sont creusées autour de ce caveau, décorées de panneaux de faïences bleues et reliées par des galeries. Après la mort du pharaon, près de 40 000 vases, assiettes, coupes, plats ainsi que de la nourriture et des boissons y seront déposés.

La première pyramide

La partie visible du tombeau n'est à l'origine qu'un mastaba traditionnel, bâtiment massif en forme de banc, rectangulaire, haut de 8 mètres. Mais Imhotep l'agrandit à l'est en adjoignant sous l'édifice un nouveau puits. Le mastaba est entouré d'une enceinte immense, de 1600 mètres de long, ornée de quatorze fausses portes. Seule la quinzième porte, fort étroite, permet l'accès à l'édifice ; elle n'a pas de vantail et est gardée nuit et jour. D'un côté le désert, de l'autre une entrée longue et resserrée avec 40 colonnes et un toit de pierre. Pour que le tombeau soit visible au-dessus de l'enceinte de 10 mètres de haut, Imhotep le surélève, y ajoutant cinq constructions superposées, chacune plus petite que la précédente : la première pyramide est née, elle mesure 60 mètres de haut. Pourtant, elle n'en est pas vraiment une : sa base n'est pas carrée mais rectangulaire, ses faces sont irrégulières, son sommet n'est pas pointu mais en forme de terrasse.

Autour de la pyramide, Imhotep bâtit divers petits temples, chapelles, cours ; tout cet ensemble « utile » forme le complexe funéraire qui doit permettre au pharaon de célébrer les fêtes grâce auxquelles il règnera dans l'au-delà. Ainsi, lors de la fête de Sed, il célèbre ses trente années de règne par des rites de régénération.

Imhotep, architecte génial, a « inventé » la première pyramide, escalier dressé vers le ciel, symbolisant l'aspiration du pharaon à s'élever vers les dieux.

Il grava modestement ses titres sur le socle d'une statue : « Le chancelier du roi de Basse-Égypte, le premier après le roi de Haute-Égypte, administrateur du grand palais, noble héréditaire, grand prêtre d'Héliopolis, Imhotep, constructeur, sculpteur... », mais sa renommée dépassa vite le cadre de la chapelle funéraire de Saqqarah. Ministre remarquable et conseiller avisé, celui qui inventa l'architecture monumentale en pierre fut aussi le maître des scribes. On lui attribue un recueil « sapientiel », livre de morale, le premier d'un genre littéraire original et très riche en Égypte. Imhotep est aussi un héros guérisseur. Au Ier millénaire, il fut même divinisé, et les Grecs, qui l'appelaient Imoutès, l'assimilèrent à Asclépios (Esculape), le dieu de la Médecine. Le monde hellénistique lui rendait hommage dans sa chapelle de Saqqarah puis dans les temples de Thèbes et de Philae.

Une vie après la mort

Si les Égyptiens ont laissé tant de monuments funéraires, c'est que pour eux la vie après la mort est bien plus importante que la vie terrestre.

La personne humaine comprend un corps auquel sont associés plusieurs principes spirituels qui, libérés après la mort, restent liés au cadavre. L'*akh* est un principe immortel, une force divine représentée par un ibis, que seuls possèdent le roi et les dieux. Le *ba*, symbolisé par un oiseau à tête humaine, est un principe spirituel plus indépendant du corps, qui reprend sa liberté après la mort. Le *ka* est l'énergie vitale qui, pour se perpétuer, a besoin d'un support : la momie, une statue, une image. Le *ka* mène une vie à l'image de la vie humaine : scènes de moissons et de repas, statuettes d'artisans et de musiciens le serviront dans l'au-delà. Au Moyen Empire, le cœur sera ajouté à ces principes.

Les hiéroglyphes

Voici plus de 4 000 ans, les Égyptiens inventent à leur tour l'écriture. Vivants, colorés, les hiéroglyphes, « images sacrées », forment une écriture complexe, au vocabulaire riche et à la grammaire compliquée. Ils sont présents partout : sur les murs des temples, sur les parois des sarcophages et le socle des statues.

Certains de ces hiéroglyphes sont des idéogrammes, ils représentent un objet, un être ou une action simple : un poisson, une maison, le soleil. Un homme qui bascule signifie « tomber ».

D'autres hiéroglyphes, les phonogrammes, 150 environ, évoquent des sons. Les dessins sont alors utilisés pour leur valeur phonétique, comme dans un rébus. Par exemple, la bouche se disait r(o), le dessin d'une bouche est aussi le son « r ». Les phonogrammes représentent une, deux ou trois consonnes.

D'autres signes, les déterminatifs, sont utilisés à la fin de certains mots, pour préciser ainsi à quelle catégorie le mot appartient. Ce n'est que vers 1200 av. J.-C. que les Égyptiens inventeront le point. Pour les opérations courantes, les scribes utilisent une écriture simplifiée, l'hiératique.

Écritures hiéroglyphique et hiératique seront utilisées jusqu'en 350 apr. J.-C., parallèlement à une écriture abrégée, inventée vers 700 avant notre ère, le démotique qui, plus rapide d'utilisation, finira par les supplanter.

Le pouvoir des scribes

Dans chaque pays, la maîtrise d'un système compliqué de signes de communication est l'apanage d'une caste fermée, celle des scribes. L'écriture va naître à peu près au même moment en Mésopotamie et en Égypte. Dans ces deux pays, les scribes sont indispensables à l'administration des empires. À Sumer, toute la comptabilité des royaumes passe par eux. Ils sont les dépositaires des mythes et les intermédiaires obligés entre les dieux et les hommes.

Les hiéroglyphes égyptiens sont des « images divines » révélées par le dieu Thôt. Ils ont un pouvoir magique et sont le moyen de communiquer avec les dieux. Il faut de longues années pour apprendre les centaines de signes de l'écriture sacrée, et les scribes sont fiers du pouvoir que leur donne leur savoir. Les scribes les plus modestes sont intendants ou petits fonctionnaires. Aidés des arpenteurs, ils ont la charge de replacer les bornes des champs après les inondations du Nil et perçoivent loyers et redevances.

En Chine, l'écriture apparaît 1 000 ans plus tard ; elle est le signe et l'arme du pouvoir central. Sous les Tang, les mandarins, fonctionnaires impériaux, ne tiennent leur pouvoir que de leur aptitude à écrire. La beauté formelle des caractères est aussi importante que la valeur du texte… Mao Zedong lui-même se montrait très fier de ses dons pour la calligraphie.

Des tombeaux au bord du Nil

Durant tout l'Ancien Empire, les pharaons, véritables dieux vivants, gouvernent énergiquement l'Égypte. Une armée de fonctionnaires, véritable pyramide bureaucratique où circulent ordres et renseignements, veille à la bonne marche du pays : tandis que des milliers de paysans s'activent du lever au coucher du soleil, les scribes, délégués par le roi, surveillent et notent tout. Propriétaire en droit de tout ce qui existe dans son royaume, le pharaon gouverne depuis son palais de Memphis. Il s'appuie sur le vizir, responsable du « trésor », c'est-à-dire de l'économie, essentiellement agricole et artisanale, ainsi que de la justice et de l'organisation des archives royales. Le roi et son ministre sont secondés par de nombreux « chefs » : chef du Double-Grenier, chef des Champs, chef des Dizaines-du-Sud, etc., eux-mêmes aidés de sous-chefs et de fonctionnaires subalternes.

L'Égypte et ses voisins

Grâce à des expéditions par-delà les frontières, les pharaons assurent la sécurité de l'Égypte et accroissent sa richesse. Dans l'ouadi Maghara, en Nubie, des inscriptions attestent le passage des armées des pharaons Sanakht, Kheops, Sahourê, Neousserê, Pépi Ier et Pépi II. Snefrou, fondateur de la IVe dynastie, entreprend des expéditions en Nubie contre les Libyens remuants, et au Sinaï, où il fait extraire des turquoises. Il faut aussi contenir les raids des Bédouins venus d'Asie, et assurer la protection des bateaux qui viennent du Liban avec du bois précieux, indispensable pour les constructions. Sous Pépi Ier, pharaon de la VIe dynastie, le général Ouni a laissé un récit de ses expéditions contre les Palestiniens et les Bédouins ; le pharaon lui-même rapporte du cuivre et des turquoises de ses voyages dans le Sinaï. Pépi II se fait envoyer par un de ses gouverneurs un Pygmée, ramené d'une expédition au Soudan. Toutefois son règne, le plus long de l'histoire égyptienne (vers 2270-2180 av. J.-C.), verra, après une période de calme et de tranquillité, la décadence du pouvoir royal, incapable d'arrêter les incursions étrangères dans le Delta.

Construire une pyramide

Faire construire une « demeure d'éternité » semble avoir été une obsession des souverains de ce temps. Vers 2625 av. J.-C., Snefrou, qui succède à Houni, se fait construire à Meidoum, dans le désert, à vingt kilomètres de Saqqarah, la première vraie pyramide, aux faces lisses, reliée par une chaussée à une pyramide plus petite, peut-être destinée à une reine. Les deux monuments font partie d'un complexe funéraire comprenant un temple haut, une cour bordée de chapelles, des magasins de vivres et un temple bas. Par ailleurs, au sud de Saqqarah, le roi se fait construire à Dahchour deux autres pyramides de 100 mètres de haut.

Comment bâtir des pyramides avec de simples outils de pierre, sans grue ni poulie ? Les Égyptiens ont utilisé des rondins de bois, des cordes, des bateaux et la peine de milliers de paysans. Les ouvriers extrayaient les blocs de calcaire des carrières à l'aide d'outils de cuivre ou de dolérite et attendaient la crue pour transporter les plus grosses pierres par bateau : l'inondation amenait alors l'embarcation près du chantier. Pour acheminer les blocs sur le sable, il est probable qu'ils utilisaient des traîneaux glissant sur des troncs d'arbres mouillés.

Les pierres étaient hissées sur la pyramide grâce à une rampe construite avec du sable et des pierres devant le monument au fur et à mesure que la pyramide s'élevait. Une fois posée la dernière pierre, un bloc de granite pointu, la rampe était détruite. La pyramide, dont la construction s'était échelonnée sur des années, apparaissait alors lisse et étincelante.

Gizeh

Si Snefrou est bienveillant pour le peuple, ses successeurs sont décrits comme de cruels tyrans, quoique leur politique intérieure nous soit inconnue. Kheops succède à son père Snefrou vers 2600 avant notre ère ; durant ses 30 ans de règne, il fera construire la plus grande pyramide.

Au nord de Saqqarah, dans le désert de Gizeh, le plateau qui surplombe de 40 mètres la vallée du Nil est tout d'abord soigneusement nivelé à main d'homme. Un carré de 230 mètres de côté est tracé et l'orientation est déterminée avec application. Les plans seront modifiés trois fois. Le caveau de granite est au centre même de l'édifice et on y accède par un couloir en pente. Le cœur du bâtiment est en pierre locale de qualité médiocre, mais il est recouvert de calcaire blanc poli. La pyramide de 147 mètres de haut brillait dans le désert avant que les habitants de la région n'utilisent les pierres du revêtement pour leurs propres constructions. Dans le complexe funéraire, trois petites pyramides, un temple haut, une chaussée de pierre, un temple bas et cinq fosses gigantesques creusées dans le sol, où s'entassent tous les éléments nécessaires à la construction de cinq bateaux de bois : cordages, cordelettes, poutres, planchettes, rames. 1224 morceaux de bois de cèdre, trouvés dans une des fosses, permirent de reconstituer une barque « solaire » comme celle du dieu Rê, dieu du Soleil, auquel le pharaon devait s'identifier dans l'au-delà.

Chaque pièce de la pyramide a une fonction précise : dans la chambre du sarcophage, le roi devient un nouvel Osiris et s'assimile à Atoum, dieu du Soleil couchant. Dans l'antichambre, il se prépare à la navigation et devient dieu du Ciel. Dans le corridor, le roi transformé voit s'ouvrir devant lui les verrous de son tombeau, il peut alors s'installer dans sa barque solaire.

Deux des fils de Kheops lui succèdent, Didoufri puis Khephren, qui, pendant ses 25 ans de règne, édifie une pyramide de 144 mètres de haut, moins large que celle de son père, toute proche de celle-ci.

Fils ou frère de Khephren, Mykerinus fait aussi construire une pyramide, sur le même plateau de Gizeh, haute « seulement » de 62 mètres. Mykerinus a laissé le souvenir d'un souverain moins cruel et moins autoritaire que ses prédécesseurs ; l'historien grec Hérodote répétera les louanges que le peuple lui adressait encore, 2 000 ans plus tard. La fin de son règne est marquée par des malheurs personnels : la mort de sa fille, puis un oracle qui lui annonce qu'il ne lui reste que six ans à vivre. « Se rendant compte, écrit Hérodote dans le livre II des *Histoires*, que son arrêt était dès lors prononcé, Mykerinus fit faire un grand nombre de lampes. Dès que la nuit venait, il les faisait allumer, et il buvait, se livrait aux délices, sans cesser ni le jour ni la nuit, se promenant dans les basses terres, dans les bocages, pour de ses six années en faire douze, les nuits se transformant en jour. » C'est peut-être à cause de cette étrange fin de règne que le complexe funéraire de Mykerinus n'a pas été réellement achevé.

Quant au sphinx, ce visage énigmatique, au nez cassé, probablement celui de Khephren, regarde vers le Levant. Coiffé du *nemes*, comme le pharaon mort, son corps de lion mesure 20 mètres de haut sur 71 mètres de long. Taillé dans un éperon rocheux, il est le plus grand des nombreux sphinx fauves qui veillent sur le monde des morts.

Après l'Ancien Empire, les Égyptiens y ont vu une représentation d'Horus, dieu du Ciel et des Astres. Aujourd'hui encore, les Arabes l'appellent « le père de la Terreur ». Il est sans cesse menacé par les sables du désert, qui l'ont recouvert dès l'Antiquité : le roi Thoutmosis IV, après un rêve prémonitoire, le fit désensabler vers 1400 av. J.-C.

Des textes magiques

Désormais chaque pharaon se fait construire une pyramide. À partir de 2470 av. J.-C., sous le règne du pharaon Ounas, de longs textes religieux, que les prêtres récitent au moment des funérailles et répètent régulièrement dans les temples funéraires, sont gravés sur les murs des pyramides. Ces textes ont un effet magique. Par la seule présence des formules notées sur les murs, le pharaon monte au ciel et s'assimile aux dieux. Assuré de vivre en leur compagnie pour l'éternité et de jouir de leurs offrandes, purifié par ces textes, il est protégé des nombreux dangers du monde des morts, des morsures de serpents et des mauvais génies.

La momification

Pour justifier leurs rites funéraires, les Égyptiens racontaient la légende d'Isis et de son époux et frère, Osiris, tué par le dieu Seth.

Après avoir ranimé brièvement le corps de son mari, Isis se le vit ravir à nouveau par Seth, qui le découpa en morceaux et le dispersa dans le Delta. Isis se mit à la recherche des parties du corps et les retrouva toutes, sauf le phallus dévoré par un poisson. Habile magicienne, aidée du dieu-chacal Anubis, elle reconstitua alors le corps du dieu avec des bandelettes ; Osiris règne depuis lors dans le monde des morts, où on le reconnaît à sa couleur verdâtre de cadavre. Les prêtres embaumeurs répétaient les mêmes gestes. À l'aide de crochets passés dans les narines du mort, ils retiraient d'abord le cerveau. Avec un couteau de silex, ils incisaient le corps du côté gauche, et enlevaient les viscères, qui, comme le cerveau, étaient conservés dans les vases canopes.

Le corps était ensuite recouvert d'aromates, recousu et plongé pendant soixante-dix jours dans un bain de natron où il se desséchait.

Le cadavre était alors entouré de longues et fines bandelettes de toile trempées dans une résine odorante. Des textes, des bijoux et des amulettes étaient disposés entre les linges. Les prêtres touchaient les oreilles, le nez et la bouche du pharaon avec des instruments magiques qui lui garantissaient l'usage de ses sens dans l'au-delà.

La momie était enfin déposée dans ses multiples sarcophages, le visage couvert d'un masque. Pendant tout l'Ancien Empire, seuls les pharaons avaient droit à de tels rites, les dignitaires y accédèrent ensuite, comme plus tard les paysans et les artisans.

Suprématie du clergé d'Héliopolis

Les prêtres d'Héliopolis, la ville d'Iounou, en Basse-Égypte, semblent dominer la Ve dynastie, fondée par le pharaon Ouserkaf en 2494 av. J.-C. Les prêtres de Rê, dieu du Soleil, pratiquent peut-être une sorte de prostitution sacrée : selon le *Papyrus Westcar*, les premiers rois de la dynastie auraient été fils de Rê et du Grand Prêtre d'Héliopolis. La ville est un important centre théologique, où les prêtres ont réussi à unifier les différents cultes solaires égyptiens. Rê est ainsi identifié à Horakhty, dieu de l'Horizon matinal, et à Atoum, dieu créateur, et il préside la grande Ennéade.

La fin de l'Ancien Empire

Tandis que les défunts du peuple, roulés dans une modeste natte, sont simplement recouverts par le sable du désert et n'emportent dans l'au-delà qu'une poignée de dattes, une cruche, parfois un modeste bijou, les princes et les plus hauts dignitaires sont toujours enterrés dans les mastabas, comme autrefois les pharaons. La dimension même des monuments prouve leur richesse et leur puissance. À côté de la pyramide du roi Téti, le vizir Merrerouka se fait construire un grand mastaba de plus de vingt chambres. À cette époque, les hauts dignitaires reçoivent de plus en plus de terres et financent ces constructions somptueuses. Le pharaon aliène ainsi une grande partie de sa richesse foncière. Les nomarques, gouverneurs des provinces, usurpent une partie du pouvoir royal, épousent les filles du pharaon, participant ainsi de l'autorité mythique de celui-ci. Mais, négligeant leurs obligations, ils se soucient peu de défendre le pays contre les envahisseurs qui occupent l'est du Delta.

Le peuple est épuisé par les travaux forcés : il n'y a pratiquement pas d'esclaves en Égypte, ce sont les paysans qui travaillent sur les chantiers du pharaon quand leurs champs sont inondés par le Nil. Ils ne sont payés qu'en pain et en bière. C'est sans doute à ce travail écrasant que sont dus les contes épouvantables que se racontaient les Égyptiens, et qu'Hérodote a recueillis, sur la cruauté de Kheops et de Khephren.

L'Ancien Empire s'achève vers 2200 av. J.-C. avec les règnes de Pépi Ier et Pépi II : une révolution abat la VIe dynastie. Dès cette époque, l'Égypte entre dans une période obscure, traversée de souverains falots et d'envahisseurs étrangers.

Les insignes du pouvoir

Le mot « pharaon » est une transcription d'un mot hébreu, formé à partir du hiéroglyphe *per aa*, littéralement « la grande maison », et il nous a été transmis par les Grecs. L'emploi de ce mot ne date que du Nouvel Empire en Égypte, comme les nombreux bijoux symbolisant le pouvoir. Il est toujours précédé de hiéroglyphes signifiant : « Puisse-t-il vivre, être prospère et bien se porter ». Mais les scribes écrivent plutôt « le roi » (*nesout*), « le seigneur » (*neb*), ou « Sa Majesté ». Pharaon a une nature divine et humaine ; fils de Rê, dieu du Soleil, au sens charnel du terme et réincarnation sur terre de Horus, le dieu-faucon, son sang et son lignage sont sacrés. Il devient, dès l'Ancien Empire, Rê lui-même. Ses cinq noms sont sacrés et séparés du reste des hiéroglyphes par un cartouche, nœud de corde symbolisant « ce que le Soleil entoure ».

L'Égypte du Moyen Empire

Après la confusion de la première période intermédiaire, l'Égypte du Moyen Empire est unifiée autour des pharaons conquérants de la XIIe dynastie.

L'Ancien Empire, période créatrice et harmonieuse, se termina avec le très long règne de Pépi II. Pharaon trop clément, Pépi II fut incapable de briser l'indépendance croissante des hauts fonctionnaires et des grands dignitaires qui dirigeaient les provinces, et qui, profitant du partage des terres de la monarchie, fondèrent de véritables seigneuries et bientôt des principautés indépendantes.

Le temps des troubles

Vers 2260 avant notre ère, l'Égypte se morcelle, une révolution brutale et sanglante éclate, les riches sont ruinés, leurs biens pillés, leurs tombeaux détruits et livrés aux voleurs. « La résidence royale a été ravagée en une heure », écrit un scribe. « Je médite, raconte un autre scribe, sur les événements… Des changements s'opèrent, ce n'est déjà plus comme l'an dernier, chaque année est plus pesante que l'autre. Le pays est bouleversé. » Le pharaon, si proche des dieux, croyait-on avec certitude quelques années auparavant, a perdu peu à peu beaucoup de son prestige.

Si certains Égyptiens se lamentent de ces bouleversements, cette révolution est bénéfique pour d'autres. Profitant des troubles, le peuple s'approprie les procédés rituels et magiques des rites funéraires, jusqu'alors réservés au roi et aux grands, et accède à son tour à l'immortalité. De nouvelles notions religieuses et morales se font jour dans le pays : la diffusion du culte d'Osiris, parti de Bousiris dans le Delta, s'étend sur tout le territoire ; le peuple voit aussi s'ouvrir devant lui l'accès aux charges de l'État.

Des rois sans pouvoir se bousculent pour le trône et se succèdent à un rythme effréné. « Soixante-dix rois en soixante-dix jours », écrira, des siècles plus tard, l'historien Manéthon dans une *Histoire d'Égypte*, dont seuls quelques fragments, transcrits par des historiens plus tardifs, nous sont parvenus. Plus on s'éloigne de Memphis, plus les princes refusent obéissance au pharaon. L'Égypte se divise en trois : les nomades venus d'Asie dirigent le Delta, les princes d'Hérakléopolis la Moyenne-Égypte et les princes de Thèbes la Haute-Égypte. Dans l'ultime compétition pour le pouvoir, c'est Thèbes qui l'emporte. Vers 2160 av. J.-C., l'unité est reconstituée. La XIe dynastie est créée et a pour souverains les Antef et les Mentouhotep.

Durant les temps troublés de la première période intermédiaire, le bois remplace l'albâtre, le granite et l'or, qui font défaut. Les statues, plus petites et moins riches, sont plus touchantes et plus humaines. En l'absence de blocs de pierre à tailler et de murs à sculpter, les scènes de la vie quotidienne sont réalisées sous la forme de petits modèles, dans un style proche de celui des jouets.

Le Moyen Empire

Durant le Moyen Empire (2160-1785 av. J.-C.), en l'an 39 de son règne, le pharaon Mentouhotep prend un nouveau nom : « Celui-qui-a-unifié-les-Deux-Terres ». Pendant de nombreuses années, il guerroie dans les pays voisins, au nord-est contre les Asiatiques, au nord-ouest contre les Libyens, au sud contre les Nubiens, et remporte victoire sur victoire. Sous la protection de sa divinité, Amon, élevée au rang des grands dieux égyptiens, Thèbes devient la capitale d'un royaume à nouveau prospère et puissant. Les ouvriers, les artisans et les paysans ont repris le travail, et Mentouhotep entreprend la construction de temples, de sanctuaires et de tombes, entouré et aidé d'une administration efficace de scribes et de fonctionnaires.

À la mort de Mentouhotep, vers l'an 2000, les troubles recommencent et la famine réapparaît. Amenemhat, son vizir (dont le nom signifie « Amon-est-en-tête »), prend le pouvoir, soutenu par les puissants nomarques. Sa dynastie, la XIIe, celle des Amenemhat et des Sésostris, quitte Thèbes pour s'installer plus au nord, à Licht. Là, ces nouveaux pharaons poursuivent la politique entreprise par Mentouhotep : ils annexent la Basse-Nubie, exploitent les mines du Sinaï et du désert oriental, renforcent leur influence en Syrie-Palestine, construisent des temples, des tombes et de puissantes fortifications, les « Murs du Prince », afin de protéger le Double-Pays d'envahisseurs éventuels. Grâce à ces énormes châteaux forts de brique, hauts de 5 à 6 mètres, leurs soldats surveillent les frontières déjà fort bien protégées par l'aridité des déserts. Sésostris III, cinquième pharaon de la XIIe dynastie, réorganise totalement l'administration de son royaume. Pour limiter les pouvoirs du vizir unique, il partage les responsabilités et crée trois ministères, un pour le Nord, un pour le Sud et un pour la « Tête-du-Sud » (c'est-à-dire la Nubie). Chaque ministère a un rapporteur, un rapporteur en second et un conseil. Ce sont eux qui décident et transmettent leurs ordres à des officiers qui, à leur tour, ordonnent aux scribes. Telle est la grande nouveauté du Moyen Empire : la noblesse perd de son influence au profit d'une classe moyenne plus nombreuse et donc moins dangereuse pour le pouvoir royal.

Au Moyen Empire, une vie intellectuelle et brillante reparaît à la cour et dans l'aristocratie. C'est l'âge classique de l'Égypte pharaonique, comme les anciens

Égyptiens le pensaient eux-mêmes. La langue de cette époque est un modèle de pureté, admiré jusqu'à l'époque romaine. En littérature, les contes et les romans fleurissent ; en architecture, dans la statuaire ou en orfèvrerie, les artistes atteignent un rare degré de perfection avec des instruments d'une grande simplicité.

Des dieux très nombreux

Pour poursuivre une vie heureuse dans l'au-delà, il ne suffit pas au défunt d'avoir respecté les rites mais il lui faut passer devant un tribunal et prouver qu'il a eu sur terre le cœur pur. Dès la fin de l'Ancien Empire, les Égyptiens croient en un jugement après la mort. Après une longue évolution, les Livres des morts mentionnent très souvent un tribunal, présidé par Osiris. Le défunt est accompagné dans cette épreuve par le dieu-chacal Anubis. Osiris, le souverain du royaume des Morts, préside la séance, entouré de 42 divinités. Devant lui, une balance surveillée par le dieu Thôt, patron des scribes. Le cœur du mort est posé sur l'un des plateaux de la balance : il ne doit pas peser plus lourd que la plume de Maât, déesse de la Vérité, posée sur l'autre. Le mort tremble, car ce cœur est le témoin de sa conduite sur terre, aussi prononce-t-il une confession : « Je n'ai pas commis d'injustice contre les hommes, je n'ai pas blasphémé… » Puis il s'adresse aux divinités : « Ô juge, je n'ai pas commis d'injustice ; ô juge, je n'ai tué personne… » Au pied de la balance, la « Dévoreuse » attend le verdict : si le cœur est plus lourd, alors elle le croque aussitôt. Dans le cas contraire, il est « conforme à Maât » et admis dans l'au-delà.

Dans l'Égypte ancienne, chaque nome, ou province, a son dieu et une déesse qui lui est associée, et chaque couple divin, symbolisant la famille humaine, a un enfant. Il y a, à l'origine, 126 divinités principales, animaux, plantes ou objets. Des centaines d'autres dieux s'ajoutent à ces dieux principaux. D'abord de forme animale, ils ont très vite été représentés de façon anthropomorphe, gardant une tête ou des attributs d'animaux. Parmi les dieux principaux, ceux qui ont des fonctions comparables ont été assimilés les uns aux autres, avant l'unification du pays, le dieu d'un nome vainqueur pouvant remplacer celui du nome vaincu. Par la suite, le dieu de la capitale dynastique s'impose à l'ensemble du Double-Pays. Les mythes égyptiens, qui se sont structurés durant les siècles, attribuent aux familles divines des histoires cohérentes, qui expliquent les rapports entre les divinités du panthéon égyptien. Certains dieux, inassimilables, ne font pas partie de ces mythes, mais, dans chaque ville, le peuple continue de les vénérer, en même temps que les grands dieux du pays.

• • •

CHAPITRE 4

Premières civilisations en Asie (Inde, Chine)… (–2 500 à –1 500)

À l'époque où en Mésopotamie et en Égypte se développent les premières civilisations, des villes étonnamment modernes naissent sur les bords limoneux de l'Indus.

Découvertes seulement en 1921 et 1922, les cités de Mohenjo-Daro et de Harappa nous révèlent l'existence d'une mystérieuse civilisation urbaine surgie, toute formée dirait-on, vers le milieu du IIIe millénaire et disparue six siècles plus tard sans qu'on sache encore pourquoi et comment.

Les cités de l'Indus

L'Indus est un fleuve plus important encore que le Nil, le Tigre et l'Euphrate. Il prend sa source dans l'Himalaya, comme le Gange et le Brahmapoutre. Il s'écoule sur 3000 km dans une énorme gouttière au pied de la barrière montagneuse, et édifie de ses alluvions une vaste plaine. Ses crues sont dues à la fonte des neiges de l'Himalaya et leurs effets s'ajoutent à ceux de la mousson d'été, fertilisant une plaine où l'agriculture ne coûte guère d'efforts. En revanche, la région est aujourd'hui encore malarienne, car les eaux stagnent longtemps dans la plaine nivelée par les apports d'alluvions, qui recouvrent peu à peu les vestiges archéologiques, et où le tracé des berges a toujours été capricieux et changeant. Depuis le néolithique, le fleuve fournit aux hommes une grande partie de leur alimentation : des sceaux trouvés à Mohenjo-Daro représentent des bateaux de pêche à voile très semblables à ceux que construisent encore de nos jours au Pakistan les populations Mohanas. Certains habitants de la vallée de l'Indus étaient parfois obligés de « naviguer » d'une façon plus originale : pendant la crue, l'Indus occupait toutes les dépressions creusées par ses anciens méandres. Tous les chemins étaient alors coupés, et, pour aller d'un village à l'autre, les paysans se laissaient flotter, utilisant comme bouées des jarres vides ou des outres gonflées d'air.

Des villes étonnamment modernes

Jusqu'en 1920, les historiens s'accordaient à penser que les débuts de la civilisation indienne dataient du VIe siècle av. J.-C. Quelle ne fut donc pas leur surprise quand les fouilles entreprises en 1921 et 1922 révélèrent l'existence, sur le territoire du Pakistan actuel, d'une civilisation aussi ancienne que celles de l'Égypte et de la Mésopotamie. Outre Mohenjo-Daro et Harappa qui sont, à ce jour, les deux centres urbains les plus importants de la civilisation de l'Indus, près d'une centaine de sites ont été en effet reconnus sur un territoire qui s'étend des confins de l'Iran jusqu'à la plaine du Gange et des premières pentes du Cachemire jusqu'au port aujourd'hui ensablé de Lothal. Mystérieux « empire » dont l'unité de la civilisation est attestée par l'existence, dans tous les sites dégagés, de ce que nous pourrions appeler aujourd'hui un « schéma d'aménagement et d'urbanisme ».

Bâties selon un plan en damier, avec des blocs d'habitation rectangulaires, des rues larges de 8 mètres se coupant à angle droit et des ruelles perpendiculaires dotées d'égouts très élaborés qui révèlent un souci de l'hygiène dont on ne trouve que fort peu d'exemples dans l'histoire des villes du passé, Harappa et Mohenjo-Daro sont le plus ancien témoignage connu d'urbanisme méthodique.

À Mohenjo-Daro, la citadelle, entourée de fortifications en briques cuites, abritait un énorme silo à grains muni d'un système de séchage par ventilation et d'une sorte de piscine rectangulaire à degrés, dont l'étanchéité était assurée par un ajustement méticuleux de briques sur un lit de bitume. Les appartements qui l'entourent nous amènent à penser qu'elle était destinée aux bains rituels des prêtres, comme ceux que pratiquent toujours les hindous. Les maisons particulières comportaient une série de pièces entourant un patio carré, une salle de bains fort bien aménagée et des cabinets d'aisance avec siège de brique qui dénotent, là encore, un souci de l'hygiène peu commun.

Les routes du commerce

La vallée de l'Indus a toujours été un couloir de communication entre l'ensemble indo-gangétique, le monde arabo-persique et l'Asie centrale.

Les textes mésopotamiens évoquent les navires qui apportent d'un pays oriental, « Méluhha », de l'or, de l'ivoire, de la cornaline. Les preuves archéologiques de ce commerce sont assez peu nombreuses avant la fin du IIIe millénaire, car il s'agissait d'un commerce de transit, qui a laissé assez peu de traces. Toutefois, en 1923, des sceaux comparables à ceux de Mohenjo-Daro et Harappa ont été découverts à Kish, un des sites les plus anciens de la Mésopotamie, tandis que des cachets carrés et des sceaux cylindriques couverts de caractères cunéiformes provenant de Sumer ont été trouvés au Pakistan. La vallée de l'Indus faisait un commerce actif avec la civilisation de Suse (l'Iran actuel) avant sa conquête par les Mésopotamiens, grâce à l'habile artisanat des populations semi-nomades, qui, aux confins des déserts de Kavir et de Lut, exploitaient des gisements de chlorite, une belle pierre vert-noir, et savaient tailler la cornaline, le lapis-lazuli, les turquoises. Leur production était acheminée vers la mer d'Oman par caravanes, puis par mer en passant par Magan, l'île de Bahreïn actuelle.

Un mystérieux empire

Qui régna pendant plus de six siècles sur ces cités où s'affairaient des milliers de travailleurs – peut-être 40 000 à Mohenjo-Daro ? Comme l'écriture, composée de 270 signes différents, n'a pas encore été déchiffrée à ce jour, comme ces villes ne comportaient ni temple ni palais, l'histoire politique et religieuse de la civilisation de l'Indus est encore un mystère. Mais il fallait sans doute un pouvoir fort pour imposer une telle planification de l'urbanisme et faire respecter, lors des reconstructions successives, le même rigoureux alignement des habitations.

Comment imaginer aussi la vie des habitants de ces villes monotones, où aucun lieu de rencontres n'était prévu, hormis ce qui fut, peut-être, à Mohenjo-Daro, un restaurant ? Les figurines de terre, les jouets et les objets rituels nous montrent des mères de famille habillées de pagnes et des hommes allant dans le plus simple appareil. Mais ce sont surtout les sceaux de stéatite qui servaient certainement à cacheter les ballots de marchandises qui nous dévoilent le mieux l'originalité de cette civilisation. Jeune fille aux membres grêles, personnage vêtu d'une étoffe décorée de buffles, zébus, bœufs à courtes cornes, rhinocéros, tigres, licorne, animal aussi mystérieux que l'écriture qui le surmonte, autant de pièces d'un gigantesque puzzle.

Et le dieu à trois visages, coiffé d'une tiare à cornes, assis à l'indienne au milieu d'animaux dans l'attitude des yogis, n'est-il pas la préfiguration de Shiva, le « suprême yogi », le « maître des animaux », constituant ainsi un maillon entre la civilisation de l'Indus et le futur hindouisme ?

En disparaissant, vers 1500 av. J.-C., la civilisation de l'Indus nous laisse en fait son ultime énigme. Les habitants ont-ils été massacrés par des envahisseurs comme semble en témoigner la couche la plus récente de Mohenjo-Daro? Dans les rues, dans les escaliers, des squelettes ont été découverts à l'endroit même où des cadavres furent abandonnés sans sépulture, alors que peut-être leurs voisins et leurs parents s'efforçaient, en fuyant, de sauver leur propre vie.

Ont-ils été victimes d'une brutale montée des eaux du fleuve qui a emporté les remblais qu'ils avaient édifiés pour s'en protéger ? La culture de ces cités a-t-elle été assimilée par les envahisseurs pour créer une nouvelle société ? Autant de mystères qui laissent encore une large place à notre imagination et de belles perspectives aux archéologues.

L'invasion des Aryens ?

Pénétrant par les passes de Kaboul et de Kandahar, chassant vers le sud les populations dravidiennes à peau foncée, les Aryens, dont le nom signifie « nobles », s'installent au nord de la péninsule indienne au IIe millénaire avant notre ère. Invasion ou infiltration pacifique ? Il est difficile de discerner si ces clans venus du Caucase se sont imposés grâce à de grandes batailles ou s'il s'est agi d'une immigration lente. Il n'existe pas de documents écrits datant de cette époque, et il est bien difficile de faire des recherches sur une civilisation dont la plupart des objets, en argile ou en bois, étaient périssables, dans une région du monde où s'opposent la Chine, la Russie et l'Inde. Une certitude pourtant : les principaux dieux des Aryens remplissent trois fonctions, qui correspondent aux trois principales catégories sociales. Les dieux Varuna et Mitra assurent le lien entre les hommes et les forces du Cosmos, Indra est un dieu guerrier, et, en retrait, de nombreux dieux protègent ceux qui produisent les biens nécessaires à la vie. Ainsi en va-t-il des hommes, divisés en trois catégories sociales, solidaires les unes des autres : ceux qui prient, ceux qui combattent et ceux qui travaillent.

Les Aryens affirment que leur combat est livré par le dieu Indra, qui les aide à exterminer les autochtones, représentés par le livre sacré du *Rigveda* comme des démons à trois têtes et six yeux. Les tribus aryennes des Kuru et des Pancala forment bientôt une confédération qui occupe le centre de la plaine Indo-Gangétique. Les luttes épiques entre Kuru et Pandu, tous issus du clan de Bharata, sont le sujet de la geste du *Mahabharata*, aussi important pour l'Inde que les poèmes homériques pour la Grèce. Dès le Xe siècle, les Aryens sont très hiérarchisés et se répartissent en 4 groupes : les brahmanes, les *ksatriya* (ou *rajanya* : guerriers), les *vaisya* (éleveurs et commerçants), les *sudra* (esclaves composés de populations dravidiennes et autochtones).

Les Veda

Les Veda ou « savoirs » en sanskrit, contiennent les croyances et les rites des Aryens installés dans des régions qui sont aujourd'hui le Pendjab, le Turkestan russe et chinois, le Cachemire et l'Afghanistan. L'essentiel des textes et des légendes est peut-être antérieur au IIe millénaire, mais les récits ont été rédigés, en sanskrit archaïque, à partir de 1800 av. J.-C. Peu à peu codifiés, ils sont devenus les textes sacrés de l'hindouisme. Ils sont divisés en quatre recueils.

Les 1 028 hymnes du premier, le *Rigveda*, constituent sans doute le plus vieux texte religieux du monde. Le *Samaveda* comprend 1 810 hymnes (du *Rigveda* essentiellement), arrangés pour être chantés par une classe spéciale de prêtres. Le *Yajurveda* est un « livre de prières sacrificielles » en 40 chapitres. Enfin, l'*Atharvaveda*, dernier recueil, consiste en charmes et en formules magiques. Un hymne védique explique l'origine du monde et du système des castes. Le grand corps cosmique aurait été offert en sacrifice par les dieux et démembré : « Sa bouche devint le brahmane (prêtre), le guerrier fut le produit de ses bras, ses cuisses furent l'artisan, de ses pieds naquit le serviteur. »

Comme l'*Iliade* ou l'*Odyssée*, les Veda contiennent une part d'événements historiques, difficiles à identifier : la bataille des Dix-Rois évoque peut-être un épisode de la conquête de l'Inde, le fleuve « Danu » serait le Danube, à moins qu'il ne s'agisse du Don… Les Veda ont été écrits à la main à une époque tardive, certains même au XIe siècle de notre ère. Jusque-là, ils se transmettaient oralement, grâce à un très rigoureux et ingénieux système mnémotechnique, ce qui a permis qu'ils nous soient parvenus avec très peu de changements. Leur préoccupation centrale était le sacrifice. Quoi qu'il en soit, les Veda, avant les textes fondateurs de l'hindouisme, sont un des livres sacrés de l'Inde contemporaine, dont certains brahmanes (prêtres) connaissent par cœur les milliers de vers, et dont le petit peuple peut réciter des « mantras », prières ou formules de trois ou quatre vers, au pouvoir magique.

En complément de ces textes révélés et sacrés, les Aryens ont laissé à la culture indienne d'autres écrits : les *Brahmana* et les *Aryanaka* sont des commentaires sur les hymnes. Les *Upanishad* sont des traités mystiques et la source essentielle de la philosophie hindoue. Les *Upveda* traitent de sujets séculaires : médecine, musique, etc. Les *Vedanga* sont un guide de grammaire, d'étymologie… pour lire les Veda.

L'épopée de Rama

À l'époque où la riziculture se diffuse dans la plaine du Gange, une nouvelle dynastie s'impose en Inde du Nord-Est, au nord du Bihar actuel, dernière région atteinte par les Aryens. Ces derniers marquent profondément la civilisation autochtone, qui, suivant la légende, serait née au Ier millénaire av. J.-C. avec Mathava le Vigeda, qui y aurait apporté le feu sacré, donnant son nom au peuple des Videgha. Le roi « aryen » Janaka, unificateur du royaume, est le père de la princesse Sita, enlevée à son époux Rama, dont la quête est le sujet du *Ramayana*. C'est à Rama que la tradition attribue la fondation de la capitale du royaume, Mithila.

Les Aryens au Sri Lanka

Selon les chroniques les plus anciennes de l'île, rédigées en pali, les Aryens venus du nord de l'Inde fondent la première capitale, Anuradhapura, au milieu du Ier millénaire. Selon la légende, les Sinhalas (de *simha*, lion), qui donneront leur nom à l'île, ont à leur tête le prince Vijaya. Ils apportent la monarchie, un nouveau système politique, aux plus anciens habitants de l'île, les Veddas, chasseurs regroupés en clans. Avec les Aryens, l'hindouisme supplante les anciens cultes animistes, où l'on révérait les animaux-totems des différents clans.

Une autre civilisation : la cité de Mundigak

À 150 kilomètres au nord de Kandahar, le site préhistorique de Mundigak a été occupé du IVe au Ier millénaire. L'époque de la plus grande prospérité de la ville se situe entre 2500 et 2300. À mi-chemin entre la civilisation de l'Indus et celle de la Mésopotamie, les hommes de Mundigak fabriquent une céramique à dessins noirs, des pointes de flèches de pierre, des outils en cuivre et en bronze. Ils rendent un culte à des déesses-mères, représentées par des figurines féminines, et peut-être à un dieu-taureau, dont ils façonnent de nombreuses représentations en terre cuite.

Avant les cités de l'Indus : Mehrgarh

Avant même que naisse la civilisation de l'Indus, la région de Mehrgarh a développé une culture originale dès le VIIIe millénaire av. J.-C. C'est au nord de Mehrgarh, à Quetta, au pied d'un tertre datant du IIIe millénaire av. J.-C., qu'en 1985 un « trésor » a été découvert. Les terrassiers qui creusaient les fondations d'un hôtel ont mis au jour un squelette, inhumé avec des pots de terre et une vaisselle de cuivre, et, trois mètres plus loin, un dépôt d'objets de grande valeur : vases d'albâtre, bijoux en pierres semi-précieuses, en ivoire, éléments de parure en or. Parmi ces objets d'or, une coupe ornée de fauves, probablement des loups, des pendentifs d'un réalisme surprenant, représentant des taureaux, et des centaines de perles plates, percées en leur centre. S'ajoutent à cela des dés gravés, semblables aux nôtres, des bâtonnets d'ivoire, peut-être divinatoires, et des barres de pierre, sortes de sceptres.

Le style des objets découverts montre que le trésor de Quetta est contemporain du VIIIe niveau archéologique de Mehrgarh, donc du début du IIe millénaire av. J.-C. À cette époque, la société a évolué : alors que rien ne permet de parler de différenciation sociale au millénaire précédent, de tels dépôts attestent l'existence d'une élite, qui emporte dans la mort ses biens personnels les plus précieux, tandis que les morts des catégories sociales inférieures ne sont ensevelis qu'avec quelques modestes objets usuels.

Les origines légendaires de la Chine

Vers 2000 av. J.-C., le prince Yu le Grand fonde la première dynastie légendaire d'un pays qui n'est pas encore la Chine. Autour du fleuve Jaune, des « souverains » mythiques structurent un espace occupé par l'homme depuis 600 000 ans.

La Chine a été occupée dès le paléolithique supérieur. En 1921 furent découverts, près de Pékin, dans la grotte de Chou koutien (Zhoukoudian), les restes d'un homme qui fut très longtemps considéré comme le plus ancien des Chinois. Baptisé *Sinanthropus pekinensis*, il a dû vivre au paléolithique supérieur, 500 000 ans avant notre ère, et fut l'objet de nombreuses études. Ces hominidés se montrent bien supérieurs aux australopithèques. Les dépôts laissés par leurs groupes, et qui peuvent atteindre 50 mètres de hauteur, prouvent qu'ils savaient sinon allumer, du moins capter et entretenir le feu, et cuire leurs aliments. Le sinanthrope utilise les premiers outils « aménagés » en os incisés, éclatés au feu, puis martelés. Peut-être se soucie-t-il de l'au-delà : aucun squelette n'a été retrouvé intact et les os du crâne ont fait l'objet de bien étranges manipulations, rituelles ou non. En 1963, on découvrit dans le Shaanxi, près de Lantian, les traces d'un être beaucoup plus ancien, vieux de 600 000 ans. Pour l'instant, c'est l'homme de Lantian qui est le plus vieil ancêtre des Chinois.

De nombreux mythes des origines tentent de rendre compte de ce passé lointain et d'expliquer la marche du monde.

Yin et yang

En Chine, la création s'explique par le yin et le yang, énergies qui fusionnent pour créer l'Univers. Le yang est une énergie mâle, active, claire et impaire ; le yin est considéré comme le principe femelle, en repos, sombre et pair. Ils sont représentés par les moitiés noire et blanche d'un cercle et constituent tous les aspects de la vie. Dans l'Univers, ces énergies peuvent être en expansion et se diluer, ou, au contraire, se resserrer et se concentrer. Elles sont symbolisées par deux traits : continu pour le yang, discontinu pour le yin. Dans un des plus anciens livres de divination chinois, le *Yiking* (*Livre des mutations*), des signes, appelés les « hexagrammes » et les « trigrammes », combinent les lignes qui figurent le yin et le yang et traduisent une certaine vision de l'Univers. Les Chinois attribuent à leurs souverains mythiques le dessin de certains signes.

La création de l'Univers

La légende de Pangu raconte qu'au début un œuf contenait un homme. Cet œuf se brisa, sa partie supérieure forma la voûte céleste et sa partie inférieure devint la Terre. Entre elles, un être, nommé « Pangu », se mit à grandir chaque jour de 10 pieds, au même rythme que le ciel et la Terre. La croissance de ces trois éléments dura 18 000 ans, ne s'arrêtant qu'avec la mort de Pangu, devenu gigantesque. Les hommes ne sont en fait que les parasites qui peuplaient son corps.

Une autre légende raconte que le ciel rond couvre la Terre, qui est carrée. À l'origine, il y avait aux quatre coins de la Terre quatre piliers qui empêchaient le ciel de tomber, mais un monstre, appelé « Gonggong », ébrécha le mont Buzhou, le pilier nord-est ; c'est pourquoi, depuis, les astres marchent vers l'ouest.

La Chine néolithique

Les fouilles archéologiques de Hemudu confirment que la Chine a bien été le premier pays à cultiver le riz, il y a 6000 ans, au sud de l'actuelle Shanghai. En fait la terre commence à être cultivée en Chine dès les débuts du néolithique : au nord, le blé et le millet ; au sud, le riz. Le tissage du chanvre et la sériciculture sont déjà connus. Le porc et le chien sont domestiqués. C'est dans les vallées boisées du Nord, dans le bassin du fleuve Jaune, que s'établissent et se développent les cultures néolithiques les plus anciennes. La Chine du fleuve Jaune est donc, dès cette époque, en avance sur les autres régions de l'Asie orientale. Différentes cultures se succèdent ou coexistent dans le bassin, et elles peuvent être distinguées d'après l'état de leur développement agricole. Des agriculteurs itinérants, défrichant par des incendies de forêts et se déplaçant quand la terre est épuisée, précèdent des chasseurs-pêcheurs qui pratiquent un type d'agriculture rudimentaire. Mais, à mesure que les cultures permanentes prennent plus d'importance, les communautés villageoises se fixent progressivement.

C'est à ces deux types (populations d'agriculteurs itinérants et communautés villageoises établies à demeure) que paraissent appartenir les deux grands ensembles néolithiques qu'a connus la Chine du Nord et qui sont définis par leur poterie : la culture de Yangshao (poterie rouge, 6000-3000 av. J.-C.) sur le cours moyen, et celle de Longshan (poterie noire, 2500-1800 av. J.-C.) sur le cours inférieur.

Les premiers Augustes

Les divinités chinoises étaient d'abord représentées avec des attributs d'animaux ; au fur et à mesure que s'élabore l'histoire de la Chine, elles perdent ces caractéristiques et deviennent les premiers « Augustes », maîtres du ciel et de la Terre, dont le comportement doit servir d'exemple.

Le premier est Fuxi, qui a un corps de poisson, un torse humain et qui, selon la tradition, règne, en compagnie de sa sœur-épouse Nugua, de 2852 à 2737 av. J.-C. C'est à lui que les Chinois doivent les règles du mariage, c'est lui qui leur enseigne la chasse et la pêche, lui encore qui invente les premiers caractères de leur écriture en regardant les traces laissées sur le sable par les oiseaux. Shennong, le « divin laboureur », a, lui, une tête de buffle. Il a une connaissance approfondie des graminées et invente l'agriculture, ainsi que la houe et la charrue, avec lesquelles il dessine le champ *tian*, carré divisé en quatre carrés égaux.

Selon une autre tradition, ce ne sont pas Fuxi, Nugua et Shennong qui ont structuré le monde, mais trois Augustes, qui règnent l'un sur le ciel, le deuxième sur la Terre et le troisième sur les hommes.

Aux origines de l'histoire de la Chine

Le premier historien chinois, Sima Qian (v. 145-86 av. J.-C.), commence un de ses récits avec cinq souverains. D'autres textes indiquent qu'il y en eut huit. Les uns comme les autres n'ont probablement pas plus de réalité historique que les Augustes. Les mythes de la protohistoire sont tous caractérisés par le choix de la couleur jaune pour le premier souverain – sans aucun rapport avec l'or –, parce qu'elle est la teinte du centre de la Terre, celle qui sera attribuée aux parures impériales.

Le premier souverain, Huangdi, le « souverain jaune », sait avant les autres utiliser le feu pour fabriquer des objets. Ainsi naissent les premières poteries, les premières fontes d'armes. Il invente aussi le char et le bateau, tandis que son épouse découvre la soie.

Des souverains qui suivirent il faut retenir les deux derniers, Yao et Shun, qui durent combattre le déluge provoqué par l'ébranlement du mont Buzhou. Ils appellent aux affaires de l'État des hommes réputés pour leur sagesse, auxquels ils sont prêts, en cas de succès, à céder le pouvoir. Le principe de la transmission du pouvoir de sage en sage est ainsi posé avant le principe héréditaire. La sagesse a pour corollaire l'âge, synonyme d'enrichissement par l'expérience. Ainsi Shun, appelé auprès de Yao alors qu'il est déjà âgé, va-t-il régner pendant près de quatre-vingts ans.

Yu le Grand, la Ire dynastie

Le souverain Shun charge le comte Yu, intendant des travaux publics, de régler le problème du déluge. Celui-ci s'y emploie avec dévouement et sagacité, organise le territoire pour le bien de tous et fait même don de sa propre personne en devenant hémiplégique à force d'efforts. Le mythe du déluge se superpose d'ailleurs à la réalité du fleuve Jaune, dont on sait que le cours impétueux est capable de divaguer sur des centaines de kilomètres, provoquant des dégâts et des famines spectaculaires.

Après s'être dévoué pour le bien de son peuple et avoir fait la preuve de son efficacité, le comte Yu accède à son tour au pouvoir suprême. Mais il déroge sérieusement à la règle établie de la succession au mérite en appelant auprès de lui son propre fils. Il crée ainsi la première dynastie royale, la dynastie des Xia, qui régnera de 2205 à 1800 av. J.-C. Les historiens et les spécialistes de l'histoire de l'art ne s'accordent pas sur la date de ses débuts : XXIIIe ou XVIIIe siècle ? Il est pourtant certain que c'est durant la période de Longshan, entre 3000 et 1800, que, les découvertes archéologiques l'attestent, s'épanouit la première civilisation chinoise, caractérisée par des villages fortifiés, des poteries faites au tour, des outils de bronze et des sépultures diversifiées.

La tradition classique chinoise intègre la nouveauté de ce principe héréditaire du pouvoir en expliquant que le fondateur d'une dynastie est en fait le dépositaire de deux vertus – le *tao* et le *te* –, qui à elles deux caractérisent le bon souverain. La première recouvre une disposition à faire régner l'harmonie et la seconde est rattachée à la notion d'efficacité. Or ces vertus se transmettent à la descendance mâle, qui peut dès lors légitimement régner. Mais vient toujours le temps où l'un des héritiers abandonne ces deux principes pour faire le mal, vit dans la débauche, gouverne par les châtiments et cherche à s'enrichir.

De Yu à Ji, la dynastie des Xia comptera dix-sept souverains. Le tyran Ji marquera la fin de la dynastie, c'est-à-dire la nécessité impérieuse pour le pays de choisir une nouvelle lignée de sages.

L'importance du fleuve Jaune

Une légende raconte qu'un dragon, sorti du fleuve Jaune, apporta à Yu le Grand les plans du monde, témoignant ainsi du rôle du fleuve dans l'organisation de la Chine. Les plans du monde se traduisent en chiffres allant de un à neuf. Sur le modèle d'un carré divisé en neuf parties égales, Yu crée neuf provinces. Le chef de chacune d'elles lui apporte un trépied en bronze, sur lequel sont gravées la carte du pays, ses ressources et la physionomie de ses habitants. Pour le souverain, il s'agit de ne pas laisser se disperser les neuf trépieds, au risque de mettre en péril sa propre autorité. Cette conception du monde trouve sa réalisation dans la « maison du Calendrier » (mingtang). Érigé à partir du IIe siècle av. J.-C., ce bâtiment carré est divisé en neuf maisons dans lesquelles le souverain se déplace et effectue parfois plusieurs stations. Quand, au début de chaque mois, il entre dans l'une des maisons, la constellation, les fruits, la météorologie, etc., de ce mois-là doivent se manifester.

• • •

CHAPITRE 5

… et en Occident (–2500 à –1500)

Tables de pierre, cercles magiques, pierres dressées, les constructions mégalithiques sont les plus anciens monuments de l'humanité.

Les plus vieux dolmens, tables de pierre énormes autrefois recouvertes de terre ou de cailloux entassés pour former des tumulus («tombe» en latin), ont pu être datés de 5000 ans avant notre ère, du début du néolithique. Les mégalithes («grandes pierres» en grec) suscitent depuis des siècles l'intérêt des archéologues et des savants, mais on n'a pas pu percer totalement leur mystère. Cependant, si bien des hypothèses se sont révélées fantaisistes, quelques certitudes sont acquises depuis les deux dernières décennies.

Tumulus et dolmens

Fréquemment réutilisés au cours des siècles, servant presque toujours de sépulture collective, les tumulus sont pour la plupart antérieurs aux alignements et cercles de pierres dressées, les menhirs. Il est très difficile de dater les dolmens, car une grande partie d'entre eux a été vidée, pillée, transformée. L'exemple le plus fameux est celui d'un dolmen de 17 mètres de long sur 4 mètres de large, qui, dépouillé de son tumulus avant 1847, a longtemps servi de salle de bal près de Saumur, dans le petit village de Bagneux, au café de la Grande-Pierre-Couverte.

Entre 4500 et 2000 av. J.-C. environ, toute l'Europe côtière est touchée par le phénomène mégalithique. Les centres les plus anciens se trouvent en France de l'Ouest et au Portugal, et il est difficile de retrouver leurs origines, sinon dans les tumulus « archaïques » de l'Yonne, du Loiret, du Morbihan ou des Deux-Sèvres. Au Portugal, les tumulus recouvrent des chambres de pierre, voûtées en encorbellement, précédées d'un petit couloir. Ces chambres contiennent une dizaine de squelettes environ. En Bretagne, Barnenez, « Parthénon des Bretons » selon André Malraux, mesure plus de 70 mètres de long et recouvre quinze chambres funéraires. Les fouilles ont prouvé que le tertre qui le recouvre avait été édifié en deux fois, mais il a été impossible aux archéologues d'étudier les squelettes dissous par le sol acide ; en revanche, le mobilier prouve que le monument a servi de 4000 à 2000 av. J.-C. Les haches en pierres polies gravées sur les piliers symbolisent un pouvoir masculin. Ce même type de construction se retrouve en Normandie, à La Hoguette (Calvados), où les morts sont ensevelis en position fœtale fléchie, à Fontenay-le-Marmion et à Bougon dans les Deux-Sèvres.

Tumulus d'Europe du Nord

Pendant tout le IVe millénaire sont construits, en Europe du Nord, de longs tumulus, qui recouvrent soit des structures de pierre, soit des constructions de bois, dont seules les traces ont été retrouvées : Cujavie, en Pologne, Stajendorf en Allemagne, Sonderholm et Rostrup au Danemark. Tous sont des sépultures collectives, longues de plusieurs dizaines de mètres à la fin du millénaire. À l'origine de ce type de monuments, les « maisons des morts », en bois et torchis, où l'on faisait des offrandes aux défunts.

À la même époque, entre le Ve et le IIIe millénaire, en France et en Angleterre, on édifie des tumulus géants. Le mont Saint-Michel de Carnac – 70 mètres de large sur 125 mètres de long pour une hauteur de 10 mètres – renferme des objets prestigieux, et a peut-être été construit pour un seul grand personnage. Sépulture collective, au contraire, à West Kennet, dans le Wiltshire, où ont été retrouvés 50 squelettes bien rangés, crânes et os longs séparés du reste du corps. Le plus grand de ces tumulus est peut-être celui de Maiden Castle, avec 550 mètres de long, mais le plus élevé, Sillbury Hill, tout proche de West Kennet, est aussi le plus mystérieux : on n'y a toujours pas trouvé de sépulture.

L'apogée du mégalithisme

À partir de 3500 av. J.-C., les constructeurs utilisent des pierres de plus en plus importantes, pesant des dizaines de tonnes. Les dolmens au sens propre du mot datent de cette époque. Les plus remarquables, parmi tant d'autres, se trouvent à

Antequera et Los Millares en Espagne, à Gavrinis en Bretagne, où le couloir de 14 mètres de long est formé d'énormes dalles décorées et où l'on a pu dégager une façade monumentale, et à Newgrange en Irlande, à l'extraordinaire décor piqueté, orné de symboles solaires.

Toute l'Europe occidentale est alors atteinte par la révolution néolithique. Partout des tumulus sont édifiés, ils se différencient cependant nettement les uns des autres.

En Europe centrale, les chambres funéraires s'allongent encore, sauf en Suisse, où l'on reste fidèle aux chambres circulaires. En Bretagne, puis en Allemagne, au sud de la Scandinavie, en Hollande, apparaissent des dolmens « à couloirs » en longueur, les « allées couvertes », parfois à moitié enterrés, rarement recouverts d'un tumulus. On en édifiera aussi dans le Bassin parisien, à la fin du néolithique.

À partir de 2500 av. J.-C., des hypogées, grottes naturelles ou artificielles, sont creusés dans des falaises.

Au IIIe millénaire, les monuments mégalithiques gagnent le pourtour de la Méditerranée, les îles et l'Afrique du Nord : plus de 3000 dolmens sont érigés dans la moitié sud de la France ; on y a découvert les plus anciennes perles d'or et de cuivre. Les hommes ne cessent de réaménager les tumulus, qui deviennent de plus en plus complexes, les fouilles le prouvent : Mid Gleniron en Écosse, Les Fouillages à Guernesey, Bygholm Norremark au Danemark, Fariosa au Portugal. Des pierres dressées signalent des sépultures souterraines, d'autres sont réemployées pour de nouveaux monuments.

Jusqu'à une période récente, les historiens ont évoqué l'existence d'un architecte unique, hardi navigateur, enseignant à tous les peuples riverains de l'Atlantique l'art de dresser d'énormes pierres. Cette hypothèse est aujourd'hui exclue tant est grande la diversité des civilisations et des constructions.

Par qui ont été construits les monuments mégalithiques ?

Les chercheurs pensent qu'il y a eu contamination entre les différents peuples, mais surtout que ces monuments témoignent de la vitalité des hommes de l'Ouest, parvenus au terme de leur migration, bien nourris et bien organisés.

Mais comment a-t-il été possible de déplacer depuis des carrières distantes de plusieurs kilomètres des masses aussi lourdes ? Les expériences qui ont été faites à Bougon sous la direction de J.-P. Mohen ont montré que quelques centaines d'hommes, armés de haches de pierre et de bois de cerf, pouvaient parfaitement extraire une pierre de 30 tonnes, la soulever, et, à l'aide de cordes, de troncs d'arbres, de leviers, la traîner sur quelques kilomètres et la dresser à l'emplacement choisi.

Encore fallait-il que les hommes du début du néolithique eussent été bien organisés et capables de coordonner leurs efforts. L'emplacement des tumulus, visibles de très loin, éloignés de tout endroit habité, permet de supposer qu'ils n'étaient pas seulement des tombes, mais aussi le lieu du culte des ancêtres, commun à plusieurs villages, dont les habitants avaient su s'allier pour réaliser de tels monuments.

Pétroglyphes ou pictogrammes ?

Les murs du dolmen de Gavrinis sont ornés de gravures en relief représentant un foisonnement de motifs et sont gravés de pétroglyphes, motifs enroulés, qui correspondent sûrement à un code bien précis. Quelques archéologues ont pensé qu'il pouvait s'agir de pictogrammes, caractères archaïques d'une sorte d'écriture sacrée. La façon dont ils sont enroulés les apparente aux svastikas, croix gammées (inversées ou non), symboles solaires extrêmement courants en Inde ou chez les peuples celtiques, mais bien antérieurs à ces civilisations.

Des nécropoles

Les corps enfouis sous les tumulus renseignent sur les rites funéraires : ils ont subi toutes sortes de manipulations, ils sont allongés, accroupis, recroquevillés, ils ont été démembrés, entassés, ont pu subir des actes de cannibalisme rituel ; tous n'ont pas été enterrés dès le décès, on les a incinérés, desséchés. En Irlande, dans la France de l'Ouest, au Ve millénaire, seuls ont droit aux honneurs funéraires quelques individus, peut-être de la même famille ; en Vendée, dans les Deux-Sèvres, on trouve des sépultures doubles : deux adultes ou un adulte et un enfant. Tous ont toujours subi une mort violente. S'agirait-il de sacrifices humains ? En Europe du Nord (Gnewitz en Allemagne, La Chaussée-Tirancourt dans la Somme), la société semble plus égalitaire ; les tombes contiennent des dizaines, voire des centaines de corps, mais les différences sociales sont bien marquées : une case est réservée aux enfants, un groupe social est isolé des autres. Dans l'hypogée de Roaix (Vaucluse), trente-cinq morts, jetés les uns sur les autres au même moment, témoignent d'un massacre vieux de 4500 ans.

Médecine au temps des mégalithes

S'il est difficile aujourd'hui de trouver trace des affections organiques ou tissulaires, les ossements nous renseignent sur certaines carences : faute d'une alimentation équilibrée, le rachitisme sévit, les lésions vertébrales en témoignent ; les femmes meurent plus jeunes que les hommes, probablement en couches ; des tumeurs bénignes se sont formées sur certains os, mais elles ont guéri, et l'on n'a pas retrouvé de trace de cancer ; les fractures sont fréquentes, elles ont manifestement été réduites, ce que prouve le cal osseux ; les agriculteurs du néolithique ont aussi des caries dentaires : contrairement aux chasseurs paléolithiques, ils consomment des féculents et des sucres. Mais le cas le plus curieux est celui des trépanations : les « médecins » du IIe millénaire av. J.-C. ont pratiqué des opérations des os du crâne. Le trou creusé dans le pariétal existe toujours, mais un bourrelet osseux s'est formé, l'opération a donc réussi.

Temples et tombeaux de l'île de Malte

C'est à la fin du néolithique que les îles de Malte et de Gozo édifient de gigantesques monuments : tombes creusées dans le roc vers 3000 av. J.-C., premiers temples et grottes artificielles vers 2700 av. J.-C., puis grands temples et hypogées. La construction semble plus soignée encore qu'en Europe de l'Ouest, les piliers et les linteaux sont bien équarris, ils comportent des autels. Certains sont de véritables labyrinthes, comme l'hypogée (tombeau souterrain) d'Hal Safliéni, creusé sur plusieurs niveaux et qui renfermait plus de sept mille cadavres.

La construction des derniers monuments, des temples très complexes, est brutalement interrompue vers 2000 av. J.-C. Durant toute cette période, l'île a dû être un centre religieux très important, marqué par des influences orientales. La présence de femmes aux seins énormes, aux formes plus que généreuses, souvent allongées sur des coussins, montre que la population de Malte a été une des dernières du néolithique à pratiquer des cultes de la fécondité.

De nombreuses statuettes, en pierre ou en terre cuite, représentent cette déesse obèse, debout, assise ou couchée, mais il en existe aussi des figurations colossales. La plus grande statue connue, dont on n'a retrouvé qu'une partie, devait mesurer 2,80 mètres de haut.

Les cas de la Corse et de la Sardaigne

Comme les premiers Grecs, les anciens habitants de la Corse, de la Sicile et de la Sardaigne édifient des monuments faits de blocs de pierre cyclopéens. La société est donc assez différenciée pour que les bâtisseurs soient entretenus par les communautés rurales, qui pratiquent l'agriculture et l'élevage. En Sardaigne, ces monuments sont funéraires : on a retrouvé dans les « tombes de géants » un important mobilier. À la même époque, les Corses érigent des statues-menhirs, qui portent en sautoir des épées.

Les Sardes du néolithique semblent se méfier de nouveaux envahisseurs, car ils édifient vers 1400 av. J.-C. d'impressionnantes forteresses, les « nouraghe ». Ces constructions coniques sont bâties en grosses pierres sèches. La base à gradins est faite de pierres cyclopéennes, taillées ou brutes. La porte est basse. Au centre se trouve une chambre voûtée en encorbellement et il y a parfois un étage. Ces monuments, particuliers à la Sardaigne, forment un système défensif complexe, différent des « murs cyclopéens » de la période précédente. L'organisation et la garde des nouraghe laisse supposer que l'île connaît alors une société hiérarchisée, où les fonctions de chacun sont nettement définies, peut-être par une féodalité déjà puissante.

Les mégalithes dans le monde

Les monuments mégalithiques ne se limitent pas à la préhistoire. Il s'en est construit ailleurs, bien plus tard. Il existe des menhirs en Éthiopie (IVe siècle av. J.-C.), des milliers de tumulus en Inde, après la fin de la civilisation d'Harappa, des chambres mégalithiques en Chine, en Corée et au Japon (Ier millénaire avant notre ère). La Colombie a développé, à partir du VIe siècle av. J.-C., un mégalithisme comparable à celui de l'Europe. Du Xe au XVIIe siècle, les habitants de l'île de Pâques ont édifié leurs célèbres statues monolithiques, selon la tradition polynésienne encore attestée à Tahiti au XVIIIe siècle. Au début du XXe siècle, des tombeaux mégalithiques sont encore construits à Bornéo et à Madagascar et il semble que cette tradition persiste.

Mégalithes et légendes

Les énormes masses des dolmens ont excité l'imagination populaire depuis le haut Moyen Âge. Pour certains, ils ne peuvent avoir été édifiés que par des êtres surnaturels, des fées par exemple : Pierre-des-Fées, Roche-aux-Fées, Pierre-des-Demoiselles. D'ailleurs, les fées y reviennent pour des fêtes magiques où les monuments dansent, à des dates précises, quand nul ne les voit : Pierre-qui-tourne, Pierre-qui-vire, Pierre-tourneraise, Pierre-folle, Pierre-de-Minuit. Pour d'autres, ces pierres sont le mobilier de géants ; Rabelais le rappelle à propos de la Pierre-Levée de Poitiers dans son *Gargantua*. Des monuments aussi extraordinaires avaient des pouvoirs magiques : on y accomplissait des rites étranges pour avoir un mari, un enfant, un heureux accouchement. On prenait garde alors de ne pas libérer les forces mauvaises contenues par les pierres : le diable, les korrigans, la mer... L'Église ne vit jamais d'un très bon œil ces pratiques remontant à la nuit des temps, régulièrement condamnées par les conciles ; les saints des premiers temps, Martin, Éloi, auraient été de grands destructeurs de mégalithes. Faute de pouvoir tous les supprimer, l'Église les christianisa tant bien que mal, sculptant des croix sur les menhirs, construisant des chapelles au sommet des tumulus.

Le XIXe siècle, en revanche, a réutilisé mégalithes et menhirs, qu'il transforme en autels druidiques, creusés de rigoles pour le sang des sacrifices humains. On a voulu y « restaurer » d'hypothétiques pratiques magiques lors de mystérieuses cérémonies.

Et que dire de certains, qui, au XXe siècle, calculatrice en main, attribuent dolmens et alignements aux extra-terrestres ?

Le monde égéen

Dès le IIIe millénaire avant notre ère, des civilisations s'épanouissent autour de la mer Égée, en Crète, dans les Cyclades, en Grèce continentale et en Asie Mineure. La Crète fut d'abord peuplée par des occupants dont on ne sait s'ils étaient les successeurs des populations qui habitaient la Méditerranée orientale à la fin du néolithique ou s'ils faisaient partie d'une première vague d'envahisseurs indo-européens. Elle voit s'affirmer une civilisation originale dite « minoenne », dont le réel développement est situé vers 2000 av. J.-C., époque où sont construits les palais attribués au légendaire roi Minos de Cnossos, de Phaistos, de Zakros, de La Canée ou de Malia.

Les premiers palais

Durant la première période minoenne, dite minoen ancien (2700-2000 av. J.-C.), la Crète est divisée en plusieurs petits royaumes vivant en paix les uns avec les autres. Cette situation se prolongera durant tout le minoen moyen (2000-1750 av. J.-C.), comme l'attestent les premiers palais construits sans fortifications. Ces royaumes développent la métallurgie du bronze, la céramique et l'orfèvrerie, ainsi que le commerce maritime avec les Cyclades, Rhodes, Chypre et l'Orient. Sur le continent, des populations parties des régions danubiennes atteignent les bords de la mer Égée, entraînant troubles et destructions. La Crète semble s'en tenir à l'écart, peut-être du fait de son éloignement.

Vers 1750-1700 av. J.-C., les premiers palais disparaissent sans que l'on puisse dire si ce fut à cause d'invasions extérieures, d'une révolution contre des maîtres devenus trop exigeants ou encore d'un tremblement de terre. Des tablettes d'argile rédigées dans une écriture (le linéaire A) que nous ne comprenons pas y ont été retrouvées, solidifiées par des incendies. On connaît trois écritures crétoises qui se succèdent : une écriture pictographique, les « hiéroglyphes crétois », et deux systèmes syllabiques dénommés conventionnellement « linéaire A » et « linéaire B » ; seul le dernier système, plus tardif, est déchiffré à ce jour.

Entre 1700 et 1400 av. J.-C., au minoen récent, la Crète voit s'élever une seconde génération de palais, édifiés sur les mêmes sites. Commence alors une période qui voit notamment l'apogée de Cnossos.

Le palais de Cnossos

En Crète, le palais est, avant tout, un foyer de vie économique et religieuse où sont stockés les denrées et les surplus de la production agricole, les impôts en nature. C'est également un lieu où travaillent les artisans. Peuplé de « fonctionnaires », comme en témoignent les tablettes d'argile ou les sceaux qui servaient à la comptabilité, il est un centre à partir duquel est gouverné l'arrière-pays et n'est donc pas uniquement une résidence princière.

Juxtaposition d'éléments remontant à des époques différentes, le palais de Cnossos est un ensemble d'environ 150 mètres de côté qui s'élève sur deux ou trois étages. Autour d'une cour centrale, dans laquelle ont été retrouvés des autels et des fosses pour sacrifices, s'organisent les appartements, les salles d'apparat, les bureaux et les quartiers secondaires, où les cours, souvent très petites, se multiplient jusqu'à donner l'impression réelle d'un labyrinthe.

Les palais sont gouvernés par un personnage qui est à la fois monarque et chef religieux. Sur les fresques qui ornent la salle du trône de Cnossos, Minos, roi légendaire, environné de fleurs de lys, tient un sceptre et la double hache (*labrys*), symbole souvent représenté, qui a donné son nom au palais : le Labyrinthe. Les textes grecs postérieurs rapportent le nom de ce personnage qui est peut-être celui d'un homme, d'une dynastie ou encore d'une fonction.

En 1894, l'archéologue sir Arthur Evans arrive en Crète, pour rendre la vie à l'île du roi Minos. Voilà vingt-trois ans que l'Allemand Heinrich Schliemann a ressuscité les sites légendaires de Troie et de Mycènes lorsque A. Evans achète les terrains qui recouvrent les ruines du palais de Cnossos. Les fouilles commencent en 1900. Ses découvertes lui valent une réputation mondiale, et, dans son œuvre maîtresse, *The Palace of Minos at Cnossos*, qu'il publie en 1930, il propose une chronologie en trois périodes de la civilisation minoenne, fondée sur la céramique. Selon lui, la Grèce continentale a été colonisée par la Crète et il refuse de reconnaître l'originalité de la civilisation mycénienne. Soucieux de restituer les grandes lignes et les volumes du palais de Minos, Evans, « nouveau maître » de Cnossos, relève les murs, les peint de couleurs violentes, donne des noms aux différentes salles, et une reconstitution très controversée aujourd'hui.

La monarchie de la double hache

À cette époque, le maître de Cnossos semble avoir dominé ses voisins de Malia et de Phaistos. La Crète n'est cependant pas un État unifié : peut-être s'agit-il d'une prééminence religieuse drainant offrandes et richesses, comme il en sera de même plus tard à Delphes et à Olympie. Le rayonnement de la Crète, à son apogée, va atteindre le sud de la Grèce et le Péloponnèse en particulier. Depuis le IIe millénaire, cette région est soumise à des bandes d'envahisseurs indo-européens, premier fonds de peuplement grec qui, à partir du XVIe siècle av. J.-C., fondent des établissements importants à Mycènes et à Thyrinthe. Ces premiers Grecs, les Achéens dont parle l'*Iliade*, s'imprègnent de la culture minoenne ; des liens de dépendance s'établissent peut-être, dont les traditions autour du roi Minos gardent le souvenir. Mais, à partir de 1450 av. J.-C., les palais sont détruits pour la seconde fois. Sir A. Evans, qui découvrit Cnossos, attribue cette destruction aux Mycéniens : ceux-ci, fascinés par la richesse de l'île, l'auraient envahie vers la fin du XVe siècle avant notre ère. Une autre hypothèse est formulée pour la première fois en 1934, par l'archéologue grec Spyridon Marinatos : celle d'un gigantesque raz de marée, provoqué par l'explosion du volcan de l'île de Thêra – aujourd'hui l'île de Santorin, à 100 kilomètres au nord de la Crète, en mer Égée, avec les îlots qui la prolongent, sont les rebords d'un ancien cratère de volcan recouvert par les flots –, qui aurait détruit les établissements minoens, leur flotte en particulier, et permis l'invasion par les habitants du continent.

En 1883, l'éruption du Perbuatan à Krakatoa (île volcanique située entre Java et Sumatra) fit des dizaines de milliers de morts, et il est possible qu'une catastrophe de ce type ait détruit dans l'Antiquité des cités le plus souvent situées près des côtes. Les fouilles de Santorin ont révélé sur le site d'Akrotiri un important établissement minoen et ont permis de constater que des tremblements de terre avaient sûrement précédé une explosion volcanique. Sous une épaisse couverture de cendres et de poussière, des maisons à l'architecture raffinée, aux pièces décorées d'admirables peintures murales ont été conservées, et l'on peut parler d'un autre Pompéi ayant précédé d'un millénaire et demi la destruction de la cité vésuvienne.

Une douceur de vivre célébrée par Homère

Les vestiges de l'art minoen parvenus jusqu'à nous donnent une impression de douceur de vivre, d'harmonie et de luxe, impression partagée par les Anciens : Homère, au VIIIe siècle av. J.-C., parlait de la Crète comme d'une île « belle, grasse, bien arrosée, aux hommes nombreux à l'infini et aux quatre-vingt-dix villes ».

Sur cette île montagneuse où la période de sécheresse estivale est longue, la production de céréales (blé et orge) est insuffisante. En revanche, les arbres fruitiers, la vigne, l'olivier ainsi que les ruches produisent des surplus qui sont stockés.

Les Crétois vivent aussi des produits de la mer : la pêche est active, de même que la recherche du murex, coquillage duquel on tire la pourpre. Les potiers fabriquent des céramiques très fines, ce qui prouve l'existence de tours à rotation rapide, travaillent le bronze, connaissent la soudure et pratiquent l'orfèvrerie et l'incrustation. Le ravitaillement en métaux (qui sont importés) de cette industrie et l'exportation des surplus agricoles s'appuient sur une flotte importante qui domine les courants commerciaux en mer Égée. Ces échanges permettent à cette civilisation d'être déjà très urbaine et très raffinée. Sir Evans estimait à plusieurs dizaines de milliers le nombre d'habitants de Cnossos.

La Crète minoenne se distingue donc des autres grands États du IIe millénaire par une vie largement ouverte au commerce maritime. Grâce à sa position géographique tournée vers Chypre et les côtes asiatiques, la partie orientale de l'île est la plus peuplée. À Zakros, des défenses d'éléphants venus de Syrie ont été retrouvées, ainsi que des lingots de cuivre de Chypre (*Kupros*, terme qui a donné son nom au métal) à Phaistos.

La religion de la déesse-mère

Les fresques qui couvrent les murs des palais permettent une approche de la religion et des mœurs minoennes. Elles montrent, notamment, que la femme tient une place importante dans la société crétoise et qu'elle jouit d'une relative liberté alors que, dans d'autres civilisations de la même période, elle est tout entière soumise à l'homme. Les prêtresses ont un rôle prépondérant, et les représentations des femmes participant à des activités publiques, telles que le théâtre ou l'arène, sont nombreuses. La religion minoenne voue un culte particulier à la fécondité et à la fertilité, que les déesses aux larges hanches et aux seins arrondis rapprochent d'un culte lié au sol nourricier. Cette grande déesse, la *potnia*, descendant des cultes du néolithique, est une déesse de la nature, à laquelle sont associés divers animaux ou objets : serpent – animal souterrain par excellence dans la figuration religieuse –, oiseau, taureau, corne, double hache. Ces animaux et ces objets préfigurent peut-être aussi la présence de divinités masculines, mais peu de représentations nous permettent de définir leur place et leur rôle.

Les dieux solaires ou célestes que seront les dieux grecs, comme Ouranos ou Zeus, sont en revanche absents. Dans le panthéon grec, où ils triomphent plus tard, la Crète est un lieu infernal : Perséphone, fille de Déméter, est enlevée vers les Enfers par Hadès, et Minos et son frère Rhadamanthe sont les gardiens de ces mêmes Enfers. Par ailleurs, des êtres composites à corps d'homme ou de femme et à tête d'animal, tels les sphinx ailés ou le Minotaure, traduisent également une influence orientale.

Monstre à corps d'homme et à tête de taureau, le Minotaure était le fils de Pasiphaé, femme de Minos, et d'un taureau envoyé par Poséidon, dieu de la Mer. C'est pour enfermer le monstre que le roi Minos fit concevoir par Dédale, architecte et sculpteur, le Labyrinthe, « palais de la double hache », mais palais prison, aux salles et aux couloirs si enchevêtrés qu'on ne pouvait en sortir. Tous les neuf ans, Athènes, vassale de Minos, devait livrer sept jeunes gens et sept jeunes filles que le monstre dévorait, jusqu'au jour où Thésée, fils du roi d'Athènes, s'offrit comme victime et tua le Minotaure. Grâce à l'aide d'Ariane, fille de Minos et de Pasiphaé, il parvint à sortir du Labyrinthe. Amoureuse de Thésée, Ariane lui avait donné une pelote de fil qu'il déroula derrière lui. Il n'eut donc pas de peine à se retrouver dehors. Minos enferma alors Dédale et son fils Icare dans le Labyrinthe. Ils s'en échappèrent en se fabriquant des ailes avec de la cire, mais Icare s'approcha si près du Soleil que ses ailes fondirent ; il fut alors précipité dans la mer, près de Samos, événement à l'origine de la mer Icarienne.

Faite de processions, de danses sacrées et de libations, de transes et de jeux, cette religion est une religion de plein air. Les temples sont rares, ce ne sont que de petites salles situées au centre des palais : « bassins lustraux » où des vases à libation ont été retrouvés en nombre. Les rites se déroulent dans des sanctuaires naturels : bois sacrés, sommets des montagnes ou grottes, où des figurines humaines et des ex-voto ont été retrouvés. La religion grecque, qui s'est constituée plus tard, garde le souvenir de ces grottes dans le mythe de l'enfance de Zeus. Comme le dieu Cronos dévorait ses enfants, son épouse Rhéa emporta Zeus, dit Hésiode, « au gras pays de Crète » pour le cacher « au creux d'un antre inaccessible, au flanc du mont Égéon que recouvrait un bois épais ». Là, le dieu-enfant fut allaité par une chèvre et soigné par la nymphe Amalthée. Quand la chèvre se cassa une corne, Zeus l'offrit à Amalthée, lui promettant que la corne ne cesserait désormais plus de se remplir de fleurs et de fruits : c'est la corne d'abondance. Plus tard, c'est avec la peau de cette chèvre que Zeus fera son armure, l'égide, et il placera Amalthée et sa chèvre parmi les constellations

L'idéal athlétique, que partagera la Grèce archaïque et classique plus tard, est aussi un trait de la culture minoenne : des combats de boxe, des luttes et surtout des courses de taureaux sont représentés, donnant lieu à d'acrobatiques exploits auxquels participent hommes et femmes.

La civilisation des Cyclades

L'épanouissement d'une civilisation dans l'archipel des Cyclades correspond à la fin du néolithique, au moment où, vers le début du IIIe millénaire, la métallurgie orientale, qui maîtrise le bronze, se répand en mer Égée. Des villages importants, déjà de petites villes, apparaissent dans les îles : Thermi à Lesbos, Haghios Andréas à Siphnos, Khalandriani à Syros ou encore Poliochni à Lemnos.

La vie de ces bourgades, généralement situées non loin de la mer, est surtout agricole. Le blé et l'orge, les vesces, les pois et les lentilles entrent dans l'alimentation ; la vigne pousse sur les pentes et pour la première fois l'existence de l'olivier est attestée de façon certaine. Moutons et chèvres forment la majeure partie du cheptel.

Une classe d'artisans semble cependant émerger de cette civilisation agraire. Les tombes à ciste (le corps est couché sur le côté, les jambes repliées), fréquentes dans les Cyclades, ont livré de nombreux objets de parure, des vases, mais surtout des statuettes de pierre, plus généralement en marbre, qui révèlent une forme supérieure de sensibilité et d'expression, l'œuvre de véritables artistes.

L'âge du bronze en Occident

La division de la préhistoire en trois âges, successivement de la pierre, puis de bronze et enfin du fer, remonte au début du XIXe siècle lorsque le directeur du musée des Antiquités nordiques de Copenhague, Thomsen, classa les objets de ses collections selon leur matière et leur ancienneté. Aujourd'hui, malgré le poids des habitudes, cette division semble de moins en moins pertinente aux archéologues car elle est très approximative : les régions qui étaient éloignées des voies de communication ne bénéficiaient des innovations qu'avec un décalage de plusieurs siècles.

Du silex au bronze

Née au Moyen-Orient, la révolution néolithique a rapidement gagné l'Europe par des voies différentes : l'une, maritime, traverse la Méditerranée, et, par les Cyclades et la Sicile, gagne l'Afrique du Nord et le sud de l'Europe. L'autre, continentale, part du Caucase et gagne l'Europe centrale, puis les îles Britanniques. La société devient complexe, les hommes se spécialisent. Agriculteurs, potiers, apparaissent en Grèce, en Italie, en Espagne, dans la plaine russe, en Scandinavie, où ils bâtissent les premiers villages. La découverte essentielle est alors celle des métaux : mines et métallurgie du cuivre accompagnent le travail de l'or, de l'argent et du plomb. Mais ces métaux ne sont utilisés que pour fabriquer des objets de prestige, sceptres ou parures, et pour marquer la puissance de certains personnages, les premiers chefs de l'histoire humaine. Il faut attendre 3000 av. J.-C., avec les débuts de l'âge du bronze, c'est-à-dire l'utilisation de l'alliage du cuivre et de l'étain, pour que les hommes produisent des objets plus résistants qu'avec la pierre ou l'os, objets qui copient encore les formes du paléolithique (haches plates, petits poignards, épingles).

L'âge du bronze commence en réalité dans la continuité du chalcolithique, dernière période du néolithique, appelée aussi « âge du cuivre ». Les sociétés hiérarchisées étaient déjà apparues, comme nous le montrent les tombes somptueuses des premiers chefs, qu'il s'agisse de dolmens en Bretagne ou des tombes remplies d'or de Varna, en Bulgarie. Mais à ces périodes marquées par des tombes princières succèdent parfois des moments où les différences sociales sont moins fortes, indice que les changements sociaux n'étaient pas encore irréversibles et que le pouvoir n'y était pas immédiatement héréditaire.

Vers la fin du chalcolithique, c'est-à-dire vers 2300 av. J.-C., en revanche, les tombes les plus riches sont à la fois celles d'adultes et celles d'enfants : il semble que le pouvoir ne soit plus uniquement « mérité » (par la force ou l'habileté), mais qu'il soit désormais également hérité et transmis. Depuis 2600 av. J.-C., la métallurgie est pratiquée dans l'ensemble de l'Europe occidentale : sud-est du Massif central, Italie, péninsule Ibérique. Les objets de cuivre qui sont fabriqués répondent à la demande locale. À la fin du IIIe millénaire, la situation se modifie avec l'apparition, dans l'ensemble de l'Europe, d'une population qui se caractérise par la production de vases à la forme de cloche renversée, d'où leur nom de « Campaniformes » et d'objets qui sont vendus ou échangés.

QUELQUES REPÈRES

• Zone septentrionale

– 3000-2500 av. J.-C. néolithique final ; premiers mégalithes.

– V. 2300 chalcolithique ; apparition de haches de combat.

– V. 1800 bronze ancien.

– V. 1500 bronze moyen.

– V. 1200-800 bronze final ; apogée du bronze nordique.

• Zone tempérée

– V. 3000 chalcolithique.

– V. 2300 bronze ancien ; civilisation d'Unetice.

– V. 1500-1200 bronze moyen, tumulus.

– V. 1200-850 bronze final ; urnes, sites lacustres.

• Zone méditerranéenne

– V. 3000-2500 bronze ancien ; art des Cyclades.

– V. 2300 bronze moyen ; premiers palais de Cnossos.

– V. 1500 bronze final ; civilisation mycénienne.

Le droit du plus fort

En Occident, vers 2000-1500 av. J.-C., la métallurgie reste cependant encore embryonnaire. Les alliages destinés à durcir le métal sont imparfaits, l'étain est encore peu utilisé, et certaines régions, comme la Scandinavie, en ignorent l'usage. L'âge du bronze ancien est même la période d'apogée de la taille du silex : les pointes de flèches, retrouvées dans des tombes armoricaines, ou les poignards scandinaves sont parmi les plus beaux objets. Cette période ne connaît pas non plus de mouvements de population. Les grandes zones culturelles qui divisent l'Europe de l'âge du bronze se sont mises en place dès le chalcolithique, suivant des processus imparfaitement connus. La France, par exemple, n'a pas d'unité culturelle : le Sud-Ouest évolue avec la péninsule Ibérique, le Sud-Est avec la péninsule italique, la façade atlantique avec les îles Britanniques. Le quart nord-est appartient à une vaste zone qui regroupe le sud de l'Allemagne, la Suisse, l'Autriche et la Bohême. Le nord de l'Allemagne et la Scandinavie forment un autre ensemble culturel où apparaîtront beaucoup plus tard les Germains. En Europe centrale et orientale, d'autres zones se reconnaissent à chaque fois par des types particuliers d'armes, d'outils, de poteries et d'architecture.

L'âge du bronze ancien a marqué une évolution, sinon des techniques et de l'économie, du moins des mentalités, comme le montrent les grands sanctuaires alpins, en France ou en Italie. La vallée des Merveilles s'étage à 2000 mètres au pied du mont Bégo, près de Tende. Plus de cent mille gravures ont été piquetées sur ses schistes roses et, si l'on y trouve des thèmes traditionnels au néolithique et même au paléolithique, comme la représentation de taureaux, beaucoup d'armes (poignards, haches, hallebardes) et quelques figures masculines y sont représentées. La forme particulière de ces armes, comparée aux modèles réels retrouvés sur les sites archéologiques, permet d'ailleurs de dater ces gravures du début de l'âge du bronze. Une nouvelle société se met en place, fondée sur la force virile, le prestige et l'ordre du droit du plus fort, alors que les images du paléolithique ou du néolithique mettaient l'accent sur la féminité, les animaux ou la fécondité.

La métallurgie du cuivre et du bronze

Les premiers objets de métal sont des pépites de cuivre natif martelées à froid, qui datent de plus de dix mille ans. Il a fallu des températures supérieures à 1000 °C, d'abord obtenues dans des fours à céramique, pour parvenir à la réduction du minerai de cuivre. Celui-ci était alors mélangé à du charbon de bois à l'intérieur de fours en argile – les premiers « hauts-fourneaux » – et chauffé jusqu'à la fonte du métal. La masse de métal était ensuite refondue dans des creusets, puis coulée dans des moules. En France, les premières mines de cuivre ont été trouvées à Cabrières, dans les Corbières ; elles sont antérieures encore au début de l'âge du bronze. La métallurgie de l'or et de l'argent est aussi ancienne que celle du cuivre.

La région de Salzbourg compte de nombreuses mines de cuivre, qui sont en activité dès le milieu du IIe millénaire. L'exploitation se fait grâce à des galeries creusées dans la montagne, sur des filons repérés par d'habiles prospecteurs. Pour briser les roches et fracturer le minerai, les hommes font du feu le long des parois ; cette technique empêche probablement d'exploiter des filons trop profonds, car il est difficile d'étayer les galeries et d'évacuer les fumées. Les blocs sont ensuite emportés à l'air libre puis broyés et purifiés. Le minerai est alors fondu dans des bas fourneaux au bois, de façon à obtenir des lingots de cuivre.

Le cuivre lui-même était trop malléable. C'est par addition d'arsenic et surtout d'étain (qui ont pu au début être présents à l'état d'impuretés naturelles), qu'on obtient un alliage plus résistant, appelé « bronze ». L'étain est ajouté dans une proportion de 20 p. 100 environ.

Les tombes de chefs

La continuité entre chalcolithique et bronze ancien se traduit aussi dans les rituels. Les sanctuaires mégalithiques sont encore en usage à l'âge du bronze en Angleterre, en Bretagne, en Sardaigne ou en Corse. Apparus au néolithique, ils prennent des formes spectaculaires, impressionnantes tours de pierre, dolmens ou alignements de menhirs dont certains portent des hommes en armes sculptés.

Au bronze moyen, vers 1500-1200 av. J.-C., l'Europe connaît une accentuation de la stratification sociale : l'apparition d'une élite de chefs locaux, se traduit par un changement des pratiques funéraires. Les sépultures individuelles annoncent la transition avec les fosses de l'âge du cuivre. Des deux côtés de la Manche, les tombes d'Armorique et celles du sud de l'Angleterre, le Wessex, sont d'une richesse exceptionnelle. Les chefs sont enterrés dans des coffres de pierre, sous de vastes tumulus, avec des vases d'argent, des torques (colliers) d'or, des poignards rehaussés de milliers de clous, des pointes de flèches d'une grande finesse. La richesse du mobilier funéraire signifie la puissance du défunt. Ces tombes princières n'auront pourtant qu'un temps : elles disparaissent quelques siècles plus tard, comme si les capacités réelles de l'environnement, des techniques et des hommes n'étaient pas adaptées à cette économie de prestige.

Des confins de la Bohême à la vallée du Rhône

À Unetice, en Bohême, vers 2100 avant notre ère, les morts sont enterrés individuellement sous de petits tumulus regroupés en nécropole. Ces peuples maîtrisant la métallurgie du bronze et connaissant l'équitation sont peut-être à l'origine des mouvements de population au Proche- et au Moyen-Orient en 1600 avant notre ère. La civilisation d'Unetice s'est diffusée en Europe de l'Ouest au début du IIe millénaire. On trouve des tertres du même type quelques siècles plus tard dans la vallée du Rhône.

Ainsi, entre 1600 et 1500 avant notre ère, une fillette de sept ou huit ans est enterrée à Lastours. Elle a été retrouvée sous un des châteaux cathares de l'Aude. Au fond de la cavité de la grotte du Collier, cette petite fille repose parmi de superbes parures : perles tubulaires en verre coloré ou en tôle de bronze, bracelets de bronze en forme de spirale et surtout un curieux pendentif d'ambre sur lequel un œil est gravé.

Ces parures, caractéristiques de l'âge du bronze, témoignent donc de la complexité des échanges commerciaux en Europe : ambre en provenance de la Baltique, bracelets en bronze retrouvés à Unetice, en Europe centrale. Ce trésor suggère aussi que les parents de cette enfant étaient d'un rang élevé, à moins qu'elle n'ait eu elle-même des fonctions sacrées…

LES ALIGNEMENTS DE CARNAC

Les Bretons du XIXe siècle voyaient dans les menhirs de Carnac une armée pétrifiée; d'autres légendes en faisaient des pierres destinées à caler les tentes de Jules César. Carnac signifie en breton « le lieu des cairns ». Cairn est un mot celtique qui désigne les amas de pierres recouvrant des tombes. Sur le territoire de ce village du Morbihan sont alignés près de 3000 menhirs édifiés vers la fin du néolithique, pierres dressées qui devaient être associées au culte des morts, mais être aussi un lieu de cérémonies en l'honneur du Soleil. Ils sont regroupés en trois grands alignements. Le plus important est celui du Menec, où 1170 menhirs forment onze files légèrement courbes, qui réunissent deux cromlechs, enceintes ovales de pierres dressées. Il est orienté sur les levers de soleil intermédiaires. 240 mètres plus loin, l'alignement de Kermario, précédé d'un dolmen, est orienté sur les levers de soleil des solstices, tandis que celui de Kerlerscan est aligné sur les levers de soleil de l'équinoxe.

Les ancêtres des Bretons ont cessé d'édifier de gigantesques monuments mégalithiques vers 1700-1500 av. J.-C. Ils enterrent désormais leurs chefs sous des tumulus plus modestes, mais les accompagnent d'objets : épées cloutées d'or, outils de pierre, perles de pâte de verre, colliers-lunules en or fin. L'or, semble-t-il, vient d'Irlande, car le commerce maritime est très actif entre l'Armorique et les îles Britanniques. À la fin de la période, les inhumations sont collectives.

La course aux armements

La métallurgie se développe rapidement par l'utilisation systématique de l'alliage du cuivre et de l'étain. Cet alliage nécessite de vastes réseaux d'échange, car les deux métaux ne se trouvent pas dans les mêmes régions. L'étain des îles Britanniques, appelées « îles Cassitérides » (îles de l'Étain) par les Grecs, circule dans une bonne partie de l'Europe, ainsi que l'ambre, résine fossile, qui se répand de la Baltique jusqu'en Languedoc, voire jusqu'à Mycènes. Les métaux précieux, le sel, les perles de verre, etc., font l'objet d'autres circuits encore, et le commerce à longue distance fournit alors en étain les régions qui en sont dépourvues.

Cette métallurgie permet la fabrication de nouveaux objets, en particulier les épées issues des anciens poignards. L'« art de la guerre » va s'en trouver transformé : l'épée permet un combat moins rapproché, plus meurtrier et suscite des parades, armes défensives, cuirasses, jambières, casques, qu'autorisent la malléabilité et la robustesse du nouvel alliage. La course aux armements est lancée, elle ne s'arrêtera plus. Les objets en bronze eux-mêmes voyagent sur de longues distances : des haches de Bretagne ont été retrouvées en Suisse et des épées de Hongrie au Danemark. Si le milieu du IIe millénaire avant notre ère marque en effet la fin de la phase dite du « bronze ancien » en Europe orientale, cette phase a duré peu de temps dans certaines contrées d'Europe occidentale, touchées très tard par les progrès venus de l'Est. La péninsule scandinave ne possède pas de minerai, mais les routes du commerce sont assez sûres pour acheminer le cuivre et l'étain jusqu'aux bronziers locaux, qui fabriquent des épées, des haches et des casques. Les Scandinaves importent aussi des objets finis de contrées aussi lointaines que la Hongrie actuelle, comme le montrent plusieurs découvertes archéologiques.

Mais le métal reste précieux, comme en témoignent les très nombreux « dépôts ». Ce sont des cachettes d'objets en bronze qui contiennent parfois des objets intacts, des trésors, mais aussi des enfouissements rituels. Souvent, les objets sont brisés : il s'agit alors d'une réserve de métal destinée à être refondue. C'est grâce aux associations d'objets que l'histoire du style de ces armes et de ces outils et l'évolution de leurs formes peuvent être reconstituées. Comme ces objets étaient échangés sur de longues distances, on peut, d'après ces échanges, relier les régions d'Europe aux pays de la Méditerranée qui connaissent déjà les villes et l'écriture. C'est ainsi qu'ont été déterminées les dates données ici.

Le retard européen ?

Cette évolution s'accentue encore vers la fin du IIe millénaire. L'armement se perfectionne et des forteresses de plus en plus imposantes sont construites. Le territoire se diversifie : ce n'est plus seulement une juxtaposition de villages modestes faits de petites maisons de bois et de terre, mais des bourgs plus imposants dominant une pyramide de villages, de hameaux et de fermes. Outre les forteresses campées sur des hauteurs peu accessibles, des refuges plus obscurs apparaissent : villages tassés dans les marécages et les presqu'îles des bords des lacs des Alpes ou du Jura, dont la vase humide a conservé les pilotis et les objets en bois, en cuir ou de vannerie ; grottes du Jura où se cachaient les populations le temps d'un raid. La grotte des Planches, près d'Arbois, dans le Jura, porte la trace du massacre de tout un village qui s'était provisoirement abrité en emportant ses objets familiers.

L'âge du bronze final (1200-850 av. J.-C.) voit la métallurgie poursuivre son essor et généralise un rituel funéraire rare jusqu'alors : l'incinération, à tel point que l'on peut parler d'une « civilisation des champs d'urnes ». Les cendres sont recueillies dans une urne funéraire qui est déposée dans une fosse creusée dans le sol. Des offrandes sont déposées à côté, ce sont des armes et des objets de parure mais aussi des récipients et des pièces de viande.

Pourtant, deux faits frappent dans l'histoire de l'âge du bronze. D'une part, la montée des pouvoirs n'a pas été continue durant le bronze ancien, la richesse des tombes d'Armorique et du Wessex reste sans descendance ; d'autre part, malgré un démarrage comparable, les villages de l'âge du bronze ne débouchent pas sur les opulentes cités que connaît la Méditerranée orientale à partir du IIIe millénaire. S'il n'existe pas d'explication claire de ces deux phénomènes, il semble que la résistance à l'organisation d'un pouvoir centralisé ait été plus forte en Europe qu'en Orient. Peut-être parce que, dans l'espace européen, il était toujours possible de s'installer ailleurs pour échapper à un pouvoir devenu trop contraignant.

Au Proche-Orient, en revanche, la vie était liée aux grands fleuves. Une fois ceux-ci endigués et les plaines irriguées, il n'était plus possible de s'en éloigner.

LE SANCTUAIRE DE STONEHENGE

L'ensemble monumental de Stonehenge, en Grande-Bretagne, a commencé par un modeste fossé circulaire, d'environ 100 mètres de diamètre, qui fut creusé vers la fin du IIIe millénaire avant notre ère, au chalcolithique. Mais, peu à peu, tout en respectant la forme circulaire, des constructions en pierres massives, chacune pesant plusieurs dizaines de tonnes, seront ajoutées, dessinant plusieurs cercles concentriques de pierres levées. Certaines supportaient elles-mêmes des pierres horizontales soigneusement ajustées et formaient comme des portes. Quelques-unes de ces pierres ont été extraites puis transportées depuis le pays de Galles, à plus de 200 kilomètres de là. Le monument comporte une allée orientée par rapport au solstice d'été, ce qui suppose probablement un culte solaire, même si la plupart des monuments religieux connus, y compris nos églises, ont en général une orientation astronomique. Stonehenge a continué à être utilisé au moins jusqu'à l'âge du bronze final, vers 800 ans avant notre ère, soit une durée d'utilisation de près de deux millénaires. Le monument n'est pas isolé, mais fait partie de tout un vaste complexe rituel regroupant tertres de terre et enclos circulaires.

• • •

DEUXIÈME PARTIE

La Méditerranée, centre du monde

(–1500 à –600)

Introduction

Au cœur du IIe millénaire av. J.-C., de la mer Égée au Nil et de la mer Noire à l'Euphrate, se multiplient les combats pour asseoir des hégémonies toujours fragiles. Après une période de grande faiblesse et de relatif isolement, l'Égypte de la XVIIIe dynastie adopte une politique d'expansion, multipliant les parades militaires, les pillages et les rapines en Nubie et en Palestine.

Au même moment, le royaume hittite du puissant souverain Souppilouliouma étend son autorité de l'Anatolie jusqu'à la côte syrienne, où il se heurte aux prétentions de Pharaon.

En mer Égée, les opulents souverains de Mycènes prennent le contrôle de la Crète. Ainsi, vers 1500 av. J.-C., le Levant devient un immense champ de bataille où les villes tentent de résister à l'assaut des tours de siège et des béliers, où les chars s'affrontent en rase campagne, où s'entre-tuent les archers et où s'affairent les diplomates, comme en témoignent les tablettes des archives égyptiennes et hittites.

Vers 1300 av. J.-C., quand Ramsès II monte sur le trône d'Égypte, un peuple nouveau fait son entrée dans l'histoire du monde. Après avoir fui l'Égypte, les Hébreux se lancent à la conquête du pays de Canaan, « un heureux pays, pays de torrents et de sources, d'eaux qui sourdent de l'abîme dans les vallées comme dans les montagnes, pays de froment et d'orge, de vigne, de figuiers et de grenadiers, pays d'oliviers, d'huile et de miel». Ils y imposent la croyance en un seul dieu.

Le Levant reste donc le passage obligé pour les caravanes venant de Syrie, de Mésopotamie, d'Anatolie et d'Égypte, et les navires arrivant de Chypre et de l'Égée. Il affirme sa vocation de point de contact entre les peuples. Mais c'est aussi un lieu de conflits obligeant les cités à tirer parti des rivalités entre les grandes puissances pour asseoir leur prospérité. Au sein de ce creuset culturel, où l'on emploie cinq systèmes d'écriture et où l'on parle huit langues, fut inventé le premier alphabet.

Mais vers 1200 av. J.-C., un choc d'une violence extrême déracine une large partie des populations de la Méditerranée et bouleverse des empires solidement constitués. Qui sont ces nouveaux venus qui, par vagues successives, poussant leurs troupeaux devant eux, s'attaquent aux remparts des cités mycéniennes et importent les mâles vertus d'une nouvelle race guerrière ? Qui sont aussi, au début du XIIe siècle, ces «Peuples de la Mer» qui, suivis par leurs femmes et leurs enfants à bord de lourds chars à bœufs, reprennent leurs offensives sur une grande échelle, submergeant l'Empire hittite et épuisant les pharaons du Nouvel Empire ? Comment expliquer encore qu'à la même époque s'effondre en Chine la dynastie des Shang, sous les coups d'un obscur vassal qui fonde une nouvelle dynastie ? C'est bien un monde qui meurt peu après l'an 1000 av. J.-C. ; un monde où le bronze cède devant le fer et qui voit émerger, en Israël, un nouveau royaume avec Jérusalem comme capitale.

Au début du Ier millénaire av. J.-C. se dessinent également les traits caractéristiques de la civilisation méso-américaine : stèles et monuments célébrant les souverains et leurs règnes, système d'écriture hiéroglyphique et jeux de balle rituels. Au cœur des jungles humides de Tabasco et Veracruz, «les hommes du pays du caoutchouc», les Olmèques, sculptent de mystérieuses et impressionnantes figures et édifient leurs villes.

Comme en témoignent les figures représentées sur leurs monuments, ils ont l'âme guerrière, tels les redoutables souverains assyriens qui, à la même époque, revendiquent le titre de «roi du monde», écorchant ou empalant sans pitié leurs prisonniers, entassant dans leurs palais le butin de leurs campagnes, redonnant ainsi une nouvelle grandeur à leur pays.

Seuls, finalement, les sujets du roi Salomon peuvent goûter, pour la première fois depuis la sortie d'Égypte, les joies douces d'une paix durable, comme en témoignent les livres des Rois de l'Ancien Testament.

Mais déjà se font jour de nouvelles puissances. Ouverture des premiers jeux Olympiques en 776 av. J.-C., fondation de Rome en 753 av. J.-C. : même si ces deux dates font une part trop belle aux récits légendaires, elles n'en marquent pas moins l'avènement d'un autre monde dont le centre se déplace peu à peu de l'Orient à la Méditerranée. Bien qu'éparpillés en cités rivales, les Grecs prennent conscience qu'ils ont une culture commune. Un même idéal s'exprime lors des jeux d'Olympie, « jeux panhelléniques ». Fiers de leur supériorité sur les « Barbares », les Grecs entament un mouvement de colonisation qui les fait essaimer tout au long des côtes de la mer Noire et de la Méditerranée. Une Méditerranée que ne peut encore leur contester Rome, bourgade fondée par des bergers sur la colline du Palatin.

Cette « redistribution » des cartes s'accompagne aussi d'un déclin de dynasties et royaumes jusque-là puissants et dominateurs. « Tout empire périra » : une maxime de l'histoire qu'illustrent à leur manière la destinée de l'Assyrie comme celle de l'Égypte. Au sommet de sa puissance en 700 av. J.-C., le puissant empire assyrien s'effondre brutalement, sans qu'on puisse vraiment déterminer le poids des facteurs extérieurs et celui des scléroses internes. Peut-être Assurbanipal avait-il conscience de la fragilité de son royaume en ordonnant de rassembler dans l'immense bibliothèque de Ninive tous les textes administratifs, religieux, littéraires ou scientifiques. À la même époque, l'Égypte de Psammétique espère encore ressusciter les fastes de sa gloire passée. Mais, vers 600 av. J.-C., c'en est fini de l'indépendance d'un empire qui a façonné pendant plus de 2000 ans l'histoire du monde.

Le riche Crésus perd lui aussi son pouvoir.

Décidé à faire la guerre aux Perses, il avait interrogé l'oracle de Delphes, qui avait prédit que, en prenant cette décision, il détruirait un empire. Pouvait-il prévoir que ce serait le sien ?

CHAPITRE 1

Le Nouvel Empire Égyptien (– 1500 à – 1200)

Le Moyen Empire s'achève avec la XIIe dynastie et le règne d'une femme vers 1785 av. J.-C. L'Égypte entre alors pour la seconde fois dans une période obscure, appelée « deuxième période intermédiaire » durant laquelle de nombreux rois se bousculent sur le trône. Les pharaons de la XIIIe et de la XIVe dynastie ont non seulement des règnes brefs, mais parfois plusieurs gouvernent en même temps. Le royaume d'Égypte se morcelle et des Asiatiques, s'infiltrant lentement au nord-est du pays, arrivent très nombreux, surtout dans le Delta. Venus de Syrie-Palestine, ils sont appelés les Hyksos, les « princes des pays étrangers ».

La XVIIIe dynastie, qui gouverne l'Égypte de 1580 à 1314 av. J.-C., met fin à cette deuxième période intermédiaire.

Un immense Empire

À la faveur d'un vaste mouvement de population qui à commencé dès le milieu du Moyen Empire, les Hyksos s'installent et, profitant de la grande faiblesse des pharaons de la XIIIe dynastie, s'emparent du pouvoir. Ils fondent Avaris, ville du Delta, qui devient leur capitale. À la fin du XVIIIe siècle, Salitis, leur chef, fonde sa propre dynastie (il y aura deux dynasties hyksos : la XVe et la XVIe, entre – 1730 et – 1580) et règne une vingtaine d'années.

L'autorité des Hyksos semble ne pas avoir été très forte sur la partie sud du pays, et les pharaons règnent plutôt sur des petites principautés qui acceptent leur autorité que sur un royaume fort et unifié. La population locale supporte l'implantation hyksos et cohabite assez aisément avec ses nouveaux maîtres. D'ailleurs, que le pharaon soit un Hyksos installé à Avaris ou un Égyptien trônant à Memphis ou à Thèbes, la vie de la majorité des Égyptiens ne change pas : beaucoup de travail dans les champs, les marais et les chantiers.

Les Hyksos sont de redoutables guerriers : habiles au maniement des armes, ils utilisent la *harpé*, arc asiatique en forme de faucille, et introduisent les chars de combat tirés par des chevaux. Ces nouveaux rois conservent leurs coutumes, mais s'imprègnent peu à peu des mœurs et des idées égyptiennes. Ils adoptent les titulatures royales égyptiennes, se disent « fils de Rê », choisissent des noms égyptiens pour leurs enfants, écrivent avec des hiéroglyphes le leur, qu'ils mettent dans des cartouches, et copient le style des statues du Moyen Empire. Ils entreprennent aussi des constructions, acceptent les dieux égyptiens et tout particulièrement Seth, le dieu du Delta, maître des pays étrangers et des déserts, avant de l'assimiler à l'un des leurs.

Si les Hyksos profitent de la richesse de l'Égypte et de sa civilisation brillante, les Égyptiens mettent eux aussi à profit la période hyksos. Ils assimilent les nouveaux procédés pour fabriquer des armes : poignards, harpés, et pour rattraper leur retard « technique » en quelques années. Ils améliorent ainsi le travail du bronze et apprennent, grâce aux Hyksos, à utiliser le char tiré par le cheval, qui leur permettra dans les siècles à venir de gagner de nombreuses batailles.

De Salitis à Apopi Ier, qui règne environ quarante ans, le royaume d'Égypte reste sous la domination hyksos. Bientôt les princes égyptiens réfugiés à Thèbes se rebellent et se rendent indépendants : Rahotep fonde en 1680 la XVIIe dynastie, forme une armée bien entraînée et décide de reconquérir le Double-Pays. Les combats commencent à la fin du règne d'Apopi Ier contre Taâ l'Ancien de Thèbes ; les princes thébains continuent la reconquête, chassent les Hyksos au nord et soumettent la Nubie au sud. En une vingtaine d'années, de 1600 à 1580 av. J.-C. environ, Ahmosis, un des leurs, recrée le royaume d'Égypte et fonde la XVIIIe dynastie.

La naissance du Nouvel Empire

Aménophis Ier, fils d'Ahmosis, règne pendant un quart de siècle environ. Les princes d'Égypte lui sont dévoués grâce aux cadeaux qu'il distribue avec largesse. Il continue l'œuvre de son père, réorganise le pays et remet définitivement en route l'énorme bureaucratie égyptienne. Lui qui porte le nom de « Taureau qui subjugue le pays », ou « celui qui inspire un grand effroi », mène en fait bien peu de campagnes militaires. Il dirige, en revanche, la construction de temples, en particulier son tombeau creusé dans la montagne désertique en face de Thèbes. Il meurt en laissant le trône d'Égypte à son fils, Thoutmosis Ier. Ce dernier se lance résolument dans une grande politique d'expansion et mène de brillantes campagnes militaires de la Nubie jusqu'aux rives de l'Euphrate. L'Égypte, comme au Moyen Empire, est redevenue un royaume riche et redouté par tous les peuples voisins.

L'usurpation d'Hatshepsout

La mort de Thoutmosis Ier, en 1520 avant notre ère, pose un nouveau problème de succession. Déjà ce dernier avait dû légitimer son pouvoir en épousant sa tante Ahmès, l'héritière de sang ; de cette dernière, il n'eut à son tour qu'une fille, Hatshepsout. La princesse épousa son demi-frère illégitime, Thoutmosis II, mais, quand, à la mort de celui-ci, en 1504, elle choisit pour mari son jeune neveu et beau-fils, Thoutmosis III, elle fait prévaloir ses droits et règne avec, officiellement, son mari comme corégent. En fait, « la divine épouse Hatshepsout dirige les affaires du pays selon sa propre volonté » et tient soigneusement écarté du pouvoir son époux, même si les deux souverains sont nommés sur des stèles avec des titres égaux. Elle légitime son pouvoir en se proclamant fille « charnelle » d'Amon (le dieu, ayant pris les traits de son père, se serait uni à sa mère), se fait représenter la poitrine plate, revêtue des vêtements du pharaon et portant la fausse barbe qui orne habituellement le visage des rois.

Hatshepsout, « celle qu'embrasse Amon, la première des femmes », mène une politique de grands travaux, organise des relations commerciales et économiques avec les pays étrangers. Son autorité à l'étranger est respectée, aucune des conquêtes de son père n'a été perdue et la paix semble régner dans les territoires occupés par les Égyptiens. Chacun de ces pays lui livre quantité de tributs : ivoire, ébène, or, cuivre, pierres précieuses, fruits ou plantes comestibles. Le grand « voyage » de son règne est l'expédition au pays de Pount, situé aux confins de la mer Rouge et de l'Afrique noire, illustrée sur une suite de bas-reliefs du temple de Deir el-Bahari. Son but est de rapporter l'encens, les parfums et les aromates nécessaires au culte d'Amon, dieu qui prend de plus en plus d'importance dans la vie de l'époque.

Le culte d'Amon

La XVIIIe dynastie fait d'Amon, originaire de Thèbes, le dieu suprême de l'Égypte délivrée des Hyksos. Le nom d'Amon signifie « le dieu caché » et se retrouve dans le nom de nombreux pharaons. Dieu cosmique qui se manifeste dans tous les aspects de la création, il est associé à Moût, sa femme, déesse du Ciel, mais aussi déesse vengeresse assimilée à Sekhmet. Leur fils, Montou, dieu-faucon, est un dieu guerrier. Amon, « roi des dieux », dont l'animal sacré est un bélier aux cornes recourbées, devient un dieu de plus en plus universel, assimilant les caractères d'autres divinités et surtout de Rê. Le temple d'Amon, à Karnak, est le plus grand d'Égypte. Chaque souverain y ajoute des constructions, et les autres temples thébains, comme celui de Louqsor, y sont rattachés.

LE TEMPLE DE DEIR EL-BAHARI

Le tombeau de la reine Hatshepsout, qui s'intègre dans des falaises calcaires, est probablement le monument le plus original de l'Égypte. Le temple est précédé de trois terrasses en gradins, reliées par des rampes et entourées de murs. Une allée bordée de sphinx monte des terres cultivées à travers la montagne aride jusqu'à la grande cour du temple. Les reliefs sculptés sur les portiques retracent les grands moments du règne d'Hatshepsout, dont la célèbre expédition au pays de Pount. Au troisième niveau se trouvent des sanctuaires dédiés à Anubis, le dieu-chacal, à la déesse Hathor et à Amon-Rê, le Soleil, ainsi que le sanctuaire principal, où étaient placées les statues d'Hatshepsout. Senmout, conseiller et favori d'Hatshepsout, fut l'architecte de Deir el-Bahari et se fit inhumer à quelques dizaines de mètres de l'entrée du temple.

L'apogée des conquêtes

À la mort d'Hatshepsout, vers 1493 av. J.-C., Thoutmosis III assouvit sa rancune et gouverne enfin. Il commence par se venger de celle qui l'avait maintenu si longtemps en tutelle, efface autant qu'il peut tous les souvenirs de sa royale épouse, fait marteler ses statues, ses cartouches et les inscriptions où son nom est porté. Doué d'une volonté et d'une ténacité rares, il reprend les opérations militaires en Nubie et atteint la 4e cataracte, annexant pratiquement tout le pays. En Orient, il remporte une victoire à Megiddo, en Palestine, et, le terrain libéré, remonte peu à peu vers le nord, occupe, sur la côte, Byblos et Simyra, pour se ravitailler par mer, puis franchit finalement l'Euphrate après dix-huit campagnes. Il organise ces pays en protectorats, laissant le pouvoir à ceux des habitants qui lui sont fidèles. Le butin enrichit le pays : esclaves, bois et métaux précieux sont utilisés pour les constructions royales.

Djehouty, général de Thoutmosis III, est le héros d'un roman dont l'action se situe en 1475 av. J.-C., lors d'une campagne en Syrie. Ne parvenant pas à prendre la ville de Joppé où sont prisonniers des soldats égyptiens, le général Djehouty imagine une ruse semblable à celle du cheval de Troie. Il attire le prince de Joppé hors de la ville, l'enchaîne et lui met des boulets aux pieds. Il fait ensuite enfermer deux cents soldats dans de grands paniers et ordonne au conducteur du char du prince de rentrer dans la ville, escorté de soldats qui portent les paniers destinés à la souveraine. Ceux-ci, lui dit-il, contiennent Djehouty, sa femme et ses enfants prisonniers. Les portes de la ville s'ouvrent, les soldats, armés de cordes et de pieux, sortent des paniers, délivrent leurs compagnons et capturent les hommes de Joppé.

Le fils aîné de Thoutmosis III, Aménophis II, lui succède en 1450 et maintient la tradition des pharaons guerriers. Les pharaons suivants, Thoutmosis IV, Aménophis III, se contentent de faire des parades militaires destinées à intimider les peuples qui voudraient se rebeller, mais ils n'agrandissent pas davantage cet immense empire.

Cependant, sous la XVIIIe dynastie, l'armée prend de l'importance. Les officiers font partie des gens sur lesquels il faut compter dans le pays, surtout les officiers de la charrerie, devenue le corps d'élite de l'armée royale. La société se transforme : épuisée par deux siècles de guerre, la classe moyenne constituée pendant le Moyen Empire disparaît, alors que se fait jour celle des grands dignitaires, plus nombreux et plus riches chaque jour. Officiers des campagnes militaires et hauts fonctionnaires tirent profit des conquêtes, se partagent les esclaves et les terres que leur donne le pharaon. La cour mène à cette époque la vie la plus raffinée qu'ait connue l'Égypte, comme en témoignent les costumes élégants, l'art ou la littérature. Dans tout le pays, des chantiers de grands travaux s'ouvrent. Le clergé d'Amon profite de nombreux dons, qui font de lui une puissance dangereuse pour le pharaon. Pour diriger le pays, celui-ci se fait aider de trois personnages : un premier vizir pour la Basse-Égypte, un second pour la Haute-Égypte et un vice-roi pour la Nubie.

Les paysans égyptiens

Dans l'Antiquité, comme de nos jours, l'Égypte doit sa richesse au labeur acharné de millions de paysans, qui entretiennent la monarchie et les temples. L'agriculture vit au rythme du Nil et l'événement le plus important pour les Égyptiens est la crue du fleuve, qui gonfle, s'étale et recouvre toute la vallée. Dès que les eaux se retirent, les paysans labourent avec de simples houes en bois ou parfois avec un araire tiré par deux vaches. Le sol, bonifié par le dépôt des limons, est alors semé de grains d'orge, de blé, de lin ou de froment que quelques moutons piétinent. Le travail le plus dur est celui que les Égyptiens effectuent pour retenir et distribuer les eaux du Nil, grâce à un réseau de digues, de bassins et de canaux. Quelques animaux et quelques produits agricoles complètent les ressources des paysans : porc, mouton et volailles, concombres, palmiers-dattiers, base de leur alimentation. Une grande part de ce qui est récolté revient au palais du pharaon ou au temple. Les « scribes-du-palais » surveillent labours et semailles pendant que les « scribes-du-grenier » calculent et emportent ce qui doit être prélevé pour les impôts.

Les amulettes

Très répandues dans le peuple, les amulettes, bijoux en or, en faïence ou en pierre, ne sont pas esthétiques mais utilitaires, car, selon les anciennes croyances, elles doivent protéger. Ces petits objets prennent des formes variées : les emblèmes royaux donnent la force de Pharaon ou certains signes hiéroglyphiques offrent, selon leur signification, la « vie », la « stabilité », la « verdeur »... Les divinités sont aussi représentées ainsi que les animaux sacrés. Sans oublier les formules magiques, qu'un scribe note sur un morceau de papyrus pour protéger d'une maladie, d'un revenant, de la morsure d'un serpent, etc., avant de le plier et de fixer le petit paquet ainsi formé sur un lien aux nombreux nœuds.

L'Égypte impériale

Lorsque Aménophis III meurt vers 1372 avant notre ère, l'Égypte vit dans une prospérité et un luxe sans précédent. Cependant, le clergé d'Amon, tout-puissant dans le pays, n'a cessé d'étendre son influence et ses domaines fonciers et peut tenir tête au souverain. Ce n'est cependant pas dans un but politique que le jeune Aménophis IV s'oppose aux prêtres, mais pour des raisons profondément religieuses.

Akhenaton, un des derniers pharaons de la XVIIIe dynastie, fonde une nouvelle religion centrée sur le culte d'Aton. Après une brève période de désordres, la dynastie des Ramsès affermit à nouveau le pouvoir des pharaons.

L'hérésie d'Akhenaton

Fils d'Aménophis III et de son épouse très aimée, la reine Tiy, Aménophis IV, dont le nom signifie « Amon-est-satisfait », est élevé dans une ambiance raffinée, où l'on se préoccupe plus d'esthétique et de questions religieuses que de guerre et de chasse. Le jeune souverain épouse lui aussi une reine exceptionnelle, Néfertiti, « La belle-est-venue ».

En l'an 2 de son règne, le souverain décide d'abandonner le culte d'Amon pour instaurer la religion épurée d'Aton, le disque solaire. Pour lui, comme pour Néfertiti, le caractère unique du divin, dont le roi a une expérience mystique, ne peut pas être représenté, mais simplement symbolisé. Leur caractère et leur sensibilité religieuse les poussent à aimer la nature et le brûlant soleil d'Égypte. Le roi n'écarte aucune divinité, mais les prêtres d'Amon réagissent vivement et entament une lutte contre le nouveau culte.

Tell el-Amarna, nouvelle capitale

Le roi et la reine ne pouvant demeurer à Thèbes, la ville d'Amon, ils fondent une nouvelle capitale. Leur choix se porte sur une grande étendue désertique en Moyenne-Égypte, aujourd'hui Tell el-Amarna, et, en l'an 5 de son règne, Pharaon marque de quatorze stèles frontières les limites de sa ville future, cernée de falaises qui forment une muraille protectrice, où il est aisé de creuser des tombes princières. Le roi prend le nom d'Akhenaton, « Agréable-à-Aton », la ville, elle, est appelée Akhet-Aton, « l'horizon-du-disque ». Elle sort du sol en quelques mois, avec de superbes palais et un immense temple dédié à Aton, où la lumière du soleil pénètre à flots, et s'étend sur une dizaine de kilomètres le long du Nil, sur la rive orientale. En plein désert surgissent des cours, des jardins, des statues royales, les demeures des prêtres et des dignitaires, un quartier destiné aux artisans et même des bâtiments pour la « police ». Pendant une vingtaine d'années, le cœur de l'Égypte est là, dans la nouvelle capitale.

Akhenaton et Néfertiti inspirent un art original, nouveau : curieux allongement des crânes, ballonnement des ventres, cous allongés et yeux en amande. Les œuvres expriment la tendresse et la spontanéité, mais ces visages, parfois à la limite de la normalité, semblent d'étranges caricatures. Les représentations étaient-elles réalistes ? S'agit-il d'une stylisation systématique ? Tous à la cour adoptent ce mode de représentation et adorent Aton avec la même ferveur que le couple royal et ses filles, sans qu'on puisse savoir s'ils sont gagnés par la nouvelle religion ou s'ils sont simplement bons courtisans. Ailleurs en Égypte, les dieux préférés dans chaque région, ville ou village, continuent cependant à être adorés.

La fin de l'hérésie

Tout à sa foi et à sa vie familiale, le roi ne s'intéresse guère à l'administration et aux conquêtes. Quoique Akhenaton se soucie peu de politique étrangère, la diplomatie impériale reste très active à l'époque. Les fouilles archéologiques menées à Tell el-Amarna ont mis au jour des tablettes, écrites en caractères cunéiformes, qui sont la correspondance entre l'Égypte et des pays étrangers. Si elles témoignent d'un certain déclin de l'autorité centrale, le pharaon lui-même inspire un grand respect, comme le montre cette lettre où un vassal implore sa protection.

« Je tombe aux pieds de mon roi, mon seigneur, sept fois aux pieds de mon roi, sept fois ici et maintenant, sur le ventre et sur le dos. Que le roi, mon seigneur, soit informé que la guerre contre moi est rude. [...] Je fais attention à tous les ordres du roi, mon seigneur. Avec la présente, j'envoie dix femmes. »

Soldats, scribes-percepteurs, scribes-juges, princes des pays nouvellement conquis ne songent qu'à s'enrichir au plus vite, l'État se disloque, l'empire s'effrite. Douze ans après le début du règne, la raison du roi est peut-être en train de sombrer : la reine habite seule avec ses enfants, le roi choisit un corégent, à qui il donne un des noms de la reine. Il laisse les peuples soumis se libérer, car dominé par une folie destructrice envers les symboles du culte d'Amon, seule la religion l'intéresse.

À la mort d'Akhenaton en 1354 av. J.-C., le clergé d'Amon reprend de son importance ; les vents de sable, la chaleur et le temps détruisent les murs de briques crues de l'éphémère capitale, tandis que les dignitaires et les généraux profitent de la jeunesse des successeurs d'Akhenaton, ses gendres Semenkharê puis Toutankhamon, pour jouer leur propre jeu.

Toutankhamon

Toutankhaton monte sur le trône à l'âge de neuf ans. Probablement dominé par le maire du palais, Ay, il rétablit le culte d'Amon, prend le nom de Toutankhamon, change de capitale et meurt à moins de vingt ans. Pourquoi un pharaon au règne aussi bref est-il l'un des plus célèbres de l'histoire ? Parce que la découverte de son tombeau et de son fabuleux trésor le 6 novembre 1922 par l'archéologue Howard Carter et son commanditaire lord Carnarvon est tout à fait exceptionnelle. C'est la première fois que la tombe inviolée d'un pharaon est retrouvée. Les deux hommes et leurs ouvriers égyptiens tombent sur un trésor de plus de 5 000 objets d'or, d'ivoire, d'albâtre, des statues, des bijoux, des coffres... La richesse du trésor funéraire retrouvé dans la tombe est-elle exceptionnelle ? S'explique-t-elle par la reconnaissance du clergé d'Amon ? S'il s'agit d'un trésor ordinaire, on peut alors imaginer ceux des « grands » pharaons.

Horemheb et Seti Ier

Alors que le maire du palais, Ay, continue de diriger les affaires intérieures du pays, le général Horemheb, appuyé par les prêtres d'Aton, commande les armées et restaure le pouvoir des pharaons au cours d'un règne de trente années. Horemheb ne laissant aucun héritier mâle, c'est un de ses amis, Ramsès, qui lui succède, vers 1314 av. J.-C., et fonde une nouvelle dynastie.

Originaire du Delta, le nouveau pharaon est un militaire. Il gouverne avec l'appui de son fils, Seti, et s'installe à Memphis, dans la capitale de l'Ancien Empire, pour s'éloigner de Thèbes et du clergé d'Amon. À la mort de son père, Seti Ier monte sur le trône et instaure une politique d'équilibre, se faisant appeler tantôt « Aimé-d'Amon », pour plaire aux prêtres de Thèbes, tantôt « Aimé-de-Ptah », pour plaire à ceux de Memphis, tout en mettant en avant le dieu Seth, dont il porte le nom, le dieu des Terres rouges et du Delta.

Seti Ier mène une politique extérieure énergique pour rétablir l'influence égyptienne aux confins de l'empire. Il combat les Hittites en Syrie-Palestine, allant jusqu'à Qadesh, sur l'Oronte, signe un traité de paix avec eux, rentre au pays et repart quelques mois plus tard combattre les Libyens, puis les Nubiens. Dans le même temps, il surveille étroitement le creusement et la décoration de l'immense tombe royale dans la Vallée des Rois et fait graver sur de nombreux monuments des tableaux évoquant ses victoires. En Égypte, les mines d'or et de turquoise, les carrières de granite et d'albâtre retrouvent leur animation. Vers 1300 avant notre ère, à la mort de Seti Ier, son fils Ramsès II, « l'élu-de-Rê », lui succède.

Le règne de Ramsès II

Le plus célèbre pharaon d'Égypte régnera près de soixante ans, mourra presque centenaire, aura cinq ou six reines, les Grandes Épouses, et de nombreuses favorites. Il sera père d'une centaine d'enfants, créera des villes neuves, agrandira ou bâtira des temples, multipliera colonnes et statues gigantesques. Pharaon bâtisseur entre tous, Ramsès laissera à l'Égypte un grand nombre de temples, de chapelles et de villes, comme Abou-Simbel. Partout, la vie et les hauts faits du roi sont glorifiés par des dessins et des textes. Ses architectes n'hésitent d'ailleurs pas à réutiliser d'anciens monuments, après avoir effacé les noms des anciens pharaons pour y graver son cartouche.

Ramsès II mène diverses campagnes en Syrie-Palestine, dont la plus célèbre est sûrement, en 1284 av. J.-C., celle où il tente de s'emparer de la ville hittite de Qadesh.

Le récit de la bataille, que Ramsès II fait graver sur les murs des temples, est celui d'une victoire incontestable sur les Hittites. Lorsqu'il avance vers le fleuve Oronte, Ramsès II est sûr de reprendre la ville de Qadesh, mais il est trompé par des espions qui jouent un double jeu. L'armée hittite l'attend, cachée derrière la ville, et attaque sa 2e division. Selon la version officielle, Ramsès fonce, seul, sur son char. À sa vue, tous ses hommes reprennent courage, les Hittites s'enfuient, traversant l'Oronte en toute hâte. Mais les faits sont là : Ramsès n'a pas pris la ville. Il n'a sauvé que son honneur ainsi qu'une partie de son armée. Il lui reste alors à assurer sa propagande en faisant louer ses mérites par les artistes égyptiens.

Il conclut finalement un traité d'alliance avec les Hittites, mais il aura guerroyé seize ans pour y parvenir. Sa politique extérieure est avant tout défensive : son alliance avec les Hittites vise à limiter les ambitions de l'Assyrie, qui vient de s'emparer du royaume du Mitanni. Il maintient difficilement sa tutelle sur la Syrie-Palestine, la Syrie du Nord lui échappant au profit des Hittites.

Comme ses treize fils aînés sont morts, Mineptah, le quatorzième, lui succède lorsqu'il disparaît en 1235 av. J.-C. et que, « semblable aux dieux, il s'est couché dans son horizon, et que tous les rites d'Osiris ont été accomplis, qu'il a navigué sur le fleuve dans sa barque royale et qu'il est allé se reposer dans sa demeure éternelle à l'ouest de Thèbes ». Lorsque Mineptah accède au pouvoir, le royaume est dans une paix parfaite. Son règne est cependant agité, car les Peuples de la Mer attaquent le Delta. Ces dangereux « pirates » arrivent par surprise ; après un moment de flottement, les soldats égyptiens les repoussent, faisant 6 000 morts et 9 000 prisonniers, disent les textes.

À la mort de Mineptah, l'historien se perd dans les intrigues de palais – usurpations, assassinats, coups de force – dues aux jalousies entre les innombrables descendants de Ramsès. Après vingt-cinq ans de troubles, en l'an 1198 av. J.-C., un nouveau roi, Sethnakht, fonde une nouvelle dynastie. Ramsès III lui succède et rêve d'être un grand pharaon. En une trentaine d'années de règne, il mène de nombreuses campagnes militaires pour défendre un royaume menacé à l'ouest par les Libyens, au nord par les Peuples de la Mer. Il meurt en 1168, dans un complot préparé par la reine Tiy et certains de ses courtisans.

Vient ensuite une succession de pharaons qui se nomment presque tous Ramsès, comme leur modèle Ramsès II. Mais, de Ramsès IV à Ramsès XI, l'autorité royale s'effrite, l'empire se morcelle, les scandales éclatent, impliquant des prêtres d'Amon, tandis que des voleurs pillent les tombes royales. La nourriture devient rare, la famine s'installe. Les rois règnent difficilement sur la vallée du Nil, c'est la fin du Nouvel Empire.

Mode et beauté à l'Égyptienne

On peut se faire une idée de la manière de s'habiller des Égyptiens grâce aux momies, aux vêtements découverts au cours des fouilles et aux nombreuses peintures et statues. Ils s'habillent légèrement à cause de la chaleur très forte, et leurs enfants courent nus, les cheveux rasés autour d'une petite mèche sur le côté pour éviter les puces, la vermine et les poux. Les hommes portent en général un simple pagne de lin, qui les couvre de la taille aux genoux. Souvent, ils restent nus.

Pour les riches Égyptiens, les pagnes se plissent parfois, s'allongent, deviennent bouffants, s'ornent d'une pointe sur le devant ou de belles ceintures. On a comptabilisé une quarantaine de modèles différents ! Ils y ajoutent parfois une longue chemise. Les Égyptiennes portent, quant à elles, d'étroites robes à bretelles. Si elles le peuvent, elles utilisent des voiles transparents, de fines résilles de perles, des drapés compliqués. Hommes et femmes aiment les bijoux en or, ornés de pierres précieuses : du bleu sombre pour le lapis-lazuli, du brun pour la cornaline, du bleu vif pour la turquoise. Colliers, bracelets, boucles d'oreilles... ; les orfèvres réalisent des merveilles, tandis que l'immense majorité des Égyptiennes se contente de fleurs, d'amulettes protectrices ou, parfois, de quelques coquillages.

DEIR EL-MEDINEH, LE VILLAGE DES ARTISANS

Au creux d'un vallon désertique situé entre la Vallée des Rois et la Vallée des Reines se blottit un village, aujourd'hui appelé « Deir el-Medineh ». Composé de minuscules maisons de briques crues séchées au soleil, le village abritait les artisans et les ouvriers qui creusèrent et décorèrent les tombes royales et les temples funéraires alignés dans la plaine occidentale de Thèbes. Un haut mur les protégeait. Sur l'abrupt versant ouest qui domine le village, ils creusèrent leur propre cimetière : des petites tombes aux caveaux superbement décorés, surmontés d'une chapelle et d'une pyramide miniature. Carriers, sculpteurs, peintres, charpentiers, manœuvres, ils aménageaient la tombe du pharaon et de ses Grandes Épouses, et vivaient là avec leur famille. Répartis en deux équipes, ils jouissaient d'une journée de repos tous les dix jours, sans oublier les fêtes. De très nombreux souvenirs concernant ces ouvriers ont été retrouvés sur le site : tombes parfois intactes, chapelle des dieux qu'ils vénéraient, maisons, papyrus relatifs à la marche des travaux de construction, etc.

• • •

CHAPITRE 2

L'Orient méditerranéen (–1500 à –1200)

Vers 6500 av. J.-C., les premiers agriculteurs et éleveurs d'Anatolie commencent à se sédentariser. Leurs grands villages témoignent déjà d'une organisation sociale et culturelle développée, mais, en dépit de cette avance, le pays connaît ensuite une période de relative stagnation qui dure jusqu'à la fin du bronze ancien, vers 2300 av. J.-C. Au sud de l'Anatolie, de nouveaux envahisseurs imposent leur langue et leur culture. Ce sont les Louvites, un peuple indo-européen. Au nord, dans ce qui sera la Cappadoce, d'autres Indo-européens, les Hittites, s'installent dans la boucle du fleuve Halys et fondent de petits royaumes, par leurs voisins « pays des Hatti ». C'est sous ce nom que l'Anatolie entrera dans l'histoire, lorsque des colons assyriens, venus commercer sur ses terres au XIXe siècle av. J.-C., lui transmettent l'art d'écrire. C'est également le nom de Hatti qu'adopteront les grands rois de l'Empire anatolien.

Les Hittites

Issus de la grande migration indo-européenne, ces rois, aujourd'hui appelés les « Hittites », sont en réalité des Nésites qui s'infiltrèrent dans le pays des Hatti par le Caucase aux environs de 2000 av. J.-C. Après avoir fondé des principautés qui, dans un premier temps, voisinent avec les royaumes indigènes, ils étendent peu à peu leur hégémonie politique au détriment de l'élément autochtone hatti et, vers 1750 av. J.-C., presque toute l'Anatolie est entre leurs mains.

Reprenant à leur compte l'héritage culturel hatti, les Hittites fondent un premier royaume aux environs de 1750 av. J.-C., avant que ne prenne corps le véritable empire. À l'époque d'un certain Labarna Ier, vers 1680-1650 av. J.-C., le royaume est encore limité à une partie de l'Anatolie centrale, du Taurus à la plaine de Konya. Ce roi mal connu semble avoir joui d'une certaine renommée auprès de ses successeurs, qui porteront symboliquement son nom comme un titre : ils seront les « Labarna ». Parmi eux, Hattousili Ier, son héritier direct, va transformer le petit royaume en un véritable empire par une série de conquêtes, au cours desquelles il unifiera les peuples de l'Anatolie, demeurés jusque-là indépendants, et dominera ses voisins immédiats, notamment de Syrie du Nord et d'Arzawa.

À la tête des guerriers hittites, qui combattent cuirassés de bronze sur des chars légers, leur puissant souverain, Hattousili Ier, abandonne l'ancienne ville de Koussar et installe la cour à Hattousa, actuelle Bogazköy, la plus prestigieuse et la plus sûre des cités-États autour desquelles se développaient les petites principautés du début du IIe millénaire.

Hattousa est une ville de montagne, où les grands rois hittites, passés maîtres dans l'art de la maçonnerie de pierre, apportent chacun à leur tour modifications et agrandissements. À l'intérieur d'un réseau de fortifications épousant magistralement le relief, des zones d'habitat, des forteresses et des bâtiments officiels voisinent avec les temples. Bâtie sur un piton rocheux, la maison royale est isolée du reste de la ville par de fortes murailles garnies de tours. Un édifice renferme les archives et une grande salle à piliers, ouverte sur une cour, permet les réceptions officielles. Dominant en général la ville, les temples sont constitués de plusieurs salles. La statue du dieu est abritée dans une *cella*, une cour et des vestibules reçoivent peut-être les officiants.

De la mer Noire à de la Méditerranée

En 1620 av. J.-C., Moursili Ier hérite d'un empire qui est déjà considérable, mais il ne s'en contente pas et poursuit la politique expansionniste de son père adoptif. Il guerroie en Syrie et s'empare d'Alep, bat ses dangereux voisins, les Hourrites, dont il rapporte les dépouilles à Hattousa, la capitale, et prend Babylone, mais, pour des raisons obscures, n'y reste pas. Incarnant avec succès l'esprit de conquête, Moursili Ier domine un empire qui s'étend de la mer Noire, au nord, à la Méditerranée, au sud. Cette extension initiale du pouvoir hittite fut rapide, mais cette étendue et les forces tumultueuses des peuples soumis sont autant de faiblesses potentielles. L'empire aboutit à des conquêtes fabuleuses comme à des guerres civiles sanglantes, liées à des sentiments régionaux qui peuvent se réveiller à tout moment ou, même, à une cour et une noblesse par trop ambitieuses. Déjà, sous Hattousili Ier, des dissensions avaient vu le jour, et des révoltes contre le pouvoir central avaient éclaté, fomentées parfois par la famille même du roi régnant. Moursili Ier sera l'objet d'un complot et périra assassiné. Chaque absence du grand roi, souvent bien trop occupé par son délire expansionniste, chaque faiblesse du pouvoir central laissera la porte ouverte à des rébellions internes, et chaque fois l'empire sera réduit à son noyau primitif sur le cours moyen du Halys. Tel est le cas lors des règnes qui suivent l'assassinat de Moursili Ier. Les luttes intestines pour la succession empêchent de faire face aux harcèlements que connaît le territoire, au nord et à l'est, et de contenir les provinces qui se soulèvent peu à peu et s'érigent en royaumes indépendants. L'empire connaît un recul notoire de sa puissance et ne se hasarde pas en haute Mésopotamie, où des événements dangereux voient le jour : les divers royaumes hourrites et sémitiques de la région s'unissent, en effet, au XVIe siècle en un empire menaçant, aux portes même du pays des Hatti, le Mitanni.

La puissance montante du royaume indo-européen du Mitanni supplante celle des Hourrites non seulement en haute Mésopotamie et mais aussi dans les régions voisines. Sous le règne du roi Saustatar, le Mitanni profite du déclin des Hittites pour s'implanter en Syrie. Là, les populations locales sont incitées à se révolter contre les pharaons. Thoutmosis III devra mener dix-sept expéditions pour venir à bout des séditions, sans toutefois abattre la puissance du Mitanni avec qui l'Égypte finira par conclure une série d'alliances matrimoniales.

L'apogée de la puissance hittite

Le pouvoir hittite s'enlise, malgré une tentative de rétablissement par le roi Telebinou, soucieux de dicter à son pays une nouvelle loi de succession qui mettrait fin aux prétentions de la noblesse comme à l'arbitraire même du roi. Les rois qui lui succèdent ne sont pas tous connus, mais aucun ne semble avoir été assez fort pour s'opposer à la puissance mitannienne, et il faut attendre 1385 av. J.-C., lorsque Souppiloulioума s'empare du trône, pour que l'empire renaisse et atteigne l'apogée de sa puissance. Souppiloulіоuma restaure la puissance hittite en Anatolie, mène plusieurs guerres d'envergure en Syrie et l'occupe, du Liban à l'Euphrate, puis conclut une série d'accords avec des souverains voisins. La plus grande partie de l'Anatolie est reprise, les prétentions hégémoniques du Mitanni sont brisées, et les possessions syriennes du pharaon d'Égypte sont transformées en royaumes confiés à des princes hittites. Mais, en 1346 av. J.-C., quand il meurt, c'est aussi une administration intérieure sacrifiée, des souverains « amis » négligés et des devoirs religieux omis qu'il lègue à ses successeurs. Très vite après la disparition du monarque prestigieux, les pays de l'empire se révoltent, pendant qu'une nouvelle puissance, l'Assyrie, profitant de la disparition du Mitanni, menace ses frontières sur l'Euphrate. L'empire des successeurs de Souppiloulouima s'abîme dans des guerres incessantes, à l'intérieur comme à l'extérieur. En Syrie, chaque tentative hittite est un risque de guerre avec l'Égypte, qui affirme sa présence dans la région. Moursili II puis Mouwatalli épuisent le pays dans cette lutte d'influence, jusqu'à l'affrontement avec Ramsès II, à Qadesh, dont l'issue ne semble pas avoir réglé la question pour autant.

L'empire vivra ainsi, de luttes et de diplomatie, jusqu'à l'aube du XIIe siècle av. J.-C., puis s'écroulera subitement, dans des conditions obscures, comme les autres grandes villes du Proche-Orient. Il disparaît à jamais de la carte du monde, mais sa culture revivra, après quelques siècles, dans de petites principautés « néo-hittites ».

La religion hittite

En s'installant sur la terre des Hatti, les nouveaux venus indo-européens ajoutent à leur panthéon d'origine celui des populations qu'ils soumettent. C'est ainsi que « le dieu de l'Orage du ciel » et son épouse, la déesse solaire Arinna, qui sont des divinités hatti, vont accueillir Hepat, la déesse de Syrie, et Teshoub, le grand dieu de l'Orage des voisins hourrites. Par un processus de syncrétisme assez complexe, Teshoub et Hepat s'identifient au couple hatti et deviennent les grands dieux de l'empire avec leur fils, Sharrouma. À côté d'eux siègent de très nombreux dieux, dont celui du Ciel, « roi des pays, pasteur de l'humanité », qui est invoqué le premier pour se porter garant des traités diplomatiques. Ces traités, comme les objets de culte, sont placés dans des pièces de temples, sous la protection divine.

Le roi, mon soleil

Si les rois du pays des Hatti ont réussi, par les armes, à contenir la colère des peuples soumis, ils n'ont jamais pu contrer la volonté divine. Et n'est-ce pas une punition divine que cette ruine de l'empire, cet abandon du pays par les dieux, puisque, comme le dit la prière : « La terre appartient au dieu de l'Orage. Le ciel, la terre et les hommes appartiennent au dieu de l'Orage. Il a fait du Labarna son régent et lui a donné tout le pays hittite » ?

Ce roi, grand prêtre du royaume, qui se dit lui-même « Mon Soleil », aurait-il négligé certains de ses devoirs religieux par lesquels il se doit d'assurer bien-être et sécurité au pays ? Si quelque chose ne va pas dans le pays, n'est-ce pas parce que ce roi, qui fut choisi et consacré par un dieu, a commis une faute ? À chaque événement contraire à l'éclat et à la puissance de l'empire, les Hittites s'attachent à déterminer quelle fut la faute, par toutes sortes de pratiques magiques, mais aussi par le raisonnement logique.

Moursili II, qui règne peu de temps après Souppilouliouma, à l'occasion d'une épidémie de peste, reconnaît la faute de ses pères qui négligèrent l'offrande au fleuve Mala (Euphrate) et se demande même s'il n'a pas avivé le courroux divin en faisant une entorse à un accord conclu avec les Égyptiens. Car, s'il est « l'aimé des dieux » auxquels il doit rendre hommage, il n'en est pas moins leur « régent », celui à qui incombent les charges de la politique intérieure et extérieure. Responsable de l'ordre du monde sur terre, il dirige ses sujets, s'allie avec les peuples voisins, dont il fait parfois ses vassaux, combat les ennemis du royaume et s'empare de leurs dieux quand il n'a pas réussi à les amener pacifiquement dans sa sphère d'influence. Juge suprême, il dicte la loi, et la reine gouverne à ses côtés. Si, comme son époux, elle se doit tout d'abord aux dieux, son rôle politique n'en est pas moins important, puisqu'elle règne indépendamment du roi. L'Empire hittite, en réservant une place de choix à la femme, fut, à cet égard, une exception au sein des royautés orientales.

Écritures et langues en Anatolie

Inconnue des Hatti, l'écriture cunéiforme, qui fut importée en Anatolie au début du IIe millénaire av. J.-C., demeure l'écriture officielle du pays. Les scribes l'utilisent pour rédiger des textes dans toutes les langues de l'empire : le hittite et ses dialectes, le hatti des premiers temps, le hourrite et l'akkadien de Syrie et de Mésopotamie.

Les documents cunéiformes des archives de Hattousa sont très variés. On y trouve des Annales royales où sont rapportés les grands événements des règnes, des traités diplomatiques, des décrets royaux, des instructions pour l'administration d'un temple et des prières. L'une des caractéristiques de la culture hittite fut la création, à côté de cette écriture administrative cunéiforme, d'une écriture religieuse ornementale à base de hiéroglyphes. Utilisée dès le XVe siècle av. J.-C., cette écriture apparaît sur les stèles commémoratives, les bagues et les cachets personnels. Elle transcrit un des dialectes en usage, le louvite.

La Toison d'or

Les mines d'or de Colchide, au sud du Caucase, sont si riches, au IIe millénaire av. J.-C., qu'elles ont donné naissance au mythe grec de la Toison d'or. Le héros Jason fut contraint par Pélias, roi d'Iolcos d'aller la conquérir. En effet, ce dernier, ayant usurpé le trône d'Iolcos et peu pressé de le restituer à Jason, envoya le jeune homme loin de Colchide. Celui-ci parvint à retrouver la Toison, avec l'aide des Argonautes, mais surtout grâce à Médée, magicienne et fille du roi de Colchide. S'enfuyant avec Jason, elle dépeça son frère et en jeta les membres sur la route de son père, pour le retarder dans sa poursuite. Les dernières années de Jason furent assombries par la jalousie de Médée qu'il avait épousée.

Les ports du Levant

Le Levant correspond à peu près à la façade occidentale de la Syrie et du Liban actuels. Cette plaine côtière jouit d'une situation géographique très favorable. Proche de la mer et bordée de montagnes, la région bénéficie d'un climat qui assure sa richesse agricole, et l'élevage y est prospère. Elle dispose par ailleurs de matières premières comme le bois et la pierre, qu'elle exploite très tôt à des fins commerciales. Les montagnes de l'Est lui assurent également une sorte de protection naturelle et font d'elle une entité à part. Cette situation économiquement favorable est doublée d'une position stratégique remarquable, au carrefour des routes maritimes, terrestres ou fluviales unissant les régions où s'épanouirent de brillantes civilisations, qui ne purent cependant résister aux Peuples de la Mer.

Ainsi au XVe siècle av. J.-C., le Levant est-il un lieu de rendez-vous pour les peuples et les cultures, passage obligé entre la vallée du Nil, la Mésopotamie et le monde égéen.

Un brassage de peuples et d'idées

La configuration géographique, historique et politique de la région explique qu'un État unique n'a jamais pu exister. Le territoire fut morcelé entre plusieurs villes-royaumes, indépendantes les unes des autres, mais qui eurent toutes en commun d'être ouvertes sur l'extérieur.

Dès les époques reculées, Byblos entretient des relations privilégiées avec l'Égypte, spécialement avec les rois de la XIIe dynastie, aux alentours du XIXe siècle av. J.-C. Les princes locaux portent des titres nobiliaires égyptiens, écrivent en hiéroglyphes, utilisent une écriture pseudo-hiéroglyphique pour leur propre langue et se font enterrer avec les présents qu'ils reçoivent des pharaons.

Plus tard, du XVe au XIIe siècle, les échanges s'amplifient avec l'Égypte ainsi qu'avec les civilisations chypriote, hittite et mycénienne. Le Levant, mais surtout le monde syrien, est alors largement convoité par des voisins conscients de l'intérêt particulier qu'il y a à s'y établir. Les cités-royaumes deviennent les proies que se disputent les grandes puissances : l'Égypte, l'Empire hittite et le Mitanni. L'histoire de la région devient alors fort complexe, passant d'une domination à l'autre.

Mais ces dominations étrangères ne sauraient faire oublier l'habileté politique des États du Levant, qui surent, mieux que quiconque, jouer des rivalités entre les grandes puissances pour asseoir leur prospérité. En réalité, les affrontements militaires ne sont pas si fréquents, et le danger vient parfois plus de l'intérieur même de la région que de l'extérieur. Des bandes de nomades, les Hapirou, constituées de gens mis au ban des sociétés locales pour toutes sortes de raisons (débiteurs fuyant les créanciers, esclaves en fuite…), menacent les sédentaires, leurs richesses et les voies de communication. Mais, si les routes ne sont pas sûres, certains voyageurs n'hésitent pas à les parcourir, notamment des prêtres et des diplomates, qui font voyager les connaissances et les idées, permettant ainsi aux diverses influences de se répandre. Des communautés d'artisans étrangers vont s'installer dans les centres urbains et amplifier ce mouvement de brassage de peuples et de cultures. Des Chypriotes et des Mycéniens, à la recherche de nouveaux marchés, viennent travailler dans ces villes où les produits de luxe sont particulièrement appréciés d'une clientèle prête à accueillir toute nouveauté. Ces différentes présences et les rencontres multiples qu'elles occasionnent favorisent l'activité créatrice et intellectuelle des villes, au rang desquelles la célèbre Ougarit.

Ougarit, cité cosmopolite

Ougarit, l'actuelle Ras Shamra, est une parfaite illustration du caractère éclectique des villes du Levant et de leur prospérité. Ouverte sur la Méditerranée par son port, Minet el-Beida, elle est une plaque tournante pour les échanges commerciaux. Elle reçoit des produits de la Méditerranée : du vin, de l'huile, des vases mycéniens, et de l'ambre en provenance de la Baltique et transitant par la Grèce. De Chypre, elle importe du cuivre, qu'elle traite sur place avant d'exporter les armes et les chars de guerre qui firent sa réputation chez ses voisins hittites et égyptiens. Servant également de relais, des caravanes chargées se rendent sur l'Euphrate et de là gagnent les régions mésopotamiennes, auxquelles tant de matières premières font défaut.

La prospérité de la ville atteint son apogée aux XIVe et XIIIe siècles av. J.-C. Un vaste palais abrite la dynastie régnante et les archives du royaume, des demeures privées à étages s'organisent et deux temples, dédiés à Baal et à Dagan, sont isolés sur l'acropole.

L'artisanat de luxe témoigne de la richesse et de l'originalité d'une ville à la population bigarrée. Les produits étrangers envahissent le marché, et des phénomènes de mode influencent les productions locales. Les artisans de souche modifient leurs productions, imitant telle ou telle importation. Les dieux syriens Baal et El sont parfois coiffés de la haute tiare égyptienne, Isis l'Égyptienne et Astarté la Syrienne se confondent, et c'est dans ce climat d'effervescence intellectuelle et culturelle que fut inventé l'alphabet.

Aux XIVe et XIIIe siècles avant notre ère, ce cosmopolitisme est tel que cinq systèmes d'écriture sont employés pour transcrire les huit langues que l'on parle dans la ville : le sumérien, l'akkadien, l'ougaritique, le cypro-minoen, le hittite, le hourrite, l'égyptien et le louvite.

De nombreuses bibliothèques attestent l'importance de l'activité intellectuelle de la ville. Des textes diplomatiques, juridiques, administratifs, des dictionnaires de diverses langues et des lettres privées nous renseignent sur la société du temps. Des textes littéraires, poèmes mythologiques pour la plupart, aident à comprendre la religion d'une région où existe un fonds culturel commun à toutes ces villes.

Une capitale religieuse

Les composantes géographiques jouent un rôle considérable dans les mythes ou les croyances, car, malgré l'importance que prit le commerce dans ces régions, les villes demeurent étroitement dépendantes de l'agriculture et de l'élevage. Le pays, qui souffre cruellement de la sécheresse en été, est bordé de reliefs sur lesquels, la saison des pluies venue, s'accumulent les nuages prometteurs. L'agriculture joue un rôle primordial dans la religion. Sur le mont Sapon habite Baal, le «Seigneur» et «Maître», dont la mort et la résurrection au rythme des saisons assurent l'ordre du monde.

Dispensateur de la pluie vivifiante et maître de la terre féconde, des eaux, du renouveau de la nature et de la végétation, Baal est très proche des hommes et intercède parfois en leur faveur auprès du grand dieu El, le «créateur des créatures». C'est un guerrier fougueux, coléreux, capable de jalouser le palais des autres dieux et d'appeler sa sœur Anat à l'aide. Cette impétueuse déesse de la Guerre et de l'Amour lui voue une affection sans limites et l'assiste dans ses luttes contre Môt, dieu de la Mort et de la Sécheresse, qu'il doit réussir à vaincre pour assurer la renaissance de la nature.

Ses relations avec El sont curieuses. Il semble l'avoir relégué dans un rôle d'arbitre suprême à qui revient la connaissance et la sagesse mais qui n'en est pas moins passif. Le jeune dieu peut ainsi intervenir seul dans les affaires du monde.

D'autres dieux sont parfois invoqués en leur résidence habituelle pour venir en aide aux hommes : El, le créateur, à la source des deux fleuves, au confluent des deux océans ; Shahar et Shalim, deux divinités astrales nées du mariage de El avec deux femmes ; aux cieux, Anat déesse guerrière dans sa résidence d'Inbaba…

L'invention de l'alphabet

Le premier alphabet linéaire voit le jour vers la fin du XIIe siècle avant notre ère, dans le climat d'effervescence des villes du Levant. Dès le XIVe siècle av. J.-C., des documents en différentes langues sont écrits à l'aide d'un alphabet cunéiforme, imprimé sur de l'argile, comprenant 30 lettres.

La première inscription alphabétique date du Ier millénaire avant notre ère. Le roi phénicien de Byblos, Ithobaal, fait fabriquer pour son père Ahoral un sarcophage à l'égyptienne, mais l'inscription que porte celui-ci n'est pas écrite avec des hiéroglyphes : il s'agit d'un texte écrit dans un alphabet dont les signes ont une valeur phonétique, au contraire des idéogrammes que sont les pictogrammes et les hiéroglyphes. L'inscription qui est gravée sur le sarcophage d'Ahoral comporte déjà toutes les lettres de l'alphabet phénicien, sauf deux.

L'alphabet phénicien, créé sur le modèle du précédent, est composé de 22 lettres, tracées cette fois au lieu d'être imprimées. Cette évolution est peut-être due à un changement du support d'écriture, passant de l'argile – sur laquelle il est impossible de tracer des caractères – au parchemin ou au papyrus. L'alphabet est sans doute né d'un besoin, mais il fallait des conditions préalables favorables. Le cosmopolitisme des cités et l'accélération des échanges peuvent avoir été ces conditions, car il est plus facile de transcrire différentes langues par une seule écriture. Par ailleurs cet alphabet, ancêtre des alphabets grec et latin, est un outil de la démocratisation du savoir : retenir 20 ou 30 signes est accessible à tous et ne nécessite pas un apprentissage spécialisé.

Les Phéniciens

Vers le IXe siècle av. J.-C., après une période obscure qui suivit la chute de tous les grands centres du Levant en 1180, la lumière revient sur cette partie de la Méditerranée. Les Phéniciens sont les peuples installés sur les terres correspondant environ à l'actuel Liban. Les événements qui précèdent leur installation sont inconnus, mais on les trouve à la tête de villes marchandes, infatigables navigateurs. Héritiers de l'esprit d'ouverture des pays du Levant, les Phéniciens se lancent sur la mer à la recherche de comptoirs commerciaux où s'établir, lesquels faciliteraient leurs échanges avec les côtes de l'Afrique, de la Sicile et de Sardaigne. Par la voie du commerce, ils deviennent les vecteurs principaux de la diffusion des cultures sur le pourtour méditerranéen. En Afrique du Nord, ils installeront différents comptoirs où s'élaborera la brillante civilisation punique, dont Carthage, fondée au IXe siècle av. J.-C. demeurera le meilleur exemple.

• • •

CHAPITRE 3

L'Occident méditerranéen de Mycènes à Hallstatt (– 1500 à – 700)

Les populations d'origine indo-européenne, infiltrées dans la péninsule balkanique au début du IIe millénaire, détruisent les établissements de la civilisation du bronze, tout en intégrant une partie de sa culture. Ces nouveaux venus colonisent lentement la Grèce : ils édifient des forteresses, comme Mycènes, la plus célèbre de toutes, dans les plaines côtières, à quelque distance de la mer.

Les premiers Grecs submergent finalement le monde égéen, où ils prennent la place de la Crète, après la destruction de ses palais, et imposent leur langue, le grec, qu'ils transcrivent en adaptant les caractères crétois, inventant ainsi une nouvelle écriture, le linéaire B.

À partir de 1450 av. J.-C., en mer Égée, la puissance mycénienne domine celle de la Crète. Les Achéens, héros de l'*Iliade* et de l'*Odyssée*, parlent grec, édifient d'imprenables forteresses et vivent une histoire légendaire et mouvementée.

La puissance mycénienne

Si l'archéologie repère les destructions dues aux Mycéniens, les apports économiques sont, en revanche, moins décelables. Leur avance est cependant marquée par la diffusion d'une céramique au décor géométrique et par celle de la fibule métallique, servant à fixer leurs vêtements. Sous l'influence mycénienne, l'habitat se transforme, s'organisant autour d'une pièce dont le centre est occupé par un foyer, un orifice percé dans le toit à la verticale y faisant office de cheminée. Dans les demeures des princes, c'en est fini du modèle crétois ouvert sur une cour centrale, point d'aboutissement des différents quartiers : le palais mycénien, refermé sur lui-même, est centré sur la salle du trône, le mégaron.

Les Mycéniens prennent grand soin de leurs morts. Les tombes, qui sont implantées au cœur des palais et des villages, traduisent une nouvelle conception du monde, du clan, de la famille et de l'individu.

À côté des tombes à ciste, où les morts étaient enterrés dans des coffres de pierre, se trouvent des tombes à fosses, plus élaborées ; d'autres sont creusées dans la roche, tandis que les tombes à coupole supposent le travail d'une collectivité, soumise à une autorité. Dans ces sépultures collectives, utilisées durant de nombreuses générations, les corps sont parés de riches ornements ; s'il ne reste plus de place pour de nouveaux cadavres et les offrandes qui les accompagnent, les précédents sont alors poussés sur le côté ou même incinérés.

Les tablettes en linéaire B, « alphabet » syllabique de 80 signes déchiffré par Ventris et Chadwick dans les années 1950, nomment des divinités bien différentes de celles de la Crète : les Achéens vénèrent déjà Zeus, Héra, Poséidon, Hermès, Athéna, Artémis, Dionysos, qui seront les dieux de la Grèce classique. Apollon, dieu venu d'Asie Mineure, et Héphaïstos (Vulcain) ont même pu être identifiés.

La déesse-mère des cultes crétois est associée à Déméter, déesse des Moissons, et les dieux mâles sont désormais essentiels, alors qu'en Crète ils étaient simplement associés aux divinités féminines de la fécondité. Cette évolution témoigne de structures sociales où prédomine la force guerrière.

Guerriers et forteresses

La forteresse de Mycènes est un véritable nid d'aigle. Elle domine la plaine de l'Argolide, mais on ne la voit pas de la mer. D'imposantes murailles protègent le palais auquel on accède par des escaliers taillés dans le roc, des rampes coupées de portes. De toute évidence, la ville, comme toutes les autres forteresses de l'époque, est destinée à soutenir un siège : au XIIIe siècle avant notre ère, une longue galerie est creusée jusqu'à la source Perséia, pour assurer le ravitaillement en eau.

À l'époque classique, les Grecs attribuent à des géants, les Cyclopes, la construction des forteresses mycéniennes. Pour protéger paysans et troupeaux, les maîtres de Tyrinthe édifient une enceinte d'énormes blocs calcaires dont certains atteignent 7,50 mètres de large et pèsent presque 10 tonnes. De même, l'éperon rocheux de la citadelle de Mycènes est entouré de murailles percées de la monumentale porte des Lionnes dont le linteau seul pèse plus de 20 tonnes. Selon la légende, ces murs sont dus à des Cyclopes, venus se mettre au service de Persée, roi de Tyrinthe et fondateur de Mycènes. La nature des Cyclopes n'est pas la même dans toutes les traditions. Les Cyclopes d'Homère, à l'œil unique au milieu du front, se repaissent de chair humaine et vivent en Sicile : ce ne sont pas des bâtisseurs. Selon le poète Hésiode, les Cyclopes sont les trois fils du Ciel et de la Terre : Éclair, Tonnerre et Foudre, et ils forgent les foudres de Zeus.

Dans l'*Iliade*, Homère transmet le souvenir d'une Mycènes « riche en or ». Cette profusion est confirmée par la découverte de trésors provenant de razzias et de rapines, mais pour lesquelles les Mycéniens ont fait travailler des artisans locaux ou des captifs. À la différence de Cnossos, le palais n'est pas le cœur d'une ville, l'enceinte est généralement courte (1 200 mètres à Mycènes). La population, le *damos*, vit à l'extérieur, dans la campagne, regroupée en communautés villageoises.

L'archéologie et les textes confirment l'existence d'un monde dirigé par des princes belliqueux, jaloux de leur indépendance. Ces princes, appelés *wanax* par les tablettes en linéaire B, sont tout-puissants, mais il n'est pas certain que la transmission de leur pouvoir soit hériditaire. Ils dirigent l'administration du palais et de l'armée, nomment les fonctionnaires et les scribes, qui font régner leur autorité sur le pays. Ils perçoivent des impôts et possèdent un vaste domaine sur lequel travaillent des paysans, esclaves ou libres.

La vie de cour semble moins brillante qu'en Crète, les palais sont décorés de fresques, comme dans la tradition minoenne, mais le sujet en est plus viril et guerrier : scènes de chasses, combats, tauromachies. Les femmes sont beaucoup moins présentes dans la figuration.

Les Atrides

Cannibalisme, inceste et meurtres jalonnent l'histoire des Atrides, que la légende fait régner sur Mycènes. Atrée et Thyeste sont fils de Pélops, servi en repas aux dieux par Tantale avant d'être ressuscité par Zeus. Les deux frères se haïssent et ne s'entendent que pour tuer leur demi-sœur, fruit des amours de Pélops et d'une nymphe. Ils se disputent violemment le pouvoir sur Mycènes : Atrée tue les enfants de Thyeste, amant de sa femme, avant d'être à son tour assassiné par son frère. De sa propre fille, Thyeste engendre alors un fils, Égisthe.

La lutte continue à la génération suivante : Agamemnon, fils d'Atrée, règne sur Mycènes ; son frère, Ménélas, est roi de Sparte ; Égisthe est écarté du pouvoir. Quand éclate la guerre de Troie, Agamemnon mène l'expédition qui doit rendre à Ménélas son épouse, la Belle Hélène, enlevée par le Troyen Pâris. Pour obtenir des dieux des vents favorables, Agamemnon leur sacrifie sa fille aînée Iphigénie, s'attirant ainsi la haine inexpiable de sa femme, Clytemnestre. Au cours des dix ans de guerre, Égisthe devient l'amant de Clytemnestre, à la grande honte de ses autres enfants, restés à Mycènes avec elle. Quand Agamemnon revient, vainqueur, Clytemnestre et Égisthe massacrent le roi et ses compagnons. Ils seront à leur tour assassinés par Oreste, fils de Clytemnestre et d'Agamemnon, poussé par sa sœur, Électre, à venger son père.

L'expansion mycénienne

Il n'existe pas d'unité mycénienne, pas de vraie capitale, même si Mycènes reste le site fouillé le plus important et le plus riche. Si Homère, dans le fameux « Catalogue des vaisseaux » de l'*Iliade*, cite Mycènes comme la ville capable d'aligner le plus grand nombre de bateaux pour la conquête de Troie, à côté de villes comme Pylos, Tirynthe, ou Athènes, Agamemnon, roi de Mycènes, n'est désigné comme chef des Achéens que pour le temps que durera l'expédition. C'est plutôt l'image d'une communauté, la *koiné* mycénienne, qui s'impose, partageant une langue, des modes de vie, des principes de pouvoir identiques, mais qui n'a pas d'unité politique.

Les Achéens vont connaître une vaste expansion et sont présents sur tout le pourtour de la Méditerranée. Leurs bronzes et leurs céramiques ont été retrouvés dans de très nombreux sites : en Sicile, en Italie du Sud, dans les Cyclades, sur la côte d'Asie Mineure, à Chypre ou en Phénicie. L'étain d'Occident, qui sert à la fabrication des armes en bronze, le cuivre de Chypre et l'ambre de la Baltique circulent en Méditerranée, où les Mycéniens prennent le relais du commerce minoen. La piraterie et la rapine participent à ces échanges, dans une société où l'état de guerre est endémique.

Si puissante et guerrière que soit la civilisation mycénienne, elle n'en sera pas moins détruite à son tour. Vers 1200 av. J.-C., elle disparaît brusquement, peut-être sous les coups de nouveaux envahisseurs ou de révoltes intérieures. Pylos, grande enceinte sans fortification est détruite. Les autres palais sur le continent ou en Crète s'effondrent, l'écriture disparaît, la Grèce plonge dans trois siècles d'obscurité. Mais ce sont les Achéens qui ont transmis à la Grèce l'héritage crétois. Ce sont eux les premiers Hellènes, et leur souvenir demeurera dans les poèmes homériques, composés quatre siècles plus tard.

HEINRICH SCHLIEMANN, L'HOMME QUI DÉCOUVRIT TROIE (1822-1890)

Fils d'un pasteur allemand, le jeune Heinrich Schliemann rêve de Troie depuis qu'il a reçu pour ses huit ans (en 1830) l'*Histoire universelle pour les enfants*, un livre illustré où sont représentés les héros de l'*Iliade*. Il ne vit que pour réaliser son rêve et étudie seul les langues anciennes. Ayant fait fortune dans le commerce en Russie, il peut, à partir de 1868, se consacrer à démontrer l'existence du monde d'Homère. En six semaines,

il apprend par cœur les 25 000 vers de l'*Iliade* et de l'*Odyssée*, et monte une expédition en Turquie. Il pense, en effet, que Troie se trouve à l'emplacement de la citadelle turque d'Hissarlik. En trois ans, il fait déplacer par des centaines d'ouvriers plus de 250 000 mètres cubes de terre et trouve les traces superposées de sept cités, dont la seconde est recouverte d'une épaisse couche de cendres. Il est certain que c'est la Troie d'Homère, mais on démontrera par la suite que celle-ci se trouve plutôt au deuxième niveau archéologique. La deuxième couche montre la puissance de la ville anatolienne qui commandait l'entrée des Dardanelles vers 2500 av. J.-C. : une citadelle à plusieurs portes, des murs de plusieurs mètres d'épaisseur, des rampes d'accès, plusieurs palais, bâtis autour de cours à portiques. C'est là que l'archéologue allemand Schliemann a retrouvé ce qu'il pensait être le « trésor de Priam », témoin de la richesse de la ville et de l'habileté de ses orfèvres. En 1876, Schliemann fouille le site de Mycènes et ne tarde pas à y mettre au jour des trésors, qu'il attribue aussitôt aux Atrides. Il trouve son Hélène en la personne d'une jeune Grecque, Sophie, qu'il épouse et dont il fera faire un buste à l'antique, paré des bijoux de Troie. Jusqu'à la fin de sa vie, Schliemann fouille les sites de la haute antiquité grecque, mais il meurt en 1890, avant d'aller en Crète.

Le Moyen Âge grec

Invasions ou mystérieux cataclysme ? Entre 1200 et 1100 avant notre ère, l'archéologie en témoigne, les puissantes forteresses mycéniennes sont brusquement détruites. Outre les villes grecques telles que Mycènes, Tirynthe, Pylos et Corinthe, des villes comme Cnossos, en Crète, ou Troie, en Asie Mineure, disparaissent également.

L'écriture linéaire de Mycènes n'est plus utilisée. Trois siècles s'écouleront avant que la Grèce archaïque n'entre à nouveau dans l'histoire. Chose étrange, aucun texte, aucun document ne fait allusion à un cataclysme ou à une invasion. Seuls, les textes égyptiens évoquent l'irruption des « Peuples de la Mer », qui causent la décadence du Nouvel Empire, tandis que les poèmes homériques, rédigés quatre siècles plus tard, gardent le souvenir d'une période troublée.

L'improbable invasion

Les derniers siècles du IIe millénaire avant notre ère sont marqués, dans le bassin oriental de la Méditerranée, par de vastes mouvements de population. Comme mille ans auparavant, au moment des invasions indo-européennes, les Balkans, l'Anatolie, le Proche-Orient sont touchés, et des civilisations disparaissent. La destruction brutale des établissements égéens a paru fonder l'hypothèse de l'irruption en Grèce de nouveaux envahisseurs, nombreux et aguerris. Alors que, hormis peut-être Milet, les rivages de la Méditerranée semblent n'avoir subi aucune destruction, à Chypre, au contraire, il est probable que des cités comme Engómi ou Cition ont dû faire face à un afflux de population. Ce sont ces observations qui ont nourri l'idée d'une invasion venue du nord. Les Grecs appelleront « Doriens » ces nouveaux venus, sans que rien ne permette vraiment de leur attribuer la seule responsabilité des bouleversements de la période.

Il est d'ailleurs difficile de suivre la progression de ce peuple. La fin de la période mycénienne est certes marquée par un matériel archéologique différent, attestant l'apport d'autres civilisations, peut-être originaires des Balkans : épées de bronze, céramique brunie, dagues à poignée en ailerons, tombes à cistes. Mais rien ne permet d'attribuer toutes ces innovations aux Doriens : il est possible que la pratique de l'incinération, qui se répand à cette époque en Grèce, ait été empruntée par les Mycéniens aux peuples orientaux avec lesquels ils étaient en contact, et non imposée par des envahisseurs venus du nord.

Commence alors une période mal connue, si ce n'est par sa céramique, appelée le « Moyen Âge » grec. C'est pendant cette période que le fer succède au bronze dans la métallurgie, mais les deux technologies coexistent assez longtemps et le fer est postérieur à l'arrivée des Doriens.

Ioniens et Doriens

Selon les historiens grecs eux-mêmes, les rudes Doriens avaient chassé du Péloponnèse des populations plus évoluées qui se seraient alors établies en Ionie, au centre de l'Asie Mineure.

Aujourd'hui, si l'archéologie confirme qu'il y a bien eu des migrations en Grèce continentale d'abord, puis de Grèce en Asie Mineure, il est pratiquement certain que les invasions doriennes n'ont pas eu lieu. Les « grands guerriers dolichocéphales chevelus » n'ont jamais existé, eux qui, selon les conceptions raciales du XIXe siècle et du début du XXe siècle, seraient venus du nord apporter en Méditerranée les mâles vertus de leur race.

Si, d'autre part, les dialectes de la langue grecque opposent le dorien à l'attique ou à l'éolien et attestent du mélange de populations, rien ne prouve que ce brassage se soit effectué dans la violence et qu'il ait causé la fin du monde mycénien.

En fait, il n'y eut probablement pas de cause unique à la décadence mycénienne. Le système palatial, très vulnérable par sa rigidité, a pu être affaibli par des transformations de la société ou des troubles provoqués par des révoltes, dues à de mauvaises récoltes. La Grèce a pu aussi connaître à cette époque des éruptions volcaniques, comme celle de Théra. Toutes ces causes ont dû se combiner pour concourir à la destruction du monde égéen.

Les « Peuples de la mer »

Lorsque disparaît la civilisation égéenne, des destructions comparables touchent l'Anatolie, le Levant et le delta du Nil. Des stèles égyptiennes les imputent à des envahisseurs appelés « Peuples de la Mer ». Certains historiens ont cru pouvoir assimiler aux noms déchiffrés sur les stèles des peuples connus depuis la plus haute antiquité : Achéens, Tyrrhéniens, Sardes ou Sicules. Mais rien n'est sûr dans ce domaine.

Les Peuples de la Mer ne nous sont connus qu'au terme de leur migration, sans que nous puissions établir leurs origines géographiques. Rien ne permet donc de supposer que ces peuples aient pénétré en Grèce à la fin du XIIIe siècle av. J.-C., même s'il est incontestable que des populations grecques se sont déplacées en Méditerranée orientale, poussées par d'autres envahisseurs venus du nord. Au moment où les palais mycéniens sont détruits, la ville de Troie est livrée aux flammes, comme l'ont prouvé les fouilles archéologiques menées après H. Schliemann.

À l'origine de la guerre de Troie, dit la légende, il y a une femme : Hélène la Blonde, qui fut enlevée par le Troyen Pâris. Éris, déesse de la Discorde, furieuse de ne pas avoir été invitée aux noces de Thétis et Pelée, lança au milieu du banquet divin une pomme portant l'inscription « à la plus belle ». Ce fut bien une pomme de discorde, car Aphrodite, Athéna et Héra se la disputèrent. Pour trancher le différend, Zeus fit appel à un jeune berger, Pâris, second fils du roi de Troie. Afin de gagner le concours, les déesses rivalisèrent de promesses : Héra promit l'empire sur l'Asie, Athéna la gloire des guerriers, Aphrodite l'amour de la plus belle des femmes. Pâris donna la pomme à Aphrodite. La plus belle des femmes était Hélène, fille de Léda. Sachant que sa beauté serait source de discordes, son père avait fait promettre à ses prétendants, c'est-à-dire à tous les princes grecs, que, quel que fût le choix de la belle, ils prêteraient toujours assistance à celui qui serait élu. Et Hélène avait choisi Ménélas, roi de Sparte. C'est pourquoi, quand Pâris eut débarqué à Sparte et qu'il enleva Hélène, les Grecs organisèrent l'expédition qui devait aboutir à la chute de Troie.

La guerre de Troie a sûrement eu lieu, mais elle n'est qu'un des épisodes des luttes qui marquèrent cette époque. La seule certitude que nous ayons est donc que la plus grande confusion règne à la charnière du XIIIe et du XIIe siècle et que des peuplades de toute provenance ont pu se retrouver sur les côtes méditerranéennes.

Le monde d'Ulysse

Les poèmes homériques sont le seul témoignage littéraire qui nous renseigne sur la Grèce des « siècles obscurs ». Quatre siècles séparent la prise de Troie de la rédaction du poème d'Homère, quatre siècles pendant lesquels la tradition orale a couru de poète en poète. La valeur historique du témoignage est donc sujette à caution, mais les études récentes ont pu dégager quelques certitudes. Homère ne connaît pas vraiment le monde qu'il dépeint : ainsi attribue-t-il aux Achéens des épées de fer, alors que seul le bronze est connu au XIIIe siècle av. J.-C., époque où se déroule l'épopée.

Le monde que décrivent les poèmes homériques paraît déjà lointain aux hommes du VIIIe siècle av. J.-C. C'est probablement celui de leurs arrière-grands-parents, celui où la Grèce est divisée en une multitude de petits royaumes rivaux, centrés sur le domaine du prince, sa maisonnée, son lignage. La vie y est rude et frugale – Ulysse laboure lui-même ses champs ; les liens familiaux, essentiels. La fonction guerrière y est réservée à une catégorie sociale qui se désigne elle-même comme celle des « meilleurs », les *aristoi*.

Héraclès et l'invasion des Doriens

Eurysthée, roi de Tirynthe, imposa à Héraclès douze travaux, que celui-ci dut accomplir pour expier le meurtre de sa femme et de ses enfants. Parmi ces travaux, Héraclès (Hercule) tua le lion de Némée en l'étouffant et se fit une cuirasse de sa peau. Il trancha les neuf têtes de l'hydre de Leme qui ne cessaient de repousser, captura vivant le sanglier d'Érymanthe, rejoignit à la course la biche aux pieds d'airain. Pour les écuries d'Augias, qui n'avaient pas été nettoyées depuis trente ans, il détourna le fleuve Alphée. Plus tard, les Héraclides, fils du héros, voulant se venger d'Eurysthée, furent aidés en cela par des Thessaliens, descendants de Dôros. Ils décidèrent de conquérir la région et d'y créer trois royaumes : Argolide, Messénie et Laconie. Les historiens grecs de l'Antiquité voyaient dans ce mythe l'invasion des Doriens.

Un nouveau climat en Europe

Cette invasion des Doriens s'accompagne d'un changement de climat qui est désormais « sub-boréal » : le temps doux et humide de la période précédente se refroidit, tandis que les nuages et le brouillard augmentent. Le niveau de la mer, qui était plus bas que le niveau actuel, de deux mètres environ, s'abaisse. La chênaie mixte régresse, tandis que le sapin, l'épicéa gagnent en altitude et le hêtre dans la plaine. Ce climat est propice à la culture du seigle, du lin, de l'avoine et du millet, mais les bergers construisent des étables pour abriter les troupeaux durant l'hiver qui est plus long et plus froid.

Le monde grec archaïque

La tradition grecque fixe à 776 av. J.-C. les premiers jeux Olympiques. C'est l'époque où, le monde hellénique connaît un second apogée caractérisé par la naissance des cités et l'expansion coloniale. En effet l'obscure période qui a succédé à la civilisation mycénienne prend fin avec la naissance d'une nouvelle écriture alphabétique, que les Grecs ont empruntée aux Phéniciens, en lui ajoutant les voyelles.

Différentes et pourtant semblables, les villes grecques essaiment à partir du VIIIe siècle av. J.-C. autour de la Méditerranée, avec leurs dieux, leurs institutions, leurs particularismes et leurs antagonismes. Les Grecs sont installés dans le sud de la péninsule balkanique et autour de la mer Égée.

Les historiens appellent « archaïque » cette période, l'opposant à la Grèce classique, qui commencera au Ve siècle avant notre ère.

Le temps des rois

Au VIIIe siècle avant notre ère, les grands royaumes du monde achéen (Mycènes, Tirynthe...) ont disparu. Les Grecs sont divisés en petites communautés qui occupent des territoires enserrés par un relief montagneux et toujours proche de la mer. C'est la *polis*, cité-État, dont les structures se mettent en place pendant l'époque archaïque.

Les cités semblent d'abord avoir été gouvernées par des rois (les *basileis*) qui sont, aux dires du philosophe Aristote, à la fois chef de guerre et juge, et président aux sacrifices. La plupart des cités conservent le souvenir de dynasties royales, telles que les Érechthéides et les Métondites qui leur succédèrent à Athènes. À Sparte, il y eut conjointement deux dynasties royales, celle des Ajiades et celle des Eureypontides, à l'intérieur desquelles la royauté se transmettait héréditairement.

On peut se faire une idée de la structure de ces cités à partir de la description qu'en fait Homère dans ses poèmes : les rois de l'*Iliade* et de l'*Odyssée* sont assistés d'un conseil d'anciens qu'ils consultent avant de prendre une décision.

Le pouvoir des « familles »

Les cités sont des communautés peu nombreuses, dominées par les grandes familles, les Eupatrides, qui s'imposent par les liens du sang et le clientélisme. Les représentants de ces grandes familles se nomment eux-mêmes *aristoi*, « les meilleurs ». La puissance de cette catégorie sociale repose avant tout sur la possession du sol, unique source de richesse. Les *aristoi* font étalage de leur force guerrière, sont seuls à avoir le droit d'élever des chevaux sur leurs terres, ce qui explique le nom de « hippobotes » (éleveurs de chevaux) qui est donné aux aristocrates de l'Eubée.

Toutefois, le monde décrit par les poèmes homériques n'est pas encore le monde de la cité. L'unité de base est l'*oikos*, le domaine aristocratique, qui vit en autarcie. L'échange marchand fondé sur le profit n'existe pas. Comme dans la plupart des cités primitives, l'échange se fait selon la technique du don et du contre-don : le don d'un bien (métaux, objets précieux, armures) suppose un don en retour. Les cadeaux doivent s'équilibrer, chaque aristocrate y est obligé, sous peine d'y perdre son prestige.

Une société patriarcale

Aristocrates et paysans sont intégrés dans un système de tribus dont on ne sait pas vraiment s'il a pour origine les différences ethniques de la population : envahisseurs et soumis, ou s'il procède d'une division sociale de type indo-européen : prêtres, guerriers et travailleurs.

Il existe quatre tribus à Athènes : Géléontes, Aigicoreis, Argadeis, Hoplètes. Chaque tribu est elle-même répartie en trois phratries placées sous la protection de Zeus et d'Athéna, communautés issues d'un ancêtre commun, dieu ou héros, auquel la phratrie rend un culte privé. Ses membres se considèrent comme des frères ; chaque année, lors de la fête des Apaturies, les nouveau-nés de la phratrie sont présentés à la communauté, qui les accepte par un vote. On a émis l'hypothèse que les phratries étaient elles-mêmes divisées en *génê* (pluriel de *génos*), familles aristocratiques, ou encore qu'elles rassemblaient autour d'une famille les membres roturiers, associés dans le culte d'un héros, ancêtre supposé du génos. Sur ce point, les avis sont très partagés, la documentation étant tardive.

Au sein des phratries, petits et grands propriétaires peuvent se retrouver ensemble, mais la cité reste dominée par les Eupatrides. Quant aux non-propriétaires, aux artisans et aux commerçants, ils demeurent encore en marge de cette organisation.

Le roi et « les meilleurs »

La royauté des débuts de la période archaïque cède vite le pas devant le « gouvernement des meilleurs », l'aristocratie. À Athènes, la cité est dirigée par trois magistrats, les archontes, choisis parmi les Eupatrides. Le premier (l'archonte éponyme) donne son nom à l'année en cours, le second (l'archonte roi) conserve les fonctions religieuses de l'ancien roi, le troisième (l'archonte polémarque) est chef de l'armée. En quittant leur charge, les archontes rejoignent l'Aréopage, ou conseil, maître de la cité.

La cité est donc aux mains des grandes familles, mais les tensions sociales la feront évoluer vers un partage plus démocratique du pouvoir.

En effet, la société évolue durant la période archaïque, qui connaît une prospérité accrue. L'économie cesse d'être entièrement fondée sur le grand domaine ; le commerce et l'artisanat se développent et accroissent la population urbaine. Dans les campagnes, les tensions s'exacerbent entre les riches et puissants propriétaires fonciers et les paysans pauvres. Le poète Hésiode prend la défense de ceux qui refusent l'esclavage pour dettes et aspirent à former le corps des citoyens. Mais la crise qui agite le monde paysan prend des formes diverses selon les cités : à Sparte, la solution sera originale et donnera une physionomie particulière à la cité.

Une cité figée

La « cité des Lacédémoniens » a été fondée dans la plaine de Laconie, sur le fleuve Eurotas, et est divisée en trois tribus, les Hylleis, les Dymanes et les Pamphiloi. Au VIIe siècle av. J.-C., les Lacédémoniens annexent la Messénie voisine, puis ils étendent leur territoire au Péloponnèse. Peu après, les Spartiates se donnent une constitution rigoureuse, qu'ils attribuent à un réformateur légendaire, Lycurgue. La ville, qui avait été jusque-là une cité brillante, ayant une abondante production artistique, se fige dans des institutions rigides, sans doute nécessaires pour maintenir sa domination sur les populations conquises.

Selon l'historien grec Xénophon, l'éducation voulue par le roi Lycurgue pour les Spartiates visait à former des guerriers, « hommes supérieurs en taille et en force ». Les enfants, enlevés par l'État à leur mère dès l'âge de sept ans, vont pieds nus et n'ont qu'un seul vêtement pour l'année, afin d'endurcir leur corps. Ils sont aussi encouragés à voler pour trouver leur nourriture, à condition de ne pas se faire prendre. L'écrivain grec Plutarque raconte l'histoire d'un enfant qui, accusé d'avoir volé un renard, préféra se laisser dévorer le ventre par l'animal plutôt que d'avouer son larcin. Élevés dans la violence, les jeunes gens sont admis au nombre des citoyens après une étrange épreuve : la cryptie. Pendant les deux ans que dure cette initiation, ils vivent dans la campagne, comme des fauves, tuant au besoin des hilotes.

La société spartiate est hiérarchisée et on distingue trois groupes principaux : au sommet les *homoioi*, « égaux » ou « semblables », les périèques et enfin les hilotes. Les *homoioi* sont les seuls à être citoyens et à jouir des droits politiques ; eux seuls sont considérés comme véritablement spartiates. S'ils reçoivent de l'État un lot inaliénable, ils ne cultivent pas la terre, mais partagent une austère existence communautaire, hors de leurs familles. Soldats permanents, appelés hoplites, ils vivent en effet une vie de caserne, se réunissant par tablées de quinze pour de frustes repas, auxquels chacun fournit sa quote part pour la préparation du plat principal, le fameux brouet lacédémonien, soupe cuite avec du sang.

Les *homoioi* sont mobilisables jusqu'à l'âge de soixante ans, leur activité principale est de faire la guerre ou de s'y entraîner, même s'ils rendent de temps à autre visite à leurs domaines pour en surveiller les activités. Ils forment l'Assemblée du peuple, l'*apella*, où ils n'ont aucun pouvoir si ce n'est celui de désigner par acclamations la *gérousia*, conseil d'Anciens, et cinq éphores, magistrats élus chaque année. Mais ils ne constituent qu'une petite minorité des Lacédémoniens.

Autour d'eux vivent les périèques, masse d'hommes libres, agriculteurs, éleveurs ou artisans, n'ayant pas accès à la citoyenneté. Mais la plus grande partie de la population est composée d'esclaves d'État, les hilotes ; ceux-ci cultivent la terre des *homoioi*, servent de valets d'armes quand l'armée est en campagne et vivent dans une terreur permanente. À la fin du VIe siècle av. J.-C., Sparte est devenue une cité inhospitalière, peu accueillante aux arts et au commerce, vivant des seules richesses de la plaine de l'Eurotas.

L'élan colonial

Ailleurs, en Grèce, le commerce se développe, tandis que sévit une crise agraire, peut-être due à l'accroissement démographique, qui entraîne esclavage et dettes. À partir du milieu du VIIIe siècle et jusqu'au milieu du VIe siècle, une importante émigration touche la péninsule balkanique et les côtes d'Asie Mineure et pousse les Grecs à fonder des colonies autour de la Méditerranée et de la mer Noire.

La colonie type, l'*apoikia*, fondée à l'origine pour devenir une cité indépendante, continue à entretenir des liens avec la cité mère, la métropole. Elle est le plus souvent un établissement agraire, puisque c'est le besoin de terres nouvelles qui pousse les Grecs à émigrer. Le partage du territoire voit vite émerger une nouvelle aristocratie foncière.

Ainsi des réfugiés, chassés de leur territoire par les bouleversements qui agitent la Grèce, fondent au Xe siècle av. J.-C. la ville de Phocée en Ionie. La ville sera très tôt obligée de trouver des solutions au problème de la surpopulation. C'est pourquoi les Phocéens seront les premiers à essaimer autour de la Méditerranée, fondant au VIe siècle avant notre ère Massilia, future Marseille, au sud de ce qui n'est pas encore la Gaule. Protis, chef des Ioniens de Phocée qui cherchent à fonder une colonie sur les rivages occidentaux, débarque au moment où le chef local, un Ligure, donne un banquet durant lequel sa fille, Gyptis, doit désigner l'élu de son cœur. À la déception de ses nombreux prétendants, c'est au nouvel arrivant que la belle tend sa coupe, scellant ainsi l'alliance entre les Grecs et les habitants de l'arrière-pays. La colonie phocéenne connaît une grande expansion.

Peu intéressés par l'agriculture, les Phocéens recherchent des sites propices sur les routes du commerce maritime et se soucient peu de leur fertilité. D'autres colonies sont des comptoirs sans emprise sur l'arrière-pays, fondés pour faciliter la recherche de matières premières. Les cités de Grande-Grèce (Sicile et Italie du Sud) voient alors le jour ainsi qu'Alalia (Aléria). Plus au nord, les rives du Bosphore (appelées le Pont) et de la mer Noire accueillent les colonies de Milet et d'autres cités.

L'expansion grecque autour de la Méditerranée se poursuit au VIIe siècle av. J.-C. avec la fondation des colonies de Sélinonte, de Cyrène et de Messine. C'est aussi l'époque où les cités se donnent de nouvelles institutions, qui, si elles sont toujours sévères et rigoureuses, sont pourtant un premier pas vers la démocratie. À Locres, en 663, Zaleucos impose une nouvelle législation : à Athènes, c'est Dracon qui, en 621, définit les différentes catégories de citoyens de la cité et rédige un code, dont la dureté des peines, « draconiennes », est restée proverbiale.

L'hellénisme

Autour de la Méditerranée, « comme des grenouilles autour d'une mare », les Grecs, malgré les différences qui existent entre cités, ont le sentiment d'appartenir à une même communauté, celle des Hellènes.

Ainsi l'île de Rhodes, située près des côtes d'Asie Mineure, qui, après avoir été occupée par une population préhellénique, est envahie, vers 900 av. J.-C., par des Grecs venus du continent. Leur civilisation est la même que celle qui se développe dans le Péloponnèse. Dès lors, l'île devient partie intégrante de la Grèce et une plaque tournante de la colonisation et du commerce grecs, entre l'Asie Mineure et l'Égypte. Pourtant, elle ne possède aucune ville importante, mais seulement trois gros bourgs confédérés.

La langue grecque est commune à tous les Hellènes, mis à part quelques variantes dialectales, et c'est la seule qui vaille : tous les autres peuples n'ont en guise de langage qu'une bouillie mal articulée de sons gutturaux : c'est là l'origine du mot « barbare », celui qui dit « brr brr ».

Outre la langue, l'élément d'unité est d'abord la religion. On a longtemps discuté sur l'origine des figures divines. Certains ont voulu distinguer les dieux d'origine indo-européenne comme Zeus, dieu de la Lumière et de la Foudre, et les divinités appartenant à un fonds égéen. Aujourd'hui, les tablettes mycéniennes ont révélé que le panthéon des dieux de l'Olympe était déjà constitué tel qu'il apparaît dans l'*Iliade* et dans l'*Odyssée*. Les dieux, qui avaient peut-être une forme animale à l'origine, sont tous anthropomorphes et les animaux ne sont plus que leurs attributs.

Cérémonies religieuses avant d'être des épreuves sportives, les jeux panhelléniques concourent aussi à réunir les Grecs autour d'un même idéal. Héritiers d'une tradition minoenne, ils permettent l'expression des valeurs aristocratiques et exacerbent les sentiments individualistes. Les vainqueurs, récompensés par une simple couronne de feuillage, ne participent que pour l'honneur. Les Jeux les plus célèbres sont ceux d'Olympie, célébrés tous les quatre ans au nord-ouest du Péloponnèse, en l'honneur de Zeus Olympien à partir de 776 av. J.-C. D'autres Jeux seront fondés par la suite, ajoutant aux épreuves athlétiques des concours de musique et de poésie : jeux Isthmiques près de Corinthe en l'honneur de Poséidon, jeux Delphiques dédiés à Apollon, jeux Néméens en l'honneur de Zeus. Il suffit pour y participer d'être grec et non esclave. Pendant la période des Jeux, une trêve sacrée est proclamée, qui met fin aux guerres entre cités. Les Jeux sont ainsi la plus éclatante manifestation de l'hellénisme, qui se pose comme unique, dans sa supériorité sur le monde barbare, c'est-à-dire le monde non grec.

Le temple grec

Les cités archaïques ne sont pas des centres urbains organisés. Bien souvent, elles ne sont constituées que par la réunion de plusieurs bourgs assez distants les uns des autres. Il n'existe donc pas d'architecture civile remarquable et l'édifice déterminant est le temple. Le temple n'est pas un lieu de culte : les fidèles ne s'y rassemblent pas pour prier, il y a même des sanctuaires interdits. Il est avant tout la demeure du dieu ; il sert d'abri à son effigie, placée dans la *cella*, et est précédé d'un avant-portique ; une arrière-salle isolée le complète. La vie religieuse se déroule donc devant cette demeure, autour de l'autel.

Le temple, qui dérive du mégaron de l'époque mycénienne, est donc fait pour être contemplé de l'extérieur. Entièrement peint, il est entouré d'une colonnade monumentale (péristyle), ses dimensions sont régies par l'harmonie des nombres et obéissent à une unité de mesure, le module. Dans les styles qui apparaissent, le dorique et l'ionique, le module est donné par le diamètre du fût de la colonne. Longueur, hauteur, nombre des colonnes, ornements en saillie sont donc soumis au rythme qui engendre l'harmonie, appelé eurythmie.

La sculpture participe à la décoration du temple. Frontons et métopes offrent aux artistes des surfaces propres à recevoir des reliefs traitant de thèmes mythologiques et héroïques.

L'invention du lyrisme

La poésie lyrique, née du contact avec l'Orient, succède en Grèce à la poésie épique. Chantés, accompagnés de musiques et de danses, les vers lyriques ne vantent plus les exploits guerriers, mais expriment les conflits du temps, les sentiments, le plaisir et ils couronnent les banquets. Outre Alcée, le poète le plus célèbre du temps est une femme, Sapho, qui anima à Lesbos (Mytilène) une école de poésie que fréquentaient les jeunes filles nobles et où, pour honorer Aphrodite, on étudiait la musique, le chant et la danse. Une tradition incertaine prête à Sapho une passion désespérée pour le dieu Phaon, pour qui elle se serait suicidée à Leucade, île de la mer Ionienne. En revanche, il est certain qu'elle a ardemment chanté la beauté féminine. Les auteurs anciens, grecs et romains, qui la considéraient comme un des plus grands poètes de tous les temps, connaissaient de Sapho neuf livres, de longueur inégale, dont il ne reste que des fragments, et n'ont jamais cessé de s'en inspirer.

L'art des verriers

Vers 750 av. J.-C., les Phéniciens se mettent à fabriquer de la pâte de verre, à partir d'un mélange de silices et de carbonates, portés jusqu'à la fusion à de très hautes températures. On leur doit ces pendentifs en forme de visage humain qui se vendent tout autour de la Méditerranée. Les maîtres-verriers façonnent à chaud des alabastres, flacons à parfum, qui eux aussi connaissent un grand succès commercial.

La fondation de Rome

Comme celle d'Énée le Troyen, la légende de Romulus et de Rémus, puis celle des sept rois qui gouvernèrent la Ville éternelle ont des fondements bien réels. Selon les érudits latins, Rome a été fondée le 11e jour des calendes de mai (c'est-à-dire le 21 avril) de l'an 753 av. J.-C. Le fondateur de la ville fut Romulus, descendant d'une dynastie troyenne dont l'ancêtre Énée serait parvenu dans le Latium.

Les jumeaux et la louve

Le poète Virgile a raconté cet épisode dans son ouvrage l'*Énéide* : Énée est arrivé après la chute de Troie, dont la date avait été fixée à 1184 av. J.-C. par les savants d'Alexandrie. Il aurait d'abord fondé la ville de Lavinium, que son fils Ascagne délaissa trente ans plus tard pour fonder à son tour Albe la Longue, où auraient régné treize rois, ancêtres de Numitor. Le frère de celui-ci, Amulius, le chassa du trône et obligea la fille de Numitor à se faire vestale, donc à rester vierge. Mais elle conçut, dit la légende, deux jumeaux du dieu Mars.

Les deux enfants, Romulus et Rémus, sont abandonnés aux eaux du Tibre en pleine inondation. Ils sont alors recueillis par une louve qui les abrite dans une grotte au pied du Palatin, le Lupercal. Leur tour est alors venu de fonder une cité sur le site où ils ont été miraculeusement recueillis. Mais la haine fratricide renaît à ce moment fatidique : les deux jumeaux prennent les augures et chacun s'estime choisi par les dieux : Rémus, le premier, a vu six vautours, oiseaux de Jupiter ; Romulus, aussitôt après, en voit douze ; quel est le bon critère : l'antériorité ou le nombre ? Âpres discussions, Romulus tue Rémus qui l'avait nargué en franchissant d'un saut le *pomerium*, enceinte sacrée qu'il venait de tracer avec le soc d'une charrue : « Ainsi périsse à l'avenir quiconque franchira mes murailles. »

L'histoire et la légende

Quelle est la réalité ? Pendant longtemps, historiens et archéologues ont cru que les légendes n'étaient que de belles histoires, et que l'histoire de Rome ne commençait réellement que bien plus tard, au IVe siècle, à partir de faits avérés. Il est certain, en effet, que le nom de Rome ne vient pas de Romulus, mais que le nom de ce héros fondateur a été « fabriqué » *a posteriori*, à partir du nom même de la ville. Pourtant, la critique des textes et, surtout, l'archéologie ont corroboré un grand nombre de faits.

Les influences étrusques sont évidentes dans le « fait divers » qui marque la fondation de l'*Urbs*, la Ville : les jumeaux consultent les augures à la manière étrusque ; Romulus trace selon le rite étrusque le sillon qui représente les murailles, en soulevant la charrue à l'emplacement des quatre portes de la cité. Si on ne peut y prouver la venue de héros troyens, il est certain que des Mycéniens sont venus en Italie ; des céramiques y ont été retrouvées, qui datent de 770-760 av. J.-C. Le voyage d'Énée est peut-être la face légendaire de cette réalité commerciale, de même que la présence mythique d'Hercule, le héros civilisateur par excellence.

La date de la fondation de la ville, sur laquelle les Anciens eux-mêmes ne parvenaient pas à s'entendre, est probablement exacte : des fonds de cabanes trouvés sur une des croupes du Palatin, le Germal, peuvent, grâce à la céramique, être datées du VIIIe siècle av. J.-C. Ces vestiges montrent qu'un vrai village était alors en pleine expansion sur cette colline ; plus étonnant encore, en 1988, les traces d'une enceinte primitive, qui ne peut guère dater que du milieu du VIIIe siècle, ont été retrouvées. Et certains aujourd'hui n'excluent pas de prouver l'historicité de Romulus !

Le site de Rome

Un fleuve en partie navigable, une île favorisant la traversée du Tibre, la proximité de la mer sans ses inconvénients (les razzias des pirates), des collines escarpées, faciles à défendre, des parties basses favorisant, une fois asséchées, le développement d'un centre urbain, un site de passage pour des pasteurs transhumants, un habitat aux confins du monde latin « ouvert » à toutes les influences, italiques, grecques, étrusques... Beaucoup d'avantages naturels, en somme, qui expliquent que le site ait été occupé dès le milieu du IIe millénaire av. J.-C., comme le prouvent les fragments de céramique de l'âge du bronze moyen et récent, découverts dans les fouilles du Forum boarium.

Il faut ajouter à ces atouts une ressource souvent négligée dans les études : le sel, essentiel à la vie des hommes et des animaux, pour la conservation des aliments, jusqu'à l'époque contemporaine, le sel dont on a pu dire qu'il était véritablement le « pétrole de l'Antiquité ».

Rome, après d'âpres luttes contre sa voisine Véies, met la main sur les salines des bouches du Tibre, elle contrôlera plus tard la plupart des salines de l'Italie centrale et méridionale ; de nombreux indices trahissent d'ailleurs cette importance du sel dans l'économie et l'histoire de la cité : la via Salaria, la plus ancienne route partant de Rome vers le nord-est, le *salarium*, notre futur salaire…

Des traces de cabanes, construites entre 800 et 700 av. J.-C., ont été retrouvées, signe d'un premier établissement humain même si Rome n'était à cette époque qu'un village. Les trous de poteaux retrouvés sur le Palatin permettent de reconstituer en partie le plan des cabanes utilisées par les « fondateurs » de Rome et leurs descendants jusqu'au milieu du VIIe siècle av. J.-C. environ. De forme ovale, les cabanes présentent un petit portique situé devant l'entrée, et un caniveau est creusé tout autour pour l'évacuation des eaux pluviales. Au centre de l'habitat, on repère un foyer. Les murs sont faits de torchis, reposant sur l'armature des poteaux, et les toits sont de chaume. Des urnes cinéraires, en forme de cabane, de terre cuite ou parfois de bronze, d'époque villanovienne (donc contemporaines), permettent aussi de se faire une bonne idée de la maison des vivants. Leur décoration, gravée ou en relief, nous indique en particulier ce que pouvaient être les portes, les fenêtres et la structure du toit.

Pourtant, si des villages existent dès 753 av. J.-C. sur le sol de Rome, ce n'est que dans la seconde moitié du VIIe siècle que la cité naît véritablement de la fusion de ces villages : les éléments essentiels de cette opération sont le drainage et le pavement du Forum, qui était auparavant une vallée marécageuse réservée aux tombes, tandis que l'autre dépression, celle de la vallée Murcia, entre le Palatin et l'Aventin, abritera bientôt le Grand Cirque. Les Étrusques, experts en hydraulique, jouent alors un rôle décisif.

Les sept rois

La tradition conservée par les *Annales* romaines veut que sept rois seulement aient régné sur l'*Urbs*. De 753 à 509 avant notre ère, date de la fondation de la République, cela fait une moyenne de règne singulièrement élevée, surtout pour l'époque ! On comprend bien que cette liste est quelque peu artificielle et le chiffre de sept, arbitraire ; d'ailleurs l'empereur Claude lui-même, historien à ses heures, en avait relevé les incohérences.

La première dynastie est romano sabine : après Romulus, Numa Pompilius le Sabin fixe les rites religieux de Rome, grâce aux conseils de la nymphe Égérie ; puis c'est Tullus Nostilius, qui voit les Horaces défaire les Curiaces, champions de la ville d'Albe, préfiguration de la victoire de Rome sur la ligue latine, qui n'interviendra qu'au IVe siècle. Aneus Martius, roi guerrier, conduit ensuite l'expansion territoriale romaine en direction d'Ostie. Ces rois remplissent les trois fonctions des divinités indo-européennes : prier, combattre, organiser. Avec les Tarquins, l'Ancien et le Superbe, entre lesquels s'intercale Servius Tullius, aux origines controversées, c'est une dynastie étrusque qui règne sur Rome, ce qui traduit l'expansion de ces puissants voisins de Rome, même si les historiens latins, pour ménager l'orgueil national, feignent de ne voir dans cette succession que des « histoires de famille ». Ce sont les Étrusques qui transforment la série de villages en ville : ils en font une des plus grandes cités étrusques de l'époque, avec son Forum, centre politique, religieux, commercial, protégé par une enceinte dès le VIe siècle, même si l'enceinte que nous voyons aujourd'hui, dite « de Servius Tullius », ne date que du IVe siècle. La ville est alors agrandie, embellie, avec ses temples à l'étrusque, et la tradition attribue aussi à Servius Tullius le mérite d'une nouvelle organisation à la fois politique et administrative.

« Ce sont des ouvrages que notre magnificence moderne a eu de la peine à égaler. » C'est ainsi que Tite-Live décrit les travaux effectués sous le règne des Tarquins. La politique de ces rois étrusques s'exerce surtout dans trois domaines. C'est d'abord la Cloaca maxima, le grand égout, qui permit de drainer et d'assécher cette dépression marécageuse qu'est le futur Forum. C'est ensuite le Circus maximus, le grand cirque, qui mérite bien son nom puisqu'il devient le plus grand édifice de spectacle du monde consacré aux courses de chars et aux luttes athlétiques. Les mêmes rois étrusques donnent enfin à Rome son temple suprême, sur le Capitole, celui de Jupiter Optimus Maximus, « très bon », « très grand » où sont honorés Junon, Minerve et Jupiter.

Mais la « tyrannie » odieuse de Tarquin le Superbe allait entraîner une révolution de l'oligarchie et la mise en place d'un nouveau régime, la *Respublica libera*. La haine des rois marquera désormais l'histoire de la République et conduira encore, des siècles plus tard, à la chute de César.

Femmes romaines

Les premiers compagnons de Romulus étaient des jeunes gens à la réputation douteuse, venus se réfugier dans l'enceinte sacrée de la ville. Pour se procurer des femmes, ils organisèrent une fête à laquelle ils convièrent les Sabins, dont ils enlevèrent les filles… Une légende qui a peut-être été créée pour justifier certains rites du mariage romain, où l'épousée, voilée, devait paraître refuser son consentement et être enlevée par le fiancé, légende qui rend compte aussi de la fusion très ancienne entre Romains et Sabins. Parmi les grandes figures féminines se détache celle de Tanaquil, femme de Tarquin l'Ancien, experte dans l'art de la divination, qui, à la mort de son mari, installe sur le trône Servius Tullius. Tanaquil est l'image même de la femme étrusque, qui jouit d'une liberté sans commune mesure avec celle de la femme grecque, peut participer à la vie sociale et transmettra une partie de ses prérogatives à la matrone romaine.

La civilisation de Hallstatt

Les premiers objets, découverts en Turquie, remontent à 1800 avant notre ère, et les Hittites connaissaient déjà le fer. Toutefois, cette métallurgie ne commence à être pratiquée en Europe qu'un millénaire plus tard, aux environs de 850 av. J.-C., après les différents mouvements de population qui affectent la plaine eurasiatique.

C'est donc à cette date que commence officiellement l'âge du fer, qu'on divise en deux périodes : le premier âge du fer, ou période de Hallstatt, du nom d'un riche cimetière autrichien, époque au cours de laquelle de princes puissants adoptent les armes en fer, montent désormais à cheval et contrôlent leurs territoires grâce à des citadelles fortifiées ; et le second âge du fer, ou période de La Tène, du nom d'un village des bords du lac de Neuchâtel, où la vase a permis la conservation de nombreux objets en bois ; cette dernière période commence vers 480 av. J.-C. et va s'achever avec la conquête romaine.

Les cercles des échanges

Parallèlement à ces divisions chronologiques, l'Europe se répartit en un certain nombre de provinces culturelles héritées de l'âge du bronze, d'où vont progressivement émerger les peuples qui nous sont connus par les textes antiques : Celtes ou Gaulois, Germains, Scythes, etc. On emploie alors souvent les termes de Hallstatt et de La Tène pour désigner plus précisément la civilisation des Celtes, présents en Europe au moins dès le début du Ier millénaire av. J.-C., héritiers de la « civilisation des champs d'urnes ». Cette civilisation se diffuse depuis l'Europe centrale jusqu'en Europe occidentale, à partir de la Lusace vers 1200 av. J.-C. Les morts, qui jusque-là étaient tous inhumés, sont parfois incinérés. Les cendres, recueillies dans des urnes, sont enfouies dans des tombes, qui contiennent un important mobilier funéraire, si le rang social du défunt l'exige. Certains historiens ont pensé que les champs d'urnes se répandaient en Europe à cause d'invasions de peuples « incinérateurs » submergeant ceux qui enterraient leurs morts, mais les deux rites funéraires coexistent longtemps.

Mais on peut aussi, d'un point de vue historique et économique, se représenter l'Europe de cette époque comme divisée en trois « bandes » parallèles. La bande la plus méridionale est celle des civilisations déjà urbaines, la Grèce, l'Italie et leurs marges – le sud de la France, en particulier. La deuxième bande est sous l'influence économique, et souvent artistique, de la précédente : ce sont en l'occurrence les Celtes et les Scythes, dont les petits princes justifient une partie de leur pouvoir en commerçant avec le monde méditerranéen. Enfin, la troisième bande, la plus au nord, échappe pratiquement à toute influence méditerranéenne ; c'est notamment le cas des Germains.

Princes et paysans

La civilisation de Hallstatt s'étend, du VIIIe au VIe siècle av. J.-C., sur une zone qui comprend la Bohême, une partie de la Hongrie, l'Allemagne du Sud, l'Autriche, la Suisse et le quart nord-est de la France. Assez vite, ce territoire va se trouver quadrillé par un réseau de bourgades fortifiées, espacées de 50 à 100 kilomètres environ, régnant chacune sur un vaste territoire, et qualifiées de « résidences princières ». Souvent situées sur des hauteurs, elles peuvent être isolées au milieu de lacs ou de marécages, et datent souvent de l'âge du bronze final.

Elles contrôlent certaines matières premières importantes, comme le sel de Hallstatt près de Salzbourg, en Autriche ou de Château-Salins en Franche-Comté, Le sel marin atlantique semble avoir été exploité et fait l'objet de commerce dès la fin du néolithique. À partir de l'âge du bronze final, on trouve en Armorique des installations d'évaporation du sel marin dans des augets d'argile, les « briquetages ». Mais les mines de Hallstatt, qui se visitent encore aujourd'hui, ont bénéficié d'une exploitation intensive. Grâce au sel, on a retrouvé dans leurs galeries de nombreux objets conservés : paniers, sandales, et même des mineurs accidentés. Le sel permettait aux seigneurs de Hallstatt d'organiser tout un réseau commercial, dont témoignent les objets retrouvés dans leurs tombes, objets venus parfois de régions très éloignées. Ils contrôlent aussi des voies commerciales comme l'axe Seine-Saône, qui permet à l'étain de Grande-Bretagne de parvenir jusqu'en Italie ou en Grèce. Ces résidences peuvent avoir des fortifications imposantes, comme celle de Heuneburg dans le sud de l'Allemagne, qui possédait un rempart de briques crues, d'inspiration méditerranéenne, ou celle de Hohenasperg dans la même région. De telles forteresses se retrouvent dans le sud de l'Angleterre, dans l'est de la France (mont Lassois, Sainte-Colombe-sur-Seine).

La puissance des princes est fondée sur leur fonction guerrière. L'équitation est « inventée » au VIe siècle av. J.-C. : les hommes combattent montés sur des chars ou à cheval et dominent une industrieuse population d'agriculteurs et d'artisans.

Les maîtres du commerce

Les princes de Hallstatt exportent des matières premières (étain, bois, peaux, salaisons, esclaves) et importent des produits de luxe (vases précieux, parures, vin).

Ce sont surtout les tombes (plus de 1300 tombes à Hallstatt), disposées au pied de leurs résidences, qui donnent une idée de la richesse de ces hommes. Les plus fameuses sont celles de Hochdorf et de Vix. À Hochdorf, un divan de bronze décoré de lions sculptés a été retrouvé. À Hotimichele, sous Heuneburg, la tombe renfermait des tissus de soie qui provenaient peut-être de Chine. Dans toutes les tombes, le défunt reposait dans une chambre funéraire en bois, surmontée d'un tumulus de pierre et de terre. Il emportait un char de parade à quatre roues, rehaussé d'appliques de bronze ainsi que tout un harnachement, dont le mors de fer hérité des peuples d'Asie centrale. La tombe de Vix contenait le plus grand cratère en bronze de l'Antiquité, sans doute fabriqué en Italie du Sud. La démesure de ces objets suggère que Grecs ou Italiques les fabriquaient spécialement pour le goût ostentatoire des « barbares », beaucoup plus que pour leur usage personnel. Des objets indigènes, miroirs, jambières, parures de luxe, ont aussi été mis au jour. C'est la comparaison entre ces objets et les importations méditerranéennes qui permet de dater avec certitude l'évolution de Hallstatt.

Les Celtes créent quant à eux un art qui leur est propre, caractérisé par des motifs originaux : enroulements, spirales, rosaces. Ces motifs sont peut-être ceux d'un culte solaire qui remplace, dans les zones celtisées, les cultes de la fécondité du néolithique. Dès la fin du Ve siècle avant notre ère, les artistes de Mouriès, dans les Bouches-du-Rhône, gravent, parfois de façon très stylisée, des animaux. Plus tard apparaît une sculpture plus savante, en ronde bosse.

Le fer à cette époque reste cependant d'un usage limité. Il sert aux grandes épées jusqu'alors de bronze, mais aussi pour des colliers et des bracelets. Matière rare et prisée, sa possession est signe de prestige pour les potentats locaux, et témoigne d'une hiérarchisation sociale marquée. Le fer devient ensuite plus usuel : toujours utilisé pour les épées, il l'est également pour des objets courants : clous, tenailles, épingles ou fibules. Les modes de combat et les techniques de production vont alors s'en trouver modifiés.

La civilisation de Hallstatt n'est pourtant pas uniforme. Composite, elle intègre des éléments étrusques, villanoviens, balkaniques, illyriens. L'élément commun est cette caste dirigeante dont la puissance est fondée sur la possession des épées de fer et des chars de combat.

Une révolution celtique ?

Les résidences princières s'effondrent cependant aux alentours de 500 av. J.-C. Elles sont abandonnées, on ne trouve plus que des villages modestes et dispersés, avec de simples cimetières. Ce sera le début de la civilisation de La Tène, qui ne commence donc pas avec de nouvelles migrations, comme on l'a longtemps cru, mais avec d'importants remaniements historiques et politiques.

En l'absence d'invasions, il existe au moins deux explications, sans doute liées, à l'effondrement des princes hallstattiens. D'une part, le commerce méditerranéen semble se réorienter à cette époque vers la mer Noire, d'autant que la Méditerranée occidentale est agitée par les rivalités et les guerres entre Étrusques, Carthaginois, Grecs et bientôt Romains. D'autre part, le pouvoir contraignant de ces petits potentats est peut-être devenu insupportable à leurs sujets.

Coïncidence : au même moment, les habitants de Rome vont renverser le pouvoir autoritaire des Tarquins, et ceux d'Athènes mettre à bas la tyrannie des Pisistratides, pour fonder la première démocratie du monde.

La tombe de Vix

L'un des caractères les plus étonnants et les plus spectaculaires de la civilisation de Hallstatt réside dans le creusement des tombes princières réservées à de hauts personnages. C'était parfois des sépultures dévolues à des femmes, ce qui pourrait sous-entendre que certaines jouaient un rôle de premier plan. La tombe de Vix, près de Châtillon-sur-Seine, en Côte-d'Or, compte parmi les grandes découvertes de l'archéologie française. Trouvée et fouillée en 1953 dans des conditions qui nous paraîtraient maintenant un peu sommaires, elle recelait le corps d'une femme d'une trentaine d'années, accompagnée de son char de parade et, surtout, du plus grand vase de bronze de l'Antiquité. Il mesure 1,65 mètre et était orné de frises d'hommes en armes et de gorgones. Plusieurs autres vases d'argent, de bronze ou de terre l'entouraient. La « princesse » portait un diadème en or d'un style inconnu, peut-être d'origine scythe, qui se termine de part et d'autre par des boules rehaussées de pattes de lion et de chevaux ailés. Elle portait aussi des bijoux fabriqués sur place, fibules et bracelets. La tombe, recouverte d'un vaste tumulus de pierre, se trouvait au pied du mont Lassois, une des grandes résidences princières de la civilisation de Hallstatt, à mi-chemin sur la route de l'étain.

Les pouvoirs de l'alcool

Il est frappant que l'essentiel des objets de luxe, importés du monde méditerranéen, et que les princes hallstattiens emportent dans leur tombe, concerne des services à boire. Il s'agit en effet de grands cratères en bronze à mélanger le vin (le vin antique était mêlé de miel et de résine), de cruches à vin en bronze, de coupes ou de cornes à boire rehaussées d'or. Des textes antiques plus tardifs nous disent l'engouement des Celtes pour l'alcool. Ceux-ci n'hésitaient pas à échanger un esclave contre une seule amphore de vin. On a retrouvé dans une riche tombe du Dürneberg, en Autriche, une gourde en bronze qui avait contenu une bière de racines. En revanche, le vin ne sera pas fabriqué en Gaule avant la conquête romaine. Le vin, cette « eau de feu » de l'Antiquité, a donc été l'un des moyens essentiels de pénétration des civilisations méditerranéennes vers l'intérieur de l'Europe.

• • •

CHAPITRE 4

L'éveil de l'Asie et de l'Amérique (– 1200 à – 800)

Vers 1200 avant notre ère, lorsque le premier souverain Zhou détrône le dernier Shang, la Chine est sortie de la proto-histoire, maîtrisant l'écriture, l'art du bronze et pratiquant le culte des ancêtres.

Les Shang ont-ils commencé à régner en 1766 ou en 1514 avant notre ère ? Les datations que l'on peut établir à partir des *Chroniques* chinoises sont très imprécises, mais tout atteste que c'est au milieu du IIe millénaire que la première dynastie « historique » a commencé à régner en Chine, succédant aux Xia, dont l'existence n'est pas certaine. Selon la tradition, la dynastie des Shang est arrivée au pouvoir avec une révolte qui mit fin au règne de Jie, un « mauvais roi », le dix-septième successeur de Yu le Grand. Des fouilles archéologiques ont permis de retrouver la première capitale de la dynastie. Da-Yi, un des premiers souverains Shang, installa en effet sa capitale au Henan, près de l'actuelle Luoyang. C'est de cette période, par ailleurs, que datent les plus beaux bronzes fabriqués en Chine.

Les débuts de la royauté en Chine

Entre 1766 et 1025 av. J.-C., trente souverains lui succédèrent, de père en fils, ou de frère aîné en frère cadet. La zone d'influence de la dynastie Shang est assez imprécise, mais il est certain qu'elle s'étendait du Shanxi, la basse vallée du fleuve Jaune, jusqu'au bassin moyen du fleuve Bleu. Au-delà, elle se heurtait à des populations barbares que les guerriers Shang capturaient, futures victimes de sacrifices humains.

Les Shang se choisissent vers 1384 av. J.-C. une nouvelle capitale, qu'ils établissent à Dayi, sur le site de l'actuelle Anyang. L'ancienne capitale de la dynastie était à l'emplacement de l'actuelle Erlitou. La nouvelle ville, à l'urbanisme géométrique, est le prototype des puissantes cités, symboles du pouvoir des Shang. La cité d'Anyang s'étend sur 24 km^2 de part et d'autre des méandres de la rivière Huan. De vastes demeures sont édifiées sur des plates-formes en terre battue. Les maisons peuvent avoir un étage et être reliées à un système d'adduction d'eau et d'égouts. Des sacrifices sont accomplis afin de protéger les fondations. Un siècle plus tard, en 1273 av. J.-C., l'empereur Zujia donne à la civilisation chinoise une autre de ses bases en réglant le culte des ancêtres selon un calendrier cyclique.

Le trentième et dernier roi, Di Xin Zhou Xin, périt dans les flammes de son palais, attaqué par le fils d'un de ses vassaux, le comte de l'Ouest, qu'il avait tué. Ce dernier devint alors, à titre posthume, le roi Wen, et son fils Wu Wang, le premier roi d'une nouvelle dynastie qui nous est surtout connue par les récits de l'historien Sima Qian.

La dynastie des Zhou

Anciens vassaux des Shang, les Zhou fondent, au XIIIe siècle avant notre ère, une dynastie qui durera jusqu'en 221 av. J.-C. Ils créent à leur tour une nouvelle capitale royale, près de Xi'an, sur la rive sud de la Wei. La capitale des Zhou est connue depuis 1952 et les archéologues ont pu reconstituer la structure des villes et des habitations. Xi'an, « Tranquillité de l'Ouest », la capitale des Zhou, était divisée en deux parties fortifiées, de part et d'autre de la rivière Feng. Le roi résidait à l'est, les administrations secondaires et les corps de métiers à l'ouest. La ville restera longtemps le centre historique de la Chine. Il faudra attendre Gengis Khan pour que la capitale soit transférée à Pékin qui est plus proche des steppes mongoles.

Prudents, les Zhou prennent toutefois soin d'installer un membre de leur famille à Luoyang, dans la plaine orientale, pour y surveiller les partisans de l'ancienne dynastie. Le frère du roi Wu y réside ; le reste du territoire est partagé entre les membres de sa famille et ses alliés. La région couverte de lœss est fertile, surtout quand les pluies de printemps sont abondantes. Fermée au sud, elle est pourtant le point de passage obligé entre la Chine du fleuve Bleu et le Sichuan, autre plaine très riche et véritable grenier à céréales. La vallée s'ouvre, en outre, par un défilé facile à contrôler, sur la grande plaine de l'Est.

La phase d'expansion des Zhou est idéalisée dans une légende, *le Récit du fils du Ciel Mu*, qui raconte les expéditions du cinquième roi de la dynastie. Au cours de ses campagnes, ce dernier aurait rencontré la Xiwangmu, « Reine-mère-de-l'Occident », déesse des Épidémies et de la Sécheresse, qui cultive dans son verger les pêches de l'immortalité.

Mais, en 770 av. J.-C., une catastrophe met brusquement fin à cette expansion : Xi'an est surprise et pillée par des « barbares » : les Jong. *La Légende de Baosi* raconte comment le roi You perdit la ville de Xi'an, mettant ainsi fin à la dynastie des Zhou occidentaux. Vers l'an 800 av. J.-C., la belle Baosi naquit dans le palais impérial des Zhou. À la fin de la dynastie des Xia, de l'écume de dragons, symbole royal, avait été soigneusement enfermée dans un coffret. Mais ce dernier fut ouvert par mégarde et l'écume emplit le palais. Transformée en tortue, elle fut adoptée par une petite fille qui enfanta bientôt Baosi. Lorsque le roi You la rencontra, il en tomba amoureux. Devenue reine, Baosi ne se divertissait que lorsque son époux faisait allumer de grands bûchers et battre des tambours, comme pour annoncer une attaque des barbares. Tous les seigneurs accouraient, en char et en armes, et la belle riait aux éclats. Le roi You recommença pour la distraire, mais, lorsque les barbares se présentèrent réellement aux portes de Xi'an, il donna l'alerte et les princes, lassés, ne vinrent pas. Le roi quitta la ville et Baosi disparut.

À la suite de ce désastre, la dynastie Zhou est rétablie dès 770 et s'installe leur nouvelle résidence à Luoyang. Ainsi commence la dynastie des Zhou orientaux, qui verra les princes féodaux contester l'autorité du roi et s'emparer peu à peu du pouvoir.

Les barbares Jong, eux, seront battus par Siang, ancêtre des Qin, qui régneront quelques siècles plus tard sur l'Empire. Les troubles font le jeu des puissants royaumes périphériques et contribuent ainsi à accélérer la montée en puissance des grands féodaux.

L'art de la divination

Chez les Shang puis chez les Zhou, les arts divinatoires font l'originalité profonde de la civilisation chinoise.

Le roi est l'acteur principal de toute divination et entretient un lien privilégié avec le monde des dieux, c'est pourquoi son temps est rythmé par un calendrier liturgique très chargé. Il ordonne et proclame seul les résultats, assisté par un corps de scribes et de devins. Ces derniers ne sont cependant réduits qu'à un simple rôle technique et ne maîtrisent jamais l'ensemble du processus divinatoire.

La religion est dominée par le culte des ancêtres et l'importance accordée à la vie dans l'au-delà. Le culte des ancêtres est attesté en Chine dès les premiers rois Shang. Pour ces derniers, l'âme se compose de deux éléments. À la mort, le *hun*, âme-souffle, rejoint le Souverain d'en-haut, tandis que le *po*, autre élément plus matériel, reste dans le corps jusqu'à sa décomposition. Il faut bien le nourrir pendant les trois ans du deuil, pour éviter qu'il ne se transforme en gui, démon, menace possible pour sa descendance. Un rituel funéraire précis permet de s'assurer que le *hun*, quittant le corps, voyage dans de bonnes conditions. C'est lui qu'on honore en rendant un culte à des tablettes, déposées dans un temple, où sont gravés les noms des défunts.

Lors des nombreuses cérémonies assurées par le souverain, tous les événements marquants de la vie de la cour et du royaume sont annoncés aux défunts. On leur offre aussi des aliments, céréales et alcools. Ces cérémonies semblent par ailleurs avoir été accompagnées de sacrifices rituels de prisonniers et d'animaux.

Les rites sont accomplis dans les maisons aussi bien que dans les palais. On consulte les ancêtres au moyen d'os oraculaires (« os de dragons ») : omoplates de bovin ou de buffle ou carapaces de tortue sont chauffées jusqu'à l'apparition de fêlures qui sont ensuite interprétées. Tout le processus (questions, réponses et vérifications éventuelles par les événements ultérieurs) est consigné par écrit sur l'os chauffé.

L'ensemble des signes sur les os forme une écriture déjà très élaborée et une source précieuse de renseignements sur cette civilisation.

Le Wu et le Wen

Le changement de dynastie n'entraîne pas de vraie rupture entre les Shang et les Zhou. Selon les principes définis plus tard par Confucius, le bon roi doit réunir harmonieusement en une même personne les lettres, *wen*, et les armes, *wu*. « Fils du Ciel », il dispose du mandat céleste et sa réplique divine est le « Souverain-d'en-haut ».

Devient fils du Ciel celui qui, grâce aux mérites accumulés par ses ancêtres vertueux, obtient la victoire militaire et l'assentiment des hommes de culture. Il reçoit alors le mandat céleste pour lui-même et sa descendance mâle appelée à régner. Mais ce mandat s'use puis s'éteint pour renaître en une autre lignée. Cette rupture de mandat est une véritable révolution. Le *wangdao*, voie ou vertu royale, est le moyen de gouverner et c'est cette vertu que dévoient les « mauvais » souverains, comme Jie, le dernier des Xia, ou Di Xin, le dernier des Shang.

Lorsque règne un vrai sage, point n'est besoin de recourir aux châtiments redoutables prévus par le code royal : marques au fer, ablation du nez, ablation des rotules, castration, peine capitale.

Un régime « féodal »

Dans l'exercice de son pouvoir, le roi est assisté par un chancelier et par des ministres. Celui de la Multitude, chargé des paysans, celui des Chevaux, chargé de la guerre, celui des Travaux publics et ceux qui sont chargés de la gestion du palais et du domaine. Ces dignitaires reçoivent des terres à titre d'émoluments ; non héréditaires à l'origine, elles le deviennent petit à petit comme le deviennent aussi les grandes charges. Le souverain donne aussi des terres aux membres de sa famille, qui lui doivent en échange un tribut annuel. Une « aristocratie » puissante et privilégiée reçoit à titre héréditaire des « pays » ainsi que les revenus des paysans qui y travaillent. Elle peut y lever des troupes, y rendre la justice et est au centre d'un culte au dieu du Sol.

Le culte des ancêtres s'élargit bientôt à l'ensemble de la classe féodale. Selon le degré de noblesse des lignées locales, le nombre des ancêtres qui figurent dans le temple est plus ou moins important. Les seigneurs, qui reçoivent une éducation spéciale, mènent entre eux des guerres qui font penser aux tournois ou aux guerres courtoises de la France médiévale. Mais ils n'hésitent pas, quand ils en ont l'occasion, à affirmer leur propre autorité face au pouvoir du roi.

Le royaume du dragon

Contrairement à sa réputation occidentale, le dragon est, en Chine, un animal éminemment sympathique quoique lié au pouvoir. Il n'a pas hésité, par exemple, à sortir de son fleuve pour aider Yu le Grand à organiser l'empire.

Il existe en Chine une quantité de dragons différents qui peuvent revêtir plusieurs formes. D'apparence animale, humaine ou les deux à la fois, ils deviennent nuage ou source profonde, vivent dans les cieux ou dans les mers. Ils ont des cornes ou des bois de cerf, des ailes, sont couverts d'écailles ou de poils, ont les griffes d'un oiseau de proie, et l'air qu'ils soufflent peut devenir nuage, pluie ou feu.

Dans la religion populaire, le dragon devient *le maître de la pluie*. De grandes cérémonies lui sont consacrées. On peut aussi l'attirer en lui présentant une belle femme sur un rocher et en la subtilisant au dernier moment : on provoque ainsi sa colère et donc le tonnerre et la pluie. L'année du dragon est une bonne année, signe de paix, de richesse et de bonnes récoltes. Le dragon est l'animal du levant, il est vert ou bleu. En lui prédomine le *yang* et il est l'incarnation de cette énergie. Comme le souverain, il est un « pivot » entre le ciel et la terre et participe au maintien de l'harmonie. Sa semence, déposée et congelée dans les entrailles de la Terre, devient le jade, pierre précieuse entre toutes pour les Chinois.

La fonte du bronze

L'usage du bronze se répand sous les Shang, grâce aux progrès accomplis par les potiers, qui utilisent déjà des fours chauffés à très haute température. Autour d'un modèle en argile est réalisé un moule en terre cuite. Ce relevé, où le relief apparaît en creux, se fait en plusieurs étapes et les différents éléments, une fois séparés du modèle, sont séchés dans un four puis fixés ensemble autour d'une âme (noyau) en argile. Le travail du potier est alors terminé. Dans le vide laissé entre l'âme et le moule, le fondeur coule l'alliage. Après refroidissement par trempage, les sections de moule sont enlevées, l'âme est extirpée ou cassée et le vase de bronze apparaît. Les barbelures qui se sont glissées entre les différentes sections sont alors polies ou servent d'accroche à un motif en relief. Pour cacher ce compartimentage, le bronzier déploie un décor qui joue avec l'effet de symétrie. Ce moule peut parfois servir pour fondre d'autres bronzes.

Les Olmèques

Au XIXe siècle, une tête de pierre de plusieurs tonnes est découverte dans la jungle du golfe du Mexique. Grâce à cette trouvaille spectaculaire, toute une culture, la première grande civilisation de l'Amérique centrale, sort de trois mille ans d'oubli. Ce peuple de sculpteurs de génie a reçu le nom des Indiens qui habitaient le même territoire au moment de la conquête de l'Amérique. Olmèque signifie « homme du pays du caoutchouc ».

Entre le Xe et le IIIe siècle avant notre ère, les Olmèques étendent leur influence du Mexique au Costa Rica, édifiant des centres cérémoniels ou des sculptures monumentales et vénérant le dieu-jaguar.

En réalité, on ignore comment s'appelaient les premiers Olmèques, et leur histoire reste pleine d'énigmes. Ils ont vécu entre 1200 et 400 av. J.-C., mais ont disparu dans des conditions mal élucidées ; et leurs origines sont aujourd'hui remises en cause par les récentes fouilles archéologiques dans l'État du Guerrero, sur la côte pacifique du Mexique.

Des premiers « Américains » aux Olmèques

Venus d'Europe par le détroit de Béring, des peuplades d'origine asiatique investissent le Nouveau Monde environ 40 000 ans avant notre ère. Ils ont sans doute vécu la rude existence des chasseurs-cueilleurs du paléolithique. Mais l'on sait peu de choses sur eux. Leurs descendants croient en une vie après la mort. À l'ouest du Mexique, les fouilles archéologiques ont montré que vers 8000 av. J.-C., ils enterraient leurs morts après les avoir recouverts d'une peinture ocre-rouge, témoignage peut-être de leur foi en un au-delà. Ils découvrent l'agriculture au IVe millénaire av. J.-C. La culture du maïs est en effet attestée dans quelques sites dès 3200 av. J.-C. Quelques siècles plus tard, dans la forêt amazonienne, ces « Indiens » cultivent des tubercules avec des outils rudimentaires : houes et bâtons à fouir.

Vers 2300 avant notre ère, les potiers d'Amérique centrale fabriquent les premiers vases de céramique, qui ont été retrouvés près de Mexico. En Amérique du

Sud, les poteries les plus anciennes datent du début du IIIe millénaire, tandis que, dans « l'Ancien Monde », elles remontent au VIe millénaire. Avant ce progrès technique important, les peuples d'Amérique latine façonnaient des figurines de terre séchée, et des bols de bois.

On a retrouvé au Mexique, dès le IIIe millénaire, les traces des plus anciens villages américains. Dans les vallées de Tehuacán et d'Oaxaca, les hommes récoltent le maïs, les courges, les haricots, le potiron, la pomme de terre et les calebasses. Une population bien plus nombreuse que lors du millénaire précédent vit dans des hameaux de quelques cabanes, de forme circulaire. Les petites communautés continuent de recourir, pour compléter leur alimentation, à la chasse et à la cueillette, mais, désormais, les activités sont plus différenciées.

À la même période, selon les fouilles des archéologues, le site de Los Idolos, près d'Aspéro, dans la vallée de Supe, au Pérou, semble être occupé. La population édifie un tertre couronné de six grandes plates-formes monumentales à degrés, atteignant 10 mètres de hauteur. Par ailleurs, elle dépose des figurines en terre séchée, qui ont peut-être un caractère magique, dans un dépôt votif. La richesse de la région est fondée sur une économie complexe, fournissant des matières premières pour un commerce actif.

Une origine difficile à cerner

Dans l'État du Guerrero, au Mexique, de nouvelles fouilles bouleversent la chronologie du peuple olmèque. Sur le site de Rio Balsas à Tlacozotitlan, des têtes de jaguar, des canaux en pierre et de nombreuses plates-formes ont été retrouvés parmi des ruines qui s'étalent sur 160 hectares. Les parties olmèques semblent dater pour les plus anciennes de 1600 av. J-C., soit antérieures de 200 ans aux dates avancées par les chercheurs. Les vestiges retrouvés à Oxtotitlan ou à Juxtlahuaca ont également les caractéristiques des centres olmèques. Par ailleurs, on a constaté que le sous-sol du Guerrero abondait en pierres fines : travertin, serpentine... Ces ressources auraient donc pu inciter les Olmèques à s'établir dans la région.

Dans les États de Tabasco et Veracruz s'étend une région inhospitalière délimitée par les eaux de l'Atlantique et des contreforts montagneux. San Lorenzo, sur le río Chiquito, est sans doute le plus ancien centre olmèque de cette zone marécageuse.

Le site atteint son apogée vers 1200 avant notre ère, mais, comme les fouilles le révèlent, il était habité longtemps déjà avant cette date. Sans que l'on sache vraiment pourquoi, San Lorenzo, qui compte un millier d'habitants, est abandonné vers 900 av. J.-C. pour un autre emplacement, La Venta, situé sur une île du Tonala, au carrefour d'un réseau navigable. L'emplacement où se dresse la plus vieille pyramide mexicaine aurait compté jusqu'à 35 000 habitants.

Puis, selon certains chercheurs, le Tonala ayant changé de cours, La Venta devient moins accessible. En tout cas, elle est délaissée à son tour vers 400 avant notre ère. Malgré un rayonnement géographique considérable, la civilisation olmèque s'éteint et les nombreux centres de la région disparaissent. On en a recensé plus de quatre-vingts, dont Tres Zapotes et Cerro de las Mesas. Par ailleurs, de récentes prospections pétrolières en ont mis d'autres au jour.

Des sociétés organisées

Pratiquant la culture sur brûlis, la chasse et la pêche, les premiers Olmèques du Tabasco et du Veracruz ont sans doute mené la vie semi-nomade qu'autorise une nature exubérante. Le lacis étroit des lagunes et des ríos fournissait par ailleurs un réseau de communications bien commode. Les anthropologues supposent que des petites communautés se sont organisées en villages. Peut-être ensuite la croissance démographique et l'accumulation de richesses ont-elles favorisé l'essor de certains d'entre eux, qui ont évolué vers des centres plus importants, presque des villes.

Les fouilles ont révélé une urbanisation assez développée. Elles ont mis au jour des cours permettant de grands rassemblements, des canaux d'adduction d'eau en pierre, des terrains construits pour le jeu de balle, ce grand sport précolombien.

L'orientation des villes suit les points cardinaux ; les bâtisseurs olmèques ont été de bons astronomes. Certains travaux de terrassement ont nécessité d'immenses efforts. À San Lorenzo, plus de dix millions de tonnes de terre ont été déplacées à dos d'homme : comme les autres civilisations américaines, les populations olmèques n'utilisaient ni la roue ni les bêtes de somme.

Tous ces aménagements témoignent de sociétés organisées, avec des esclaves probablement, des paysans, des artisans et une classe dominante avec des chefs, peut-être des rois. On a trouvé à La Venta des sarcophages en pierre et des chambres funéraires manifestement destinés à des personnages de haut rang. L'extension des bâtiments religieux laisse aussi supposer l'existence d'un clergé influent. Les sites se trouvaient dans des zones stratégiques faciles à protéger. On peut imaginer qu'il y a eu des terres à défendre, des conflits à régler et une certaine puissance militaire.

La religion du jaguar

Impressionnante par son gigantisme ou sa finesse, la sculpture olmèque est facilement identifiable. Les artistes sont parvenus à tailler des formes rondes dans de la pierre dure, basalte, jade, et ils ont représenté le jaguar de façon obsédante.

On retrouve ainsi ce félin sur les bas-reliefs d'autels monumentaux, vraisemblablement des monuments religieux. Des personnages couronnés y tiennent dans leurs bras des « bébés » au crâne déformé et à la bouche comme une gueule de jaguar. Les statues les plus monumentales ont pu être dégrossies sur place avant d'être transportées sur plus de cent kilomètres par voie fluviale jusqu'à leur emplacement définitif. Les plus impressionnantes sont les dix-huit têtes colossales de San Lorenzo, La Venta et Tres Zapotes. Représenté d'une manière réaliste ou par une bouche à crocs stylisée, le jaguar occupe la première place dans l'univers religieux olmèque. Masques de jaguar taillés dans le jade ou modelés dans l'argile, jaguars sculptés... Ce félin, aux côtés du serpent ou du caïman, figure dans le panthéon mal connu des divinités olmèques. Il a peut-être été le totem d'un groupe, c'est-à-dire son ancêtre mythique protecteur, et honoré en conséquence. Il a également pu illustrer un nagual, terme qui désigne encore aujourd'hui au Mexique la forme animale d'une énergie surnaturelle. Chez les Aztèques, il existera plus tard un dieu-jaguar habitant les cavernes et symbolisant les entrailles du monde.

Les sculpteurs ont également dégagé du basalte des visages d'hommes aux traits négroïdes : nez épaté, lèvres charnues aux commissures abaissées ; des pendants ornent leurs oreilles percées et ils portent serre-tête ou casque, comme les joueurs de balle. À partir des statues exhumées, on peut imaginer l'aspect physique des Olmèques. Les sols ne s'y prêtant pas, aucun squelette n'a été retrouvé. Outre un visage rond, ils auraient donc eu la silhouette trapue et lourde, frisant parfois l'obésité. Mais on rencontre aussi des représentations très différentes d'hommes barbus, au nez droit et à la bouche mince. Les hommes portent le pagne, la jupe courte, les femmes portent blouse et tunique, avec des parures de plumes, des masques animaux, des pectoraux.

Des sculpteurs de jade

Une grande variété d'objets en pierres semi-précieuses ont également été découverts. Statuettes, bijoux, bateaux miniatures taillés dans le jade, la jadéite, la serpentine, ont été enterrés. Peut-être le jade a-t-il symbolisé l'eau ou la fécondité, ou était-il réservé aux offrandes funéraires...

Les Olmèques ont été les premiers sculpteurs de ces minéraux durs, qu'ils ont ciselés avec virtuosité. Ont-ils légué cet art aux civilisations ultérieures, qui furent de grands amateurs de pierres vertes ? Ont ils diffusé leurs connaissances astronomiques ? On ne sait pas bien encore comment ces savoirs se sont transmis, mais ils se sont largement diffusés. La culture olmèque est bien l'un des berceaux les plus importants, mais aussi les plus mystérieux, de l'histoire américaine.

Le rayonnement olmèque

Des vestiges retrouvés sur un vaste territoire, entre le Mexique et le Costa Rica, semblent témoigner de la présence olmèque dans toute l'Amérique centrale. Grâce aux sites retrouvés, certains archéologues peuvent faire des rapprochements avec des civilisations sud-américaines antérieures, Valdivia en Équateur ou encore Hormiga en Colombie. Les Olmèques, qui ne trouvaient sur la côte orientale ni l'obsidienne pour leurs outils ni le jade pour les objets cérémoniels, ont commercé avec les zones riches en minéraux, qui auraient peut-être reçu en échange des objets manufacturés. En revanche, la présence de peintures murales ou bien de sculptures monumentales typiques indique que certains sites ont été des colonies olmèques, comme Chalcaltzingo dans le Morelos, au Mexique.

La civilisation zapotèque

La plus ancienne écriture d'Amérique date peut-être du VIIIe siècle av. J.-C. C'est à cette époque en effet que remontent les plus anciens établissements de la civilisation zapotèque. Les Zapotèques sculptent des stèles de style olmèque et utilisent une écriture hiéroglyphique pour noter leur chronologie. Connaissant leur apogée à partir du IIIe siècle av. J.-C., les Zapotèques s'installent à Monte Albán dans la vallée d'Oaxaca (Mexique), où ils construisent un bien étrange lieu de culte. Sur le sommet aplani d'un tertre, cent cinquante dalles de pierre ont été dressées. Elles sont gravées de figures humaines, représentées dans diverses postures. Il s'agit peut-être d'ennemis massacrés, dont les organes sexuels sont minutieusement dessinés, parfois exagérés. Détail horrible, certains dégouttent du sang de mutilations rituelles… C'est au même endroit qu'a été retrouvé un calendrier, fondé sur un cycle de 52 années, l'un des plus anciens textes écrits de l'Amérique précolombienne, et le premier vestige de calculs mathématiques. Les Zapotèques utilisaient, par ailleurs, une écriture hiéroglyphique pour la religion où dominaient le dieu de la Pluie et de la Végétation, le dieu du Maïs, et celui du Feu (représentés souvent sur les urnes funéraires).

La culture Chavín

Le site de Chavín de Huantar s'étend sur les flancs de la cordillère Blanche des Andes péruviennes, au bord du Marañón. Il a donné son nom à une civilisation encore mal connue qui s'est développée entre 900 et 200 avant notre ère (peut-être même jusqu'au IVe siècle apr. J.-C.). Malgré des siècles de pillage, les bâtiments massifs et les sculptures de Chavín restent impressionnants. Sans doute faisaient-ils partie d'un grand centre cérémoniel, témoignant d'une longue évolution stylistique, entouré de villages. Une bouche stylisée avec des crocs, peut-être un symbole d'un dieu-jaguar, est l'une des caractéristiques de ce qu'on appelle le « style Chavín ».

Lors des fouilles archéologiques, des céramiques ornées de motifs Chavín ont été exhumées dans des lieux très éloignés du centre originel, ce qui a entretenu une polémique : la culture Chavín a-t-elle dominé tout le Pérou ? Aujourd'hui, les historiens supposent que Chavín a pu correspondre à une étape décisive dans l'évolution des premières civilisations de cette ère géographique : le moment, à une époque se situant entre le Ve et le IIIe siècle avant notre ère, où des transformations socio-économiques ont provoqué un processus de différenciation des classes sociales. Seules des sociétés organisées ont pu produire des œuvres architecturales de l'envergure de Chavín de Huantar et entretenir avec succès de lointains échanges interrégionaux.

• • •

CHAPITRE 5

Les Hébreux (– 1400 à – 800)

En 1336 avant notre ère, les Hébreux font leur entrée dans l'histoire avec une inscription égyptienne du règne de Mineptah, premier document écrit concernant Israël.

Les Hébreux sont le peuple de l'Antiquité dont l'histoire est la plus racontée. L'ensemble d'écrits que nous appelons « Bible », d'après les mots grecs *ta biblia* signifiant « les livres », constitue la principale source écrite pour la connaissance de ce peuple.

Des origines à l'exode

La Bible appelle « patriarches » les premiers descendants d'Adam et d'Ève, célèbres pour l'âge fabuleux que chacun d'eux a atteint. Ces premiers hommes commettent faute sur faute, le premier crime étant celui de Caïn, qui tua son frère Abel. À cause de ces fautes, le « Seigneur se repentit d'avoir créé l'homme sur la terre » et détruisit sa création. Ici se situe le célèbre épisode du déluge et de l'arche de Noé, seul homme à trouver grâce devant l'Éternel. Les races humaines descendent des fils de Noé : Cham, Japhet et Sem, ce dernier étant l'ancêtre d'Abraham et des Sémites. Autre épisode, celui de la tour de Babel, construite par les hommes pour atteindre le ciel, mais détruite par Dieu qui les châtia en les dispersant et en confondant leurs langues.

Dieu et l'histoire

Certes, cette histoire est une « histoire sainte » ; les Juifs la considèrent comme l'émanation directe de la Parole divine, et elle rapporte, à leurs yeux, le dessein de Dieu, pour le peuple qu'Il a élu.

La Bible est le best-seller absolu. Or, si elle raconte une histoire, elle est loin d'être un livre d'histoire. Ses auteurs se soucient peu d'historicité, mais veulent avant tout faire connaître la volonté de Dieu. Ils utilisent des sources différentes, venues de plusieurs tribus, empruntent des mythes aux peuples qu'ils rencontrent, sans se soucier des invraisemblances ou des anachronismes. La tradition orale est très ancienne, mais le texte n'a été fixé que tardivement. La découverte des manuscrits de la mer Morte a fait progresser notre connaissance des textes, mais c'est l'archéologie qui fournit les apports les plus précieux, infirmant ou corroborant le récit biblique. L'historien doit départager les données objectives de celles qui le sont moins. Il doit de même repérer à quelle époque ont été écrits les textes et quelles influences d'ordre politique ou religieux s'y manifestent.

C'est la religion qui donne aux Hébreux leur identité. Si, au début, ils sont simplement « monolâtres », n'adorant qu'un seul dieu mais tolérant ceux des autres peuples, ils deviennent monothéistes dès la fin du IIe millénaire. Ils affirment l'existence d'un dieu unique qui s'est révélé à Abraham et à ses successeurs, qui a fait alliance avec eux et qui les a choisis. Leur histoire est donc celle des rapports du peuple élu avec son Dieu, avec des bonheurs et des malheurs dont le récit est conservé dans la Bible.

Les temps de l'errance

Le mot « hébreu » est utilisé pour qualifier le peuple hébreu jusqu'au IVe siècle avant notre ère, mais les origines du terme restent obscures. Les Égyptiens appellent « Hapirou » les ouvriers asiatiques soumis à la corvée sur les chantiers du pharaon ; la Bible mentionne des « Ibri », gens de passage, nomades, voire brigands, descendants du petit-fils d'Abraham, Jacob, père de douze fils, ancêtres des douze tribus israélites. À partir du IIIe siècle av. J.-C., on parle des « Juifs », du nom des « Judéens », de la tribu de Juda, dernière à rester indépendante autour de la ville de Jérusalem. Aujourd'hui sont appelés « Juifs » tous ceux qui affirment descendre d'Israël, ou qui sont considérés comme tel, qu'ils pratiquent ou non le judaïsme.

Selon la Bible, les Hébreux descendent d'un patriarche, Abraham, qui, entre 2000 et 1700 av. J.-C., reçut l'ordre de quitter la Mésopotamie « avec Saraï, sa femme, et Lot, le fils de son frère, et tous les biens qu'ils avaient acquis » (Genèse, XII, 5). Il n'est pas certain qu'Abraham ait réellement existé ; son nom a peut-être été recréé à partir du mot « hébreu » pour donner à ce peuple un ancêtre mythique.

Les sources non bibliques confirment le déplacement de patriarches, ces ancêtres dont parle la Genèse, depuis la cité d'Our en Mésopotamie jusqu'en pays de Canaan, où ils mènent une vie d'errance, tout en s'imprégnant de culture locale. Les migrations d'Abraham et de son clan sont celles de nombreux peuples du Croissant fertile, cherchant de meilleurs pâturages pour leurs troupeaux. Il est probable que ces mouvements ne furent pas le fait d'un seul clan dont Abraham fut un jour le chef, mais bien d'un groupe nomade plus étoffé.

La Bible raconte qu'à leur départ Abraham est âgé et désespère d'avoir un enfant, malgré la promesse de Dieu de lui donner une descendance nombreuse. Sa femme Saraï, âgée elle aussi, lui donne sa servante Agar, qui enfante Ismaël, l'ancêtre des Arabes. Abraham a cent neuf ans quand, après s'être fait circoncire, avec les membres de sa tribu, il reçoit la visite d'anges, qui lui annoncent qu'il aura un second fils de sa femme Saraï, mais aussi que Sodome, ville punie pour ses péchés, sera détruite. « Marchandant » avec Dieu pour obtenir la grâce des habitants de la ville, Abraham ne parvient qu'à sauver son neveu, Lot, et la famille de celui-ci, qui doivent quitter la ville avant le cataclysme. Malgré l'interdiction divine, la femme de Lot ne peut s'empêcher de se retourner pour regarder Sodome : elle est alors changée en statue de sel. Après la naissance du second fils tant désiré, Isaac, Saraï fait chasser Agar et Ismaël. Toutes les épreuves subies par Abraham prouvent sa soumission envers son Dieu, puisqu'il accepte même de lui sacrifier Isaac, avant d'être arrêté dans son geste par un ange.

Installés dans le pays de Canaan, Abraham, son fils Isaac et ses petits-fils, Jacob et Esaü, élèvent des bœufs, des moutons, des chèvres et des ânes, forent des puits, construisent des citernes et les défendent contre les populations voisines.

Les Hébreux en Égypte

Vers 1700 avant notre ère, poussés par la famine et attirés par la richesse de l'Égypte, certains clans israélites se rendent jusque vers cet État alors que d'autres restent en pays de Canaan. Il s'agit de la descendance de Jacob, selon la Bible qui raconte l'épisode ainsi.

Jaloux de leur frère Joseph qui est avec Benjamin le préféré de leur père, les dix autres fils de Jacob le vendent à des marchands de passage, qui l'emmènent en Égypte, où il connaît une réussite éclatante. Grâce au don de divination que son dieu lui a donné, il peut prédire au pharaon que les sept vaches maigres qu'il a vues en rêve avaler sept vaches grasses annoncent sept années de famine succédant à sept années de prospérité. Ayant évité une famine catastrophique à l'Égypte, Joseph devient Grand Vizir. Il pardonne alors à ses frères, venus acheter du grain, et les installe en Égypte, où ils partagent sa prospérité, avec leur vieux père et Benjamin.

À la suite d'une révolution difficile à définir, peut-être au début du Nouvel Empire, les Hébreux sont asservis, pour plus d'un siècle, rapporte la Bible, selon laquelle tout le peuple est captif en Égypte.

Ils sont persécutés, astreints à de durs travaux, les sages-femmes reçoivent l'ordre de faire mourir les nouveau-nés mâles. Mais, toujours selon la Bible, leur peuple conserve sa spécificité et continue à parler hébreu.

Vers le XIIIe siècle av. J.-C., une partie ou la totalité des tribus israélites d'Égypte remonte vers Canaan, sous la conduite de Moïse.

Originaire de la tribu de Lévi, Moïse est le premier personnage de la Bible dont l'existence soit à peu près certaine ; il aurait vécu à l'époque de Ramsès Ier et serait mort en 1312 av. J.-C., mais plus probablement vers 1250.

Son nom signifie « Sauvé des eaux » : caché par sa mère dans une corbeille parmi les roseaux du Nil, il est recueilli et élevé par la fille du pharaon, mais, ayant tué un contremaître qui maltraitait un Israélite, il doit s'exiler dans le désert chez les Madianites. Là, il reçoit de Dieu l'ordre de faire sortir son peuple d'Égypte.

Aidé par son « frère » Aaron, Moïse tente alors de convaincre le pharaon, lui répétant la parole de Yahvé, l'Éternel : « Laisse aller mon peuple. » Les miracles qu'il accomplit devant lui sont considérés comme de simples tours de magie, et Dieu frappe l'Égypte de « dix plaies », calamités dont la dernière et la plus terrible est la mort de tous les fils premiers-nés ; les Hébreux, qui ont sacrifié un agneau et marqué leurs maisons de son sang, sont les seuls épargnés ; le pharaon lui-même est touché et cède enfin.

L'exode

Les Hébreux mangent alors à la hâte du pain sans levain et l'agneau sacrifié, et quittent l'Égypte. Rattrapés par les armées du pharaon, ils sont sauvés par un miracle : la mer Rouge s'ouvre devant eux, avant d'engloutir leurs poursuivants. Le *Livre de l'Exode* décrit alors un merveilleux périple de quarante ans dans le désert, durant lequel les Hébreux se nourrissent de manne, sorte de champignon envoyé par Dieu, et des produits des troupeaux. C'est pendant cette période que les Hébreux et leur Dieu concluent l'Alliance : le peuple doit respecter la loi révélée à Moïse sur le Sinaï, et Dieu lui donnera le pays de Canaan, où Abraham avait séjourné, la Terre promise, limitée par la mer Rouge, l'Euphrate, la Méditerranée et le désert de Syrie.

Les tables de la loi

Les dix commandements sont, selon le *livre de l'Exode*, gravés par Dieu lui-même, au sommet du mont Sinaï, sur les Tables de la Loi. D'ordre religieux : « Tu n'auras pas d'autre dieu que moi », rituel : « Tu ne feras pas de figure sculptée », ils comprennent aussi des prescriptions morales et civiques : « Honore ton père et ta mère », « Tu ne porteras pas de faux témoignage »... D'autres livres de la Bible complètent cette loi par des prescriptions détaillées, certaines très anciennes, d'autres mises au point par la suite, parfois très complexes et qui s'expliquent par les exigences de la vie dans le désert, mais surtout par un idéal de pureté, la « cashrout », qui unit le peuple saint et le différencie des autres nations : habitudes alimentaires, lois sur la parenté, rituels à observer dans les actes de la vie quotidienne.

Mais, avant d'entrer dans le pays de Canaan, le peuple de Moïse doit perdre les habitudes contractées en Égypte, comme celle d'adorer des idoles. La génération qui a connu l'Égypte ne peut donc entrer dans la Terre promise : Moïse meurt sur le mont Nébo en regardant ce pays dans lequel il ne vivra jamais.

L'arche d'alliance

Coffre de bois, contenant en principe les Tables de la Loi, l'arche d'alliance est l'objet central du culte des Hébreux. Lorsque les Hébreux sont dans le désert, ce sanctuaire portatif est abrité dans la « tente du rendez-vous ». Celle-ci symbolise la présence de Yahvé à la tête de son peuple.

Portée dans les armées, l'arche leur garantit la victoire, et, si elle est prise par les ennemis, elle sème là où elle s'arrête mort et désolation. Aussi les Philistins la rendent-ils après l'avoir capturée. Il n'est plus question de l'arche après la destruction du Temple de Salomon en 587, mais une tradition datant du IIIe siècle av. J.-C. affirme que le prophète Jérémie parvint alors à la sauver et à la cacher dans une grotte du mont Nébo...

ADAM ET ÈVE

« Au commencement, Dieu créa les cieux et la terre. La terre était informe et vide, les ténèbres couvraient l'abîme et l'Esprit de Dieu planait sur les eaux. » Ainsi commence la Genèse, premier livre de la Bible, où l'on retrouve au moins deux récits différents : dans l'un, Dieu est appelé Jéhovah, dans l'autre Élohim, comme l'appelaient les Hébreux avant de quitter l'Égypte. Dans la première version, Dieu crée le monde en cinq jours, et le sixième, il fait « l'homme à l'image divine, il créa le mâle et la femelle... Fructifiez, dit-il, multipliez, remplissez la terre et la soumettez... » Dans le second récit, c'est l'homme qui est la première créature : « Dieu forma l'homme avec la poussière du ciel, il lui inspira dans la narine un souffle de vie et l'homme devint un être vivant ». Il plante ensuite pour l'homme le merveilleux jardin d'Éden et le lui donne en lui interdisant de manger le fruit de l'arbre de la connaissance du Bien et du Mal. Le premier homme donne leurs noms aux plantes et aux animaux, « mais pour lui il ne se trouvait pas d'aide qui lui fût assortie ». C'est alors que Dieu l'endort et lui prend une

côte, dont il se sert pour façonner la première femme ; et « ils étaient nus tous les deux, sans en ressentir de honte ». Mais la femme, inspirée par le Serpent, pousse Adam à goûter le fruit défendu. Ils découvrent alors qu'ils sont nus et sont chassés du Jardin des Délices.

En Terre promise

Avant de mourir à l'entrée du pays de Canaan, Moïse désigna Josué pour conduire le peuple qu'il avait fait sortir d'Égypte et qui venait de passer quarante ans dans le désert du Sinaï. À l'arrivée des Hébreux nomades, le pays de Canaan, la terre qui leur a été promise par leur Dieu, abrite de puissantes cités-États, qui maîtrisent déjà la métallurgie du fer. Ces cités mèneront une guerre endémique contre l'intrusion des Hébreux entre le XIIe et le VIIIe siècle avant notre ère.

Il faudra près de deux cents ans aux Hébreux pour prendre la Terre promise aux populations qui y sont installées. La conquête est menée par des « Juges », chefs de tribus chargés de faire régner la paix.

Une lente conquête

C'est Josué qui remporte les victoires les plus spectaculaires, à Jéricho d'abord, puis Aï, Gabaon, Hazor, Séphélah. Mais il semble bien que ces victoires n'aient jamais été définitives et que les conquêtes aient été bien fragiles : la Bible rapporte que les offensives victorieuses ont d'abord lieu au nord, puis au sud, sans que rien ne soit jamais définitivement acquis.

Il est certain qu'il n'y a jamais eu d'union entre les douze tribus d'Israël, nées selon la Bible des douze enfants de Jacob, pour une conquête-éclair de la Palestine. Le *Livre des Juges* de la Bible relate plutôt des conquêtes ponctuelles, faites par des tribus isolées, peut-être aidées par d'autres tribus israélites qui, elles, ne seraient jamais allées en Égypte et auraient donc eu une bonne connaissance du terrain. Des historiens ont même supposé qu'il s'agissait plus d'une révolte paysanne que d'une conquête, menée par les tribus hébraïques autochtones, aidées en cela par les petits groupes rentrés d'Égypte.

Juste avant sa mort, Josué est assuré de sa conquête, au point de délimiter avec précision le territoire des tribus et de fixer le cadastre : d'éleveurs nomades, les Hébreux deviennent des agriculteurs sédentaires. La tribu des lévites ne reçoit pas de terres, car tous ses descendants sont des prêtres, rétribués par une dîme prélevée sur les récoltes. Le pacte de Sichem organise les Hébreux en une fédération gouvernée par des assemblées et des Anciens qui sont élus.

Les Juges

La Terre promise est pourtant loin d'être soumise et les opérations militaires continuent sous les ordres des Juges, personnages issus du peuple, dont l'histoire est scandée de massacres, de violences et de hauts faits, difficiles à dater avec précision. Certains sont cependant restés célèbres pour leurs exploits, que rapporte la Bible, comme autant de manifestations de la volonté divine : Jephté, à la tête des gens de Galaad, lutte contre les Ammonites et jure de sacrifier à Dieu la première personne qu'il rencontrera après sa victoire… C'est sa fille qui vient à sa rencontre, et il accomplit son vœu ! Gédéon, lui, est renommé pour son habileté de stratège.

Guerrier d'une force terrible, Samson, dont la force réside dans la chevelure, est trahi par sa concubine Dalila, qui lui coupe les cheveux et le livre à ses ennemis. Il a les yeux crevés, est réduit en esclavage, mais ses cheveux repoussent et il fait périr d'un coup les chefs philistins, en ébranlant le pilier de la salle où ils festoient. C'est à une femme, Déborah, qu'est due une des plus grandes victoires de la période, sur la ville de Sisera, chef de l'armée de Canaan. La Bible a conservé son cantique de victoire.

L'élection du premier roi

Le dernier Juge, Samuel, est un prophète choisi par Dieu pour annoncer sa parole. En 1020 av. J.-C., une assemblée tenue par les Anciens d'Israël à Rama le somme de désigner un roi. « Soyons, nous aussi, comme les autres nations » disent les Anciens, qui veulent adopter le même mode de vie que tous les peuples de la région.

Une nouvelle assemblée se tient ensuite à Mizpa et élit Saül, de la tribu de Benjamin, désigné par Samuel. Saül est un bon chef de guerre, qui lève l'armée, enrôle des mercenaires, construit des forteresses et remporte des victoires sur les Philistins, puis sur les Amorrites.

Il est « l'oint du Seigneur », car Samuel a versé sur lui une huile sainte, ce qui en fait un personnage sacré. Il a aussi un rôle religieux puisqu'il est le gardien des rites.

Le *Premier Livre de Samuel* affirme que, malgré ses victoires, Saül déplut à Dieu en refusant d'appliquer la totalité de ses commandements, encourant ainsi la colère de Samuel. Il fut alors « envahi d'un esprit mauvais qu'envoya le Seigneur », qui le rendit sujet à des accès de mélancolie.

La Terre promise au Ier millénaire

À cette époque, les Hébreux vivent depuis trois siècles sur la Terre promise. Mais ils sont toujours menacés au nord par les Phéniciens, et surtout, au sud, par les Philistins installés dans ce qui est aujourd'hui appelé la « bande de Gaza ». Au Ier millénaire av. J.-C., le pays de Canaan, occupé par des cités-États, est une zone où se croisent armées et caravanes. Au sud du pays, une partie des Peuples de la Mer, refoulée par Ramsès III, s'est installée autour des villes de Gaza et d'Ascalon. Ce sont les Philistins, qui donneront son nom à la Palestine.

Au nord, les petits États araméens (syriens) devaient se défendre à la fois d'Israël et des Phéniciens. Les Araméens, peuples belliqueux et à moitié barbares, installés en Syrie du Nord depuis le début du millénaire, s'y sont taillé au IXe siècle av. J.-C. des États aux dépens des Néo-Hittites. Le royaume d'Hazaël, centré sur Damas, est la plus puissante de ces principautés. Il résiste d'abord aux assauts des Assyriens, puis intervient dans les conflits qui opposent le royaume d'Israël et celui de Juda, et finit par dominer la Syrie et la Palestine. C'est de son palais que proviennent les ivoires sculptés retrouvés à Arslan-Tash.

Les territoires des Ammonites et des Moabites, en Transjordanie, ont aussi fait l'objet d'âpres disputes.

Le royaume de David

La Bible est formée d'un ensemble de « livres » dont certains sont de véritables romans historiques. L'histoire de Ruth retrace les origines de la famille de David.

Ruth la Moabite, devenue veuve, suit à Bethléem de Juda sa belle-mère Noémi, qu'elle ne veut pas laisser seule. Les deux femmes vivent pauvrement et Noémi engage Ruth à aller glaner dans les champs de Booz, « homme puissant et riche », et leur proche parent. Celui-ci la remarque, la protège et la favorise. Noémi conseille alors à Ruth : « Fais ta toilette, parfume-toi, mets tes beaux vêtements et descends dans l'aire »... Pendant la nuit, Ruth se couche aux pieds de Booz endormi...

À son réveil, Booz découvre Ruth et fait valoir son « droit de rachat », c'est-à-dire celui d'épouser sa plus proche parente devenue veuve. Leur fils Obed sera le grand-père de David.

Le jeune David est un berger, « d'aspect délicat », huitième fils de Jessé. Désigné par Dieu pour remplacer Saül, il reçoit en secret de Samuel l'onction qui fait de lui le roi désigné par Dieu, alors que Saül règne encore. Jouant de la harpe, chantant des poèmes, il est le seul à pouvoir calmer les accès de mélancolie du roi. Quand Goliath, le géant, le champion des Philistins, met au défi les Hébreux de trouver un héros capable de se mesurer à lui. David ose l'affronter, sans cuirasse, et le tue. Cet exploit lui vaut une très grande popularité mais aussi la jalousie de Saül, dont il obtient pourtant en mariage la fille, Mikal.

L'hostilité de Saül contraint ensuite David à s'enfuir « dans le désert », sur les terres de Bethléem de Juda, tout près des Philistins d'Akish, dont sa famille est probablement vassale depuis des années. En 1004 av. J.-C., Saül est vaincu par les Philistins à la bataille de Gelboé et se suicide.

David défait ses derniers partisans et règne alors sans partage. Jérusalem, sur la colline de Sion, devient la capitale de l'ensemble du royaume. Il y installe l'arche d'alliance, danse et chante devant elle, comme un prêtre. Il organise aussi le culte, codifiant prières et cérémonies. C'est à David, roi-poète et musicien, que la tradition attribue la rédaction des Psaumes.

Pour maintenir libre la route du golfe d'Aqaba, seul débouché sur la mer Rouge, David dut aussi combattre les Édomites.

Durant les trente-trois ans de son règne, il organise le royaume qui est administré par les conseillers du roi, un ministre, un chancelier et un général en chef, Joab. La garde royale est assurée par des Hébreux et des mercenaires crétois. Le roi possède d'immenses domaines qui lui fournissent du bétail, des céréales, de l'huile d'olive ; il perçoit aussi des redevances foncières. Les lévites sont chargés de la liturgie, sous la direction d'un grand prêtre choisi dans leurs rangs, d'abord Abiathar, puis Sadok, ancêtre des sadducéens, dont la dynastie durera huit siècles.

La Bible raconte que le règne de David fut marqué par quelques épisodes spectaculaires : le roi, qui a été aimé de Mikal et de la sage Abigaïl, est séduit par Bethsabée, femme d'un de ses généraux ; il commet avec elle l'adultère et s'arrange pour faire placer Urie, l'époux de sa maîtresse, en première ligne dans une bataille. La punition divine, annoncée par le prophète Natan et acceptée par David, s'abat sur le premier-né du couple qui meurt, mais il a de Bethsabée un second fils, appelé Salomon.

La fin de sa vie fut assombrie par la rébellion de son fils, qui dut s'enfuir de Jérusalem. Le général Joab, qui le poursuivait, le tua malgré les ordres de David. À sa mort, en 970 avant notre ère, David est assez puissant pour faire reconnaître Salomon comme roi par l'ensemble des tribus.

La musique dans la haute Antiquité

Dès sa sortie d'Égypte, le peuple hébreu célèbre la défaite des armées du pharaon en chantant et en dansant. Myriam, sœur de Moïse, entraîne toutes les femmes au son du tambourin, tandis que Moïse chante.

La musique est omniprésente dans la Bible, où elle a plusieurs fonctions. Elle peut être le fait du peuple déchaîné comme dans l'épisode du Veau d'or, être destructrice, quand les trompettes sonnent autour de Jéricho et en font tomber les murailles. Elle peut aussi être gage de sérénité, quand David joue pour Saül, ou servir à chanter la gloire de Yahvé : il semble bien que, au début, une des fonctions sacerdotales soit de chanter et de danser comme le fait David devant l'arche. En exil à Babylone, c'est leur peine que chantent les Hébreux. Tous les poèmes que contient la Bible, psaumes et cantiques, étaient sûrement destinés à être chantés, mais, faute de notation précise, nous n'avons aucun moyen de reconstituer les mélodies.

Il ne reste pas non plus de représentation de musiciens hébreux, puisqu'il est dit que Dieu interdit à son peuple de représenter la figure humaine. On peut néanmoins supposer que les instruments des Hébreux n'étaient pas très différents de ceux des peuples de l'Antiquité orientale : instruments à percussion, tambours et tambourins ; instruments à vent, flûtes et trompettes ; instruments à cordes, luths et cithares.

Les royaumes d'Israël et de Juda

Dans la Bible, les *livres des Rois* racontent l'histoire du règne de Salomon et de ses successeurs, dont les épisodes « merveilleux » sont des témoignages de l'intervention divine. Désigné par David, son père, Salomon va régner quarante ans, de 970 à 930 av. J.-C. Pour la première fois depuis la sortie d'Égypte, sous la conduite de Moïse, les Hébreux, installés sur la Terre promise, goûtent à une paix durable.

La sagesse de Salomon

Salomon est le modèle des souverains, bon administrateur, soucieux de la prospérité du pays, et roi juste par excellence. Le *livre des Rois I* raconte l'histoire de son jugement. Deux femmes, partageant le même logis, se présentent un jour à son tribunal et prétendent toutes deux être mères d'un même bébé. L'une accuse l'autre d'avoir laissé périr le sien et raconte : « Monseigneur, écoute : le fils de cette femme est mort cette nuit parce qu'elle s'était couchée sur lui. Elle s'est levée au milieu de la nuit… a pris mon fils qui était près de moi et l'a couché sur son sein, tandis qu'elle a couché sur le mien son fils mort. Ce matin, je me suis levée et l'ai trouvé mort. Mais, en le regardant à la lumière, j'ai vu que ce n'était pas l'enfant que j'avais mis au monde.
– C'est faux ! répliqua l'autre femme, celui qui est vivant est mon fils, c'est le tien qui est mort… » Et ainsi elles se disputaient devant le roi. Ce dernier fait apporter l'enfant et ordonne qu'on le coupe en deux, puis qu'on en donne une moitié à chaque femme. Alors la vraie mère se révèle ; c'est celle qui préfère que le bébé soit donné à une autre, plutôt que de le voir mourir d'une horrible façon.

Roi bâtisseur, dont les haras sont logés dans d'énormes écuries, il fait construire des dépôts de vivres et de munitions à Jérusalem, à Meggido, à Gézer, et tracer des routes jusque dans le désert. Ses mines, dont on a retrouvé des traces archéologiques, produisent du cuivre, ses forgerons travaillent le fer, les navires de sa flotte vont en Ophir chercher de l'or, ses domaines regorgent de richesses, son harem se compose de femmes venues de tous les pays. À Jérusalem, sur le mont Moria, à l'endroit même où Abraham, selon la Bible, aurait accepté de sacrifier Isaac, Salomon fait édifier le Temple, dont la partie secrète, le Saint des saints, renferme l'arche d'alliance.

La brillante politique étrangère de Salomon, qui conclut des traités avec la ville phénicienne de Tyr et avec le pharaon d'Égypte, dont il épouse une fille, est symbolisée par la visite à Jérusalem de la reine de Saba, chargée de présents et de richesses, venue du pays qui est peut-être aujourd'hui l'Éthiopie, mais plus probablement du Yémen, l'Arabie Heureuse.

La paix favorise le développement de l'agriculture : blé, orge, huile, vin deviennent des produits d'exportation. Mais la fiscalité royale est très lourde, la croissance n'a pas profité à tous et la fin du règne est assombrie par la montée d'un parti d'opposition, soutenu par l'Égypte de la XXIIe dynastie, et dont le meneur est un officier en exil, Jéroboam.

À la mort de Salomon, une assemblée réunie à Sichem voit s'opposer Jéroboam et Roboam, fils de Salomon et son successeur désigné.

Deux tribus seulement, celles de Juda et de Benjamin, se rallient à Roboam, les dix autres reconnaissant Jéroboam. Deux royaumes juifs naissent de cette scission ; ils ne seront plus jamais réunis : le royaume d'Israël, au nord, gouverné par Jéroboam, et le royaume de Juda, qui garde Jérusalem comme capitale, gouverné par Roboam. Malgré des troubles politiques, la période des rois est pourtant celle où s'affirment les institutions hébraïques, celle où sont fixés les rites et les croyances, en dépit des influences des peuples voisins.

Le Temple de Salomon

Vaste château aux murailles épaisses et lieu sacré, le Temple de Salomon est le seul sanctuaire reconnu par la religion juive. À la mort de David, Salomon entreprit la construction d'un grand temple à Jérusalem, qui ressemble aux temples cananéens et doit beaucoup à l'architecture égyptienne. Dans la partie secrète, le Saint des saints, l'arche d'alliance est abritée par les ailes de deux statues de chérubin, hautes de plus de cinq mètres. Selon la Bible, Salomon conclut un accord avec Hiram, le roi phénicien de Tyr, qui, en échange de denrées alimentaires, fournit du bois et les services d'un architecte, Houram-Abi. 170 000 ouvriers et 3 300 officiers travaillent pendant sept ans à son édification. Le Temple sera détruit par le Mésopotamien Nabuchodonosor en 587 av. J.-C., reconstruit à l'époque hellénistique, puis démoli par les Romains à partir de 79 av. J.-C.

Le royaume d'Israël

Au nord, le riche royaume d'Israël, dont les souverains se font construire une nouvelle capitale, Samarie, est, dès ses débuts, en proie à l'instabilité politique et aux coups d'État militaires. Dix-huit rois s'y succèdent de 930 à 722 av. J.-C., et ils doivent lutter contre l'Assyrie et l'Égypte, dont ils sont le plus souvent vassaux.

L'un des rois les plus célèbres est Achab (874-853 av. J.-C.), qui étend son pouvoir sur le territoire appartenant aux Moabites et domine le royaume de Juda. Fort d'une armée importante, souvent vainqueur, il s'allie aux Phéniciens et épouse Jézabel, princesse de Tyr.

Son nom figure sur des inscriptions assyriennes et les fouilles archéologiques récentes témoignent de la prospérité de son royaume ainsi que d'une importante ségrégation sociale : les contrastes sont immenses entre les demeures et les sépultures des pauvres et celles des riches. Son règne est marqué par une grave querelle religieuse, due à l'introduction du culte de Baal, condamné par le prophète Élie, qui stigmatise aussi vigoureusement les écarts de conduite du roi. Achab est renversé par un de ses généraux, Jéhu, qui paie tribut aux Assyriens, mais dont le petit-fils, Joas, étend son pouvoir sur le sud du pays et soumet Jérusalem.

Après le règne brillant de Jéroboam II, le royaume d'Israël tombe aux mains des Assyriens, qui exercent le pouvoir par l'intermédiaire du roi Osée. Mais, en 721 av. J.-C., celui-ci se révolte contre ses suzerains, et sa capitale, Samarie, située à une centaine de kilomètres au nord de Jérusalem, est prise par les armées de Sargon II, sa population est déportée ; c'est la fin de l'indépendance du royaume du Nord.

Les Samaritains

La Bible raconte que, après la destruction de Samarie, des colons assyriens furent installés à la place des hommes d'Israël. Ils adoptèrent la religion juive, formant une communauté originale, et élevèrent un temple rival de celui de Jérusalem, sur le mont Garitzim. Selon leur tradition, les Samaritains sont les véritables descendants des Israélites du royaume du Nord. Au retour de l'Exil à Babylone en 538 av. J.-C., les Juifs refusèrent de reconnaître cette communauté et les Samaritains tentèrent de s'opposer à la reconstruction du Temple de Jérusalem. Aujourd'hui encore, très attachés à leurs pratiques, les Samaritains ont gardé leur cohésion. Ils sont environ 500, vivant à Naplouse et Holon (Cisjordanie et Israël), célébrant chaque année la Pâque sur le mont Garitzim. Au temps de Jésus, Jésus choisit un Samaritain en exemple pour illustrer l'attention à porter à son prochain (c'est la parabole du « bon Samaritain »).

Autour de Jérusalem

Plus petit qu'Israël, le royaume de Juda résiste plus longtemps que celui-ci aux envahisseurs. Il connaît même une ère d'expansion de 930 à 730 av. J.-C. Parmi les vingt rois descendant de Salomon, la Bible distingue de bons rois, fidèles à la religion de leurs pères et soumis aux prophètes, et de mauvais souverains, comme Athalie, fille d'Achab roi d'Israël, et de Jézabel, qui, pour avoir prôné les cultes phéniciens, fut massacrée par le peuple.

Après la chute, survenue en 721 av. J.-C., de la Samarie, au nord, Juda est le dernier royaume juif qui résiste vaillamment aux envahisseurs, sous la direction des prophètes et malgré des rois impies. Alors qu'Ézéchias avait restauré le culte de Yahvé dans son intégrité, ses successeurs Manassé, puis Amon, soumis aux rois assyriens, se sont laissé gagner par des cultes païens, malgré les prophéties d'Isaïe. Le recul assyrien, sous le règne du roi Josias, permet, en 621, de restaurer le culte dans toute sa rigueur. Le temple est purifié, débarrassé des objets paiens, les prêtres et devins étrangers sont bannis, la Pâque célébrée avec éclat. Mais cette restauration est de courte durée : elle s'achève en 609, à Meggido, avec la défaite et la mort de Josias devant le pharaon saïte Néchao.

Le royaume de Juda devient vassal de l'Égypte, puis de l'Assyrie. Après la chute de Ninive en 612, Babylone prend le relais de l'Assyrie. Poussé par le prophète Hananie, Sédécias, roi de Juda, se révolte en 593 av. J.-C. contre le pouvoir des rois de Babylone, à qui il avait pourtant prêté serment. C'est à eux en effet qu'il doit son pouvoir : ils lui ont donné le trône, à la place de son parent Joiaquim, roi à l'âge de huit ans et qui n'a régné que quelques mois avant d'être emmené en captivité. C'est la révolte de Sédécias qui sera à l'origine de la chute de Jérusalem.

Le royaume de Juda tombe, en 586 av. J.-C., sous les coups de Nabuchodonosor II, qui détruit le Temple et emmène le peuple en captivité à Babylone. Les prophètes, qui n'avaient cessé de dénoncer les fautes des rois et les errements du peuple, voient une punition divine dans la fin du royaume juif ; mais le peuple hébreu survit et garde ses croyances et ses pratiques.

Le temps des prophètes

L'époque des rois est aussi celle des prophètes. Personnages inspirés par Dieu et formés dans des « écoles de prophètes », ils se veulent les héritiers de Moïse. Ce sont de grands orateurs, dont les disciples transcrivent les discours. De tels personnages existent aussi, à cette époque, dans les religions de l'Orient méditerranéen et de la Grèce, mais seul le message des prophètes juifs leur a survécu. Ils se moquent des frontières et des autorités, dénoncent sans hésiter les souverains régnants et prônent, au péril de leur vie parfois, le respect absolu de l'alliance conclue au Sinaï, tout en réclamant l'avènement de la justice sociale. Des premiers prophètes, Élie et Élisée, qui s'opposèrent à Jézabel, il ne reste pas d'écrits. En revanche, les paroles d'Amos, d'Ézéchias et d'Isaïe ont été transcrites parmi les « écrits prophétiques » de la Bible.

Né près de Bethléem, simple berger répondant à l'appel de Yahvé, Amos ne cesse de dénoncer les manquements aux prescriptions divines et les injustices sociales qui sévissent en Samarie. Ses imprécations contre les autres peuples de la région laissent supposer que, pour lui, le salut est possible pour tous les hommes.

La description qu'il fait d'un monde meilleur témoigne de ses origines rurales : selon Amos, la venue d'un sauveur sera marquée par une extraordinaire prospérité agricole. La mort d'Amos en 751 av. J.-C. vient à point pour le roi Jéroboam II d'Israël, qui ne supportait plus les prophéties pessimistes de cet homme inspiré.

Isaïe est sans doute la plus grande figure prophétique. C'est sous son nom qu'ont été conservés des textes d'un très grand intérêt, dus à deux penseurs différents. Issu d'une grande famille de Jérusalem, Isaïe ne cesse, au nom d'un dieu « trois fois saint », d'exhorter les rois Achaz et Ézéchias à la lutte contre les envahisseurs. Il serait mort martyr, au début du VIIe siècle, sous le règne de Manassé, attaché à un arbre et scié avec celui-ci. Le second Isaïe, au ton romantique et passionné, tente, comme les autres prophètes de l'Exil, de consoler le peuple captif, annonçant « la venue d'un serviteur de Dieu » à qui les Juifs devront leur salut.

Le prophète Jérémie accompagne le peuple en captivité et est célèbre pour ses lamentations et ses exhortations au repentir. Ézéchiel annonce enfin que chacun sera jugé selon ses fautes.

• • •

CHAPITRE 6

Les différentes puissances du Proche-Orient (– 900 à – 600)

La puissance du royaume assyrien, qui se trouve au nord de la Mésopotamie, date du XIVe siècle avant notre ère, quand le souverain Assour-ouballit revendiquait le titre de « roi du monde ». Ses successeurs consolidèrent l'empire, résistant aux envahisseurs et s'emparant, en 1235 av. J.-C., de Babylone et de ses trésors.

Mais à la fin du Xe siècle avant notre ère, alors que l'Assyrie est dans une situation politique fragile, des souverains énergiques assurent son redressement. Elle devient alors l'unique puissance du Proche-Orient.

Triomphe et déclin de l'Assyrie

Durant l'invasion des Peuples de la Mer, qui déferla sur tous les rivages de la Méditerranée, vers 1200 av. J.-C., l'empire résista mal aux tribus barbares qui avaient franchi les monts Taurus. Seul Téglat-Phalasar Ier parvint à s'opposer, brièvement, à l'avance des Araméens, qui menaçaient Assour, la capitale, tandis que de farouches bédouins s'emparaient du temple de Sippar. Durant un siècle et demi de troubles et de désordres, les grandes routes commerciales furent aux mains de tribus araméennes et de montagnards hostiles. Le royaume était réduit à un petit noyau, autour des villes d'Assour et de Ninive, qui restaient libres, le potentiel militaire n'étant pas profondément atteint.

Au IXe siècle avant notre ère, des souverains énergiques arrivent au pouvoir et mènent une guerre de reconquête, qui donne une nouvelle grandeur à l'Assyrie. Il faut avant tout assurer la sécurité de la plaine du Tigre et maintenir ouvertes les routes du commerce.

L'ambition de ces souverains, avides de pouvoir et de gloire, fait alors entrer le pays dans une ère d'expansion, qui élargit le territoire national et draine de nouvelles richesses.

La gloire d'Assurnazirpal

Assurnazirpal II, qui règne de 883 à 858 av. J.-C., entreprend une série de conquêtes. Guerrier sans pitié, énergique, courageux, plein de magnificence, il mène des campagnes militaires rapides et décisives.

Son armée couvre des étapes de 30 kilomètres par jour, réduisant les villes au moyen de béliers et autres engins de siège ou surprenant l'ennemi par la rapidité de son action. Il soumet ainsi la haute vallée du Tigre au nord, les Araméens à l'ouest, où ses succès lui ouvrent la route de la « grande mer du pays d'Amurru » et lui permettent d'accomplir un rite traditionnel : laver ses armes dans la Méditerranée et y offrir des sacrifices aux dieux.

Assurnazirpal se montre également un grand bâtisseur : les temples d'Assour et de Ninive sont restaurés, il fonde une nouvelle capitale, Kalhou (aujourd'hui Nimroud), mobilisant des milliers de prisonniers et de déportés pour creuser un canal qui « apporterait l'abondance » à sa cité. Sur un terre-plein de 360 hectares, ceint par une puissante muraille longue de 7,5 kilomètres et haute d'une quinzaine de mètres, il fait élever un sanctuaire à Ninurta, dieu de la Guerre, une ziggourat, divers temples, quelques habitations et son palais. Le bâtiment couvre plus de deux hectares. Il célèbre l'inauguration de sa capitale par un banquet qui dure dix jours et auquel participent 70 000 invités.

Une armée redoutable

C'est avant tout l'armée qui permet au monarque assyrien de constituer un vaste empire et de le maintenir. Elle se renforce de corps de cavalerie qui supplantent les chars de guerre ; les nombreux archers lui donnent puissance de choc et de jet.

Les conquêtes sont toujours accompagnées de terribles cruautés envers les ennemis, comme en témoignent les bas-reliefs et les inscriptions royales où sont représentés des hommes empalés ou écorchés, des prisonniers décapités et brûlés. Si Assurnazirpal fait preuve d'une réelle fureur destructrice, il ne semble pas pourtant que tous les rois aient procédé avec la même cruauté. La description détaillée et la représentation des châtiments atroces ont surtout un but dissuasif : afficher avec force le sort qu'encourent les adversaires afin que tous veillent à ne pas s'y exposer. Ces représentations démontrent au visiteur qui entre dans le palais la puissance du souverain et mettent sous les yeux de l'étranger l'absurdité de toute résistance.

À cette véritable propagande s'ajoute un autre aspect de la guerre psychologique : l'identité culturelle et religieuse des vaincus est brisée par le rapt et la destruction de leurs statues divines. Les dieux absents ne peuvent plus alors protéger les pays.

Au nom d'Assour

La dureté des châtiments trouve sa légitimation dans la volonté du dieu Assour. Dieu de la cité du même nom, Assour prend un caractère guerrier à partir du XVe siècle av. J.-C. Ayant assimilé les fonctions des dieux sumériens Enlil et Mardouk, il est créateur et universel. Le roi, vicaire de son dieu sur terre, part en campagne sur son ordre et a pour mission d'étendre sa domination sur tous les peuples, fût-ce au prix de la terreur. Sa réussite témoigne de la faveur divine à son égard et légitime sa royauté. Les réfractaires sont alors des « mécréants » qui ne méritent que d'être châtiés.

L'organisation de la royauté assyrienne, qui est marquée avant tout par une extrême hiérarchisation, date de cette même époque.

Directement dans l'entourage du roi, les grands du royaume assument les plus hautes charges tant militaires que civiles. Les provinces assyriennes sont dirigées par des gouverneurs, suppléés par un « second ». Les territoires conquis ne sont pas *a priori* réduits à l'état de province et les structures existantes sont généralement conservées, surtout à la périphérie de l'empire. Tout au plus des fonctionnaires y sont-ils nommés pour assurer une surveillance, et des traités prêtés sous serment règlent les diverses relations avec l'empire.

Des tributs annuels, versés par les États vassaux, représentent la principale source de revenus de l'empire car l'Assyrie ne peut subvenir seule à tous les besoins de la cour. S'y ajoutent les tributs de l'administration provinciale, dont un impôt de 10 p. 100 sur les céréales, de 25 p. 100 sur la paille ainsi que des taxes portuaires, des péages sur les voies d'eau et de terre.

Le temps de la confusion

Malgré ces conquêtes, la situation de l'Assyrie est moins forte qu'on ne pourrait le croire et les succès sont foudroyants mais peu durables. Le territoire s'accroît un peu à chaque campagne, mais les guerres consistent plutôt en raids destructeurs qui permettent de rapporter d'énormes butins. À la mort d'Assurnazirpal, son fils, Salmanasar III, poursuit la politique expansionniste de son père.

Certaines régions ne sont cependant pas sans opposer une farouche résistance, et il est arrêté en Syrie par une vaste coalition anti-assyrienne, menée par les rois araméens de Hamat et de Damas, à laquelle participent les États de Phénicie ainsi que des contingents venant d'Israël et d'Égypte.

Ces campagnes, souvent difficiles, et les vastes travaux d'urbanisme épuisent l'Assyrie, qui connaît à nouveau une période difficile. Les premiers signes de crise apparaissent lorsqu'une révolte se déclare en 827 av. J.-C., dans la maison royale, contre Salmanasar III, révolte menée par son propre fils. Le vieux roi charge un autre de ses fils, Samsi-Adad, de mater la rébellion. Celle-ci témoigne en fait du profond mécontentement de la petite noblesse rurale et des principales cités d'Assyrie contre les « grands barons » du royaume.

Samsi-Adad met sept ans à venir à bout de la révolte des vingt-sept villes dans lesquelles son frère avait semé la sédition et la rébellion. Sitôt ce problème intérieur réglé, il doit faire face à des ennemis extérieurs, les Mèdes et les Perses, pour assurer l'approvisionnement de son armée en chevaux et protéger les routes qui relient l'Assyrie à l'Iran contre les visées de l'Ourartou. Il se tourne ensuite vers le sud, vainc le roi de Babylone et prend le titre de « roi de Sumer et d'Akkad ». Cependant, ses succès ne suffisent pas pour assurer la tranquillité au pays. Le IXe siècle s'achève sur une période de troubles, d'épidémies et de révoltes.

Une reine de légende

Sémiramis, reine de Babylone, apparaît dans la légende grecque parée de tous les charmes de l'Orient. Dans le récit légendaire, Sémiramis, dont le nom est associé à l'une des Sept Merveilles du monde, les « jardins suspendus », fonde Babylone et conquiert la majeure partie de l'Orient. Elle trouve en fait son origine dans la figure de deux grandes princesses assyriennes qui ont une personnalité exceptionnelle : Shammou-ramat et Naquia-Zakoutou. En 809-806 av. J.-C., la première assura pour son fils Adadnirari III la régence à une heure grave pour le pouvoir royal. Pleine d'énergie, elle ordonna des expéditions contre les Mèdes. La seconde, Naquia, épouse du roi assyrien Sennachérib fut l'instigatrice de la reconstruction de Babylone.

Des rois bâtisseurs

Conquérir et bâtir, deux affirmations de puissance, dans la guerre et dans la paix. Les souverains assyriens se targuent aussi bien de leurs victoires militaires que de leurs nombreuses constructions, et les représentations figurées perpétuent ces deux aspects de leur œuvre pour la postérité.

La titulature royale fait une large place à l'étendue du pouvoir politique ainsi qu'à la fonction de bâtisseur dévolue au roi à qui il appartient de concevoir « des plans jour et nuit pour ériger un noble sanctuaire, une résidence pour les grands dieux et des palais pour sa royale demeure ».

Plusieurs grands conquérants s'attachent à créer leur propre capitale : ainsi, au IXe siècle, Assurnazirpal II fait construire Kalhou (Nimroud) et la résidence estivale d'Imgur-Bel (aujourd'hui Balawat) ; Sargon II consacre une superficie de 300 hectares à sa nouvelle capitale, Dour-Sharroukên (Khorsabad).

Œuvres de prestige ou cités nouvelles, ces villes subissent souvent le destin de leur fondateur et perdent leur importance politique et économique à sa mort. Mais du moins le souverain a-t-il fait, à l'image des dieux, œuvre de créateur, « établissant son pouvoir par ses victoires au combat avant de couronner son œuvre en exerçant sa prérogative de bâtisseur ».

L'Élam, le « Pays haut »

Royaume aux frontières fluctuantes, l'Élam joua un rôle intermittent dans l'histoire de la Mésopotamie. Situé à la porte du plateau iranien et dans le prolongement de la Mésopotamie, cette région du Sud-Ouest iranien, dont le nom signifie le « Pays haut », reçoit au fil des siècles l'influence de la basse Mésopotamie sans perdre son originalité culturelle (langue, religion, écriture locale). Ce n'est qu'au cours de phases d'expansion, aux XIIIe et XIIe siècles av. J.-C., qu'elle s'étend vers la partie orientale du Croissant fertile et que Suse, sa capitale, va établir des rapports politiques et économiques avec l'Assyrie et la Babylonie. Des communautés d'artisans nomades ou bien semi-nomades exploitent les richesses minières et minérales de la région et permettent l'intensification des courants d'échanges entre la Mésopotamie et l'Indus, tandis que des souverains, capables de contrôler les différents centres de la plaine et de la montagne, mènent des raids en Mésopotamie, multiplient les razzias et en rapportent des butins prestigieux. Une civilisation originale s'y développe, étonnante par l'art de ses bronziers et de ses céramistes.

La dernière dynastie

Après la crise du IXe siècle av. J.-C., crise durant laquelle l'Assyrie se heurte à la fois à des bandes de nomades dispersées et à des États puissants, comme celui de Babylone, il suffit de deux grands souverains, Teglat-Phalasar III et Sargon II, pour que l'empire l'emporte définitivement sur ses ennemis. Au VIIe siècle avant notre ère, l'Assyrie atteint les sommets de sa puissance avec Assurbanipal, dernier grand souverain du royaume. Mais l'empire s'effondre brutalement sous les coups d'envahisseurs.

Roi de 745 à 727 av. J.-C., Teglat-Phalasar III rétablit l'autorité royale en associant les diverses couches de la population assyrienne à sa politique d'annexion. Il étend la domination de son empire jusqu'en Syrie où il détruit les royaumes d'Arpad et de Damas et établit son pouvoir jusqu'à Gaza. Il triomphe également de l'Ourartou en Anatolie. Pour administrer efficacement les territoires conquis, Teglat-Phalasar III pratique le brassage des populations sur une grande échelle : 30 000 habitants de la région de Hama, en Syrie, sont ainsi transplantés dans le Zagros et remplacés par 18 000 Araméens. Après la victoire du roi sur Babylone, plus de 200 000 Babyloniens sont installés en Assyrie. Ces déportations assurent la main-d'œuvre nécessaire à des régions peu développées et brident la cohésion des populations, aussi bien dans les régions dont elles sont arrachées que dans celles où elles sont implantées. Sargon agira de même avec les Juifs du royaume d'Israël, installant en Samarie de nombreux colons assyriens.

C'est chez les populations vaincues que Teglat-Phalasar III recrute son infanterie, ne recourant plus aux Assyriens que pour les chars et la cavalerie, ce qui lui assure la reconnaissance de son peuple, las des guerres et de la conscription.

Sargon II accède au pouvoir en 721 av. J.-C. et met deux ans à s'imposer à Assour. Il entreprend une longue lutte contre Babylone, centre spirituel et religieux, que ses prédécesseurs avaient annexée à l'Assyrie. S'étant alliée aux Élamites, la Babylonie avait retrouvé son indépendance, et ce n'est qu'après plusieurs campagnes que Sargon vient à bout de l'habile Babylonien, Mérodach-Baladan. La ville tombe en 709 av. J.-C. avec la prise du sanctuaire Dur-Jakki.

La politique extérieure de Sargon s'avère une réussite : il agrandit l'empire de provinces nouvelles, annexe le royaume d'Israël en 721 av. J.-C. et déporte une partie de sa population. Sa politique intérieure est symbolisée par la construction de la capitale, Dour-Sharroukên, « Fort Sargon », œuvre gigantesque surgie du sol à quelque 25 kilomètres au nord de Ninive.

Lorsque Sennachérib, son fils, arrive au pouvoir, en 705 avant notre ère, il doit faire face à toutes sortes de menaces : réactions antiassyriennes autour de Babylone, révolte de la Palestine, guérilla des tribus araméennes et chaldéennes, tentatives d'invasion des Mèdes et des Cimmériens, épidémies frappant l'armée en campagne. En 691 av. J.-C., il est vaincu par une coalition menée par Babylone, mais fera raser la ville sainte, impiété qui sera la cause de son assassinat dix ans plus tard.

L'ordre du monde

L'autorité absolue de Sargon et de ses successeurs n'est limitée que par leurs obligations religieuses. Pour se concilier les puissances divines, ils sont astreints à des observances rituelles très précises : jeûnes, retraites dans des cabanes de roseaux, cérémonies héritées des anciens Sumériens. La prospérité du royaume est alors la preuve tangible de l'élection divine, qui justifie tous les pouvoirs. Garant de l'ordre du monde, le roi ne peut réussir que s'il se soumet scrupuleusement aux exigences divines. Il lui faut donc percer la volonté des dieux, c'est pourquoi l'interprétation des présages et la consultation des oracles sont de la plus haute importance.

Au temps de Sargon, la cour voit grandir l'influence des astrologues et des spécialistes qui examinent les viscères, observent le foie et les poumons des moutons égorgés. Toutes les affaires qui concernent la sécurité du roi sont ainsi soumises à leur sagacité. Mais les interprétations peuvent être divergentes et les savants s'accusent alors mutuellement d'incompétence. Des spécialistes de la divination accompagnent l'armée en campagne et sont chargés de déterminer les moments favorables à l'action. Les éclipses de lune ou de soleil sont les présages les plus défavorables. Pour éviter au souverain les dangers qui le menacent, on lui donne un substitut royal, qui règne un certain temps à sa place, avant d'être mis à mort.

Le règne d'Assurbanipal

Assarhaddon, fils de Sennachérib et d'une ambitieuse Babylonienne, n'accède au pouvoir qu'après avoir éliminé ses frères aînés. Grâce à sa piété – il fait reconstruire Babylone, dont il façonne lui-même une brique –, il parvient, mais à grand-peine, à contenir les envahisseurs qui menacent de toutes parts. Il laisse au premier de ses fils, Assurbanipal, l'Assyrie et au second la Babylonie, espérant ainsi résoudre par la communauté de sang l'antagonisme séculaire qui oppose le nord et le sud de la Mésopotamie.

Avant de régner, Assurbanipal reçoit une éducation soignée, intellectuelle ainsi que guerrière et politique : « J'ai acquis tout le savoir des scribes, j'ai étudié les cieux avec les savants maîtres de la divination. J'ai résolu les problèmes de la division et de la multiplication, qui n'étaient pas clairs. Chaque jour, j'ai monté mon coursier et chevauché, tenant mon arc et faisant voler les flèches, signe de ma valeur. Je tenais les rênes comme un conducteur de char, et, en même temps, j'apprenais le cérémonial, marchant comme doivent marcher les rois. »

Tous les Assyriens, du prince héritier jusqu'au plus humble esclave, sont les « serviteurs » du roi. Il n'y a pas de noblesse héréditaire, le pouvoir des grands dignitaires du royaume tient au bon plaisir royal.

Le choix d'Assarhaddon de donner à son fils, Assurbanipal, le royaume, est légitimé par les succès que remporte ce dernier : sa campagne d'Égypte est tout d'abord un triomphe, et l'Assyrie domine un temps le Double Pays. Les Élamites sont vaincus une première fois, et la tête de leur roi est pendue à un arbre du jardin royal de Ninive. La seconde révolte de l'Élam se termine par la destruction de sa capitale, Suse : la ziggourat et les bosquets sacrés sont rasés, les vainqueurs sèment du sel et des chardons sur le sol de la ville, et emmènent ses dieux en captivité.

Ninive déborde de butin, les plus grands rois y envoient des ambassades et recherchent l'alliance d'Assurbanipal. Mais, aux frontières, Cimmériens et Scythes restent menaçants.

À l'intérieur du pays, le roi mate la révolte de son frère félon, souverain de Babylone, après trois ans de combats acharnés et un siège interminable, durant lequel les assiégés mangent « la chair de leurs fils et de leurs filles pour survivre ». Le roi vaincu périt, dit la légende, en se jetant dans son palais en flammes. Assurbanipal lui fait des funérailles dignes du souverain babylonien qu'il a été, et se venge sur les survivants : « Je donnai leurs corps, coupés en menus morceaux, en pâture aux chiens, aux cochons, aux vautours, aux aigles et aux oiseaux du ciel... »

De l'eau et des jardins

Signe tangible de l'élection divine, la prospérité du pays est célébrée par le roi : « Après que les dieux Assour, Sin, Samai m'eurent fait prendre ma place sur le trône du père qui m'a engendré, de plantureuses récoltes rendirent les champs continuellement prospères et luxuriants, les vergers donnèrent leurs fruits avec abondance, le bétail se multiplia avec succès. Sous mon règne la plénitude fut débordante, dans mes années, tout surabonda. » Cette vision idyllique ne correspond peut-être pas à la réalité d'un règne marqué par des campagnes incessantes, mais il est certain que la richesse de l'Assyrie de l'époque fait l'admiration de ses voisins.

Dans cette région de chaleur et de désert, les jardins assyriens, qui serviront de modèles aux jardins perses, représentent le comble du luxe et du raffinement. Les rois assyriens sont très fiers de leurs splendides parcs, peuplés d'animaux exotiques, et de leurs vergers où ils acclimatent toutes sortes d'arbres, inconnus jusqu'alors dans leur pays. Des fonctionnaires royaux sont chargés de collecter des plants d'amandier, de prunier, de cognassier et de pommier. Le point crucial reste l'alimentation en eau, et les souverains entreprennent de gigantesques travaux de drainage et d'irrigation. Sennachérib n'hésite pas à faire détourner le cours du fleuve pour assurer l'adduction d'eau à Ninive. Il va chercher, à 50 kilomètres de là, l'eau du Zagros dans des canaux et des aqueducs de pierre, et, pour réguler le débit des eaux, il crée un marais artificiel, peuplé d'animaux sauvages, hérons, porcs et daims.

Tous les rois mésopotamiens se sont d'ailleurs vantés d'avoir construit ces canaux, indispensables à la fertilité d'une région où la saison des pluies est trop courte. Des noms différents désignent les canaux assez larges pour être navigables, ceux qui ne sont que des fossés et les canaux plus étroits, simples rigoles d'arrosage. Tout un personnel est affecté à la surveillance de ce réseau : « inspecteurs-des-canaux », « éclusiers », lesquels veillent à la bonne répartition de l'eau.

En dépit de cette organisation minutieuse, la fin du règne d'Assurbanipal semble marquée par de mauvaises récoltes qui affaiblissent probablement le pouvoir royal. L'Assyrie est, en effet, une nation de paysans attachés à la terre, et le tribut qu'ils versent au roi est essentiel pour l'économie du palais et de l'appareil militaire.

La chute de l'Empire

La fin du règne d'Assurbanipal est mal connue : il semble cependant que, malade, le vieux roi ait abdiqué en faveur de son fils. Mais celui-ci ne peut résister aux attaques de la Babylonie et des Mèdes. En 612 av. J.-C., les palais de Ninive disparaissent dans les flammes, et la puissance assyrienne s'effondre définitivement.

Pour expliquer la fin brutale de l'impérialisme assyrien, les facteurs extérieurs ont souvent été mis en avant : invasions, attaques des Cimmériens, des Scythes, concentration menaçante des Perses, échec face à l'Égypte où une puissante dynastie est restaurée... Mais il faut aussi faire la part de la sclérose du royaume due à l'extrême centralisation bureaucratique. Tout repose sur la personne du roi : celui-ci vient-il à disparaître ou à s'affaiblir, tout dépérit dans le royaume. Par ailleurs, les crises de succession, même momentanément surmontées, ont fragilisé le pouvoir royal.

Surtout, la trame même du pays est entamée par l'avancée des Araméens, peuple sémite venu du Nord : le commerce échappe de plus en plus aux marchands assyriens, qui ne participent plus de façon déterminante aux grands courants commerciaux, dominés par les Syriens et par les Araméens. Dans les campagnes, les mesures de déportation et de colonisation contribuent aussi à l'implantation des Araméens. La langue akkadienne et l'écriture cunéiforme elles-mêmes reculent devant l'araméen.

Peut-être Assurbanipal a-t-il le pressentiment de cet effondrement quand il ordonne de collecter tous les textes historiques, administratifs, religieux, littéraires ou scientifiques que l'on trouve dans le royaume et de les réunir à Ninive dans une immense bibliothèque, témoin de sa grandeur. Ainsi, le dernier monarque de l'Empire assyrien a-t-il laissé l'image d'un souverain raffiné, à qui nous devons les plus précieux témoignages sur la Mésopotamie.

L'essor des sciences

Dans sa grande bibliothèque, le roi Assurbanipal rassembla tous les écrits de son royaume. Les documents devaient permettre que soient transmises toutes les observations scientifiques relevées par les scribes. Une volonté de répertorier toutes les données qui étaient connues d'eux conduisait en effet les devins, les astronomes, médecins ou autres hommes de sciences à établir des listes aussi complètes que possible de plantes, d'animaux, de minéraux.

Les mouvements des astres et les particularités des entrailles des animaux sacrifiés étaient notés avec le même souci de ne rien omettre. Mais ces collections de données ne furent jamais analysées avec un esprit de synthèse qui aurait permis d'établir des « principes » scientifiques. L'astronomie fut d'abord une astrologie : observer les astres permettait de connaître les volontés divines, donc de prévoir aussi bien les récoltes que les événements qui toucheraient le roi ou le pays.

L'haruspication, et d'une manière plus générale la science de la divination, était de la même essence. La médecine, quant à elle, présentait un double aspect : médecine sacramentelle et médecine pragmatique, deux techniques complémentaires qui reposaient, l'une, sur le recours à la magie, l'autre, sur l'étude et l'application des vertus des plantes.

La légende de Sardanapale

Vaincu, Assurbanipal appelé Sardanapale par les Grecs se jeta, selon la légende, dans un immense bûcher. Écrivains et peintres, tels lord Byron ou Delacroix, ont puisé une source d'inspiration dans ce personnage, prototype du despote oriental, jouisseur insatiable, qui trouve la mort au milieu de ses plaisirs. Outre l'image propre à l'Orient, cette figure emprunte réellement les traits de deux grands souverains mésopotamiens : le dernier roi d'Assyrie, Assurbanipal – d'où le nom de Sardanapale est sans doute dérivé –, et Shamash-Shoum-Oukin, son frère, roi de Babylone, qui se suicida dans l'incendie de son palais, en 648 av. J.-C.

Lydiens et Phrygiens

Au VIIIe et au VIIe siècle avant notre ère, l'Asie Mineure, qui est pour les hommes de l'Antiquité la partie occidentale de l'Asie, connaît une histoire mouvementée.

Vaste territoire qui s'étend entre la Méditerranée orientale, la mer Égée et la mer Noire, composée de différents royaumes, l'Asie Mineure est une région de plateaux élevés, enserrée entre deux chaînes de montagnes, la chaîne Pontique et le Taurus. L'altitude des plateaux diminue vers l'ouest et en direction de la mer Égée. Vers l'est, les deux montagnes tendent à se rejoindre et à se confondre avec le Caucase (dans l'actuelle Arménie).

Aux VIIIe et VIIe siècles avant notre ère, on assiste à un nouveau partage des pouvoirs dans la région, les dynasties locales de la Lydie, de la Phrygie ou de la Lycie se heurtant aux attaques des envahisseurs cimmériens, venus des steppes, et aux ambitions des monarques assyriens. La façade côtière est, quant à elle, de très longue date un foyer de civilisation grecque, depuis le XIIe siècle av. J.-C., sans doute.

L'or du Pactole

La Lydie se trouve à l'extrémité du plateau anatolien. Les altitudes y sont assez moyennes, et de nombreuses vallées découpent les reliefs – celles de l'Hermos au nord, du Caystre au centre et du Méandre au sud. La région est favorable à l'agriculture et aux échanges. On y cultive des céréales et la vigne, on y élève des chevaux et des moutons. Les habitants vivent aussi d'un commerce actif entre la mer Égée et l'intérieur du continent. Mais la Lydie est surtout célèbre pour les richesses de son sous-sol : l'or des mines de Tmolos et les sables aurifères des mines du Pactole. C'est sur cet or que les dynasties locales fondent leur puissance.

Les premières mentions de la Lydie apparaissent dans l'*Iliade*. Le pays est désigné sous le nom de Méonie et ses habitants comptent alors parmi les alliés de Troie. Toutes ces informations ne relèvent cependant que de la légende, car il n'existe pas de vestiges archéologiques pour les confirmer. On ne sait, en fait, rien de la Lydie avant le VIIIe siècle. C'est alors un royaume, plus ou moins indépendant de celui de la Phrygie. Vers 685 av. J.-C., un certain Gygès, de la famille des Mermnades, « les Faucons », tue Candaule, le dernier des Héraclides, et s'empare du pouvoir. Selon Hérodote, Gygès aurait pris le pouvoir par un stratagème. Favori du dernier des Héraclides, Candaule, il se voit proposer par son maître d'admirer la reine nue. Le roi est en effet si fier de sa beauté qu'il voudrait qu'un autre en juge. Gygès se cache, pour ce faire, dans la baignoire de la souveraine, mais il est découvert alors qu'il veut s'enfuir. La reine, offensée, lui propose un marché pour se venger de son époux si peu délicat : Gygès doit le tuer et prendre sa place, ou mourir lui-même. Il accepte de trahir son maître, l'assassine et prend le trône de Lydie. Il épouse la reine et fonde la dynastie des Mermnades. Les dieux, cependant, ne lui pardonnent pas cette supercherie. Sa dynastie est condamnée, dit Hérodote, et la Lydie s'effondre sous le règne de Crésus.

En fait, si une période brillante de l'histoire de la Lydie commence sous la dynastie des Mermnades, le règne de Gygès est cependant agité de nombreux conflits et le roi se heurte d'abord aux attaques des Cimmériens.

Les invasions cimmériennes

En 800-750 av. J.-C., les Cimmériens, peuple d'origine indo-européenne, s'établissent, sur les rivages de la mer Noire, où leur présence est attestée par des « tombes à charpentes ». Ils provoquent des troubles graves au nord-ouest de l'Iran, mais ils n'y resteront pas longtemps. Déstabilisés par les invasions scythes, ils traversent le Caucase et attaquent les empires d'Asie Mineure, la Syrie et la Palestine qui sont incapables de leur résister. Ils ne parviennent cependant pas à prendre Éphèse, qui leur résistera toujours. Contrairement aux Perses et aux Mèdes, qui ont effectué une lente pénétration dans la région trois ou quatre siècles plus tôt, ils ne sont pas à la recherche de pâturages. Ce sont des guerriers et des pillards qui vivent de rapine. Ils forment avec les Trères et autres Asianiques une confédération sur les rives de la mer Noire, dans la région de Sinope et de l'embouchure de l'Halys. De là, ils partent périodiquement pour ravager les riches régions d'Asie Mineure.

Pour leur résister, Gygès s'allie avec les villes grecques d'Ionie et recherche aussi le soutien des Assyriens. Grâce à ces derniers, il repousse une attaque cimmérienne. Il envoie alors en Assyrie, en signe de reconnaissance, deux chefs cimmériens chargés de chaînes.

Mais Gygès préfère bientôt l'alliance avec le pharaon Psammétique, ennemi des Assyriens. Ceux-ci abandonnent la Lydie, qui est livrée aux barbares. Gygès est tué lors d'une nouvelle attaque des Cimmériens et la capitale, Sardes, est dévastée.

Riche comme Crésus

Après ce désastre, la Lydie connaît une brillante renaissance. Les souverains Mermnades s'efforcent de contrôler les cités grecques du littoral : Priène, Milet, Éphèse et Cymé… Elles gardent leur autonomie, mais sont soumises au protectorat de la Lydie. C'est sous le règne de Crésus, cependant, que le royaume est à son apogée. La Lydie s'étend alors sur toute l'Asie Mineure à l'ouest de l'Halys. Elle reçoit un tribut des Éoliens, des Ioniens et des Doriens. Les contacts avec la Grèce se multiplient : échanges commerciaux, mariages mixtes, synthèse artistique. De nombreux Grecs viennent s'installer à Sardes. Leur langue devient celle des gens instruits, leur céramique celle des gens de goût. Crésus lui-même aime à s'entourer de Grecs : le savant Thalès et l'homme d'État Solon seraient passés à sa cour.

Les Lydiens jouent en fait le rôle d'intermédiaires entre l'Orient et le monde grec. C'est grâce à eux que les calculs des astrologues et les cartes des géographes babyloniens sont connus des Grecs. Ils enseignent aussi aux Grecs l'art musical des Assyriens. L'éclat de Sardes, ville de plaisirs, est reconnu dans toute la Grèce. C'est pourquoi la richesse de son monarque, Crésus, devient vite proverbiale. La Lydie tombe pourtant aux mains des Perses vers 547 av. J.-C. Sûr de son pouvoir, Crésus accepte la bataille contre Cyrus, roi des Perses, en Cappadoce. Il la perd et est fait prisonnier dans Sardes. Il finit sa vie dans un exil doré, à la cour du vainqueur. C'est la fin de l'indépendance de la Lydie.

La sauvage Phrygie

Région occidentale de l'Asie Mineure, la Phrygie s'étend sur la plus grande partie du plateau anatolien, aux confins du Pont et de la Galatie. Le cœur du pays est le haut plateau, une région aux contrastes climatiques accentués. L'hiver y est long et glacé, le printemps court et l'été brûlant. Cette région, peu urbanisée, a une histoire assez obscure. Occupée par des envahisseurs indo-européens au début du IIe millénaire, la formation d'un royaume phrygien remonterait à la chute de l'Empire hittite. Ce royaume nous est connu grâce à la religion et grâce à l'intérêt que les Grecs lui portaient. Celle-ci joue un rôle capital dans la vie des Phrygiens. Les prêtres possèdent de vastes domaines, qu'ils font cultiver par des serfs. Lieux de pèlerinage, les temples sont aussi des pôles de l'activité commerciale.

Les cultes des Phrygiens sont à l'image de la nature qu'ils connaissent : violents, extrêmes. Le plus célèbre d'entre eux est celui de Cybèle, Kubelê, la Grande Mère qui personnifie la nature féconde et dont l'histoire et le culte variaient selon les lieux. Le roi Midas lui éleva un temple à Pessinonte où naquit la légende qui la liait au berger Attis. Cybèle avait d'autres sanctuaires en Asie et hors d'Asie, car le culte se répandit en Grèce. Les prêtres de Cybèle, les *galles*, célèbrent à chaque printemps par des danses frénétiques le retour de leur déesse. À l'exemple du berger Attis, divinité mâle associée à Cybèle, ils s'émasculent pendant ces fêtes. On peut voir là l'outrance de peuples qui vivent dans la violence. Il s'agit peut-être aussi d'une volonté de se détacher du désir charnel. Cet aspect trouble de la religion des Phrygiens fera beaucoup pour son succès dans le monde gréco-romain.

La fin de la Phrygie

À partir du VIIIe siècle av. J.-C., les souverains de ce royaume portent alternativement les noms de Gordias et de Midas. Les *Annales* du roi d'Assyrie, Sargon II, citent en particulier un roi, Mi-ta-a, le roi Midas des Grecs. Vers 717, il se serait allié au roi Pisiri, de Karkemish, en Syrie, pour résister aux attaques de Sargon II. Malheureusement, Karkemish va tomber aux mains des Assyriens et, en 707, Midas doit payer un tribut à l'Assyrie. Comme leurs voisins les Lydiens, les Phrygiens recherchent dans l'alliance avec les cités grecques du littoral la réponse aux ambitions assyriennes.

Fils de Gordias et roi de Phrygie vers 715-676 av. J.-C., Midas épouse Démodiké, la fille du roi de Cymé. Midas est connu pour sa malchance, grâce aux légendes grecques et aux récits d'Hérodote. Ayant un jour délivré Sylène, le vieux maître de Dionysos, Midas se voit remercié par le dieu sous la forme d'un vœu. Avide, il demande à pouvoir changer en or tout ce qu'il touche. Mais il est condamné à mourir de faim et de soif, car tous les aliments qu'il mange se changent en or. Pour lui ôter son don, Dionysos lui demande de se plonger dans l'eau du fleuve Pactole, qui se charge aussitôt de pépites d'or. Une autre fois, Midas ose dire que Marsyas, musicien réputé, est supérieur au dieu Apollon. Le dieu se venge en l'affublant d'oreilles d'âne. Le roi les cache, mais son barbier dévoile le secret.

La splendeur de son royaume est bien fragile, cependant. Déjà affaiblie par le conflit contre les Assyriens, la Phrygie doit faire face à son tour, au VIIe siècle, aux invasions des Cimmériens. Midas ne peut leur résister et, vaincu, il se suicide.

La Phrygie est bientôt réduite à de petites principautés, qui sont annexées à la Lydie par Crésus. Elles sont intégrées ensuite à la Perse achéménide de Cyrus II, en 547 avant notre ère, en même temps que la Lydie.

Les Scythes

Les nomades éleveurs scythes, chassés d'Asie centrale, s'installent vers 700 av. J.-C. au sud de la plaine russe ; ils sont les ancêtres des Russes actuels. Ils exterminent férocement les peuples déjà installés dans la région. Les Scythes seraient-ils définitivement sédentarisés vers 650 av J.-C. ? Cinquante ans après leurs premières incursions dans les steppes d'Europe centrale, ils ont fondé un vaste empire centré sur l'Ukraine. Ils n'hésiteront cependant pas à entreprendre de nouvelles chevauchées, atteignant vers 630 le cœur de la Syrie, où ils vont prouver que les rois de Ninive sont incapables de maintenir un pouvoir stable et cohérent sur les régions qu'ils viennent eux-mêmes de conquérir.

Toutefois, les tribus des « Scythes royaux » resteront toujours nomades. Au VIIe siècle av. J.-C., les Scythes reprendront leur expansion, refluant vers l'Asie centrale. L'art des Scythes témoigne de leur vie quotidienne à cette époque : ils sculptent sur du métal des chevaux, des moutons, des animaux domestiques stylisés, mais qui sont d'une étonnante vigueur.

Les pharaons saïtes

A partir de 1085 av. J.-C., l'Égypte de la troisième période intermédiaire connaît de graves troubles. Le royaume est morcelé, querelles et intrigues de palais rendent les monarques incapables d'agir, tandis que le clergé d'Amon inaugure l'ère des « rois prêtres » thébains, qui s'opposent aux souverains de la XXIe dynastie, originaires de Tanis.

Ainsi vers 1100 av. J.-C., des voleurs se sont attaqués aux hypogées des pharaons. Pris sur le fait, ils ont cependant échappé au châtiment, car, en ces temps troublés, leur procès a fait l'objet de rivalités entre deux administrateurs de la province de Thèbes – celui de la rive est du Nil et celui de la rive ouest. Par la suite, ni les bastonnades ni les tortures n'empêcheront les voleurs de s'en prendre aux tombes royales. Mais c'est à ces anciens pillards que Gaston Maspéro, archéologue français, doit la découverte des momies de la XXIe dynastie : en 1881, il fut conduit à la cachette où elles avaient été ensevelies par un bédouin. Au VIIe siècle avant notre ère, après une dramatique période de troubles, l'Égypte retrouve une partie de son éclat passé.

De nouveaux troubles

Un Libyen, Sheshong, restaure un temps la puissance de l'empire, fondant la XXIIe dynastie, mais les troubles recommencent dès sa mort et, en 850 av. J.-C., on peut dénombrer en Égypte quatre dynasties rivales, sans compter quelques principautés indépendantes. La XXIIe dynastie règne jusqu'en 759 av. J.-C. en Égypte. Les descendants de Sheghong Ier, d'origine libyenne, n'ont pas été capables de maintenir l'apparence de pouvoir restaurée par leur ancêtre : ce sont désormais l'Assyrie, puis Babylone qui dominent la région. La XXIIIe dynastie, installée à Tanis par Pédoubast en 759, n'y parviendra pas davantage, et son histoire est celle de la montée des féodaux. C'est ensuite dès 730 une dynastie nubienne, venue du royaume de Koush, qui parvient à unifier le Double Pays.

Portant le nom d'un descendant de Noé, ce royaume est situé dans l'Éthiopie actuelle, entre la 2e et la 4e cataracte du Nil et rassemble une partie des territoires africains soumis à l'Égypte. Approvisionnant depuis des siècles l'Égypte en ivoire et en or, il est rattaché administrativement au pays au début du Nouvel Empire. Les Égyptiens appellent, vers 900 av. J.-C., « Nubiens » les habitants de cette région, peuplée d'hommes qui ont des origines diverses, mais qui ont tous fui des terres devenues arides à cause de la désertification d'une grande partie de l'Afrique. Profitant de la décadence de l'Empire des pharaons, les Koushites vont accéder à l'indépendance, cesser de payer tribut à l'Égypte et créer la XXVe dynastie, qui établit sa capitale à Napata, une très ancienne forteresse. Durant cette période, si les constructions monumentales semblent décliner, les arts décoratifs et somptuaires sont toujours florissants. Bientôt, leurs souverains vont étendre leur hégémonie sur le sud du pays, mais ils semblent plus légitimes aux Égyptiens que la dynastie libyenne, honnie et détestée, qui est implantée au nord de leur pays.

Mais cette unité est fragile, et les successeurs de Piankhi le Nubien ne parviendront pas à la préserver. Napata, trop proche de la frontière, perd son rang de capitale politique, au profit de la ville plus méridionale de Méroé, où une caste très importante de forgerons pratique la métallurgie du fer depuis 600 av. J.-C. Le royaume éthiopien de Méroé va alors vivre replié autour de sa nouvelle capitale.

Les Assyriens savent profiter de la faiblesse de leur ancien rival et tentent une première conquête en 695 avant notre ère, mais leur armée est décimée par une terrible épidémie de « peste », et l'Égypte connaît alors un temps de répit, jusqu'à la nouvelle invasion, menée par Assurbanipal, qui la ravage en 664. Connus pour leurs qualités militaires, les Assyriens sont redoutables par leur cruauté : après le sac de Thèbes, en 663, Assurbanipal fait graver sur les murs de son palais cet hymne à la violence : « Je capturai beaucoup de soldats vivants. De certains, je coupai les bras ou les mains, d'autres je coupai les oreilles et les extrémités. J'arrachai les yeux de nombreux soldats. Je fis une pile de vivants et une autre de têtes. Je pendis leurs têtes à des arbres autour de la cité. »

La renaissance saïte

En 660, Psammétique, prince de la ville de Saïs, dans le Delta, refoule les garnisons assyriennes vers l'est, combat les Libyens à l'ouest, met fin aux tentatives des Koushites, venus du sud, et élimine tous les petits roitelets de Basse-Égypte, ses concurrents directs.

Il fonde la XXVIe dynastie, dite « saïte », qui comptera six pharaons. Au cours de son long règne de cinquante-quatre ans, la prospérité revient, l'autorité du pharaon est reconnue dans l'Égypte tout entière.

Son fils, Néchao II, est célèbre pour ses entreprises démesurées : il emploie 120 000 hommes à creuser un canal qui reliera le Nil à la mer Rouge et équipe une flotte qui fera le tour de l'Afrique. Sa politique extérieure est couronnée de succès : il bat Josias, roi de Juda, à Meggido, impose à Jérusalem un souverain docile et fait payer un tribut au royaume juif.

Il se rend ensuite maître de la Syrie-Palestine et avance jusqu'à l'Euphrate. Mais, en 605 av. J.-C., il se heurte à Nabuchodonosor, roi de Babylone, qui lui inflige une sévère défaite. C'est la fin des possessions asiatiques de Pharaon.

Amasis, général victorieux des Koushites, détrône Apriès, quatrième souverain de la XXVIe dynastie, et règne de 570 à 526 av. J.-C. Hérodote en fait ce portrait haut en couleur : « Amasis devint roi… Sa méthode dans l'administration des affaires était la suivante : le matin, jusqu'à l'heure où la place est pleine, il s'occupait avec zèle des affaires qu'on lui apportait ; à partir de cette heure, il buvait, taquinait ses compagnons de table, se montrait frivole et badin. Offensés de cette conduite, ses amis … lui disaient : "Ô roi, tu ne gouvernes pas comme il faudrait, tu te laisses aller à trop de familiarité ; tu devrais… t'occuper tout le jour des affaires…" [Amasis] leur répondit en ces termes : "… [Si l'homme] voulait être toujours sérieux et ne pas, le moment venu, s'abandonner au divertissement, il deviendrait sans s'en apercevoir ou dément ou abruti…" »

L'art et les dieux

Au temps des pharaons saïtes, les artistes égyptiens tentent de ressusciter les formes les plus anciennes : les sculpteurs retrouvent les formes stylisées et massives de l'Ancien Empire, figées dans leurs attitudes hiératiques.

Ils semblent incapables de se renouveler, et désormais l'art égyptien, qui est pourtant admiré des voyageurs grecs, ne produira plus que des modèles stéréotypés.

La religion est profondément marquée par les malheurs des temps. Le sac de Thèbes a démontré l'incapacité des plus grands dieux de la religion traditionnelle à protéger leurs possessions. Les fidèles se tournent désormais vers des divinités plus rassurantes, susceptibles de répondre aux inquiétudes des hommes.

Si le clergé d'Amon continue à dérouler les interminables rituels de la religion officielle, la ferveur des masses s'adresse à des dieux plus réconfortants, Isis et Osiris.

Le petit peuple, lui, recourt à la magie, qui permet d'agir sur les forces de la nature et renouvelle le culte rendu, comme aux temps les plus anciens, à des animaux sacrés, preuves tangibles de la présence divine. Une autre forme de religiosité, plus élevée, se développe dans le même temps : des livres « sapientiaux », marqués par des influences orientales, incitent le sage à la prière et à la méditation.

La présence grecque

Pour gouverner, les pharaons saïtes doivent souvent s'appuyer sur des mercenaires grecs, nouer des alliances avec les tyrans des cités grecques ou recourir aux services de négociants grecs. Malgré l'hostilité que leur témoigne le peuple égyptien, les pharaons accordent aux Grecs une situation privilégiée dans le royaume, créant un corps d'interprètes et allant jusqu'à leur concéder une ville entière, Naucratis, dans le Delta.

Malgré tout, le pays est, à cette époque, un carrefour où les étrangers affluent de tout le Bassin méditerranéen : marchands phéniciens, syriens, juifs, qui deviennent des fonctionnaires ou des soldats égyptiens. L'implantation d'une colonie juive à Éléphantine est d'ailleurs attestée par des documents, mais il est certain qu'il y eut d'autres établissements ailleurs. Les nouveaux venus apportent avec eux leur propre culture, mais exportent aussi les références de la civilisation égyptienne, laquelle marque profondément l'art grec archaïque, tandis que les sagesses juive et égyptienne s'influencent l'une l'autre.

Mais le pouvoir de Pharaon n'est réellement établi que sur la Basse-Égypte, et la XXVIe dynastie prend fin avec l'intervention d'une autre puissance venue d'Asie, celle des Perses de Cambyse, qui, en 525 avant notre ère, battent, à Péluse, Psammétique III et le mettent à mort.

L'Égypte province Perse

Les Perses achèvent en 522 av. J.-C. la conquête du Double Pays. Désormais, l'Égypte ne connaîtra plus l'indépendance, sauf durant une brève période, entre 404 et 341.

Les dynasties qui se succèdent sur le trône, de la XXVIIe à la XXXe, n'ont à leur tête que des souverains fantoches, d'origine perse, ou au service des Perses. Ils gouvernent le pays d'une main de fer, malgré des révoltes endémiques durement réprimées. Les Égyptiens doivent payer 700 talents annuels de tribut à l'occupant, qui s'octroie, en outre, pour son entretien, le produit des pêcheries du Fayoum.

Les Égyptiens, qui ne sont plus que les sujets d'une satrapie (province) de l'Empire achéménide, chantent leur ancienne civilisation : « Il n'y avait plus rien qui fût dans sa forme d'autrefois, écrit un prêtre de ce temps, le sanctuaire de la déesse Héket ressemblait à un monument dont on n'aurait jamais creusé les fondations. Il n'y avait plus rien, si ce n'est des herbes et des plantes. » Ils ne se résigneront jamais à la domination perse. Au IVe siècle, ils tenteront de restaurer des dynasties autochtones et se réjouiront de la défaite des Perses devant Alexandre.

Mais, si l'Égypte se replie sur elle-même et considère toujours l'occupant comme un étranger, les contacts sont nombreux entre les deux civilisations : fonctionnaires et soldats perses affluent en Égypte et des Égyptiens quittent leur pays pour combattre dans les rangs perses. Les médecins du Nil, très réputés, soignent de nobles malades à la cour perse, les artistes égyptiens décorent les palais royaux. Ainsi la civilisation égyptienne va-t-elle survivre au loin, malgré la chute de l'empire.

Le démotique

Dès les premières années du VIIe siècle av. J.-C. apparaissent des documents écrits au moyen d'une nouvelle cursive. Dans cette nouvelle langue, les signes originaux hiéroglyphiques sont devenus méconnaissables, parce qu'ils sont simplifiés au maximum. Il s'agit d'une manière bien plus rapide d'écrire, mais aussi de la naissance d'une nouvelle langue, que nous appelons aujourd'hui, après Hérodote, le « démotique ». Probablement était-ce la langue parlée en Basse-Égypte à cette époque et était-elle utilisée par les notaires et les fonctionnaires. Dès lors, le système hiéroglyphique et son écriture rapide, le hiératique, ne s'utilisent-ils que pour des textes religieux et des inscriptions lapidaires.

Le premier canal de Suez

Pour aller du Nil au golfe de Suez, le pharaon Néchao II réalise un exploit et creuse un canal qui permet la traversée, nous dit Hérodote, en quatre jours seulement. C'est pour emporter de quoi construire les navires, nécessaires pour rejoindre la mer Rouge et voguer vers les riches rivages du pays de Pount et les mines du Sinaï, que Néchao entreprend ce chantier. Mais un tel ouvrage doit être continuellement entretenu et, lorsque les Perses arrivent en Égypte, les sables l'ont envahi et les bateaux ne passent plus. Darios Ier le restaure et fait graver une stèle, qui proclame : « Moi, le Perse, j'ai donné ordre de creuser ce canal depuis le fleuve, appelé le Nil, jusqu'à la mer qui sort de Perse. » Peu après, les sables le comblent à nouveau.

• • •

TROISIÈME PARTIE

Penseurs et conquérants

(–600 à –100)

Introduction

Au VIIe siècle av. J.-C., Babylone connaissait son apogée et régnait sur tout le Proche-Orient avec Nabuchodonosor. Pourtant, son successeur, Nabonide, fut le dernier souverain de la cité et, à la fin du VIe siècle, la Mésopotamie a perdu pour toujours son indépendance.

À la même époque, selon l'historien latin Tite-Live, les Étrusques avaient, « avant l'Empire romain, étendu leur puissance au loin, sur terre et sur mer ». Pourtant, ce peuple resta longtemps mystérieux pour les historiens. Aujourd'hui encore, bien que leur écriture ait été déchiffrée, on ne connaît pas tout à fait leur langue ni certains aspects de leur civilisation.

Tandis que les Étrusques dominaient presque toute l'Italie, en Grèce, un ordre nouveau, fondé sur le droit, se mettait en place ; la démocratie fut ainsi inventée peu à peu grâce à l'œuvre de « législateurs », succédant aux guerres civiles et à la tyrannie.

L'émergence et le développement de la science et de la philosophie marquèrent alors la fin du monde grec archaïque. Mais l'Orient n'est pas en reste en matière de penseurs. Vers 560 av. J.-C., au nord de l'Inde, à la frontière de l'actuel Népal, naît Siddharta Gautama Bouddha.

Élevé dans un milieu princier, il décide à l'âge de 29 ans de renoncer au monde pour partir à la recherche de la Vérité. Méditant au pied du pipal, l'arbre sacré de l'Inde, trois fois tenté comme plus tard le Christ, il reçoit au bout de 49 jours l'Éveil (*bodhi*). Il comprend alors le mystère des souffrances du monde et annonce à ses disciples la « voie de la délivrance ». En 551 av. J.-C. naît au pays de Lu, dans le nord-est de la Chine, Kong Qiu, dont le nom, latinisé par les missionnaires, est Confucius. Au temps où s'affrontent des princes rivaux et où règne le désordre, il enseigne le « juste milieu » qui permet de tendre vers le Bien. Toujours à la même époque, dans l'immense Empire perse, sous l'autorité du « Roi des rois », se répand la doctrine du prophète Zoroastre qui ouvre à l'homme l'accès à la vie éternelle.

Alors en pleine expansion, cet immense Empire perse, le plus grand que le monde ait jamais connu jusque-là, sur lequel règnent Darios puis Xerxès son fils, englobe l'Égypte, la Babylonie, l'Assyrie, l'Asie Mineure, l'Iran, l'Afghanistan et la vallée de l'Indus. À l'orée du Ve siècle av. J.-C., il se heurte aux forces vives des cités grecques, dont les éternelles discordes s'apaisent quand est menacé le bien suprême : la liberté. Ce violent affrontement entre deux mondes était sans doute inévitable. En 490, à Marathon, et en 480, à Salamine, le peuple grec a su trouver assez d'énergie pour défier l'armée d'élite qui avait terrassé tous les vieux royaumes d'Orient.

« Allez enfants des Grecs, entonnaient à Salamine les marins grecs, délivrez vos enfants et vos femmes, les sanctuaires des dieux de vos pères et les tombeaux de vos aïeux : c'est la lutte suprême. » Un appel solennel dont la résonance historique allait avoir de solides prolongements. La victoire grecque est d'importance, surtout pour Athènes qui en est la principale organisatrice et la principale bénéficiaire.

Comment Athènes a-t-elle pu influencer si durablement l'histoire du monde ? À quelle heureuse destinée attribuer le fait qu'elle soit devenue la cité grecque par excellence ? Même s'il n'est pas possible de répondre à de telles questions, force est de constater à quel point nous sommes les héritiers de cette civilisation qui s'est épanouie au cœur du Ve siècle av. J.-C. Certes, Athènes a basculé en un demi-siècle de la gloire au déclin. Certes, une grande partie de cette gloire reposait sur le travail des esclaves qui, pour être mieux traités qu'ailleurs, n'en étaient pas moins exclus de la communauté des citoyens. Certes, l'âge d'or de la Grèce ne doit pas nous faire oublier la violence des guerres civiles.

Reste que nul ne peut aujourd'hui être insensible aux paroles de Périclès qui, faisant l'éloge des guerriers morts pendant la première année de l'affrontement entre Sparte et Athènes, proclamait : « Nous savons concilier le goût du beau avec la simplicité et le goût des études avec l'énergie. »

Mais dès le siècle suivant, la Grèce passe sous la domination d'un souverain étranger.

Au IVe siècle, en effet, Philippe de Macédoine met à la raison les cités grecques déchirées. C'est lui qui, en 338 av. J.-C., fait expirer la liberté des Grecs. Démosthène a pourtant tenté, en vain, de les arracher à leur apathie. Cette ambition trop haute lui valut le mérite de passer à la postérité comme le ferme champion de la démocratie. « Si ta force avait été égale à ta pensée, jamais la Grèce n'eût obéi au sabre macédonien » proclamait l'inscription que les Athéniens lui dédièrent en 280 av. J.-C.

En ce IVe siècle av. J.-C., d'autres « barbares » font parler d'eux : les Celtes. Ils essaiment dans toutes les directions par hordes plus ou moins nombreuses. Déferlant sur l'Italie, ils ravagent Rome en 390.

Delphes est dévastée en 279. Poussant plus loin, certains vont s'établir en Anatolie, d'autres en Espagne et en Angleterre. Les peuples « civilisés », grecs ou romains, garderont longtemps le souvenir de la panique provoquée par ces hordes de « barbares » brutaux que furent « nos ancêtres les Gaulois ».

Mais en cette époque de guerres incessantes, où la gloire s'acquiert sur le champ de bataille où les renommées se font et se défont tout aussi vite, un nom domine alors, celui d'Alexandre. Comment un règne de 12 ans seulement peut-il changer la face du monde ? Cette question, même ceux qui entouraient Alexandre III de Macédoine, dit Alexandre le Grand, se l'étaient déjà posée, impressionnés par ce jeune homme de 20 ans qui, de 336 à 324 av. J.-C., avait parcouru environ 18 000 kilomètres, livré quatre grandes batailles, soumis l'Empire perse de Darios, le Grand Roi, fondé de nombreuses villes appelées Alexandrie, dont la plus lointaine se trouve aujourd'hui au Tadjikistan, ouvert l'Orient à la civilisation grecque et créé un empire s'étendant de l'actuelle Albanie jusqu'aux frontières du Cachemire. Alexandre se faisait lui-même appeler officiellement « dieu invaincu », fils du dieu d'Égypte Amon-Rê, ou Dionysos incarné. On ne peut s'empêcher d'être saisi par la fascinante épopée du plus grand conquérant de l'Antiquité. Ce dernier donne raison à tous ceux qui estiment que les grands hommes jouent un rôle considérable dans l'histoire.

Et ce d'autant plus qu'en Orient, au milieu du IIIe siècle av. J.-C., s'unifient des empires promis à une prestigieuse destinée. En Inde, un royaume unifié connaît son âge d'or sous le règne du souverain Açoka. Converti au bouddhisme, celui-ci fait graver des édits qui prônent le respect de la vie, la paix et la douceur.

En Chine, Qin Shi Huangdi fait marteler des inscriptions qui célèbrent son œuvre. Quand il meurt, en 210 av. J.-C., à l'époque où les troupes carthaginoises d'Hannibal s'épuisent en Italie, la Grande Muraille, qu'il achève, marque pour des siècles la frontière nord de l'empire de Chine. Et si les lettrés, qu'il persécute, ne lui pardonnent pas d'avoir fait brûler les livres de Confucius, les 7 000 guerriers en terre cuite qui gardent son tombeau donnent la mesure d'un tyran qui unifia le territoire, mena une politique de grands travaux et imposa sa loi à un pays qui était déjà le plus peuplé du monde.

Pour autant, c'est désormais une cité d'Italie qui occupe le devant de la scène et va pendant près de neuf siècles présider au destin du bassin méditerranéen. Rome devient la première puissance de la Méditerranée occidentale au détriment de Carthage, et alors est lancée dans un expansionnisme que rien ne semble en mesure d'arrêter. L'historien grec Polybe écrit au IIe siècle avant notre ère : « Les Romains tranchent tout par la violence, ils estiment qu'ils doivent atteindre leur but à tout prix et que rien de ce qu'ils ont décidé n'est impossible. » Ce témoignage d'un observateur du temps traduit bien le cours nouveau que prend l'histoire du monde. Ce n'est plus la peur ou la défense immédiate de son territoire qui incite Rome à se battre, mais l'ambition des généraux et la cupidité des marchands.

Vainqueur des guerres de Macédoine et de la troisième guerre punique, nouveau « gendarme de la Méditerranée », Rome pille aussi sans vergogne, faisant couler dans la nouvelle capitale du monde un flux ininterrompu d'or, d'esclaves et de statues arrachées à l'Orient grec. Les vieux Romains ont beau dénoncer le scandale, c'est toute l'ancienne société qui se disloque.

Si le IIe siècle av. J.-C. voit bien Rome devenir «l'astre commun au monde entier», les tares du régime grossissent partout le flot des révoltes...

CHAPITRE 1

De Babylone à Persépolis (–600 à –330)

Après plusieurs siècles de domination, l'Empire assyrien s'effondre sous les coups des Mèdes et des Babyloniens, ses ennemis de longue date. En effet, à la fin du VIIe siècle avant notre ère, Babylone triomphe du puissant Empire assyrien. Nabuchodonosor II, son nouveau roi, étend son pouvoir sur tout le Proche-Orient et, sous son règne, la cité retrouve sa splendeur légendaire.

Dès 627 avant notre ère, la mort d'Assurbanipal, dernier grand souverain d'Assyrie, avait créé un vide, et l'Empire néobabylonien et son fondateur, Nabopolassar, avaient cherché à en profiter pour chasser les Assyriens de Babylonie.

Nabuchodonosor et l'apogée de Babylone

En 614, le Mède Cyaxare assiège Assour et met la ville à sac, tue ou déporte ses habitants. Arrivés sur les lieux après la bataille, ses alliés de Babylone n'y trouvent plus que ruines fumantes et désolation. En 613 av. J.-C., les Assyriens sont cependant encore en mesure de refouler une armée babylonienne, mais, l'année suivante, Mèdes et Babyloniens conjuguent leurs efforts et s'emparent de Ninive, la capitale assyrienne, au bout de trois mois de siège.

Replié à Harran, l'Assyrien Ashourballit organise la résistance, avec l'appui des Égyptiens. En 609, il tente même de reconquérir sa capitale. Mais il est repoussé par les Babyloniens. L'Assyrie n'est plus qu'un souvenir. Nabopolassar triomphe et veut désormais s'attaquer à la Syrie.

Il envoie son fils, Nabuchodonosor, sur les rives de l'Euphrate, avec mission de prendre la ville de Karkemish. Cette position stratégique est défendue par des troupes égyptiennes, un dernier contingent assyrien et des mercenaires grecs. Le prince héritier emporte la ville au prix d'un épouvantable carnage. C'est au cours de cette campagne en Syrie qu'il apprend le décès de son père, en 605.

Des « promenades militaires »

Nabuchodonosor II sur le trône de Babylone, la situation est calme. En 604, il repart pour la Syrie, qu'il traverse de part en part, sans guère rencontrer de résistance. Il inaugure ainsi une longue série de « promenades militaires », qu'il mènera jusqu'en 595 avant notre ère.

En 604, il prend Ascalon, qui refuse de verser le tribut annuel à Babylone, et, en 601, il s'attaque à l'Égypte elle-même. Le pharaon Néchao vient à sa rencontre, une bataille sanglante s'engage. Mais aucun des deux adversaires n'arrive à l'emporter. Il faut deux ans à Nabuchodonosor pour remettre son armée sur le pied de guerre. Ce n'est qu'à la fin de 599 qu'il peut reprendre ses expéditions syriennes. Comme le roi de Juda, Joachim, se révolte, Nabuchodonosor assiège Jérusalem. La ville, dirigée par Joachin, le fils de Joachim mort peu avant, tombe en 597, trois mille Juifs sont déportés à Babylone et le trône de Jérusalem est confié à Sédécias.

Nabuchodonosor consacre les années qui suivent à refouler une armée élamite, qui tentait de franchir le Tigre, et à écraser un mouvement de révolte qui avait gagné une partie de son armée. En 594, il retourne en Syrie, où il repousse les Égyptiens, qui avaient repris pied à Gaza et faisaient mouvement vers Tyr et Sidon.

L'exil des juifs à Babylone

À nouveau, la Judée se soulève. Et, en 587, Nabuchodonosor prend une seconde fois la capitale, Jérusalem, d'assaut. Apparemment, rien ne l'y oblige : la situation est calme et il semble que la révolte soit éteinte. Mais la ville est démantelée, le Temple est saccagé et brûlé. Quantité de notables sont passés au fil de l'épée, et les survivants sont envoyés massivement en exil à Babylone.

Les grands prophètes, comme Ézéchiel et Daniel, l'ensemble des prêtres et des scribes sont ainsi exilés. Dans l'histoire religieuse du royaume d'Israël, cet « exil » marque un tournant décisif : les écrits du temps de l'Exil ont développé une critique très forte du polythéisme babylonien.

Daniel, Juif déporté à Babylone, est élevé à la cour de Nabuchodonosor, avant de passer au service des Perses. Inspiré par Dieu, aidé par ses anges, il a des visions, fait des miracles et est capable d'interpréter les songes. Il est considéré par les Juifs comme un grand prophète, mais le livre de Daniel appartient au genre littéraire des récits dits « apocalyptiques ».

Contrairement aux mages chaldéens, Daniel comprit quelle vision terrifiante Nabuchodonosor eut en rêve : une statue colossale, à la tête d'or fin, la poitrine et les bras en argent, le ventre et les hanches en bronze, les jambes de fer, eut les pieds mi-fer mi-argile broyés par une pierre venue de la montagne et fut emportée par le vent sans qu'il en restât aucune trace. Daniel expliqua au roi qu'il était la tête d'or et qu'après lui viendraient quatre autres royaumes, dont le dernier, comme le fer et l'argile, serait à la fois fort et faible, et ne laisserait pas de traces.

La splendeur de Babylone

Nabuchodonosor refait de Babylone la grande capitale qu'elle n'était plus depuis des siècles, en donnant libre cours à son ambition. La ville abrite 53 temples. Le plus important est l'Esagil, le sanctuaire de Mardouk, dieu tutélaire de la cité et dieu suprême du panthéon. Un temple bas est construit dans sa partie sud. Dans sa partie nord se dresse une ziggourat de sept étages, peinte d'une couleur différente à chaque étage. Une double enceinte munie de tours défend la ville. L'une de ses portes, la porte d'Ishtar, a pu être reconstituée. Deux tours en saillie la protégeaient, et des frises décoraient ses murs de brique.

Les conquêtes perses

Après la seconde prise de Jérusalem, Nabuchodonosor poursuit vers le nord et met le siège devant Tyr. La ville lui résistera treize ans avant de succomber. Puis, en 568, le roi de Babylone pénètre dans le delta du Nil. Cette fois, l'expédition demeure sans lendemain. Nabuchodonosor meurt quelques années plus tard, en 562. À sa mort, les querelles dynastiques déstabilisent le royaume. Finalement, lorsque Nabonide, un notable d'origine assyrienne, monte sur le trône en 556, la situation a changé. Cyrus, le roi des Perses, a commencé à se révolter contre les Mèdes. Après une série de conquêtes, la Babylonie est cernée au nord. La menace s'étend bientôt au sud, puisque, dans le même temps, les Perses s'établissent sur la côte est du golfe Persique.

Le roi pieux

Roi de Babylone entre 556 et 539 av. J.-C., Nabonide établit le culte du dieu Sin, le dieu-lune, s'opposant ainsi au très officiel clergé de Mardouk. Sans doute d'origine assyrienne, Nabonide vient de Harran où sa mère était une prêtresse de Sin. Une fois sur le trône de Babylone, il continue à manifester sa dévotion à ce dieu et veut instaurer sa primauté sur les autres divinités auprès des clergés de Babylonie. Une crise aurait éclaté dans la septième année de son règne et aurait été suivie par de graves troubles. Le roi aurait alors choisi de s'éloigner et de partir pour l'Arabie. En 539, lors de son retour à Babylone, il fait conduire en grande pompe la statue de Sin en son temple de Harran, mais l'intervention perse va couper court à tout autre projet et Nabonide est arrêté.

Le déclin de Babylone

Comme les routes du commerce international passent désormais au sud de la Mésopotamie et gagnent directement l'Égypte, la péninsule arabique devient un enjeu d'importance. C'est, semble-t-il, une des raisons pour lesquelles Nabonide gagne l'Arabie et s'installe à Teima, une oasis devenue un relais de premier plan. Il y réside pendant dix ans, laissant le prince héritier, Bel-shar-usur – le Balthazar des textes bibliques –, à la tête des affaires, à Babylone.

Vers 548 av. J.-C., Balthazar aime faire bombance et n'hésite pas à utiliser comme vaisselle les vases sacrés que Nabuchodonosor avait autrefois enlevés au temple de Jérusalem. Mais le dieu des Juifs le punira pour cette profanation. Un jour, Balthazar voit une main écrire des mots mystérieux sur les murs de la salle du banquet, qu'aucun personnage de la cour ne peut déchiffrer. Seul, le prophète Daniel pourra lui en donner le sens : *Mane* signifie que « Dieu a compté les années de son règne, et il en a marqué la fin ». *Thécel* signifie « qu'il a été pesé sur la balance et trouvé trop léger », *Pharès* signifie que « son royaume va être divisé et livré aux Mèdes et aux Perses ». La nuit suivante, la prophétie se réalise point par point et, d'après le récit de Daniel, Balthazar meurt assassiné par Danos le Mède qui usurpe le trône.

En fait, depuis plusieurs années, pour avoir voulu privilégier le culte du dieu Sin, Nabonide se heurte à l'hostilité des prêtres de Mardouk, le grand dieu de Babylone. Il doit aussi compter avec l'opposition des dignitaires babyloniens. À présent, il craint pour l'empire : les Perses ont pénétré en Syrie et ne cachent pas leurs intentions. Devant la menace qu'ils représentent, le roi rentre à Babylone pour organiser la défense. En vain. L'armée perse entre dans la capitale sans coup férir, tant les défections en sa faveur se multiplient. Goubarou, un notable babylonien rallié à Cyrus, se voit ainsi confier Babylone tout entière, en remerciement pour sa trahison. Nabonide est fait prisonnier.

Cyrus, reconnu comme roi, restitue leurs dieux aux populations soumises par Babylone et autorise les Juifs exilés à rentrer chez eux. En 539, la Babylonie devient ainsi une des vingt satrapies de l'Empire perse, qui s'étend alors de l'Indus à la Méditerranée.

Le premier Empire perse

À l'aube du Ier millénaire av. J.-C., les conditions climatiques et la prospérité du monde méditerranéen attirent dans cette région les Indo-Européens. Parmi les nouveaux venus figurent des Iraniens, des Mèdes et des Perses.

Les tribus irano-aryennes qui s'installent au milieu du VIIe siècle av. J.-C. en Asie sont une composante essentielle de l'équilibre des forces dans cette région du monde. Le premier groupe à s'installer, au début du Ier millénaire, a été celui des Mèdes, qui se donnent une capitale prestigieuse, Ecbatane mais sont en butte aux invasions des Assyriens, puis des Scythes, auxquels ils résistent mal et dont ils doivent subir l'occupation. Les Perses, quant à eux, se sont installés dans le pays de Parsoua, au sud du lac d'Ourmia et, vers 700, à Parsouma, au sud-est de Suse.

Avec l'aide de Babylone, les Mèdes renversent l'Empire assyrien et héritent d'un large territoire. Vers 640, le roi Cyaxare, fort des tactiques apprises de l'occupant, libère son pays et reprend l'expansion dont les Élamites avaient donné l'exemple. Il constitue un empire qui englobe alors le petit royaume perse.

Achéménès, père des Achémenides

C'est Achéménès qui réunit les tribus perses dans un premier royaume et profite des difficultés de son voisin, l'Élam, en lutte contre l'Assyrie, pour s'étendre à ses dépens. Il donnera son nom à la dynastie des grands rois qui lui succéderont et qui le considéreront toujours comme leur ancêtre : les Achéménides.

Vers 675 av. J.-C., son fils, Téipès, monte sur le trône et s'accorde le titre de roi de la ville d'Anshan, prouvant ainsi sa souveraineté sur l'ancienne cité élamite. L'Élam est, en effet, en plein déclin. Aussi le Perse poursuit-il facilement son expansion en annexant la province du Parsa, le Fars d'aujourd'hui. Mais, à sa mort, en 640, le pays est partagé entre ses deux fils : Ariamne, roi du pays de Parsoua, et Cyrus Ier, grand roi du Parsouma. Ni l'un ni l'autre ne résiste aux Mèdes, alors à l'apogée de leur puissance. Les deux royaumes perses restent sous allégeance mède jusqu'à ce que Cambyse, fils de Cyrus Ier, inaugure une ère nouvelle pour son peuple. En montant sur le trône vers 600, il réunit à nouveau les Perses sous une même couronne. Devenu roi de Parsouma et d'Anshan, il épouse même la fille de son souverain mède, Astyage. Mais, quelle que fût l'ampleur de ses ambitions, c'est Cyrus II, son fils, qui mènera le peuple perse vers son destin.

À la conquête du monde

De son avènement en 558 à la fin de son règne en 530, Cyrus II, dit « Cyrus le Grand », soumet trois des quatre nations qui se partagent alors l'Orient et transforme le royaume de ses pères en un véritable empire universel. Dans un premier temps, il se rebelle contre son grand-père Astyage.

Après trois années de guerre, le territoire des Mèdes est uni au sien, formant le grand Empire iranien, et c'est avec cette nouvelle force qu'il se lance à la conquête du monde. Vers l'est, il soumet le Turkestan, l'Afghanistan et s'étend jusqu'au nord-ouest de l'Inde, puis, se tournant vers l'ouest, il bat en 547 une puissance rivale, la Lydie.

La reddition des quelques villes grecques d'Asie Mineure qui tentent de résister est obtenue par les armes ou par la corruption. Mais, pour dominer le monde d'alors, il reste à s'emparer de deux grands pays : la Babylonie et l'Égypte. En 539, Babylone est conquise, Cyrus en devient le roi et fait de la ville une des résidences de la monarchie perse. Après cette victoire, les pays de l'Ouest, à vocation marchande, se soumettent volontairement, espérant de cette souveraineté sur l'ensemble des régions orientales qu'elle génère la stabilité politique nécessaire au développement de leur commerce. La Palestine, la Syrie, la Phénicie entrent dans l'orbite de Cyrus, et seule l'Égypte résiste encore à l'élan achéménide. Les Perses n'auront donc mis que 28 années pour soumettre ces puissances autrefois redoutables. Cependant, si le succès des conquêtes a dépendu, dans un premier temps, de la force et du dynamisme des armées, celui de la domination sur ces terres arrachées à l'ennemi relève, quant à lui, de l'habileté politique des souverains. Cyrus et Cambyse II, son fils et successeur, s'y attachèrent avec succès. En 525, lorsqu'il termine l'œuvre de son père en soumettant l'Égypte, Cambyse se fait reconnaître roi de ce pays, comme jadis son père, à Babylone, s'était fait couronner selon les coutumes civiles et religieuses propres à l'ancienne capitale mésopotamienne.

Désormais légitime roi d'Égypte, « roi des Nations », Cambyse fonde lui-même la XXVIIe dynastie pharaonique, mais il doit regagner la Perse où la noblesse menace de renverser le pouvoir central. Malheureusement, il meurt sur le chemin du retour…

LES CAPITALES ACHÉMÉNIDES, IMAGES DE LA ROYAUTÉ

C'est à Pasargades, première capitale du royaume, que se transmet le pouvoir dans l'Empire achéménide et que le roi hérite de ses pères. D'autres cités verront des couronnements, Babylone notamment, mais Pasargades restera toujours la ville d'intronisation de la monarchie. L'idée de capitales complémentaires apparaît avec Darios. Celui-ci installe son administration à Suse et fonde une capitale religieuse dans le Fars, pays des Perses : Persépolis. Ces cités sont surtout connues pour leurs bâtiments officiels. À Suse, un palais d'inspiration mésopotamienne domine la ville du haut d'une terrasse. Non loin de cette résidence royale, une large salle à colonnes, appelée

apadana, caractéristique de l'architecture civile des Perses, sert aux réceptions officielles. Tous ces bâtiments sont richement décorés. Des bas-reliefs en briques émaillées à Suse, des bas-reliefs de pierre à Persépolis rappellent aux visiteurs la puissance de l'empire et, au-delà, la grandeur du « roi des Pays ». Sans en être les initiateurs, les Perses ont ainsi transformé et porté à son apogée l'utilisation de l'architecture à des fins de propagande.

Darios, le Roi des rois

En 522, après neuf mois du gouvernement d'un usurpateur, Darios, issu d'une branche cadette des Achéménides, s'empare du trône et fait graver l'histoire de sa victoire sur le rocher de Béhistoun. Le texte, inscrit dans les trois langues officielles de l'empire, propage la nouvelle. Darios devient Roi des rois, le roi des nations soumises, et rétablit l'ordre dans l'administration centrale et dans les provinces. Les révoltes, en Babylonie sont réprimées par des séries d'actions punitives ; la Perse, la Médie, l'Égypte, l'Élam et des tribus d'Asie centrale se soulèvent. Ces soulèvements marquent le début de luttes violentes. Ainsi Frawartish, qui prétend descendre de l'ancien roi mède et désire rétablir le royaume de Médie, attire-t-il sur lui les foudres du Roi des rois, qui vient en personne réprimer la révolte.

Les répressions de Darios sont terribles, mais, en un an, il restaure l'empire de ses pères, la dernière rébellion ayant lieu à Babylone en novembre 521. Il entreprend alors une restructuration de l'administration provinciale en confiant à des Perses les postes clés, qui étaient auparavant détenus par les populations locales.

Puis, entre 519 et 512, il se lance vers de nouvelles conquêtes. La Thrace, la Macédoine et le nord-ouest de l'Inde passent sous son contrôle, et, à la fin du VIe siècle, l'Empire achéménide s'étend de l'Indus à la mer Égée, et de l'Arménie, au nord, à la première cataracte du Nil, au sud.

Un État habilement organisé

À la fin du VIe siècle, l'Empire est immense. Il rassemble sous une même autorité des peuples divers sur les plans ethnographique, culturel, politique, social et religieux. Comment intégrer dans un même système des populations aussi différentes ? De la réponse à cette question dépendait le succès de l'entreprise perse, et l'histoire a prouvé l'habileté de ces Iraniens nouvellement arrivés, qui ont su dominer des sociétés pourtant fort développées. Leur génie fut d'avoir accepté la prépondérance des vieilles civilisations dans certains domaines, notamment politique et économique, et de s'être formés à leur école. Une fois soumis à l'autorité perse, les peuples bénéficient d'une grande considération : mansuétude à l'égard des princes, respect des religions…

Par un comportement magnanime, Cyrus fait en sorte que jamais la domination perse ne soit ressentie comme une intrusion étrangère ; elle devient légitime. Assurément, cette politique habile est la force initiale de l'empire. Partout où les populations souffrent d'un régime totalitaire et répressif, les Perses sont accueillis en libérateurs, et une période d'euphorie suit même les conquêtes de Cyrus et de Cambyse. Mais, dans un second temps, accorder une autonomie relative aux pays et à leurs cultures, c'est aussi risquer de mettre en péril l'unité même de l'empire. L'État doit donc organiser le territoire national de manière à pouvoir y exercer un contrôle strict.

L'administration centrale se trouve à Suse, dans la chancellerie royale où sont prises toutes les décisions. Les ordres sont transmis aux provinces par un important réseau de routes étroitement surveillées. Le royaume est divisé en satrapies, c'est-à-dire en districts administratifs et fiscaux, que dirige un satrape, sorte de gouverneur régional. Au début de l'empire, les satrapes, issus de la haute noblesse, exercent l'ensemble des pouvoirs sur leur région ; ils sont donc un contre-pouvoir potentiel. Pour limiter leur puissance, Darios leur retire l'autorité militaire. Le commandement des troupes est désormais sous la responsabilité de fonctionnaires relevant directement du roi.

Au fur et à mesure que se durcit la politique royale à l'égard des provinces, les Perses occupent une place de plus en plus importante dans les satrapies, mais, malgré ce contrôle, les velléités de certains gouverneurs obligent le roi à utiliser les services d'une police privée, appelée « les yeux et les oreilles du roi ». L'organisation du royaume a été un temps à la mesure des ambitions des Perses, le temps de laisser s'épanouir une dernière fois les vieilles civilisations orientales en les intégrant dans un empire universel. Sa désintégration laissera la place à une nouvelle culture, étrangère cette fois au sol oriental, l'hellénisme.

Le déclin de l'Empire

La puissance de la Perse ne survit pas longtemps à Darios. La première moitié du Ve siècle voit renaître l'agitation, notamment à l'ouest, où les cités d'Asie Mineure se révoltent, ce qui entraîne le conflit connu sous le nom de « guerres médiques », ponctué de défaites majeures sur terre comme sur mer, et marque le début du véritable déclin perse. D'autres rébellions viennent aggraver la situation tout au long du Ve siècle. En Asie Mineure, en Médie, en Égypte et en Babylonie, l'État perse réclame des contributions financières de plus en plus lourdes pour soutenir l'effort de guerre qu'il fournit contre les rebelles. Ruinées par la pression fiscale qui leur est imposée, les populations non iraniennes se détachent d'autant plus facilement du pouvoir central que partout, dans l'administration, l'élément iranien exerce les fonctions les plus avantageuses. Mais ces révoltes et les guerres incessantes ont pour effet de renforcer la monarchie dans son absolutisme. La conduite magnanime de Cyrus, le souci de justice et de prospérité de Darios disparaissent pour laisser place à une politique de répressions impitoyables, qui, à l'inverse de l'effet escompté, excite à nouveau les sentiments nationalistes.

Intrigues de palais et querelles de succession fragilisent l'Empire achéménide dont Artaxerxès Ier aura été l'un des derniers grands rois. Darios II Ochos ne parvient à monter sur le trône, en 423, qu'après avoir assassiné son demi-frère Sogdianos, lui-même meurtrier de Xerxès II. Ces luttes internes peuvent expliquer pourquoi l'Empire achéménide est si peu actif sur la scène internationale. Des révoltes éclatent un peu partout sur le territoire, révoltes que l'armée a grand-peine à réprimer.

Dès le règne d'Artaxerxès II, la monarchie perse rejoint les rangs des despotismes répressifs qu'avaient connus ces régions. Malgré diverses tentatives, l'Empire se désintègre, les provinces échappent à un pouvoir central, lui-même secoué par les intrigues d'une noblesse aux abois. C'est dans ce contexte, en 334, que l'armée macédonienne d'Alexandre part en campagne contre la Perse. Et, par un étonnant retour de l'histoire, comme jadis Cyrus a pu être accueilli en libérateur face aux despotes, Alexandre ne trouve pas de populations fondamentalement hostiles à sa venue. En 331, l'empire des Perses succombe, Suse et Persépolis, reflets d'une brillante monarchie, sont saccagées.

Quant aux Mèdes, ils constituent une satrapie, qui se divise après Alexandre. Le Nord, sanctuaire du mazdéisme, forme l'Atropatène. Le Sud, qui est la partie la plus évoluée et la plus riche de l'Iran, constitue la satrapie de Médie.

Un art composite

La politique artistique de Cyrus et de ses successeurs demande la participation de toutes les provinces de l'empire. Les souverains n'hésitent pas à utiliser les matières premières ou les artisans de tout le royaume pour l'édification de villes destinées à les magnifier. En témoigne le récit de la construction de Suse par Darios : « ... Et les poutres en cèdre, elles, d'une montagne dont le nom est Liban, de là-bas furent apportées. Les gens qui étaient des Assyriens, eux-mêmes les transportèrent jusqu'à Babylone, et, de Babylone, les Cariens et les Ioniens les transportèrent jusqu'à Suse. [...] Et l'argent et l'ébène, eux, d'Égypte furent apportés... Et l'ivoire qui ici fut travaillé, lui d'Éthiopie et d'Inde et d'Arachosie fut apporté. Et les colonnes de pierre qui furent travaillées ici, d'une ville du nom d'Apiratoush, de là-bas en Élam, furent apportées... Darios, roi, dit : "Par la grâce d'Ahura-Mazda, à Suse, beaucoup de travail excellent fut fait. Qu'Ahura-Mazda me protège, moi et mon pays !" »

Zoroastre et Ahura-Mazda

À l'époque médique, au VIe siècle av. J.-C., Zoroastre, ou Zarathushtra, vit aux confins de l'Iran et de l'Afghanistan actuels. Prêtre instruit initialement dans la religion iranienne traditionnelle, qui est une religion polythéiste dominée par la figure du Dieu Ahura-Mazda, il va devenir le prophète d'une nouvelle religion, qui hérite des traditions iraniennes épurées. Il considère que deux principes divins, le Bien et le Mal, s'opposent dans le monde. Ahura-Mazda est le père des Entités (notions abstraites qui s'opposent, comme par exemple Arta, la Vérité, et Druj, l'Erreur) et contient en lui les principes opposés du Bien et du Mal. Au dire du prophète, les dieux primitifs des Iraniens ont tous penché vers la Tromperie, l'Esprit destructeur, Ahriman. Ils sont devenus des *daêvas*, des démons, dont le culte est interdit. Comme les dieux, l'homme doit opter entre le Bien et le Mal. La responsabilité individuelle est donc totale, car, de ce choix, va dépendre l'entrée dans la « Maison des chants », c'est-à-dire l'accès à la vie éternelle.

Le nouvel an à Persépolis

Chaque année, à l'éveil du printemps, a lieu, sous l'égide du grand Ahura-Mazda et en présence du Roi des rois, la grande fête du jour de l'an, qui rassemble toutes les nations à Persépolis. Les peuples maîtres – c'est-à-dire les Perses et les Mèdes – assistent au défilé et à la remise des offrandes que ces nations déposent au pied du trône. Au jour du nouvel an, le roi, les nobles et les hauts dignitaires passent entre les animaux gardiens des portes, redoutables taureaux ailés, qui ne laissent pas pénétrer l'étranger. Le cortège s'avance sur le parvis, où s'ouvre l'*apadana*, la grande salle des audiences. Le roi et son entourage, du haut de la loge qui leur est réservée, regardent s'approcher la longue file des délégations.

Le défilé terminé, le cortège royal se rend vers le palais, où l'attend un banquet, puis vers la salle aux cent colonnes, la salle du trône, où les chefs des pays offrent au roi des présents en gage de fidélité, sous l'œil attentif de sa garde personnelle, les fameux Immortels. Les Perses et les Mèdes défilent avec leurs chevaux et les chars royaux. Les Susiens présentent des lions, les Arméniens des vases en métal précieux et des chevaux, les Babyloniens des coupes, des tissus brodés et des buffles, les Lydiens de l'orfèvrerie et des chevaux, les Sogdiens des moutons et des tissus les Cappadociens ou les Phrygiens des chevaux et des vêtements brodés…

Esther et Assuérus

« Assuérus » est le nom que la Bible donne à Cyrus, et le *livre d'Esther*, le plus important des « cinq rouleaux » (cinq petits écrits lus solennellement lors de certaines fêtes juives), raconte comment il libéra les Juifs captifs à Babylone. Esther, une jeune Juive à la beauté merveilleuse, est choisie pour faire partie du harem royal. Quand Aman, ministre du roi, décide de faire persécuter les Juifs de l'Empire perse, Esther suit les conseils de son oncle, le sage Mardochée, et ose se présenter devant le roi sans qu'il l'ait convoquée, tandis que tous les Juifs jeûnent et prient à son intention. Sa beauté est si émouvante que, lorsqu'elle apprend au roi qu'elle fait partie de ce peuple qu'Aman persécute, Assuérus décide aussitôt de faire pendre son ministre, qui sera remplacé par Mardochée. Les Juifs peuvent enfin rentrer à Jérusalem. Depuis ce temps, ils célèbrent chaque année la joyeuse fête de *Pourim* en souvenir d'Esther.

Nouveau support pour l'écriture

En 460 av. J.-C., les scribes du roi achéménide utilisent pour les documents officiels un nouveau matériau : le parchemin. Il s'agit de vélin, bien plus facile à manier et à stocker que les tablettes d'argile. Mais ils continueront à utiliser les tablettes d'argile, moins onéreuses, en guise de « brouillon ». Les textes sont écrits en araméen, langue qui s'est imposée dans tout le Moyen-Orient.

• • •

CHAPITRE 2

Étrusques, Romains et Celtes (– 600 à – 100)

Entre 600 et 550 av. J.-C., de la plaine du Pô à Pompéi, un peuple de marins et de commerçants, les Étrusques, domine presque toute l'Italie et développe une civilisation brillante.

Les latins appellent ce peuple *Etrusci* (« Étrusques » dans notre langue), ou *Tusci* (« Toscans »), mais les Étrusques étendent cependant leur pouvoir bien au-delà des frontières de l'actuelle Toscane : l'Étrurie antique correspond à la région comprise entre l'Arno au nord, le Tibre à l'est et au sud, et la mer Tyrrhénienne à l'ouest.

Un peuple de marins, les Étrusques

À cause de cet accès à la mer, les Grecs qualifient les Étrusques de « Tyrrhéniens », et, s'ils n'hésitent pas à les faire passer pour des pirates, c'est surtout pour discréditer de puissants rivaux sur le plan commercial… Très vite, les Étrusques s'étendent, au sud, jusqu'en Campanie (où l'on a retrouvé des inscriptions étrusques) et, au nord, jusqu'à la plaine du Pô, fleuve dont ils dominent l'embouchure à Spina et à Hadria.

Les Étrusques s'appellent eux-mêmes « Rasenna ». C'est ce que nous apprend Denys d'Halicarnasse, un historien grec vivant à l'époque de l'empereur Auguste, à la fin du Ier siècle avant notre ère. Denys, le premier des « étruscologues », contribue ainsi à créer le « mystère » : d'où viennent les Étrusques ?

Le « mystère » de leurs origines

Très tôt, les historiens se sont interrogés à propos de ce peuple, dont la langue, non indo-européenne, ne ressemble à aucune autre. Selon la théorie la plus répandue, les Étrusques sont arrivés d'Asie Mineure, très précisément de Lydie, à la suite d'une disette, selon le récit d'Hérodote. Par ailleurs, les auteurs anciens, tel Virgile, les appellent souvent des « Lydiens ».

Denys d'Halicarnasse pense, pour sa part, que les Étrusques sont un peuple autochtone ayant ses origines en Italie. Il est le seul de cette opinion, et ses raisons relèvent moins de la science que de l'idéologie : il veut dévaloriser les Étrusques par rapport aux Romains, qu'il fait descendre… des Grecs. Ces derniers ont en effet une telle prééminence dans le monde antique qu'il est plus noble de se réclamer d'une origine hellénique !

Les historiens d'aujourd'hui tendent à donner raison à Denys d'Halicarnasse, en ce sens qu'ils insistent moins sur les origines que sur la formation de ce peuple en Italie même. Il importe surtout d'étudier, grâce aux sources archéologiques et littéraires, le développement de la civilisation étrusque au Ier millénaire avant notre ère.

On a longtemps cru que les Étrusques étaient arrivés d'Orient au VIIe siècle av. J.-C., durant la période « orientalisante », ainsi appelée à cause de nombreux objets importés en Toscane depuis des pays d'Orient (Égypte, Syrie, Chypre, Rhodes…), ou fabriqué sur place à la mode orientale.

Or, sur la plupart des sites, l'analyse des découvertes de cette époque montre une remarquable continuité avec les habitats ou les nécropoles de la période précédente. L'archéologie révèle que les Étrusques vivent déjà en Toscane à l'époque « villanovienne » – de Villanova, près de Bologne, où ont été identifiées pour la première fois les caractéristiques de la culture de l'âge de fer. Les Villanoviens sont en fait les ancêtres des Étrusques, appelés les « proto-Étrusques ».

Ancêtres des Toscans, les Étrusques sont déjà au centre d'une civilisation raffinée bien supérieure à la fruste culture « villanovienne » autochtone, qui peuple les collines avoisinantes de cabanes rondes, en bois, couvertes de chaume, comme celles que des fouilles récentes ont révélées sur le Palatin. Celles-ci sont bien modestes face aux tombeaux de pierre des Étrusques.

Le VIIe siècle est la grande époque de l'hégémonie étrusque sur le centre de la Péninsule. Ce peuple, aux origines mal connues, développe en effet dès ce moment une écriture spécifique, très proche du grec.

L'écriture étrusque

Les premières inscriptions étrusques apparaissent vers 700 av. J.-C. : pour des raisons sans doute commerciales, les Étrusques adoptent l'alphabet grec. Plus tard, lorsque des rois étrusques monteront sur le trône de Rome, leur langue imprimera sa trace dans l'alphabet latin : si nous avons le « C » étrusque à la troisième place – et non le « G » (gamma) des Grecs –, c'est parce que l'étrusque ignore les consonnes sonores… Au premier abord, l'étrusque est donc une langue qui se lit facilement, mais le sens des mots nous échappe très souvent. Aucun recoupement avec une autre langue n'a été possible, sauf avec les inscriptions d'une stèle trouvée en 1885 dans l'île de Lemnos et datant de la seconde moitié du VIe siècle avant notre ère ; on ne sait encore quels rapports établir entre l'Étrurie et cette île de la mer Égée, où les gens parlaient un dialecte proche de l'étrusque. Nous possédons environ 13 000 inscriptions, souvent funéraires. La plupart sont très courtes, elles comportent surtout des noms propres, et nous les comprenons parfaitement. Seuls les textes longs résistent à l'examen, puisque nous ignorons une partie du vocabulaire. Mais, pour les spécialistes actuels, la langue des Étrusques n'est plus une énigme absolue : il s'agit de progresser peu à peu vers une meilleure connaissance de cette société et de son langage.

La momie de Zagreb

En 1849, un noble slovène, Mihail de Baric, achète, en Égypte, une momie de femme. Il la ramène chez lui, à Vienne, mais la momie est transférée à Zagreb, en juillet 1862. On s'était aperçu depuis longtemps que les bandelettes de lin qui entouraient la momie étaient couvertes d'inscriptions. Mais c'est en 1891 que celles-ci sont identifiées comme le plus long texte étrusque (12 000 mots). On a pu montrer récemment que ce « livre de lin » comptait douze pages écrites de droite à gauche – comme il est normal pour l'étrusque –, sur une seule bande de tissu, longue de 3,40 mètres et haute de 40 centimètres. Il s'agit en fait d'un calendrier liturgique de sacrifices et de prières, semble-t-il à Neptune, qui a dû être rédigé au milieu du IIe siècle avant notre ère. C'est sans doute une petite colonie étrusque, passée en Égypte pour des raisons inconnues, qui emporta ce texte. Ce dernier fut récupéré beaucoup plus tard par un momificateur égyptien, qui le découpa alors en bandelettes…

Une exceptionnelle richesse

La société étrusque atteint assez rapidement un niveau de richesse étonnant. Son développement repose surtout sur des ressources naturelles exceptionnelles, des techniques raffinées et des contacts avec d'autres peuples culturellement plus avancés, comme les Phéniciens et les Grecs. Installés en Étrurie dès la fin du VIIe siècle et pendant tout le VIe siècle avant notre ère, les artisans grecs contribuent puissamment au développement de l'artisanat local dans de nombreux domaines, la céramique en particulier.

Mais l'Étrurie tire d'abord sa force d'une fertilité agricole et de richesses minières remarquables. Grâce à ses céréales, la région vient même au secours de Rome qui est menacée de famine à plusieurs reprises !

En matière de viticulture, les Étrusques obtiennent aussi des résultats spectaculaires : à la fin du VIIe siècle, certains sites de Provence et du Languedoc, comme Saint-Blaise (près de Marseille), reçoivent par milliers les amphores à vin étrusques.

Des maîtres de l'hydraulique

Les Étrusques ne se contentent pas de recueillir sans peine les fruits d'une terre généreuse. Ils exploitent parfaitement le sol et, en particulier, drainent les sols imperméables, nombreux en Étrurie méridionale. Le cas le plus spectaculaire est celui de la cité de Véies, au nord de Rome : le territoire de la ville est parcouru par un réseau de petits canaux, long de 25 kilomètres. C'est là aussi que se trouve une des réalisations les plus remarquables des ingénieurs étrusques, le Ponte Sodo, une galerie creusée dans le tuf sur 70 mètres de long.

Les forêts abondantes (longtemps infranchissables pour l'ennemi) permettent encore aux Étrusques de construire une flotte importante, bateaux marchands ou navires de guerre – les batailles navales ponctuent l'histoire de l'Étrurie. Grâce au bois, ils exploitent des ressources minières considérables, qui jouent un rôle de premier plan dans toute l'histoire de leur civilisation.

Les métaux sont présents partout en Étrurie ; au nord-ouest de Rome, par exemple, dans les monts de la Tolfa, entre Caere et Tarquinia, près des rives de la mer Tyrrhénienne. Plus au nord encore, à hauteur de l'île d'Elbe, les *Colline metallifere* proches de Vetulonia portent bien leur nom : la région regorge de zinc, de cuivre et de plomb. Mais le vrai nerf de la guerre, c'est le fer de l'île d'Elbe. Un fer fondu et travaillé juste en face, sur le continent, à Populonia (l'actuelle Piombino).

Utilisé dans plusieurs domaines, notamment militaire et agricole, le fer est un des éléments primordiaux des échanges avec les Grecs. De l'hématite de l'île d'Elbe a d'ailleurs été mise au jour à Ischia, près du golfe de Naples, là où les premiers colons grecs se sont installés au début du VIIIe siècle. Ce sont incontestablement les ressources minières qui avaient attiré ces colons : sinon auraient-ils poussé leurs navires le long des côtes de l'Italie, si loin vers le nord… et si près, le plus près possible, de l'Étrurie ?

Des Étrusques sur le trône de Rome

Entre le VIIe siècle avant notre ère et le début du Ve, la civilisation étrusque est à son apogée. Symboles de cette hégémonie, trois rois d'une dynastie étrusque, les Tarquins, occupent le trône de Rome de 615 à 509 av. J.-C. environ. En témoignent aussi des inscriptions étrusques trouvées à Rome, une influence évidente sur l'architecture des temples et l'organisation des égouts, et jusqu'au nom d'une voie importante en plein centre, qui s'appelle *Vicus Tuscus*, c'est-à-dire « rue Étrusque ».

La tradition confirme donc que la Ville éternelle a été dominée par les Étrusques, qui, en 598, fonderont une ville nouvelle, Capoue, symbole de l'opulence et du bonheur de vivre.

Cette présence étrusque à Rome est aussi révélatrice d'un fait essentiel : les Tarquins ne sont pas les représentants du seul Empire étrusque, qui s'étend progressivement, mais de plusieurs cités-États. Ils se sont d'ailleurs peut-être succédé à mesure que leurs cités gagnaient peu à peu en puissance économique et politique.

L'expansion en Campanie et dans la plaine du Pô aurait revêtu aussi cette forme. Les auteurs antiques évoquent, à plusieurs reprises, un groupe de douze cités étrusques présidant aux destinées de l'empire. Il est difficile de fixer la liste de cette « dodécapole » de l'Étrurie, dans la mesure où elle a dû évoluer au fil des siècles, mais il est possible, en tout cas, de citer sans grand risque d'erreur les villes suivantes : Caere, Tarquinia, Vulci et Vetulonia, pour l'Étrurie tyrrhénienne ; Véies, Volsinii, Chiusi et Pérouse, pour la région du Tibre ; Volterra, Arezzo, Cortone et Fiesole, pour celle de l'Arno, en Étrurie septentrionale.

Un peuple religieux entre tous

En fait, jamais cette ligue « panétrusque » ne connaîtra de réelle unité politique. Son ciment principal est la religion. Chaque année, des délégués des cités se réunissent au sanctuaire de Voltumne, consacré probablement à Tinia, le Jupiter étrusque, pour une foire, des cérémonies, des jeux. L'emplacement de ce très grand sanctuaire reste encore un mystère, même s'il a toutes les chances de se trouver près de Volsinii, l'actuelle Orvieto.

Les auteurs antiques considèrent d'ailleurs les Étrusques comme un peuple religieux entre tous. Comparée à celle des Grecs ou des Romains, leur religion présente des caractéristiques frappantes. Il s'agit, notamment, d'une religion du livre : dans différents textes sacrés, les Étrusques ont consigné les révélations des dieux. Les hommes peuvent ainsi connaître la volonté de ces derniers, et leur offrir sacrifices et rites appropriés. L'ensemble de ces livres forme l'*Etrusca disciplina*, dont un des points essentiels est l'art de la divination. Les Étrusques transmettent aux Romains la technique de l'« haruspicine » : comment prévoir l'avenir, c'est-à-dire la volonté des dieux, par l'examen des entrailles des victimes sacrifiées – et surtout de leur foie, considéré comme un microcosme de l'Univers.

Sous l'influence de la Grèce, les Étrusques donnent aussi figure humaine à leurs dieux, qu'ils identifient à différentes divinités grecques ou romaines. Les noms étrusques révèlent la diversité des origines et des influences : ainsi Aplu évoque l'Apollon des Grecs, ou Menerva la Minerve des Latins.

Les lamelles d'or de Pyrgi

En 1964, à Pyrgi, port de Caere, trois lamelles d'or couvertes d'inscriptions, en étrusque, pour deux d'entre elles, et en phénicien, pour la troisième, ont été retrouvées. Ces documents, qui datent de 500 av. J.-C., vont-ils aider à comprendre la langue étrusque ? Cet espoir est vite déçu. En revanche, ils illustrent les excellentes relations qu'entretenaient les Étrusques et les Carthaginois. Par exemple, le buchero – une céramique noire, typique de l'Étrurie – abondait sur le sol de Carthage dès le milieu du VIIe siècle. Hérodote rapporte que, vers 540 av. J.-C., des cités des deux peuples s'allièrent contre les Grecs de Phocée.

À Pyrgi, les commerçants venus de Carthage devaient bénéficier de la protection du grand sanctuaire de la cité. D'ailleurs, un temple y fut dédié à l'Astarté carthaginoise, qui est assimilée à Uni, la Junon étrusque. Ces relations se sont poursuivies longtemps. Ainsi, une petite colonie étrusque, chassée de son pays au Ier siècle av. J.-C., a laissé des bornes inscrites en étrusque dans la vallée de l'oued Miliane, au sud-est de Carthage.

La fin de l'indépendance

Mais, au VIe siècle av. J.-C., les rois, aux tombes fastueuses, ne gouvernent plus les cités-États. Le développement du commerce et de l'artisanat favorise l'émergence de nouvelles classes sociales. Le pouvoir passe des mains d'un homme seul à celles d'un petit groupe : des régimes oligarchiques se mettent en place. À Rome, la république est proclamée à la fin du VIe siècle.

Les Étrusques voient se réduire progressivement leur domination. C'est d'abord leur domination maritime qui est remise en cause. En effet, la colonisation grecque de la Corse, peuplée jusqu'alors depuis le début du Ier millénaire de Celto-Ligures et d'Ibères venus du continent, provoque un conflit pour le contrôle de cette partie de la Méditerranée. En 535 av. J.-C., à peine cinq ans après avoir fondé dans la plaine de l'Est, le comptoir d'Alalia aujourd'hui Aléria (540), les Phocéens doivent affronter en une bataille navale au large de leur colonie corse, une coalition d'Étrusques de Caere, alliés aux Carthaginois. La victoire de ces derniers leur permettent d'instaurer leur suprématie dans toute la Méditerranée occidentale. Mais à peine un demi-siècle après, les colonies de Grande-Grèce viennent à bout de l'hégémonie étrusco-punique. Gélon, tyran de Syracuse, est vainqueur à Himère des Carthaginois menés par Hamilcar, qui est tué durant la bataille. Quelques années plus tard, en 474, les Étrusques seront battus à leur tour, à Cumes, par Hiéron, frère et successeur de

Gélon. Pour remercier Zeus, celui-ci fera en son honneur de somptueuses offrandes au sanctuaire panhellénique d'Olympie. Mais il ne s'agit là que d'un répit…

La Campanie est d'ailleurs perdue avant la fin du Ve siècle, avec la chute de Capoue. Désormais, Syracuse viendra piller et exercer ses menaces sur le sol même de l'Étrurie.

Seules les cités étrusques de la plaine du Pô vont encore connaître une très grande prospérité. Mais cet éclat est provisoire. Un adversaire se manifeste bientôt, qui va ruiner la province et même aller jusqu'à Rome, au début du IVe siècle : les Gaulois.

Puis six ans après l'humiliation infligée par les Gaulois, Rome reprendra sa marche. Le processus est alors enclenché, il ne cessera qu'avec la capitulation de toute l'Étrurie au IIIe siècle.

Jeux et banquets étrusques

Avec la peinture étrusque commence une très longue et très florissante histoire : celle de la peinture italienne. On a ainsi retrouvé, sur les murs de sépultures souterraines de Tarquinia, Chiusi ou Orvieto, des fresques étrusques du VIe et du Ve siècle, remarquablement conservées.

Danses, banquets, jeux équestres et sports constituent les motifs les plus fréquents des fresques des années 550-540. Plus tard, ce sont les thèmes tirés de l'au-delà. Faut-il y voir une conséquence de la décadence de l'Étrurie et de la montée de la domination romaine ? D'inquiétants démons peuplent ces fresques, qui renvoient à des jeux funèbres, rites essentiels du passage dans la mort.

Les fresques qui ornent les hypogées de la nécropole des Monterozzi, à Tarquinia, sont connues depuis la Renaissance. D'autres, en grand nombre, ont été mises au jour au siècle dernier, entre 1820 et 1892.

Les découvertes ont repris depuis un peu plus de trente ans, grâce à de nouvelles techniques de prospection. Un ingénieur de Milan, Carlo Maria Lerici, a notamment imaginé d'introduire, au sommet de la chambre funéraire, un périscope orienté vers le bas. On peut ainsi voir l'intérieur de la sépulture et y prendre des photos, grâce à une sonde munie d'un appareil. Ce procédé évite des fouilles souvent inutiles : à Tarquinia, 2 p. 100 seulement de tombes sont décorées.

Un peuple de républicains, les Romains

En 509 av. J.-C., selon la tradition, une révolte chassa de Rome le dernier roi, qui laissa un si mauvais souvenir que le titre de roi n'y renaquit jamais. La tradition historique romaine raconte que Tarquin le Superbe, l'Orgueilleux, fut un tyran cruel. Étrusque, arrivé au pouvoir par le meurtre de son frère et de son beau-père, il avait décimé le Sénat et accablé le peuple de corvées de prestige ou d'utilité publique, comme la construction du temple de Jupiter Capitolin ou celle des égouts.

La chute de la monarchie

Le récit de la chute du dernier roi est un des morceaux de bravoure de l'histoire romaine. Quoique bon chef de guerre, Tarquin tombe sur un demi-échec militaire : tandis que s'éternise le siège de la ville d'Ardée, Tarquin Collatin et ses cousins, les fils du roi Tarquin le Superbe, évoquent leurs femmes respectives avec force louanges. Soudain, ils sautent à cheval en pleine nuit pour s'assurer de leur vertu : alors que les fils du roi trouvent leurs épouses en train de festoyer, Collatin découvre sa femme Lucrèce, filant sagement la laine. Joyeux, il retient ses cousins à souper. L'un deux, Sextus, tombe amoureux de Lucrèce. Quelques jours plus tard, Sextus viole la belle. Après son départ, la malheureuse supplie son mari et son père de la venger. Puis elle se plonge un poignard dans le cœur. Les témoins de la scène dont un des cousins du roi, Brutus, jurent alors de ne plus jamais tolérer de roi à Rome. Ce serment scellera la naissance de la République.

À l'appel de deux des cousins du roi, Junius Brutus et Tarquin Collatin, assistés de Valerius Publicola, le peuple de Rome se soulève, tandis que l'armée se mutine. Tarquin prend alors le chemin de l'exil et appelle à l'aide le roi de Clusium, Porsenna, qui se heurte à l'héroïsme des Romains. Porsenna tenta d'entrer en force dans Rome, par le seul point qui relie la ville à la rive étrusque du Tibre : le pont Sublicius. Il en fut empêché par Horatius Coclès, qui tint seul le pont face à l'ennemi jusqu'à ce que les soldats romains l'eussent coupé, et rejoignit ses lignes à la nage. Porsenna fut donc contraint d'assiéger Rome. Le siège durant, un jeune Romain, Mucius Scaevola, se proposa de tuer le chef ennemi. Il se glissa dans le camp de Porsenna ; mais, trompé par les vêtements d'un compagnon du roi, il le tua à sa place. Arrêté, il affirma que 300 autres jeunes gens avaient fait le même serment de tuer Porsenna. Impressionné, celui-ci engagea des pourparlers et demanda des otages garants de la bonne foi des interlocuteurs. Les Romains livrèrent donc plusieurs jeunes filles. Mais l'une d'elles, Clélie, organisa l'évasion de ses compagnes, qui traversèrent avec elle le fleuve à la nage pour rentrer à Rome. Ce dernier exploit força l'admiration de Porsenna, qui, toujours selon la légende, offrit spontanément la paix et son amitié aux Romains. Tarquin s'éteint quelques années plus tard chez le tyran grec de Cumes.

Brutus et Tarquin Collatin élus consuls, la république est née, et la liberté instaurée pour des siècles à Rome.

L'invention de la république

La vérité historique est tout autre. La chute de la royauté à Rome marque en fait le déclin du pouvoir étrusque en Italie centrale, alors que la monarchie est déjà abolie dans la plupart des cités de la région.

Tarquin le Superbe est tombé, car il avait usé de pratiques politiques proches de celles des tyrans grecs, s'en prenant aux structures des clans aristocratiques, descendants des *Patres*, ancêtres des grandes familles. Ce sont les fils de ces grandes familles qui profitent de la révolution, aristocratique et « nationaliste », qui chasse les Étrusques de Rome. Les patriciens tendent à former une oligarchie héréditaire, regroupée dans le Sénat, et s'opposant au reste du peuple, qui prend bientôt le nom de « plèbe ».

Mais les Romains doivent faire l'apprentissage de ce régime nouveau, qui n'a pas de nom, la « chose de tous », *respublica*, dont nous avons fait la république. À ses débuts, c'est encore une monarchie qui ne dit pas son nom et dont le chef n'a plus de fonction sacrée. Brutus, cousin de l'ancien roi, assure le pouvoir avec son second, Valerius, dont le surnom de « Publicola » est peut-être un titre. Il doit faire face, dit l'histoire romaine, à la menace d'un dernier conquérant étrusque, Porsenna, à qui les valeureux Romains résistent héroïquement, multipliant les exploits individuels, et qui offrit, selon la légende, spontanément la paix aux Romains.

En réalité, Porsenna a conquis Rome et y a instauré un protectorat avec des représentants nommés chaque année, qui furent sans doute les premiers « magistrats » romains, avec le titre probable de « préteurs ». Porsenna parti, la structure demeure et forme l'armature de la République romaine.

La domination des patriciens est alors renforcée après la tentative de restauration des Tarquins, l'armée « d'émigrés » est battue au lac Régille (496 av. J.-C.), et Sp. Cassius, consul plébéien qui tentait de s'opposer à la mainmise de l'oligarchie patricienne sur l'État, est exécuté, sous le prétexte qu'il cherchait à établir son pouvoir personnel.

Patriciens contre plébéiens

Pour la première fois, selon la tradition, la plèbe utilise alors son « arme absolue » : la sécession. Puisque le patriciat prétend incarner seul le corps civique, qu'il défende seul la cité ! Et, sous la conduite de ses tribuns, la plèbe en armes, conservant la structure de l'armée, se retire sur l'Aventin, colline qu'elle déclare « sacrée », alors que la menace des montagnards sabelliques pèse sur la ville et que les paysans plébéiens forment le gros de l'infanterie lourde. C'est le patricien « libéral » Menenius Agrippa, qui, selon la légende, les ramène à la raison en racontant la fable des membres et de l'estomac, aux fonctions différentes, mais indispensables les uns aux autres.

La vérité historique est différente. Les sécessions de la plèbe rythment désormais la chaotique vie politique de Rome, et il en sort une véritable « cité parallèle », avec ses magistrats, les tribuns de la plèbe, « sacro-saints », c'est-à-dire intouchables, sa colline, l'Aventin, hors de l'enceinte sacrée de la ville, et ses dieux, la triade Cérès-Liber-Libera, divinités de la terre nourricière (chtoniennes), distinctes de la triade vénérée sur le Capitole. Rome étant ainsi coupée en deux, les Sabins en profitent pour s'infiltrer dans la ville : au début du Ve siècle av. J.-C., la famille sabine des Claudii s'y installe de force ; en 460 av. J.-C., un chef de bande sabin, Ap. Herdonius, réussit même à s'emparer momentanément du Capitole.

En 451 av. J.-C., après un demi-siècle de « bras de fer », magistrats et tribuns de la plèbe s'effacent devant une commission de dix « sages » sénateurs, les décemvirs, chargés de fixer les règles du droit qui permettraient à la cité de fonctionner enfin. Au bout de deux ans, la commission produit le premier code de lois romaines, qui est gravé sur douze tables de bronze, la « loi des Douze Tables », acte de naissance de la légalité républicaine. La loi, même si elle est encore fondamentalement inégalitaire, est écrite, et les patriciens n'ont plus le monopole sacré de « dire » le droit.

Le consensus républicain

La loi des Douze Tables porte un rude coup au patriciat. Celui-ci, en effet, contrôlait jusque-là la plus grande partie de la population grâce au système de la « clientèle » : les clients sont des hommes qui se placent dans la dépendance d'un « patron », chef d'un clan, la *gens*. Avec la nouvelle loi, la famille devient la structure de base de la société romaine, aux dépens du clan. Mais l'égalité est loin d'être réalisée, et les privilèges des grandes familles sont officialisés : les mariages « mixtes », par exemple, sont interdits entre patriciens et plébéiens, mesure qui sera d'ailleurs très vite caduque.

Désormais, à la place des préteurs, gouvernent ensemble, *cum-sul*, les consuls et les censeurs, nouveaux magistrats, qui ont la charge de comptabiliser les fortunes foncières, pour hiérarchiser les électeurs romains en fonction de l'impôt qu'ils paient et non des privilèges de la naissance. Consuls et magistrats sont tout d'abord patriciens, et les heurts entre plèbe et patriciat se poursuivent, mais la cité est assez forte pour se lancer à l'assaut de Véies, sa puissante voisine étrusque.

Il faudra attendre 367 av. J.-C., et les lois inspirées par les tribuns de la plèbe Licinius et Sextus, pour voir s'ouvrir la voie de l'égalité juridique entre tous les citoyens. Le dernier rempart du patriciat ne s'écroulera pourtant qu'en 300, avec la loi Ogulnia : jusque-là, les patriciens étaient seuls admis à faire partie du collège des pontifes et des augures, donc seuls à détenir le pouvoir religieux ; ils devront désormais partager celui-ci avec les plébéiens.

Bien que la plèbe ait obtenu l'*aequas libertas*, la « liberté équitable » pour tous, ce sont les valeurs civiques et morales patriciennes, conservatrices, qui s'imposent à Rome : la *pietas*, respect des dieux et des devoirs, et la *fides*, loyauté envers ses concitoyens et la patrie. Rome reste gouvernée par une *nobilitas*, « noblesse » républicaine où le patriciat ne cède que peu à peu sa place aux grandes familles plébéiennes et à quelques « hommes nouveaux », de mérite reconnu, comme Cicéron.

Le rôle sacré du *paterfamilias*

Pouvant compter jusqu'à 5 000 membres, la famille romaine est assez comparable au clan écossais. Elle est soumise à un chef unique. À l'origine, la structure de base de la société romaine est fondée sur la *gens* : le terme désigne tous ceux qui se reconnaissent un ancêtre commun, mais il ne signifie pas que tous descendent de cet ancêtre. La *gens* est une structure centrifuge, à ramifications nombreuses, mais dont les membres, liés par des cultes privés, sont solidaires. Ils portent tous le même nom, le gentilice, dérivé du nom de l'ancêtre commun. Branche de la *gens*, souvent définie par un surnom commun (ex. *la gens Cornelia* avait pour subdivisions les *Cornelii Scipiones*, les *Cornelii Leutuli*...), la *familia* va s'affirmer en face d'elle, comme la cellule sociale concurrente, dès la loi des Douze Tables. Elle rassemble tout ce qui est sous l'autorité du *paterfamilias* : épouse, enfants légitimes, esclaves et biens immeubles, mais aussi les collatéraux jusqu'aux cousins issus de germains. Ils rendent un culte à leur bisaïeul commun (*proavus*). Ce culte, comme celui des dieux « familiers » (dieux des ancêtres : Lares, et dieux protecteurs de la maison : Pénates), est assuré, sur l'autel familial, par le *paterfamilias*, devant la famille assemblée. À la mort de ce dernier, les membres de la famille, mais aussi ses ancêtres (des figurants portant le masque de ceux-ci), l'accompagnent à sa dernière demeure, tandis que son éloge funèbre est prononcé par son successeur à la tête de la famille.

Rome, symboles et insignes

Après la chute du roi, les patriciens qui accèdent aux affaires de l'État procèdent à un véritable « dépècement » des institutions et des insignes de la royauté étrusque. Ainsi, les magistrats investis du pouvoir de vie et de mort sur leurs concitoyens ont gardé, comme marque distinctive de leur puissance, les faisceaux de baguettes surmontés de la hache de décapitation, objet porté par le licteur, symbolisant autrefois le droit royal de haute et de basse justice. De même, ils s'arrogent le pouvoir religieux du roi et prennent les auspices avec le *lituus*, le bâton rituel. Autres insignes royaux récupérés aussi bien par les consuls que par les sénateurs : la chaise curule, sorte de tabouret à pieds recourbés en forme de X rehaussé d'or et d'ivoire ; la pourpre, courante désormais au bord des toges ; les brodequins à la poulaine, fermés par une boucle d'ivoire en forme de croissant. Le copiage est tellement systématique qu'un ambassadeur étranger dit avoir eu l'impression, en entrant dans la curie, de se trouver « face à une assemblée de rois ». Mais le moment qui ressuscite le mieux l'apparat royal est la cérémonie du triomphe. Le général vainqueur, vêtu d'une toge pourpre semée d'étoiles, la tête ceinte par la couronne de lauriers en or, le visage passé au vermillon, juché sur un quadrige tiré par des chevaux blancs, n'imite rien d'autre que la statue de Jupiter Capitolin, autrement appelé *Jupiter... rex* (roi) !

Zancle devient Messine

En 480 av. J.-C., Anaxilas, tyran de Rhégion depuis 486, mène une expédition contre la cité de Zancle. Fondée par les colons grecs venus de Cumes, celle-ci passe ensuite aux Sicules, aux Chalcidiens puis est tenue par des rebelles de Samos, hostiles à l'autorité d'Anaxilas. Vainqueur, ce dernier les chasse et fonde une nouvelle colonie dans la ville. Il lui donne le nom de Messine, en souvenir de la région grecque de Messénie. Anaxilas régnera jusqu'en 476. Au IIIe siècle, des Campaniens s'en emparent. Contre les Carthaginois qui l'occupent, ils font appel aux Romains : Messine devient une alliée de Rome.

Un peuple de guerriers, les Celtes

Vers 480 av. J.-C., les Celtes entrent dans l'ère de La Tène. Déjà implantés en Europe centrale et occidentale, ils commencent, dès 400, à descendre vers le sud et s'installent en Gaule cisalpine.

Dans l'histoire des Celtes, la civilisation de La Tène succède à celle de Hallstatt ; datant du IXe siècle avant notre ère, celle-ci a vu le jour en Europe, dans une région située au nord des Alpes, qui s'étend de la Bohême, à l'est, jusqu'au Bassin parisien, à l'ouest. Après l'effondrement des princes hallstattiens s'ouvre donc la période dite de « La Tène », du nom d'un site archéologique des bords du lac de Neuchâtel.

D'une durée de 4 siècles environ et s'achevant avec la conquête de la Gaule par César, la civilisation de La Tène marque l'apogée de l'expansion des Celtes sur le continent européen et jusqu'en Asie Mineure. Les historiens grecs et romains signalent d'ailleurs leur présence sur ces territoires dans des textes qui ne remontent guère au-delà du dernier siècle avant notre ère.

« Keltoi » ou « Galli »

Grecs et Romains mentionnent en effet l'existence de peuplades barbares, qu'ils nomment Celtes (*Keltoi*, en grec) ou Gaulois (*Galli*, en latin), et parmi lesquels ils classent parfois les « Germains ». Ils signalent également la présence, dans les forêts gauloises, de toutes sortes d'animaux légendaires et dépeignent leurs habitants sous les traits peu flatteurs d'ivrognes sales et brutaux. Mais, surtout, les Gaulois poussent régulièrement des incursions depuis la Gaule cisalpine, allant même jusqu'à Rome, dont ils s'emparent vers 390. C'est donc en réalité une vision partiale, et non un compte rendu objectif, que donnent les historiens antiques de ceux qu'ils considèrent, à juste titre, comme leurs ennemis héréditaires ; or, beaucoup de notions répandues sur « nos ancêtres les Gaulois » ont longtemps reposé sur cette vision déformée…

La civilisation de La Tène appartient aux Celtes, mais elle n'a jamais eu d'unité politique, et il n'est pas certain qu'elle ait eu une unité de religion ou même de langue, d'autant que, pour un observateur extérieur, Celtes et Germains pouvaient aisément se confondre. À ses débuts, pendant tout le Ve siècle, et contrairement à l'Italie et à la Grèce, ces régions de l'intérieur de l'Europe ne connaissent pas d'organisation supérieure à celle du village ; il n'existe pas non plus de hiérarchie entre les tombes.

Ainsi, plusieurs centaines de cimetières de cette époque ont été découverts dans les départements de la Marne, des Ardennes et de l'Aisne. Ils appartiennent à de petites communautés de plusieurs dizaines d'individus. On retrouve sur les femmes de minces torques (colliers) en bronze et des bracelets ; les hommes n'avaient dans leur tombe que quelques vases, parfois une lance, plus rarement une épée. Ils vivaient dans des hameaux, regroupant des maisons rectangulaires, flanquées de greniers à blé montés sur pilotis afin d'être protégés des rongeurs. Le style des parures ou des vases varie fortement d'une région à l'autre, indiquant que les très vastes réseaux d'échanges qui avaient fait la fortune des princes hallstattiens ont cessé. Mais la densité de ces villages et de leurs cimetières, régulièrement échelonnés tous les 4 ou 5 kilomètres, est sans doute l'indice d'un grand dynamisme démographique.

Après un siècle, cependant, avec la croissance de la population, une forme d'inégalité va réapparaître parmi les tombes. Certains personnages importants sont inhumés sur leur char de guerre, avec des objets de prestige qui, de nouveau, proviennent d'échanges avec le monde méditerranéen (vases de bronze, coupes en céramique fine) ; un artisanat local de luxe se développe pour donner naissance à l'« art celte ». Les tombes à char de Somme-Bionne ou de la Gorge-Meillet, découvertes dans la Marne au XIXe siècle, demeurent parmi les plus célèbres.

Les invasions celtes

C'est à la réapparition d'une aristocratie guerrière, jointe à cette forte poussée démographique, qu'il faut sans doute attribuer les fameuses migrations celtiques qu'évoquent les historiens antiques et que l'archéologie permet également de retrouver. Il est possible en effet de suivre la piste des armes et des parures de La Tène qui, depuis leur berceau (Bassin parisien, Allemagne du Sud, Bohême, Suisse, Autriche), apparaissent dans le centre puis le midi de la France et jusqu'en Espagne, mais aussi, vers 450 av. J.-C., au nord de la péninsule italienne.

Venus de l'Ouest et du Nord, les nouveaux arrivants, chevelus, moustachus, vêtus de pantalons collants et de courtes chemises, chaussés de brodequins de cuir, font forte impression sur les populations italiotes, qui apprennent à redouter leurs lourdes épées de fer.

Les Romains distingueront ensuite la Gaule cisalpine, conquise vers 400 av. J.-C. et devenue province romaine au IIIe siècle, et la Gaule transalpine. En effet, 10 ans à peine après leur installation sur le sol italien, des envahisseurs gaulois conduits par un chef de tribu dénommé Brennus attaquent Rome. D'après le récit de l'historien romain Tite-Live, les Romains furent saisis de panique devant la horde brutale et vociférante qui déferlait : en entendant le cri de guerre des redoutables combattants celtes, les Romains prirent la fuite avant même que leurs adversaires n'atteignent la ville. Les Gaulois exigèrent une rançon en or en échange de la libération de Rome et, à l'occasion de la transaction, Brennus jeta à la face des Romains : *Vae victis !* (« Malheur aux vaincus ! »).

On retrouve également leurs traces en Yougoslavie, dans toute l'Europe centrale, en Grèce et jusqu'en Turquie.

C'est un autre Brennus qui, un siècle plus tard, à la tête d'une armée de guerriers mena une offensive contre le sanctuaire de Delphes, en 279 ; mais il fut gravement blessé durant l'assaut final et se suicida. Son armée vaincue dut se replier et pénétra en Asie Mineure. Certains Celtes gagnèrent alors le plateau proche d'Ankara, en Turquie, où ils fondèrent, vers 275 av. J.-C., le royaume de Galatie. Les Grecs installés en Asie Mineure durent affronter les Galates au cours des IIIe et IIe siècles avant notre ère. Ces derniers furent définitivement battus en 230, à la bataille de Pergame. C'est également pendant cette période que les Celtes s'imposèrent – pour plus longtemps – sur les îles Britanniques.

Il ne faut cependant pas se représenter ces mouvements comme une colonisation massive : les bandes gauloises ne sont pas assez nombreuses. Leur passage en Grèce et même en Turquie n'a laissé que fort peu de traces archéologiques, même s'il a considérablement ému leurs contemporains. Dans certaines régions, les Celtes se mêlent assez vite aux différentes populations autochtones : la fusion donne les « Celtibères » en Espagne, les « Celtoligures » en Provence, ou encore les « Scordisques », dans la région de Belgrade.

C'est de cette période de migrations des IVe et IIIe siècles que datent les objets les plus typiques de l'art celtique : casques d'or ou épées ornées de dragons affrontés et de motifs curvilignes enchevêtrés, bracelets et torques de bronze ou d'or à la plastique exubérante si particulière, où les influences méditerranéennes ont sensiblement été reprises et stylisées de manière tout à fait originale.

Les premières villes gauloises

Passé le temps des migrations, le monde celtique se stabilise et va connaître une double évolution. À l'intérieur, la société se hiérarchise de plus en plus, et les premières villes, appelées « oppida », apparaissent. À l'extérieur, la République romaine va prendre, en deux siècles, le contrôle de presque toutes les zones celtes, de la Turquie à la Grande-Bretagne.

C'est au cours du IIe siècle avant notre ère que les oppida voient le jour dans la zone celtique originelle, qui va du Bassin parisien à la Bohême. Ce sont des villes fortifiées pouvant s'étendre sur plusieurs centaines d'hectares, retranchées derrière des murailles de bois et de terre. En Allemagne, le site de Manching, qui a fait l'objet de fouilles extensives, couvre 350 hectares. En Bohême, l'un des plus célèbres est celui de Stadonice. En France, les recherches systématiques ont commencé plus tard et ont lieu actuellement à La Chaussée-Tirancourt, dans la Somme, et surtout au mont Beuvray, près d'Autun : c'est l'ancienne Bibracte, la capitale des Éduens (peuple de la Gaule le plus puissant avec celui des Arvernes) où Vercingétorix fut proclamé chef des Gaulois révoltés, et où César rédigea ses *Commentaires* après la victoire d'Alésia. À l'intérieur, l'urbanisme est assez strict : les rues se coupent à angle droit et sont bordées de cours et de maisons rectangulaires d'une dizaine de mètres de côté (excepté en Grande-Bretagne, les Gaulois n'ont jamais vécu dans des huttes rondes !). Villeneuve-Saint-Germain, près de Soissons, dans la vallée de l'Aisne, et Variscourt-Condé-sur-Suippe, près de Reims, présentent la même configuration urbaine.

La fouille de ces villes révèle également une spécialisation par quartiers, avec des artisans travaillant le métal, les peaux ou le textile. La nourriture repose, pour plus des deux tiers, sur le porc, et les salaisons gauloises étaient réputées sur les bords de la Méditerranée. C'est au sein de cette vie économique déjà complexe que se développe, à partir du IIe siècle, une économie monétaire. Les monnaies, d'or puis d'argent et de bronze, s'inspirent d'abord de modèles grecs ; mais elles ont bientôt leur style propre, marqué par l'abstraction, constituant un des plus beaux témoignages de l'art celtique. Les lieux de découverte des diverses sortes de monnaies permettent de reconstituer l'extension des différents peuples gaulois, groupés autour de leur oppidum principal. Les frontières de ces peuples, respectées ensuite par l'administration romaine, ont survécu pour beaucoup jusqu'à nos jours dans les limites actuelles des diocèses ecclésiastiques.

L'armement gaulois

Les Gaulois effrayaient les Romains, car ils combattaient presque nus. En revanche, ils étaient équipés d'un armement de qualité. Ils se protégeaient avec un long bouclier de bois, renforcé par une partie métallique, et combattaient avec une longue épée de fer, qu'ils rangeaient dans un fourreau. Ils utilisaient au besoin la lance et le javelot. La cavalerie celte, que César dut affronter, était redoutable, et les Celtes possédaient des chars de guerre, présents dès le Ve siècle av. J.-C. dans les tombes des chefs en Europe continentale, et utilisés encore en Grande-Bretagne du temps de César. Si le torque est l'apanage des femmes au Ve siècle, il devient ensuite un insigne de prestige : le héros romain Manlius sera surnommé « Torquatus » pour avoir abattu un chef gaulois et l'avoir dépouillé de son torque. L'art de la fortification gauloise est également élaboré : il s'agit d'un type de rempart construit en poutres entrecroisées et reliées par de longs clous de fer, armant une muraille de pierre et de terre, que les Romains appelaient *murus gallicus*.

Le travail des métaux

L'art celte est le plus riche des arts barbares, mais, comme c'est le cas chez tous les peuples migrants, c'est d'abord un art de petits objets, richesses facilement transportables. Les œuvres d'art, qui ne visent pas tant à honorer les dieux qu'à embellir la vie quotidienne, sont richement décorées : les Celtes fabriquent ou achètent de superbes vases et chaudrons, les situles (sceaux) ornent leurs casques et leurs épées. Surtout, ils se parent de somptueux bijoux.

Leurs orfèvres connaissent toutes les techniques du travail des métaux : ils savent graver, bosseler, incruster, perforer, recouvrir le bronze et le fer de fines feuilles d'or.

Les motifs choisis par les orfèvres témoignent d'influences diverses : motifs curvilignes enchevêtrés, spirales, svastikas indo-européennes, courbes du yin et du yang héritées de la Chine, palmettes et grecques méditerranéennes, animaux et plantes stylisés, dragons affrontés. Les motifs sont d'abord symétriques, mais, aux IVe et IIIe siècles avant notre ère, le style « libre » rompt avec cette tradition. Si, à leurs débuts, ils ont hésité à représenter la figure humaine, les Celtes des IIIe et IIe siècles utilisent magistralement ce motif, de façon réaliste, ou le stylisent à l'extrême, pour l'inscrire dans la surface à décorer.

Des langues disparues

Les langues celtiques sont l'un des groupes des langues dites « indo-européennes », parlées autrefois dans une partie de l'Europe occidentale. Ces langues ne se sont maintenues de nos jours qu'en Bretagne et dans les îles Britanniques (Irlande, pays de Galles, Écosse, île de Man). Le breton n'est pas le descendant du gaulois, mais une langue celtique apportée au Moyen Âge par des réfugiés des îles Britanniques qui fuyaient les invasions saxonnes. Le gaulois lui-même est assez mal connu, car il n'était pas écrit. Il n'a survécu que dans de rares inscriptions funéraires en alphabet grec (le « gallo-grec ») ou latin. Le texte le plus long qui existe est un calendrier trouvé à Coligny, près de Lyon. Il existe des traces d'autres langues celtiques aujourd'hui disparues, comme le « lépontique », connu par des inscriptions du nord de l'Italie. Mais on ignore, pour la majorité d'entre elles, si les peuples mentionnés parlaient une langue « celtique », « germanique » ou autre.

La religion celte

Les croyances et les rites des Celtes sont très mal connus. La religion romaine a pu supplanter ces traditions orales en s'imposant sur tous les territoires conquis. Les textes les plus anciens écrits en langue celtique sont souvent des traductions de la Bible ou des Évangiles. Les témoignages des Romains – qui ont donné les noms de Taranis, Ésus ou Épona – sont peu fiables, car ceux-ci s'efforçaient de retrouver sous les dieux celtiques leurs propres dieux, qu'ils supposaient universels. Ils signalent cependant l'existence de collèges de druides, apparemment assez puissants. L'archéologie fournit par ailleurs des informations sur les pratiques (temples, statues, sacrifices), mais non sur les croyances. Il est possible que certaines légendes irlandaises transcrites au Moyen Âge reflètent des mythologies plus anciennes et soient, dans ce cas, une source de renseignements précieux pour notre connaissance de la religion celte.

Les tombes à char

Au Ve siècle av. J.-C., les princes de Hallstatt se faisaient déjà inhumer avec leur char à quatre roues. Cependant, à la fin du Ve et au IVe siècle, un nouveau type de char apparaît. Le char ne possède que deux roues et sert à la guerre comme ses modèles grecs et proche-orientaux. Emblème de prestige, il n'est cependant déposé que dans les tombes les plus riches, qui sont parfois celles des femmes. Plus de 150 de ces tombes ont été découvertes dans la seule région de la Champagne, mais il en existe aussi en Belgique et en Allemagne. On y place également le harnachement pour deux chevaux, qui ne sont pas immolés. Outre l'armement et la parure, le mort emporte de nombreuses poteries, qui atteignent parfois un mètre de haut et contiennent des aliments : boissons fermentées, porcs ou sangliers, et même parfois des grenouilles…

Sanctuaires et sacrifices humains

La religion des peuples celtes ou gaulois est mal connue ; cependant, des sanctuaires impressionnants ont été récemment retrouvés. Celui de Gournay-sur-Aronde, dans l'Oise, était entouré d'un fossé et d'une palissade sur laquelle étaient fichées en trophée les armes prises à l'ennemi (c'est-à-dire au peuple gaulois voisin). À l'intérieur se trouvaient un petit temple en bois ainsi que des fosses destinées au sacrifice des animaux. Ceux-ci n'étaient d'ailleurs pas les seuls à être immolés : à Ribemont-sur-Ancre, dans la Somme, les crânes et les ossements de nombreux guerriers ont été découverts, parfaitement rangés en pile. Dans les temples du Midi, à Roquepertuse ou à Entremont, des portiques en pierre étaient ornés de crânes de guerriers cloués. Il existait aussi tout un art de la sculpture en pierre – guerriers héroïsés, trophées dont le témoignage le plus célèbre est la tête de « Janus » de Roquepertuse.

Ces deux derniers sanctuaires portent d'ailleurs les traces d'une destruction brutale par les légions romaines, qui y ont laissé notamment les boulets en pierre de leurs catapultes.

Si la présence romaine laissa en Gaule des traces définitives, dont notre langue, les traditions celtiques exercèrent une influence dans l'art, pendant toute la période gallo-romaine et jusqu'au Moyen Âge, et dans les techniques agricoles, avec des innovations comme le tonneau, la moissonneuse et la charrue.

Les peuples germaniques en marge

Au nord-est du monde celtique, une civilisation autonome se développe au IVe siècle av. J.-C., surtout connue par les dépôts d'objets retrouvés dans les marais et les tourbières. Au Danemark et en Allemagne du Nord vit un peuple de paysans, qui habite des fermes isolées, des maisons de torchis, et laboure le sol à l'aide d'araires de bois. Les villages, qui sont occupés depuis des siècles, sont désormais construits sur des tertres artificiels, les *terpen* hollandais ou les *Wierden* allemands, formés par accumulation de débris domestiques, ce qui les met à l'abri des inondations.

Au IIIe siècle av. J.-C., plus au nord, à Hjortspring (Danemark), les Germains remercient leurs dieux de leur avoir donné la victoire en leur consacrant toutes sortes d'objets, qu'ils jettent dans des tourbières. On y a ainsi retrouvé un navire entier, tout armé, renfermant plus de 150 boucliers de bois et des cottes de mailles, probablement pris à des ennemis vaincus. À Tollund, la tourbe a parfaitement conservé la tête d'un homme garotté, au visage étonnamment moderne. Il a très probablement été sacrifié, puis jeté là pour des raisons rituelles.

Le voyage de Pythéas

Au IVe siècle av. J.-C., personne n'accorde de crédit en Gaule aux histoires de Pythéas le Marseillais, navigateur et géographe. Il est certain que ce Grec de Massalia a atteint les côtes de l'Europe du Nord et reconnu les routes de l'ambre et de l'étain, mais ses récits, connus des Anciens sous deux titres : *Sur l'Océan* et *Description de la Terre*, sont invraisemblables pour les marchands grecs, qui connaissent bien les itinéraires commerciaux puisqu'ils vont chercher le métal dans l'île de Wight, puis l'acheminent jusqu'à Marseille.

La fin de la civilisation de La Tène

Vers 250-120 av. J.-C., le deuxième âge du fer, la civilisation dite « de La Tène » connaît, dans sa deuxième phase (La Tène II), une importante évolution. C'est à cette époque qu'elle connaît sa plus grande expansion : depuis le Danube, elle atteint la Bretagne et le nord de l'Italie, et l'art, jusque-là stylisé et géométrique, prend du relief. Les formes s'arrondissent, les entrelacs se compliquent, la symétrie cesse d'être systématique, c'est la période dite « plastique ». Les petits objets de métal, caractéristiques de l'art celte, peuvent être ornés de figurations humaines ou animales. C'est de cette époque aussi que date la grande statuaire gauloise, à Roquepertuse et à Entremont.

• • •

CHAPITRE 3

L'âge d'or de la Grèce (–600 à –380)

À l'aube du VIe siècle av. J.-C., une crise sociale secoue le monde grec. Les grandes familles aristocratiques perdent leur pouvoir. Les formes anciennes d'organisation politique s'effritent. Un peu partout, sauf à Sparte, des « hommes providentiels » s'emparent du pouvoir. Ces tyrans mettent fin, au moins pour un temps, aux affrontements. Mais la tyrannie cède peu à peu devant un nouveau système politique : la démocratie.

Pour le philosophe Aristote, ces années de tyrannie représentent une période de transition : au Ve siècle, de nouveaux systèmes politiques se mettent en place, qui font une plus large place au peuple, le *dêmos*. C'est à Athènes que la démocratie voit le jour pour la première fois.

L'invention de la démocratie

Au VIe siècle, le pouvoir des aristocrates est battu en brèche. Pour des raisons d'ordre militaire, d'abord : les guerres, quasi permanentes dans le monde grec, ont donné de plus en plus d'importance aux fantassins. Recrutés chez les paysans aisés, les hoplites ne veulent plus défendre des cités dont ils seraient les exclus.

Pour des raisons d'ordre économique, ensuite. La colonisation, l'expansion en Méditerranée ont favorisé le commerce, jusqu'alors dominé par les Phéniciens.

La monnaie fait son apparition, l'artisanat se développe, en particulier celui de la céramique. Une cité comme Corinthe, qui contrôle un isthme, importante voie de passage, exporte sa céramique dans toute la Méditerranée. La propriété foncière n'est plus la seule source de richesses et les nouvelles conditions économiques vont ébranler la vie des aristocrates.

Cette évolution provoque aussi la ruine de nombreux petits paysans, qui subissent la concurrence des produits agricoles importés. À force de s'endetter auprès des riches, ils tombent sous leur dépendance. À Athènes, par exemple, les hectémores, paysans dépendants, doivent remettre un sixième de leurs récoltes à leurs maîtres.

Partout la révolte gronde. Les paysans pauvres, dont le sort s'aggrave à la fin du VIIe siècle, s'opposent aux grands propriétaires fonciers, les riches eupatrides, et réclament le partage des terres et l'abolition des dettes.

Les premiers législateurs

La crise appelle des réformes et des législateurs. Zaleucos, de Locres, est le premier d'entre eux. Charondas donne des lois à Catane, et Pythagore à Crotone. Les Spartiates, pour leur part, restent fidèles à l'œuvre de Lycurgue, leur réformateur légendaire.

À Athènes, dans le dernier quart du VIIe siècle, Dracon instaure un code de lois extrêmement sévère. Ces lois, draconiennes, visent à soustraire l'individu à la justice privée des clans, pour en faire un être indépendant, placé sous la protection de l'État.

Devenu magistrat de la grande cité en 594, Solon réalise la *seisachteia*, c'est-à-dire l'abolition de la dépendance paysanne et de l'esclavage pour dettes. Ses réformes, en particulier l'établissement de lois communes pour tous, sont la base du régime démocratique athénien. Les citoyens sont désormais regroupés en quatre classes, en fonction de leur richesse et non plus de leur naissance. Encore que la dernière classe de la société, celle des thètes, n'eût sans doute pas accès à l'*ecclesia*, l'assemblée du peuple.

L'âge de la tyrannie

Malgré les efforts des législateurs, des luttes de factions continuent à ravager les cités grecques. Ça et là émergent des « hommes forts » : Pisistrate à Athènes, Polycrate à Samos ou encore Thrasybule à Milet.

Pisistrate arrive au pouvoir par la ruse, feignant d'être blessé dans un attentat. Deux fois renversé, exilé, il domine la vie politique de 561 à sa mort, en 528. Pisistrate s'appuie sur la classe des petits paysans de la montagne pour exercer un pouvoir modéré. Fidèle aux institutions, il se contente de placer ses fidèles aux postes clés, consentant des prêts aux petits paysans, embellissant les monuments, donnant de l'éclat aux grandes cérémonies religieuses. À sa mort, ses fils, Hipparque, féru d'art, assez falot, et Hippias, qui assume la réalité du pouvoir, lui succèdent. Pour des motifs personnels autant que politiques, de jeunes Athéniens complotent contre eux. Lors de la procession des panathénées de 514, Harmodios et Aristogiton attaquent les deux tyrans, mais seul Hipparque succombe. Harmodios est tué sur-le-champ, Aristogiton meurt sous la torture ; la tradition fera des conjurés des martyrs de la liberté, dont le sacrifice est commémoré chaque année. Hippias, assiégé dans l'Acropole par ses adversaires aidés du roi de Sparte, quitte Athènes en 510.

Bénéficiant d'un soutien populaire, ces tyrans s'emparent du pouvoir par la force. Ils ne se soucient pas de transformer la constitution de leurs cités, mais se contentent de faire taire les querelles internes par la violence. Thrasybule enseigne ainsi à Périandre qu'il faut gouverner la cité en écrasant toute opposition. Il faut, dit-il, comme dans un champ de blé, couper tous les épis qui dépassent !

Les tyrans mènent des politiques de prestige, lancent des grands travaux, stimulent l'économie de leurs cités. Pisistrate, qui prend le pouvoir en 561, donne un éclat particulier aux grandes panathénées et aux dionysies, ces fêtes célébrées en l'honneur d'Athéna et de Dionysos.

En 522 av. J.-C., Polycrate, tyran de Samos, meurt crucifié par Oroitès, satrape perse de Sardes. Il régnait seul sur la plus riche des îles Ioniennes depuis qu'il s'était débarrassé de ses deux frères, en 533, et mourut victime de sa tortueuse politique étrangère. Il monta en effet une expédition dans l'Égypte des pharaons saïtes pour éliminer les aristocrates locaux, puis tenta de soulever contre son souverain un gouverneur perse. Celui-ci l'invita à se rendre à Magnésie-du-Méandre, mais il s'agissait d'une ruse pour le capturer. Samos doit à Polycrate ses monuments les plus célèbres dont le temple d'Héra.

À Agrigente, entre 570 et 554 av. J.-C., le pouvoir appartient désormais à un odieux tyran, Phalaris. Originaire d'une île du Dodécanèse, il s'est emparé du pouvoir en s'appuyant sur des ouvriers révoltés qu'il avait enrôlés. Il se montre d'une affreuse cruauté, faisant rôtir ses opposants dans un taureau d'airain chauffé à blanc. Sa politique extérieure n'est pas plus glorieuse : les Grecs reculent devant les Carthaginois, qui défendent leur supériorité dans la Méditerranée occidentale. Phalaris aurait écrit des *Lettres*, qui font l'apologie de la tyrannie, mais celles-ci sont sans aucun doute apocryphes.

Athènes et la démocratie

Mais la tyrannie n'est qu'un remède provisoire à la crise. Elle ne s'étend guère au-delà du VIe siècle, et les régimes aristocratiques en sortent encore plus affaiblis.

Telle est la conclusion que l'Athénien Clisthène tire de la chute des derniers tyrans. Cet aristocrate, rejeton de la puissante famille des Alcméonides, va établir la démocratie à Athènes. Vers 508, il instaure le régime de l'isonomie, c'est-à-dire de l'égalité devant la loi. À ses yeux, seul le partage du pouvoir assure la stabilité de la cité.

Clisthène divise l'Attique en une centaine de communes, les dèmes, regroupées dans trois grandes régions équivalentes : la *Mésogée* (l'intérieur), la *Paralia* (la côte) et l'*astu* (la ville). La population est divisée en dix tribus, où se retrouvent les trois distinctions l'intérieur, la côte et la ville.

Il donne ainsi naissance à un « corps civique », qui dépasse la simple somme des intérêts locaux ou familiaux et réussit à substituer une communauté politique aux communautés archaïques : c'est la force de sa réforme.

Le pouvoir est confié à un conseil de 500 membres tirés au sort (50 membres, ou prytanes, par tribu), la *boulê*. Pendant les dix subdivisions du nouveau calendrier politique, ou prytanies, les prytanes assurent, à tour de rôle, la permanence de l'État. Le pouvoir doit ainsi circuler dans tout l'ensemble du corps civique.

Clisthène conçoit cette réforme en fonction d'une vision toute géométrique de la cité – comme si, à l'harmonie de cette dernière, présidait une raison mathématique. Il est, en cela, représentatif de son temps. La fin de l'organisation archaïque du monde grec coïncide, en effet, avec l'émergence de la science et de la philosophie dans la Grèce d'Ionie, aux confins des civilisations d'Orient. Les penseurs ioniens s'appuient ainsi sur la logique pour organiser le monde, expliquer sa création et son fonctionnement. Thalès de Milet qui avait prédit à coup sûr une éclipse en 585, et ses disciples, Anaximandre et Anaximène, Héraclite d'Éphèse cherchent à donner à l'univers un principe originel. Ainsi grâce à Anaximandre, les Grecs savent au milieu du VIe siècle que le plan de l'écliptique est oblique, et il a pressenti, vingt-cinq siècles avant Charles Darwin, que les espèces se transforment et évoluent. Science et philosophie influencent à leur tour les législateurs : en leur offrant une vision nouvelle de la cité, elles leur permettent de s'affranchir de l'archaïsme.

Les Pythagoriciens

Pythagore, philosophe et mathématicien du VIe siècle, est une des figures les plus célèbres et les plus mystérieuses de l'Antiquité. Il ne reste de Pythagore aucun écrit et toutes ses découvertes nous ont été transmises par Euclide, qui les a ordonnées. On lui doit la table de multiplication, le système décimal et le fameux théorème du carré de l'hypoténuse. Obligé de quitter la Grèce à cause de la tyrannie de Polycrate, Pythagore s'établit en Italie et y fonde des communautés, les sectes pythagoriciennes, où les fidèles, après l'initiation, pratiquent une morale ascétique, qui est fondée probablement sur une mystique de la science, mais aussi proche de l'orphisme, qui croit en la réincarnation. Par ailleurs, les pythagoriciens ont un idéal égalitaire, civique, fondé sur l'effort et la discipline, qui les pousse à intervenir dans la vie politique ; bon nombre d'entre eux seront victimes des troubles qui secouent les cités grecques d'Italie du Sud au Ve siècle.

La fin des Sybarites

La colonie grecque de Sybaris, qui avait battu Syris en 530 av. J.-C., tombe en 510 devant les armées de Crotone. Les prétentions de la cité à l'hégémonie sur la Grande-Grèce ont été à l'origine de sa chute. Quand Sybaris a déclaré la guerre à Crotone, qui refusait d'extrader des Sybarites bannis, les autres colonies ont été trop heureuses de former contre elle une coalition. Historiens et philosophes grecs s'accordaient pour décrire la richesse de la cité, dont les habitants étaient renommés pour leur goût des plaisirs et de la débauche.

La céramique grecque

La céramique témoigne de la civilisation des cités. En Grèce ancienne, les vases sont fabriqués en très grand nombre. Il existe partout des ateliers, et chaque région développe un style qui lui est propre : il y a des vases attiques, corinthiens, apuliens, etc.

Presque toujours décorés, ces vases sont de véritables œuvres d'art. Certains ateliers ou peintres nous sont connus soit par leurs signatures, soit parce qu'ils ont été retrouvés après les travaux d'un érudit britannique, J. D. Beazley, qui reconstitua des œuvres dispersées de par le monde.

Ces vases constituent donc un univers d'images, partout présentes dans le monde grec antique. Ces images empruntent leurs thèmes à la mythologie (dieux, héros ou satyres), à la vie quotidienne de la cité (sports, banquets, sacrifices, scènes érotiques), mais jamais à la vie politique !

Vers la fin du VIIe siècle se dégage la technique « à figure noire ». Vers 540 av. J.-C., Exékias est le maître de la céramique grecque à figures noires. On lui doit surtout des amphores et de nouvelles formes de vases : la coupe décorée d'yeux et le calice largement évasé. L'artiste est connu pour la qualité de son dessin. Il représente de beaux chevaux, des nus vigoureux, animés, s'inspirant de grands thèmes mythologiques, comme la légende d'Héraclès et, surtout, l'histoire d'Achille et d'Ajax dont il aime à représenter les derniers moments : Ajax, seul au fond d'un bois, après avoir inhumé Achille, se prépare à se suicider.

Vers 530 av. J.-C., les procédés de fabrication s'inversent : c'est la naissance de la « figure rouge ». Un vernis noir couvre le vase, délimitant un dessin au trait sur le fond clair de l'argile. La figure, d'une chaude couleur, se détache sur le fond noir. La « figure rouge » s'étend du Ve au IIIe siècle, mais la grande période de cet art est assez brève : de 530 à 480.

Les guerres médiques

Au Ve siècle avant notre ère, pour préserver leur liberté de l'hégémonie perse, les Grecs prennent les armes contre les soldats de Darios et de Xerxès, donnant naissance aux guerres appelées médiques.

Ces guerres médiques ont pour cause l'expansionnisme de l'Empire achéménide, dynastie perse composée de Mèdes et de Perses. Celui-ci reposant sur un principe religieux qui promet la domination du monde au Grand Roi (c'est-à-dire à l'empereur perse), les Achéménides se vouent à la conquête des terres et des cités qui les entourent. Vers 513 av. J.-C., ils font une tentative au nord, en Scythie. Vers 492, Darios, le Grand Roi, achève de rétablir la puissance perse en Thrace et en Macédoine. Contrôlant le détroit de l'Hellespont, où se rejoignent l'Asie et l'Europe, l'Empire perse représente désormais une menace pour la liberté des Grecs.

La révolte des Grecs d'Asie

Selon Hérodote, c'est à partir de Milet que tout commence. Cette cité grecque d'Asie Mineure sous domination perse est gouvernée par le tyran Aristagoras. Vers 500 av. J.-C., des aristocrates de Naxos, chassés de leur cité par leurs adversaires, sollicitent l'aide de ce dernier afin de reconquérir leur pouvoir. Par l'intermédiaire de son oncle Histiée, proche du Grand Roi, Aristagoras persuade Darios d'intervenir. L'expédition se solde par un cuisant échec, mettant Aristagoras dans une situation délicate face à Darios. Pour se protéger de la colère du Roi, Aristagoras appelle toutes les cités grecques d'Asie à entrer en révolte et se tourne vers la Grèce d'Europe pour demander une aide militaire. Il n'obtient que celle d'Athènes, qui dépêche vingt trières, auxquelles se joignent cinq vaisseaux d'Érétrie. C'est peu, mais Athènes est alors elle-même en guerre contre sa voisine Égine. Les troupes grecques débarquent sur les côtes de l'Asie Mineure et marchent sur Sardes, qu'elles incendient. Mais elles sont bientôt contraintes par la cavalerie perse à un rembarquement précipité. La destruction de Sardes provoque un profond émoi parmi la population, remettant en cause la puissance du Grand Roi. Darios réagit aussitôt : les Perses défont l'armée ennemie à Ladé et prennent les cités ioniennes l'une après l'autre. Milet, foyer de l'insurrection, est mise à sac en 494 av. J.-C., et sa population déportée en Mésopotamie. À part cette punition exemplaire, les Perses restent modérés dans leur répression contre les cités grecques d'Asie Mineure. Toutefois, Darios ne pardonne pas à Athènes d'avoir prêté main forte aux révoltés. Pour mieux attiser son propre désir de vengeance, il se fait répéter chaque jour par son entourage : « Maître, souviens-toi des Athéniens. »

La première guerre médique

Pourtant, tous les Athéniens ne sont pas hostiles à Darios. Certains faits et choix politiques témoignent d'une division fortement marquée entre les opposants et les partisans des Perses. Lorsque, en 510 av. J.-C., le tyran Hippias est contraint à l'exil, bien qu'il soit athénien, Darios lui offre l'hospitalité. Les rapports entre Clisthène, qui a succédé au tyran, et le roi de Perse ne sont pas belliqueux. D'autres grandes familles prennent position dans cette bataille politique. En 496 av. J.-C., les Pisistratides, favorables aux Perses, voient l'un des leurs, Hipparque, élu magistrat de la cité. En revanche, trois ans plus tard, cette fonction est occupée par Thémistocle, issu de la famille des Lycomides, hostile à Darios ; d'ailleurs, comme pour marquer clairement son refus d'un rapprochement quelconque avec l'ennemi juré, Thémistocle fait consolider les fortifications qui protègent Athènes.

Peu à peu, chaque « parti » va trouver son porte-parole. Revenant à Athènes après un long exil, haï aussi bien des Pisistratides que des Alcméonides, Miltiade rassemble autour de lui tous ceux qui refusent l'alliance avec les Perses. De son côté, l'ancien tyran Hippias représente les espérances des Athéniens favorables à Darios. De nombreuses cités sont ainsi divisées. C'est pourquoi, en 490 av. J.-C., l'amiral perse Datis entreprend une expédition dans les Cyclades et en Eubée pour obtenir sous la menace l'alliance des cités grecques et installer des régimes vassaux.

Une petite bataille mais une grande victoire

Au début du mois de septembre 490 av. J.-C., des soldats perses débarquent sur les plages de Marathon, à une quarantaine de kilomètres d'Athènes. Miltiade arrache alors à l'assemblée athénienne la décision de marcher au-devant des Perses et de demander de toute urgence l'aide de Sparte et de Platées. Les Spartiates étant retenus par des fêtes religieuses, ce sont les hoplites athéniens et platéens qui seuls, et avec courage, barrent la route aux Perses. Toutefois, la bataille n'éclate pas aussitôt, chacun restant sur la défensive. Pour provoquer les événements, Datis décide de faire rembarquer ses hommes, dans le but d'aborder Athènes directement par la mer. C'est alors que Miltiade, un des stratèges à la tête des troupes athéniennes, lance enfin l'ordre d'attaquer. La charge des hoplites a raison des archers perses, qui restent bloqués dans leurs bateaux.

Les Perses sont vaincus : plus de 6 000 des leurs resteront sur ce rivage, alors que, du côté grec, on ne compte pas plus de 200 morts. Les hoplites victorieux chargent le fantassin Philippidès de couvrir au pas de course les quelque 40 kilomètres qui séparent Marathon d'Athènes pour annoncer la bonne nouvelle. Habitué à ce genre de mission puisqu'il avait déjà, dit-on, parcouru 200 kilomètres (aller-retour) d'Athènes à Sparte pour demander l'aide de celle-ci avant le début des hostilités,

Philippidès accomplit sa tâche. Ayant délivré son message aux Athéniens, il s'écroule, mort d'épuisement. L'épreuve sportive du marathon (42,195 kilomètres de course), introduite aux jeux Olympiques en 1896, rend hommage à cet exploit.

Pendant ce temps-là, les hoplites se mettent eux-mêmes en route rapidement, redoutant que les Perses n'exécutent leur projet de débarquement. Quand Datis arrive en vue d'Athènes, chacun est prêt à défendre la cité farouchement : jugeant inutile d'insister, l'amiral remet à la voile. Si la bataille a été brève, la victoire n'en est pas moins éclatante pour les Athéniens : elle garantit leur liberté et les préserve à jamais d'Hippias. Commence alors pour Athènes une époque florissante.

La cité, désormais, n'a plus à craindre de voir régner un tyran ; les Perses attendront dix ans pour renouveler leur attaque. De plus, d'abondants gisements de plomb et d'argent, découverts en Attique, dans les entrailles du mont Laurion, promettent un enrichissement rapide. Thémistocle convainc les Athéniens de consacrer une part de ces revenus à la construction de 200 trières. Ce choix d'une défense maritime entraîne des conséquences sociales : pour mouvoir cette flotte, il faut de nombreux rameurs. On recrute ces hommes parmi les plus pauvres, qui, de ce fait, peuvent prétendre à jouer un rôle politique. Les hoplites, paysans propriétaires en armes, ne sont plus les seuls à se battre : dorénavant, ils partagent avec d'autres l'honneur de défendre l'Attique.

La seconde guerre médique

Lorsque Darios meurt, en 486 av. J.-C., son fils Xerxès hérite d'un empire en révolte. Après avoir rétabli la situation, Xerxès cède aux pressions de son entourage et entreprend une nouvelle expédition contre les Grecs à la fin des années 480.

Celle-ci est d'une tout autre ampleur que la première. Bien que le chiffre de 1 800 000 hommes avancé par Hérodote soit certainement erroné, ce sont tout de même plusieurs dizaines de milliers de soldats qui s'apprêtent à écraser Athènes. Menés avec une aisance inégalable par des équipages composés tout à la fois de Perses, de Phéniciens et de Grecs d'Asie, 1200 bateaux transportent la formidable armée de l'autre côté de l'Hellespont. Aussitôt, la peur s'empare des cités et l'avance des ennemis ouvre une grave crise dans le monde grec. Thessaliens et Béotiens, les premiers exposés, choisissent de s'incliner. Les Athéniens s'en remettent à la Pythie de Delphes, qui leur recommande de placer toute leur confiance en leur flotte de trières. C'est ce qu'ils font, fermement décidés à résister aux armées de Xerxès. Leur détermination implacable redonne du courage aux autres Grecs : à l'été 481 av. J.-C., trente cités environ, résolues à se battre, se réunissent sur l'île de Corinthe et concluent une alliance. Même Sparte, qui redoute autant une victoire d'Athènes qu'une victoire des Perses, adhère à la ligue : c'est à elle d'ailleurs qu'est confié le commandement des opérations. Face à la puissance de l'armée ennemie, le meilleur atout des Grecs est une parfaite connaissance du relief accidenté de leur pays, de ses côtes déchiquetées cachant des baies étroites. Ils décident de se défendre au sud de la Thessalie, au défilé des Thermopyles. Tandis que Léonidas, un des rois de Sparte, s'y installe avec 7000 hommes, les trières bloquent le canal d'Oréos, au nord de l'Eubée, pour protéger l'Attique. Pendant ce temps, les Perses cherchent à coordonner leur attaque sur terre et sur mer. Mais, ainsi que l'avaient prévu les Grecs, leur flotte ne peut franchir le cap Artémision, où une terrible tempête endommage les bateaux. Sur terre, la situation est moins favorable aux Grecs : une trahison permet aux Perses de contourner le défilé des Thermopyles et de surprendre Léonidas par l'arrière. Celui-ci renvoie le gros des troupes et se sacrifie, avec 300 Spartiates.

L'armée perse, commandée par le général Mardonios, progresse vers le sud, pillant les cités, massacrant les populations, incendiant tout sur son passage, y compris les sanctuaires. Les Perses tiennent enfin leur revanche. Ivre de son triomphe, Mardonios fait raser l'Acropole, vengeant du même coup la ville de Sardes détruite par l'incendie de 498 av. J.-C. Les Péloponnésiens se replient derrière l'isthme, tandis que les Athéniens, qui ont abandonné l'Attique et se sont réfugiés sur leurs navires, s'apprêtent à résister. Ils obtiennent que le gros des forces navales soit concentré dans l'étroite baie de Salamine, où leur infériorité numérique ne peut leur nuire : en effet, le manque d'espace empêchera la flotte perse de se déployer dans sa totalité. Thémistocle attire alors les bateaux du Grand Roi à Salamine, en persuadant celui-ci que les Grecs, affaiblis, sont sur le point de se disperser.

Parvenus dans l'étroit goulet, les Perses comprennent, trop tard, le piège qui leur a été tendu : les Grecs sont là, sur des trières se touchant flanc à flanc, encerclant bientôt les bateaux ennemis. Pour les Perses, c'est un désastre, auquel Xerxès assiste, impuissant, depuis la colline qui domine le site. Cette fois, la victoire est navale : la Pythie de Delphes avait vu juste.

L'ultime combat contre les Barbares

Les Perses, sous la conduite de Mardonios, résistent cependant encore. Malgré leur victoire à Salamine, Spartiates et Athéniens sont restés sur leurs gardes. Après avoir construit un mur de défense sur l'isthme, 10 000 hoplites spartiates rejoignent les Athéniens à Éleusis : ensemble, ils marchent sur Platées, où les Perses les attendent. Selon Hérodote, le combat oppose 40 000 hoplites à 300 000 Barbares. Les hoplites se défendent avec un courage et une parfaite connaissance de la guerre qui ont déjà fait leurs preuves. Aussi, malgré leur petit nombre, remportent-ils la victoire, en septembre 479 av. J.-C. Dans le même temps, la flotte athénienne met la voile vers Délos, puis vers Samos, pour atteindre enfin le cap Mycale, où elle détruit le reste des vaisseaux perses. Dès lors, les Athéniens deviennent les maîtres incontestés de la mer Égée. Leur suprématie est confirmée plus tard, lorsque, en 449 av. J.-C., l'Athénien Callias conclut avec le Grand Roi la paix qui porte son nom, par laquelle les Perses sont obligés d'abandonner toute prétention de domination sur les Grecs et sur la mer Égée.

Le triomphe d'Athènes

Importantes par le nombre de combattants, les guerres médiques permettent en définitive aux Athéniens de constituer autour d'eux une alliance rassemblant de nombreuses cités grecques. De fait, elles assoient la puissance d'Athènes, ouvrant pour la cité un demi-siècle d'apogée. Cet âge d'or trouve son expression dans l'art classique, qui obéit aux règles de l'équilibre et de la mesure.

Pour la défense commune, chaque cité, liée par serment depuis 476 av. J.-C. dans la ligue de Délos, contribue à la sécurité commune, soit en versant de l'argent, soit en fournissant un effort de défense. Très rapidement, le péril ayant disparu, les cités se contentent de payer un tribut, et Athènes seule se charge de la défense en renforçant sa flotte : ainsi se constitue l'hégémonie athénienne en mer Égée. Sparte, dont les forces terrestres ont été déterminantes, se replie, quant à elle, sur le Péloponnèse. Mais ces deux puissances, l'une maritime, l'autre terrestre, de force et d'importance militaire identiques, ne vont pas tarder à s'affronter.

Les dieux de la Grèce

La religion grecque est fondée sur des traditions et des mythes très divers, dont certains remontent à la préhistoire. Le poète Hésiode a réuni et tenté d'ordonner ces diverses sources dans sa *Théogonie*. Au commencement, seul le Chaos existait, d'où sortirent Gaia – la Terre – et Éros. Gaia enfanta ensuite le ciel étoilé, Ouranos. Des amours de Gaia et Ouranos naquit une génération d'êtres monstrueux, dont les Titans et les Cyclopes, mais, au fur et à mesure de leur naissance, Ouranos les enfouissait de nouveau dans le corps de Gaia, jusqu'au jour où Cronos, un des Cyclopes, parvint à s'approcher de lui et à le châtrer.

C'est Cronos qui règne ensuite sur l'Univers, mais il dévore ses enfants dès qu'ils naissent, car il sait que son propre fils le détrônera. À la naissance de Zeus, sa mère Rhéa donne à Cronos une pierre emmaillotée de langes et cache l'enfant en Crète, où il est nourri par la chèvre Amalthée. Maître de la foudre et du tonnerre, il commande aux immortels et, vainqueur des monstres engendrés deux générations avant lui, il donne un nouvel ordre à l'Univers. Il règne dès lors sur l'Olympe, présidant au banquet des douze grands dieux de la Grèce, dont il est le frère, le père ou l'amant, surveillant la troupe turbulente des autres dieux et des héros. À ceux-ci s'intègrent aussi les dieux archaïques, les anciennes idoles des cultes agraires et les divinités importées de l'Orient.

L'oracle de Delphes

Delphes est peut-être le plus important sanctuaire panhellénique, fondé sur un site que les Grecs considéraient comme le « nombril » du monde. Un hymne homérique du VIIe siècle raconte qu'Apollon s'est rendu maître du bois sacré qui recouvrait le site en tuant Pythô, dragon femelle qui gardait la source sacrée, Cassôtis. Pour se purifier de cette souillure, il dut se rendre dans la vallée toute proche, où il cueillit le laurier dont il se servit pour édifier le premier temple. Depuis, il rendait des oracles à travers la Pythie, vieille femme assise sur un trépied au pied d'une crevasse d'où sortait le « souffle » et dont les paroles incohérentes étaient interprétées par des prêtres. Administré par une amphictyonie, association de douze peuples, Delphes est un sanctuaire prospère dès le VIIIe siècle, période pendant laquelle est construit le premier temple de pierre. À celui-ci vont rapidement s'ajouter les édifices et les trésors offerts par les cités grecques et les rois étrangers.

La première « guerre sacrée » oppose entre elles les cités grecques en 590 av. J.-C. Elle a été suscitée par la ville de Krissa, qui voulait mettre à profit la célébrité du sanctuaire de Delphes et avait instauré une taxe sur les pèlerins qui s'y rendaient. Les douze peuples responsables du lieu attaquent alors la ville, qui sera détruite en 590, tandis que dons et objets précieux continuent d'affluer vers les prêtres d'Apollon. Après cette guerre, Delphes devient le vrai centre religieux de la Grèce.

Les Grecs ont un grand respect pour la Pythie. Pendant les guerres médiques, la Pythie rend des oracles incitant souvent à la neutralité ou à l'abandon : ainsi les Crétois invoquent-ils ses réponses pour justifier leur refus de s'engager. Redoutant la formidable armée du roi Xerxès, les Athéniens envoient eux aussi une mission à Delphes. La Pythie prononce un premier oracle qui, selon Hérodote, les accable de désespoir. À leur seconde demande, elle leur conseille de se protéger derrière une « muraille de bois [...], défense unique, inexpugnable ». Les chresmologues chargés d'interpréter ces paroles pensent à une palissade entourant l'Acropole. Mais Thémistocle les convainc qu'il s'agit de bateaux. Et, effectivement, c'est sur mer, à Salamine, que les Grecs remporteront la victoire sur les Perses.

Troubles à Sparte

En 464 av. J.-C., le très violent tremblement de terre qui secoue la plaine de Sparte a peut-être fait 20 000 morts, si l'on en croit les chroniqueurs, toujours portés à l'exagération. Les hilotes, communauté méprisée, en profitent alors pour se révolter contre leurs maîtres fragilisés par les pertes des guerres médiques, tandis que les autochtones Messéniens s'installent dans le massif du mont Ithôme pour mener une guérilla éprouvante contre les fiers Lacédémoniens. Ils n'en seront expulsés qu'après une lutte de six années et seront chassés du Péloponnèse en 459.

L'apogée d'Athènes

De 460 à 430 av. J.-C., Athènes connaît son âge d'or. Jamais la cité ne sera plus unie, la démocratie plus forte, la vie intellectuelle plus riche. Un homme incarne la puissance du siècle : Périclès. Pendant trente ans, l'histoire de la capitale de l'Attique se confond en effet avec celle de Périclès. Cet aristocrate va renforcer la démocratie, enrichir et embellir sa cité. Mais ses appétits impérialistes vont, aussi, la précipiter dans le plus aventureux des conflits, contre Sparte, la rivale de toujours. La guerre du Péloponnèse éclate, et Athènes ne s'en relèvera pas. Périclès ne verra pas le déclin de sa ville : il mourra en 429 et, en 404 av. J.-C., les Spartiates entreront, victorieux, au Pirée.

Thucydide, l'un des plus illustres historiens de l'Antiquité, écrit que l'Athènes de Périclès était « l'école de la Grèce ». De fait, l'homme d'État sait s'entourer de créateurs dont les œuvres traverseront les siècles : Phidias, le maître d'œuvre du Parthénon ; Sophocle, qui donne à la tragédie grecque sa forme classique ; Protagoras, le philosophe qui enseigne que « l'homme est la mesure de toutes choses »...

L'héritier de Clisthène

En 480 av. J.-C., lorsque les Grecs anéantissent la flotte perse, dans la baie de Salamine, Périclès a tout juste quinze ans. Il appartient à la famille des Alcméonides, ces aristocrates qui, depuis des années, dirigent le parti démocratique. Périclès est le petit-neveu de Clisthène, le précurseur de la démocratie athénienne, celui qui a su mettre fin aux luttes d'influence des grandes familles. Celles-ci continuent cependant à occuper le devant de la scène politique.

Fidèle à la tradition familiale, Périclès choisit d'être du côté du peuple. Vers 462, aux côtés de son ami, Éphialtès, il lutte contre l'influence des aristocrates dans la cité. Le principe de la démocratie athénienne n'a pas changé depuis Clisthène : tous les citoyens, égaux devant la loi, composent l'assemblée, fondement de la vie de la cité. Chacun peut y prendre la parole et y voter. Pour les décisions importantes, l'assemblée regroupe plusieurs milliers de personnes.

L'organisme souverain d'Athènes est le conseil de 500 membres, qui représente l'ensemble des citoyens. Tous les ans, chacune des dix tribus de l'Attique élit 50 représentants, tirés au sort sur les listes établies dans les circonscriptions. On ne peut être conseiller plus de deux fois. Chaque citoyen qui le souhaite a, ainsi, de grandes chances de faire partie, au moins une fois dans sa vie, du conseil dirigeant la cité. La permanence du pouvoir est assurée par un collège de 50 conseillers d'une même tribu, les « prytanes ». Chaque jour, l'un d'eux est tiré au sort et devient, pour vingt-quatre heures, le plus haut magistrat de la cité. Quant à la justice, elle est confiée à un tribunal populaire de 6 000 juges, tirés au sort parmi les citoyens de plus de 30 ans.

Plus d'esclaves que de citoyens

Cependant, les citoyens ne constituent qu'une minorité des habitants d'Athènes. Vers 432 av. J.-C., la cité compte entre 35 000 et 46 000 citoyens. Ils ne sont pas la seule population libre de l'Attique. De 10 000 à 15 000 étrangers libres, les « métèques », participent très activement au commerce d'Athènes. Privés de droits politiques, ils jouent cependant un rôle dans l'économie et sont soumis à l'impôt. La démocratie s'appuie essentiellement sur environ 100 000 esclaves, des étrangers achetés sur des marchés. À la différence des esclaves d'État de Sparte, ils appartiennent, pour la plupart, à des particuliers. Il existe aussi des esclaves publics, qui effectuent les tâches administratives de la cité. Leurs conditions d'existence sont très variables. Ceux qui extraient le plomb argentifère des mines du Laurion sont misérables. Mais les esclaves domestiques bénéficient, souvent, d'un niveau de vie en rapport avec celui de leur maître. Ils ont, aussi, des possibilités de se faire affranchir. En tout état de cause, Athènes ne connaîtra pas de révolte d'esclaves comparable à celle des hilotes de Sparte, entre 464 et 462 av. J.-C.

LA BELLE ASPASIE

Aspasie sera la dernière compagne de Périclès. Mais, parce qu'elle « se mêle trop des affaires de la cité », elle fait scandale… Périclès a dépassé la quarantaine lorsqu'il rencontre une Grecque d'Asie, Aspasie, et en tombe amoureux. Même si les lois d'Athènes refusent aux femmes le statut de citoyennes à part entière, Aspasie joue un rôle considérable dans la vie politique d'Athènes. Aux côtés de Périclès, elle anime le cercle des familiers de leur maison. Ses discussions sur la philosophie ou l'architecture avec Sophocle, Phidias, Callicratès ou Hippodamos font scandale. Car, pour les partisans de la tradition, les femmes ne doivent pas s'immiscer dans ce « club d'hommes » qu'est la cité. Aspasie doit donc faire face à de nombreuses attaques. À travers elle, c'est aussi Périclès que l'on cherche à atteindre. Ne dit-on pas qu'il modèle sa politique étrangère sur la volonté de vengeance et les caprices de sa bien-aimée ? En 432, Aspasie est accusée d'impiété et de corruption. Comme la loi interdit aux femmes de comparaître en justice, c'est Périclès, en personne, qui assure sa défense. Il déploie des trésors d'éloquence passionnée et obtient son acquittement.

Une démocratie renforcée

Lorsque cette révolte éclate, Cimon propose à Sparte l'aide d'Athènes. C'est l'occasion, pour Éphialtès et Périclès, de limiter le pouvoir politique des aristocrates. Car, à côté des institutions héritées de Clisthène, ils doivent compter avec l'Aréopage : cet ancien conseil aristocratique joue le rôle de gardien de la Constitution de la cité. Ses pouvoirs sont d'autant plus importants qu'ils sont flous.

Profitant de l'expédition de Cimon à Sparte, en 462, Éphialtès fait adopter une loi précisant et limitant le rôle de l'Aréopage. La démocratie s'en trouve renforcée. Mais, pour qu'elle soit authentique, il faut que chaque citoyen puisse jouer son rôle dans la cité. Or, pour un paysan pauvre, siéger à l'assemblée, ou au conseil, signifie abandonner ses champs, son travail, pour au moins une journée. Faute de fortune personnelle, beaucoup ne peuvent se présenter, ni être désignés, à une fonction dirigeante.

Lorsque Éphialtès est assassiné, en 461, Périclès s'emploie à rendre possible pour tous la participation au gouvernement de la cité. Désormais, les citoyens pauvres qui veulent se présenter au conseil des Cinq-Cents recevront une indemnité. Un siècle plus tard, la présence à l'assemblée sera, d'ailleurs, elle aussi, rémunérée. Dans le même esprit, la cité oblige les citoyens les plus riches à financer certaines activités, notamment religieuses ou militaires. Il en est ainsi de l'entretien des vaisseaux de guerre (trières), la « triérarchie » : la cité fournit la coque, et le « triérarque » arme le navire, des voiles à l'équipage.

La puissance d'Athènes

En 460 av. J.-C., Périclès a trente-cinq ans. Il a renforcé la démocratie, affaibli l'opposition aristocratique, en bannissant Cimon. Pendant près de trente ans, il domine la vie politique et travaille à faire d'Athènes la ville la plus belle et la plus puissante de toute la mer Égée.

Il se lance dans une politique de grands travaux, fait achever les « Longs Murs » qui relient Athènes au Pirée et confie à Phidias un projet grandiose : reconstruire, sur l'Acropole, des temples dignes des dieux de la cité.

À partir de 454, il impose la suprématie d'Athènes sur les autres États de la ligue de Délos, alliés d'Athènes dans les guerres contre les Perses.

À l'origine, le trésor de la ligue était conservé au milieu de la mer Égée, dans l'île de Délos. En 454, prétextant l'insécurité du lieu, Périclès fait transférer le trésor à Athènes, sur l'Acropole. Les sommes déposées par les villes alliées passent sous le contrôle d'Athènes qui, au passage, s'octroie un droit de garde. En principe, ces sommes libèrent les alliés de leurs obligations militaires et elles sont censées permettre à Athènes d'assurer la défense commune, notamment par l'entretien d'une puissante flotte de trières. Ce tribut est considérable : environ 500 « talents » par an. En contrepartie, les cités de la ligue sont représentées au sein d'un conseil, et sont donc parties prenantes à toutes les décisions.

La « paix », selon Périclès

Après 454, Athènes dissout le conseil des cités : désormais, c'est à son assemblée, et à elle seule, que reviennent les décisions engageant la ligue.

La cité met ensuite en place une administration chargée de percevoir le tribut dans les quelque 160 États que compte, alors, la Confédération. Les cités de la ligue n'ont d'autre solution que de se soumettre ou de se révolter. Et, lorsqu'une cité refuse de payer, les trières d'Athènes apparaissent, chargées de soldats qui ont tôt fait de rétablir la « paix » voulue par Périclès.

Enfin, Athènes ne tarde pas à imposer l'usage de sa monnaie à son empire. Les pièces frappées de la chouette d'Athéna circulent tout autour de la mer Égée, assurant la prédominance du commerce athénien. Pour parachever son œuvre, Périclès distribue des terres, crée des colonies militaires. Ces nouveaux colons, les « clérouques », contrôlent les routes commerciales, notamment celles du ravitaillement en blé. En définitive, la championne de la démocratie fait fi de la traditionnelle autonomie des cités et se montre, à l'extérieur, la plus impérialiste des puissances.

C'est cela même qui causera sa perte, mais, pour l'heure, Athènes est encore la plus forte. Deux traités viennent consacrer cette hégémonie. Le premier, conclu en 449, par Callias, reconnaît la suprématie d'Athènes sur la mer Égée et met un terme aux guerres médiques. Le second, en 446, entérine la partition du monde grec entre Sparte, puissance terrestre, et Athènes, puissance maritime.

L'éducation à Athènes

Jusqu'à dix-huit ans, l'éducation des garçons est une affaire de famille. Gymnastique, musique et philosophie visent à en faire des hommes accomplis. À l'inverse de Sparte, où l'État prend en charge l'éducation des garçons dès qu'ils ont atteint l'âge de sept ans, les jeunes Athéniens sont élevés par leur famille jusqu'à dix-huit ans. À sept ans, le petit garçon quitte le gynécée, appartement où vivent les femmes et où lui-même a passé son enfance. Commencent, pour lui, les années de « palestre », ce gymnase où il s'entraîne aux exercices physiques sous l'égide d'un « pédotribe ». Faire de l'adolescent un homme accompli, « beau et bon » : tel est l'idéal de l'éducation athénienne traditionnelle, au moins pour les familles qui peuvent se l'offrir. Cet idéal évolue au cours du Ve siècle sous l'influence des « sophistes », ces nouveaux philosophes rompus aux techniques du raisonnement. Pour mieux se préparer à prendre la parole dans les assemblées et à participer au gouvernement de la cité, les jeunes se forment à l'art du discours, aux règles de la rhétorique et de la philosophie. Musique, chant et poésie jouent aussi un grand rôle dans la formation du jeune homme qui, à dix-huit ans, devient « éphèbe ». Il apprend le maniement du javelot et de l'arc, reçoit le bouclier rond de l'hoplite et part, aux confins de l'Attique, faire une sorte de service militaire, qui n'est cependant pas obligatoire.

Les rituels de cohésion

L'Athènes de Périclès est d'autant plus solide que ses citoyens sont très unis. La participation à la vie politique n'est pas le seul facteur d'intégration : les rituels religieux, et d'abord les sacrifices, servent aussi à réaffirmer la cohésion de la cité. Dans la religion grecque, le monde des dieux et celui des hommes existent parallèlement, et la cité résulte d'un équilibre de la nature qu'il convient de respecter et d'honorer. Chaque moment de la vie du citoyen et de la cité s'accompagne d'un rituel religieux précis.

La cité possède ses fêtes religieuses, au cours desquelles on multiplie les sacrifices. Au cœur de la religion grecque, le sacrifice soude la communauté autour de la consommation des viandes et établit la communication et le partage avec le monde des dieux. Plusieurs centaines de bêtes sont ainsi sacrifiées pendant les panathénées. La cité prend en charge les frais de cette « hécatombe » rituelle, qui permet de nourrir l'ensemble des citoyens participant aux réjouissances.

L'ostracisme

Le mot vient du grec ostrakon, « coquille » sur laquelle était inscrit le nom de la personne à exiler : il s'agit plus ou moins d'un bulletin de vote. En effet, chaque année, l'assemblée athénienne – l'ecclésia – organise un premier vote, à main levée, pour savoir si le peuple juge nécessaire de chasser un citoyen en particulier. Si tel est le cas, un second vote est organisé, secret celui-ci, pour savoir qui sera frappé d'ostracisme. Un quorum de 6 000 présents est requis pour ce vote. Le condamné ainsi désigné est privé de ses droits politiques et exilé pour une période de dix ans. Toutefois, il conserve ses biens et peut même en percevoir les revenus. Le Pisistratide Hipparque et le démocrate Thémistocle subiront l'ostracisme, ce qui prouve que cette mesure s'abat indifféremment sur toute personne jugée dangereuse pour la cité, quelles que soient ses tendances politiques.

Le théâtre, miroir de la cité

Il est, à Athènes, un autre élément indissociable de ce culte civique et de la vie de la cité : le théâtre et, d'abord, la tragédie. Les représentations prennent place lors des fêtes religieuses et attirent la majeure partie de la population.

Cérémonie civique, la tragédie met en scène les drames de la cité, les conflits entre la volonté des dieux et celle des hommes. Quarante ans plus tôt, le théâtre d'Eschyle faisait des hommes les jouets des dieux. Proche de Périclès, Sophocle va donner à la tragédie sa forme classique : miroir d'une société démocratique, ses pièces mettent dorénavant en scène des hommes qui sont mus par leurs passions, leur « nature », plutôt que par la seule fatalité. En 430 av. J.-C., Sophocle reprend dans sa tragédie *Œdipe roi* un très ancien mythe. À Thèbes, le roi apprend d'un oracle que son fils nouveau-né tuera son père et épousera sa mère. Il fait donc abandonner Œdipe dans la montagne, mais celui-ci est recueilli par un berger qui l'élève. Devenu adulte, Œdipe consulte un oracle et fuit ceux qu'il considère comme ses vrais parents. En chemin, il rencontre un étranger, avec qui il se querelle et qu'il tue : c'était son père. Aux abords de Thèbes, un sphinx dévore les voyageurs incapables de répondre à ses énigmes. Œdipe y parvient et, de désespoir, le monstre se tue. Pour remercier le jeune homme de les avoir libérés, les Thébains lui offrent le trône et la main de leur reine, sa mère, désormais veuve. Œdipe épouse Jocaste, l'oracle est accompli, le destin, *moira*, est le plus fort.

La comédie, elle, trouvera ses lettres de noblesse un peu plus tard, avec Aristophane. Son ironie, sa critique corrosive des institutions et des dirigeants de la cité lui valent un succès foudroyant. Né à Athènes, vers 445 av. J.-C. Aristophane a écrit pendant la guerre du Péloponnèse ses comédies, dans lesquelles il rejette les formes nouvelles de vie et de pensée qui accompagnent le conflit. Avec une verve irrésistible, il tourne en ridicule les démagogues parvenus, comme Cléon, prêts à tout pour obtenir les faveurs du peuple. Dans *les Guêpes*, il s'en prend aux membres du tribunal populaire de l'héliée. Et, dans *les Oiseaux*, c'est Athènes tout entière qu'il travestit dans l'irrésistible « Coucou-les-Nuées ». De nouveau, les citoyens se retrouvent unis, mais, cette fois, dans la dérision. C'est que la guerre du Péloponnèse, qui va opposer Sparte et Athènes pendant plus de 20 ans, a commencé ; Athènes est près de sombrer. C'en est bientôt fini de l'« âge d'or » de Périclès.

L'Acropole

Restaurer l'Acropole d'Athènes dans son ancienne splendeur, voilà le projet que Périclès confie au sculpteur athénien Phidias. Celui-ci, entouré des plus grands architectes de son temps, se met au travail dès 450 avant notre ère.

C'est un travail considérable. À Athènes, l'Acropole est, en effet, occupée depuis des siècles : comme dans toute la Grèce antique, elle a commencé par servir de forteresse. Au VIe siècle, les Pisistratides y ont fait édifier les premiers sanctuaires. Les tyrans d'Athènes ont donné un éclat inégalé aux grandes fêtes religieuses, notamment aux panathénées, célébrées en l'honneur d'Athéna, déesse de la cité.

Mais, en 480, les Perses sont entrés dans la ville ; ils ont rasé et incendié les temples, détruit ou mutilé les statues. Tout est donc à reconstruire.

Cette nouvelle Acropole, Périclès la veut grandiose, témoignant de l'hégémonie d'Athènes sur le monde grec. Les cités « alliées » lui paient, chaque année, un tribut, précisément conservé sur l'Acropole. C'est ce tribut qui financera l'ambitieux projet de Périclès... si ambitieux qu'il ne sera achevé qu'à la fin du Ve siècle. Périclès, qui mourra en 429, ne verra de terminé que le Parthénon. Mais le maître d'œuvre, Phidias, accusé d'avoir détourné l'or et l'ivoire destinés à la statue d'Athéna, a déjà été écarté : il mourra en exil, en 430 av. J.-C.

La guerre du Péloponnèse

Au milieu du Ve siècle av. J.-C., Athènes et Sparte dominent le monde grec, mais tout les oppose. Sous l'égide de Périclès, la cité de l'Attique s'est constitué un empire maritime, autour de la mer Égée. Sparte s'est repliée sur le Péloponnèse. Alors qu'Athènes incarne la démocratie, Sparte s'accroche à son passé et vit dans la crainte d'une révolte de ses esclaves.

En 446 av. J.-C., pour mettre fin à leurs affrontements incessants, les deux cités ont conclu une paix de 30 ans : elle durera à peine 15 ans ! D'incidents en affrontements, la guerre éclate en 431. Elle durera plus d'un quart de siècle.

Sparte au secours des ennemis d'Athènes

En 431, une colonie de Corinthe, Corcyre (l'actuelle Corfou), se révolte contre sa métropole, avec le soutien d'Athènes. Cette dernière oblige aussi Potidée, une ancienne colonie corinthienne, à raser ses murailles et interdit l'Attique aux marchands de Mégare, précipitant ainsi la ruine de la cité.

Sans attendre, Corinthe, Mégare ainsi qu'Égine se présentent devant l'assemblée de Sparte : il faut combattre Athènes ! Les Spartiates, réticents, finissent par se laisser convaincre : la guerre du Péloponnèse a commencé. Les Spartiates et leurs alliés disposent de 40 000 hoplites. Les Athéniens, eux, ne peuvent aligner sur terre qu'une force de 13 000 hoplites et 1200 cavaliers. Mais Athènes est riche, grâce au tribut des cités alliées, et, sur mer, elle est la plus forte.

Une guerre de harcèlement

Les premières années se passent en opérations limitées. Les Spartiates ravagent l'Attique à plusieurs reprises ; Athènes occupe Égine et, suivant sa stratégie, ruine les côtes ennemies. Entassés derrière leurs fortifications, les Athéniens doivent faire face, en 430, à une épidémie de peste – ou, sans doute, de typhus. En deux ans, celle-ci emporte entre un quart et un tiers de la population. Périclès lui-même y succombe, en 429. À sa mort, Athènes est divisée : avec l'aristocrate Nicias, les plus modérés veulent une guerre défensive, tandis que Cléon et ses partisans prêchent la guerre à outrance. Lorsque Cléon réussit à faire prisonniers 292 hoplites ennemis et à les ramener à Athènes, les combats reprennent de plus belle.

Puis, en 421, la guerre perd deux de ses partisans les plus acharnés : l'Athénien Cléon et le Spartiate Brasidas meurent devant Amphipolis, une colonie d'Athènes. Ceux-là morts, on peut négocier : Sparte craint pour la vie de ses prisonniers. Nicias conclut la paix, chacun des adversaires se retirant sur ses positions antérieures.

La trahison d'Alcibiade

La « paix de Nicias » doit durer cinquante ans. Mais, à Athènes, les partisans de la guerre se sont trouvés un nouveau chef : Alcibiade, le neveu de Périclès. Il a trente ans et veut la revanche d'Athènes, mais souhaite surtout donner libre cours à son ambition. Jouant des rivalités des cités du Péloponnèse, il s'emploie à rallier aux côtés d'Athènes les ennemis de Sparte, comme Argos. La guerre reprend. En 418, Sparte rétablit sa domination sur le Péloponnèse. À Athènes, les partisans de la paix l'emportent à nouveau. Une confusion totale règne dans la cité, et la rivalité entre Nicias et Alcibiade paralyse toute activité.

Trois ans se passent. Alcibiade a retrouvé son influence. Il persuade l'assemblée d'Athènes de reprendre la politique d'expansion vers l'Occident et de s'attaquer à la Sicile. En 415, les Athéniens envoient un corps expéditionnaire contre Syracuse, commandé par Nicias le modéré et Alcibiade l'ambitieux…

À Athènes, crises et complots se succèdent. Alcibiade est mis en cause, accusé d'avoir mutilé des statues d'Hermès. En effet, le peuple d'Athènes vénérait des piliers surmontés d'une tête du dieu Hermès et portant un phallus. Ces piliers se trouvaient aux carrefours, devant les sanctuaires et certaines maisons. Or, une nuit, peu avant l'expédition de Sicile, une main sacrilège mutile ces hermès au visage. Le peuple s'émeut profondément de cette profanation et y voit un mauvais présage. On accuse Alcibiade d'être à l'origine du forfait. Il s'est embarqué pour Syracuse, mais la cité dépêche un vaisseau chargé de le ramener.

De son côté, Syracuse envoie des émissaires demander l'aide de Sparte. Ils y trouvent un avocat inattendu, Alcibiade qui s'est enfui du bateau le ramenant à Athènes. Passé à l'ennemi, il démontre aux Spartiates qu'ils ont tout à redouter d'une mainmise d'Athènes sur la Sicile. Sparte envoie donc des troupes au secours de Syracuse. Athènes donne le signal de l'assaut. C'est un désastre : 12 000 morts, la flotte détruite. Athènes est au bord de l'abîme.

THUCYDIDE, L'UN DES PREMIERS HISTORIENS

Grâce à son œuvre, l'*Histoire de la guerre du Péloponnèse*, Thucydide est considéré comme l'un des premiers historiens. Thucydide voit le jour à Athènes, dans une famille d'aristocrates, vers 470-460 av. J.-C. Élu « stratège » en 424, il participe à la guerre du Péloponnèse : il commande une expédition navale d'Athènes en Thrace. Mais il ne peut empêcher la prise d'Amphipolis par le Spartiate Brasidas. Condamné pour trahison, il est banni d'Athènes. Il ne pourra y revenir qu'à l'occasion de l'amnistie de 404 et meurt vers 395. Il passe ses années d'exil à voyager et à rédiger sa grande œuvre, l'*Histoire de la guerre du Péloponnèse*, grâce à laquelle il passe, avec Hérodote, pour être un des premiers historiens. Chez Thucydide, l'intervention divine et le mythe cèdent la place aux passions et à la volonté des hommes, comme moteurs de l'histoire. Sa narration est rationnelle et suit un ordre chronologique. Les opinions et les discours des protagonistes y prennent une grande place. Dans son ouvrage, Thucydide prend parti pour Athènes. Et l'oraison funèbre prononcée par Périclès pour les morts de la première année de guerre constitue un plaidoyer pour la démocratie athénienne.

Le coup de grâce

Pour briser définitivement l'empire athénien, Sparte se tourne alors vers les Perses et vers le satrape Tissapherne. Ce dernier a trouvé un excellent conseiller en la personne… d'Alcibiade, qui mise désormais sur un affaiblissement des deux camps pour faciliter son retour à Athènes. La guerre reprend donc pour le contrôle des côtes d'Asie Mineure.

Athènes connaît alors sa plus grave crise politique depuis la chute de la tyrannie. Ruinée par la guerre, une partie de la cité met en cause le système démocratique. En 411, c'est le coup d'État : le conseil des Cinq-Cents est remplacé par un conseil des Quatre-Cents, représentant les possédants.

Rassemblée à Samos, de l'autre côté de la mer Égée, la flotte athénienne destitue ses chefs et les remplace par des hommes d'État démocrates, Thrasybule et Thrasyllos.

Ces derniers ont besoin d'un appui contre le nouveau gouvernement athénien. Ils font appel à Alcibiade, qui accepte. Il aide les démocrates à reprendre le contrôle de l'Hellespont, convainc les Perses de détourner leur aide financière de Sparte à Athènes… et peut regagner sa cité, fort de ces victoires. La cité est en plein déclin. En 406, Athènes remporte encore une victoire sur Sparte, aux îles Arginuses, mais la bataille fait de nombreux morts dans les rangs athéniens, et les stratèges vainqueurs sont condamnés à mort à leur retour.

À Aigos-Potamos en 405 av. J.-C., le commandant de la flotte spartiate, Lysandre, s'empare d'une bonne partie de la flotte d'Athènes. Bientôt, il assiège la cité de l'Attique. Derrière les Longs Murs, la disette fait rage. En 404, Lysandre entre dans la ville.

Thèbes et Corinthe demandent que l'on rase la cité vaincue, mais Sparte s'oppose à cette vengeance. Elle se contente de faire détruire les fortifications et saisir la flotte. Athènes ne conserve que douze trières…

Quant au stratège athénien Conon, vaincu à Aigos-Potamos, il préfère éviter la colère de ses concitoyens qui avaient, quelques années auparavant, condamné à mort les généraux vaincus. Il se réfugie donc à Chypre, auprès du roi Évagoras. Il passe ensuite au service de la Perse, pour le compte de laquelle il prend une revanche personnelle sur Sparte. Il peut alors rentrer à Athènes, qui en fait son ambassadeur en Perse, où il meurt obscurément, peut-être dans les prisons du Grand Roi.

Le procès de Socrate

Dans Athènes vaincue, le doute s'installe. Philosophe non conformiste, Socrate préfère la mort au reniement de soi. À Athènes, la crise morale et le doute se sont installés. Le philosophe Socrate use de la dialectique, l'art de raisonner cher aux sophistes, pour mener une critique de la cité. Le peuple s'inquiète de ces critiques, qui sapent ses dernières certitudes. Socrate est accusé de « corrompre les jeunes gens » et de « ne pas reconnaître les dieux de la cité ». Pourtant, il est bon citoyen. Il a été soldat et magistrat. Mais la cité n'admet pas les non-conformistes. Lui-même préfère être condamné à mort que se renier. Il boit la ciguë en 399. Un de ses disciples, Platon, ouvre en 387 av. J.-C., près des jardins d'Akadêmos, à Athènes, une école appelée l'Académie. Refusant de se mêler, après la mort de son maître, aux affaires de la cité, il voyage, se rendant auprès du tyran Denys de Syracuse. Dans ses *Dialogues*, il reprend la dialectique socratique qui devient un moyen de s'élever au-dessus du monde sensible pour parvenir au monde des Idées.

L'épée de Damoclès

Le tyran Denys de Syracuse, qui a conquis son pouvoir en distribuant au peuple les terres des riches et vaincu les Carthaginois, est un homme politique brillant et sans scrupules. Sachant de quoi lui-même est capable, il redoute le pire d'autrui, vit terré dans sa forteresse, ne quitte jamais sa cuirasse et se méfie même de ses barbiers. Au courtisan Damoclès qui le félicite de son bonheur, il offre un banquet somptueux, avant de lui montrer l'épée suspendue par un crin de cheval au-dessus de sa tête, symbole de la fragilité du pouvoir et des dangers qui menacent les puissants.

• • •

CHAPITRE 4

Alexandre et la civilisation héllénistique (–380 à –100)

Au Ve siècle avant notre ère, Athènes a dominé tout le monde grec. Mais la suprématie qu'elle a conquise, en mettant en échec les Perses, s'est transformée en un pouvoir tyrannique, niant l'autonomie des « cités alliées ». Sa toute-puissance est alors ruinée par la guerre du Péloponnèse et, en 404 av. J.-C., ni Athènes vaincue, ni Sparte triomphante ne sont capables de rassembler les cités durablement. Jusqu'en 346, des guerres interminables ont lieu. À cette date, après une vaine tentative hégémonique de Thèbes, c'est à la Macédoine de Philippe II, qu'échoit le rôle d'unir les Grecs dans une alliance dirigée contre le vaste Empire perse.

Philippe II et les cités grecques

L'alliance perse, qui a permis à Sparte de vaincre Athènes, est de courte durée : en 401 av. J.-C., les Spartiates participent en effet à l'expédition menée par Cyrus le Jeune contre son frère Artaxerxès II, le grand roi perse, afin de le détrôner. Les deux armées s'affrontent à Counaxa. Après la défaite et la mort de Cyrus, les 10 000 mercenaires grecs (appelés les Dix Mille), qui figuraient parmi les troupes que celui-ci avait levées, effectuent une longue retraite et regagnent la mer. Auteur politique influent, Xénophon conduisit la retraite des Dix Mille. Il en fit le récit dans l'*Anabase*. Élève de Socrate, ce Grec passa presque toute sa vie hors d'Athènes, combattant même parmi les rangs des Spartiates. Il accompagna l'expédition des Dix Mille jusqu'aux rivages de l'Asie Mineure, suivant d'abord comme « reporter » son ami le Thébain Proxénos, qui s'était engagé, puis comme acteur de la retraite des Dix Mille. Élu général, il parvint en effet à sauver cette armée.

Les Perses poussent alors les Grecs à la révolte contre la domination de Sparte. En 394, la flotte lacédémonienne est détruite au large de Cnide, alors qu'elle doit faire face à Athènes, qui relève ses murs, reconstitue sa puissance navale et, de nouveau, rêve d'impérialisme. Cependant, en 386, les Perses, en la personne d'Artaxerxès, imposent la paix du roi, qui interdit toute hégémonie d'une cité sur les autres et soumet les Grecs d'Ionie.

Ce sont les ambitions de Thèbes qui, en définitive, incitent Athènes et Sparte à mettre fin à leur interminable affrontement. En 371, les hoplites spartiates sont pour la première fois vaincus à Leuctres par le général thébain Épaminondas. Inquiète devant la brillante campagne militaire que celui-ci poursuit ensuite dans le Péloponnèse, Athènes n'hésite pas à s'allier avec les Spartiates.

Cependant, en 362, les deux cités sont de nouveau battues par les Thébains à Mantinée. L'hégémonie de Thèbes succède alors à celle d'Athènes et de Sparte, mais elle est éphémère. En 346, Philippe II, roi de Macédoine depuis 10 ans, profitant de la division et de l'affaiblissement des cités et aidé d'une armée puissante, a déjà entrepris leur soumission.

Un souverain ambitieux

Établis au nord de la Grèce, les Macédoniens étaient restés jusque-là à l'écart des Grecs, qui ne les considéraient d'ailleurs pas comme des « fils d'Hellên ». Archaïque, peu urbanisé, très continental, le petit royaume macédonien contrastait avec le monde grec. Aussi l'avènement de Philippe II, en 356 avant notre ère, marque-t-il le début d'importants changements.

Né vers 382 av. J.-C., Philippe II est un souverain hellénisé : prisonnier à Thèbes au temps d'Épaminondas, il y a fait son éducation et s'inspirera des innovations militaires du général thébain. En 359, à la mort de son frère Perdiccas III, Philippe s'empare du trône, et entreprend de transformer le royaume : il crée un État, une administration, reconstitue une armée très efficace et exploite les mines d'or du mont Pangée. Et, de 357 à 338, il étend sa domination sur toute la Grèce. Il occupe d'abord des colonies athéniennes, puis il intervient dans les conflits entre cités. Athènes ne prend que lentement conscience du danger macédonien ; seul l'orateur politique Démosthène alerte ses concitoyens dans ses harangues, les *Philippiques*, à partir de 351.

Une étape décisive est franchie lorsque Philippe s'empare d'Olynthe ; en 346, une première paix est conclue. Démosthène mobilise alors les forces d'Athènes contre le roi de Macédoine ; celui-ci contrôle la Thrace et la Thessalie, mais doit également faire face aux Scythes, qui le harcèlent au nord. Il parvient cependant à surprendre Athènes et Thèbes en envahissant la Béotie, et défait leur coalition en 338, à Chéronée, avec l'aide de son jeune fils Alexandre.

ARISTOTE, PRÉCEPTEUR D'ALEXANDRE

Philippe choisit comme précepteur pour son fils préféré, Alexandre, le plus grand philosophe grec du temps. Longtemps disciple de Platon, Aristote (384-322) a fondé à Athènes une école de philosophie, le Lycée, où il enseigna douze ans. Esprit encyclopédique, il s'intéresse à tout : à la politique, à la physique, à la biologie. Il propose une conception hiérarchisée du monde vivant : l'homme, doué de raison et vivant en société, « animal politique », domine le règne animal. Aristote mène par ailleurs une enquête sur les constitutions des cités grecques et en étudie 158 ; seule celle d'Athènes nous est parvenue. Pour lui, dans la cité idéale, l'intérêt général doit l'emporter sur les intérêts particuliers.

Les causes de la défaite

La défaite des cités grecques devant Philippe tient à des causes multiples. Sparte, qui représentait la tradition et l'austérité, est atteinte dans ses structures. Sa victoire sur Athènes l'a conduite à élargir son champ d'activités au-delà du Péloponnèse. L'enrichissement d'une partie de ses citoyens et la libre disposition du *cléros*, le lot de terre qui garantissait l'égalité des Spartiates entre eux, aboutissent à l'exclusion des plus pauvres. Les citoyens, les « égaux », sont de moins en moins nombreux : Sparte n'en compte plus que 700 à la fin du IVe siècle.

Dans Athènes, la cité rivale, la paysannerie moyenne qui formait l'armature du corps civique est en régression. Là aussi, les grandes fortunes se développent, et le nombre de citoyens pauvres augmente d'autant. Les principes politiques, fondements de la vie civique, s'en trouvent atteints : les charges financières de la cité ne cessent de s'accroître alors que ses revenus diminuent ; les riches cherchent à échapper aux charges qui les accablent tandis que les pauvres dépendent des salaires et indemnités versés par la cité.

Dans ce contexte de crise, la politique devient affaire de spécialistes. Les procès sont fréquents, d'où l'importance des logographes qui écrivent des plaidoyers politiques. Enfin, la guerre elle-même devient aussi l'affaire de spécialistes et les mercenaires tendent à remplacer les citoyens hoplites.

La phalange macédonienne

L'art de la guerre évolue au début du IVe siècle. La phalange hoplitique s'efface devant l'infanterie légère des mercenaires. La phalange macédonienne des pézhétaires est une formation de combat intermédiaire entre celle des hoplites (infanterie lourde) et celle des peltastes (infanterie légère armée d'un petit bouclier, appelé la pelta), lesquels, dès 425 av. J.-C., massacrent une unité d'hoplites spartiates à Sphactérie. Armée de la sarisse (longue lance de 5 mètres) et évoluant sur une profondeur de rangs, elle enfonce les lignes ennemies et tient le terrain. La cavalerie redevient un élément déterminant : une fois la rupture produite, elle poursuit l'adversaire et exploite la victoire, fait rare à l'époque classique. Seules les légions romaines parviendront à vaincre la phalange macédonienne.

La domination macédonienne

Au lendemain de sa victoire de Chéronée, en 338 av. J.-C., Philippe convoque les représentants des cités à l'isthme de Corinthe et constitue une confédération hellénique. Les cités, qui conservent leur autonomie, sont représentées selon leur importance dans cette ligue qui doit préserver leur entente. Philippe est proclamé *hegemon* des Hellènes, puis chef militaire suprême (stratège *autocrator*). Il entraîne alors les Grecs dans une grande expédition contre les Perses, à la fois pour asseoir son pouvoir et exalter le panhellénisme. Mais son entreprise est arrêtée net en 336, car il est assassiné par l'un de ses officiers.

La fin de l'indépendance des Thraces

Les conquêtes de Philippe mettent fin à l'indépendance relative de la Thrace du Sud, qui dépendait d'Athènes depuis la fin des guerres médiques. La Macédoine entre ainsi en possession des richesses découvertes par les Thraces, peuple installé dans la région depuis le IIe millénaire. Ce sont surtout les mines d'or du Pangée qui ont suscité les convoitises des pays voisins. Athènes y avait déjà fondé la cité d'Amphipolis, conquise par Philippe dès 357, tandis qu'il laissait la dynastie des Odryses dominer l'intérieur du pays, beaucoup moins riche.

L'art de Tanagra

C'est en Béotie, dans une petite cité à l'est de Thèbes, que s'épanouit, du milieu du IVe siècle à la fin du IIIe siècle av. J.-C., un art très original et raffiné, celui de Tanagra. Les potiers de Tanagra sont sans doute les héritiers de la grande statuaire qui se développe dans la seconde moitié du IVe siècle. Elle rompt avec la « dictature » des canons classiques imposés par Phidias au temps de Périclès, et exalte la sensualité des corps, la beauté des femmes, tandis que les peintres de vases réalisent des œuvres destinées à embellir les gynécées, ou figurent des femmes aux coiffures compliquées, à leur toilette, se fardant, se parant… Au risque d'une certaine préciosité, les artistes cherchent à faire preuve de virtuosité, et l'érotisme fait une première apparition, discrète, dans l'art grec. Dans les ateliers, les potiers réalisent des terres cuites très diverses, de façon presque industrielle, mettant l'art à la portée du plus grand nombre. Les statuettes sont vendues en Grèce et en Asie Mineure. Elles devaient avoir une fonction funéraire, mais aussi servir à décorer les maisons et embellir la vie de tous les jours.

Le plus beau tombeau du monde

En 353 av. J.-C. meurt le roi Mausole. Satrape perse de Carie, en Asie Mineure, il avait su étendre ses possessions en Grèce d'Asie et, épris de culture grecque, il avait fait de sa capitale, Halicarnasse, une superbe ville. Mausole avait épousé sa propre sœur, qui réalisa le temple-tombeau qu'il avait conçu lui-même et qui sera mis par les Anciens au nombre des Sept Merveilles du monde.

Les conquêtes d'Alexandre

Dès l'enfance, Alexandre fait preuve d'une ambition démesurée et redoute que son père, Philippe de Macédoine, ne lui laisse plus rien à conquérir. En 343 av. J.-C., il n'a que 13 ans quand il dompte le cheval Bucéphale, témoignant ainsi d'exceptionnelles aptitudes. Il comprend que le cheval, dont personne n'avait pu venir à bout, a peur de son ombre, et, plaçant l'animal face au soleil, il parvient à le monter. Sept ans plus tard, il sera roi de Macédoine ; encore un peu de temps et il deviendra maître de l'Asie, Bucéphale étant de toutes les conquêtes.

Un roi de 20 ans

Alexandre a 20 ans lorsque son père meurt, assassiné, en 336 av. J.-C. Le prince est déjà rompu à l'exercice du pouvoir : il n'avait pas 16 ans que Philippe le nommait régent de Macédoine, avant de partir en guerre contre Byzance. Et, à 18 ans, Alexandre aidait son père à triompher des cités grecques, à la bataille de Chéronée.

Le jeune homme a reçu une solide éducation : le philosophe Aristote a veillé en personne à sa formation. Alexandre a lu Homère, les poètes lyriques et les auteurs tragiques. Guerrier et politique accompli, le nouveau roi est également convaincu d'être un descendant des dieux. Sa mère, Olympias, le lui a répété pendant toute son enfance : par elle, il tient d'Achille, le héros de la guerre de Troie, et, par son père, d'Héraclès, qui est le fils de Zeus lui-même.

À la mort de Philippe, les cités grecques s'agitent. Sans doute pensent-elles pouvoir profiter de la jeunesse du prince héritier pour secouer le joug du royaume de Macédoine. C'est oublier qu'Alexandre ne supporte pas la moindre résistance. En guise d'avertissement, il rase Thèbes, en 335 av. J.-C. Ce lettré épargne cependant la maison du poète Pindare et les temples des dieux. Une façon comme une autre de montrer aux Grecs qu'il n'est pas tout à fait ce barbare qu'ils redoutent et méprisent à la fois…

La même année, à l'automne, le jeune roi de Macédoine mène une campagne éclair contre les populations qui le harcèlent, au nord du pays. Une fois assurée la sécurité des frontières septentrionales, il peut se consacrer à son grand projet : reprendre l'aventure perse de son père et se lancer à la conquête de l'empire de Darios III, le Grand Roi.

Au secours de l'armée d'Asie

En 334 av. J.-C., l'expédition est prête. Alexandre s'entoure de généraux fidèles, Antigonos, Ptolémée, Séleucos. Avec eux, il volera au secours de l'armée que son père a laissée en Asie, sous les ordres de Parménion. Il confie la Macédoine et la Grèce soumise à un autre lieutenant de Philippe, Antipatros. Ce dernier aura à réprimer une révolte de Sparte, en 331.

Bientôt, Alexandre franchit l'Hellespont, ce détroit qui sépare la Grèce de l'Asie Mineure (l'actuelle Turquie), avec 35 000 hommes et des contingents grecs de toutes les cités, sauf Lacédémone. Ses précepteurs lui ont enseigné que, 50 ans auparavant, le Perse Xerxès avait pris le même chemin, en sens inverse, pour conquérir la Grèce. Alors, dans un grand geste de défi, Alexandre jette une coupe d'or dans l'Hellespont.

Il rejoint Parménion et marche contre les Perses. Face aux 120 000 soldats et aux 35 000 mercenaires dont dispose Darios, les quelque 35 000 hommes d'Alexandre font une bien faible armée. Mais des questions tactiques divisent le roi des Perses et ses principaux généraux. Et, sur le fleuve Granique, Alexandre écrase les colonnes adverses de Memnon.

Fort de cette victoire, il pénètre plus avant en Asie Mineure, s'empare de Sardes, des villes grecques de la côte, puis de toute l'Anatolie. Il achève cette première étape à Gordion, important relais commercial entre l'Ionie et la Perse et ville mythique du roi Gordias. Le char de ce dernier, disait un oracle perse, était attaché par un nœud si compliqué que personne n'avait pu le défaire, mais celui qui y parviendrait réussirait à conquérir l'Asie. L'oracle embarrasse peu le roi de Macédoine. Alexandre tire son épée. D'un coup, il tranche le *nœud gordien* : il sera maître du monde.

Il franchit le Taurus, passe les portes Ciliciennes et, poursuivant l'armée du Grand Roi, il affronte Darios en personne, dans la plaine d'Issos. Sentant venir la défaite, Darios préfère s'enfuir !

OLYMPIAS, MÈRE D'ALEXANDRE

Par sa mère, fille du roi des Molosses, peuple d'Épire qui fonda un puissant empire, Alexandre est à demi barbare. Quand Philippe II, à Samothrace, rencontre Olympias, princesse d'Épire, qui est peut-être une hétaïre, courtisane participant aux mystères dionysiaques et orphiques, il n'a de cesse de la faire entrer dans son harem. Malgré le caractère violent et emporté de son épouse, c'est le fils de celle-ci, Alexandre, qu'il désigne comme héritier, de préférence à ses autres fils. Olympias quitte pourtant Philippe quand il épouse Cléopâtre, fille d'un de ses généraux. D'Épire, elle ne cesse d'intriguer et n'est peut-être pas étrangère à l'assassinat de son époux par le jeune Pausanias. Elle profite en tout cas de cette mort pour revenir en Macédoine et fait mettre à mort Cléopâtre. Après le départ en campagne de son fils, elle tente d'accaparer le pouvoir en luttant contre le régent Antipatros et doit s'enfuir en Épire.

La fin de l'Empire perse

Alexandre redoute que la flotte perse n'entre en action. Se refusant alors à toute négociation, il poursuit son plan d'encerclement méthodique de la Méditerranée orientale et tient à s'assurer le contrôle de ses rives. Il occupe la Syrie, puis la Phénicie, et prend Tyr, en 332 av. J.-C. La ville, ayant eu le tort de lui résister, est rasée et ses habitants sont vendus comme esclaves.

Il s'empare de Gaza puis de Jérusalem et marche sur l'Égypte. Après s'être avancé en plein désert de Libye, il revient dans le delta du Nil, où il fonde Alexandrie. Voilà toute la Méditerranée orientale en son pouvoir. Mais Darios ne s'avoue pas définitivement vaincu pour autant. Comme preuve de sa mansuétude, le Grand Roi propose même à Alexandre de lui abandonner les territoires conquis !

Alors, en 331, les Macédoniens quittent l'Égypte pour remonter vers la Mésopotamie. Replié à Babylone, Darios y a reconstitué son armée. Contre les phalanges d'Alexandre, il compte sur son excellente cavalerie et les redoutables chars à faux tranchantes dont elle est équipée. Pour frapper plus fort encore, il veut pouvoir choisir le terrain de l'affrontement. Lorsqu'il apprend qu'Alexandre a franchi l'Euphrate et le Tigre, Darios se porte à sa rencontre. Il établit ses bases à Arbèles et fait niveler le site de Gaugamèles, en prévision du combat.

Tandis que Parménion contient l'assaut des Perses, que la phalange arrête les chars à faux, Alexandre en personne mène la charge contre la cavalerie perse. Une deuxième fois, Darios doit fuir. La défaite du Grand Roi ouvre à Alexandre la route des cités perses. Babylone et Suse se rendent sans combattre, Persépolis résiste plus longtemps. Alors, comme Xerxès a jadis ravagé Athènes, Alexandre livre Persépolis et ses splendeurs à ses soldats. Et, au printemps, avant de repartir, il incendie les palais où il vient de passer l'hiver.

Alexandre, roi d'Asie

Toutes les capitales s'ouvrent devant les Grecs, et Alexandre fait occuper presque simultanément Babylone, Suse, Pasargades, puis Ecbatane. C'est alors que Darios est assassiné par ses généraux. Alexandre lui fait de somptueuses funérailles et se proclame héritier de l'empire des Achéménides, la prestigieuse dynastie perse.

Dès son enfance, Alexandre est certain, sinon d'être un dieu, du moins d'être investi d'une mission divine. Les rois d'Épire affirmaient descendre d'Achille, fils de Zeus ; ceux de Macédoine se disaient descendants d'Héraclès, donc aussi de Zeus. En Égypte, Alexandre adopte la titulature de Pharaon, « fils de Rê », « nouvel Horus », avec l'accord des Égyptiens, qu'il délivre du joug perse. Il se rend alors dans l'oasis de Siwa, où il reçoit un oracle mystérieux. Il se dira dorénavant « fils d'Amon », équivalent égyptien de Zeus, affirmant que sa mère l'a conçu du dieu lui-même, qui avait pris la forme d'un serpent. Dès lors, Alexandre exige qu'on se prosterne pour lui baiser les pieds.

À l'été de 330 av. J.-C., il se remet en marche. Son armée gagne, cette fois, les provinces orientales de l'Empire perse déchu, la Sogdiane et la Bactriane (Ouzbékistan et Afghanistan actuels). Sur sa route, Alexandre fonde plusieurs villes. Toutes s'appellent Alexandrie…

Le roi d'Asie franchit l'Hindu Kuch, ces montagnes qui prolongent l'Himalaya, au nord de l'Afghanistan. En 327, il entreprend la conquête de l'Inde ; le printemps de 326 le voit sur les rives de l'Indus. À l'été, il affronte le terrible roi Pôros et son armée d'éléphants. Le voilà maître du Pendjab mais il veut encore pousser jusqu'au Gange.

Mais Bucéphale, le cheval favori, est mort. Et les soldats d'Alexandre n'en peuvent plus. Après huit ans de guerre, ils n'ont plus qu'un désir : rentrer. Pour la première fois de sa vie, Alexandre doit céder… à son armée épuisée. Il érige alors une colonne sur laquelle il fait graver : « Ici s'est arrêté Alexandre. » Et il amorce son retour vers la Mésopotamie. Divisant son armée en trois, il charge un de ses lieutenants, Néarque, d'explorer une route maritime de l'embouchure de l'Indus au golfe Persique.

Au printemps de 323, il est de retour à Babylone. Quelques semaines après, il se sent prêt à repartir vers de nouvelles conquêtes. Mais, au mois de juin, en plein banquet, il est pris d'une violente fièvre. En moins de quinze jours, la malaria emporte l'invincible Alexandre. Il a 33 ans.

Le scandale Harpale

Un grave scandale financier agite vers 324 av. J.-C. les milieux de l'administration grecque en Mésopotamie. L'officier d'Alexandre, Harpale, s'est enfui à Athènes avec les 5000 talents d'or confiés à sa garde. Les Athéniens décident de le livrer à son maître, mais il s'enfuit en Crète, où il est assassiné. L'enquête prouvera que la moitié de l'argent a disparu, mais les commissaires grecs chargés du séquestre ne sont peut-être pas totalement innocents. Parmi eux, Démosthène, qui sera la vedette d'un procès retentissant, où il n'aura pas grand mal à venir à bout des accusations de l'orateur Dinarque, dont les plaidoiries, parfaites dans leur forme, n'ont pas le souffle de celles de Démosthène.

L'union de l'Orient et de l'Occident

En un peu plus de 12 ans de règne, Alexandre a réuni sous son pouvoir le plus grand empire jamais conquis, de l'Égypte à l'Indus. Il a mené les Grecs bien au-delà des territoires dont ils convoitaient depuis longtemps la domination. Quel destin pour l'héritier du petit royaume de Macédoine, souverain qui n'était, aux yeux des Grecs, guère plus qu'un demi-barbare, puisque tout ce qui n'était pas grec leur semblait barbare et inférieur.

Alexandre, précisément, refuse cette distinction. Il rêve de réaliser l'unité du monde, de marier l'Occident à l'Orient. Il cherche l'appui des grandes familles orientales et essaie de construire une nation mixte. Lui-même commence par épouser Roxane, la fille d'un dignitaire perse. Et, en secondes noces, il prend pour femme une fille de Darios, Satira. Il incite ses officiers à suivre son exemple. Ainsi, après la chute du Grand Roi, les Perses cessent d'être ses ennemis. Un grand nombre, d'ailleurs, se rallient à lui. Vainqueurs et vaincus deviennent tous des sujets d'Alexandre.

Marier l'Occident à l'Orient, c'est aussi créer des foyers de langue et de culture grecques qui cimenteront son empire. Voilà pourquoi, partout où il passe, Alexandre fonde une cité qui porte son nom. Grâce aux trésors dont il s'est emparé, il crée des ports, développe la monnaie, étend les systèmes de communication.

Il a l'intelligence de maintenir en place les administrations existantes et de respecter les dieux et les temples des pays conquis. Simplement, aux postes clés, il place des Macédoniens. Son armée, qui reste son plus sûr soutien, est à l'image de cet empire : elle compte de plus en plus d'Orientaux dans ses rangs, mais les généraux sont macédoniens ou grecs.

Des villes appelées Alexandrie

Selon Plutarque, Alexandre a fondé plus de 70 villes. 34 sont identifiées à ce jour, 25 ont pour nom Alexandrie. La plus célèbre de toutes est bien évidemment Alexandrie d'Égypte, capitale des Lagides, centre culturel et économique de l'Orient gréco-romain. Les plus lointaines sont Alexandrie Eschaté (« Extrême »), qui s'appelle actuellement Khoudjand, et Alexandrie Bucéphale, proche de l'Indus, à laquelle Alexandre a donné le nom de son coursier. La création de ces villes avait deux buts : renforcer le prestige d'Alexandre et trouver une solution au problème posé par l'existence d'un important prolétariat grec, souvent fauteur de troubles, en lui proposant de se fixer dans de nouvelles colonies asiatiques. Le site des villes, souvent des forteresses construites sur un plan identique, a été habilement choisi : la plupart sont devenues des centres commerciaux importants, dont certains sont toujours actifs.

L'art hellénistique

Soixante ans séparent la mort d'Alexandre le Grand de la conquête du bassin méditerranéen par les Romains. Pendant cette période, dite « hellénistique », l'art et la culture grecs se frottent au monde oriental.

Les cités rivalisent d'ornementation. Il existe un vrai marché de l'art, soutenu par les cours royales et par de riches protecteurs. Ce marché est alimenté autant par les villes qui se multiplient et veulent honorer leurs citoyens que par les riches amateurs qui veulent améliorer et embellir leur décor quotidien. Les maisons peintes de Délos et de Pompéi, les mosaïques des sols de Pella en sont des témoignages remarquables. Il s'agit souvent de reproductions d'œuvres anciennes, dans un style archaïsant, comme les Aphrodites nues de Délos. C'est, souvent, grâce à ces copies que nous connaissons les œuvres d'artistes classiques, comme Phidias.

Les arts appliqués connaissent aussi un essor important : des statues supportent des flambeaux pour éclairer les salles de banquets par exemple. À la diversité des usages correspond aussi une extrême diversité des styles et des tendances. L'autel de Zeus à Pergame présente ainsi deux frises de style différent. Mais il reste parfois très difficile de dater certaines œuvres.

L'architecture emprunte peu à l'Orient : ni voûtes ni coupoles. On construit des temples monumentaux : le sanctuaire de Didymes (116 mètres sur 52) est presque deux fois grand comme le Parthénon et, à Rhodes, on dresse le fameux colosse.

Mais le trait dominant de la période, c'est l'urbanisme. Certes, sous Périclès, l'Acropole d'Athènes avait fait l'objet d'un projet d'aménagement. Mais les cités anciennes restaient des dédales anarchiques. Les conquêtes d'Alexandre et les fondations de cités engendrent une autre vision : les villes sont conçues avant d'être construites. Chacune suit un plan identique : rues droites et larges, à angle droit ; des temples, des gymnases et des places publiques animent la cité. Toutes les cités ont en commun le même souci d'esthétique : la ville elle-même devient un décor.

De la Grèce à l'Orient

L'unité de l'empire d'Alexandre ne survit pas à la disparition du conquérant, mais la civilisation orientale et le monde grec y sont désormais indissociables.

À la mort d'Alexandre, l'empire vole en éclats. Les successeurs d'Alexandre abandonnent les ambitions de conquête de celui-ci. Pour se partager le pouvoir, les diadoques, fameux généraux du conquérant, se livrent une guerre acharnée. La Grèce est déchirée par les antagonismes qui opposent les successeurs du jeune souverain. C'est à Antipatros, vieux général de Philippe II, qu'Alexandre a confié la régence de la Grèce. Il doit lutter contre Olympias, mère d'Alexandre, puis, à la mort de ce dernier, écraser la révolte des cités grecques. Antipatros disparu, son fils Cassandre tente de se tailler un royaume en Macédoine. Il rappelle d'Épire Olympias et son petit-fils Alexandre. Dès son retour à Pella, la vieille reine fait exterminer tous ses ennemis, notamment le demi-frère d'Alexandre et la famille de celui-ci, mais elle est bientôt assiégée à Pydna et doit se rendre à Cassandre, qui promet de lui laisser la vie sauve. Malgré sa promesse, il la livre aux familles de ses victimes, qui la massacrent. Cassandre devient alors seul maître du pouvoir.

En 323 av. J.-C., les diadoques, c'est-à-dire les « successeurs », anciens généraux d'Alexandre, se disputent les territoires qui s'étendent jusqu'aux confins de l'Empire perse. Au terme de plusieurs décennies de luttes sanglantes, quatre dynasties s'imposent : les Antigonides obtiennent la Macédoine, qui fait face aux révoltes des cités grecques et aux invasions celtes ; les Attalides, le royaume de Pergame, en Asie Mineure ; les Lagides, l'Égypte ; les Séleucides, le plus vaste ensemble, c'est-à-dire la Perse, de l'Asie Mineure à l'Iran.

Le pouvoir des monarques

Depuis Philippe et Alexandre, le souverain est divinisé. Quand, au Ve siècle, la cité d'Athènes avait vaincu les Perses, on en avait attribué le mérite aux dieux de la cité ; dans la période suivante, si Alexandre vole de victoire en victoire, c'est qu'il est un individu hors du commun, protégé par les dieux. L'idéal civique de la cité disparaît, la limite entre le monde des dieux et celui des hommes devient de plus en plus floue ; le roi est associé aux cérémonies en l'honneur des dieux, Amon ou Mardouk ; seuls les juifs se refuseront toujours à lui rendre le culte qu'ils ne doivent qu'à Jéhovah.

La langue officielle des royaumes devient le grec. L'administration y est confiée à des Grecs ou à des Orientaux hellénisés, mais, si la culture grecque se diffuse, elle est profondément marquée par les traditions orientales, surtout dans le domaine religieux. L'hellénisation est d'ailleurs inégale d'un royaume à l'autre. Les monarques hellénistiques, tels des dieux, se veulent protecteurs (*sôter*) et bienveillants (*évergète*). Ils portent le diadème des rois perses, entretiennent une cour raffinée, siège d'intrigues permanentes, où favorites et éphèbes peuvent jouer un rôle politique.

En dépit de cette organisation, les souverains sont avant tout des chefs de guerre : ils doivent certes protéger leur territoire des incursions étrangères, mais, surtout, ils ne cessent de se combattre les uns les autres, malgré des alliances matrimoniales compliquées et de multiples traités. Dix des quatorze rois séleucides mourront ainsi en campagne. Ils s'entourent de lieutenants, macédoniens ou grecs, qui encadrent leurs armées et, si la phalange et la cavalerie restent essentielles, le nombre de mercenaires « spécialisés » s'accroît : archers crétois, cavaliers de Tarente. Mais, faute de structures politiques solides, l'empire va se disloquer.

En Macédoine, vers 279-221 av. J.-C., les successeurs d'Alexandre ont bien du mal à maintenir leur pouvoir sur la péninsule balkanique. Antigonos Ier Gonotas, né en Thessalie, fils de Démétrios Ier Poliorcète, le « Preneur de villes », parvient à chasser les Galates, mais ne peut rétablir l'hégémonie macédonienne.

Son successeur, Antigonos II Doson, régent, puis roi de Macédoine de 229 à 221, combat les Dardaniens, montagnards qui menacent le nord de son royaume, avant de vaincre les Spartiates.

Une société urbaine

Le monde frugal des cités grecques est contraint à frayer avec l'Orient disparate, aux riches plaines irriguées et aux déserts arides. La concurrence est rude pour les cités : elles achètent leur blé en Orient, alors que la valeur de ce qu'elles exportent, vin et huile, tend à baisser. Les ports se multiplient : Le Pirée commence à perdre sa prépondérance ; Délos, port franc au milieu de la mer Égée, s'enrichit ; Rhodes, plus proche de l'Orient, devient le premier port grec. Comme signe de puissance, cette ville fait édifier une statue du Soleil, haute de plus de 36 mètres, le célèbre colosse de Rhodes.

Les artisans grecs, eux, s'appauvrissent ; les paysans se font mercenaires. La Grèce perd une grande partie de sa population, qui émigre en Orient – la cité la plus touchée étant Sparte, qui, selon les sources anciennes, aurait vu le nombre de ses citoyens passer de 9 000 à 700 au IIIe siècle.

Une « bourgeoisie » de propriétaires fonciers devient maîtresse dans les cités des royaumes hellénistiques ; elle assure son emprise sur les humbles par les « liturgies », prises en charge des dépenses de la cité, et surtout par des représentations théâtrales, de plus en plus coûteuses. Son idéal n'est pas la richesse, mais l'aisance. Les mariages mixtes sont fréquents et il n'est pas rare en Syrie et en Palestine de voir un individu porter deux noms, l'un sémitique, l'autre grec. Cette bourgeoisie fait donner une bonne éducation à ses enfants, qui fréquentent le gymnase et l'école de rhétorique. Les plus riches terminent leur formation à Athènes, foyer intellectuel où professent tous les philosophes prestigieux.

Ce sont surtout les villes qui profitent de la richesse hellénistique, et l'urbanisme devient une discipline à part entière. Les souverains séleucides créent de nouvelles capitales, Antioche en Syrie, Séleucie en Babylonie. Alors que le monde rural reste immobile, les troubles sociaux, qui s'étaient apaisés durant l'âge classique, reparaissent tandis que se pose à nouveau la question de la répartition des terres, et qu'éclatent des révoltes d'esclaves.

Le mysticisme religieux

Les cultes rendus aux anciennes divinités grecques ne semblent pas assez efficaces et de nouvelles conceptions modifient profondément les comportements religieux. Les hommes se cherchent des dieux plus « transcendants » mais aussi plus proches d'eux et plus miséricordieux. C'est ce qui explique le succès de Dionysos, ou encore celui du dieu guérisseur Asclépios, qui fait appel à la sensibilité plus qu'à la raison. À Épidaure, en Argolide, en 380-375 av. J.-C., les Grecs ont en effet reconstruit le plus célèbre sanctuaire d'Asclépios, l'Esculape des Romains Fils d'Apollon et de la nymphe Coronis, né à Cos dans le Dodécanèse, Asclépios est élevé par le centaure Chiron, qui lui enseigne la médecine. Dieu guérisseur, Asclépios se montre aussi capable de ressusciter les morts, ce qui lui vaut les foudres de Zeus, tout à coup inquiet de ce renversement de l'ordre du monde. Le dieu est vénéré en plusieurs endroits de la Grèce, mais c'est à Épidaure qu'ont lieu les plus grands prodiges.

De nouveaux cultes apparaissent en Grèce, venus de Thrace et de Phrygie comme Cybèle ou Bendis, ou d'Orient comme Isis et Astarté. Les fidèles de craintifs deviennent superstitieux ; ils s'interrogent sur l'au-delà et font le succès de cultes à mystères, qui s'ajoutent à celui d'Éleusis et promettent à leurs initiés le salut après la mort.

À la même époque, entre le IVe et le IIIe siècle, Évhémère rédige une *Histoire sacrée*, où il raconte son voyage dans de mystérieuses îles de l'océan Indien. Il dit y avoir découvert une colonne sur laquelle avaient été gravés les noms des premiers rois de ces lieux paradisiaques : Ouranos, Cronos et Zeus. Ainsi les principaux dieux grecs ne sont-ils, d'après lui, que des souverains dont le souvenir a été mythifié. L'œuvre d'Évhémère et sa traduction latine par Ennius sont aujourd'hui perdues, mais la démarche du mythographe fit des émules au XIXe siècle de notre ère : le mot d'évhémérisme qualifie la démarche des savants rationalistes qui recherchent des fondements historiques aux mythes.

Le monde hellénistique est par ailleurs le théâtre d'une intense activité intellectuelle, plus tournée cependant vers le passé que vers l'innovation. Les érudits commentent les œuvres classiques, écrivent des biographies d'hommes illustres. Nous leur devons d'avoir conservé l'héritage grec, qui se répandra en Occident avec la conquête romaine et en Orient grâce à l'Empire byzantin.

Comme la religion, la philosophie cherche à apporter des réponses aux angoisses des individus. Les stoïciens, à la suite de Zénon (335-264 av. J.-C.), enseignent que l'homme ne peut échapper à la souffrance, mais qu'il peut accéder à l'*apathia*, la non-souffrance, par la connaissance raisonnée, en refusant de se livrer à ses passions. Les stoïciens, philosophes du devoir, estiment qu'il faut participer aux affaires de la cité. À l'opposé, Épicure (341-270 av. J.-C.) affirme que, pour éviter de souffrir, l'homme doit chercher la quiétude dans la satisfaction raisonnable de ses désirs et dans la culture de l'esprit.

Le Musée et le phare Alexandrie

En Égypte, au IIIe siècle, les érudits d'Alexandrie peuvent travailler sans soucis matériels. Démétrios de Phalère gouverne Athènes au nom de Cassandre. Excellent homme d'État, il ne peut cependant empêcher l'Antigonide Démétrios Ier Poliorcète (le « Preneur de villes ») de s'emparer de la cité. Il doit alors se réfugier chez les Lagides d'Égypte. Là, il obtient de Ptolémée Ier qu'il crée un lieu où écrivains et savants peuvent étudier sans avoir à gagner leur vie. Ainsi naquit le « musée », sanctuaire des Muses, les neuf divinités protectrices des arts et des lettres. Le poète Callimaque devient ainsi le bibliothécaire de la bibliothèque du Musée. Homme de lettres brillant, il excelle dans une poésie érudite, riche en allusions mythologiques. Il reste de lui six *Hymnes*, d'inspiration religieuse, des épigrammes, des fragments d'une œuvre consacrée aux légendes rares et curieuses, ainsi que des fragments d'une petite épopée sur une aventure de Thésée. Chef d'école, poète officiel et poète de cour, Callimaque est le meilleur représentant de la poésie alexandrine.

Dans un genre plus léger, Aristide de Milet écrit en grec le premier recueil de contes licencieux en prose. Il ne reste presque rien aujourd'hui de ses six volumes de fables, sinon des fragments traduits en latin, mais nous savons qu'elles ont servi de modèle à toute la littérature érotique postérieure.

À l'entrée du port d'Alexandrie, dans la petite île de Pharos, l'architecte Sostrate de Cnide a édifié une tour de marbre blanc, haute de 180 mètres. À son sommet brûle un feu destiné à guider les navires. Les Grecs admirent cette réalisation et la placent au rang des merveilles du monde. Le premier phare résistera au temps jusqu'à sa destruction dans un tremblement de terre, en 1302.

L'âge des sciences hellénistiques

L'époque hellénistique est fertile en innovations, découvertes et progrès scientifiques. En mathématiques, Euclide développe l'idée d'un espace à trois dimensions. Archimède de Syracuse étudie les coniques, sphères et cylindres, et surtout les principes du levier, de la gravité et de l'hydrostatique. Les progrès sont également décisifs en médecine, entre autres à Alexandrie, grâce à la pratique de la vivisection sur les condamnés à mort. La pharmacie avance grâce au souci des rois de se prémunir contre les poisons. Le roi du Pont Mithridate Eupator est resté célèbre pour en avoir ingéré afin d'habituer son organisme à leurs effets, d'où le terme « mithridatiser ». La curiosité des géographes et des astronomes est également très fructueuse. Aristarque de Samos, qui meurt en 230 av. J.-C., est l'un des premiers à pressentir, dix-sept siècles avant Copernic, que la Terre tourne sur elle-même et qu'elle effectue en même temps le tour du Soleil. Pour ses contemporains, c'est le Soleil qui tourne autour de la Terre ; aussi, les conceptions révolutionnaires d'Aristarque lui valent d'être accusé d'impiété. Il poursuit pourtant ses recherches. On lui doit ainsi une méthode pour calculer la distance relative de la Terre au Soleil et à la Lune. Ératosthène de Cyrène calcule la longueur du méridien terrestre, la circonférence de la Terre et d'autres analysent les mouvements des astres dans le ciel. Il nous reste enfin plus de 600 noms d'historiens de cette époque.

Les jardins d'Adonis

Le culte d'Adonis, pratiqué en Grèce dès le IVe siècle av. J.-C., témoigne des liens entre Orient et Occident. Chaque année, dans le monde grec, les adonies sont célébrées, surtout par les courtisanes. Pour Adonis, divinité phénicienne de Byblos, on fait pousser de petits jardins de plantes aromatiques. Le premier jour des fêtes est joyeux, le lendemain, on jette les jardins à l'eau en se lamentant. Adonis est fils du roi de Byblos et de sa fille Smyrna qui l'a conçu par tromperie. Smyrna échappe à sa colère, car elle est changée par les dieux en un arbuste odorant qui produit une résine, la myrrhe. Adonis, d'une très grande beauté, est élevé par Perséphone, déesse des Enfers, et Aphrodite-Astarté, déesse de l'Amour. Il est l'amant de chacune d'elles, mais, jalouse, Artémis le fait tuer par un sanglier… Adonis, symbole des séductions stériles, sera assimilé à Attis, parèdre émasculé de Cybèle.

Les Maccabées

Au IIe siècle av. J.-C., une famille de Jérusalem se lève pour défendre le particularisme juif contre l'invasion de la culture grecque. Son nom signifie « manieur de marteau ».

Emmenés en captivité en 586 av. J.-C. à Babylone, après le pillage de Jérusalem par Nabuchodonosor II, les Hébreux ont été libérés par la conquête du roi des Perses en 538 av. J.-C. Libres de rentrer chez eux, certains choisissent pourtant de rester dans les contrées où ils ont été déplacés et où ils se sont adaptés.

Le retour à Jérusalem

D'autres, sous la conduite du roi Zorobabel, puis sous celle de chefs devenus des notables de l'Empire perse, décident de revenir sur la terre de leurs pères, le royaume de Juda. Ils reconstruisent le Temple de Jérusalem, détruit par Nabuchodonosor et entreprennent de restaurer les rites et les pratiques de leur religion.

Tous les documents qui les concernent les désignent désormais comme Juifs, originaires du pays de Yehud, disent les papyrus égyptiens.

Pendant l'exil, ils ont appris à considérer Yahvé, leur dieu, non seulement comme une divinité supérieure à toutes les autres, mais comme le seul, l'unique. Le peuple, lui, s'est mis à espérer une vie meilleure dans l'au-delà, à croire aux anges, êtres intermédiaires entre Dieu et les hommes. Les prêtres refusent ce qu'ils considèrent comme des superstitions, mais tous s'accordent pour pratiquer une religion débarrassée des apports étrangers. Le réformateur Esdras, dit la Bible, impose au pays une religion stricte, interdisant les mariages mixtes. Il est impossible pourtant d'empêcher toute interférence avec les autres cultures : ainsi, les Juifs adoptent une nouvelle écriture, plus carrée, qui est appelée écriture « assyrienne ».

Placé sous tutelle perse, le pouvoir appartient aux grands prêtres, assistés de loin en loin par une sorte de sénat composé de chefs des grandes familles du pays.

Entre 445 et 433 av. J.-C., le représentant du roi perse Artaxerxès à Jérusalem est un juif, Néhémie, fonctionnaire de l'administration de Suse, né en exil, mais fidèle à la religion de ses pères. Ému par la situation de Jérusalem, il obtient du roi l'autorisation d'administrer la ville et se consacre à reconstruire le rempart qui l'entoure, avec l'appui du grand prêtre et de tous les corps de métiers. Quand les Samaritains attaquent, inquiets de la montée en puissance de leur ancienne rivale, les maçons défendent le mur et, affirme la Bible, le rebâtissent en moins de deux mois. C'est de cette époque que date la reconstruction du Second Temple de Jérusalem.

Le peuple travaille dur et s'enrichit, ce qui attire sur la Palestine l'envie de ses puissants voisins. Pourtant, le pays est parcouru de brusques secousses, dues à des revendications agraires, à des créances recouvrées trop brutalement : le royaume de Juda dépend toujours, en principe, de Samarie, le royaume du Nord.

En 332 av. J.-C., la Palestine fait partie des conquêtes d'Alexandre le Grand et devient hellénistique. Pendant un siècle, elle va être l'enjeu d'une lutte entre les Lagides d'Égypte et les Séleucides d'Asie et de Syrie, qui s'en emparent en 198 av. J.-C.

JUDITH, LA VEUVE DE BÉTHULIE

Par son courage et sa violence, Judith est le modèle de la résistance du peuple juif à une présence étrangère. Béthulie est une ville imaginaire, durement assiégée par les troupes de Nabuchodonosor commandées par le général Holopherne. Judith, une belle veuve, riche et très pieuse, respectée de tous, décide de sauver la ville. Après s'être parée somptueusement, elle se fait conduire dans le camp ennemi, jusqu'à la tente d'Holopherne. Elle reste là trois jours à prier, puis accepte de festoyer à la table du

général ennemi qui, charmé par sa beauté, boit plus que de raison. Alors qu'il se repose, ivre, sur son lit, Judith lui saisit la tête par les cheveux et le décapite à l'aide de son cimeterre. Les soldats de l'armée babylonienne, épouvantés, se font alors massacrer par les Juifs.

Le vent de la révolte

Les Juifs s'hellénisent rapidement, mais ils n'ont jamais vraiment supporté la domination étrangère, d'où qu'elle vienne. Déjà, au VIe siècle av. J.-C., le gouverneur judéen Guédalya, dont Nabuchodonosor admettait le pouvoir, fut exécuté par des résistants commandés par Ismaël ben Netanya.

Les mesures prises par le Séleucide Antiochos IV Épiphane vont déclencher une révolte générale. Antiochos veut renforcer son empire devant la montée de la puissance romaine. Souverain grec, il utilise l'hellénisme pour souder entre eux ses sujets et décide d'obliger les Juifs à adopter les croyances de tous. Il s'est assuré l'appui des deux grands prêtres, très hellénisés, Jason et Ménélas. Le Temple de Jérusalem est consacré à Zeus Olympien, la circoncision est interdite, les gens du peuple qui continuent à pratiquer le judaïsme sont mis à mort.

La lutte commence quand un détachement de l'armée royale séleucide passe en 168 av. J.-C. dans le village de Modin, pour y imposer la religion grecque. La population se révolte spontanément et massacre les soldats. Celui qui prend la tête de la rébellion, Mattathias, a l'habitude de défier l'occupant : il a dû quitter Jérusalem et se réfugier dans la montagne après avoir tué un fonctionnaire qui voulait l'obliger à sacrifier selon le rituel grec. Prêtre de la famille asmonéenne, il a cinq fils : Jean, Simon, Éléazar, Jonathan et Judas, dont le surnom de « Maqqab », « marteau » en araméen, s'étendra à toute la lignée. Quatre d'entre eux lui succéderont avant de mourir de mort violente. La guérilla populaire contre les Séleucides dure 20 ans, avec coups de main, expéditions punitives, exécutions sommaires, fuites dans la montagne ou dans le désert. Elle s'enflamme chaque fois que les souverains hellénistiques veulent imposer aux Juifs un grand prêtre hellénisé.

Le chapitre VII du deuxième livre des Maccabées rapporte l'histoire édifiante de ces jeunes gens que le roi Antiochos IV Épiphane voulut obliger à manger du porc et qui supportèrent les supplices les plus horribles plutôt que de manquer aux exigences de pureté rituelle. Le premier, à qui on avait coupé la langue, eut en outre les mains tranchées et fut rôti sous les yeux de sa mère et de ses frères. Le deuxième fut scalpé puis mis à mort. Le roi fut frappé d'admiration pour leur héroïsme, mais il n'en continua pas moins à torturer les autres. Le dernier, à qui Antiochos faisait les promesses les plus séduisantes pour l'amener à céder, fut exhorté à la fermeté par sa mère elle-même, qui mourut alors la dernière.

Dès décembre 164 av. J.-C., les Maccabées libèrent Jérusalem et peuvent purifier le Temple, quoiqu'ils mettent beaucoup plus de temps à s'emparer de la citadelle grecque qui domine la ville. En souvenir de la purification du Temple, qui autorise de nouveau le culte, les Juifs célébreront chaque année au mois de décembre la fête d'Hanoukka, fête de la Dédicace. Dans la Bible, les deux livres des Maccabées rapportent les épisodes de cette histoire extraordinaire, où Dieu se manifeste au peuple élu.

Une nouvelle dynastie juive

Simon, le dernier Maccabée, se fait reconnaître souverain et prêtre héréditaire de la Judée par le roi de Syrie, avec l'appui des Romains, trop heureux de contrer les monarques hellénistiques. Il est ainsi le véritable fondateur de la dynastie asmonéenne.

Jean Hyrcan, son fils, règne de 134 à 104 av. J.-C. Il profite de la mort au combat du roi séleucide pour étendre son pouvoir, conquérant le pays de Moab et la Samarie, mais il doit faire face aux dissensions des différentes tendances religieuses dans le royaume. Après sa mort, son fils Aristobule Ier prend le titre de roi, mais il meurt rapidement, laissant le pouvoir à son frère Alexandre Jannée.

La dynastie durera jusqu'en 37 av. J.-C. Elle ne perdra le pouvoir qu'après l'accession au trône d'Hérode le Grand. Mais, avant même Hérode, les luttes qui déchirent les descendants des Maccabées auront incité Pompée à conquérir la Palestine et à en faire une province romaine, dès 66 av. J.-C.

La Bible des Septante

Selon la légende, c'est à Alexandrie qu'a eu lieu la première traduction de la Bible de l'hébreu en grec. Le souverain égyptien Ptolémée II Philadelphe demande aux savants juifs établis dans son royaume de faire une traduction de leurs livres saints. Chacune des douze tribus désigne six sages, qui décident de travailler séparément pendant soixante-dix jours. À la fin de ce délai, ils comparent leurs traductions : elles sont exactement semblables. En réalité, le texte biblique est élaboré lentement par les communautés juives réparties dans le monde, la Diaspora, à partir du IVe et jusqu'au IIe siècle av. J.-C. Quand les traducteurs se mettent au travail, tous les livres de la Bible ne sont pas encore fixés par écrit. C'est ce qui explique qu'il y ait des divergences entre la Bible hébraïque et la Bible grecque. Celle-ci sera parfois jugée comme hérétique et certains Juifs considéreront comme un jour de deuil la fête que célèbrent les Juifs d'Alexandrie en l'honneur de la Bible des Septante.

• • •

CHAPITRE 5

L'Inde de Bouddha
(−600 à −100)

Aux environs de 600 av. J.-C. des groupements humains se fixent au nord de l'Inde. L'élevage n'est plus leur occupation principale : l'agriculture prend sa place dans de nombreux endroits. Des villes émergent et deviennent des centres d'artisanat et de commerce. La vie politique s'organise après un siècle de conflits. Dans les plaines du Gange, ce sont des monarchies qui voient le jour : le roi possède un caractère sacré et il gouverne en s'appuyant sur les prêtres hindous et les castes privilégiées de la population. Près de l'Himalaya et au nord-ouest de l'Inde, des tribus se constituent en républiques. Le pouvoir y est exercé par l'intermédiaire d'assemblées représentatives. Plus égalitaires et moins farouchement opposées à l'individualisme et aux divergences d'opinion, ces républiques sont le berceau des fondateurs des deux sectes hétérodoxes les plus importantes en Inde : Bouddha (le bouddhisme) et Mahavira (le jaïnisme).

Bouddha, l'« illuminé »

Fils du chef de la tribu « républicaine » des Sakyas, de Lumbini, Siddharta Gautama naît vers 566 avant notre ère, à la frontière sud de l'actuel Népal. Il appartient, par son père, à la caste des princes et des guerriers (*ksatriya*). Après la mort de sa mère, il est élevé par sa tante et par sa belle-mère. Il connaît le luxe princier, mais préfère rapidement la contemplation aux jeux. Enfant très sensible, il s'élève bientôt contre l'injustice de la vieillesse, de la décrépitude et de la mort. Plus tard, à l'âge de 29 ans, il décide de renoncer au monde pour partir à la recherche de la Vérité.

Marié à la belle Yashodhara dont il vient d'avoir un fils, il quitte néanmoins son foyer. Il rencontre les plus grands maîtres brahmanes, des philosophes célèbres, mais reste insatisfait de leurs réponses et choisit de devenir ascète ; après six années de dures pénitences, il réalise la vanité de ces pratiques extrêmes et les abandonne pour finir par s'asseoir sous un pipal (arbre sacré de l'Inde) et prendre la résolution d'y rester jusqu'à ce qu'il atteigne son but. Au bout de 49 jours, il reçoit l'Éveil (*bodhi*). Il résiste aux assauts des démons et peut comprendre le mystère des êtres et des souffrances de ce monde. Il devient ainsi l'« Éveillé », l'« Illuminé » : le Bouddha.

Il se rend à Bénarès, haut lieu du savoir à son époque, et, près de là, à Sarnath, fait son premier sermon, appelé la « Roue de la Loi » (*dharma*), devant cinq disciples. Avec ces cinq moines est fondée la première communauté bouddhique, ou *sangha*. Bouddha repart prêcher dans de nombreux villages et villes de l'Inde. Sa femme et son fils, Rahul, adoptent la nouvelle foi. Il meurt en 487 av. J.-C. en encourageant les moines à poursuivre et à diffuser son œuvre.

La foi bouddhique

Cette histoire de la vie du Bouddha est racontée dans les *sutras*, textes bouddhiques qui contiennent l'enseignement du maître. C'est une histoire presque banale pour l'époque : nombreux sont alors les riches ou les princes qui abandonnent le luxe pour partir à la recherche de la vérité spirituelle ; nombreux sont également les ascètes ou les sages qui attirent des disciples autour d'eux.

Pour les bouddhistes, cependant, ce n'est là qu'une des existences vécues par le Bouddha. Selon la cosmologie bouddhique, l'univers est sans limites. Il renferme d'innombrables mondes qui se détruisent et se succèdent sans cesse. Dans ces derniers vivent, meurent et renaissent inlassablement les dieux et les êtres vivants. Le Bouddha a ainsi connu plusieurs vies antérieures dans des mondes différents, avant de choisir de renaître dans le village de Lumbini.

La prédication de la Roue de la Loi contient le noyau de la foi bouddhique. Le Bouddha y enseigne les quatre vérités nobles : le monde est plein de souffrances, la souffrance vient des désirs de l'homme, la renonciation au désir ouvre le chemin du salut et celui-ci est possible si l'on suit la voie des huit principes. Les huit nobles principes sont les suivants : la compréhension juste ; la pensée juste ; la parole juste ; l'action juste ; le moyen d'existence juste ; l'effort juste ; l'attention juste ; la concentration juste. En les appliquant, on entre dans la voie moyenne, celle de la vie équilibrée. Ce que le Bouddha veut montrer, c'est que ni la vie aisée de prince ni les privations de l'ascète ne servent dans la quête spirituelle de l'homme. Chacun, avec ses moyens, peut atteindre la Vérité.

L'éducation dans les premiers monastères

Les moines bouddhistes vivent dans des monastères, qui deviennent des lieux d'enseignement concurrents de ceux des brahmanes. Ces établissements contribuent à développer, et à diffuser l'éducation, puisqu'on y accepte toutes les castes et même les femmes. Les novices y reçoivent d'abord une formation élémentaire. Dès l'âge de six ans, ils apprennent l'alphabet et l'art de combiner voyelles et consonnes. Ils sont également initiés à la religion. L'enseignement se fait oralement, et l'on trouve peu de textes écrits dans les premiers monastères bouddhistes. Les textes sont récités par cœur, mais l'élève avancé doit savoir en expliquer le contenu. Au niveau supérieur, les professeurs abordent les sciences suivantes : grammaire, art et techniques, médecine, logique et philosophie.

Une réaction contre l'hindouisme

Contrairement à l'hindouisme de l'époque, le bouddhisme n'implique pas d'enseignement long et complexe et ses principes sont faciles à comprendre et à appliquer. Il utilise des langues populaires et non la langue sacrée rituelle, le sanskrit, et il est, surtout, ouvert à tous.

Dans l'hindouisme d'alors, les prêtres, ou brahmanes, ont le quasi-monopole des textes et des formules sacrés, et les rites ne sont accessibles qu'à de rares privilégiés. Le bouddhisme, comme le jaïnisme né à la même époque, apparaît en réaction à ces pratiques, et s'adresse aux laissés pour-compte du brahmanisme : les riches marchands socialement infériorisés, les agriculteurs et serviteurs méprisés, les femmes… Le Bouddha rejette la caste. Pour lui, le *karman* (l'« action ») – d'après lequel la destinée d'un être vivant est conditionnée par ses actions passées, ses vies antérieures – n'est pas là pour justifier la place de chacun dans la société. Sa vocation est d'ouvrir aux êtres humains la voie du salut, lesquels le trouveront dans la réalisation du nirvana parfait, l'extinction totale des désirs. L'homme se libère alors de toute limite et de toute illusion sur lui-même et se fond dans un univers sans Dieu. Le bouddhisme enseigne que cet univers était un lieu de bonheur avant que la capitulation de l'homme devant le désir n'en fasse un lieu de souffrances.

Sur les traces du Bouddha

Le Bouddha s'est toujours opposé à ce qu'on le déifie. Les lieux de son dernier passage sur terre sont cependant devenus des centres de pèlerinage. Les fidèles vont à Gaya, dans l'actuel Bihar, vénérer l'Akshya Bat, ce figuier banian sous lequel

Siddharta passa six dures années d'ascèse. Ils peuvent approcher l'arbre de l'Éveil, le pipal, sous lequel il médita sept semaines et reçut l'Éveil. Le parc aux Daims, où il fit son premier sermon, existe encore à Sarnath. De même, à Shravasti, près de Lucknow, ce bois offert par un riche marchand où il séjourna pendant toute une saison des pluies ; c'est là que le Bouddha accomplit le miracle de se multiplier un million de fois, en s'asseyant sur un lotus à 1000 pétales. Ces lieux témoignent, bien plus que les temples, de la simplicité de l'expérience du Bouddha.

Mahavira et le jaïnisme

Selon les jaina, l'enseignement de leur religion est l'œuvre de 24 Tirthankara, ou « faiseurs de gué », et Mahavira ne serait que le dernier d'entre eux. C'est en 539 av. J.-C. que Mahavira naît à Kundagrama, en Inde. Comme le Bouddha, c'est un jeune prince issu d'une république, marié et père d'un enfant, qui renonce à tout pour entamer une quête spirituelle. Il passe par une période d'extrême automortification : il médite nu, sans bouger ni boire... À 43 ans, il atteint la connaissance et devient Jina, le « Conquérant ». Il meurt à 72 ans, ayant fait de nombreux disciples, appelés les jaina. Il prêche l'obéissance à cinq règles : non-violence, droiture, honnêteté, pauvreté et chasteté. Il rejette la caste et les Veda et popularise surtout l'idée de non-violence, qui entraînera la vogue du végétarisme, en Inde.

Le sage Kapila

C'est au VIIIe siècle av. J.-C. que vit le sage légendaire Kapila, philosophe à qui la tradition attribue la fondation de l'école de pensée Samkhya. L'objet des écrits attribués à Kapila, dont on ne sait presque rien de la vie, est une sorte d'inventaire analytique de la réalité. Loin de toute préoccupation religieuse, ces textes tentent de traduire le réel par des séries de nombres. Ainsi les réalités fondamentales sont-elles au nombre de vingt-cinq, la première étant la nature et la vingt-cinquième l'homme. Plus tard, les Indiens reprocheront son athéisme à cette école de pensée soucieuse surtout de classifier le réel.

La culture pali

Dans la moyenne vallée du Gange, les tribus aryanisées ont fondé le royaume de Magadha, un des quatre principaux royaumes de l'Inde au temps du Bouddha, dont la richesse est fondée sur les gisements métallifères. Berceau du bouddhisme et du jaïnisme, il rompt avec le tribalisme qui régnait. Au début du Ve siècle av. J.-C., le roi Bimbisara est détrôné par son fils. Adjacatrou, qui régnera jusqu'en 459, et poursuivra la politique de son père. La culture pali atteint son plein essor, tandis qu'est édifiée une nouvelle capitale, Pataliputra.

La dynastie des Maurya

Açoka, petit-fils de Candragupta, le fondateur de la dynastie des Maurya, a régné en Inde de 272 à 232 av. J.-C. : il est l'un des souverains les plus célèbres de l'histoire de ce pays.

En 321 avant notre ère, Candragupta renverse le dernier souverain de la dynastie des Nanda, qui règne sur le Magadha, en Inde du Nord, et fonde la dynastie des Maurya qui règne de 320 à 296 av. J.-C. Grâce au génie stratégique de son conseiller brahmane (prêtre hindou) Kautilya, il conquiert l'Inde du Centre, puis il part au nord-ouest, où il soumet l'actuel Afghanistan en battant les Séleucides (dynastie hellénistique qui a régné sur une grande partie de l'Asie occidentale ancienne). Candragupta se trouve alors à la tête d'un formidable empire, qui va de l'Indus au Gange. En 297 av. J.-C., Candragupta choisit une fin exemplaire. Converti au jaïnisme, il abdique en faveur de son fils et mène dès lors la vie ascétique prônée par cette doctrine. Il se donne une mort conforme à l'enseignement de Mahavira, le suicide rituel par manition, qui consiste à se laisser mourir de faim et de soif.

Bindusara lui succède et étend son autorité sur tout le Deccan, jusqu'à Mysore, au sud. À la mort de Bindusara, en 272, l'Inde est presque entièrement – excepté le sud – sous la domination des Maurya.

Le roi Açoka

Fils de Bindusara, Açoka monte sur le trône à la mort de son père ; en 260 avant notre ère, il conquiert le Kalinga (Orissa actuel). Il contrôle ainsi toutes les routes terrestres et maritimes vers l'Inde du Sud. Açoka décrit lui-même cette campagne : « 150 000 personnes furent déportées, 100 000 tuées et plusieurs fois cette quantité mourut. » Les conséquences de cette guerre causent au roi de profonds remords. Il se tourne alors vers le bouddhisme, dans l'espoir d'expier ce crime et d'obtenir ainsi la paix de l'âme. Après deux ans d'hésitations, il se convertit à la nouvelle religion ; désormais, il essaiera de gouverner et de conquérir par d'autres moyens que la violence (l'espionnage, par exemple). Il concentre en ses mains tous les pouvoirs, mais les exerce de façon généreuse. Pour connaître les besoins de ses sujets, Açoka voyage beaucoup à travers son empire. Selon les sources bouddhistes, il prend également en main la réorganisation des congrégations, qui a lieu pendant son règne. Il semble cependant qu'il préfère ne pas intervenir directement dans les affaires religieuses et se montre du reste très tolérant à l'égard de toutes les religions. Il doit sa célébrité à son œuvre, mais aussi aux nombreux témoignages qu'il a laissés : il a pris soin en effet de déposer, aux quatre coins de son empire, des inscriptions sur des piliers commémorant des événements de son règne ou célébrant sa propre personne.

À sa mort, en 232 av. J.-C., ses deux petits-fils, Dasratha et Samprati, se partagent le pouvoir ; leur règne bref marque le début de la chute de l'Empire des Maurya. Dès 180, les Grecs de Bactriane établissent leur domination sur le nord-ouest de l'Inde.

Le dernier souverain de la dynastie, Brihadratha, est assassiné par le commandant en chef de son armée, Pushyamitra Sunga, en 184 av. J.-C. Celui-ci fonde une nouvelle dynastie, celle des Sunga, et, fervent défenseur des brahmanes, met fin à la prééminence des bouddhistes en Inde. Dès lors, l'Inde entre dans une nouvelle période d'éclatement territorial. Politiquement anarchique, cette période connaît cependant une certaine prospérité économique.

L'*Arthashastra* de Kautilya

L'*Arthashastra* est un traité de gouvernement attribué au brahmane Kautilya, le conseiller de Candragupta Maurya. Ce traité de gouvernement servit plus tard de référence à de nombreux souverains de l'Inde ancienne, et il donne de précieuses informations sur la façon de gouverner au cours des IVe et IIIe siècles. Les impôts sur les revenus de la terre sont la principale source de richesse de l'État. Celui-ci prélève de un sixième à un quart des récoltes, selon la qualité des sols. Les produits manufacturés sont taxés et vérifiés, les prix réglementés. L'administration centrale et provinciale est très organisée. Toute la société est observée par des espions déguisés en ascètes, marchands, prostituées… qui font leur rapport à la police. Le roi peut ainsi surveiller les régions les plus reculées du pays.

Une dynastie de diplomates

Les Maurya établissent de nombreux contacts politiques et culturels avec des souverains étrangers. Ainsi, en même temps qu'il les chasse de l'Inde, Candragupta envoie des ambassadeurs et des cadeaux aux Grecs. Un comité spécial est chargé de l'accueil des étrangers dans la capitale, Pataliputra. Mégasthènes, l'envoyé des Séleucides, séjourne longtemps à la cour des Maurya et voyage en Inde sous leur protection. Bindusara perpétue cette tradition d'amitié avec les Grecs et demande au roi séleucide Antiochos Ier de lui envoyer du vin doux, des figues séchées et un philosophe. Açoka échange des missions diplomatiques avec les souverains étrangers : Antiochos II, Ptolémée III d'Égypte, Antigonos Gonatas de Macédoine, Mégas de Cyrène et Alexandre d'Épire. L'une de ses filles aurait épousé un noble du Népal et il est en bons termes avec les peuples du sud de l'Inde : Cholas, Pandyas, Satiyaputras et Keralaputras… Il joue aussi un rôle décisif dans le développement, l'organisation et la réforme du bouddhisme.

En 250 environ av. J.-C., un concile se réunit à Pataliputra : il oppose traditionalistes et réformistes du bouddhisme. Les moines essaient de définir la meilleure voie pour parvenir à l'Éveil tel qu'il a été défini par Bouddha. La plupart d'entre eux pensent que le chemin pour devenir *arhat*, « l'homme parfait » qui va réaliser le nirvana, est très étroit, et ils sont exigeants avec les aspirants : ceux-ci doivent tuer en eux tout désir, et pratiquer une discipline mentale rigoureuse. Une minorité de moines veut cependant élargir la voie de l'*arhat* à des personnes moins douées spirituellement. Mais le concile de Pataliputra se termine sur la rupture définitive entre les partisans de chaque tendance. Tous décident cependant d'envoyer des missionnaires bouddhistes dans toute l'Asie et notamment d'intensifier l'activité missionnaire vers le royaume de Ceylan, avec lequel Açoka entretient des liens privilégiés ; son fils, Mahinda, se rend dans l'île comme missionnaire bouddhiste. Le roi de Ceylan, Tissa, admire Açoka et veut l'imiter. Les deux souverains échangent de nombreux cadeaux. L'empereur Maurya fait ainsi parvenir à Ceylan une branche du figuier sous lequel le Bouddha a reçu l'Illumination. En 235, Ceylan construit sa première capitale, Anuradhapura, où sont édifiés les premiers monuments bouddhiques.

Açoka envoie par ailleurs ses missions jusqu'en Birmanie, en Chine ou au Japon. La culture indienne et le bouddhisme se diffusent ainsi aux marges et hors de l'Inde.

L'économie de l'Inde sous les Maurya

L'économie est tout d'abord agraire. La plupart des agriculteurs cultivent les sols avec leurs familles, mais certains emploient des ouvriers ou des esclaves. La terre appartient à l'empereur, qui peut en « louer » des parcelles aux particuliers. Mais c'est pour lui un devoir social et religieux que de faire construire des réservoirs et des canaux : les conditions climatiques de l'Inde nécessitent en effet des travaux d'irrigation. L'agriculture fournit des produits variés : céréales (blé, orge, riz, millet), sucre, coton, épices (exportées vers l'Europe en grandes quantités) et fruits (le plus populaire est la mangue). Les Indiens élèvent aussi divers animaux : buffles, cochons, moutons et chèvres. Ils ont également des bœufs et des vaches qu'ils utilisent pour labourer ou se déplacer, mais qu'ils ne mangent pas, car la vache est sacrée pour les Hindous. De plus, l'empereur Açoka essaie de promouvoir un idéal de non-violence et encourage le végétarisme qui supprime toutes les viandes.

Les industries principales sont dérivées de l'exploitation du sol : tissage de coton, de laine ou de soie, poterie... L'État possède des manufactures de tissus, d'armes et d'équipement militaire. Les artisans travaillent aussi en grands et petits ateliers, ou en coopératives, et sont regroupés en localités spécialisées dans une activité précise : il y a ainsi des villages de tisserands, de forgerons...

Certaines professions sont organisées en guildes (sortes d'associations). Celles-ci fixent les conditions de travail, les salaires et les prix dans la profession concernée. L'empereur respecte leurs privilèges, et témoigne de leur influence en leur empruntant parfois de l'argent. Les guildes font en effet souvent fonction de banques. Le commerce est en pleine expansion sous les Maurya : les missions diplomatiques et religieuses envoyées dans toute l'Asie ont permis de développer les échanges à longue distance. Les navires indiens servent surtout à transporter les épices, les parfums, les pierres précieuses et les soieries, si prisés en Occident, ou les animaux montrés dans les cirques à Rome.

La société indienne

L'ambassadeur des Séleucides à la cour des Maurya, Mégasthènes, raconte comment la société indienne est divisée en castes. « Nul ne peut se marier hors de sa caste de naissance, ni exercer une occupation qui lui soit contraire. » L'ambassadeur classe les brahmanes et les moines bouddhistes, ou jaïns, dans la caste des « philosophes », qui ne paient aucune taxe. Les magistrats et les conseillers en font également souvent partie. Puis Mégasthènes décrit ainsi la caste des « soldats » : « Ceux-ci boivent et jouent quand ils ne sont pas au combat… » Dans la caste des artisans, il constate une hiérarchie : « Les orfèvres sont supérieurs aux tisserands et aux potiers. » Celle des fermiers et des pasteurs est la plus nombreuse. Mégasthènes ne voit pas d'esclaves en Inde. Il est vrai qu'ils sont rares et ils peuvent facilement acheter leur liberté ou être affranchis.

Le *Ramayana*

Le *Ramayana* est l'une des deux grandes épopées indiennes. Contrairement au *Mahabharata*, œuvre collective, anonyme et sans complète unité – le récit principal est entrecoupé de nombreuses digressions –, le *Ramayana* est considéré comme le travail d'un seul auteur : Valmiki qui aurait écrit au IVe siècle av. J.-C. Son texte en sanskrit, racontant en 24 000 distiques la vie du héros Rama, de son enfance à sa séparation d'avec sa femme Sita, connut très vite un immense succès. En Inde même, il fut copié et adapté : les versions qu'on en trouve à Lahore ou Bombay sont bien différentes. Il fut aussi traduit et commenté pour de nombreux publics étrangers. C'est l'un des vecteurs traditionnels de l'influence indienne dans le Sud-Est asiatique. Destiné à être tour à tour chanté et parlé, il fut souvent adapté à des formes locales de théâtre. En Inde, le *Ramayana* fut et est joué de diverses manières et il est au cœur des représentations de théâtre d'ombres indien.

Les origines du yoga

Vers le IVe-IIIe siècle av. J.-C., le sage Patanjali, brahmane du Pendjab, rédige en sanskrit des aphorismes, qu'il appelle *Yogasutra*. Ces formules lapidaires seront commentées dans les ashrams, c'est-à-dire les écoles spécialisées des communautés religieuses ; c'est sur ces commentaires que se fonde le yoga pratiqué de nos jours. Patanjali transmet ainsi une doctrine et des pratiques, qui permettent à l'homme de parvenir au *Samadhi*, la « délivrance », par une intériorisation, qui discipline l'énergie vitale et est acquise, entre autres, grâce à des postures et au contrôle du souffle.

Les indo-grecs

Alors que les campagnes d'Alexandre le Grand n'avaient pas réussi à rapprocher l'Inde et la Grèce, cette symbiose est enfin réalisée, au IIe siècle av. J.-C., avec l'émergence de royaumes indo-grecs.

Le souverain Candragupta Maurya avait réussi à évincer les satrapes grecs du sol de l'Inde et avait battu Séleucos, l'un des successeurs d'Alexandre et fondateur de l'Empire séleucide, lors de sa tentative d'invasion de l'Inde, vers 305 av. J.-C. Mais, avant même la fin de la dynastie Maurya, en 184 av. J.-C., les Grecs reprennent l'initiative en Inde.

En 250 av. J.-C., sous le règne du petit-fils de Séleucos, Antiochos, les provinces grecques de Bactriane et de Parthie déclarent leur indépendance à l'égard de l'Empire séleucide. Le roi fait plusieurs tentatives infructueuses pour les soumettre, mais la Parthie se déclare souveraine sous la dynastie des Arsacides qui va régner cinq siècles sur toute la région.

Le royaume de Bactriane

La Bactriane est le plus puissant des deux royaumes. Région située entre l'Hindu Kuch et l'Oxus, elle est fertile et riche en ressources naturelles. Elle a aussi une grande valeur stratégique : c'est par la Bactriane que passe la route la plus importante pour aller de Gandhara, au nord de l'Inde, en Perse.

Cette région abrite des colons grecs depuis la période achéménide (Ve siècle av. J.-C.). Ce sont des exilés envoyés là par les Perses. Ils ont toujours maintenu des liens étroits avec les Grecs, témoin les pièces de monnaie de Sophytes de Bactriane, frappées de la chouette athénienne. Diodote, le gouverneur de Bactriane, se révolte contre Antiochos. Son arrière-petit-fils reçoit une fiancée séleucide, preuve que son indépendance est devenue officielle.

La conquête de l'Inde

Les souverains grecs de Bactriane deviennent de plus en plus puissants et tournent leurs ambitions vers l'Inde. Ils savent, par des campagnes menées aux côtés des Séleucides, que le nord-ouest du sous-continent est mal gardé.

Vers 190 av. J.-C., Démétrios, roi de Bactriane, décide de marcher vers le sud, envahit l'Inde et s'empare d'une portion considérable de l'Empire maurya : le nord-ouest du territoire, dont l'actuel Afghanistan, le Sind et le Pendjab. Pendant que Démétrios est en Inde, l'un de ses officiers, Eucratidès, se révolte et établit une autorité indépendante en Bactriane. Il se lance aussi à la conquête de territoires indiens que Démétrios avait soumis.

Deux dynasties hellénistiques voient donc le jour à la frontière nord-ouest du sous-continent. La dynastie d'Eucratidès, qui sera tué par son propre fils Hélioclès, commande le Pendjab de l'Ouest et sa capitale est Taxila. Démétrios et ses successeurs gouvernent le Pendjab de l'Est. Ces deux dynasties indo-grecques vont régner au nord de l'Inde pendant 150 ans. Démétrios II continue l'œuvre de ses prédécesseurs et étend son pouvoir jusqu'au delta de l'Indus.

Le roi Ménandre

C'est Ménandre, appelé Milinda dans les textes indiens, qui stabilise le pouvoir indo-grec.

Il est le plus connu des souverains issus de Bactriane, essentiellement parce qu'il intervient dans un texte de catéchèse bouddhiste : *les Questions du roi Milinda*. Il s'agit d'un entretien entre Ménandre et le philosophe bouddhiste Nagasena, au terme duquel le roi grec se convertit. Ce qui est sûr, c'est que Ménandre tient la vallée du Swat, le district de Hazara et le Pendjab. On trouve d'ailleurs sa monnaie jusqu'à Kaboul et Mathura.

Il essaie de conquérir des territoires dans la vallée du Gange et attaque les Shungas – les successeurs des Mauryas. L'histoire de sa création miraculeuse, le fait que ses cendres soient distribuées dans les villes du nord-ouest de l'Inde en font de plus un personnage de légende, assimilable au Bouddha lui-même.

L'art indo-grec

Les Indiens apprennent des Grecs l'art de frapper les monnaies (à la manière grecque, avec inscription au recto et au verso, et avec les symboles grecs). Les Grecs leur montrent aussi comment utiliser le marteau et le burin pour tailler les rochers dans la masse. Les sculpteurs indiens se mettent à leur tour à construire d'immenses temples-grottes, pour lesquels ils sont très vite renommés.

L'art grec, à sa perfection, influence tous les aspects de l'art indien et les meilleurs exemples de ce syncrétisme sont réalisés par l'école de Gandhara (les œuvres les plus représentatives datent cependant des Ier-IIIe siècles apr. J.-C.). L'astrologie indienne bénéficie des progrès faits par les astrologues grecs et la religion indienne emprunte aussi certains éléments aux doctrines des philosophes grecs.

Fier comme Artaban

Artaban Ier, roi des Parthes, règne 20 ans, entre 211 et 191 av. J.-C., malgré sa défaite devant les Séleucides. Il descend d'Arsakès, dont la dynastie tente, depuis le milieu du IIIe siècle, de restaurer la puissance de l'Empire achéménide. Quatre autres rois des Parthes porteront ce nom, et c'est peut-être leur courage et leur dignité qui inspireront à La Calprenède, auteur français du XVIIe siècle, le personnage d'Artaban, « l'amant fier », qui est à l'origine de l'expression.

LES AMAZONES

Selon les mythes grecs, les Amazones sont un peuple de guerrières qui lutta contre les Achéens. Elles montent à cheval, se brûlent un sein pour mieux tirer à l'arc, vivent sans hommes et massacrent les soldats à chaque combat. Leur histoire serait mêlée à celle des Scythes. Comme eux, elles habitent sur les rives de la mer Noire, ou près du Danube. Comme eux, elles sont redoutées des soldats grecs. Les Scythes auraient même bénéficié de leurs connaissances militaires grâce à un stratagème. Ils auraient envoyé des jeunes gens camper près des « tueuses d'hommes » pour les séduire peu à peu jusqu'à vivre avec elles. On pense en fait que ces femmes redoutables sont en réalité des Scythes, habituées dès leur plus jeune enfance à une vie de nomade.

Le royaume de Commagène

Depuis le IIe siècle av. J.-C., le royaume de Commagène, petit royaume hellénistique s'étendant sur le versant sud du Taurus entre la Cilicie et l'Euphrate, contrôle le nord de l'Euphrate. Il a été fondé par un officier dissident de la monarchie séleucide, dont la dynastie durera jusqu'au Ier siècle de notre ère. Le roi Antiochos Ier y a fait élever, en 35 av. J.-C., un monumental tombeau sur la montagne qui domine Nimroud, où les arts grec et perse se fondent dans un groupe de statues colossales avec de nombreuses inscriptions grecques. Parmi les dieux qui veillent sur la sépulture royale, une tête de Zeus-Mazda témoigne de la fusion des religions gréco-orientales.

Les attaques des Scythes

Le déclin des dynasties indo-grecques est dû aux attaques des Scythes contre la Bactriane, puis contre l'Inde même. Le nom de « Scythes » est un terme collectif. On l'applique aux peuples vivant dans les steppes eurasiennes qui s'étendent du Danube à l'Ienisseï, entre le VIIe et le IIIe siècle av. J.-C. Ils sont divisés en tribus différentes mais qui sont toutes apparentées : Scythes, Sarmates, Saces et Yuezhi. Ce sont des éleveurs, de moutons et de chevaux essentiellement, et des guerriers.

L'historien Hérodote est la source principale pour la connaissance des mœurs et de la vie des Scythes. Sa description mêle réalisme et légendes. Les Scythes sont des guerriers cruels : quand l'un d'entre eux tue pour la première fois, il boit le sang de sa victime ; après une bataille, il reçoit une part du butin pour chaque tête d'ennemi abattu. Hérodote décrit aussi avec précision l'art scythe de fabriquer des scalps. Les Scythes accrochent les peaux à leurs chevaux ou s'en font des manteaux. Certains écorchent même des hommes et les utilisent comme trophées. Les crânes des pires ennemis sont recouverts de cuir et dorés à l'intérieur pour faire des coupes. Pour prêter serment, ils prononcent des imprécations sur une coupe de vin mêlé de gouttes de sang.

C'est le manque d'herbe qui va pousser ces nomades à entreprendre de fréquentes incursions en pays plus riches. Au IIe siècle av. J.-C., la pâture se fait rare. Or les Chinois entament la construction de leur Grande Muraille qui doit freiner l'élan des « barbares » aux frontières et remplit bien sa mission.

Les tribus les plus orientales sont obligées de se tourner vers l'ouest. Elles poussent devant elles les Scythes, qui sont donc rejetés vers l'Inde. Dès 80 av. J.-C., on trouve ainsi un roi saka, ou scythe, au nord-ouest de l'Inde ; les Indo-Grecs ne peuvent résister à cette pression. Le premier roi scythe, ou saka, en Inde, est Moga (80 av. J.-C.). Il établit son pouvoir à Gandhara, près de Delhi. Son successeur, Azes, attaque et défait le dernier roi grec en Inde du Nord, Hippostratos. Nomades à l'origine, les Sakas essaient de construire en Inde une structure impériale, imitée des Perses. L'administration saka est semblable à celle des Achéménides ou des Séleucides. Le royaume est divisé en provinces commandées par un gouverneur militaire nommé « mahak-satrapa » (grand satrape). Chaque province est ensuite divisée en plus petites unités placées sous le contrôle de satrapes. Ils frappent leur propre monnaie, font graver des inscriptions à leur nom. À Mathura et à Taxila règnent les satrapes du Nord. La région de Malwa dépend des satrapes de l'Ouest. Le roi a un titre honorifique signifiant « Grand Roi » ou « Roi des rois », à la manière grecque ou achéménide.

Les Sakas sont bientôt éliminés à leur tour par les Yuezhi. Ces nomades blonds « à figure de cheval » menacent leur frontière nord. Repoussés par les Huns, avec lesquels ils se fondront par la suite, et par les Scythes qui viennent de l'Oxus (Amou-Daria), les Yuezhi s'emparent du Séistan, aux dépens des Sakas, les Scythes d'Afghanistan, tandis que les Huns vont faire leur entrée au Turkestan en 45-44 av. J.-C. L'histoire de l'Inde est désormais liée à celle de l'Asie centrale.

L'or des Scythes

Les tumulus élevés par les Scythes sur les tombeaux de leurs chefs et de leurs rois ont révélé de nombreux trésors. Parfois, ce sont de simples objets de la vie quotidienne, qui nous renseignent sur l'existence de ces tribus nomades. Ce sont parfois aussi des parures et des bijoux d'or. Les incursions lointaines des Scythes, de la frontière de la Chine à l'Europe centrale, ont eu une profonde influence sur leur civilisation et leur art. La plupart des objets qu'on leur attribue témoignent d'une combinaison de styles d'origines différentes. Dans les ateliers où les objets sont fabriqués, les apprentis peuvent d'ailleurs être scythes, grecs ou iraniens. Les sujets sont souvent empruntés à l'univers des Scythes : animaux ou parties du corps des animaux sont représentés avec un grand réalisme ou stylisés par des lignes. On trouve ainsi des appliques en forme de panthère, de tête de lion, des embouts sculptés en forme de pattes de fauves, des ornements de bride recourbés comme des griffes ou allongés comme des oreilles… Les thèmes ne sont cependant pas toujours d'origine locale : les artistes scythes ont aussi réalisé des miroirs au manche représentant Aphrodite, des cratères aux anses figurant des Gorgones, des masques de Méduse…

• • •

CHAPITRE 6

La Chine de Confucius (– 600 à – 200)

Dans la Chine des Hégémonies, au VIe siècle avant notre ère, Confucius est le premier maître à penser. Mais la sagesse qu'il enseigne ne connaît pas de rayonnement immédiat.

La première période de la dynastie des Zhou orientaux, du début du VIIIe siècle au milieu du Ve siècle av. J.-C., dite « période de Chunqiu », nom d'une chronique qui raconte les événements, est marquée par la lente dégradation du système royal. De grandes cités se taillent des principautés. Progressivement, le roi des Zhou se voit déposséder de ses attributions, pour ne plus disposer que d'un pouvoir théorique et avant tout rituel. Mais même ce dernier finit par lui être contesté, et les rites royaux sont alors accomplis par les chefs les plus puissants des maisons seigneuriales.

Entre 681 et 679, c'est le prince du Tsi (Qi), installé dans l'ouest du Shandong, qui prend la direction de la lutte contre les barbares et s'assure l'hégémonie dans la Chine du Sud-Est, mais sa dynastie est à bout de souffle dès 643, et, désormais, le Tsin (Jin) est le maître du jeu dans la région la plus riche et la plus peuplée du pays (à partir de 633). La prééminence de ces dynasties locales, qui possèdent des terres et lèvent leur propre armée, est reconnue par le titre d'« hégémon », que les empereurs attribuent à leurs chefs, en remerciement pour leur rôle de protecteur de la plaine centrale. Ce titre sera ensuite donné aux princes, qui se partagent le pouvoir dans la région.

C'est durant cette période, connue sous le nom de période des « Hégémonies », ou celle des « Printemps et Automnes », que naît le confucianisme.

« Maître Kong »

Au début du Ve siècle, les Cinq Hégémons, installés dans la vallée du fleuve Jaune, deviennent de plus en plus arrogants, et de véritables tyrans sévissent dans la région de l'embouchure du fleuve Bleu. Les uns et les autres ne respectent plus les règles de conduite : la lignée est méprisée, les ancêtres sont ignorés, les sacrifices ne sont plus accomplis...

Pour affirmer leur hégémonie, ils se livrent à des guerres de plus en plus féroces, dont le nombre croissant accapare tout leur temps. Le pouvoir de leurs administrateurs, qui sont souvent les fils cadets des grandes familles, commence donc à se manifester. Devant les troubles incessants, ceux-ci cherchent une meilleure méthode de gouvernement. C'est ainsi que Guan Zhong, conseiller de l'hégémon Huan de Qi (Shandong), met en pratique les premiers éléments d'une école, qui deviendra célèbre sous le nom d'« école des légistes ».

Cette situation politique se développe en même temps que la démographie évolue et que les villes croissent. La productivité agricole est sensiblement améliorée par l'utilisation d'un outillage en fonte de fer. Mais, en contrepartie, les paysans sont amenés à s'endetter lourdement pour faire face à leurs achats. De plus, les princes feudataires (*zhuhou*) – c'est-à-dire les principaux vassaux de la couronne – mènent une politique active, et souvent forcée, d'irrigation, de défrichement et de mise en culture de nouvelles surfaces, pour nourrir leurs armées. Finalement, l'augmentation de la production profite surtout aux fondeurs, aux artisans et aux commerçants, qui viennent grossir la population des cités.

La vie d'un sage

Les puissants de l'époque aiment à s'entourer de sages. Le plus célèbre d'entre eux est Kong Qiu, né vers 551 av. J.-C., à la fin du temps des Hégémonies, dans la principauté de Lu, au nord-est de la Chine (aujourd'hui, Qufu, au Shandong). Son nom a été latinisé en Confucius par les premiers missionnaires occidentaux, à partir du chinois Kongfuzi, « Maître Kong ».

Il a commencé sa carrière comme modeste précepteur dans sa principauté natale. Il y a perfectionné sa connaissance des rites et des cérémonies qui avaient assuré le pouvoir des Shang et des premiers Zhou.

Ayant perdu son emploi au pays de Lu, il cherche à s'engager auprès d'un autre maître et, pendant treize années, il pérégrine dans la Chine des *zhuhou* en guerre. Mais il n'en trouve pas un qui le laisse mettre en pratique son idéal politique. Déçu, il va alors rentrer au pays pour y fonder sa propre école. Il y mourra, probablement vers 479, sans avoir jamais joué un rôle politique déterminant.

Confucius est pourtant le premier «maître d'école» de la Chine : c'est autour de lui que, pour la première fois, se sont regroupés des disciples afin de recevoir son enseignement. La source essentielle de celui-ci se trouve dans son commentaire sur les annales de son pays, appelées «Chunqiu», qui donnent leur nom à la période.

Il est également le premier à avoir transgressé la règle, sinon l'interdit, qui réservait l'étude de ces annales à l'éducation du prince : lui les utilise pour un enseignement public. Son exemple sera imité, la diffusion et le commentaire oral des écrits deviendront courants et les écoles se multiplieront.

La sagesse confucéenne

L'enseignement à partir des textes anciens, reconnus plus tard comme les classiques ou le canon confucéen, autorise le maître à dire : «Je transmets, je n'innove pas.»

Ses élèves ont soigneusement consigné ses propos dans le *Lunyu*, «Paroles et discours». On y apprend qu'il respectait les écrits et le passé en général, et qu'il était bon pédagogue.

Le confucianisme n'est pas une religion, au sens occidental du terme. Confucius propose avant tout une éthique sociale. En effet, les valeurs qui l'intéressent sont celles de l'homme comme membre de la société. Il met l'accent sur la connaissance et le respect des rites qui interviennent à tout moment et fixent le comportement social de chaque individu.

La vertu principale est le *ren* (*jen*), celle qui tourne l'individu vers les autres et engage sa responsabilité envers la société tout entière. Bien sûr, l'homme, naturellement bon, pratique aussi la justice, la confiance et surtout l'étude pour acquérir plus de sagesse au contact des enseignements des anciens. Ce perfectionnement personnel doit être tendu vers le bénéfice commun du groupe social. Le sage doit par conséquent avoir a priori un rôle politique. Le modèle du bon gouvernement est la famille et un bon prince commence donc par bien gouverner sa famille, une famille où chacun pense et agit selon sa place.

Même si certains des disciples de Confucius parvinrent grâce à lui à occuper des postes administratifs où ils mirent son enseignement en pratique de façon fructueuse, et que lui-même aurait occupé, vers la fin de sa vie, de hautes fonctions, ses théories n'ont pas été reconnues sous la dynastie des Zhou. Elles ont été condamnées, violemment combattues et bannies pendant la Ire dynastie impériale des Qin, attachée à l'école des légistes. Cependant, les représentants du courant confucéen arriveront en force au gouvernement pendant la dynastie des Han (202 av. J.-C. – 221 apr. J.-C.). De même que les taoïstes vénéraient Laozi, «Maître Lao», philosophe contemporain de Confucius, les confucéens, pour honorer la mémoire du maître, créent l'«école des lettrés» (*rujia*). *Ru* signifie «lettré-fonctionnaire», personnage qui va désormais occuper une place prépondérante dans la société chinoise traditionnelle et que les Portugais appelleront au XVIIe siècle « mandarin ».

Les six classiques

Peu avant notre ère, six livres anciens, ou *jing*, sont retenus pour former le canon confucéen, base de l'enseignement dispensé aux jeunes lettrés. Le canon confucéen sera, par la suite, augmenté d'autres livres, qui sont les commentaires des premiers, jusqu'au nombre de treize classiques. Ces commentaires sont présentés à l'empereur et, sous son égide, se tiennent des « conciles » qui déterminent celui ou ceux qu'il faut retenir. Cette méthode de définition de l'orthodoxie du moment, c'est-à-dire des ouvrages utilisés par les lettrés candidats aux examens de recrutement de la fonction publique (les lettrés-fonctionnaires), est permanente. Il n'y a donc pas d'immobilisme : le confucianisme du IIe siècle avant notre ère est ainsi fort différent de celui « des Printemps et des Automnes ».

L'écriture chinoise

La langue chinoise n'utilise pas d'alphabet. Le caractère chinois se présente en deux parties. La première est la clé, ou racine, qui sert à identifier la classe à laquelle appartient le mot : montagne, eau, feu, poisson, oiseau, etc. On en compte 214. La seconde partie, quand elle existe, peut véhiculer, par son dessin propre, le sens de l'ensemble ou être une référence de prononciation. Il faut mémoriser au moins 2 000 caractères pour pouvoir lire le journal. Le lettré peut en connaître jusqu'à 50 000... La calligraphie occupe en Chine une place privilégiée en tant que discipline spirituelle pratiquée par les lettrés. Elle touche tous les domaines de la vie chinoise, des stèles antiques aux affiches actuelles. Le caractère chinois est transcrit, aujourd'hui, par le pinyin, qui est la transcription officielle chinoise depuis 1959 ; celle de l'École française d'Extrême-Orient est parfois ajoutée entre parenthèses.

La culture de Wou

Durant la « période de Chunqiu », aux confins du territoire des Zhou se développent de petites principautés. C'est ainsi que le royaume Wou est fondé en 554 av. J.-C., à l'embouchure du Yang-tseu, et perdurera jusqu'en 473. Très excentré par rapport à la plaine centrale, il va développer dans le Kiang-sou une culture très marquée par la proximité des peuples aborigènes du Sud.

Les princes coréens

Au Ve siècle av. J.-C., la métallurgie du fer atteint la péninsule, probablement importée par les commerçants et les marchands chinois. Le premier État coréen de Silla a

Liste des cartes

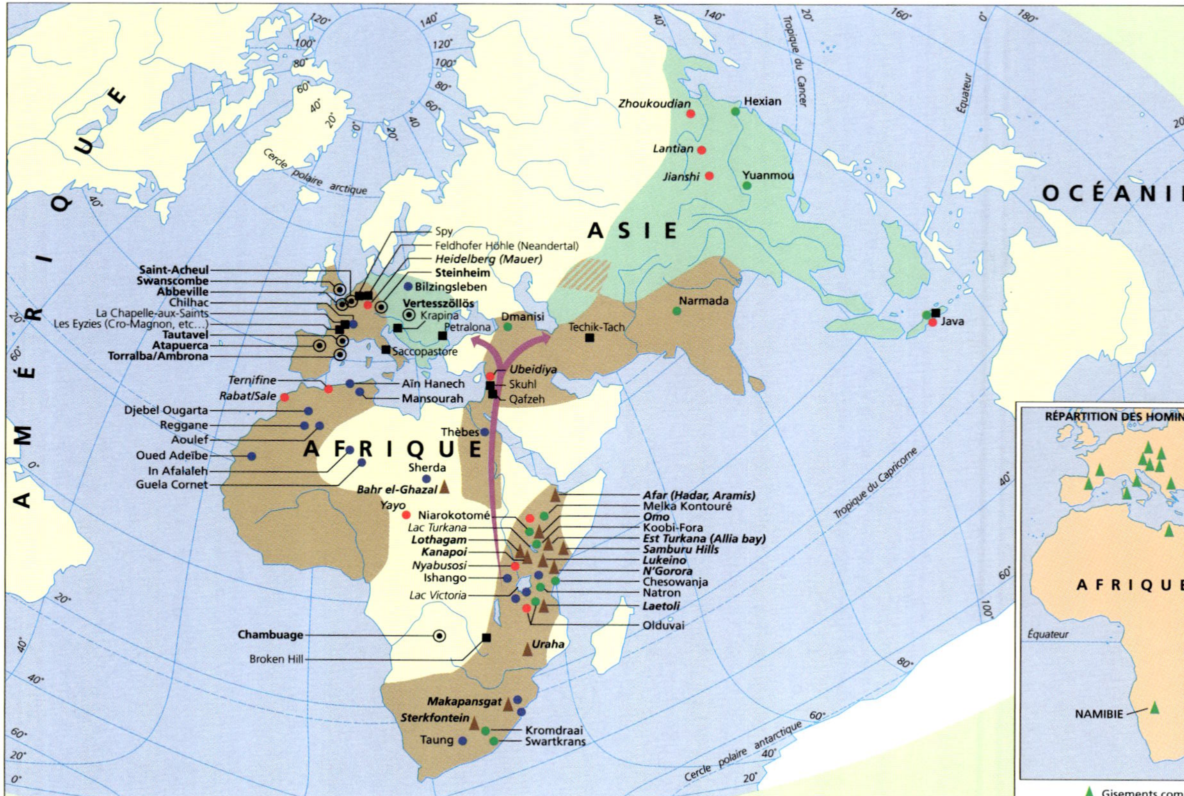

Gisements des restes d'hommes fossiles ou des industries préhistoriques :

- dépassant 2 millions d'années
- entre 1 500 000 et 2 millions d'années : Hommes fossiles ; Industries
- entre 500 000 et 1 500 000 années : Hommes fossiles
- entre 150 000 et 500 000 ans
- inférieurs à 150 000 ans (principaux gisements)

- Cultures à bifaces
- Cultures à galets aménagés

- Sens possible de la migration des premiers hommes à partir du berceau africain

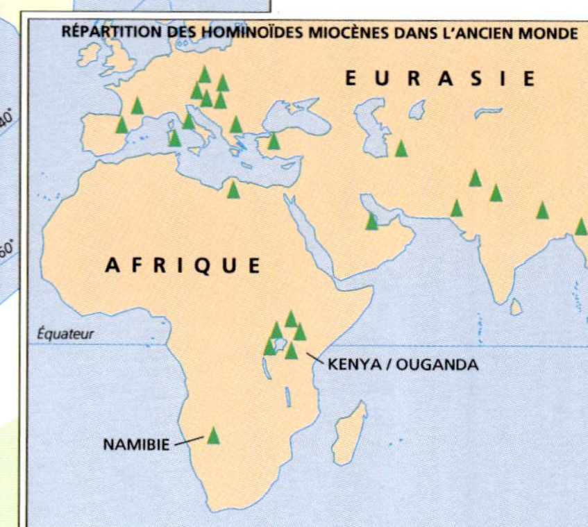

Gisements compris entre 22 et 8 millions d'années

1. LES ORIGINES DE L'HOMME

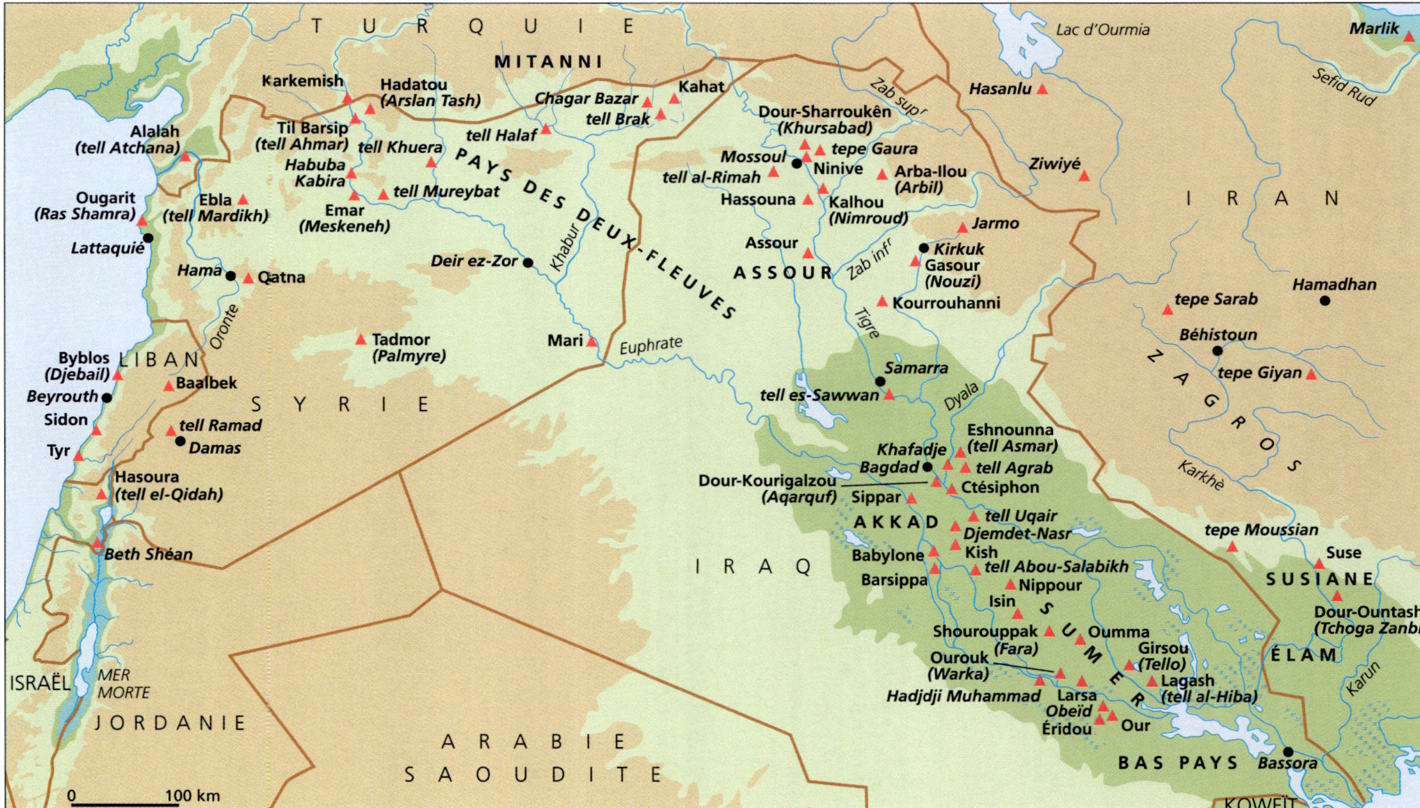

2. LA MÉSOPOTAMIE ANCIENNE

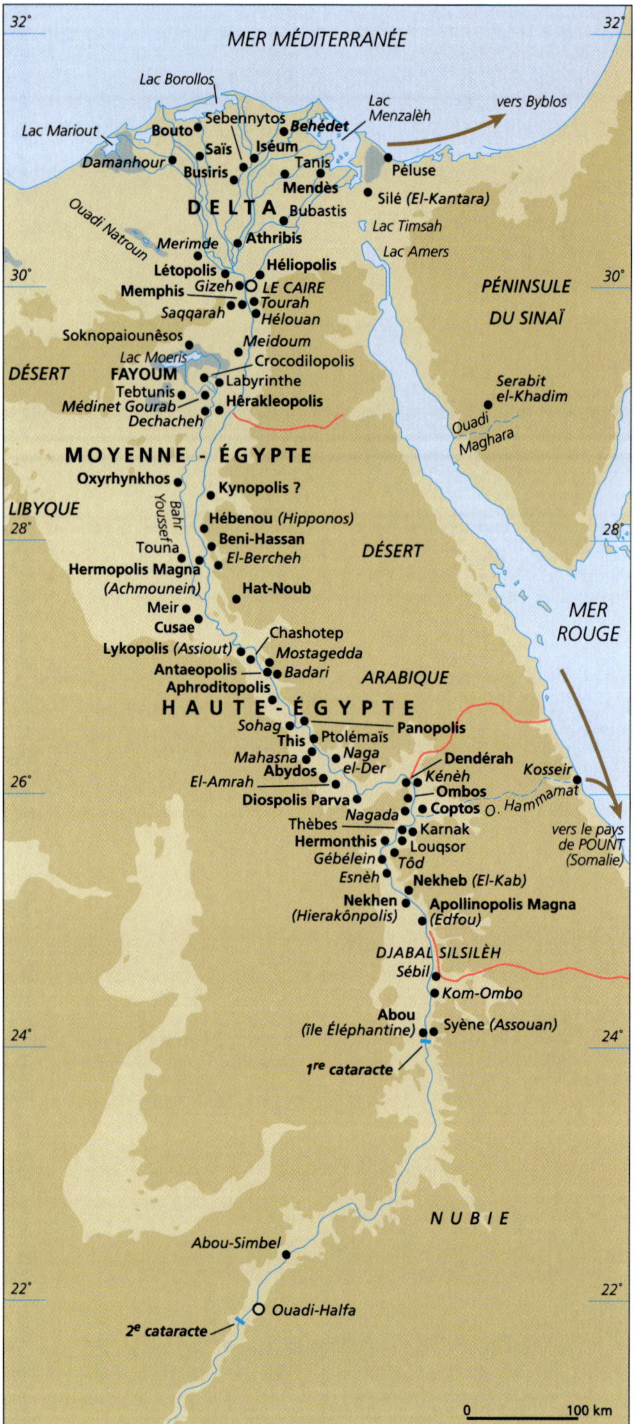

This	Noms anciens
Assiout	Noms modernes
Abydos	Chef-lieu de nome
—	Pistes
O	Villes repères
	Plus de 200 m
	De 0 à 200 m
	Au-dessous du niveau de la mer

3. L'ÉGYPTE ANCIENNE

4. LE PAYS DES HÉBREUX

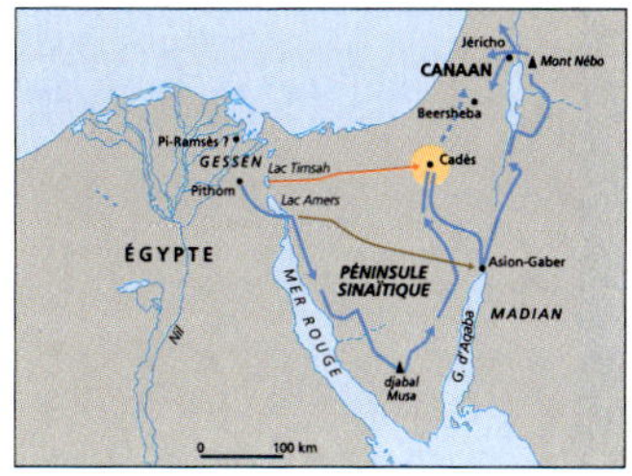

5. L'ÉXODE

- Itinéraire classique
- Itinéraires possibles

- Le royaume d'Israël
- Le royaume de Juda
- **RUBEN** Les douze tribus au temps des Juges
- L'unité du royaume au temps de David et de Salomon

6. LA CIVILISATION DE L'INDUS

- Sites préharappéens
- Sites harappéens
- Régions au-dessus de 500 mètres
- Frontières actuelles

7. LE MONDE GREC

Régions au-dessus de 200 m — **BÉOTIE** Régions anciennes — Sites archéologiques

8. LES GUERRES MÉDIQUES

Révolte des villes grecques d'Ionie contre les Perses de -499 à -494

États grecs belligérants

États grecs neutres ou favorables aux Perses

Empire perse

Territoires alliés des Perses

Première guerre médique

Flotte perse de Mardonios, -492

Flotte perse de Datis, -490

Victoires grecques

Victoires perses

Seconde guerre médique

Armée et flotte de Xerxès, -480

Victoires grecques

Victoires perses

9. L'EMPIRE D'ALEXANDRE ET SON PARTAGE

Limites de l'empire d'Alexandre

Villes fondées par Alexandre

Partages de -301 après la bataille d'Ipsos :

Séleucos — Cassandre — Lysimaque — Ptolémée

10. LE MONDE CELTIQUE

11. LA CONQUÊTE ROMAINE

Rome républicaine

- Rome en 201 av. J.-C. après la seconde guerre punique
- Conquêtes de Rome au second siècle av. J.-C.
- Conquêtes du premier siècle avant le consulat de César (59 av. J.-C.)
- Conquêtes réalisées par César et conservées par Auguste

Rome impériale

- L'Empire romain à la mort d'Auguste (14 apr. J.-C.)
- Conquêtes temporaires
- Annexions de la mort d'Auguste à l'avènement de Trajan (98 apr. J.-C.)
- Conquêtes de Trajan
- Conquêtes temporaires (114 - 117)
- Région occupée temporairement par Antonin
- Paix d'Apamée (188 av. J.-C.)
- Destruction de Carthage punique (146 av. J.-C.)
- Prise de Jérusalem (70 apr. J.-C.)
- Principales batailles
- Les provinces au temps d'Auguste
- Divisions de l'Italie en régions sous Auguste
- Principaux camps légionnaires
- *Legio III Augusta* Légions au IIe s. apr. J.-C.
- Le limes au IIe s. apr. J.-C.
- Postes isolés
- Royaume sous protectorat romain depuis 63 av. J.-C.

12. LA CONQUÊTE DES GAULES (58-54 AV. J.-C.)

Provinces romaines

Directions principales du commerce vers les îles Britanniques

Régions soumises à César :
- en 58 av. J.-C.
- en 57 av. J.-C.
- en 56 av. J.-C.
- en 55 et 54 av. J.-C.

Itinéraires probables
- des Helvètes
- des armées de César
- de Crassus

Combats

13. LA RÉVOLTE GAULOISE

Principales zones de rébellion en 54 av. J.-C.

Peuples gaulois insurgés en 52 av. J.-C.

Dernières zones de résistance gauloise en 51 av. J.-C.

Campagnes de César en 52 av. J.-C.

Combats

14. LA DIFFUSION DU CHRISTIANISME DANS L'EMPIRE ROMAIN JUSQU'EN 395

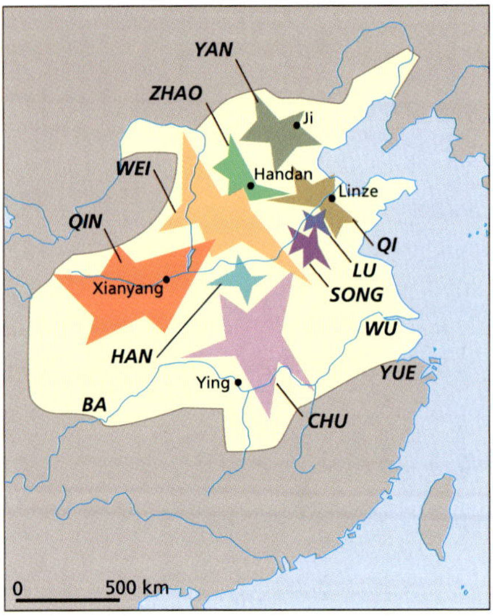

15. LES ROYAUMES COMBATTANTS (Ve-IIIe SIÈCLE AV. J.-C.)

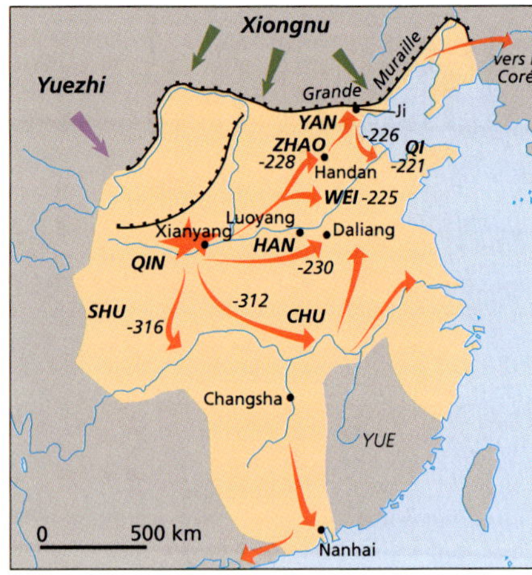

16. LES QIN (IIIe SIÈCLE AV J.-C.)

-316 Conquêtes de l'État de Qin

L'Empire Qin en 210 avant J.-C.

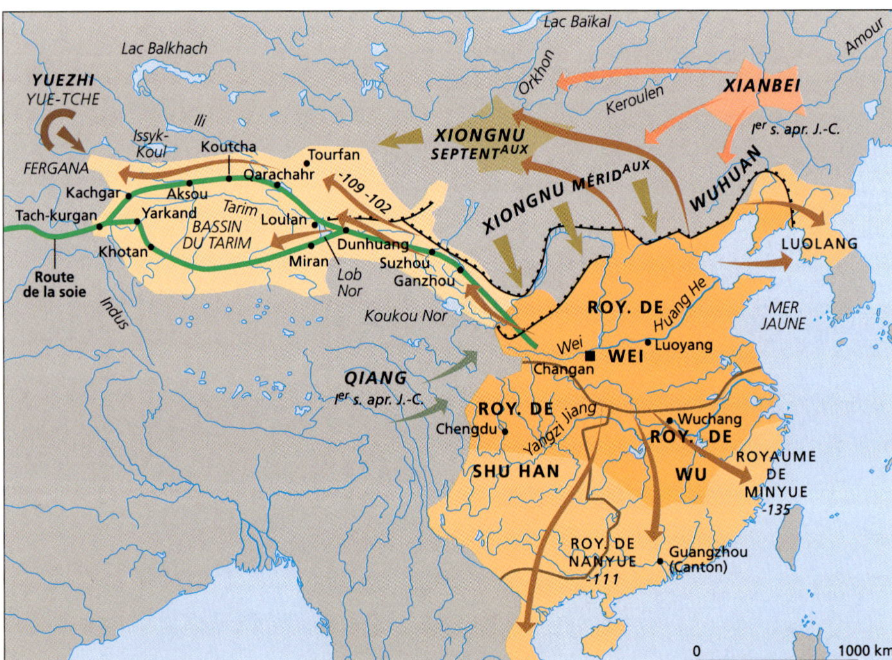

17. LA CHINE DES HAN

L'Empire des Han à leur avènement (206 av. J.-C.)

Expéditions des Han occidentaux

Conquêtes des Han occidentaux (206 av. J.-C. à 8 apr. J.-C.)

Protectorat chinois contrôlant la route de la soie sous les Han orientaux Politique de Ban Chao de 73 à 94

Limite des Trois Royaumes
Wei : 220-265
Shu Han : 221-263
Wu : 222-280

Expansion des Huns (Xiongnu)

La Grande Muraille

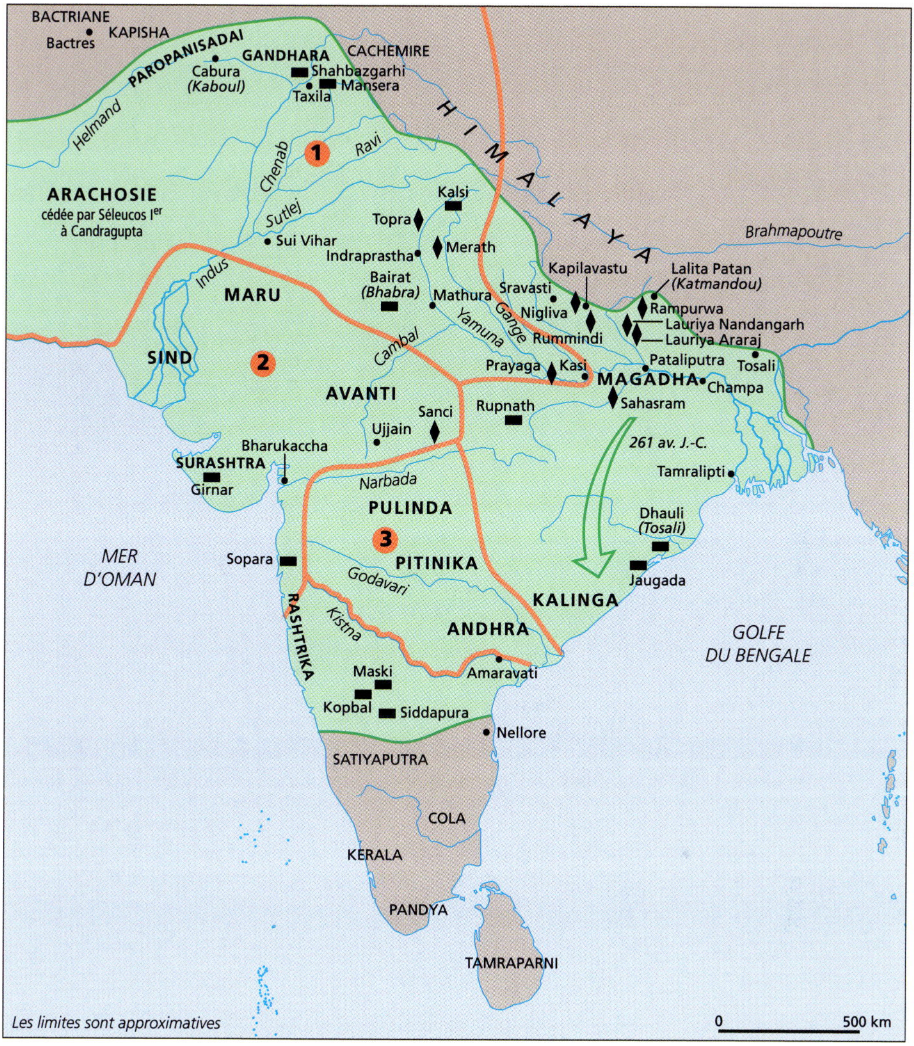

18. L'EMPIRE D'AÇOKA ET SON DÉMEMBREMENT

Les limites sont approximatives

Empire d'Açoka vers 250 av. J.-C.

Édits gravés sur des rocs

Édits gravés sur des piliers

L'Inde vers 150 av. J.-C.

1 Empire kusana

2 « Satrapies » occidentales

3 Royaume andhra

19. LA MÉSO-AMÉRIQUE - ARCHÉOLOGIE

pour capitale Kyongju, où l'on a retrouvé d'impressionnants monuments funéraires ; les princes et les dignitaires y étaient enterrés avec de lourds bijoux d'or, ornés de pendentifs de jade. Les architectes ont su concevoir des tombes à charpente de bois, recouvertes de pierre et de terre, parvenues intactes jusqu'à notre époque.

« Abattre un Biao, abattre Confucius »

« Bi Lin Bi Kong » est l'exemple type du slogan en quatre caractères que les Chinois écrivent sur tous les murs de Chine dans les années 1973-1974. Pourquoi Confucius ? Dans ce pays, l'attaque de front n'est pas de mise, on lui préfère une méthode allusive. Dans ce slogan, qui signifie « Abattre Lin Biao, abattre Confucius », Confucius représente Zhou Enlai, une des grandes figures du communisme chinois. Quant à Lin Biao, auteur du Petit Livre rouge (extraits de la pensée de Mao) et dauphin pressenti du président, il est rejeté et banni au lendemain de la Grande Révolution culturelle prolétarienne (1966-1972). Ce slogan l'assimile à Confucius-Zhou Enlai pour son « révisionnisme bourgeois ». Désavoué au début de la République populaire de Chine, en 1950, le confucianisme est aujourd'hui reconnu comme une sagesse fondamentale, et même comme un modèle pour d'autres sociétés.

Les Royaumes combattants

Durant trois siècles, la Chine connaît des guerres incessantes, mais ses théoriciens élaborent de nouvelles sagesses et une civilisation originale se développe.

En 453 av. J.-C., le territoire Jin (Isin), la plus puissante des principautés vassales des Zhou, au cœur de la plaine centrale, est partagé entre trois grands officiers rivaux. Cet épisode marque la fin de la période « des Printemps et des Automnes » et ouvre celle des « Royaumes combattants », Zhao, Han et Wei, que les historiens chinois appellent ainsi, car les anciens vassaux usurpent désormais le titre de roi, jusqu'alors réservé aux descendants des Zhou. Par ailleurs, les guerres entre royaumes, de plus en plus violentes, deviennent le souci majeur, voire exclusif, des gouvernants.

L'art de la guerre

Les guerres opposent des pays qui ont des dimensions proches de celles des nations européennes d'aujourd'hui. Les déplacements des armées sont de plus en plus massifs, longs et coûteux, et, après les batailles, les victimes se comptent par milliers. Si le développement des opérations l'exige, les rois n'hésitent pas à transplanter des populations entières, contribuant ainsi à forger l'unité de fait des populations chinoises.

La logistique exige que les routes soient entretenues correctement, que les eaux soient maîtrisées et rendues navigables, cela au prix d'énormes travaux. Les frontières doivent être protégées par d'imposantes murailles. Il faut aussi connaître le mieux possible les potentiels d'approvisionnement des pays traversés et leur configuration ; dès cette époque, l'État de Qin dispose de la boussole, et des cartes sont établies.

Malgré tout, la diplomatie ne perd jamais ses droits. Les alliances militaires sont toujours consolidées par des échanges de princesses à marier ou par une autre pratique : pour s'assurer la fidélité d'un nouvel allié, les souverains ont coutume de retenir son prince héritier à leur propre cour, faisant ainsi de celui-ci un véritable otage.

La stratégie, la tactique, le commandement des hommes deviennent, à ce moment, des arts ou des sciences bien plus importants que les rites ou la divination, qui étaient le principal souci des périodes précédentes. Des théoriciens sillonnent le pays pour se mettre au service des princes. Maître Sun, par exemple, qui se présente auprès de Hélu comme un spécialiste de la guerre, rédige un traité de stratégie, le *Sunzi Bingia*. Ce traité, repris et complété par son petit-fils Sun Bin, restera célèbre ; il est d'ailleurs toujours étudié en Chine, dans les écoles de guerre contemporaines.

Les annales foisonnent de récits retraçant les combats entre royaumes chinois ; elles témoignent de la puissance montante des Qin, qui, en 256 av. J.-C., déposent sans coup férir le dernier roi Zhou. C'est aussi le royaume Qin qui, en 221, achèvera d'anéantir les six derniers grands États. Son roi pourra alors se proclamer empereur sous le nom de Qin Shi Huangdi (T'sin Che Hgouan ti), le Premier empereur de Chine.

Les hommes en guerre

Au combat, le fantassin tient une place prépondérante. Le char a perdu son rôle essentiel et la cavalerie commence à faire son apparition dans le Nord au contact des Barbares. La guerre est faite par des paysans, pour lesquels elle peut devenir un moyen de mobilité sociale. Tous les hommes valides sont mobilisés et peuvent être appelés à se déplacer très loin de leur région d'origine. C'est au Ve siècle av. J.-C. que sont mises au point des armes redoutables comme l'arbalète, le gaz moutarde – inventions chinoises – ou encore toutes les machines de siège. L'arbalète est très meurtrière et tue un homme à 140 mètres. Les combattants n'en sont pas protégés : pas ou très peu de cuirasse, ni de casque, ni de bouclier efficaces. Les victimes se comptent par milliers. En 293 av. J.-C., à la bataille de Yique, un général du Qin aurait coupé 240 000 têtes aux armées du Han et du Wei coalisées ! Même si les stratèges indiquent que cela doit rester le dernier recours, le siège des villes est fréquemment attesté et traîne souvent en longueur. Vers 280 av. J.-C., Ju et Jimo, du Qi, sont assiégées par le Yan pendant trois ans ; enfants, femmes et vieillards montent alors sur les murailles pour faire croire qu'il n'y a plus d'hommes valides et, pendant ce temps, ces derniers font une sortie, revêtus de peaux de buffles enflammées, et provoquent une grande panique chez les assiégeants.

Des mutations économiques

Du fait des guerres incessantes, de profondes mutations transforment l'économie chinoise durant les deux siècles de la période des Royaumes combattants, période au cours de laquelle la Chine va trouver l'essentiel de son armature politique.

À cette époque, la production agricole augmente, grâce à la diffusion du soc de fer et à la mise au point d'une charrue qui permet de régler avec précision la profondeur des labours ; le harnais à collier est introduit dès le IIIe siècle av. J.-C. Mais ce sont le commerce et les villes qui connaissent les transformations les plus spectaculaires.

Les textes évoquent 70 cités nouvelles, dont certaines sont parfois gigantesques, comme Linzi, la capitale du Qi : sa muraille extérieure est longue de plus de 16 kilomètres. On peut estimer à plusieurs dizaines de milliers d'habitants la population de ces villes. Pour soutenir l'effort de guerre, les souverains favorisent l'essor du commerce en encourageant la libre circulation des marchandises, dans des royaumes au territoire désormais très étendu. La preuve en est que les monnaies circulent très loin de leur lieu d'émission, indiqué sur les pièces. Toutes sont en bronze, mais leur forme diffère selon les royaumes : couteau, bêche ou sapèque ronde, percée d'un trou carré. À la fin de la période, la sapèque s'est imposée ; les pièces sont enfilées sur une cordelette et la « ligature » devient une unité de compte.

Les artisans fabriquent leurs produits en quantités beaucoup plus importantes et on peut parler d'une industrialisation des productions. Une nouvelle catégorie sociale apparaît ; elle est composée de très riches marchands qui ne font partie ni de l'ancienne aristocratie ni de la classe des administrateurs. Ces marchands commencent à acquérir des terres, puis des charges publiques.

Durant la période des Royaumes combattants, le cuivre est vital pour alimenter la production artistique. À Tonglushan, près du fleuve Jaune, le métal est extrait jusqu'à une profondeur de 50 mètres. Pour atteindre le niveau du filon le plus profond, on a creusé des puits obliques, étayés en tiges de bambou, tandis que des puits verticaux servent à l'évacuation du minerai.

L'art de la laque

L'usage de la laque remonte aux Shang, où, appliquée sur des bois sculptés, elle servait à protéger les parois des chambres funéraires. La laque désigne la résine du *Rhus vernicifera*, arbre originaire de Chine, résine dont on passe plusieurs couches sur un support de bois, ou mieux de tissu (« le laque sec »). Cette opération longue et méticuleuse doit se faire dans un milieu chaud et à forte teneur en humidité, conditions réunies dans la région du moyen fleuve Bleu.

Le laque désigne l'objet, que ce soit le cercueil, la coupe, la boîte à fards, ou bien encore le luth. La période des Royaumes combattants représente un sommet dans le domaine des laques peints.

Les « cent écoles »

Cette période de troubles connaît une intense activité intellectuelle ; c'est une époque où foisonnent une multitude de courants de pensée, dont découleront la plupart des systèmes d'argumentation et de réflexion politique et morale qui auront cours en Chine par la suite, et jusqu'à nos jours.

Le courant qui peut être qualifié de « démocrate », selon lequel l'opinion publique doit jouer un rôle dans le choix des gouvernants, trouve ses origines dans les écrits de Mencius, maître Mengi, l'un des plus grands disciples de Confucius, qui affirme que la responsabilité du prince régnant est engagée envers ses sujets, auxquels il se doit d'assurer vivres et bien-être. Si un prince se révèle incapable d'assurer sa tâche, le peuple a le devoir de le tuer. Il ne s'agit pas, dans ce cas, d'un régicide, car celui qu'on supprime est un tyran et non plus un roi, puisqu'il n'a pas su être un véritable souverain. Mencius justifie aussi l'existence d'un corps de fonctionnaires rétribués grâce aux impôts : « Il y a ceux qui sont faits pour gouverner et ceux qui sont faits pour être gouvernés. Les seconds, les *xiaoren*, ou petites gens, doivent nourrir les premiers. »

Un autre sage, Mozi, est, pour les Chinois, l'« inventeur » de la monarchie constitutionnelle. Il disserte sur la nature de la royauté, création humaine et artificielle, qui n'est, selon lui, rien d'autre qu'un moyen d'échapper à l'anarchie, ou, mieux, de définir un intérêt général commun, dans lequel chacun trouve la satisfaction de son propre égoïsme. Mozi argumente aussi sur les bienfaits de l'épargne, vertu chérie des Chinois.

En Zhuangzi (Tchouang-tseu), on peut voir l'ancêtre de la pensée libérale et même écologique. Ce taoïste affirme que les affaires de l'État doivent suivre leur propre destinée. À l'encontre des confucéens, il enseigne qu'il est vain de vouloir guider le monde, hypocrite de vouloir le réformer, car toute chose suit son cours naturel, et qu'à trop vouloir réformer on risque de dénaturer l'homme et de briser le cours des choses.

Enfin, avec l'avènement de Qin Shi Huangdi, c'est l'école des lois qui triomphe. Pour ses tenants, la loi doit être connue de tous, appliquée à tous, et sévère. C'est pourquoi les communistes des années 1960 se réclameront encore de ce courant. Malgré leurs divergences, ce sont bien ces légistes qui ont posé les fondations de l'Empire de Chine, autant, sinon plus, que Qin Shi Huangdi, dont la construction politique fut plus fragile.

Qin Shi Huangdi, le premier empereur

Souverain du plus redoutable des Royaumes combattants à partir de 247 avant notre ère, le roi Zheng de Qin, prenant le titre de Qin Shi Huangdi, annexe peu à peu les derniers Royaumes combattants et réunit sous son autorité la quasi-totalité des terres chinoises. Il fonde l'Empire chinois en 221 et devient ainsi le premier empereur de ce pays. Cette Chine unifiée, qu'il a créée, doit cependant toute son organisation politique et sociale à celle que ses pairs ont progressivement mise en place dans l'État de Qin durant les deux siècles précédents. Les principaux concepteurs de ce nouveau système, identifié sous le nom de « légiste », sont Shang Yang et Han Fei Zi : ils appartiennent à un mouvement appelé « école des lois », apparu en Chine dès le VIIe siècle av. J.-C.

Les théoriciens du nouvel ordre chinois

Shang Yang, appelé aussi Wei Yang, naît au IVe siècle av. J.-C., dans le pays de Wei. Après avoir servi différents royaumes, il devient ministre de l'État de Qin et y introduit les réformes à l'origine de sa puissance militaire.

Alors que les confucéens, adeptes de l'« école des lettrés », s'appuient sur la transmission de la vertu royale et les principes ancestraux pour assurer le bien-être du peuple, Shang Yang, au contraire, élabore une doctrine basée sur la toute-puissance de la loi et sur les devoirs des sujets soumis au prince-despote. Dans le *Shangjunshu*, le « Livre du prince de Shang », attribué sans doute à tort à Shang Yang, la rupture avec les principes confucéens est exprimée avec vigueur : « … Le saint ne peut faire la puissance de son pays qu'en brisant avec les routines, ne peut faire le bien de son peuple qu'en rompant avec les forces traditionnelles. »

Entre 361 et 338, Shang Yang met en œuvre un impressionnant catalogue de réformes. À la noblesse héréditaire se substitue une noblesse de mérite militaire. Le travail obligatoire est institué et les oisifs réduits à l'esclavage. Les familles sont regroupées par unités de cinq, pénalement responsables pour chacun de leurs membres. Les peines sont minutieusement répertoriées et d'une grande cruauté, tandis que la délation est récompensée et l'espionnage populaire encouragé. L'objectif de cette organisation est, selon Shang Yang, d'« enrichir l'État et (de) fortifier l'armée ».

Le célèbre légiste meurt en 333 av. J.-C., mais son œuvre est poursuivie au siècle suivant par le philosophe chinois Han Fei, conseiller de Qin Shi Huangdi.

Comme son prédécesseur, Han Fei se fait un devoir de tenir compte de l'évolution de l'histoire : chaque époque doit avoir ses « recettes », et le souverain qui les détient ne doit pas les dévoiler. Le Fils du Ciel n'est plus la courroie de transmission entre le ciel, la Terre et les hommes. Il est au-dessus, dans une position qui en fait l'égal du ciel. Pour régner, il dispose d'une « loi », qui, connue par tous, est applicable à tous. Qin Shi Huangdi fut sensible aux idées de Han Fei. Mais son proche conseiller, Li Si, jaloux du philosophe, accusa celui-ci de trahison et le poussa au suicide en 238.

Un royaume très puissant

Les réformes radicales préconisées par les légistes dotent donc l'État de Qin d'une nouvelle organisation, stricte et redoutable. Mais le royaume dispose également d'un atout naturel qu'il tire de sa situation géographique. Le territoire est facile à défendre, car les passes de la rivière Wei permettent une surveillance efficace. La configuration même de la vallée offre des solutions relativement simples aux problèmes de la maîtrise des eaux. Dès le milieu du IIIe siècle, un canal et un réseau d'irrigation accroissent sensiblement la productivité des sols. Ces progrès vont de pair avec une augmentation de la population, qui renforce la puissance militaire. Par ailleurs, les contacts permanents avec les Barbares nomades ont conduit le pays de Qin à conserver très vivantes ses traditions martiales et, notamment, à développer l'usage du cheval. À la fin du IIIe siècle, ce pays occupe déjà une partie de l'actuel Sichuan, en ayant fait pratiquement disparaître les populations des principautés féodales de Ba et de Shu. Entre 230 et 221, sous la conduite du roi Zheng, s'achève la première unification, après l'absorption successive des royaumes de Han, Zhao, Chu, Yan et Qi, suivie immédiatement par la fondation de l'Empire.

Le premier empereur de Chine

En 221, Zheng de Qin adopte le titre de *Huangdi*, reprenant pour « empereur » les mots utilisés autrefois pour les Augustes (*Huang*), et pour les souverains (*Di*). Il y ajoute *Shi*, qui signifie « premier », et entre dans l'histoire sous le nom de Qin Shi Huangdi.

« Le roi de Qin est un homme aux yeux proéminents et larges, à la poitrine d'oiseau de proie ; il a la voix du chacal, il est peu bienfaisant et a le cœur d'un tigre ou d'un loup. Tant qu'il se trouve embarrassé, il lui est facile de se soumettre aux hommes ; quand il aura atteint son but, il lui sera également aisé de dévorer les hommes. » Tel est le portrait, peu flatteur, qu'en fait l'historien Sima Qian dans ses *Mémoires historiques*. Les confucéens, eux, le haïssent au point de mettre en cause son ascendance royale chez les Qin : ils l'accusent d'être un fils illégitime de la concubine et d'un conseiller du roi ; et, surtout, ils ne tolèrent pas la façon dont Qin Shi Huangdi essaye d'imposer son essence divine. Ce dernier sait s'entourer du plus grand mystère, et ses déplacements dans l'enceinte de ses palais doivent toujours être ignorés : en effet, quiconque en dévoile le déroulement encourt la peine de mort.

Cette stratégie du secret ne l'empêche cependant pas de garder un contact permanent avec le monde et les affaires de l'Empire. Sa puissance de travail est saluée, en même temps que sa capacité à choisir de bons collaborateurs. Le plus célèbre d'entre eux est Li Si, condisciple du sage Han Fei, qui a joué un rôle non négligeable dans la consolidation du pouvoir impérial. La construction, à Xianyang, des répliques de tous les palais des seigneurs féodaux qu'il a vaincus trahit la mégalomanie de l'empereur. L'édifice principal, Ebang, est immense : sa salle d'audience peut contenir 10 000 personnes et le chemin de ronde est une route cavalière. L'ensemble de l'ouvrage est si important qu'il ne sera pas achevé de son vivant.

La vie à la cour est dominée par la poursuite de l'immortalité. De nombreux magiciens sont chargés de la recherche du mythique champignon *zhi*, censé la conférer. En 219, une véritable expédition, considérée comme la première tentative de colonisation du Japon, partira du Shandong vers les îles de l'Est. Plusieurs centaines de jeunes gens et de jeunes filles, conduits par le magicien Xu Fu, s'en iront ainsi à la recherche des Immortels.

Qin Shi Huangdi meurt en 210 au cours d'un voyage vers l'est. Hanté par l'idée de la mort, l'empereur avait déjà fait construire une sépulture à la mesure de ses exigences. Plus de 700 000 hommes y auraient été employés, et tous les artisans ayant eu connaissance des mécanismes de fermeture de la tombe y auraient été ensevelis en même temps que lui.

Une grande entreprise d'unification

À l'intérieur comme à l'extérieur du pays, la politique de l'empereur Qin Shi Huangdi a marqué pour longtemps l'identité chinoise. À partir de la capitale, établie à Xianyang, dans le Shanxi, l'empereur, sur les conseils de Li Si, applique à tous les royaumes conquis les principes d'organisation qui ont fait la puissance du royaume de Qin. L'empire est partagé en 36 commanderies, elles-mêmes divisées en préfectures. Les murailles des villes et les fortifications locales sont systématiquement rasées afin d'éviter toute résistance éventuelle, et les armes sont réquisitionnées ou fondues.

Une taille unique d'essieu, imposée pour les chars et les charrettes, rend plus facile et plus économique la circulation des marchandises (et des troupes) dans toutes les régions du pays, en évitant les ruptures de charge à chaque ancienne frontière.

Tout en prenant des mesures pour surveiller étroitement l'activité et les déplacements des marchands, l'empereur fait adopter une seule monnaie et une seule unité de mesure. L'unité de l'empire entre ainsi dans la vie quotidienne (la monnaie ronde à trou carré alors mise en place sera utilisée jusqu'au XXe siècle).

Le souci de centralisation se traduit aussi dans le dessin du réseau routier, qui part en étoile de la capitale, et qui est constitué de trois voies : l'une, centrale, pour le passage de l'empereur, et deux latérales. Les réseaux de canaux sont également reliés entre eux.

Les fonctionnaires et les familles trop puissantes sont déplacés et rassemblés autour de la capitale : le nombre de familles déportées est estimé à 120 000. À la cour, la noblesse héréditaire (ou l'aristocratie provinciale) est remplacée par des parvenus ayant gagné leurs galons aux armées. Quant aux paysans, ils sont successivement soumis à la corvée pour l'accomplissement des grands travaux ou à la conscription et ne bénéficient plus de la relative protection que leur assurait la présence effective de la noblesse locale. Ils ne sont pas non plus épargnés par les besoins en peuplement des nouveaux territoires, et y sont eux aussi massivement déportés.

Naturellement, des critiques, attisées par les confucéens, s'élèvent contre cet ordre nouveau imposé par un prince qui n'est pas même originaire du Pays du Milieu. Li Si suggère donc à son empereur de faire disparaître tous les écrits séditieux qui feraient l'éloge de l'ordre ancien. C'est ainsi que, en 213, Qin Shi Huangdi décide de faire détruire l'ensemble des ouvrages non scientifiques. De nombreux livres sont mis à l'index, en particulier ceux d'inspiration confucéenne. Des lettrés sont mis à mort avec ostentation pour avoir conservé les livres et continué à enseigner d'après les textes interdits. Malgré la puissance de la police et du système de dénonciation mis en place, de nombreux écrits échappent à cet autodafé. Ils ressortiront de leurs cachettes au milieu du IIe siècle av. J.-C.

Le pays de la Grande Muraille

L'empereur mène aussi une politique extérieure empreinte de grandeur, et l'histoire le retient surtout comme le créateur de la Grande Muraille. En fait, il se contente, pour la partie centrale, de rassembler les morceaux déjà érigés par les anciens rois de Zhao, de Yan et même de Qin contre les nomades des steppes. Mais il prolonge la Muraille vers l'est jusqu'à la mer, et vers l'ouest jusqu'à l'actuel Gansu.

Une population extrêmement nombreuse est déplacée à l'occasion de cette construction, dont la réalisation est confiée au terrible général Meng Tian. Les Chinois disent que chaque pierre de la Grande Muraille a coûté une vie humaine. Si la limite ainsi définie marque pour des siècles la frontière nord de la Chine, la Grande Muraille, aussi imposante soit-elle, n'a jamais réellement empêché les incursions ou les razzias sans lendemain des Xiongnu (nomades vivant au nord et à l'ouest de la Chine d'alors), qui commencent à se fédérer sous la bannière de Mao Dun à partir de 209.

Vers le sud, les armées de l'empereur atteignent l'actuelle Canton. Dans ces contrées, l'implantation Qin reste néanmoins fragile : au premier signe de faiblesse du pouvoir, ces régions échappent à tout contrôle, les seigneurs supportant mal la contrainte des lois.

À la mort de l'empereur, le prince héritier, opposé à la politique menée par son père, est poussé au suicide. Les fidèles conseillers, Li Si et Zhao Gao, l'eunuque, placent alors sur le trône le fils cadet, qui prend le nom d'Ershihuangdi. Mais il s'agit d'un personnage sans envergure, incapable de maîtriser les intrigues de palais. Li Si lui-même finit par être victime de ces intrigues et meurt écartelé.

En 206, le pouvoir central, affaibli, ne peut plus résister aux révoltes suscitées par les paysans accablés de travaux et d'impôts, révoltes menées par Zhen Sheng, appuyées par une noblesse déchue ou déracinée et encouragées par des lettrés aigris et pourchassés. L'empire semble laisser peu à peu place à l'anarchie. La Chine a cependant gagné un nouvel espace unifié (notre propre appellation Chine vient du nom Qin) et une nouvelle conception du pouvoir.

Un essor culturel important

Longtemps, l'invention du pinceau à calligraphier a été attribuée au général Meng Tian, gardien de la Grande Muraille. En réalité, ce dernier n'a fait qu'employer une variété particulière de poils. Ce type de pinceau est en effet déjà couramment utilisé sous les Royaumes combattants ; muni d'un réservoir à encre, il est constitué d'un ensemble de poils liés entre eux, disposés en couches concentriques et fixés par de la colle dans un morceau de bambou. Il suffit d'une pression de la pointe du pinceau sur le papier ou la soie pour tracer des traits ou réaliser une peinture. Le plus ancien spécimen a été découvert dans une tombe datant de la fin du royaume de Qin, à Tianshui, au Gansu.

Les premiers livres chinois sont écrits sur des lamelles de bambou ou sur des feuilles de soie. Plus de un millier de lamelles, datées du règne de Qin Shi Huangdi, ont été découvertes dans les régions du Hubei et du Qinghai. Longues de 20 à 25 centimètres, larges de un centimètre, elles sont couvertes sur une face de caractères tracés à l'encre noire et reliées par des lanières de cuir ou de soie. Le plus célèbre livre sur bambou, le *Zhushujinian*, « Annales sur bambou », raconte l'histoire d'une principauté chinoise. Placé dans une tombe au IIIe siècle av. J.-C. et retrouvé six siècles plus tard, il a permis de vérifier la véracité des informations données par l'historien Sima Qian. Il existe également de très nombreux ouvrages écrits sur soie. Certains ont été précieusement conservés dans des coffrets laqués.

Les plus anciennes cartes chinoises datent de la fin du royaume de Qin. Elles étaient dessinées sur des planchettes de bois. Cinquante ans plus tard, les cartes sont tracées sur soie, pliées et rangées dans des coffres laqués. Elles donnent toutes le relief, les routes, les villages, etc. L'un des deux spécimens qui a été mis au jour près de Changsha, dans la province du Hunan, ressemble à nos cartes d'état-major. Jusqu'à ces découvertes, les Chinois eux-mêmes attribuaient à un savant du IIIe siècle, nommé Pei Xiu, l'invention des coordonnées géographiques (latitude, longitude) et d'un canevas à échelle variable (1/50 000 au centre et 1/200 000 sur le pourtour). Les cartes ainsi réalisées sont connues sous le nom de « cartes mongoles ».

Une armée en terre cuite

Les armées en terre cuite sont disposées dans les fosses qui entourent la sépulture du premier empereur de Chine. L'ensemble du chantier, commencé dès son avènement, n'est pas encore achevé à sa mort. Le mausolée, situé à l'est de Xi'an, est recouvert d'un tumulus, véritable colline artificielle haute de 45 mètres. À un bon kilomètre à l'est, de grandes fosses souterraines renferment 7 000 statues de la garde impériale. Ignorées des textes et donc non recherchées, elles ont été découvertes en 1974, à la suite du coup de pioche fortuit d'un paysan local. La plus grande fosse (210 mètres sur 60) rassemble 6 000 fantassins et quelques chars. Les soldats, grandeur nature, sont alignés dans 11 couloirs orientés est/ouest et séparés par d'épais murs de terre battue. Ils sont tous différents et donnent l'impression d'une galerie de portraits, comme si l'empereur, plutôt que de sacrifier sa garde, en avait fait réaliser la reproduction fidèle par des artistes. À une centaine de mètres au nord-est, une autre fosse contient l'infanterie lourde : corps d'archers à l'entrée orientale, suivi d'un groupe de cavaliers, flanqué à droite d'un corps mixte de chars et de fantassins, et enfin d'une unité de chars. Puis, toujours au nord, mais à l'arrière, une troisième fosse abrite le quartier général. Le fait que ces fosses soient situées à l'est et que les soldats soient tournés vers l'est reste à ce jour un mystère.

Les royaumes annamites

En 208 av. J.-C., un brillant chef militaire autochtone, Trieu Da, fonde au nord de l'Indochine le royaume annamite (du chinois An Nan qui signifie « le Sud pacifié ») du Nam Viêt, profitant de la décadence de la Chine après la mort du premier empereur. S'il ne reste nulle trace du premier royaume, celui d'Au-Lac, fondé au IIIe siècle, la ville de Co-Loa témoigne de l'activité des marchands et artisans tonkinois. Mais l'indépendance du Nam Viêt ne durera guère plus d'un siècle ; la Chine rétablira rapidement son emprise sur le nord de la péninsule.

• • •

CHAPITRE 7

Civilisations mystérieuses (– 600 à – 100)

Ossements plus nombreux que partout ailleurs, outils d'une très grande variété, peintures rupestres d'une étonnante précision et d'une grande sensibilité : la préhistoire africaine révèle chaque jour un peu plus de sa richesse. À l'aube de l'histoire humaine, l'Afrique est la région la plus peuplée du monde. C'est sans doute sur cette terre, fertile et généreuse, que l'homme apparaît, avant de partir à l'assaut des autres continents. Pourtant, les débuts de son histoire sont, aujourd'hui encore, bien mystérieux, comme si un rideau était tombé entre cette contrée fabuleuse et le reste du monde, la laissant vivre en vase clos pendant plusieurs millénaires.

Afrique, le continent inconnu

Mais comment pénétrer cette Afrique ? D'une part, le Sahara, autrefois si fertile, peuplé d'animaux sauvages, parcouru par des rivières poissonneuses, entre dans une phase de désertification. D'autre part, les moyens de navigation encore trop rudimentaires ne permettent pas aux marins de s'aventurer trop loin sur les océans dangereux. Les descriptions approximatives, voire imaginaires, témoignent de cette méconnaissance des réalités africaines, notamment de la part des peuples méditerranéens : à l'époque, on pense que le sud de l'Asie et celui de l'Afrique se touchent, emprisonnant ainsi l'océan Indien. Il faut la hardiesse de quelques individus isolés et les visées expansionnistes de certains souverains pour que l'Afrique commence à dévoiler ses secrets.

Les premiers explorateurs

Au VIIe siècle av. J.-C., le pharaon Néchao, curieux de découvrir les secrets de l'Afrique, charge plusieurs de ses navires d'en faire le tour. Les marins égyptiens partent par la mer Rouge et reviennent, au bout de trois ans, par la Méditerranée. Ils expliquent au pharaon qu'ils ont « vu le soleil à droite » de leur bateau. Même si ce détail tend à prouver que ces intrépides explorateurs ont bien longé la côté ouest de l'Afrique, les historiens mettent de plus en plus en doute la véracité de ce récit. Un peu plus tard, le Perse Xerxès, voulant punir l'un de ses sujets, le contraint à prendre la mer pour contourner le continent dans l'autre sens. Ce dernier navigue de longs mois ; peut-être atteint-il le golfe de Guinée. Toutefois, n'ayant pas le courage d'achever sa mission, il préfère rebrousser chemin, quitte à affronter la colère du Grand Roi… Puis des explorateurs de fortune, originaires de la Méditerranée, décident de traverser le Sahara. À leur retour, ils affirment avoir vu, de l'autre côté du désert, des vergers et une ville : pour leurs semblables, la preuve est faite que d'autres hommes vivent au-delà de leur monde.

L'or et la puissance

Sans connaissance précise sur le sujet, les Égyptiens appellent les Africains « Éthiopiens », « Nubiens » ou encore « Libyens », et élaborent un bon nombre de mythes : ces hommes sont des géants à la peau couleur d'ébène, d'une force incroyable – comme en témoignent les nombreux Nubiens engagés dans les armées du pharaon ; ils possèdent une fontaine d'huile qui leur permet de vivre plus que centenaires, et ils attachent leurs prisonniers avec des chaînes en or massif.

L'accroissement progressif des échanges commerciaux entre des peuples de plus en plus éloignés donne naissance aux premiers témoignages sur la prospérité africaine et contribue à entretenir le mythe de la puissance de l'Afrique. Très tôt, l'Égypte pharaonique rapporte d'un certain « pays de Pount » des métaux précieux, des huiles parfumées, des peaux et des fourrures. Par la suite, les Phéniciens, les Carthaginois et les Romains importent l'or, l'encens et les plumes d'autruche, les esclaves forts et puissants, magnifiques gladiateurs, ainsi que les animaux indispensables aux jeux du cirque.

Carthage engendrera en effet une population d'excellents commerçants n'hésitant pas à se rendre au-delà des « terres connues » pour y pratiquer de fructueux échanges. Leur mode de négociation est peu commun : après avoir étalé divers articles sur la grève, les marchands carthaginois remontent sur leurs navires d'où ils signalent leur présence par une colonne de fumée. Aussitôt, les Africains se rendent sur la rive, examinent les marchandises proposées et déposent sur le sable l'or qu'ils estiment nécessaire au paiement de la cargaison. Puis ils repartent. De nouveau, les Carthaginois débarquent sur la plage : si la masse d'or laissée par les acheteurs leur convient, ils repartent chez eux sans tarder ; sinon ils regagnent leurs bateaux et attendent que les Africains rajoutent de l'or. La transaction se fait toujours en toute honnêteté pour chacune des parties.

À l'Est, le commerce intense de l'océan Indien permet de drainer de l'intérieur des terres vers la côte puis vers l'Orient des cornes de rhinocéros, de l'écaille de tortue, des aromates, des parfums, de l'huile de palme et, déjà, le précieux ivoire.

Derrière le voile

Les sources sont bien peu nombreuses pour qui cherche à retracer le passé de l'Afrique : les écrits sont inexistants avant le IIe millénaire, les vestiges ont été enfouis dans le sol, recouverts par les sédiments, immergés par les lacs et les rivières, détériorés surtout par l'acidité des sols et ensevelis par les mouvements du relief.

Pourtant, il est désormais certain qu'à l'époque antique l'Afrique vit une ère de prospérité. Les peuples ont déjà tissé entre eux des liens nombreux, multipliant les échanges. Certains se sont sédentarisés : un peu partout, des cités rayonnent, aussi bien des ports que des villes intérieures. Grâce à des chevaux ou à des ânes chargés d'outres, d'autres traversent le Sahara ou se rendent jusqu'aux confins du continent. Ainsi, les Peuls se déplacent depuis l'Égypte jusqu'en Afrique occidentale ; venus d'une région située entre le lac Tchad et le fleuve Niger, les Bantous s'épanouissent si bien sur tout le continent qu'aujourd'hui bon nombre de langues africaines sont encore dérivées de la leur.

L'Afrique est alors le creuset de civilisations prodigieuses. À l'Est, les puissants Koushites dominent l'Égypte pharaonique pendant tout le VIIe siècle av. J.-C. ; puis, chassés par les Assyriens, ils déplacent leur capitale vers le sud (Méroé), bâtissent des villes et des temples, mettent en place une économie forte et développent leur art. À l'Ouest, la « civilisation de Nok » (dernier millénaire av. J.-C.) fait preuve d'une telle qualité de création qu'elle inspire les artistes de nombreux royaumes au cours des siècles.

La splendeur des civilisations africaines doit beaucoup à la maîtrise de la métallurgie, à la richesse et au pouvoir que celle-ci leur confère. Car, en Afrique, la vraie richesse n'est pas l'or, commun car abondant, mais bien le fer, puissant et efficace : il permet la fabrication non seulement d'outils solides et précis, mais aussi d'armes très résistantes. Les mines d'étain faisant défaut, le fer fut le premier des métaux employés. Grâce à la découverte du fer, certains peuples purent profiter de leur avance technologique pour dominer leurs voisins ou pour les vaincre sur le plan militaire. Depuis cette époque, le fer a toujours été en Afrique le symbole de la force, de la puissance et de la richesse. Les forgerons étaient considérés comme des maîtres (appelés « nganga » chez les Bantous). Ils appartenaient à la noblesse et c'est souvent de leur caste qu'étaient issus les rois. On leur accordait même le pouvoir magique de transformer la matière et de dominer le métal. Conscients de leur importance, les forgerons africains ont toujours jalousement conservé les secrets de leur travail ; aujourd'hui encore, ils sont l'objet d'une estime et d'un respect teintés de crainte.

Une terre de magie

L'Afrique apparaît bien comme une terre de magie où, grâce à quelque sortilège, le sable poussé par les rafales du vent étouffe l'herbe peu à peu, où le fer, sous l'emprise des flammes, se transforme en armes invincibles.

La terre, l'air, le feu… Ces trois composantes omniprésentes du grand continent soulignent cruellement l'absence d'une richesse que l'Afrique ne posséda jamais : l'eau. Malgré leurs lacunes géographiques, les hommes de l'Antiquité devinent ce manque. L'historien grec Hérodote en parle ainsi : « Le Nil vient du Couchant et des contrées occidentales mais, au-delà, nul ne possède de renseignements certains, car le pays, en raison de son climat brûlant, est un véritable désert. » À quelque chose malheur est bon : c'est bien ce dénuement apparent qui a préservé si longtemps l'Afrique et ses civilisations prodigieuses de toute ingérence étrangère, lui garantissant une certaine virginité. Étrange destin, finalement, que celui de ce continent longtemps méconnu, considéré comme une terre de pauvreté, qui garda ses richesses dissimulées, vécut en vase clos et conserva pendant des siècles tout son mystère.

La puissance de Carthage

C'est vers 814 av. J.-C. que, selon les traditions grecque et romaine, les Phéniciens fondent Qart Hadasht, la « ville neuve », au fond du golfe de Tunis. Selon la légende, les fondateurs de Carthage sont menés par une femme, Didon, sœur du roi de Tyr. Le dieu protecteur de la cité est phénicien : c'est Baal Hammon, qui se repaît du corps des enfants offerts en sacrifice. La date de la fondation de la ville est difficile à prouver, car les fouilles n'ont mis au jour aucun vestige antérieur à 725 av. J.-C.

Carthage, aujourd'hui en Tunisie, a commencé par dominer tous les comptoirs phéniciens du pourtour de la Méditerranée avant d'imposer son hégémonie au VIe siècle av. J.-C., aux peuples d'Afrique du Nord, Numides et Maures. Les Berbères de la région sont ses alliés et lui fournissent des mercenaires. Comme Tyr, la ville est gouvernée par une monarchie héréditaire. Elle se heurte vite aux ambitions des colonies de Grande-Grèce, qu'elle bat en 535 à Alalia, mais par qui elle est vaincue en 480 à Himère. Les ambitions carthaginoises se tournent alors vers l'Afrique. Fils du général Hamilcar défait et tué par les Grecs à la bataille d'Himère, Hannon se taille, vers 425 av. J.-C., un vaste territoire en Libye, avant d'entreprendre un voyage d'exploration sur les côtes africaines. Il atteint alors probablement l'équateur ; on lui doit une description du littoral tropical, jusqu'alors inconnu. Son fils Hamilcon, quant à lui, naviguera vers le nord, atteignant par la mer les côtes atlantiques de l'Espagne après avoir franchi le détroit de Gibraltar.

En 404 av. J.-C., le général punique Hamilcar vient de détruire la colonie grecque de Gela, fondée au VIIe siècle dans le sud-ouest de l'île par les Rhodiens et les Crétois, auxquels on doit aussi Agrigente. Gélon, tyran de la ville, avait en 485 apporté son aide aux aristocrates de Syracuse chassés par la plèbe et avait, un moment, dominé la Sicile. Mais la ville, alliée à Sparte, est affaiblie par les campagnes des Athéniens. Les Carthaginois, qui n'ont pas oublié leur défaite d'Himère, profitent de la situation et se vengent en prenant Gela et Camarina. Un peu plus tard commenceront les premières « guerres puniques », menées par Denys, tyran de Syracuse.

La culture de Paracas

En 1925 est découvert, sur une presqu'île désertique de la côte sud du Pérou, l'un des plus surprenants trésors de l'Amérique précolombienne. Il s'agit de textiles aux couleurs très vives et aux motifs d'une extraordinaire virtuosité, exhumés par l'archéologue péruvien Julio C. Tello, près de la ville de Pisco, au Pérou. Cette région désolée, constituée de rocailles et de sables, prise entre les eaux grises du Pacifique et les Andes possède un climat d'une extrême sécheresse, qui a permis une miraculeuse conservation des tissus.

Les pièces de tissu, retrouvées par milliers, appartiennent à une civilisation baptisée « Paracas », du nom du lieu de la découverte. Cette culture dont la chronologie n'est pas encore bien établie, a connu plusieurs stades d'évolution : certains tissus, déjà très élaborés, datent de 1400 avant notre ère (*Paracas Cavernas*), mais les plus beaux remontent à une période plus récente (*Paracas Necropolis*), comprise entre 300 av. J.-C. et 500 apr. J.-C.

Des momies emmaillotées

Tous les textiles de Paracas proviennent de chambres funéraires. Celles-ci abritent des corps momifiés, qui ont été trouvés en position fœtale, bras croisés sur la poitrine, enveloppés dans de la toile et des tissus. L'examen des crânes a révélé, dans de nombreux cas, des traces de trépanation ainsi que des déformations de la tête, qui est souvent en forme de « pain de sucre ».

Les momies, appelées *fardos* en espagnol, avaient l'apparence de gros ballots. Le démaillotage de ces formes sphériques aussi larges que hautes a montré que les défunts avaient été habillés de vêtements divers, parmi lesquels ponchos, écharpes, manteaux, mais aussi parfois, pour les dernières couches, d'immenses pièces de tissu uni, mesurant jusqu'à 20 mètres de long et 6 de large d'un seul tenant. Cette confection avait donc été réalisée, à chaque fois, dans l'unique but de vêtir la momie.

Les fibres utilisées sont le coton et la laine de camélidés, famille de mammifères ruminants à laquelle appartiennent l'alpaga et la vigogne, voisins du lama. Or, ces animaux vivent sur les hauts plateaux andins ; il y a donc probablement eu des échanges commerciaux entre les régions côtières et la montagne, mais aucune preuve archéologique formelle n'en a encore été apportée. Cependant, l'hypothèse n'est pas trop hasardeuse, puisque l'échange complémentaire de biens entre leurs différents milieux naturels a été l'une des grandes caractéristiques des cultures andines.

Un art composite

Abstraits ou réalistes, différents types de motifs ornent les textiles de l'époque de *Paracas Necropolis*. Un premier groupe est constitué de dessins aux contours anguleux, représentant des animaux : jaguars, serpents, oiseaux. Un second ensemble, aux motifs curvilignes, présente une très grande variété d'inspiration. Il met notamment en scène des êtres composites, mi-humains mi-animaux, pourvus de têtes d'oiseau, de langues de serpent, de griffes, de tentacules, et portant, à l'occasion, la wara, le bâton emblématique du pouvoir. Ces personnages sont composés d'éléments alternant comme dans un jeu combinatoire. Des yeux humains peuvent par exemple être brodés à la place de ceux d'une baleine. Les corps sont représentés de profil et les têtes de face, à l'exception notable des têtes d'oiseau, toujours de profil et dont l'alternance, profil droit, profil gauche, renforce les effets de symétrie.

Des peuples prévoyants

Les tombes retrouvées à Paracas sont de deux types. Celles de la période *Cavernas* se présentent comme de grandes cavités en forme de bouteilles, avec un étroit goulot qui les relie à la surface du sol. Ces sortes de silos, remplis jusqu'au bord, contenaient des corps enterrés avec des objets de la vie quotidienne (nattes, tissus, céramiques, bijoux en os ou en or, outils…) et des produits alimentaires (arachides, patates douces, piments, maïs). Les sépultures plus récentes de *Paracas Necropolis* sont, quant à elles, des chambres rectangulaires, où les morts étaient également ensevelis avec tout ce qui pouvait assurer leur survie dans l'au-delà.

Ces tombes appartenaient-elles aux peuples de pêcheurs installés sur cette côte très poissonneuse ? Dans la zone de Paracas, les restes d'agglomérations témoignent en effet d'installations très anciennes, antérieures à l'apparition du coton entre 1950 et 1350 av. J.-C. Les populations y vivaient de la pêche, du ramassage des coquillages, de la culture du haricot, du maïs ou encore du piment.

Le langage des textiles

Qu'ils possèdent des motifs géométriques, caractéristiques de la période *Cavernas*, ou qu'ils soient ornés de dessins, les textiles découverts à Paracas sont d'une incroyable finesse d'exécution. Leur élaboration a nécessité des milliers d'heures de main-d'œuvre, des mois, voire des années d'un travail minutieux, et des techniques aussi différentes que la broderie à l'aiguille, le brocart, la gaze ou le filet. Certains utilisent jusqu'à 190 teintes, d'autres sont parfois décorés de plus de 300 motifs. Les fameux *mantos* de Paracas sont constitués de trois pièces de même longueur cousues ensemble. La partie centrale, en alpaga, la plus riche en broderies, est agrémentée de dessins disposés en damier, mais les bords, en coton, ont malheureusement mal survécu au temps.

Des pièces laissées inachevées ont révélé que plusieurs personnes avaient parfois travaillé sur le même ouvrage, les unes délimitant les contours, les autres tissant le fond en respectant une certaine combinaison de couleurs. Tisserands et brodeurs destinaient-ils ces textiles à leurs proches ou les fabriquaient-ils sur commande ? Il est difficile de répondre. Mais la sophistication de ces chefs-d'œuvre d'artistes inconnus laisse supposer que, chez ces peuples sans écriture, les tissus ont pu représenter un véritable langage : leurs motifs très symboliques devaient sans doute « parler » à ceux qui savaient en déchiffrer le sens.

Les céramiques de Paracas

Les dessins des céramiques de Paracas ont pu également représenter une sorte de code de communication : les motifs et les couleurs ne s'attachent pas à la reproduction de la réalité mais forment un répertoire symbolique. Alors que les textiles sont allés vers une complexification croissante, l'évolution de la céramique a suivi le chemin inverse. Elle a conduit à une simplification des représentations, les poteries les plus anciennes arborant les dessins les plus élaborés. Par ailleurs, des céramiques de style Chavin ont été retrouvées à Karwa, un des sites de Paracas, où de riches tombes renfermant des textiles et quelques bijoux recelaient également des poteries caractéristiques de la culture du nord du Pérou. Cette découverte indique qu'il y a eu des échanges ou au moins des influences entre deux zones géographiquement très éloignées.

Bien que l'art textile précolombien se soit développé dans d'autres régions et à des époques plus tardives, celui de la culture de Paracas reste le plus achevé. Il est l'étonnant témoignage d'une civilisation disparue sous les sables du désert, avant d'avoir atteint sa pleine maturité.

Le Nazca primitif

La culture Nazca, qui s'est développée au début de notre ère, a été précédée d'une période baptisée Nazca primitif, contemporaine de *Paracas Necropolis*. Le río Grande de Nazca se jette dans l'océan Pacifique, à une trentaine de kilomètres au sud du río Ica, tout proche des établissements de la civilisation Paracas. La culture Nazca, localisée sur la côte et à l'intérieur des terres péruviennes, est connue pour avoir élaboré la poterie polychrome la plus éclatante de l'Amérique du Sud, et répète indéfiniment les mêmes motifs. Elle a aussi laissé de mystérieux et gigantesques tracés représentant des animaux et des formes géométriques sur le sol désertique d'une pampa, près de la ville actuelle de Nazca. Tessons et poteries appartenant au style Nazca primitif ont été découverts sur la presqu'île de Paracas, ainsi que le long des vallées de l'Ica et du río Grande de Nazca. D'inspiration sobre à ses débuts, la céramique atteindra par la suite une grande complexité dans ses motifs.

En dépit d'hypothèses variées et fantaisistes (n'a-t-on pas voulu y voir des signaux pour extraterrestres ?), personne n'a percé leur véritable signification.

La culture d'Adena

Les Amérindiens de la culture d'Adena, qui vivent à l'est des États-Unis actuels, dans les Appalaches, construisent, entre 1000 et 300 av. J.-C., pour leurs chefs défunts des structures de bois qu'ils brûlent avec le cadavre. Ils ensevelissent ensuite les cendres sous des tertres dont certains peuvent atteindre plusieurs dizaines de mètres de circonférence. Parmi les objets enterrés avec le prince de Florence Mound, dans l'Ohio, on a retrouvé un pendentif fait d'une calotte crânienne scalpée, puis gravée et peinte de motifs en forme d'oiseau.

Au IIIe siècle av. J.-C., les Hopewell perfectionnent les réalisations de la culture d'Adena. La superficie totale de leurs villages peut atteindre 50 mètres, leurs tombes renferment toutes sortes d'objets qui témoignent d'un commerce développé : dents de grizzli venues de l'Ouest lointain, cuivre du lac Supérieur, coquillages du Mexique, dents de requin provenant de l'Illinois.

Migrations dans le Pacifique

Au IIe siècle av. J.-C., les Lapita, dont on a retrouvé les traces en Polynésie dès 1500 av. J.-C., poursuivent leur expansion dans le Pacifique et, partis de Samoa, atteignent les îles Marquises, à l'est. Ces navigateurs utilisent des canoës, mais surtout des catamarans, particulièrement stables et rapides, dont les voiles sont faites de feuilles de cocotier. Ils importent aux Marquises leurs outils de pierre, leurs hameçons de nacre, mais aussi leurs techniques : élevage du cochon, peut-être du chien, culture de l'igname, du cocotier, du bananier.

• • •

CHAPITRE 8

L'expansion romaine (–340 à –100)

En 330 av. J.-C., Rome n'a guère eu le loisir d'oublier le cauchemar gaulois. À deux reprises, depuis le début du siècle, les Celtes ont franchi les Alpes. En 390, ils ont submergé les possessions étrusques de la plaine du Pô (rebaptisée «Gaule Cisalpine»), envahi l'Italie centrale, ravagé Rome et ses environs. Vers 355, ils ont pris Felsina (l'actuelle Bologne) et menacé le Sud. Cette fois, Rome a fait face. Dix ans plus tard, elle repousse encore une troisième vague gauloise.

À la conquête de l'Italie

En cette année 330, la menace celte s'est encore fait sentir. Mais Rome est devenue puissante : elle a imposé une paix de trente ans. Libérée de la pression gauloise, elle peut penser à la conquête. Elle commence à regarder vers la mer, se dote d'une marine de guerre, fonde le port d'Ostie vers 335. Mais, pour l'heure, son champ d'action est l'Italie. Et les premiers ennemis à abattre sont les Samnites, farouches montagnards des Apennins.

Au Ve siècle av. J.-C., en effet les Samnites, peuple sabellien, comme les Lucaniens et les Sabins, se sont établis en Italie centrale, dans la région montagneuse de l'Apennin. Ils n'ont pas tardé à dominer les autres peuples de la région, dont les puissants Osques, qui parviendront pourtant à préserver leur langue et leur culture jusqu'au Ier siècle av. J.-C. Les montagnards samnites ne pensent qu'à razzier les riches plaines côtières. Quand la montagne ne suffit plus à les nourrir, ils lancent des jeunes hommes, nés au printemps et voués au dieu Mars, à la conquête de nouvelles terres. Les Samnites sont des guerriers redoutables. Lors des levées en masse, les recrues d'élite sont séparées des autres par une barrière de lin ; devant un autel ruisselant de sang humain et de sang animal, elles jurent de vaincre ou de mourir, et de tuer le premier qui reculerait au combat. Les Romains tremblent devant cette « légion de lin », composée de guerriers peints.

Un seul État

Dès 340, par un jeu subtil d'alliances, Rome s'est établie plus au sud, en Campanie, à Capoue, la capitale. En fait, les Osques, des Samnites installés là depuis un siècle, menacés par leurs congénères de la montagne, sont allés demander alliance et protection aux Romains. La première guerre samnite débute et Rome en profite alors pour instaurer sa suprématie sur le Latium.

C'est le départ d'une symbiose politique entre Rome et la Campanie, symbolisée vers 312 av. J.-C. par la construction de la *via Appia*, une route directe entre Rome et Brindes. Très vite, des Campaniens accéderont aux fonctions publiques romaines : certains seront même consuls, magistrats suprêmes de la République.

La première guerre samnite (343-341 av. J.-C.) s'est résumée à de brèves hostilités. Mais, pour venir à bout du Samnium et de ses terribles guerriers, il faut deux autres batailles, et presque un demi-siècle. De 327 à 290, Rome forge le fer de lance de sa puissance dans une lutte acharnée et confuse. À partir de 310, les Samnites ont l'appui des Gaulois, des Étrusques et des Ombriens. En face, Rome est aidée par les Latins et les Campaniens.

La deuxième guerre samnite dure de 326 à 304 av. J.-C. Rome y subit, en 321, un de ses plus cuisants échecs. Enfermées dans un défilé montagneux proche de Caudium, non loin de Capoue, deux légions romaines se voient contraintes de passer sous les lances dressées de leurs vainqueurs. L'humiliation des fourches Caudines est effacée au cours du troisième épisode de la guerre. Car, en 295, Rome et ses alliés finissent par emporter la victoire, à Sentinum, une ville d'Ombrie. Les Samnites vaincus, Rome adopte leur armement et leur tactique, supérieurs aux siens.

La conquête de l'Étrurie

Tandis que Rome gagne en puissance, l'Étrurie est, quant à elle, en plein déclin. Déchirées, désunies, les cités étrusques ont perdu la Campanie, puis la plaine du Pô. Seules leur restent les cités de l'actuelle Toscane. Véies, au nord-ouest de Rome, était une des cités étrusques les plus puissantes. Sa chute aux mains des Romains annonce le déclin de l'Étrurie. Comme la guerre de Troie, le siège de Véies, la puissante cité étrusque, dure dix ans. En 396, le dictateur romain Camille investit la ville, qui entretenait jusqu'alors de bonnes relations avec Rome.

Mais l'instauration de la République romaine va marquer le début d'un siècle d'hostilités. Les enjeux de cette lutte portent sur le contrôle de la « route du sel » (entre les salines de l'embouchure du Tibre et les terres d'élevage montagnardes) et celui de la « route du blé » (entre l'Étrurie et la fertile Campanie). Le sel, qui permet de conserver la viande, est plus précieux encore que le blé : c'est le « pétrole de l'Antiquité ».

En 351, après la chute de Caere (aujourd'hui Cerveteri), l'Étrurie a dû accorder à Rome une trêve de quarante ans. Trêve que, précisément, Rome met à profit pour vaincre les Samnites, puis se retourner… contre les Étrusques ! Ceux-ci réalisent bien tard que Rome est une « ville de proie ».

De fait, c'est seulement en 310 que l'Étrurie tente de rassembler ses forces contre Rome, puis de s'unir avec les Samnites et les Gaulois. L'une après l'autre, les cités étrusques tombent dans l'orbite de Rome. En 265, un soulèvement d'esclaves secoue Volsinies, dernier bastion de l'indépendance étrusque. Affolés, les aristocrates font appel aux Romains… qui prennent la ville. Le sanctuaire fédéral est pillé : 2000 statues viennent orner Rome. Cette fois, l'Étrurie a vécu.

Mainmise sur la Grande-Grèce

Rome regarde plus au sud encore, vers la « Grande-Grèce ». De longue date, les Grecs ont colonisé les côtes de l'actuelle Calabre. Leurs cités excitent les convoitises des montagnards du Bruttium, comme s'appelle alors le massif calabrais. Sur la mer Ionienne, Tarente, à l'abri du golfe qui porte son nom, est une des plus anciennes villes de la Grande-Grèce. Juste en face, à l'autre extrémité du golfe, Thurium, la Thourioi des Grecs. Les affrontements se multiplient entre les deux villes, Tarente la démocratique et Thurium l'aristocratique. En 282, Rome, alliée de Thurium, finit par intervenir. De son côté, Tarente fait appel au Grec Pyrrhos, roi d'Épire.

Les victoires de Pyrrhos l'amènent vite aux portes de Capoue. Puis la guerre traîne en longueur, jusqu'en 275, où deux victoires romaines poussent Pyrrhos à rembarquer. Appuyée par les aristocrates de Tarente, Rome s'empare de la ville en 272. Voilà les Romains maîtres de la Grande-Grèce. Les voilà également ses protecteurs car Rome laisse leur autonomie aux cités grecques, tout en les mettant à l'abri des raids des montagnards du Bruttium.

À l'aube du IIIe siècle, Rome va donc pouvoir réaliser l'unité politique des deux tiers de la péninsule. Elle étend son autorité du fleuve Rubicon, au nord, au détroit de Messine, au sud. Cette zone s'appellera désormais, par extension du nom de sa partie sud, *Italia*, Italie.

La prise de Tarente a, aussi, de grandes conséquences culturelles. Rome découvre la culture grecque. Dans la ville même, la sculpture de bronze supplante la sculpture de terre cuite d'inspiration étrusque. Ainsi, les frères Ogulnii – qui, en 300, ont ouvert aux plébéiens l'accès aux sacerdoces religieux et sont devenus édiles en 296 – font dresser sur le Forum le premier groupe de bronze. La scène, très célèbre, montre une louve allaitant les jumeaux Romulus et Rémus, fondateurs légendaires de Rome. Ce sont aussi les frères Ogulnii qui font venir de Grèce le culte d'Asclépios, dieu de la Médecine, que les Romains appellent Esculape. De Tarente, enfin, arrivent des auteurs, comme Livius Andronicus. Celui-ci crée la première littérature latine, en traduisant l'*Odyssée*. Ulysse devient ainsi le trait d'union entre la Grèce et l'Italie !

PYRRHOS, LE HÉROS MÉTÉORE

Se disant descendant d'Achille, beau-frère d'Alexandre le Grand, Pyrrhos est le dernier aventurier de l'histoire grecque. En 296, Pyrrhos hérite, à 23 ans, du pauvre royaume d'Épire. Il en modernise l'économie et l'armée et conquiert, pour trois ans, la Macédoine voisine. En 280, répondant à l'appel de Tarente, il débarque en Italie avec 25 000 hommes et des éléphants de guerre : les Romains n'en ont jamais vu ! Vainqueur à Héraclée, il échoue devant Capoue, puis arrache la victoire d'Ausculum, dans un bain de sang : une « victoire à la Pyrrhus ». En 278, il gagne la Sicile. Proclamé roi de Syracuse, il échoue devant les Carthaginois. La révolte des Siciliens le force à rembarquer pour l'Italie. Vaincu par les Romains, il repart pour l'Épire en 275. Trois ans plus tard, à Argos, une tuile lancée par une vieille femme le tue net. Fin d'une brève aventure…

La légion romaine

C'est la conquête de l'Italie qui forge l'instrument de l'impérialisme romain : l'armée. Contrairement à la plupart des pays, qui usaient de professionnels de la guerre, les mercenaires, l'armée romaine reste longtemps une armée de soldats-citoyens. Mais, à partir de 300 av. J.-C., les peuples conquis fournissent des contingents. Les citoyens romains sont répartis en cinq classes, divisées en centuries (groupes de 100 citoyens). Les centuries équestres, les plus riches, forment la cavalerie ; les centuries des trois premières classes, l'infanterie lourde (légion) ; celles des deux dernières classes, l'infanterie légère (« vélites »). Les centuries les plus pauvres sont dispensées du service militaire. Cette armée n'est pas permanente. Selon les besoins de la guerre, on procède chaque année au choix des recrues, qui prêtent serment à leur commandant. Les manquements à la discipline, très stricte, vont jusqu'à la peine capitale. Au début, le soldat doit subvenir à ses besoins mais on lui donne ensuite une solde et un équipement. L'unité de base de l'armée est la légion : de 5000 à 6000 hommes commandés par un légat, ou tribun militaire. Une légion est répartie en centuries (de 100, puis de 60 hommes), commandées par des centurions et assistées d'escadrons de 30 cavaliers. L'unité tactique est le manipule (deux centuries). L'unité opérationnelle, la cohorte (trois manipules).

Les guerres puniques

À la veille des guerres puniques, Rome traverse une période de stabilité socio-politique ; en effet, des anciens affrontements entre la plèbe et le patriciat est né un système de gestion des affaires publiques qui est chargé de régler les tensions avant qu'elles ne dégénèrent en conflits aigus.

En face de Rome, Carthage, ville phénicienne amarrée à la terre africaine, est une riche cité marchande. Toutes deux sont des républiques aristocratiques et ont pour ennemi commun les Grecs : la première a dû les combattre pour étendre sa domination sur le sud de l'Italie, la seconde pour s'implanter dans l'ouest de la Sicile. Les deux puissances entretiennent de bons rapports : elles signent des traités commerciaux en 348 et 306 av. J.-C., et s'allient face à l'invasion de Pyrrhus d'Épire, vers 280. Rien ne les prédisposait donc à s'affronter.

L'intervention romaine en Sicile

Vers 283 av. J.-C., des mercenaires campaniens, les Mamertins, dépendant officiellement de Rome mais agissant pour leur propre compte, s'emparent de Messine, en Sicile. Menacés par les forces conjointes des Carthaginois (en latin, *Poeni*) – ou Puniques – et de Hiéron II, roi de Syracuse, ils appellent à l'aide les Romains. Ceux-ci hésitent, puis finissent par répondre à cet appel et interviennent en Sicile : cet événement déclenche la première guerre punique (265-241). Hiéron, devant l'intervention romaine, fait très vite volte-face et pactise avec Rome.

Dès le début, l'infériorité maritime de Rome est patente. Incapables de rivaliser avec les Carthaginois pour l'habileté à éperonner les navires, les Romains ont l'idée de transformer le combat naval en combat terrestre, par l'abordage, au moyen de grappins et de mâts mobiles, les « corbeaux ». Grâce à ce stratagème, Rome remporte la victoire de Myles, en 260, et peut orner son forum des éperons des 45 navires pris à l'ennemi, les fameux rostres. Elle se sent bientôt assez forte (dès 256) pour faire débarquer sur la côte africaine 15 000 soldats, menés par le consul

Regulus. Mais l'expédition est anéantie en 255 par les mercenaires du Spartiate Xanthippe, au service de Carthage ; fait prisonnier, Regulus meurt dans d'atroces souffrances, les paupières découpées.

Cependant, la guerre continue en Sicile : impuissants à s'emparer des places fortes puniques, les Romains vont même être arrêtés sur le mont Éryx et subir la cuisante défaite navale de Drépane, en 246.

Enfin, leur ténacité, jointe à leur supériorité en hommes, porte ses fruits : tandis qu'Hamilcar Barca, général carthaginois, est tenu en échec sur terre, la flotte punique subit un désastre aux îles Ægates, en 241.

Carthage se voit imposer un lourd tribut, et la Sicile, excepté Syracuse, devient la première province romaine.

Le redressement de Carthage

Souffrances et rancœurs accumulées font désormais de Rome et de Carthage des ennemis « héréditaires » : Hamilcar aurait ainsi exigé de son fils Hannibal la promesse de venger la défaite punique.

Cependant, les « dommages de guerre » – notion inventée à cette époque – grèvent tellement le budget carthaginois que la cité est incapable de payer les mercenaires recrutés pour la guerre. Ceux-ci se rebellent, soulevant avec eux les paysans numides et semant la terreur dans l'arrière-pays africain de Carthage. Leur révolte est réprimée non sans mal : ils meurent littéralement écrasés par une charge d'éléphants.

Puis, alors que l'excellente santé de son économie permet bientôt à Carthage de se redresser, les Romains exigent d'elle un nouveau tribut et commettent un acte de piraterie diplomatique : ils annexent la Sardaigne, vieille terre d'influence punique. Carthage doit reconnaître cette annexion par un nouveau traité et voit l'accroissement de son indemnité de guerre.

Mais les Carthaginois, sous la conduite d'Hamilcar Barca et de son fils Hannibal, se lancent avec succès, à partir de 237, à la conquête de l'Espagne, riche en mines d'argent et en hommes. Ce faisant, il rompt avec les usages de l'impérialisme punique, qui consistaient jusqu'alors à contrôler seulement une zone côtière, sans s'occuper de l'intérieur. Mais, surtout, il pallie ainsi deux faiblesses de Carthage, responsables de son échec devant Rome : sa fragilité économique de cité marchande, et son manque d'hommes, qui la contraignait au mercenariat. Hamilcar va donc « régner » sur la moitié sud de l'Espagne, depuis la capitale Carthagène, fondant un éphémère « empire » des Barcides.

Néanmoins, l'expansion carthaginoise en Espagne provoque, aux yeux des Romains, un *casus belli* (un « cas de guerre ») : l'attaque d'Hannibal contre Sagonte, cité alliée de Rome, en 219, marque le début de la seconde guerre punique.

La guerre d'Hannibal

Tel est le nom que certains historiens anciens ont justement donné à cette seconde guerre (218-201) : Hannibal en est à la fois l'âme et le principal acteur. Après la prise de Sagonte, il se rend rapidement d'Espagne en Italie avec 80 000 hommes, franchit les Alpes, où il perd la moitié de ses éléphants, et attaque les Romains.

Arrivant d'Espagne avec 37 éléphants, Hannibal comptait sur la force de ces animaux pour écraser l'ennemi romain. Malheureusement, la traversée des Alpes leur fut fatale, sans doute parce qu'Hannibal y parvint plus tard que prévu, alors que les neiges d'automne tombaient déjà.

L'utilisation militaire des éléphants est d'origine orientale : Alexandre le Grand trouva en face de lui les éléphants de Darios, le dernier roi de Perse. L'originalité des éléphants qu'utilise Hannibal est que la plupart viennent d'Afrique du Nord et appartiennent à une espèce plus petite que celle de l'éléphant de savane.

Un seul, surnommé « le Syrien », survécut : cet animal, sans doute un éléphant d'Asie, servait à Hannibal de monture d'apparat lorsque ce dernier entrait en vainqueur dans les villes conquises d'Italie.

Plusieurs batailles vont être nécessaires à Hannibal pour réussir à écraser les 240 000 hommes de l'armée romaine : en 218, sur le Tessin et sur la Trébie, en 217 au lac Trasimène, et à Cannes, dans la province d'Apulie, en 216. À cette date, Rome n'a plus d'armée, et ses alliés ont pour la plupart tous déserté. Les troupes d'Hannibal, épuisées par trois ans de combats ininterrompus, peuvent enfin profiter des « délices de Capoue ».

Mais Rome, absurdement obstinée, refuse de s'avouer vaincue : Fabius, dit Cunctator (« le Temporisateur »), rassemble les débris de l'armée ; avec de vieux réservistes et de jeunes recrues, avec les derniers alliés fidèles et des esclaves volontaires, il va, de 216 à 212, harceler les Puniques, qui attendent en vain l'arrivée des renforts. Hannibal, en décidant Philippe V de Macédoine à déclarer la guerre à Rome, remporte certes un succès, plus diplomatique que militaire ; mais la maîtrise romaine des mers – la flotte des Romains a échappé au désastre – et l'armée des Scipions opérant en Espagne interdisent à Carthage d'envoyer de l'aide à Hannibal.

En 211, Hasdrubal Barca impose enfin une défaite aux troupes des deux Scipions ; il tente alors de secourir son frère Hannibal, mais son armée est anéantie sur le Métaure en 207. L'année suivante, un général de 19 ans, Scipion, le futur « Africain », poussant les Carthaginois hors d'Espagne, rallie à la cause romaine les chefs indigènes de l'Espagne punique, puis ceux de l'Afrique, où il débarque en 204. L'armée d'Hannibal, rappelé d'Italie pour défendre Carthage, affronte en 202 celle de Scipion dans un ultime combat à Zama (en Tunisie actuelle). Vainqueur, le jeune héros prend alors le surnom d'« Africain » ; vaincu, Hannibal s'exile et meurt sans avoir revu sa patrie. Carthage doit livrer ses éléphants et sa flotte, et est de nouveau écrasée par d'énormes indemnités de guerre. Rome gagne une nouvelle province, l'Espagne, et devient la première puissance de la Méditerranée occidentale mais elle est exsangue et déstabilisée. Une troisième guerre punique éclatera en 149 avant notre ère, qui entraînera la ruine définitive de Carthage.

L'âge d'or de la République romaine

Contrairement à la conception grecque, la notion romaine fait de la citoyenneté une structure ouverte : la naissance n'est que l'une des multiples façons de l'acquérir. Le citoyen romain se situe au sommet de la pyramide juridique, au-dessus des Latins et des alliés, des pérégrins (sujets libres de l'Empire), des esclaves. Inégalitaire, la société romaine n'est cependant pas perçue comme injuste.

On peut devenir citoyen romain par la naissance certes (droit du sang), mais aussi, et c'est l'originalité par rapport aux Grecs, par acquisition, individuelle ou collective : si un allié s'installe définitivement à Rome, si un allié ou un pérégrin dénonce une malversation d'un magistrat ou rend un service à la cité, si un groupe humain est jugé assez romanisé. On peut aussi devenir citoyen par affranchissement de la condition servile ou encore, pour un pérégrin, au bout de son temps de service. Cette libéralité de Rome dans l'attribution de la citoyenneté est le meilleur ferment de cohésion de l'Empire : le nouveau citoyen doit simplement adhérer aux valeurs de la cité.

Sous la République, le véritable pouvoir appartient au sénat, constitué d'anciens magistrats qui sont élus par les assemblées populaires. Pour être indirecte, la souveraineté du peuple n'en est donc pas moins réelle. Ce sont les comices centuriates qui sont la base de cette souveraineté populaire : ils élisent les magistrats supérieurs, votent une grande partie des lois et possèdent des compétences judiciaires. Les citoyens y sont classés par centuries (subdivisions formées de cent citoyens) que la tradition faisait remonter au sixième roi de Rome, Servius Tullius (578-534). Chaque citoyen sait, tous les cinq ans, dans quelle centurie il est rangé, en fonction de sa fortune, pour le vote et le recrutement militaire. Les centuries pauvres votent après les riches ; si la majorité est acquise avant leur tour, elles ne votent pas. En revanche, les pauvres sont exemptés du service armé et de l'impôt, et ils constituent pour les riches une « clientèle » dévouée, en échange de protection. L'accès au sénat et aux magistratures est réservé à un petit nombre, mais, tant que ceux qui ont le plus de droits ont aussi le plus de devoirs, le système fonctionne, et le gouvernement n'est pas ressenti comme injuste par les Romains.

Mais, les manipulations électorales devenant courantes à la fin de la République, les comices perdent de leur importance.

Le gendarme de la Méditerranée

Au IIe siècle av. J.-C., les guerres de Macédoine et la troisième guerre punique s'achèvent par la victoire d'une Rome de plus en plus puissante. Sous prétexte de protéger les libertés de chacun, la cité étend son autorité à toute la Méditerranée.

Le monde méditerranéen connaît ainsi la modification la plus profonde depuis Alexandre le Grand : le passage de Rome État-cité à Rome « Cosmopolis », cité aux dimensions de l'Univers. Cette transformation se fait avec une ampleur et une vitesse qui, dès le milieu du siècle, stupéfient l'historien grec Polybe.

L'impérialisme réel remonte au moment où Rome tourne ses regards vers la Méditerranée orientale. Avant cela, il ne s'agit que d'un impérialisme « par accident » ou encore « de la peur » : en effet, seule la menace extérieure représentée par les Samnites, les Gaulois ou les Carthaginois incite Rome à se battre. Victorieuse, elle se retrouve du même coup augmentée de nouveaux territoires. Mais la maladresse avec laquelle elle gère ses premières provinces, comme la Sicile ou l'Espagne, montre qu'elle n'avait pas prévu cette expansion territoriale. Et, si elle s'engage, avec réticence d'ailleurs, entre 229 et 219 av. J.-C. contre l'Illyrie, au-delà de l'Adriatique, c'est pour lutter contre les pirates locaux. Quant à la première guerre de Macédoine (217-205 av. J.-C.), elle n'a pour autre but que d'empêcher la jonction entre les armées d'Hannibal et celles de Philippe V de Macédoine, qui sont tous deux alliés contre Rome.

Une expansion involontaire

Entre 200 et 196 av. J.-C., Romains et Macédoniens s'engagent dans un nouveau conflit. Si elle constitue, par son caractère délibéré, l'acte de naissance de l'impérialisme romain, cette deuxième guerre de Macédoine est ressentie avant tout par Rome comme un acte de défense dirigé contre un roi étranger : Philippe V, héritier du royaume d'où Alexandre le Grand partit à la conquête du monde, est soupçonné d'avoir les mêmes ambitions. Là encore, c'est l'impérialisme de la peur, teinté cette fois d'idéologie républicaine, qui pousse Rome hors de ses frontières. Victorieuse à Cynoscéphales, en Thessalie (197 av. J.-C.), elle proclame à Corinthe, par la bouche de son jeune général philhellène Flaminius, la liberté des Grecs, enfin délivrés du joug royal macédonien…, et rembarque ses troupes.

Mais bientôt apparaissent de nouveaux problèmes. Cette notion de liberté de la Grèce est trop vague : il n'a pas été défini clairement s'il s'agissait d'une véritable indépendance du pays ou seulement d'une certaine autonomie par rapport au royaume macédonien. De plus, l'incapacité des Grecs à gérer cette liberté oblige Rome à intervenir dans cette région, contre le tyran Nabis de Sparte tout d'abord, puis contre Antiochos III de Syrie (192-188 av. J.-C.), qui se voit contraint de « libérer » les cités grecques d'Asie.

C'est grâce au soutien de Pergame que les Romains s'emparent progressivement de la Grèce. État de moyenne importance, ce royaume est pourtant un centre majeur de la civilisation hellénistique. Ses souverains, les Attalides, veulent compenser leur politique pro-romaine par un mécénat aux artistes grecs. Pergame ne cesse d'être embellie. Depuis la déclaration d'indépendance d'un ancien officier d'Alexandre, Antigonos, en 281, cette principauté reste la fidèle alliée des Romains. À l'appel du roi de Pergame, le consul Manlius Vulso mène contre les Galates une campagne qu'il justifie devant le sénat en 188 av. J.-C. par le devoir moral pour Rome d'assurer la paix dans sa zone d'influence.

La mainmise sur la Grèce et la Macédoine

Les ingérences romaines dans la politique extérieure des cités et des ligues inquiètent les Grecs, qui se tournent à nouveau vers la Macédoine. La troisième guerre de Macédoine (171-168 av. J.-C.) est déclenchée contre le jeune Persée qui, ayant succédé à Philippe V, mène une active diplomatie antiromaine. En 168 av. J.-C., à Pydna, la légion romaine, conduite par le consul Paul Émile, l'emporte sur les armées macédoniennes. Pourtant, à l'instigation de Caton l'Ancien, Rome ne cherche pas à « profiter » de sa victoire : les royaumes de Macédoine et d'Illyrie sont démembrés en plusieurs républiques autonomes auxquelles Rome impose son modèle politique.

En même temps, elle se comporte en puissance suzeraine, tançant le roi de Pergame, imposant au roi Antiochos IV l'avanie de devoir quitter l'Égypte ; pour punir Rhodes de ses sympathies pour Persée, elle fonde le port franc de Délos ; enfin, elle se crée tout un réseau de royaumes « clients ». Les *negotiatores*, hommes d'affaires italiens, prolifèrent en Orient, inclinant la politique de Rome vers un expansionnisme mercantile accru : le mécontentement qu'ils suscitent est exploité par Andriscos, qui se prétend fils de Persée. Rome sévit de nouveau contre la Macédoine, qui est réduite en province, la première de l'Orient grec (148 av. J.-C.), et toutes les cités grecques passent rapidement sous le contrôle direct du gouverneur de Macédoine. Deux ans plus tard, c'est la Grèce qui se soulève à son tour. La résistance de la ligue achéenne se solde par la fin de l'indépendance grecque. La Grèce devient la province d'Achaïe. Les Grecs doivent payer leur sympathie pour les vaincus : des villes sont détruites, des milliers d'otages emmenés, dont l'historien Polybe. Le mythe de la liberté apportée aux Grecs s'effondre. Dernière poche de résistance, Corinthe est mise à sac et incendiée par la soldatesque romaine, un triste événement que les Grecs ne pourront oublier : aux massacres s'ajoutent les pillages. Polybe s'émeut de voir des soldats qui n'ont aucun respect pour les œuvres d'art et jettent les tableaux à terre.

Quant à Pergame, le dernier roi, Attale III, lègue même son royaume à Rome. Il est réduit à l'état de province en 129 et doit payer un lourd tribut.

POLYBE, HISTORIEN ET GÉOGRAPHE

Au IIe siècle av. J.-C., l'écrivain grec Polybe (200-120 av. J.-C.), né en Arcadie, a dû à la conquête romaine de finir ses jours en Italie, où il avait été envoyé comme otage. Ami de Scipion Émilien, il le suit dans ses campagnes et tente de concilier son admiration pour Rome et son amour de l'hellénisme. Il ne parvient pas à empêcher la révolte des villes grecques, mais s'entremet en faveur des vaincus. On lui doit des *Histoires*, en quarante livres, dont cinq nous sont parvenus. Ses autres ouvrages sont aujourd'hui perdus. Polybe estime que l'histoire doit être tout à fait rigoureuse et fondée sur la géographie. C'est pourquoi ses récits des conquêtes comportent beaucoup de descriptions et de récits de voyages.

Caton le censeur des mœurs romaines

Un homme issu de la bourgeoisie rurale d'Italie incarne les vertus de ténacité et de fidélité à l'idéal romain traditionnel. Le qualificatif explicite que l'histoire a donné à ce grand politique indique assez bien le caractère de l'homme. La sévérité de ses mœurs apparaît pendant son consulat, lorsqu'il lance la loi Oppia contre le luxe qu'affichent les femmes, en 193 av. J.-C. Cette austérité est encore plus flagrante dès 185 av. J.-C., date à laquelle il devient censeur. Respectueux de la « coutume des ancêtres », il dénonce l'appétit de jouissance et l'empire de l'argent ; son républicanisme inflexible le pousse à contrer l'influence excessive de certaines personnalités : c'est ainsi qu'il brise la carrière de Scipion l'Africain. Enfin, un attachement aux valeurs culturelles de l'Italie le conduit à mener une lutte implacable contre la pratique d'un luxe et de mœurs importés d'Asie. Mais cette mise en garde contre les dangers d'une invasion culturelle incontrôlée, mettant en péril l'âme même de la cité, n'est écoutée qu'après sa mort.

La fin de Carthage

Vers 153 av. J.-C., Caton est envoyé en ambassade à Carthage. Il est étonné d'y trouver une ville prospère, voire triomphante, malgré les deux défaites subies durant les guerres puniques. Homme du passé, Caton ne voit pas que la cité phénicienne n'a plus les moyens de menacer Rome, et il redoute qu'elle ne reprenne les armes. Il ne cessera, jusqu'à sa mort en 149 av. J.-C., de répéter *Delenda est Carthago* (« il faut détruire Carthage »). Le cauchemar des armées d'Hannibal déferlant en Italie a si profondément marqué l'âme romaine que la mise à mort de la cité punique est décidée en 149 av. J.-C.

Carthage se bat avec l'énergie du désespoir pendant trois ans avant d'être prise d'assaut par les troupes de Scipion Émilien, petit-fils adoptif de Scipion l'Africain. L'emplacement de la ville détruite est déclaré *sacer*, c'est-à-dire tabou, et son territoire devient la province d'Afrique.

Désormais, la vocation prédatrice de Rome n'a plus de frein : la République finira par y perdre les vertus qui lui avaient permis de vaincre la cité sœur et rivale.

L'Espagne et la Gaule se soumettent

Après Corinthe, après Carthage, c'est au tour de la cité espagnole de Numance, près de l'actuelle Soria, de tomber devant Scipion Émilien, en 133 av. J.-C., à l'issue d'un siège d'une rare cruauté. Sa chute met fin à la révolte des Celtibères et des Lusitaniens, qui avait commencé en 154 av. J.-C. L'Espagne, à genoux, capitule.

Entre l'Espagne romaine et la province de Gaule Cisalpine, réduite en 176 av. J.-C. au bout d'un demi-siècle d'hostilités particulièrement violentes, s'interposent les peuples celtiques de Gaule méridionale. En 125 av. J.-C., leur pression sur Marseille se faisant de plus en plus forte, la cité grecque appelle son alliée romaine au secours. En deux campagnes (125 et 122-121 av. J.-C.), les Romains se rendent maîtres de la région, fondant *Aquae Sextiae* (Aix) et implantant la colonie de *Narbo Martius* (Narbonne). Créée en 118 av. J.-C., la province de Gaule Transalpine est traversée par la voie Domitienne – du nom de Domitius Ahenobarbus, pacificateur de la région –, qui relie l'Espagne à l'Italie.

Pendant ce temps, avec l'instauration, en 126 av. J.-C., de la très riche province d'Asie, la Méditerranée tend à devenir un lac romain. De plus, pillages, butins, indemnités de guerre et tributs imposés aux vaincus font couler vers Rome un flot d'or et de richesses ininterrompu.

Mais, si le citoyen romain est dispensé de l'impôt direct depuis la bataille de Pydna, en contrepartie, la machine de guerre engloutit des sommes presque aussi importantes que celles qu'elle rapporte, obligeant, de ce fait, l'État à des conquêtes toujours nouvelles.

À partir de 121 av. J.-C., le midi de la France devient une « province » (*provincia*) – d'où le nom moderne de « Provence ».

Au début du Ier siècle av. J.-C., les Romains ont atteint l'île de Wight et le Mont-Saint-Michel, où ils peuvent se procurer de l'étain. Ils sont persuadés d'avoir atteint les mythiques « îles Cassitérides » évoquées par les Grecs mais dont l'historien Hérodote lui-même avouait ne rien savoir. En réalité l'étain provient plutôt des îles actuelles Scilly ou des Sorlingues. En fait, les îles Cassitérides n'ont probablement jamais existé, pas plus que les îles Électrides, d'où venait l'ambre : il s'agit simplement de noms qui désignaient un courant d'échanges commerciaux.

Le modèle grec

Cette nouvelle opulence permet à Rome de s'offrir un visage conforme à sa position de capitale du monde. Prenant exemple sur les grandes cités hellénistiques, la ville se pare de statues arrachées à l'Orient grec ; les temples, nombreux, bientôt revêtus de marbre et ornés de chapiteaux corinthiens, accueillent les divinités grecques assimilées aux dieux du panthéon romain. Les premières basiliques sont construites, ainsi que des ponts, des aqueducs et des voies pavées.

Le Romain, citoyen-roi, vit désormais en assisté quand il est pauvre, en prince quand il est riche, servi par une domesticité nombreuse. Les demeures somptueuses sont ornées d'œuvres d'art et agrémentées de jardins intérieurs. Ce bien-être matériel s'accompagne d'une véritable révolution culturelle : non content de parler le grec, le Romain aisé s'habille et se nourrit « à la grecque ». Mais cette hellénisation mène surtout à une prise de conscience de l'universalité de l'homme : c'est d'une pièce de Térence, poète romain hellénisant, que vient le fameux « Je suis homme et rien de ce qui est humain ne m'est étranger ».

Une société en pleine mutation

Autre conséquence sociologique de la conquête : la Rome paysanne disparaît au profit de la Rome « capitaliste ». Dans les milieux d'affaires et dans la classe politique qui mène les guerres apparaissent des fortunes colossales. Malgré la loi Claudia, promulguée dès 218 av. J.-C., interdisant aux sénateurs d'exercer une activité commerciale, c'est toute la classe dirigeante qui entre dans l'économie d'échange : placements juteux et prêts usuraires font rapidement croître les fortunes.

Ce mouvement permet alors l'émergence progressive de deux groupes : d'une part, les chevaliers – fils de sénateurs, officiers, publicains –, qui ne subissent pas l'interdit de l'argent, et dont la puissance politique s'affirme grâce à leur maîtrise de l'appareil judiciaire ; d'autre part, les affranchis, qui, financièrement comme prête-noms et politiquement comme soutiens électoraux, sont de précieux auxiliaires de leurs « patrons ».

À l'inverse, la paysannerie, petite et moyenne, et les artisans sont ruinés par la longueur des guerres, par l'augmentation générale du coût de la vie, par la dévaluation de la monnaie et par la concurrence que se livrent les provinces fournissant aux plus bas prix marchandises et personnel servile.

En Italie même, ils sont les premières victimes de la rivalité des grands domaines d'élevage ou à production diversifiée. Se retrouvant sans travail, ces hommes de la terre viennent peu à peu grossir les rangs de la plèbe urbaine assistée, fortifiant cette classe jugée dangereuse, car capable de brusquement déséquilibrer le système politique.

Le triomphe de la violence

Le drame de la paysannerie est le révélateur qui conduit les Gracques, deux frères, à proposer une réforme agraire. L'idée est de lotir les paysans sans terres de l'*ager publicus*, ensemble des terres acquises à l'État romain en Italie par droit de conquête et indûment occupées comme pâturages par de grands propriétaires terriens.

Élu tribun de la plèbe en 133 av. J.-C., Tiberius Sempronius Gracchus propose au vote cette réforme. Comme elle se heurte à l'opposition d'un autre tribun, il fait déposer celui-ci. Cet acte révolutionnaire, joint à sa volonté de se présenter à un second mandat, soulève les conservateurs. À leur tête, le grand pontife Scipion Nasica déclenche une émeute et Tiberius Gracchus est tué dans la rixe.

Dix ans après, son frère, Caius Gracchus, reprend le projet, prévoyant en plus des distributions de blé à la plèbe urbaine et des mesures en faveur des chevaliers. Comme les conservateurs empêchent sa seconde réélection au tribunat de la plèbe, en 121 av. J.-C., il menace de recourir à la force. Le sénat lance contre lui sa nouvelle arme légale : le sénatus-consulte, texte ayant valeur de loi, qui enjoint aux consuls de « faire en sorte qu'aucun dommage n'advienne à la République ». On assiste alors à une boucherie « légale », au cours de laquelle Caius et 3 000 de ses partisans sont assassinés.

Mais la question agraire continue d'empoisonner la vie politique. Et la tentative des Gracques n'est que le premier épisode d'un siècle de guerres civiles dont mourra la République.

LES SCIPIONS ET LES GRACQUES

Certains des généraux les plus illustres de Rome sont aussi des intellectuels prêts à mourir pour leurs idées.

Les membres les plus glorieux de la *gens Cornelia* sont tout d'abord Scipion l'Africain (255-183 av. J.-C.), vainqueur d'Hannibal, puis Scipion Émilien (184-129 av. J.-C.), son petit-fils adoptif. Ce destructeur de Carthage et de Numance fut l'une des figures de proue du philhellénisme. Avec Cornelia, fille de l'Africain, mère des Gracques et l'une des femmes les plus cultivées de Rome, il animait un groupe de lettrés et de penseurs, le « Cercle des Scipions ». Autour de Grecs comme notament l'historien Polybe, Panaetius de Rhodes et Blossius de Cumes, maître à penser des Gracques, gravitaient des littérateurs latins tels que le poète dramatique Térence ou le poète tragique Lucilius. Le bouillonnement de leurs idées n'était pas un jeu de salon. Ces intellectuels étaient « engagés » : Scipion l'Africain choisit le suicide ; les Gracques furent assassinés à cause de leurs idées progressistes. Quant à Scipion Émilien, il mourut dans des circonstances assez troubles au moment où, peut-être, les rênes de l'État chancelant allaient lui être confiées.

La religion romaine

La vie du Romain, qui se prétend le plus pieux des hommes, est imprégnée par le *numen*, cette puissance divine indéfinie qui est en toute chose. Pour ne pas encourir sa colère, le Romain a établi avec les dieux la *Pax deorum* : il s'agit d'un respect scrupuleux des rites religieux qui consistent, le plus souvent, en danses, invocations ou sacrifices. Tout manquement peut avoir des conséquences terribles. Aussi un calendrier liturgique très précis a-t-il été établi pour rappeler ses devoirs à l'homme, rythmant chacun des actes de sa vie, privée ou publique.

À côté des dieux domestiques, les pénates et les lares, protecteurs de la maison, Rome possède diverses triades divines auxquelles chaque époque, chaque événement politique a ajouté de nouvelles figures. Ainsi, à la triade primitive constituée de Jupiter (maître de l'Univers), Mars (dieu de la Guerre) et Quirinus (dieu de la Fécondité), les Étrusques installent-ils le culte des déesses Minerve (maîtresse de l'Intelligence et de la Sagesse) et Junon Regina (reine des Cieux et épouse de Jupiter). Lors de la chute de la royauté, la République nouvelle honorera Cérès (déesse de la Terre et des Céréales), Liber et Libera. Puis, sous l'influence grecque, Mercure (dieu du Commerce et de l'Éloquence) prendra les traits d'Hermès et Bacchus (dieu du Vin) ceux de Dionysos.

Bacchus d'ailleurs est un dieu qui suscite de nombreux cultes qui parfois provoquent des scandales. En 186 av. J.-C., les cultes orgiaques en l'honneur de Bacchus déchaînent la colère du sénat et de tous les Romains. Ces rites sensuels et criminels sont condamnés par deux sénatus-consulte. Le premier prévoit l'arrestation des prêtres et le second interdit les bacchanales sauf permission spéciale.

En Orient, au pied de l'Anti-Liban, l'antique Baalbek était la ville de Baal, protecteur de la plaine de la Bekaa, sur le haut Oronte. Plus tard, elle s'est appelée Heliopolis, la « ville du Soleil ». Important centre religieux, colonie de vétérans, elle avait déjà un temple de Zeus et un temple de Minerve, quand, en l'an 100, commence la construction d'un nouveau sanctuaire voué, si l'on en croit son décor, à Bacchus, dieu du Vin, équivalent latin de Dionysos, maître des forces vitales, vénéré dans tout l'Orient hellénisé. En fait, c'est peut-être un Mercure oriental qui était adoré ici.

• • •

QUATRIÈME PARTIE

Le temps des grands empires

(– 100 à 400)

Introduction

Au Ier siècle avant notre ère, une République vieille de cinq siècles succombe sous le poids des transformations qu'ont provoquées ses conquêtes. Abandonnant leurs terres aussitôt reprises par les grands propriétaires, les paysans sont partis pour Rome en quête d'un protecteur, d'un État qui les nourrirait par ses distributions de vivres ou d'argent. L'incapacité de la République romaine à résoudre les problèmes d'une plèbe misérable et à digérer les apports de l'ancien empire d'Alexandre précipite le retour de la monarchie dans l'ancienne cité-État.

Ainsi le 2 septembre 31 av. J.-C., la victoire d'Octavien – le futur Auguste – sur les forces d'Antoine et de Cléopâtre à Actium installe un ordre nouveau pour des siècles en Méditerranée. Cette bataille marque en effet la fin de la République à Rome. L'empereur Octavien peut alors fermer le temple de Janus sur le Forum et signifier ainsi la fin des guerres qui ensanglantaient depuis si longtemps le monde romain, puisque l'usage voulait que les portes du temple fussent ouvertes en temps de guerre et fermées en temps de paix.

Cet événement soulève une interrogation fondamentale : existe-t-il des dates importantes en histoire, des tournants essentiels ? Que se serait-il passé si Vercingétorix n'avait pas été défait par Jules César à Alésia ?

Que se serait-il passé si Antoine et Cléopâtre avaient gagné contre Octavien la bataille d'Actium ?

Même si l'historien ne peut accepter de jouer à ce jeu interdit du « Et si… ? », il peut toutefois rêver à ce que seraient devenus la Gaule et l'Orient sans la domination romaine.

Mais avec la victoire d'Actium, c'est bien une ère nouvelle de l'histoire du monde qui s'ouvre, une ère qu'il est coutume, depuis Voltaire, d'appeler le siècle d'Auguste, comme on parle aussi du siècle de Périclès ou du siècle de Louis XIV. Ce siècle est dominé par un homme de génie dont le coup de maître est d'avoir installé, en le faisant accepter et même acclamer, un pouvoir monarchique qui semblait impossible dans la cité romaine. En Judée, des foules suivent, enthousiastes, un messie qui délivre la « bonne nouvelle » du royaume de Dieu où les plus démunis occuperont la première place. Mais c'est Auguste qui marque de son empreinte une époque où Rome achève d'unifier le monde méditerranéen et où la destinée de la Ville, *Urbs*, se confond pour un temps avec celle de l'Univers, *Orbis*.

Une génération à peine après la crucifixion du Christ, la « bonne parole » s'est répandue le long des côtes de la Méditerranée, grâce à la facilité des voies de communication et à la multiplicité des échanges au sein de l'Empire pacifié par Auguste.

En outre, à partir de 70 apr. J.-C., le Temple est incendié, Jérusalem rasée par les Romains, et les attaches qui maintenaient les premiers chrétiens dans la proximité du judaïsme sont rompues.

Il s'agit désormais de convertir les païens, les « gentils » chers à l'apôtre Paul, grand voyageur en Méditerranée. Et c'est bien à partir de Rome, la ville où sont morts Pierre et Paul – peut-être l'année du grand incendie qui ravagea la cité et provoqua les premiers massacres de chrétiens –, que les missionnaires gagnent les villes de l'Occident. C'est aussi à partir de ce moment que s'édifient les bases qui, trois siècles plus tard, permettront à la nouvelle religion officielle de l'empereur Constantin d'établir un lien supplémentaire entre les peuples de la Méditerranée.

À l'autre extrémité du monde, en Chine, la monarchie se consolide sous la direction de la plus longue des dynasties, celle des Han, fondée en 206 av. J.-C. par l'ancien général Liu Bang, et qui va durer jusqu'en

220 de notre ère. Les Han, par l'épée et le pinceau, imposèrent à tous les pays de l'Extrême-Orient la soumission du peuple au souverain et celle du souverain au Ciel.

Ainsi, tandis qu'en Asie triomphe la *pax sinica*, en Méditerranée règne la *pax romana*. Entre ces deux bassins de paix, distants de plusieurs milliers de kilomètres et séparés par d'énormes obstacles géographiques, se développe alors un intense trafic. Parcourue depuis les migrations préhistoriques, la Route de la soie est sillonnée par des multitudes de caravanes transportant soie, rhubarbe et cannelle, jades et tapis de Perse et du Cachemire, ivoires et diamants de l'Inde. Courtisanes, danseurs et acrobates se donnent alors rendez-vous dans ces villes-entrepôts que sont Begram, Charsadda, Bactres ou Gurgan. Tandis que les soieries chinoises atteignent les îles Britanniques et deviennent à la mode dans l'Empire romain, les prêtres bouddhistes du puissant Empire kusana, en Inde, sous l'impulsion de l'empereur Kanishka, se hâtent d'emboîter le pas aux caravaniers pour tenter de répandre le bouddhisme en Chine.

Le commerce international est d'autant plus assuré que la sécurité et la paix règnent sur une bonne partie du monde méditerranéen grâce aux légions romaines. En 148 apr. J.-C., Rome célèbre le 900e anniversaire de sa fondation en limitant son ambition à distribuer aux pauvres du pain et des jeux pour éviter l'ennui à des foules d'hommes désœuvrés. Après les guerres civiles qui ont marqué la fin de la République, l'Empire connaît une période de paix et de prospérité. Rome rassemble des milliers d'esclaves, d'affranchis et d'hommes libres. Elle attire savants et artistes. « Ce que l'on n'y trouve pas n'existe nulle part ailleurs » peut alors écrire le rhéteur Aelius Aristide. Au même moment, en Amérique centrale, au cœur d'un pays qui deviendra le Mexique, des hommes bâtissent à 2300 mètres d'altitude Teotihuacán. Cette « cité des dieux », organisée autour des pyramides du Soleil et de la Lune, s'étend sur 20 km^2 et compte près de 200 000 habitants. À la même époque, influencés par l'esthétique gréco-romaine, les bouddhas de l'Empire kusana se dépouillent de leurs symboles et prennent les traits d'Apollon.

Mais déjà les temps s'annoncent plus difficiles pour la stabilité de l'Empire romain. Des crises, le monde romain en avait déjà traversé, mais celle qui commence au IIIe siècle de notre ère semble d'une autre nature. En un demi-siècle à peine, trente-neuf empereurs se succèdent et six seulement échappent à une mort violente. Cette anarchie affaiblit le pouvoir impérial et incite les légions à chercher des sauveurs. C'est ainsi qu'en 260 le général gaulois Postumus, fort de ses succès sur les Barbares, est proclamé empereur par ses soldats. Une réaction qui témoigne en fait de l'attachement de la Gaule à la civilisation romaine. Époque troublée où les machines gouvernementales se trouvent complètement déréglées, où les villes s'entourent de remparts, où des hors-la-loi rançonnent les campagnes, où se mêlent dévotions et croyances, superstitions et mysticismes. Au début de notre ère, l'Asie du Sud-Est connaît de profonds changements, notamment sous l'influence de la Chine et de l'Inde qui diffusent leurs valeurs religieuses, politiques et artistiques, tandis que la Perse voit se développer la puissance des Sassanides. Au cours du IIIe siècle de notre ère, en 260, un nouveau Roi des rois, Chahpuhr Ier, inflige à l'armée romaine une défaite sans précédent, capture l'empereur Valérien, dont la peau teinte en pourpre fut, dit-on, suspendue dans un temple pour l'édification de ceux qui auraient été tentés de recommencer son aventure.

Ce souverain redonne à l'Iran une puissance et une gloire qu'il avait perdues depuis longtemps. L'influence culturelle des Grecs en Asie comme la longue période de domination romaine n'ont pas en fait réussi à effacer totalement les traces de Sumer, de Babylone et de la Perse ancienne dans cette partie du monde qui, aujourd'hui encore, garde de son prestigieux passé une conscience très vive. Au sein du monde romain, les chrétiens sont violemment persécutés, tandis qu'est instauré le régime de la tétrarchie, sous le règne de Dioclétien.

Néanmoins, au cours du IVe siècle, la religion chrétienne est pour la première fois – et durablement – associée au pouvoir politique, alors même qu'il se montre impuissant à faire face aux crises et aux assauts barbares.

De quand dater la fin de l'Empire romain ? De 395, date à laquelle la séparation de l'Empire en deux parties, orientale et occidentale, est définitivement acquise ? De 410, date à laquelle les Wisigoths déferlent sur l'Empire, mettent à sac la ville éternelle et provoquent la douleur de saint Jérôme et de saint Augustin ? Ou de 476, date à laquelle est déposé Romulus, le dernier empereur d'Occident, que Zenon, l'empereur d'Orient, avait surnommé *Augustulus*, le petit Auguste. Mais mettre un terme au monde antique, c'est oublier en fait que dans les autres parties du monde s'épanouissent d'autres civilisations. C'est ainsi qu'à Constantinople brille une Nouvelle Rome, qu'en Extrême-Orient émerge un État qui se donne le nom de Yamato et qui est l'ancêtre du Japon, qu'en Inde, l'âge Gupta est sans doute le plus raffiné de l'histoire indienne et que les voyageurs qui parcourent la péninsule s'émerveillent alors de la prospérité du pays, de la liberté dont jouissent les habitants et de la pureté des mœurs.

CHAPITRE 1

Rome, maîtresse du monde (–100 à –27)

Au IIe siècle av. J.-C., d'incessantes querelles dynastiques entraînent la chute du monde hellénistique au profit de la puissance romaine. Entre 114 et 83 av. J.-C., la dynastie séleucide, en Asie, est déchirée par de nombreuses querelles durant lesquelles des frères et demi-frères essaient de contrôler un royaume de plus en plus réduit, à partir de Damas, d'Antioche ou de Cilicie. Quand ils ne s'entretuent pas, ils tombent sous les coups des Parthes ou des Arabes Nabatéens qui menacent leur territoire. Ces luttes fratricides aboutissent bientôt à la décomposition de l'État séleucide. De cet immense empire, il ne reste plus que la Syrie. Bientôt Rome s'en empare.

La fin du monde hellénistique

Le royaume lagide, en Égypte, cède lui aussi à d'importantes rivalités. Le dernier grand souverain de cette famille est Ptolémée VIII Évergète Physcon (« le Bouffi »). Après sa mort en 116, ses trois filles disputent le pouvoir à leurs propres fils et à un demi-frère illégitime.

Les reines ont désormais plus de pouvoir que les rois en Égypte. Face à cette dissolution de l'héritage d'Alexandre le Grand, Rome réagit par une intervention de plus en plus directe dans la région. En dépit des difficultés que la République traverse en Occident, elle cherche à établir sa domination sur l'Orient.

Le roi Mithridate

Seule l'accession de Mithridate Eupator à la tête du royaume du Pont en 111-110 ralentit les visées impérialistes de Rome.

Mithridate VI est issu d'une famille d'origine perse hellénisée. Il prend le titre grec d'Eupator, « né d'un noble père ». À vingt et un ans, il est seul maître du royaume, ayant éliminé sa mère et son frère. Quand les cités grecques de Crimée voient s'avancer les envahisseurs scythes et sarmates, elles font appel à celui qu'elles considèrent comme leur protecteur naturel.

Mithridate étend facilement son contrôle sur la Crimée, un pays riche en blé et possédant argent et soldats. Grâce à ces ressources, il s'attaque à la région du Danube et se dirige vers Trébizonde. Il se prépare en fait à un conflit ouvert avec Rome pour le contrôle de l'Asie. Il commence par prendre pied dans la province romaine d'Asie, envahit la Bithynie et la Cappadoce voisines. Dès le printemps 88, il est en guerre avec les Romains. Mithridate a réuni 300 000 hommes, 130 chars et 300 navires. Nicomède IV de Bithynie, le protégé de Rome, ne peut lui résister. Mithridate occupe alors toute la Bithynie et la majeure partie de la province d'Asie. Il se présente aux populations locales comme le sauveur de l'Asie, contre la domination romaine, « étrangère ». L'une des premières mesures qu'il prend en ce sens est très spectaculaire : il fait assassiner en une nuit les 80 000 Romains résidant en Asie. Il prend aussi des mesures sociales, pour se rallier le petit peuple : les dettes sont abrogées, les esclaves affranchis. Les richesses des Romains sont distribuées et la province d'Asie est exemptée d'impôts pendant cinq ans. En même temps, Mithridate continue sa marche vers l'Europe. En 88, il est déjà bien avancé vers l'ouest. Il s'allie avec des flottes de pirates pour prendre le contrôle de la mer Égée. Avec eux, il pille l'île de Délos et y fait massacrer tous les Romains. Ses troupes avancent aussi sur terre, occupent la Thrace, la Macédoine et Athènes, ralliée au « sauveur » des Grecs. À Rome, c'est la panique, aggravée par une crise financière et sociale profonde. La République dépêche le consul Sylla pour tenir tête à Mithridate. Leur première grande rencontre a lieu lors d'un siège devant Athènes. Elle aboutit en 86 au pillage de la ville et au massacre de ses habitants. Une première paix est conclue entre les deux parties en 85. Les Romains décident alors de châtier les villes d'Asie qui s'étaient ralliées à l'ennemi. Elles doivent payer de lourdes amendes et sont même, pour certaines, livrées au pillage. La situation se dégradant alors à Rome, Sylla rentre en Italie, chargé de butin, de manuscrits précieux et d'œuvres d'art enlevés à l'Asie.

La victoire de Rome

La tension avec Mithridate n'est que contenue. Il faut une deuxième puis une troisième guerre pour le soumettre. C'est le célèbre Lucullus, ancien lieutenant de

Sylla, qui obtient la victoire décisive. À l'aide des légions de Cilicie, aguerries par la lutte contre les pirates, il s'attaque au royaume du Pont directement.

Mithridate est acculé, il se réfugie chez le roi d'Arménie, Tigrane, son gendre et allié. Entre 140 et 55 av. J.-C., ce dernier rend son unité à l'Arménie et y fonde une nouvelle capitale, Tigranocerta, sur le haut Tigre. Héritière du royaume d'Ourartou, souvent asservi aux Assyriens, l'Arménie, peuplée depuis le VIIe siècle av. J.-C. par des Indo-Européens, avait été partagée en deux provinces par les généraux d'Alexandre. Tigrane, ennemi des Romains, étend son royaume jusqu'à la Syrie, donne asile à Mithridate, avant d'être battu par Lucullus.

Sous la pression de ses adversaires politiques à Rome, Lucullus perd son commandement, victime de sa propre cupidité, qui a excité la haine de ses soldats. Une mutinerie l'a ainsi empêché de parachever sa victoire, dont il a dû laisser le triomphe à Pompée. Mais, grâce au butin accumulé durant toutes ses campagnes, Lucullus est désormais un homme riche et peut mener une vie luxueuse dans sa villa de Tusculum. L'excellence de sa table est proverbiale, et le nom de Lucullus évoque encore aujourd'hui des festins de roi.

Pompée obtient un commandement extraordinaire pour aller réduire ce qui reste des ambitions de Mithridate en 67-66. Celui-ci défait est poussé au suicide. Ne pouvant avoir recours au poison, car il s'y est accoutumé de longue date, il se fait tuer d'un coup d'épée par un de ses soldats, le Gaulois Bituit. En 64, Pompée soumet Tigrane qui doit alors céder ses conquêtes et la Petite Arménie, et régner sur la Grande Arménie en vassal de Rome. Dans le même temps, Pompée réduit la Syrie des Séleucides en province romaine. La domination des Romains sur l'Asie sort donc renforcée du conflit.

Les Romains contrôlent désormais ce qui était le domaine d'Alexandre. Cette prise en main a été grandement facilitée par les querelles fratricides qui déchirent les héritiers du conquérant. La conquête romaine est à la fois rapide et totale. L'Asie Mineure est aussitôt réorganisée par ses nouveaux maîtres en quatre provinces : Pont, Bithynie, Asie et Cilicie. Les royaumes de Cappadoce et de Galatie sont complètement dévoués à Rome. Cependant, si une grande partie de l'Asie dépend politiquement et militairement de Rome, elle continue à parler grec et elle conserve l'héritage hellénistique.

Les derniers épisodes de la conquête romaine de l'Orient sont bien connus, car ils dominent le jeu politique à Rome même : il s'agit de la fin de la dynastie lagide et des aventures de la reine Cléopâtre avec des chefs romains. C'est aussi la longue guerre contre les Parthes. Tous ces conflits ne sont cependant que des gages dans les querelles qui divisent désormais les Romains. Les conjurés de tous bords se servent de l'Orient pour faire pencher la balance de leur côté...

La crise de la République

Après avoir connu, durant le IIe siècle av. J.-C., une période d'expansion telle qu'elle finit par dominer toute la Méditerranée : l'État-cité devient un véritable empire. Mais cette formidable transformation va provoquer de graves désordres au cours du siècle suivant, qui voit la chute de la République et le retour à la monarchie. L'inadaptation des structures de l'État-cité à la taille de l'Empire, le dysfonctionnement des institutions, le recul de la morale, le poids accru des armées, la corruption politique et la violence civile, l'absence, enfin, de signification des valeurs républicaines pour les populations de l'Empire accoutumées aux modèles monarchiques sont les principales causes de cette crise. De 133 à 31 avant notre ère, la République romaine est secouée de tels troubles que le régime, qui avait traversé cinq siècles, y succombe.

Optimates contre *populares*

La guerre interminable (111-105) menée en Afrique contre le roi numide Jugurtha dévoile l'incapacité et la corruption de la *nobilitas*, la classe dirigeante, ainsi que l'ambition de quelques-uns, auxquels la conquête va servir de tremplin vers le pouvoir.

Jugurtha, après la mort du roi de Numidie pro-romain Masinissa, tue ses cousins, les écartant ainsi du trône ; puis il achète ouvertement, sans parvenir à éviter la guerre, les sénateurs romains, et, pour conclure la paix, les généraux. Ces événements font surgir un homme nouveau, Marius, qui, à la tête de l'armée en Afrique, triomphe de Jugurtha, livré par les siens à son lieutenant Sylla.

C'est l'affrontement de ces deux hommes, Marius et Sylla, qui conduit à la première guerre civile. Il illustre le durcissement politique du corps civique en deux « factions » rivales : d'un côté, les *optimates*, qui, comme leur nom l'indique, s'affirment « les meilleurs » et regroupent les conservateurs ; de l'autre, les *populares* (parti populaire), aristocrates également pour la plupart, qui prétendent défendre les intérêts de la plèbe. La cristallisation de leur opposition se fait autour de la question agraire, pomme de discorde de la société romaine. Marius, imposé par le parti populaire, accède en 107 au consulat ; il y est réélu et s'y maintient de 104 à 100, en « homme providentiel » : il arrête, à Aix et à Verceil, les hordes germaniques qui menacent de déboucher sur la Méditerranée. Mais ce grand soldat n'est pas un politique : il permet à ses amis, les tribuns Saturninus et Glaucia, de faire régner la vindicte populaire à Rome, de 103 à 100, avant de se désolidariser d'eux et de permettre leur exécution.

Les guerres

C'est dans ce contexte troublé que le tribun de la plèbe, Livius Drusus, propose en 91 d'accorder la citoyenneté romaine aux alliés italiens de Rome. Son échec et son assassinat déclenchent la guerre « sociale » (*socius* signifie « allié ») : l'Italie entière se soulève contre les Romains dans une guerre fratricide d'autant plus absurde que Rome, dès 90, accorde la *civitas romana* à tous les alliés qui acceptent de déposer les armes. Les meilleurs généraux de Rome, Marius et Sylla, ne parviennent cependant à réprimer la rébellion qu'au bout de 3 ans, à la fin de 89.

À peine la guerre sociale est-elle achevée qu'à l'autre bout de la Méditerranée Mithridate, le roi du Pont, se lance à l'assaut de la puissance romaine, envahit l'Asie Mineure, s'allie aux Parthes qui s'emparent de la Syrie et soulève la Grèce. Le général « populaire » Marius et son ancien lieutenant, l'aristocrate Sylla, se disputent le commandement de l'armée lancée contre Mithridate : Sylla fait exiler Marius et part en 87 guerroyer contre Mithridate, à qui il impose hâtivement une paix humiliante. Sa précipitation s'explique par la dégradation de la situation à Rome. En effet, à peine est-il parti que Marius entre dans Rome (dès l'été 87) à la tête d'une armée qui massacre les « nobles » romains. Marius meurt au début de son septième consulat, en 86, mais la terreur populaire continue avec le consul Cinna, qui l'étend à toute l'Italie.

C'est alors que, débarquant à Brindes au début de 83, Sylla marche sur Rome. Après plus d'un an d'atroces combats (70 000 tués), l'armée syllanienne pénètre en force dans la ville, le 1er novembre 82.

Pompée le Grand

Cette première guerre civile débouche sur la dictature de Sylla, de 82 à 79, qui, contre toute attente, abdique spontanément, peu de temps avant de s'éteindre, en 78. L'année même de sa mort, un agitateur parvenu au consulat, Lépide, voit sa tentative de coup d'État arrêtée par un nouvel homme fort : Pompée.

L'armée que ce dernier a recrutée et mise au service de Sylla, alors en lutte contre les *populares*, l'a surnommé *Magnus*, « le Grand », pour sa victoire sur les « Marianistes », les partisans de Marius, en Afrique. Du coup, il est désigné pour abattre le dernier chef marianiste, Sertorius, qui continue de mener un combat désespéré en Espagne. Pompée rentre en Italie juste à temps pour donner un appui décisif au général romain Crassus, en lutte contre Spartacus, chef d'esclaves révoltés contre Rome.

Les guerres serviles

En effet, les territoires romains sont en proie depuis plusieurs années à des soulèvements sporadiques d'esclaves. Tout en favorisant l'éclosion des grands domaines, l'exploitation massive des prisonniers asservis au cours des guerres, de plus en plus nombreux « sur le marché » et de plus en plus maltraités, crée une situation dangereuse qui finit par aboutir à des révoltes. Emportés par un courant mystique et politique prônant l'égalité, les esclaves mènent des « guerres serviles » qui revêtent un double caractère de combat pour la libération et de lutte des classes. Beaucoup de pays sont gagnés par cette violente secousse : les guerres serviles commencent en Sicile en 135 av. J.-C. ; elles se poursuivent en Asie et dans les mines du Laurion, en Attique. Puis la révolte gagne de nouveau la Sicile. Souvent, des pauvres viennent se battre aux côtés des rebelles : ces troupes improvisées tiennent alors tête aux Romains avec une obstination farouche. Mais la plus longue et la plus sanglante de ces révoltes éclate en 73 av. J.-C., menée par Spartacus. Pendant deux ans, ce gladiateur thrace sème le désordre en Italie. Prenant conscience de sa faiblesse, Rome tremble tandis que naît le mythe de Spartacus.

S'évadant de son école de gladiateurs à Capoue avec une trentaine de ses compagnons, Spartacus appelle aussitôt les esclaves des grands domaines agricoles campaniens à se révolter. Suivi de 7 000 hommes, qu'il organise militairement, il va se retrancher sur le Vésuve. Grossissant de jour en jour jusqu'à atteindre près de 70 000 hommes, sa troupe ravage fermes, bourgs et villes, en Campanie et en Italie du Sud. Marchant ensuite vers le nord, sans doute dans le but de rentrer chez eux, détruisant au passage l'armée de Lentulus, les rebelles ne résistent pas à l'attrait du pillage : malgré l'avis de Spartacus, ils rebroussent chemin et ravagent de nouveau l'Italie. Cependant, traqués par Licinius Crassus, Spartacus et ses hommes décident de fuir par la mer, mais ils sont trahis par les pirates qui devaient les emmener. L'affrontement commence alors. Blessé gravement à la cuisse au début de l'action, Spartacus continue à combattre à genoux, jusqu'à sa mort.

POSIDONIUS, UN GÉOGRAPHE PHILOSOPHE

Le stoïcien grec Posidonius (135-51 av. J.-C.), né à Apamée, fonde une école de philosophie à Rhodes, avant de voyager dans tout le monde romain : il visite Rome, mais aussi l'Afrique du Nord, la Gaule et l'Espagne. Les Romains les plus illustres sont ses auditeurs et il a parmi ses élèves Cicéron et Pompée. C'est ainsi que son enseignement, fondé sur un stoïcisme teinté de platonisme, gagne Rome. Posidonius s'intéresse aussi à la physique et on lui attribue un traité de météorologie.

Le triomphe de Pompée en Orient

Crassus et Pompée se partagent, en toute illégalité, le consulat en 70. Mais Rome est menacée de famine par la rupture de ses approvisionnements avec l'Orient ; Pompée se voit alors confier, en 67, la double charge d'éliminer les pirates qui infestent la Méditerranée et d'en finir avec Mithridate, qui est à nouveau en guerre contre Rome. Grâce à un brillant avocat, Cicéron, et à un jeune sénateur noble, César, Pompée obtient un commandement extraordinaire, qui le met, pour 3 ans, à la tête de la plus formidable des armadas (armées navales) et l'investit de pouvoirs discrétionnaires en Orient. En 3 mois, il organise l'Orient, provinces et royaumes alliés, de manière définitive.

L'ascension politique de César

Né en 101 av. J.-C., Caius Julius Caesar est issu d'une vieille famille patricienne, qui prétendait descendre de Iule, fils d'Énée, et, par celui-ci, de Vénus elle-même.

Enfant, le jeune sénateur noble assiste à plusieurs reprises à l'horreur de la violence civile ; adolescent, il voit le pouvoir populaire faire régner la terreur à Rome, dès 87 ; il perd son père l'année suivante, qui est également celle de la mort de Marius. À peine a-t-il épousé la fille du consul populaire Cinna que ce dernier est tué, en 84. Enfin, deux ans plus tard, lorsque naît sa fille unique, l'armée de Sylla pénètre de force dans l'enceinte sacrée de Rome et celui-ci impose sa dictature… Ces événements tragiques lui inspireront, dans ses *Commentaires*, cette réflexion désabusée : « La République ? Un mot ! »

La carrière politique de César commence assez lentement. La lenteur de ses débuts montre qu'on se méfie de lui : à 32 ans, il est élu questeur (magistrat chargé d'assister les consuls en matières financière et criminelle) en Espagne, alors que le général Pompée est déjà en train de conquérir ses titres de gloire en Orient.

Les funérailles de sa tante et de son épouse donnent à César, en 68, l'occasion d'affirmer son ascendance divine (Vénus) et royale (Ancus Marcus, 4e roi de Rome). César est cependant lié au milieu plébéien dès sa naissance, par sa tante paternelle, épouse du grand général et chef populaire Marius ; il choisit très tôt le parti des *populares*, et se classe rapidement parmi ses chefs. Ce *popularis* n'hésite pourtant pas à se remarier, en 67, avec la petite-fille de Sylla, afin de se ménager, dans la classe dirigeante, les appuis dont son ambition a besoin, et à soutenir, en 66, la loi qui confie à Pompée la guerre contre Mithridate.

Le riche consul Crassus finance sa carrière. César est édile (magistrat chargé de l'inspection des édifices et des jeux ainsi que de l'approvisionnement de la ville) en 65, et, deux ans plus tard, il se fait adroitement élire *pontifex maximus*, c'est-à-dire chef de la religion romaine : à Rome, l'étroite imbrication entre le politique et le religieux fait de ce poste un tremplin vers le pouvoir ; aussitôt, César s'installe dans la « maison publique », dépendance de l'antique *Regia* où se maintenaient, depuis l'époque royale, des rites requérant la présence du roi ou de son substitut.

En même temps, il a l'habileté de ne pas se laisser compromettre dans la conjuration de Catilina (tentative d'assassinat, par quelques jeunes nobles ruinés, des deux consuls désignés pour 65), dont il connaissait au moins l'existence, tout en votant contre la condamnation à mort des conjurés. Il est élu préteur (magistrat judiciaire qui avait pouvoir de faire exécuter et d'interpréter la loi) en 62.

CATILINA, L'ENNEMI DE CICÉRON

L. Sergius Catilina (108-63), noble ruiné, est l'image même d'une certaine jeunesse romaine débauchée et sans scrupules. Ayant dilapidé la fortune paternelle, il entre dans l'arène politique comme agent de Sylla, sous lequel il acquiert, grâce aux biens confisqués des proscrits, des richesses qu'il dépense rapidement. La politique étant devenue un moyen de faire fortune, il brigue le consulat plusieurs années de suite, en vain, malgré l'appui de Crassus : l'opposition systématique de Cicéron l'empêche d'accéder à cette charge. Il entre alors dans l'illégalité, en réunissant autour de lui une coalition hétéroclite d'insurgés qui, comme lui, se battront jusqu'à la mort face aux légions romaines.

« Premier triumvirat »

Fort de son succès, Pompée rentre à Rome en 61, après avoir sagement licencié son armée. Les Romains lui font un triomphe d'une importance rare, consécutif à une « victoire sur le monde entier ». Mais ce grand conquérant est pourtant contesté par le sénat. Aussi, quand César brigue le consulat pour 59, Pompée s'entend-il avec lui et Crassus pour se partager l'État, en un pacte secret, appelé « premier triumvirat », qui, conclu en juin 60, mènera César au consulat. Ce pacte secret consacre César comme le troisième homme ayant pris le contrôle de l'État. Le mariage de sa fille Julie avec Pompée resserre les liens avec celui-ci. Enfin, César est élu consul pour 59, avec Bibulus, candidat des *optimates*. Non content de faire ratifier les actes de Pompée en Orient et de donner satisfaction à ses vétérans, il va alors mettre en œuvre l'un des points cruciaux du programme des *populares*, en faisant passer une série de lois agraires.

En 58, César obtient, au sortir de son consulat, le proconsulat des Gaules Cisalpine et Transalpine et de l'Illyrie.

La guerre des Gaules

Au-delà de la Narbonnaise – devenue romaine en 118 av. J.-C. et qui comprend toute la région méditerranéenne, le couloir du Rhône et le Languedoc – s'étend le riche territoire de la Gaule libre, ou « chevelue », divisé en une soixantaine de « cités » (c'est-à-dire de peuples). Il recouvre la Gaule Belgique au Nord, la Celtique (ou Gaule proprement dite) au centre, et l'Aquitaine au sud-ouest. Profitant des divisions internes des Gaulois et pratiquant un jeu savant d'alliances et de contre-alliances, Jules César et ses légions vont ouvrir la voie vers le nord et assurer à Rome la suprématie sur cette région du monde méditerranéen. Commence alors une guerre que l'histoire a retenue sous le nom de « guerre des Gaules ». En 58 av. J.-C., chassés par les Germains, les Helvètes émigrent en masse de leurs terres dans le dessein de s'installer près de l'océan. Directement menacés par cette invasion, les Éduens (établis en Bourgogne), alliés de Rome, font appel à Jules César, qui pénètre en Gaule chevelue. Après avoir facilement dispersé les Helvètes, les Romains obligent également les Germains et leur chef Arioviste à repasser le Rhin.

Au lieu de retourner en Narbonnaise, les six légions de César prennent leurs quartiers d'hiver dans le Jura en 58-57, et elles reçoivent même les renforts de trois autres corps d'armée venus d'Italie. César, n'entendant pas se limiter à une simple protection des frontières romaines, signifie ainsi clairement ses ambitions. La Gaule sera pour lui ce que l'Orient fut à Pompée.

Bien que toutes les opérations se soient déroulées sous le couvert d'une mission d'assistance, cette présence des Romains sur leur sol commence à inquiéter les tribus gauloises : les Belges forment ainsi une coalition des peuples du Nord, comprenant les Nerviens, les Suessons et les Bellovaques. Tirant à profit la défection des Rèmes passés de son côté, usant de la force de ses armées tous les ans plus nombreuses, jouant avec diplomatie de l'alliance de certains peuples et des rancœurs entretenues, intimidant par la terreur, au besoin, César l'emporte sur les peuples belges pendant l'été 57 et les repousse au-delà de la Sambre. Pendant ce temps, son légat Crassus soumet l'Armorique. Des opérations font connaître le nom de Rome au-delà du Rhin et de la Manche.

Certain de laisser le pays pacifié, César rentre alors en Italie. Mais les Vénètes de la région de Vannes se soulèvent et font prisonniers les officiers romains venus réquisitionner du blé. Pour vaincre les lourds vaisseaux des Vénètes, qui peuvent affronter les tempêtes de l'océan, César, de retour dès 56, livre un combat naval difficile. C'est en coupant les agrès des navires ennemis avec des perches terminées par des faux que les Romains emportent enfin la victoire. Crassus ayant, de son côté, triomphé de l'Aquitaine, la Gaule se trouve ainsi encerclée par les troupes romaines, mais le centre du pays, et plus particulièrement le Massif central, échappe encore à la domination étrangère.

Vercingétorix rassemble les Gaulois

Fort de ses victoires, Jules César mène, en 55 et en 54 av. J.-C., deux expéditions d'intimidation, l'une contre les Germains sur la rive droite du Rhin, l'autre au-delà de la Manche contre la Bretagne (c'est-à-dire la Grande-Bretagne). Ces deux campagnes, en éloignant le général romain, permettent aux Gaulois, poussés par leurs druides, de rallumer la guerre. Pendant l'hiver 54-53, les Éburons de la vallée de la Meuse, dirigés par Ambiorix, anéantissent les cohortes romaines installées dans les

Ardennes. Après avoir contraint les chefs gaulois à se réunir dans une assemblée convoquée à Lutèce, et les avoir ainsi réduits à une situation humiliante, César soumet les Sénons (de la région de Sens) et les Trévires (peuple de la Gaule Belgique) ; puis il passe l'été à la poursuite d'Ambiorix et châtie les insurgés en faisant ravager leurs terres.

La faiblesse des Gaulois jusqu'en 53 tient surtout aux divisions des « cités », incapables de s'unir et dont César a utilisé avec habileté les dissensions. Comme ce dernier l'écrit : « En Gaule, non seulement dans toutes les cités, dans toutes les bourgades et dans toutes les régions, mais aussi dans presque chaque famille, il y a des partis politiques opposés. À leur tête se trouvent des chefs choisis pour leur prestige. C'est à eux que les Gaulois s'en remettent pour trancher et régler tous les problèmes. Cette coutume remontant à des temps très anciens semble destinée à assurer la protection de chacun contre un plus puissant. En effet, un chef de parti ne permet pas qu'on attaque ou qu'on trompe ses fidèles, car, sinon, il n'a plus aucune autorité dans son parti. Cette même division se retrouve dans l'ensemble de la Gaule, dont tous les peuples sont divisés en deux grandes factions. » (*Commentaires sur la guerre des Gaules*, VI, 11.)

Au début de 52, un jeune prince de la tribu des Arvernes (en Auvergne), Vercingétorix, « le grand chef des guerriers », profitant de l'insurrection des Carnutes de Cenabum (Orléans) contre les Romains, parvient enfin à influencer le cours de la guerre en employant la tactique de la terre brûlée : pour priver les occupants de fourrage et de vivres et les contraindre ainsi à évacuer le territoire, il fait incendier villes et fermes. Il s'impose peu à peu comme le seul chef capable de mettre fin à la domination romaine.

César, alors en Italie, regagne la Gaule à marches forcées, passe les Alpes, dévaste la ville de Cenabum, puis s'empare d'Avaricum (Bourges). Réfugié dans sa capitale de Gergovie (près de Clermont-Ferrand), Vercingétorix met en échec les Romains qui tentent de l'assiéger. Grâce à cette victoire, le jeune Arverne est nommé commandant en chef des armées par l'assemblée générale des Gaulois réunie à Bibracte, dans le Morvan. Les Gaulois sont enfin rassemblés devant le danger, mais il est déjà trop tard…

L'ultime phase de la conquête romaine

César ayant enrôlé des renforts de cavaliers germains afin de s'opposer à la puissante cavalerie de Vercingétorix, celle-ci est mise en difficulté près de Dijon, en août 52. Les Gaulois doivent alors se réfugier dans l'oppidum d'Alésia.

Grâce au travail acharné de dix légions, César porte à Alésia l'art du siège à son apogée. Pendant le siège d'Alésia, que César a décrit en détail dans *la Guerre des Gau-*

les, l'armée romaine doit faire face à la fois aux défenseurs de la cité et aux armées gauloises de secours venues de l'extérieur. Cinq semaines suffisent aux légionnaires pour construire un système de fortifications inédit jusque-là. Contre les assiégés, la « contrevallation », de 15 kilomètres de circonférence, comprend deux fossés profonds, dont le premier est rempli d'eau. Ils sont surmontés d'un rempart de 4 mètres, ponctué de tours en bois de 24 mètres. Un réseau de pieux acérés est disposé de manière à gêner l'avance éventuelle des ennemis. Contre les agresseurs de l'extérieur, une « circonvallation » de 21 kilomètres de long est orientée en sens inverse.

Mais leur résistance héroïque ne leur permet pas de briser l'encerclement des Romains, ni de recevoir le secours des armées des autres tribus. Tous leurs assauts se brisent devant les imposantes fortifications construites en un temps record par les légionnaires. À la fin du mois de septembre, réduit à la famine, Vercingétorix comprend que toute résistance est vouée à l'échec et se rend à César.

Après la reddition d'Alésia, ce dernier ne rencontre aucune difficulté pour détruire les derniers foyers de la rébellion gauloise. Accompagnée d'actes d'atrocité spectaculaires, la fin de la guerre des Gaules, en 51, a pour théâtre l'oppidum cadurque d'Uxellodunum (situé dans le Lot). Des morts par milliers, un million d'esclaves ramenés en Italie, Vercingétorix figurant en captif lors du triomphe de César avant de mourir dans une prison romaine : le bilan de ce conflit est lourd pour les Gaulois, devenus désormais des sujets de Rome.

Seul un dernier bastion de l'empire celte, échappe encore à Jules César. En effet, entre 100 et 60 av. J.-C., les Belges, poussés par les Germains, avaient dû se replier vers le sud de la Gaule, tandis qu'une partie d'entre eux avait envahi le sud de l'Angleterre. Ces Celtes transrhénans, installés au nord de la Gaule au IVe siècle av. J.-C., ont ainsi apporté en Grande-Bretagne toutes les caractéristiques de leur civilisation.

ALISE-SAINTE-REINE OU ALAISE ?

Bourguignons contre Francs-Comtois : les descendants des Gaulois continuent de se quereller sur l'emplacement d'Alésia. Jusqu'au XIXe siècle, tout le monde s'accorde pour situer Alésia sur le mont Auxois en Côte d'Or, dans la localité d'Alise-Sainte-Reine. Mais, en 1855, un architecte de Besançon, Delacroix, affirme que la célèbre bataille s'est en fait déroulée à Alaise, dans le Doubs. Cependant, des fouilles menées sur l'ordre de Napoléon III à Alise-Sainte-Reine permettent de découvrir des fossés correspondant à la description faite par César dans la Guerre des Gaules. La querelle rebondit au XXe siècle, mais des découvertes probantes sont faites à Alise. Les « Alisiens » ont-ils définitivement remporté la bataille d'Alésia ? Les historiens semblent en effet trancher aujourd'hui pour Alise.

La mort de César et de la République

À Rome, durant l'absence de César, des bandes armées « populaires » incontrôlées, conduites par Clodius (tribun de la plèbe en 58), terrorisent la ville et affrontent les milices des *optimates* (parti de la classe dirigeante). En 54 et en 53, l'anarchie est telle que les élections ne peuvent avoir lieu aux dates prévues. À ces violences, le sénat oppose un autre agitateur, Milon, qui tue Clodius au cours d'une rixe.

Ce désordre politique se conjugue à l'enlisement de la guerre des Gaules pour faire perdre à César son crédit à Rome. Au contraire, la popularité de Pompée grandit auprès des *optimates*, qui apprécient davantage sa loyauté républicaine depuis qu'ils ont vu la manière dont César a géré le consulat. De plus, ceux-ci ne sont pas mécontents de troubler l'entente entre les deux hommes, à présent que les morts de Julie, en 54, puis de Crassus, tombé en 53 au cours de sa campagne contre les Parthes, dissolvent leurs liens affectifs et politiques. Aussi, en 52, alors que César doit faire face à la révolte gauloise menée par Vercingétorix, Pompée est nommé consul unique par le sénat – procédure doublement illégale ! – afin de rétablir l'ordre. Pendant ce temps, César commence le siège de Gergovie, puis d'Alésia.

César dictateur

À peine la Gaule est-elle enfin pacifiée que César tente de regagner le terrain perdu à Rome. Il n'y parviendra pas : l'alliance de Pompée et du sénat fera échouer toutes les tentatives de conciliation. Sommé de rendre le mandat de ses provinces, interdit de candidature au consulat s'il ne se rend pas à Rome en simple particulier (c'est-à-dire en ayant licencié ses troupes), déclaré enfin ennemi public, César, placé devant le choix entre le suicide politique et l'illégalité, franchit en janvier 49 le petit fleuve qui sépare l'Italie de la Cisalpine : le Rubicon. Une nouvelle guerre civile commence alors.

César va consacrer à cette guerre la moitié du temps qui lui reste à vivre. Dès le début, il prend l'avantage en rassurant Rome abandonnée par Pompée, et en promettant la citoyenneté romaine aux Cisalpins. Maître de l'Italie sans même combattre, il se fait nommer dictateur ; puis, en moins de deux ans, il écrase les pompéiens d'Espagne à Ilerda et bat Pompée lui-même en Thessalie, à Pharsale, en 48.

La rencontre avec Cléopâtre, reine d'Égypte

En 51 av. J.-C., quand meurt Ptolémée XII Aulete (« Joueur de flûte »), roi d'Égypte protégé par Rome, son fils aîné et sa fille ont été désignés pour lui succéder. Conformément à la tradition égyptienne, Ptolémée XIII, alors âgé de 10 ans, devra épouser sa propre sœur, Cléopâtre VII, qui en a 17, et tous deux seront associés au pouvoir. Cléopâtre, souveraine de l'Égypte hellénistique, devient ainsi Isis-Aphrodite, déesse vivante. La vie mouvementée de Cléopâtre, ses amours avec César, puis Antoine, sa lutte contre Octave ont eu pour seul but de maintenir intact le pouvoir des Lagides, les derniers pharaons d'Égypte.

La situation du pays est désastreuse – les crues du Nil sont insuffisantes et la famine menace depuis plusieurs années – et la jeune femme doit faire face aux intrigues des eunuques et des ministres de son frère, qui profitent de la guerre civile à Rome pour jouer leur propre jeu et la chasser d'Alexandrie.

En effet, Pompée s'étant réfugié en Égypte, il est lâchement assassiné en 48 par les agents du pharaon Ptolémée XIII. En gage de leur bonne volonté, ils font apporter sa tête à César, qui débarque en Égypte trois jours après son ennemi, et fait punir ses assassins.

C'est roulée dans un tapis, dit la légende, que la belle Cléopâtre parvient à forcer la garde du palais et à se présenter devant César. Le conquérant chauve a trente-trois ans de plus qu'elle, il est aussitôt séduit et la rétablit dans tous ses droits, au détriment de son frère, qui s'enfuit et trouvera la mort en le combattant.

Cléopâtre hérite ainsi d'un royaume dont l'antique organisation pharaonique, modernisée par les Ptolémées, est si efficace que la gestion de l'Empire par Rome semble, en comparaison, très sommaire. Retenu dans le palais royal par la révolte des Alexandrins, César peut profiter à loisir des leçons d'administration que constituent ses archives. Et, dès ce moment, il subit l'influence de Cléopâtre.

Le voyage que font César et Cléopâtre dans la vallée du Nil, les troubles d'Alexandrie persuadent César qu'il a intérêt à maintenir dans un semblant d'indépendance le royaume lagide. Il emmène à Rome la reine d'Égypte, avec son nouveau frère-époux, Ptolémée XIV, âgé de onze ans.

LA BIBLIOTHÈQUE D'ALEXANDRIE

Outre le phare, qui signalait l'entrée du port, le témoin le plus célèbre de la domination intellectuelle et culturelle d'Alexandrie fut la célèbre bibliothèque. Créée par Ptolémée Ier, au IIe siècle, avec l'aide de Démétrios de Phalère, célèbre philosophe et rhéteur athénien, élève d'Aristote, elle devait servir d'annexe au musée ou sanctuaire des Muses fondé par le souverain lagide près de son palais pour y réunir savants et écrivains. Ptolémée développe une politique d'achat systématique : tous les meilleurs écrits doivent trouver leur place dans sa bibliothèque. En 286 il achète ainsi une partie de la bibliothèque d'Athènes. Il choisit aussi pour cet établissement des administrateurs illustres, qui prendront soin de ce fonds documentaire incomparable : 500 000 volumes, 700 000 même sans doute en 48, juste avant qu'un incendie ne détruise cette fabuleuse richesse. Cette année-là, en effet, après sa défaite de Pharsale, Pompée est assassiné. César doit alors faire face à une révolte de ses partisans. C'est une véritable

guerre civile qui s'engage à Alexandrie. César, au début des opérations, fait brûler la flotte égyptienne, s'empare de l'île de Phoros et s'assure de la maîtrise du phare. C'est dans cette phase de conflit qu'est incendiée la bibliothèque d'Alexandrie.

Thapsus et la fin des pompéiens

En 46, César triomphe en trois semaines du fils du grand Mithridate (roi du Pont), Pharnace II, qui tentait de se réinstaller dans les anciens États de son père, et annonce sa victoire à Rome par le célèbre message : « Veni, vidi, vici. » Puis il bat en Afrique, à Thapsus, les derniers pompéiens regroupés autour de Caton le Jeune, défenseur de la République et farouche stoïcien, qui préfère se donner la mort à Utique plutôt que de « subir la clémence de César ». Enfin de retour à Rome, il célèbre, d'août à septembre de la même année, quatre fastueux triomphes (sur la Gaule, l'Égypte, le Pont… et l'Afrique, donc sur des concitoyens !) puis un cinquième en 45, après avoir vaincu en Espagne les fils de Pompée.

Bocchus II, le roi des Numides, choisit le camp de César contre Pompée et recueille les fruits de la victoire de Thapsus, en Tunisie. Plus tard, il s'alliera avec Octave, le futur Auguste, contre Antoine. Il faut dire que l'alliance avec Rome était une tradition dans sa famille : son propre père, Bocchus Ier, n'avait-il pas livré son gendre Jugurtha aux Romains en 105 av. J.-C ?

Le triomphe à Rome

Le triomphe est la récompense suprême accordée à une armée victorieuse, et un grand moment de liesse pour le peuple. C'est, en principe, la seule occasion où l'armée a le droit de pénétrer dans l'enceinte de la ville, avec l'autorisation du sénat. Celui-ci n'accorde le triomphe qu'aux généraux qui ont tué au moins 5000 ennemis et agrandi le territoire de Rome. La mise en scène est toujours la même : le cortège du général vainqueur est formé des captifs, des souverains et des chefs ennemis chargés de chaînes, puis vient l'imperator, le visage fardé de rouge, couvert d'un manteau pourpre, couronné de lauriers. Il est suivi de ses officiers et de ses soldats. La procession part de l'entrée de Rome pour atteindre le temple de Jupiter Capitolin. Les généraux ont à cœur d'entretenir leur popularité par la magnificence. En octobre 46, après sa victoire de Thapsus, César offre à Rome le spectacle le plus grandiose jamais donné. Il célèbre à ce moment un quadruple triomphe, sur les Gaulois, les peuples d'Asie, d'Égypte et d'Afrique. Outre le plus grandiose des défilés, le conquérant offre au peuple des spectacles et des banquets. 60 000 personnes festoient à ses frais, on peut assister à des combats de gladiateurs, à des luttes durant lesquelles 400 lions sont tués, et, pour la première fois à Rome, à des naumachies, simulations de combats navals, auxquelles participent 4 000 hommes.

Le calendrier julien

En 45 av. J.-C., un décret de César décide de l'adoption d'un calendrier qui diffère peu du nôtre. L'année, telle qu'elle était prévue par le calendrier romain, ne comptait alors que 355 jours, le décalage avec l'année solaire étant rattrapé tous les 2 ans par un mois supplémentaire de 20 jours. Le « calendrier julien », conforme aux calculs de l'astrologue égyptien Sosigène, prévoit trois années de 365 jours, avec l'ajout tous les quatre ans d'une journée au mois de février (le sixième jour avant les calendes de mars). Il y a donc deux « sixième jour », *bis sexto* d'où le nom d'année « bissextile ».

La marche vers la royauté

Durant les brefs séjours romains que lui laisse cette lutte sans fin contre les pompéiens, César réorganise l'État. Proclamé dictateur pour dix ans en 45, puis *perpetuus* (c'est-à-dire sans limitation de durée) en février 44, il fait adopter sans résistance, par un sénat anesthésié – et d'ailleurs rempli d'hommes à lui, depuis qu'il l'a porté à 900 membres –, un ensemble de mesures qui, tout en abaissant la Constitution républicaine, tendent à lui conférer une monarchie de fait : mainmise sur le Trésor, monnaie à son effigie, commandement des armées, droit de paix et de guerre, réforme du calendrier, désignation des sénateurs…

À ces pouvoirs exorbitants s'ajoutent des honneurs qui font de lui un dieu vivant, un roi sans le nom : toge pourpre, couronne de lauriers et trône en or, serment de fidélité prêté sur son nom, statue aux côtés des rois de Rome et, dans le temple de Venus Genitrix, les noms de Père de la patrie, Nouveau Romulus ou imperator…

Ce mélange étonnant de nouveautés royales d'inspiration hellénistique et d'anciens usages royaux étrusco-latins est dû à l'influence qu'exercent auprès de César Cléopâtre, installée à Rome depuis 46 avec leur fils Césarion, et certains historiens de cette époque – en particulier, l'un de ses oncles – qui s'attachent à redécouvrir le passé le plus ancien de Rome.

L'inquiétude devant cette ascension vers la royauté finit par rassembler républicains sincères, pompéiens rancuniers et césariens déçus. Lorsque le fidèle lieutenant de César, Marc Antoine, décide de lui offrir le diadème royal aux lupercales (en février 44), lorsqu'un oracle sibyllin proclame que, pour vaincre les Parthes, il faut un roi et quand enfin César lui-même convoque le sénat la veille de son départ pour la guerre parthique, il apparaît alors clairement qu'il va se faire proclamer roi, titre tabou à Rome depuis la chute des Tarquins, derniers rois étrusques.

SALLUSTE, HOMME D'ACTION ET HISTORIEN

En 35 av. J.-C., l'écrivain Salluste (né en 86), qui vient de mourir à Rome, laisse à la postérité des ouvrages où il déplore l'affaiblissement des institutions de Rome : ***la***

***Guerre de Jugurtha*, la *Conjuration de Catilina* et les *Histoires*. Mais lui-même a su profiter de la conjoncture, en choisissant le camp de César : exclu du sénat en 50 pour immoralité, il y est admis grâce à César, l'année suivante, puis est nommé gouverneur en Afrique, où il édifie sans scrupules une énorme fortune. Ce n'est qu'après la mort de son protecteur qu'il se consacre à l'écriture.**

L'assassinat de César

Les conjurés, menés par Brutus, protégé de César mais austère stoïcien et descendant du fondateur de la République, et par le pompéien Cassius, passent alors à l'acte. Aux ides de mars, le 15 mars 44, César tombe en plein sénat, au pied de la statue de Pompée, percé de 23 coups de poignard. Sa mort provoque une nouvelle guerre civile, qui ne fait que retarder la venue d'une autre forme de pouvoir monarchique : l'empire.

Devant l'hostilité de la plèbe urbaine, qui adorait César, les césaricides doivent négocier avec Marc Antoine, alors consul et maître de Rome. Ce dernier, assisté de Lépide, ancien maître de la cavalerie de César, se fait remettre le testament et les notes personnelles du dictateur, fait adopter ses actes, organise ses funérailles, et se conduit en fait comme son héritier politique. Mais il se heurte bientôt au petit-neveu de César, Octave, adopté par testament par le dictateur. Le jeune homme se pose également comme son successeur désigné, et trouve en Cicéron un allié inattendu : celui-ci lance ses *Philippiques* contre le « nouveau tyran », Antoine, jusqu'à ce que, vaincu en Italie par Octave dans la guerre de Modène, ce dernier soit contraint de se retirer en Transalpine. César Octavien (nom pris par Octave à la suite de son adoption), jetant alors bas le masque de « bon républicain », marche sur Rome et se fait, de force, élire consul en 43. Puis il s'entend avec Antoine et Lépide pour que leur soit attribué le titre de « triumvirs chargés de réformer l'État », avec tous les pouvoirs. Aussitôt commencent de sanglantes proscriptions, et la vieille classe dirigeante est littéralement décapitée. Les triumvirs marchent ensuite sur l'armée républicaine rassemblée en Orient par Brutus et Cassius, les césaricides. En octobre 42, les républicains sont définitivement battus à Philippes, en Macédoine. La République est morte.

CICÉRON, LA GLOIRE DU BARREAU

Marcus Tullius Cicero (106-43) illustre l'ascension de la bourgeoisie municipale à Rome et le pouvoir de la parole en régime républicain. La gloire du barreau et une grande intelligence politique mènent cet ardent défenseur de la République jusqu'au consulat, en 63, année où il fait échouer la conjuration de Catilina, ce qui lui vaut l'exil en 58. De retour en 57, il est impuissant à éviter l'affrontement entre César et

Pompée. En 49, il rallie sans enthousiasme le second, qui représente « le parti de la légalité » ; aussi est-il écarté de la politique durant toute la période césarienne, entretenant avec le dictateur des rapports où l'hostilité le dispute à l'estime personnelle et à l'admiration intellectuelle. Après la mort de César, il attaque durement Antoine dans ses célèbres *Philippiques*, et meurt assassiné sur l'ordre de celui-ci en 43, laissant derrière lui une œuvre écrite immense.

D'Octave à Auguste

Les trois hommes se partagent alors l'Empire : à Lépide, l'Afrique ; à Octavien, l'Occident, et à Antoine, enfin, le monde oriental.

Pendant qu'Octavien écrase Sextus Pompée et sa flotte corsaire à Nauloque en 36 et qu'il écarte Lépide du pouvoir, Antoine, la même année, échoue contre les Parthes. Mais, en prévision d'une autre campagne, ce dernier organise l'Orient autour de l'Égypte de Cléopâtre. À la mort de César, Cléopâtre s'était évadée de Rome avec son fils, Césarion, que César avait « oublié » dans son testament. Rentrée en Égypte, Cléopâtre avait fait assassiner Ptolémée XIV et régnait associée à Ptolémée XV-Césarion, âgé de trois ans. L'Égypte était alors un État indépendant, que Rome ne peut plus songer à réduire en province.

En 41, Antoine, qui connaît bien Cléopâtre, la rencontre en Cilicie pour lui demander son appui dans la lutte qui l'oppose à Octave, neveu et héritier d'Auguste. Quatre ans plus tard, séduit par l'Orient comme par Cléopâtre, il rompt avec l'Occident romain, qu'il espère bien dominer un jour. Il renvoie Octavie, sœur de son rival, qu'il avait épousée en 40 av. J.-C., et se taille un empire, centré sur l'Égypte de Cléopâtre : il acquiert Chypre, la Crète, la Phénicie, et entame une longue lutte contre les Parthes. De ses amours avec Cléopâtre naissent trois enfants : Alexandre Hélios (le « Soleil »), Cléopâtre Séléné (la « Lune ») et Ptolémée Philadelphe qui reçoivent leur part de ces conquêtes. Jamais l'Égypte lagide n'a été aussi puissante. Antoine a besoin des troupes et des bateaux de Cléopâtre ; il est subjugué par les fastes de la vie de cour et adoré des Égyptiens comme un nouveau Dionysos, ce qui déchaîne contre lui l'opinion romaine, dont la haine est soigneusement attisée par Octave.

Bien qu'Antoine affirme s'inspirer, pour cette opération, du plan de César, la propagande d'Octavien, dès 35, le présente comme un homme « sous l'influence de l'"Égyptienne" ». La dégradation des relations entre les deux triumvirs aboutit à la rupture, proclamée par Octavien en janvier 33. Quand celui-ci entre à Rome à la tête de ses soldats en février 32, les deux consuls et 300 sénateurs se réfugient auprès d'Antoine en Orient. En juillet 32, la guerre est déclarée contre Cléopâtre, dont

Antoine est l'amant : officiellement, celui-ci n'existe plus... Tandis qu'Antoine réunit qui se trouve en Orient, fait converger sur l'Épire 120 000 soldats et 500 navires de guerre, afin d'envahir l'Italie, Octavien se fait prêter un serment de fidélité qui l'investit comme commandant des forces d'Occident rassemblées contre Cléopâtre.

Antoine renonce à son projet devant une escadre du général d'Octavien, Agrippa, avant-garde des forces rassemblées par Octavien à Brindes, comprenant environ 90 000 hommes et 400 navires de guerre. Antoine replie sa flotte dans le golfe d'Ambracie, et ferme la route de l'Orient. Mais, au printemps 31, Agrippa parvient à l'encercler, tandis que la flotte d'Octavien débarque les troupes et s'installe de l'autre côté du chenal qui commande le golfe d'Ambracie.

C'est au large du promontoire d'Actium, dominé par un temple d'Apollon, que l'Occident et l'Orient s'affrontent, le 2 septembre 31 av. J.-C. La cohésion des légions romaines vient à bout des troupes et des vaisseaux plus nombreux, mais hétéroclites et hésitants, d'Antoine et de Cléopâtre. Octave triomphe. L'escadre de Cléopâtre (60 navires) et une cinquantaine de vaisseaux d'Antoine réussissent cependant à forcer le blocus. La victoire d'Octavien, au soir de la bataille, est loin d'être évidente, d'autant plus que l'armée de son rival est intacte. En fait, Octavien triomphe par la diplomatie, en négociant au bout de 8 jours la reddition des forces d'Antoine, qui semble s'être montré un piètre tacticien militaire.

Quand il arrive à Alexandrie, Antoine se suicide. Cléopâtre ne fait aucun cas des assurances de celui-ci et redoute plus que tout de figurer à son triomphe. Elle choisit aussi de se donner la mort en se faisant mordre par un aspic, le serpent-uræus qui orne depuis toujours le pschent des pharaons. En 27, Octavien devient Auguste : le régime impérial est né.

MARC ANTOINE, LE VAINCU D'ACTIUM

L'histoire est en général écrite par les vainqueurs. Sans doute est-ce à cela que Marc Antoine doit l'exécrable et injuste réputation qui le poursuit. Remarqué par César pour ses talents militaires, Marc Antoine (83-30) est appelé comme légat en Gaule. Tribun de la plèbe en 49, il s'oppose en vain à la mise hors la loi du futur dictateur ; il est consul avec César en 44, lorsque ce dernier est assassiné. Il négocie avec Octavien et Lépide le second triumvirat, en 43. C'est lui, et non Octavien (malgré la version « officielle »), qui bat à Philippes l'armée républicaine de Brutus et de Cassius. Il reçoit l'Orient en partage et le réorganise en 34 ; mais il semble faire la part trop belle à Cléopâtre et à ses enfants et donne à Octavien, en 33, l'occasion d'une rupture qui tourne à Actium à l'avantage de ce dernier (31). Rentré à Alexandrie, Antoine se suicide. Il mourra dans les bras de Cléopâtre.

L'Égypte des Ptolémées

Cléopâtre disparue, Octave fait assassiner Ptolémée XV, son époux. Hélios et Séléné figureront aussi à son triomphe, et on ne sait ce qu'est devenu Ptolémée XVI. Ce dernier mort, la dynastie lagide s'éteint alors.

Devenue une province romaine, l'Égypte, grenier à blé de l'Empire, continue pourtant à développer une civilisation brillante et originale. Depuis les conquêtes d'Alexandre, l'Égypte était gouvernée par les descendants d'un officier macédonien, le premier Ptolémée, lui-même fils d'un certain Lagos, qui a laissé son nom à une dynastie où meurtres, révolutions de palais et incestes ont rythmé trois siècles de pouvoir.

Dès l'origine, les Ptolémées se distinguent des autres souverains hellénistiques en conservant aux institutions égyptiennes leurs particularités car ils se veulent pharaons avant tout. Le roi est l'incarnation de la loi, toute justice découle de son autorité. Il vit à Alexandrie, capitale de l'Orient grec, entouré d'une cour très nombreuse et dominée par une hiérarchie de fonctionnaires et d'officiers. Les divisions administratives anciennes, les nomes, sont conservées, mais la ville domine la province, dont elle tire toute sa subsistance grâce à un système d'impôts et de redevances. Parfois cette dernière se révolte, comme ce fut le cas de Thèbes, à qui il fallut donner une administration plus spécifique. Plus que de faire des conquêtes, les guerres incessantes menées par les Ptolémées ont eu pour but de maintenir l'indépendance et les approvisionnements de l'Égypte. Même si de nouveaux dieux sont introduits, ils sont intégrés dans le panthéon traditionnel : Dionysos, dieu des mystères orphiques, est assimilé à Amon ; Aphrodite, à Isis. Les interdits anciens sont toujours respectés : un Romain est lynché après avoir tué un chat à Bubastis, ville de Bastet ; on jeûne longuement après la mort d'un taureau Apis... Les souverains utilisent la piété populaire : ainsi Cléopâtre restaurera-t-elle de nombreux cultes traditionnels, dont celui du taureau sacré Bouchis. L'art reste l'héritier de la tradition égyptienne. Les temples ptolémaïques de Philae, Edfou, Dendérah, Karnak adaptent les canons des époques plus anciennes. Quelques nouveautés sont introduites, mais, en architecture comme en sculpture, les figurations classiques sont respectées. On tend même parfois vers un certain archaïsme, comme pour légitimer un nouveau pouvoir par un retour au passé. Aucun réalisme dans ces représentations, mais des conventions qui tendent à adoucir les formes, à lisser les visages, tandis que des thèmes grecs font leur apparition.

Sérapis et Isis

Les Égyptiens n'ont jamais beaucoup aimé Sérapis, qui fut pourtant le dieu le plus populaire auprès des Grecs d'Orient. Dieu originaire de Sinope, Sérapis apparut en rêve à Ptolémée II, au IIIe siècle av. J.-C. Sur les conseils des savants Timothée et Manéthon, le roi décida qu'il s'agissait du taureau Apis, vénéré à Memphis, dans lequel s'incarnait Osiris, dieu du Monde des morts et dieu de la Végétation renaissante.

Sérapis est assimilé à la fois à Zeus, dieu créateur, à Asclépios, dieu guérisseur, et à Hadès, dieu des Séjours infernaux. Il devient donc rapidement un dieu rédempteur, porteur d'une espérance de salut, à qui on associe aussi Dionysos, Isis et Anubis. Des temples lui sont consacrés dans les villes d'Alexandrie et de Memphis, où il voisine entre autres avec un portrait d'Homère, entouré de philosophes et de poètes.

Le culte d'Isis, déesse-reine égyptienne, est très tôt répandu et adopté hors d'Égypte. Dès le Nouvel Empire, le culte d'Isis ne cesse de gagner en importance. Les dons de magicienne de la déesse la placent au-dessus des autres dieux et lui ont permis de ressusciter son époux Osiris comme de triompher du dieu Rê, dont elle parvient à deviner le nom secret. Les fidèles qui participent aux mystères de son culte revivent sa quête passionnelle pour retrouver les morceaux du corps d'Osiris : ils participent ainsi à la résurrection de celui-ci. Durant les cérémonies, Isis, consolatrice, fait figure de mère universelle. C'est par elle que passe l'assurance du salut, de la survie dans l'au-delà. D'abord méfiants, les Romains lui portent une dévotion sans cesse grandissante : ils lui consacreront un temple sur le Capitole en 69 apr. J.-C. ; elle sera supplantée par la Vierge Marie, lorsque le christianisme s'imposera.

Les portraits du Fayoum

Un lac immense, mer intérieure au milieu du désert, à 100 kilomètres au sud-ouest du Caire, témoignait, aux yeux des Égyptiens de l'Antiquité, de l'existence de Noun, l'océan originel, alors qu'Hérodote en attribuait la paternité à un souverain mythique. Le lac s'est peu à peu asséché, mais la dépression du Fayoum est la zone la plus fertile d'Égypte ; depuis le temps des pharaons, elle est reliée à la vallée du Nil par d'antiques écluses, et des roues élévatrices font communiquer les canaux du Fayoum et ceux du Nil. Dans les lacs marécageux, le pharaon se livrait aux joies de la pêche et à la chasse au gibier d'eau. Le dieu local était le crocodile Sobek, vénéré jusqu'à l'époque romaine, et la région attirait de nombreux pèlerins. Ptolémée II Philadelphe y fonda de nombreuses petites villes. C'est là que, quelques siècles plus tard, les habitants de la petite ville de Shedit, ou Crokodilopolis, aujourd'hui Médinet el-Fayoum, décidèrent de rompre avec les anciennes coutumes funéraires : dans une nécropole proche de la ville, on a retrouvé des centaines de portraits, déposés en guise de masques mortuaires sur les momies, du Ier siècle av. J.-C. au IVe siècle apr. J.-C. Le visage des défunts est peint sur toile, avec du blanc d'œuf ou de l'encaustique, selon des techniques grecques, mais dans des formes qui rappellent les mosaïques romaines.

L'Éthiopie soumise

« Éthiopie » est le nom que les Grecs donnent à toute la partie sud est de l'Afrique, c'est-à-dire le royaume de Méroé. Celui-ci, qui a un temps dominé l'Égypte, se donne désormais une civilisation originale. C'est une dynastie de reines, les célèbres « Candace », qui règne sur le pays au Ier siècle av. J.-C.. L'une d'entre elles, appelée Amarimeras, est une redoutable virago : borgne, d'une insigne laideur, l'allure martiale, elle lance, en 25 av. J.-C., ses troupes sur la Haute-Égypte, où elles ravagent tout sur leur passage et pillent l'île Éléphantine. Il faudra quatre ans aux armées romaines pour en venir à bout. La Basse-Nubie sera alors rattachée à l'Égypte.

Les forgerons bantous

C'est probablement du Soudan occidental que sont originaires les Bantous, population qui vit sur la côte du Cameroun. Ils ne possèdent ni la charrue ni la roue, mais ont domestiqué des animaux, cultivent la terre et savent fabriquer du fer, industrie qui est l'apanage d'une catégorie sociale distincte des autres, la caste des forgerons. Poussant devant eux leurs troupeaux de bovins, les Bantous commencent aux premiers siècles avant notre ère une lente expansion et s'installent sur les plateaux de l'Est. Ils atteindront le Sud-Ouest africain peu avant l'arrivée des Européens.

CHAPITRE 2

Le monde de Jésus-Christ et des premiers chrétiens (Ier siècle de notre ère)

Au début de notre ère, la population mondiale est d'environ 250 millions d'hommes. Elle n'était que de 4 millions 35 000 ans auparavant, au temps de l'*Homo sapiens sapiens*. Elle ne doublera que quatorze siècles plus tard.

Il est difficile de faire un véritable bilan de la population mondiale au début de notre ère ; l'archéologie fournit cependant de précieux renseignements. Entre 4000 av. J.-C. et le début de l'ère chrétienne, le chiffre de la population a été multiplié par 8 ou 10. Cette époque a en effet connu une grande croissance démographique, fondée sur l'extension de l'agriculture sédentaire, qui a permis à des groupes plus nombreux de se procurer de la nourriture sur des espaces plus réduits. C'était alors le « Croissant fertile », de la Syrie à l'Anatolie, de l'Iran à la Grèce, qui connaissait les plus fortes densités humaines.

Le nombre des hommes

Après les guerres et les invasions qui marquèrent la fin du néolithique, une nouvelle « explosion démographique » se produisit, peu avant notre ère. Elle s'explique par la fondation de grands empires : Rome, après la Grèce, la Perse, la Chine ou encore l'Inde. Ceux-ci, en améliorant les voies de communication, en stimulant le commerce lointain et l'économie en général, incitent les populations à se sédentariser. Le niveau de vie s'élève, l'alimentation est meilleure, le nombre des hommes augmente. On assiste de ce fait à une redistribution des équilibres démographiques de la planète.

Le Proche-Orient, qui avait été le pôle le plus dynamique, voit sa prépondérance diminuer. Les grandes cités-États mésopotamiennes, qui avaient vu s'organiser de grands centres économiques, disparaissent. Les terres, utilisées très tôt et de manière intensive, s'épuisent ou sont gorgées de sel, résultat d'une irrigation mal maîtrisée. Ce sont l'Inde et, dans une moindre mesure, la Chine qui deviennent les centres d'équilibre du globe.

Mondes vides, mondes pleins

Il y a 2000 ans, les grands foyers de peuplement sont déjà les mêmes qu'aujourd'hui ; ils abritent à l'époque plus de la moitié des êtres humains qui habitent la Terre. 40 millions d'hommes environ vivent en Inde : ils sont concentrés le long de la vallée du Gange et sur la côte occidentale, malgré le coup d'arrêt dû à l'effondrement de la civilisation de l'Indus, 1 500 ans auparavant. La Chine compte elle aussi 40 millions d'habitants environ, peut-être même 60, affirment certains historiens, mais elle se caractérise surtout par l'extension de son peuplement : les Chinois ont remonté le cours des grands fleuves et colonisé de nouvelles terres.

Dans le nord du pays, la culture du millet avait permis de nourrir d'importantes populations dès les IVe et IIIe millénaires. À cette époque, la population chinoise ne dépassait guère 10 millions d'habitants, autour du fleuve Jaune. Au Ier millénaire, la culture du riz s'étend au sud du pays, mais, pratiquée d'abord sur brûlis et de façon extensive, elle n'est pas à l'origine d'importants foyers de peuplement : les recensements pratiqués sous les Han (206 av. J.-C. – 220 apr. J.-C.), qui avaient pour but d'établir l'assiette de l'impôt, montrent une Chine du Sud peu peuplée ; elle le restera jusqu'à l'introduction de la riziculture inondée, aux XIe et XIIe siècles.

Malgré la sécheresse, l'épuisement des sols et les guerres, le Proche-Orient n'est pas très loin derrière, avec 30 millions d'hommes sans doute. On doit pouvoir avancer le même chiffre pour l'Europe, dont la population est stabilisée, après une grande vague de migrations. L'Europe occidentale, qui a vu la première sa population augmenter grâce aux civilisations paysannes des IVe et IIIe millénaires, bénéficie de la paix imposée par Rome ; la population de la Gaule est supérieure à 5 millions, partout des défrichements marquent les forêts jusque-là impénétrables. Le paysage commence aussi à se transformer, malgré la reprise des invasions, dans les Balkans, en Ukraine, dans la plaine du Danube.

Les autres continents sont bien loin derrière. Ainsi l'Afrique, pourtant berceau de l'humanité, ne compte-t-elle tout au plus qu'une vingtaine de millions d'hommes, vivant dans un milieu hostile : le désert gagne du terrain dans la zone sahélienne ;

les sols tropicaux, épuisés, deviennent de la latérite, croûte dure et stérile ; la forêt dense occupe la zone équatoriale. Seuls sont peuplés la vallée du Nil, la côte méditerranéenne et le bassin supérieur des grands fleuves. L'Amérique fait presque figure de désert humain, avec 14 millions d'âmes environ, installées uniquement sur les territoires mexicain et péruvien actuels. La faible productivité des cultures ne permet la survie que de très petits groupes.

Partout ailleurs, les hommes, très peu nombreux, ne vivent que de chasse, de pêche et de cueillette : c'est le cas en Australie, en Indonésie, qui restent encore des terres à conquérir, où un million d'hommes en tout vivent en prédateurs nomades, bien loin de la révolution néolithique.

L'universel métissage

La carte de la population mondiale au début de notre ère est le résultat de nombreuses migrations successives, à partir du berceau commun, situé sans doute en Afrique australe. On doit cette affirmation, presque certaine, aux travaux des paléoanthropologues, des généticiens et des linguistes. Leurs études montrent que les Asiatiques ont des caractères communs avec les Africains, mais plus encore avec les Européens, dont ils se sont séparés plus récemment.

L'être humain, au fur et à mesure qu'il se développe, voit surgir de nouvelles contraintes, de nouvelles opportunités. Il y répond souvent par un départ, en groupe. Dès qu'il eut appris à se vêtir, c'est-à-dire à conserver à son corps une température comparable à celle qu'il avait dans son milieu d'origine, l'être humain commença à se répandre sur presque toute la Terre. Il y a plus d'un million d'années, les hominidés primitifs sont partis vers l'Asie par l'isthme de Suez, puis en Europe. Les abords de la Méditerranée, au climat accueillant, ont été les premiers peuplés ; il a fallu attendre les réchauffements climatiques pour que soient accessibles les pays du Nord.

Les premiers occupants de l'Amérique sont venus d'Asie par le détroit de Béring, à une date difficile à déterminer, entre 35 000 et 15 000 avant notre ère. C'est sans doute à ces migrations que sont dues les nombreuses parentés relevées par les linguistes entre les langues thaï et polynésienne, entre la langue éthiopienne et les dialectes d'Asie du Sud-Ouest. On peut ainsi construire un arbre généalogique linguistique, où figure en bonne place le célèbre groupe indo-européen, d'où sont issues les langues indiennes, iranienne et européennes. Lorsque des sous-groupes se forment par rapport à un groupe homogène, les langues évoluent différemment.

De même, s'il est possible de retrouver des caractéristiques génétiques semblables dans certains groupes humains, il est très difficile de définir strictement des « races humaines » aux caractères physiques héréditaires communs. En revanche, le concept d'ethnie est facile à utiliser pour l'historien et il s'applique aux plus anciennes civilisations, car il définit un ensemble d'hommes qui présentent, quelle que soit leur race, un ensemble de caractères culturels communs.

L'apport de la génétique à l'histoire

Se transmettant dans les populations humaines depuis des milliers de siècles, les gènes sont les seuls témoignages du plus lointain passé de l'humanité. Les gènes ont été peu modifiés au cours du temps et on peut donc envisager de les utiliser pour reconstituer le passé. C'est ce que tentent de faire plusieurs équipes de scientifiques en construisant un « annuaire » exhaustif des combinaisons génétiques possibles et en mesurant les distances génétiques entre les populations. Des chercheurs américains ont réussi à dater l'arbre humain à partir des gènes codés par l'A.D.N. mitochondrial (les mitochondries sont les organites qui produisent l'énergie cellulaire). En tenant compte de très nombreux paramètres, tels que le climat, l'histoire ou la géologie, ils peuvent ainsi estimer à peu près précisément le moment de la naissance de l'humanité, suivre les migrations successives et situer l'origine des populations actuelles.

Les Basques, le plus vieux peuple d'Europe

Historiens et scientifiques s'interrogent : le mystère de l'origine des Basques sera-t-il un jour résolu ? On ne sait d'où viennent les hommes qui se sont installés dans l'actuel Pays basque dès le paléolithique inférieur. À leur sujet, les scientifiques n'ont qu'une certitude : leur langue n'appartient pas au groupe indo-européen, d'où sont pourtant issues la plupart des langues pratiquées en Europe. En revanche, elle présente des affinités avec le berbère et certaines langues caucasiennes : on suppose que c'est en apportant l'usage du cuivre en Espagne, au IIe millénaire av. J.-C., que des immigrants d'Asie auraient pu transmettre des éléments de leur langue. Cette énigme linguistique s'accompagne d'une personnalité originale que ni l'histoire ni les hommes ne semblent avoir altérée : les invasions successives des Romains, puis des Wisigoths, des Arabes et des Francs n'ont pas laissé de traces marquantes ; et, si les Français et les Espagnols présentent des similitudes génétiques, les Basques, eux, n'ont rien à voir ni avec les premiers ni avec les seconds. Cette absence d'influence étrangère autorise à penser que les Basques actuels sont représentatifs des plus anciens habitants de l'Europe.

Jésus-Christ

Selon les Évangiles, Jésus de Nazareth naît à Bethléem, en Judée, au temps du roi Hérode, alors que ses parents se font recenser. Comme il n'y a pas de place dans les auberges. Marie, sa mère, accouche dans une grotte qui sert d'étable. L'enfant reçoit l'hommage de mages venus d'Orient qui lui offrent des cadeaux symboliques : de l'or, de l'encens et de la myrrhe, mais Hérode, prévenu de la naissance d'un « roi des Juifs », ordonne de tuer tous les nouveau-nés. Prévenu par un songe. Joseph, l'époux de Marie, s'enfuit en Égypte avec sa famille, avant de regagner Nazareth en Galilée. Probablement charpentier comme Joseph, Jésus mène une vie « cachée » jusqu'à l'âge de 30 ans environ.

Les réalités d'une naissance miraculeuse

Jésus est originaire de Nazareth en Galilée : tel est l'état civil qui va figurer sur sa condamnation. Pourtant ses origines sont en Judée puisqu'il descend du roi David. Sa généalogie est connue et il appartient à une vieille famille juive ; c'est à Bethléem qu'il est né, mais on ne peut préciser la date exacte de sa naissance puisque les Évangiles se réfèrent soit au règne d'Hérode le Grand, qui mourut en 4 avant notre ère, soit au recensement de Quirinius, qui a pu avoir lieu soit entre 12 et 8, soit en 6 de notre ère. En tout cas, la date « officielle » de la naissance de Jésus, qui détermine notre ère, fut calculée au Ve siècle sur des bases erronées.

Pour raconter l'événement, les Évangiles utilisent des stéréotypes. La grotte est, dans l'Antiquité, un lieu privilégié de contact avec l'au-delà ; les « Rois mages » expriment la fascination de l'époque pour l'astrologie mésopotamienne ; l'épisode du « massacre des Innocents » transpose l'exécution des enfants hébreux par le pharaon avant la sortie d'Égypte. Tout cela décrit une naissance miraculeuse, celle du messie-roi, fils de David, tel que l'attendaient pharisiens et esséniens.

La virginité de sa mère est une affirmation plus originale dans le contexte des religions orientales. Mais le mariage « blanc » de Marie avec Joseph correspond à une pratique des esséniens. En tout cas, la famille de Jésus a son importance et elle jouera son rôle dans l'Église de la première génération.

Le milieu galiléen est très ouvert ; la population est cosmopolite et certaines villes, comme Césarée, sont très hellénisées ; les ports phéniciens sont tout proches. Jésus vit donc au contact de païens et sa langue est l'araméen, qui est même utilisé à la synagogue. Il apprend à lire et à écrire ; son métier manuel (charpentier) et sa connaissance de la campagne ne permettent pas de le situer plus précisément dans la société de son temps, dont il reflète pourtant les préoccupations.

La rencontre des baptistes

Comme bien d'autres Juifs, Jésus quitte son village pour s'intégrer à un groupe en recherche de Dieu. Il rejoint les baptistes, qui refusent la religion formaliste, dépendant du Temple. Dans l'attente d'une manifestation de Dieu, ils se distinguent par leur exigence de pureté, dont le baptême est le symbole. Jean le Baptiste prêche le repentir et la conversion. Après l'avoir rencontré, Jésus découvre sa mission prophétique et recrute dans ce milieu ses premiers disciples.

Il prend vite la tête d'un petit groupe indépendant, et ne suit pas le Baptiste dans son ascétisme et son refus du monde ; lui-même ne baptisera pas, prêchant à la manière d'un docteur, d'un savant. Ses disciples viennent de partout et le groupe de Jésus semble particulièrement ouvert, alors que les sectes du temps sont très exclusives.

Un prédicateur itinérant

Jésus fait à maintes reprises retraite au désert, mais il prêche surtout en milieu urbain. Sa mission, inaugurée dans les synagogues de Galilée, s'ouvre aux Samaritains, marginalisés par les Juifs, et même aux Syriens et aux Romains sympathisants du judaïsme : elle s'inscrit dans la tradition du prosélytisme pratiqué par certains pharisiens mais refusé par les esséniens et par le parti du Temple, plus soucieux d'affirmer l'identité juive.

Jésus se déplace beaucoup entre la Galilée et Jérusalem. Mais on ne peut établir le nombre de ses séjours à Jérusalem ni la durée de sa prédication : tout pourrait se réduire à un an, selon l'Évangile de Marc, ou se développer sur trois années, selon celui de Jean. Il fait par ailleurs d'autres voyages, en Phénicie et dans la Décapole, au nord et à l'est de la Galilée. Il utilise l'hospitalité d'amis et de sympathisants, ce qui l'introduit parmi les patrons pêcheurs aussi bien que parmi les fonctionnaires ou les intellectuels. Accueilli dans les familles, il fait surtout des adeptes parmi les femmes : celles-ci sont nombreuses à contribuer à sa mission et à l'accompagner dans ses déplacements, ce qui est assez singulier pour l'époque, mais révélateur de l'intérêt que Jésus porte à leurs aspirations mystiques.

Apôtres et disciples

Jésus refuse les discriminations et le principe de séparation des autres sectes. Les disciples de Jésus viennent de tous les milieux : patrons pêcheurs, comme Pierre, fonctionnaires des impôts, notables pharisiens… Quelques-uns, comme Matthieu et Judas, sont des scribes et des comptables. Parmi ces Galiléens qui parlent l'araméen, certains sont hellénisés, comme André et Philippe, dont les noms sont grecs. Tous sont engagés personnellement envers Jésus, mais ils ne vivent pas en permanence auprès de lui : ainsi Pierre a une famille. Disciples et sympathisants vont se structurer autour des douze apôtres, sous l'autorité de Pierre.

L'enseignement de Jésus

L'enseignement de Jésus est original, car il vise d'abord à susciter la foi de ses auditeurs. Certaines exhortations à la conversion, les prédictions sur la fin du monde ou les malédictions ont des accents qui rappellent la tradition des anciens prophètes. Mais Jésus pratique aussi la méthode des rabbins de son temps, l'utilisation de récits concrets appelés « paraboles ».

La vocation de prophète de Jésus se manifeste nettement quand il chasse les « démons » et guérit les malades, car juifs et païens s'attendent à des manifestations surnaturelles de la part d'un homme de Dieu. La maladie a un aspect religieux : imputée à des esprits mauvais, omniprésents, elle doit inciter au repentir et à la purification. Les pharisiens reconnaissent d'ailleurs que certains d'entre eux peuvent faire des miracles, mais ils exigent de strictes vérifications pour distinguer les vrais thaumaturges des magiciens. Dans les synagogues, on commente abondamment les miracles de la Bible, que le Messie devra accomplir à son tour. Ainsi Jésus est-il peu à peu perçu comme le Messie-roi, celui qui proclame le règne de Dieu, celui qu'annoncent les Psaumes et qu'attendent les esséniens.

L'idée de l'avènement du Messie est très contestataire, dans un pays en pleine effervescence et imprégné d'un nationalisme exacerbé. L'administration romaine contrôle le pays, le pouvoir politique appartient aux hérodes, convertis d'origine étrangère, trop hellénisés, à qui les pharisiens ne pardonnent pas leur usurpation, tandis que les baptistes critiquent leur mode de vie, ce qui vaut à Jean d'être exécuté, sur les instances de la femme d'Hérode.

Le recensement de l'an 6 est l'occasion d'un soulèvement en Galilée. Un esprit de révolte marqué par des mouvements de résistance sporadiques s'instaure et on peut supposer que certains disciples de Jésus, comme Judas Iscariote, en sont proches.

Le climat n'a pas encore la violence que connaîtra la Palestine à partir de 45, mais Jésus doit veiller à se démarquer des implications politiques du messianisme. Il n'utilise pas volontiers son titre de Messie, préférant celui de « Fils de l'homme ». Il renverse les valeurs établies, préférant la pauvreté du cœur à la puissance et à la gloire. Le salut qu'il promet est d'ordre spirituel et non pas révolutionnaire : il refuse la grève de l'impôt, s'enfuit dans la montagne pour éviter d'être proclamé roi. Il prêche la conversion individuelle, sa prédication est de plus en plus centrée sur le thème de sa mort et de sa résurrection.

Une condamnation pour l'exemple

Ce n'est pas la croyance de Jésus en la résurrection qui choque l'opinion, car elle est répandue chez les pharisiens, quoique apparue tardivement. Ce qui lui vaut le plus d'inimitié, c'est l'ambiguïté de ses propos sur le Temple.

Jésus affirme que Dieu habite le cœur de l'homme, et ne privilégie pas l'édifice de pierre. Il compare son propre corps au Temple et en prédit la destruction ; il peut ainsi apparaître aussi détaché des rites que certains Juifs de la Diaspora, totalement hellénisés. De plus, il a chassé les marchands de l'esplanade du Temple, perturbant ainsi le rituel des sacrifices, ce qui ressemble à une provocation. Aussi la milice du grand prêtre se chargera-t-elle de son arrestation.

Mais le véritable catalyseur de toutes les oppositions est l'accueil royal que reçoit Jésus à Jérusalem, à la veille de la pâque. Il avait échappé à la foule en liesse en se réfugiant à Éphraïm, mais cette même foule vient le chercher à Béthanie et l'escorte à Jérusalem, où il entre en Messie. Tous attendent une révolution, mais Jésus continue son enseignement et retourne à Béthanie. La foule est désenchantée, l'événement semble sans lendemain, mais les notables ont peur : Jésus est désormais considéré comme un élément subversif qu'il faut éliminer. On utilise la déception et la frustration d'un de ses disciples, Judas.

Arrêté, Jésus comparaît d'abord devant le Conseil des Juifs, le sanhédrin, réuni par le grand prêtre. Ce n'est pas un procès, car le sanhédrin n'a plus aucune compétence juridique, mais un interrogatoire visant à obtenir des aveux de blasphème. Au cours du procès romain, devant le procurateur Pilate, qui peut seul prononcer la peine capitale, l'accusation développe les griefs d'agitation et de subversion, les seuls retenus par la loi romaine, laquelle ne connaît ni les délits d'opinion ni les délits religieux. C'est comme « roi des Juifs », aspirant à la royauté et coupable de lèse-majesté, que Jésus est condamné et exécuté. Le fait de l'associer à deux « brigands », les « larrons » de la Tradition, c'est-à-dire à des révolutionnaires, ajoute à l'apparence d'une affaire politique.

Le mode d'exécution est la crucifixion, utilisée par les Romains pour servir d'exemple dans les révoltes populaires et les révoltes serviles. Comme tous les condamnés, Jésus transporte la poutre transversale de la croix jusqu'au lieu de l'exécution ; il porte aussi un écriteau indiquant en trois langues le motif de sa condamnation. Il meurt très vite, par étouffement, sans que l'on ait eu besoin de l'achever et on l'enterre immédiatement. On est, sans doute, le vendredi 7 avril 30, veille du sabbat pascal.

De Jésus au Christ

La religion chrétienne naît trois jours plus tard, lorsque les disciples découvrent le tombeau vide, cet événement fonde leur foi en la résurrection de Jésus, le « premier-né d'entre les morts » (expression de Paul), qu'ils reconnaissent alors comme le Messie, « l'oint de Dieu », le Christ. Rétrospectivement, ils interprètent sa prédication comme la révélation du salut. L'un des gestes de Jésus, le partage du pain, devient le signe de reconnaissance de la communauté et un rite d'union mystique. C'est des apparitions de Jésus ressuscité qu'ils tiennent leur vocation d'apôtres appelés par le Christ à témoigner de sa mort et de sa résurrection et à prêcher au monde le salut pour tous les hommes.

Les Évangiles

Le terme « évangile » (en grec « bonne nouvelle ») désigne à la fois le message de Jésus et des apôtres et les écrits qui le consignent. Apparaissent aussi des recueils de « Dits » et de « Signes », rassemblant les traditions diffusées oralement par les apôtres. L'Église a retenu quatre Évangiles : celui de Marc, celui de Matthieu, celui de Luc et celui de Jean. L'évangile de Marc est le plus court et sans doute le plus ancien. Le récit de Matthieu est une suite de « Dits », organisés en grands discours, tandis que Luc tente d'établir une trame chronologique et de faire œuvre d'historien. À côté de ces trois textes « synoptiques » (du grec signifiant « qu'on peut lire ensemble »), l'Évangile de Jean sélectionne des éléments particuliers de l'enseignement de Jésus dans une perspective philosophique issue du judaïsme hellénisé.

Toutes les attributions à des auteurs précis sont arbitraires, mais chaque Évangile résulte de l'élaboration de la Tradition par une communauté particulière : romaine (pour Marc), d'Antioche (pour Matthieu), grecque (pour Luc), peut-être essénienne (pour Jean). Les rédactions se poursuivent jusqu'au VIe siècle, si bien que les « apocryphes » sont nombreux. Les quatre Évangiles retenus par l'Église comme des livres révélés ont été écrits vers 70-90, peut-être dès avant 70 pour celui de Marc. Celui de Matthieu fut considéré très tôt comme un manuel.

PONCE PILATE

Pendant le procès de Jésus, Pilate se lave symboliquement les mains, abandonnant celui-ci aux Juifs qui veulent sa mort. Le gouvernement de Ponce Pilate en Judée (26-36) fournit le repère chronologique le plus précis sur la vie de Jésus. Procurateur autoritaire, il réprime très durement les émeutes populaires et les mouvements messianiques. Il sait pourtant collaborer avec le parti du Temple et le grand prêtre, qu'il maintient en poste jusqu'en 36. Il est donc tout à fait logique qu'il ait donné son accord à la condamnation de Jésus. En dépit de cela, la tradition chrétienne a vu en Pilate un esprit inquiet, ouvert au surnaturel, et même un chrétien de cœur, prêt à subir lui aussi le martyre.

Saint Paul

Après la mort de Jésus, ses disciples de Galilée rassemblent une première Église juive, à Jérusalem. Les Juifs de la Diaspora y sont nombreux et actifs, si bien que, dès les années 30, l'enseignement du Christ se répand jusqu'à Chypre, en Libye, en Asie Mineure et à Rome.

À Jérusalem même, certains convertis sont appelés les « hellénistes », parce qu'ils sont de culture grecque. Ils ont leur propre directoire, indépendant du collège des

Douze Apôtres que dirige Pierre. Ces hellénistes mènent une mission particulière qui, à la grande fureur des Juifs orthodoxes, les amène à s'en prendre au Temple, symbole de la nation juive. Vers l'an 34, leur chef, Étienne, est lynché lors d'une émeute. Un jeune pharisien, Saul de Tarse, assiste à la scène. Juif rigoriste, le jeune homme est très hostile à la secte d'Étienne. Mais peu après, lors d'un voyage à Damas, le Christ lui apparaît et le convertit. Après avoir pris le nom de Paul, il fonde des communautés chrétiennes.

Les premières missions de Paul

Issu d'une famille de notables, Paul est un intellectuel, qui utilise remarquablement les voies de communication de son temps. Tout prépare Paul à concevoir, le premier, une Église à l'échelle de l'Empire. Né à Tarse, au carrefour des routes qui parcourent la Syrie et l'Anatolie, il apprend à parler plusieurs langues, est en contact avec différentes cultures. Sa famille a déjà essaimé en Macédoine et à Rome. Elle fait partie des notables devenus citoyens romains. Paul a intégré la géopolitique romaine et il utilise les circuits de communication de son temps. Il est formé à la philosophie populaire et imprégné de l'esprit de la Diaspora. Il conçoit sa vocation comme celle d'un prophète, qui réinterprète la Bible à la lumière de l'Évangile du Christ.

Saul reçoit l'agrément de Pierre et des Douze et, à l'issue d'un temps d'apprentissage, rejoint une équipe missionnaire de prophètes et de docteurs. Il participe, comme second de l'apôtre Barnabé, à la fondation de l'Église d'Antioche (l'actuelle Antakya, en Turquie). C'est là qu'apparaît pour la première fois le nom de « chrétiens » – « ceux du Christ » –, forgé par les Romains vers l'année 40.

Troisième port de l'Empire romain, Antioche invite au voyage. Entre 40 et 45, Barnabé, Saul et le jeune Marc entament une mission à Chypre, patrie de Barnabé, et au sud de l'Asie Mineure, en utilisant des circuits familiers à Saul, originaire de la région : il est né à Tarse (aujourd'hui Tarsus, au sud de la Turquie).

Pour mieux s'intégrer à la société des colonies romaines, Saul prend alors un surnom latin. Désormais, il s'appellera Paul. Aidé de ses compagnons, il évangélise aussi la côte anatolienne. Quant à Pierre, qui a quitté la Judée, il prêche en Syrie, en Grèce et même à Rome.

Le champion d'un christianisme autonome

Vers 45, Paul rompt avec Marc, qui gagne sans doute Alexandrie. Contournant la région d'Éphèse, déjà évangélisée, il passe en Grèce, pour fonder des Églises dans les capitales provinciales, à Thessalonique et à Corinthe. En 52, il s'installe à Éphèse, conçoit dès lors sa mission comme universelle et projette d'aller à Rome. Il y arrivera, mais prisonnier, et y mourra martyr peut-être en 64.

Paul est le champion d'un christianisme autonome, qui se détachera progressivement du judaïsme, jusqu'à la destruction du Temple et de Jérusalem, en 70. Il reste fidèle à l'Église chrétienne de Jérusalem, pour laquelle il collecte des fonds. Mais, afin de faciliter les conversions, il prône l'abolition des rites juifs (circoncision, nourriture kasher) pour les païens convertis au christianisme. La réunion apostolique de Jérusalem, en 51, impose au contraire à ces derniers les mêmes obligations qu'aux Juifs. Conséquence : contre-missions et polémiques se succèdent dans les Églises instituées par Paul. À Antioche, il rompt avec Pierre, mais il est désavoué par l'Église.

Des sectes des origines à une église « universelle »

À ses origines, le christianisme est éclaté en sectes. La communauté apostolique se partage en quatre courants. Jusqu'en 62, des fervents du judaïsme restent groupés à Jérusalem, autour de l'apôtre Jacques. Dispersés après la mort d'Étienne, les hellénistes se sont installés en Samarie, en Syrie et en Asie. Avec les baptistes, ils y constituent, autour de saint Jean l'Évangéliste, le noyau du milieu où s'élabore l'Apocalypse – dernier livre du Nouveau Testament, rédigé vers 95. Enfin, dès 80, les Actes des Apôtres ont exalté la mission de Paul, qui a fait passer le christianisme des Juifs aux Romains.

Plus tard, les déviations doctrinales se multiplient, car le christianisme se réfère à un homme, Jésus, et à un événement, sa résurrection, mais non à un livre ou à un système théologique. Certaines hérésies sont le fait d'intellectuels soucieux de concilier la foi et la philosophie, d'autres rejettent la Bible. Ces interprétations sont déterminées par des héritages culturels différents. Il faut donc constituer, à partir des traditions diverses, un « canon » des textes admis par tous. Ce sera chose faite vers 180. Il faut, aussi, renforcer l'encadrement. Ce sera la tâche des premiers grands évêques, comme Clément, à Rome, et Ignace, à Antioche. Celui-ci définira l'Église comme « catholique », c'est-à-dire universelle (traduction du grec *katholikos*).

Justin, qui vit dans l'Orient romain au milieu du IIe siècle, est un ancien païen, converti au christianisme. Pour amener le plus d'âmes possible à la vraie foi, il rédige les *Dialogues avec Tryphon*, et deux *Apologie*. L'apologétique est en passe de devenir un véritable genre littéraire tant les auteurs chrétiens ont à cœur de défendre leur religion, n'hésitant pas d'ailleurs à donner leur vie pour elle.

Des églises domestiques

Véhiculé de port en port et le long des routes romaines, le christianisme utilise des réseaux d'hospitalité. Chaque prédicateur a les siens. Des notables accueillent les communautés dans le cadre d'Églises « domestiques ».

L'une d'entre elles est conservée, à Doura-Europos, en Syrie. L'édifice comprenait une salle de réunion, une salle à manger pour le repas eucharistique et un bassin pour le baptême.

L'Église est à présent considérée comme le Corps mystique du Christ. La communion fonde son unité. Peu à peu, un encadrement permanent se met en place, relayant l'action des « prophètes » itinérants de la première génération : chaque communauté est administrée par un évêque (« surveillant »), des prêtres (« anciens ») et des diacres (« serviteurs »).

Aux IIe et IIIe siècles, certaines de ces Églises domestiques deviendront des pôles de rayonnement analogues à une paroisse ; on les désigne par le nom du propriétaire de la maison, et 25 de ces *tituli* sont connus à Rome.

D'abord très lente, l'expansion du christianisme s'accélérera au début du IIIe siècle. Les foyers les plus brillants sont toujours en Orient, autour d'Antioche ou d'Alexandrie. Mais, depuis Rome, des missionnaires gagnent les villes d'Occident, surtout les ports cosmopolites comme Carthage. Rome elle-même accroît son rayonnement, grâce au rôle imputé à Pierre et à Paul dans la fondation de son Église et aux pèlerinages dont leurs tombeaux sont l'objet. Mais très vite le christianisme, largement répandu dans les hautes classes, paraîtra suspect aux empereurs romains.

Après la révolte des Juifs en Judée, la chute de Jérusalem et la destruction du Temple en 70, toutes les attaches sont rompues avec le judaïsme. Désormais, il s'agit d'intégrer la religion nouvelle à l'Empire romain et à la société païenne.

Le mythe des catacombes

Contrairement à une idée reçue, les catacombes ne servent pas de refuge aux chrétiens persécutés. C'est un abus de langage que de parler d'Église des catacombes pour désigner l'Église persécutée. Les catacombes étaient des cimetières souterrains qui n'étaient pas propres aux chrétiens. Elles ne servirent jamais de refuge à des cérémonies cachées, mais on y développa très vite le culte des martyrs. L'idée de persécutions massives, décrétées par les « mauvais empereurs », relève aussi du mythe. Sous Néron et Domitien, il n'y a pas de fondement juridique à la persécution, et le « rescrit de Trajan » établit seulement, en 112, les règles d'une répression limitée, justifiée par une dénonciation et des aveux publics.

• • •

CHAPITRE 3

La Rome des premiers empereurs (–27 à 138)

Le 16 janvier 27 av. J.-C., le sénat décerne à Caius Julius Caesar Octavianus le surnom d'Auguste, lui conférant alors une autorité d'essence divine. Auguste apparaît très vite comme le champion de la liberté républicaine : nul n'oublie que les guerres civiles, longues et douloureuses, ont pris fin grâce à lui. Il possède en outre la vertu d'excellence, la clémence, la justice et la piété, c'est-à-dire les vertus cardinales, attendues depuis longtemps par les Romains, de l'homme d'État républicain.

La naissance de l'Empire

Ses fonctions n'ont rien à première vue qui puisse effrayer ses concitoyens. Au sénat, il est le princeps, le premier de tous ; ses titres et ses pouvoirs figurent dans les titulatures anciennes. Il est imperator, autrement dit général victorieux. Il dispose de la puissance tribunitienne, qui lui donne le droit de veto sur les décisions des autres magistrats et lui confère le caractère sacro-saint des tribuns de la plèbe de l'ancienne république ; enfin, il est *pontifex maximus*, grand pontife, ce qui lui assure la mainmise sur toutes les fonctions religieuses, ce titre étant aussi ancien que l'État romain.

Ce qui change, c'est le cumul des fonctions et leur durée : ainsi, son titre d'*imperator*, qui lui donne le pouvoir sur les provinces comme sur Rome, est renouvelé tous les 10 ans et sa puissance tribunitienne, chaque année. De plus, en lui donnant le surnom d'« Auguste », le sénat lui reconnaît une place non seulement parmi les hommes, sur lesquels il veille, mais aussi parmi les dieux. Il est d'ailleurs plus proche de ceux-ci que des simples mortels puisqu'il est le fils adoptif d'un être humain adoré comme un dieu : Jules César.

L'ordre et la paix

Auguste manie avec une admirable duplicité les institutions anciennes. Le prestige du sénat est accru et les sénatus-consultes ont toujours force de loi mais, en même temps, les pouvoirs effectifs du sénat sont diminués tant en politique extérieure qu'en matière de finances. L'assemblée populaire continue d'élire les magistrats, mais c'est Auguste qui présente les candidats. L'armée, enfin, reste une armée de métier. Ses effectifs sont limités aux besoins réels et aux moyens de l'Empire. Auguste veille à ce que le pouvoir ne dépende pas de ses caprices : toutefois, il crée 9 cohortes prétoriennes – soit 4 500 hommes ! –, chargées de sa protection. D'abord placées sous le commandement de deux préfets puis d'un seul, les cohortes sont stationnées aux portes de Rome ou dans les cités du Latium : il semble ainsi moins flagrant que le prince peut les appeler à tout instant.

De fait, c'est lui qui, aidé par un groupe de conseillers, dirige toute la politique à Rome comme dans les provinces : cette véritable révolution n'aurait pas été possible si le monde romain, épuisé par les guerres civiles, n'avait pas espéré de toutes ses forces l'ordre et la paix. Auguste crée alors une administration dont il confie les plus hautes charges aux sénateurs et aux chevaliers, leur conférant ainsi une noblesse de fonction. Rome, où s'entassent un million d'habitants, l'Italie, peuplée de 5 à 8 millions d'individus – parmi lesquels les hommes libres sont des citoyens romains qui conservent leur autonomie municipale –, les provinces, enfin, confiées aux sénateurs ou au prince lui-même, riches de 60 à 70 millions d'hommes : tous vivent désormais dans la paix civile.

La politique extérieure d'Auguste se veut donc d'abord et avant tout prudente.

En 25 av. J.-C., l'empereur Auguste reçoit pour la première fois une ambassade indienne dont l'allure amuse fort les badauds de Rome. Cette visite témoigne ainsi des liens que l'Empire a établis avec les mondes orientaux. La route terrestre est la plus fréquentée, mais la voie maritime commence à être bien explorée à son tour. En 20 apr. J.-C., le Grec Hippalos découvrira la mousson, et les navigateurs gréco-romains, puis arabes, sauront utiliser les vents et leurs changements de direction afin de traverser le plus rapidement possible l'océan Indien.

Confronté à des révoltes aux confins de l'empire, Auguste se montre ferme. En 17 av. J.-C., Tacfarinas, un Numide, ancien auxiliaire qui a servi dans l'armée romaine, déserte, se révolte contre Rome et entraîne avec lui une grande partie des provinces d'Afrique et d'Orient, puisque les troubles atteignent la Mésopotamie. Le nationalisme n'est pas éteint dans les contrées soumises à Rome, et il faudra près de huit années de campagne pour que les légions triomphent des mutins. En 24 apr. J.-C., le général romain et proconsul Cornélius Dolabella remporte, après une bataille sanglante, une victoire définitive sur le héros africain, et le met à mort.

Cette prudence en politique extérieure ménage à Auguste quelques succès, notamment la soumission des tribus alpines, triomphe commémoré à La Turbie, en 6 apr. J.-C., par l'érection du trophée des Alpes. Mais il connaît aussi des échecs, dont le plus dramatique, la destruction par les Germains de trois légions, en 9 apr. J.-C., condamne à jamais l'espoir d'étendre la présence romaine au-delà du Rhin. En effet, Arminius, chef des Germains chérusques, mène une série d'expéditions victorieuses aux marges orientales de l'Empire romain. C'est lui qui bat à plate couture les légions de Varus en 9. Il détruit également, en 18 apr. J.-C., le royaume germanique des Marcomans, alliés à Rome, et dont le chef Marbod meurt en exil à Ravenne. Mais l'épopée d'Arminius s'arrête devant Germanicus en 16. Ses officiers conspirent alors contre lui et il meurt empoisonné. Malgré cette fin tragique, ou à cause d'elle, il est le premier héros national allemand, connu sous le nom de Hermann.

GERMANICUS, LE VAINQUEUR DES GERMAINS

La mort de Germanicus, en 19, fut une grande perte pour l'Empire. Fils de Drusus et d'Antonia, donc neveu de Tibère, il avait gagné son surnom grâce à ses victoires éclatantes en Germanie sous Auguste, puis sous Tibère. C'est lui qui effaça la honte de la défaite des légions de Varus en battant le chef germain Arminius. Après la mort des fils de Julie, Auguste obligea Tibère à adopter Germanicus. Envoyé en Syrie, Germanicus entra en conflit avec le gouverneur Pison, et mourut subitement à Antioche. Sa femme, Agrippine l'Aînée, célèbre pour sa beauté et ses vertus, accusa Pison de l'avoir empoisonné, et celui-ci se suicida. Mais Tibère exila Agrippine à Pandateria, où elle mourut avant de voir son fils Caligula monter sur le trône.

Le nouveau siècle

Pour asseoir son pouvoir sur une mystique durable, Auguste promet en plus le bonheur. Son ministre Mécène sait découvrir les talents qui orchestrent les thèmes du renouveau. Grâce à lui, Virgile annonce en des vers inspirés que l'histoire douloureuse des siècles passés était une épreuve nécessaire, destinée à préparer le siècle d'Auguste. Ce siècle est inauguré solennellement en 27 av. J.-C., et Horace compose pour un chœur de jeunes garçons et de jeunes filles le *Chant séculaire*, point culminant des cérémonies étranges qui conjurent les influences maléfiques et suscitent les bontés d'Apollon.

Au siècle nouveau convient une ville nouvelle. Rome, déchirée par un siècle de guerres civiles, abîmée dans son âme et dans sa chair, mais restant malgré tout prestigieuse, devient la plus belle ville du monde. L'urbanisme, comme toujours sous des dirigeants fondateurs, est un manifeste politique. Assisté par Agrippa, son fidèle lieutenant et son gendre, Auguste restaure les monuments endommagés – 82 temples pour la seule année 29 –, construit un forum qui porte son nom et dont le centre est un temple dédié à Mars : enfin, il aménage le champ de Mars. Il justifie son action en prétendant avoir laissé en marbre une ville qu'il avait trouvée en brique.

À l'image de la ville, le nouveau siècle est présenté comme une restauration des anciennes valeurs républicaines. Auguste mêle adroitement les innovations et la défense des comportements traditionalistes, tentant de redonner vie à une société meurtrie par des guerres fratricides. Mais l'ordre moral qu'il veut restaurer pour combattre le déclin des deux ordres supérieurs de l'État est un échec. Comme le dit Sénèque, le peuple romain en est arrivé à un tel point d'épuisement qu'il semble ne plus être capable de se soutenir sans s'appuyer sur ses dirigeants.

La difficile succession

C'est ce que montre la solution apportée à la plus délicate des questions, celle de la succession. Bien que cette monarchie inavouée ne puisse pas être héréditaire, Auguste cherche un héritier dans sa famille. Sa fille Julie lui donne deux petits-fils, mais leur mort prématurée laisse le champ libre aux ambitions de sa seconde femme, Livie, qui l'incite à laisser le pouvoir au fils qu'elle a eu d'un premier mariage, Tiberius Claudius, que l'histoire appelle Tibère. Auguste l'adopte et le désigne comme successeur.

À la mort d'Auguste, en 14 de notre ère, Tibère, âgé de 55 ans, devient donc empereur, avec l'accord du sénat. Celui-ci, vouant une véritable adoration à Auguste, lui octroie les honneurs divins. Dès lors, il est clair que la République est bien morte. Les derniers mots d'Auguste sur son lit de mort – « Si la pièce vous a plu, donnez-lui vos applaudissements et, tous ensemble, manifestez votre joie » – disent assez bien son pressentiment et sa conscience d'avoir joué une comédie qui allait se transformer en tragédie.

Des lendemains qui déchantent

Ceux qui succéderont à Auguste ne sauront pas juguler ce pouvoir infini dont le premier empereur romain avait usé avec clairvoyance : bien que lui reconnaissant des qualités militaires et un sens de l'organisation certains, l'historien Suétone pare Tibère d'un bon nombre de défauts, tels que l'avarice, la dépravation sexuelle et une grande maladresse envers ses proches. Fils de Livie, Tibère n'aime pas le pouvoir, mais il poursuit, tout au long de son règne, l'œuvre d'Auguste. Issu de la noblesse sénatoriale, Tibère (42 av. J.-C. – 37 apr. J.-C.) est un général, qui a fait ses preuves en Germanie. Contraint d'épouser Julie, fille d'Auguste, dont il supporte l'infidélité, il doit aussi adopter Germanicus. C'est un stoïcien, qui dit n'accepter le trône que par devoir. Aigri par les intrigues de ses proches, il se retire en 27 dans sa villa de Capri, laissant gouverner Séjan, préfet du prétoire. Celui-ci, qui a éliminé une partie de la famille impériale, renforce les pouvoirs de la garde prétorienne, mais est dénoncé par Antonia. Tibère rentre alors à Rome, fait exécuter Séjan et toute sa famille, avant de rentrer à Capri, où il sombre, assure la tradition, dans la débauche et la cruauté. Il meurt en 37, probablement assassiné.

Ni le sénat ni le peuple n'éprouveront pour cet orateur médiocre le moindre respect. C'est sous son règne que sera crucifié le Christ. La Rome républicaine fait désormais bien partie du passé.

Les travaux agricoles

Virgile, dans les *Géorgiques* (I, 506-508 et II, 149-152), célèbre la nécessité et la grandeur des travaux agricoles dans une Italie abîmée par les guerres civiles : « La charrue n'a plus les honneurs qu'elle mérite ; les champs sont laissés en friche, parce que les cultivateurs ont été emmenés, et les faux recourbées sont fondues pour devenir des épées raides…

Notre pays est couvert d'oliviers et de gras bétail. Ici règne un printemps perpétuel, et l'été se prolonge en des mois qui ne sont pas les siens ; deux fois les brebis y sont pleines, deux fois l'arbre y donne des fruits […]. » Ce plaidoyer pour une revalorisation de la campagne est à la fois symbolique, car la civilisation romaine privilégie la ville avant tout, et économique, car la petite paysannerie romaine est en péril.

En effet, Rome, dédaignant les terres qui l'entourent importe presque tout d'Égypte, de Gaule, de Grèce et d'Afrique du Nord. Là-bas, de grands domaines agricoles exploitent l'olivier, la vigne et le blé, auxquels s'ajoutent des troupeaux de moutons, de chèvres et parfois de chevaux. La terre est la propriété de familles fortunées, le travail agricole étant fait par des esclaves spécialisés : vignerons, laboureurs, bergers, tous placés sous l'autorité d'un intendant, le *procurator*. Les produits abondants sont vendus à des prix que ne peut concurrencer la petite paysannerie romaine, d'où sa lente disparition.

Le règne de Néron

À Rome, l'Empire est bien installé lorsque, en 54, Néron arrive au pouvoir. Adoré par le peuple, haï par les puissants, il laissera à l'histoire le souvenir d'un despote cruel.

D'Auguste a Tibère, l'Empire romain est devenu un édifice solide, que ne parviennent à ébranler ni les intrigues de palais, ni les assassinats. Et la dynastie impériale des Julio-Claudiens, qu'une généalogie compliquée fait descendre de l'empereur Auguste – par sa fille Julie et par sa femme, Livie, entrée en premières noces dans la famille des Claudes –, est désormais bien installée au pouvoir.

En 37, à la mort de Tibère, le sénat, le peuple et l'armée saluent comme prince l'arrière-petit-fils d'Auguste et de Livie, Caligula. Un jeu complexe d'alliances et de mariages en fait, aussi, l'arrière-petit-fils d'Antoine, le grand rival d'Auguste…

Le pouvoir a peut-être rendu fou Caligula. Il a passé son enfance dans les camps, avec son père, le célèbre Germanicus, et c'est là qu'il a reçu son surnom, les *caligae* étant les brodequins militaires. Quand il arrive au pouvoir, en 37, ce jeune homme de vingt-cinq ans est très populaire. Mais il mécontente très vite la classe sénatoriale, qui ne tarde pas à attribuer à une soudaine maladie mentale les abus de pouvoir de l'empereur. Élevé par sa grand-mère Antonia, entouré d'affranchis égyptiens, celui-ci gouverne comme les souverains de l'Égypte hellénistique, s'assimilant à Jupiter ou à Neptune. Très vite, Caligula prétend se faire adorer à l'instar du dieu-soleil, et il ne refrène plus ses goûts sanguinaires.

L'antagonisme entre l'empereur et la ville atteint alors son paroxysme : Caligula doit déjouer de nombreux complots, multiplie les procès en lèse-majesté, prétend faire nommer consul son cheval… et est assassiné par la garde prétorienne au bout de quatre ans de règne, en 41, à l'âge de 29 ans. La tragédie entre au palais impérial.

Les cohortes prétoriennes – la garde personnelle des empereurs – imposent alors l'oncle de Caligula : Claude. Il a 51 ans. On connaît surtout le nom de deux de ses épouses, Messaline et Agrippine !

Messaline

Le nom de l'impératrice romaine Messaline est synonyme de débauche et de cruauté. Avant d'épouser Agrippine, sa nièce, qui l'empoisonne, l'empereur Claude est marié à une redoutable mégère, Messaline. Celle-ci profite de la mauvaise santé de l'empereur, qui est sujet à des crises d'épilepsie, et de sa pusillanimité pour le soumettre entièrement à son autorité, obtenant de lui qu'il fasse exécuter les filles de Germanicus et de Drusus. Elle profite surtout de son très grand pouvoir pour se livrer à une débauche qui fait scandale à Rome, et même, écrit Juvénal, se prostituer. Narcisse, favori de Claude, probablement jaloux du rôle de l'impératrice, la dénonce à son maître, qui la fait assassiner en 48. Octavie, première femme de Néron, et Britannicus sont les enfants de Messaline et de Claude.

Les débauches de Messaline et les complots d'Agrippine font oublier que Claude est, malgré son manque d'expérience politique, un prince avisé, créateur d'une administration qu'il confie à des affranchis et grand constructeur. Ainsi en 48, favorable aux élites provinciales, Claude accorde l'accès à la magistrature aux Gaulois qui sont déjà citoyens romains. Ceux-ci sont désormais à égalité avec les Italiens et les citoyens de la Narbonnaise. Le texte de l'édit impérial est grave dans le marbre : on en a retrouvé un exemplaire dans ce qui fut le forum de Lugdunum, capitale des Gaules, qui est la ville actuelle de Lyon.

Le cinquième empereur de Rome

À sa mort, en 54, Claude laisse un fils, Britannicus. Mais Agrippine intrigue depuis longtemps pour que le pouvoir revienne au fils qu'elle a eu d'un précédent mariage et à qui elle a fait épouser Octavie, fille de Claude. Et c'est ce fils, Néron, qui est acclamé par les cohortes prétoriennes et confirmé par le sénat dans la fonction de prince. Comme Caligula, dont il est le neveu, il compte, parmi ses ancêtres, Auguste, Livie et Antoine.

Voilà donc Néron cinquième empereur de Rome, cinquième titulaire d'un régime, l'empire, qui n'est plus contesté et que tout le monde reconnaît comme la meilleure forme de gouvernement. Cependant, depuis sa création et le règne d'Auguste, les difficultés qu'il comporte subsistent. Elles touchent aux relations entre le prince et le sénat, aux sentiments du peuple qui, depuis Tibère, n'élit plus les magistrats, au rôle dévolu aux militaires et, en particulier, aux cohortes prétoriennes, toutes-puissantes dans l'entourage des empereurs : depuis Tibère encore, elles sont cantonnées à Rome. La dernière difficulté, mais non la moindre, concerne la conception de la personne du prince. Les provinces orientales de l'Empire, et certaines provinces occidentales, le considèrent comme un dieu vivant. À Rome, la divinisation du prince inspire plus de répugnance. Auguste et Claude sont devenus des dieux, mais après leur mort. Caligula, qui voulait en être un de son vivant, est mort de cette ambition.

Un prince clément et vertueux

L'analyse que Néron fait de cette situation s'enrichit des conseils que lui donne son précepteur, le philosophe Sénèque. Un bon prince se doit d'être clément, à la fois par penchant naturel et par volonté politique. S'il règne par cette vertu, les citoyens deviendront progressivement meilleurs.

Sénèque orne cette vision philosophique du gouvernement de comparaisons choisies : le bon prince se comporte envers son peuple comme les dieux envers les hommes ; il est comme le Soleil, il est comme Apollon. Cette comparaison avec le Soleil, qui est plus qu'une figure de style, rappelle l'étendue du pouvoir des pharaons d'Égypte, qui avait jadis séduit Antoine, l'ancêtre de Néron. L'image peut donc devenir une réalité politique.

Les premières années, Néron diffère la réalisation de certains aspects de ce programme. Il mène une politique d'entente avec le sénat. Le meurtre de Britannicus, en 55, dont on l'accuse sans réelle preuve, et sans doute à tort, ne lui porte pas préjudice. Même ceux qui le soupçonnent d'en être l'auteur comprennent qu'il se soit défait d'un rival potentiel. Agrippine ne menaçait-elle pas de défendre les droits de son beau-fils, qu'elle avait elle-même bafoués ?

En 59, Agrippine est à son tour assassinée, ce qui ne paraît pas non plus avoir été préjudiciable à Néron, qui avouera lui-même ce matricide, dont il portera, seul, les terribles remords.

L'âge d'or de Néron

La même année, délivré de la tutelle maternelle, épris de Poppée, une belle patricienne, Néron inaugure la nouvelle politique dont il rêvait. Elle a été discutée dans un cercle poétique qu'il préside et dont le plus beau fleuron est le poète Lucain. Ce dernier, au début de sa *Guerre civile*, signe un éloge hyperbolique du prince. Dans le même temps, on célèbre le retour de l'âge d'or, avec les termes que, jadis, Virgile utilisait pour Auguste.

L'empereur s'essaie à la poésie et y réussit honnêtement. De plus, il travaille sa voix, dont les inflexions harmonieuses vont bientôt paraître légitimer son pouvoir : le prince se doit d'être un artiste, pour révéler à ses peuples les harmonies divines qu'il entend. Pour ce faire, il s'impose une telle discipline qu'il est exclu qu'il se soit livré aux orgies dont on l'accuse.

Dans le courant de l'année 59, il donne des fêtes qu'il appelle « Jeux de la jeunesse » : il y chante ses œuvres en s'accompagnant à la cithare. Puis, en 60, il crée les *Neronia*. À l'instar des Jeux grecs, ces jeux quinquennaux allient la musique aux exercices gymniques et hippiques. Lui-même y participe.

Ce prince poète, initiateur d'un nouvel âge d'or, n'oublie pas qu'il est coupable d'avoir assassiné sa mère. Il choisit d'expier sa faute en interprétant des rôles qui rappellent singulièrement sa vie : sur scène, il est Oreste ou Œdipe. Il s'exerce aussi aux courses de char, pour y exceller, tel le Soleil conduisant l'attelage qui éclaire le jour.

De Rome à Néropolis

C'est une véritable révolution culturelle qui se prépare. Les valeurs du pouvoir, l'art et l'harmonie sur lesquels il entend se régler surprennent les classes dirigeantes. Alors, en 61, refusant toute critique, Néron commence à durcir sa position. En 62, il bannit, puis fait exécuter son épouse, Octavie – elle a sans doute trempé dans quelque complot –, et se remarie avec Poppée. En 64, conscient que son programme n'est pas compris des Romains, il va se produire à Naples, ville de culture grecque, où le public lui fait un triomphe.

En juillet 64, le hasard fournit à Néron un spectacle qu'il n'attendait pas : un incendie ravage Rome. Qu'il en soit innocent, les historiens modernes n'en doutent plus. C'est sa hâte à tirer parti de la catastrophe qui le rend suspect. De plus, en sacrifiant des chrétiens pour satisfaire le peuple, qui voulait des coupables, et apaiser les soupçons qui pèsent sur lui, il entre dans l'imagerie qui fait de lui la bête immonde des prophéties et l'antéchrist.

En réalité, pour éviter à la ville rebâtie de semblables tragédies, il prend des mesures qui allient la sagesse et l'esthétique. S'il est discrédité, c'est qu'il songe à baptiser « Néropolis » la nouvelle ville. Il récupère surtout, en plein centre, de vastes terrains, pour s'y faire construire un palais, qu'il appelle lui-même la Maison dorée. Et ce n'est pas tant le luxe de cette demeure qui choque les Romains que les idées révolutionnaires qui y sont expérimentées.

Réaliser l'incroyable

La Maison dorée est d'abord un grand parc. On y voit un lac où se reflètent des pavillons ; des champs de blé, des vignes, des pâturages où paissent des moutons ; des bois hantés par des daims et d'autres bêtes sauvages. La maison elle-même est ouverte sur ce paysage composé. Elle n'est pas ornée d'or, mais un des plafonds est décoré de peintures où domine la couleur dorée. La pièce la plus étonnante est couverte d'une coupole, qu'un mécanisme fait tourner au rythme du temps. Le vestibule de ce domaine est un péristyle, élevé dans la continuité du Forum, autour d'une statue colossale d'Hélios, qui représente Néron lui-même avec une couronne radiée, haute d'une quarantaine de mètres. Pour réaliser cette Maison dorée, Néron engage des dépenses énormes, et le Trésor, en difficulté depuis longtemps, subit une grave crise ; Néron est obligé de dévaluer le denier et l'aureus.

En entrant dans ce domaine, il aurait dit : « Je vais enfin commencer à être logé comme un homme. » Ce mot paraît une insolence de plus, alors qu'il exprime la certitude que rien n'est trop beau pour l'homme et que toutes les ambitions lui sont ouvertes. L'historien Tacite dit la même chose, quand il note que les architectes de Néron ont une imagination qui demande à l'art ce que refuse la nature.

Mais, du même coup, les moralistes condamnent les autres projets de l'empereur : le percement du canal de Corinthe – entrepris en 67, abandonné après sa mort, et réalisé seulement en 1893 – et le percement d'un canal entre la Campanie et Rome, à travers les marais Pontins. Là encore, Néron veut réaliser l'incroyable. Il instaure une sorte d'humanisme triomphant qui, dans un monde où les dieux se taisent, fait de l'homme son propre dieu.

Le sursaut des conservateurs

À force de refuser l'impossible, de se plaire dans la transgression, Néron indispose depuis longtemps les conservateurs. Lorsque, après la mort de Poppée, il feint d'épouser un castrat qui ressemble à la disparue, c'en est trop : en 65, sous la conduite de Calpurnius Pison, une conspiration se forme. Elle n'a pas de programme politique révolutionnaire. Ce n'est pas le régime qu'elle met en cause, c'est le prince. Quand il en est informé, Néron est atterré. Il sévit, en homme déçu d'être contraint d'ensanglanter son beau rêve d'harmonie. Lucain, le jeune poète, l'ami d'autrefois, est impliqué : l'empereur l'oblige à se donner la mort. Sénèque, qui depuis quelque temps s'est retiré de la cour, reçoit le même ordre. Il n'était sans doute pas innocent.

Un an plus tard, Néron réaffirme son programme. Depuis le début de son règne, sous la conduite du général Corbulon, les Romains combattent leur ennemi héréditaire, les Parthes. À la mort en 34 apr. J.-C., du roi d'Arménie Polémon, qui avait choisi le parti des Romains, le roi des Parthes Vologèse fait nommer son frère, Tiridate sur le trône. Corbulon en profite pour s'emparer des capitales arméniennes et en chasser le prétendant Tiridate, au profit de Tigrane V. Tiridate appelle à l'aide son frère, Vologèse. Les légions romaines sont battues à Rhandera en 62, mais Corbulon a le dessus l'année suivante. Un traité est enfin conclu en 66. Néron couronnera lui-même Tiridate si ce dernier vient en personne à Rome.

Tiridate vient, donc, en 66. Il reçoit un accueil royal et reconnaît en Néron son suzerain et son dieu. Sur une toile, tendue au-dessus du théâtre, l'empereur est représenté à l'image du soleil, conduisant un char au milieu d'un champ d'étoiles. L'heure est venue de fermer les portes du temple de Janus : le dieu n'aura plus à se porter au secours des Romains en guerre. Néron proclame la paix universelle.

Ses victoires ne profiteront cependant pas à Corbulon, car l'empereur, jaloux, lui intime l'ordre de se donner la mort, ce qu'il fait en 67, dans la cité de Corinthe, en se passant une épée au travers du corps.

La fin du rêve

À la fin de l'été 66, Néron part pour la Grèce. Il veut participer à tous les concours musicaux, se produire comme acteur et comme cocher dans les jeux ; mais il veut aussi affirmer son attachement à cette terre, en conférant au Péloponnèse une sorte d'autonomie à l'intérieur de l'Empire. Pendant qu'il recueille les prix et s'épanouit sous les applaudissements, il ne s'inquiète pas des remous qui bouleversent l'Empire. En Judée, les Juifs se révoltent, donnant à Vespasien l'occasion de déployer toutes ses qualités militaires.

À Rome, les mécontents sont nombreux, et, lorsque Néron revient, en triomphateur, il ne perçoit pas l'importance des nouvelles qui lui parviennent des provinces et surtout de la Gaule Lyonnaise, dont le gouverneur, Julius Vindex, vient de se révolter. Les événements, désormais, s'enchaînent rapidement. Vindex, qui a pris des contacts avec Galba, gouverneur de l'Espagne du Nord, est écrasé par les légions de Germanie, restées fidèles. Mais Galba fait alliance, contre l'empereur, avec Othon, gouverneur du Portugal. Néron prévoit d'aller au-devant des révoltés et de chanter quelques airs de sa composition. Vain soubresaut d'un chimérique espoir d'harmonie. Les rebelles reçoivent bientôt l'appui des légions de Germanie.

Incapable d'affronter l'échec de son rêve, Néron ne réagit pas. Il laisse les rumeurs courir dans Rome, en particulier celle de sa fuite en Égypte, que croient les cohortes prétoriennes. Le peuple aussi, qui l'aime et le regrettera longtemps, est abusé. Abandonné de tous, Néron se donne la mort le 9 juin 68. Il a 31 ans. Ainsi s'achèvent la dynastie julio-claudienne et le règne d'un homme moderne, passionné de nouveautés dans un monde conservateur. Son idéal était généreux, mais intempestif. Son pouvoir était grand, mais il l'employa surtout à venger ses déceptions.

JUBA II, ROI ET SAVANT

Fils de Juba Ier, roi de Mauritanie, qui avait été vaincu par César en 46 av. J.-C., le jeune Juba II est emmené captif à Rome et élevé à la cour d'Auguste, qui lui fait épouser la fille d'Antoine et de Cléopâtre, Cléopâtre-Sélené, puis lui rend son royaume, augmenté de la Gétulie. Étroitement dépendant de Rome, le jeune roi est un souverain de parade. Il écrit en revanche des ouvrages d'histoire en grec, un traité de métrique latine et entreprend même des expéditions maritimes. C'est ainsi qu'il atteint les Canaries, qui n'avaient été découvertes que quelques décennies auparavant. En 40 apr. J.-C., le jeune empereur Caligula convoque dans sa capitale Ptolémée, fils de Juba II, petit-fils d'Antoine par sa mère Cléopâtre Séléné, et donc quelque peu son parent. Il ne s'agit pas d'une réunion de famille mais d'un piège : Caligula fait mettre à mort Ptolémée, pourtant favorable à Rome, et décide d'annexer son royaume, qu'il partage alors en deux provinces.

La construction du Colisée

Destiné aux combats de gladiateurs, le plus célèbre des amphithéâtres romains est l'œuvre de la dynastie flavienne qui succéda à Néron. Commencé par Vespasien en 72, inauguré par Titus en 80 et achevé par Domitien en 82, le Colisée, édifié à l'emplacement du lac de la Maison dorée de Néron, doit son nom à la statue de Néron toute proche, haute d'une quarantaine de mètres. Tout est colossal dans ce monument pouvant accueillir près de 100 000 spectateurs dans son ellipse de 527 mètres de circonférence extérieure et de 48 mètres de hauteur. Les trois étages d'arcades sont surmontés d'un mur portant des mâts destinés à tendre un vélum pour protéger les spectateurs du soleil et de la pluie ; un détachement de marins est chargé de manœuvrer cette immense toile. Situés sous l'arène, un réseau de pièces souterraines pour les gladiateurs et les fauves ainsi qu'une importante machinerie permettent de varier à l'infini les spectacles sanglants de l'amphithéâtre.

L'art des aqueducs

Frontin, ancien gouverneur de la Bretagne de 74 à 77, est un esprit ingénieux, qui s'intéresse à toutes sortes de techniques. Déjà auteur d'un traité qui répertorie les ruses de guerre et d'un traité d'art, il écrit, à son retour à Rome, un nouveau livre sur les *Aqueducs de Rome*, qui décrit le système d'adduction d'eau de la capitale et les ouvrages d'art qui l'alimentent. En Italie, comme dans le reste de l'Empire, les aqueducs, outre leur rôle utilitaire, ont une fonction de prestige. Ils marqueront longtemps le paysage et témoigneront dans tout l'Empire de la grandeur de Rome.

Le théâtre à Rome

Au temps de Néron, il y avait, à Rome, trois théâtres. Pompée avait fait élever le plus ancien, en 55 avant notre ère. Le poète Balbus avait fait construire près du Tibre le deuxième, inauguré en 13 avant notre ère. César, enfin, avait commencé le troisième. Auguste l'avait achevé, et lui avait donné le nom de son neveu, Marcellus. Ces théâtres contenaient respectivement 17 580, 11 510 et 20 000 spectateurs. La précision de ces chiffres vient des « Régionnaires », listes officielles dressées au IVe siècle. Tous trois présentaient la même structure, différente de celle des théâtres grecs : ils étaient bâtis en terrain plat, et non adossés à une colline. La scène, très élevée, était surmontée d'un mur percé de trois portes, creusé de niches où étaient placées des statues, et notamment celle de l'empereur régnant. Les spectacles y étaient donnés dans le cadre des jeux religieux, c'est-à-dire de plus en plus souvent, au fil des siècles : vers 170, à l'époque de Marc Aurèle, le calendrier romain comporte 135 jours de jeux ; il y en a 175 en 354.

Pendant l'époque impériale, le public se désintéresse de plus en plus du texte. Ce qu'il aime, c'est la danse et le chant, avec comme livret une histoire mythologique, de préférence violente ou scabreuse. Les acteurs deviennent des « stars », dont on écoute avec délectation les variations vocales et dont on admire les performances physiques.

Rome et la fin du royaume juif

Deux événements essentiels dans l'histoire du monde méditerranéen marquent l'année 70 : la destruction de Jérusalem et l'arrivée sur le trône impérial de la dynastie des Flaviens.

Les Romains ont toujours eu des difficultés à gouverner la Judée : les maladresses des procurateurs (les gouverneurs), le recouvrement des impôts par des publicains corrompus rendent insupportable l'occupation, même si la Judée a gardé sa législation propre, placée sous la direction du sanhédrin. De plus, toutes les manifestations de la culture païenne semblent intolérables au peuple juif, dans la mesure où elles bafouent ses interdits religieux.

Les étapes de la guerre des Juifs

Cette situation explosive se traduit jusqu'en 66 par des émeutes et des manifestations dirigées contre les occupants. Le judaïsme du Ier siècle est fortement imprégné par les courants messianiques prédisant la venue d'un roi victorieux, seul capable de rendre son indépendance au peuple juif. À ces aspirations nationales, à cette interprétation de la promesse faite aux Juifs par leur Dieu, s'ajoute en outre la gestion détestable des Romains. Les zélotes, groupe extrémiste minoritaire, mais très actif, pratiquent alors une politique d'attentats contre les Romains et contre les Juifs soupçonnés de collaboration. Dans ce climat de plus en plus tendu, une provocation romaine suffit à entraîner tout le pays dans la révolte : en 66, le procurateur Florus s'empare de dix-sept talents d'or déposés dans le trésor du Temple de Jérusalem. Les habitants de la ville, par dérision, lancent une souscription pour venir en aide au gouverneur « nécessiteux ». En représailles, Florus fait saccager la ville par ses troupes. Par une série de réactions en chaîne, l'émeute locale se transforme en une guerre généralisée d'une violence extrême, aggravée par les dissensions internes du peuple juif. À la fin de l'année 66, après avoir expulsé les Romains, un gouvernement provisoire s'installe à Jérusalem.

Devant la gravité de la situation en Judée et l'impuissance des troupes à tenir les insurgés en échec, l'empereur Néron confie en 67 la direction des opérations à un de ses meilleurs généraux, Vespasien. Ce dernier, accompagné de son fils Titus et de 60 000 hommes, reconquiert progressivement le pays : le Nord est soumis fin 67 ; en 68, les Romains contrôlent la Pérée et la Samarie. Il ne reste plus alors qu'une poche de résistance en Judée autour de Jérusalem. Lorsque, en juillet 69, Vespasien est acclamé empereur par ses légions, il laisse à son fils Titus le soin de s'emparer de la ville.

Vers la diaspora définitive

Commencé au printemps 70, le siège de Jérusalem s'accompagne d'atrocités tant dans la ville qu'entre les deux camps ennemis. Lorsque au mois d'août Titus pénètre à l'intérieur de la cité assiégée, il fait immédiatement incendier le Temple, dont les objets sacrés vont figurer dans la procession de son triomphe. La ville est rasée au niveau du sol. Des dizaines de milliers de Juifs sont vendus en esclavage. Les dernières forteresses de Judée, l'Hérodion, Machéronte et Massada, sont soumises dans les années qui suivent.

Dispersées sur un plateau, les ruines grandioses de Massada rappellent un des derniers épisodes de la guerre des Juifs. C'est le roi Hérode qui fait construire la place forte de Massada, dont les murailles puissantes enferment la résidence royale, des entrepôts, des bains et des citernes. Après la chute de Jérusalem, en 70, les zélotes, réfugiés avec femmes et enfants dans cette forteresse, tiennent en échec la Xe légion romaine jusqu'en 73. Sur le point d'être pris, les assiégés choisissent la mort : dix hommes tirés au sort se chargent de tuer le millier de personnes enfermées dans Massada. Après avoir égorgé ses neuf compagnons, le dernier survivant se plonge l'épée dans le corps.

En 70, le peuple juif a non seulement perdu son pays et sa capitale, mais aussi le Temple, centre de sa vie religieuse. Cependant, des docteurs de la Loi, d'appartenance pharisienne, réunis à Jamnia, se préoccupent de déterminer les règles permettant de préserver le judaïsme. Le canon des Livres saints est fixé ; le sanhédrin reconstitué est placé sous la direction du *Nassi* (prince) : une législation est mise en place pour les communautés de la Diaspora.

Lorsque l'empereur Hadrien décide de construire à l'emplacement de Jérusalem une ville romaine appelée Aelia Capitolina, les Juifs résidant encore en Judée se soulèvent pour la dernière fois : en 132, Simon Bar Kochha prend la tête d'une révolte aussi violente que celle de 66 et s'empare de Jérusalem. Mais l'insurrection est écrasée par les Romains en 135. Hadrien reprend Jérusalem, où les révoltés résistent depuis deux ans et demi aux légions romaines. La ville sera interdite aux Juifs, et un sanctuaire de Jupiter bâti à la place du Temple. Il n'y a plus désormais de province de Judée, mais celle de Syrie-Palestine, malgré le siège soutenu par la forteresse de Bethar, au sud-ouest de la ville.

C'est la Diaspora définitive pour le peuple juif. Dans chaque pays de cette Diaspora, le judaïsme se reconstitue sur des bases religieuses renforcées. Ce sont les communautés de l'exil qui vont élaborer ces monuments de la pensée juive que sont le Talmud palestinien (IIIe-IVe s.) et celui de Babylone (Ve s.), interprétations de la Torah, ou Loi écrite, et réflexions sur sa signification.

FLAVIUS JOSÈPHE

La révolte juive du Ier siècle est connue grâce à un témoin, commandant en chef des révoltés qui passa à l'ennemi. Curieuse histoire que celle de Joseph ben Mathias, né en 37 à Jérusalem et élevé dans la meilleure tradition juive. Gouverneur de la Galilée au moment où éclate la révolte des Juifs en 66, il est à la tête des troupes qui défendent

contre les légions la forteresse de Jotapata. Lorsque celle-ci capitule, en 67, Joseph est emmené comme prisonnier devant le général romain Vespasien, auquel il prédit l'Empire. Libéré en 69, il est aux côtés de Titus lors du siège de Jérusalem en 70. Vespasien, acclamé empereur, le récompense alors de ses « services » en lui conférant la citoyenneté romaine et en le nommant historiographe de la cour impériale. Est-ce pour faire oublier sa « trahison » que Joseph, qui est devenu Titus Flavius Josèphe, compose alors en grec sa monumentale *Histoire de la guerre des Juifs*, puis les *Antiquités judaïques* qui sont destinées à faire connaître aux Romains son peuple d'origine ?

Les manuscrits de la mer Morte

C'est en 1947 que, par hasard, un jeune berger bédouin, parti à la recherche d'une de ses bêtes, découvre dans une grotte près du site de Qumrân, en bordure de la mer Morte, des jarres d'argile fermées contenant des rouleaux de manuscrits. Cette découverte, suivie d'autres semblables dans plus de trente grottes du site, a permis de retrouver plusieurs centaines de manuscrits rédigés en hébreu et en araméen et datant de la période allant du IIe siècle av. J.-C. au Ier siècle apr. J.-C. C'est lors de la révolte juive de 66-70 que la communauté essénienne installée à Qumrân a dissimulé ces documents pour éviter qu'ils ne tombent entre les mains des Romains. Ils contiennent des écrits relevant de deux catégories : d'une part des textes bibliques canoniques ou apocryphes, dont le *Livre d'Isaïe* complet, en hébreu, et le *Livre d'Hénoch*, en araméen ; d'autre part des documents propres à la communauté religieuse de Qumrân, et en particulier les règlements de sa vie quotidienne. Ces manuscrits de la mer Morte constituent pour les exégètes et les historiens une découverte capitale, car ils permettent une meilleure connaissance de la religion et du monde juif au moment de la chute de Jérusalem.

Les empereurs flaviens

Après les dramatiques événements de l'année 69, pendant laquelle trois empereurs se succèdent à quelques mois d'intervalle, une nouvelle dynastie, celle des Flaviens, issus de la bourgeoisie italienne, succède aux Julio-Claudiens sur le trône impérial. Alors que l'ancienne noblesse a presque totalement disparu, ce sont des classes nouvelles qui arrivent au pouvoir.

Vespasien, l'« empereur du bon sens » (69-79), cherche à se présenter comme un sauveur désigné par les dieux. Doté d'un réalisme et d'un sens pratique certains, il réorganise l'Empire en favorisant l'ascension des provinciaux ; le droit de cité est ainsi accordé à bien des villes. Il donne aussi une solution provisoire au problème de la succession impériale en nommant ses fils héritiers du trône. Cependant, son fils aîné Titus, qui se donne le surnom de « délices du genre humain », meurt après deux ans de règne, et Domitien (81-96), le frère cadet de celui-ci, qui a à son actif l'extension de l'Empire en Bretagne et dans les champs Décumates entre Rhin et Danube, sombre dans la mégalomanie. Ses persécutions dirigées contre les intellectuels et les chrétiens lui valent le surnom de « Néron chauve ». Il est assassiné en septembre 96, au terme d'une conjuration où se retrouvent sa femme et les préfets du prétoire.

Troubles dans l'Empire

Le Ier siècle apr. J.-C. est marqué par une certaine agitation aux frontières d'Orient comme d'Occident.

En Grande-Bretagne, la reine Boadicée (ou Boudicca), casquée et armée, mène la révolte des Bretons contre l'envahisseur en 60. Héritière du roi des Icéniens, dans le Norfolk actuel, elle ne s'est jamais résignée à voir l'Angleterre soumise aux Romains. Le général Paulus Suetonius vient à bout de la rébellion après une campagne de plusieurs mois. Boadicée ne lui donnera pas le plaisir de la voir humiliée dans le cortège de son triomphe : elle s'empoisonne avec ses deux filles.

En 69, Velléda, prêtresse et prophétesse, pousse à la guerre la tribu des Bructères, établie dans le Hanovre et la Westphalie actuels. Ce peuple turbulent, qui avait participé à l'équipée d'Arminius (Hermann), soutient la révolte des Bataves contre Rome, avec laquelle ils étaient pourtant alliés. Comme le pouvoir est vacant, la révolte gagne vite la Gaule du Nord. Le chef batave Civilis, battu, rentre dans l'alliance romaine. Velléda, elle, continue la lutte. Vaincue, elle est capturée et emmenée à Rome, où elle subira la honte de figurer, enchaînée, au triomphe du général Cerialis. Mais c'est Velléda et non l'obscur Cerialis qui passera à la postérité, elle inspirera à Chateaubriand un personnage des *Martyrs*.

Installés sur l'ancien territoire scythe, les Sarmates, peuple indo-iranien s'agitent. Si les Roxolans, battus par Mucien en 69, sont cantonnés autour de la mer d'Azov, le groupe des Alains reprend son expansion, refoulant en Hongrie d'autres Sarmates, les Iazyges. C'est en vain que le Parthe Vologèse fera appel à Rome pour l'aider à combattre les Alains : à Rome en effet, on n'a pas oublié les campagnes contre les Parthes alliés aux Arméniens.

En 83, Cnaeus Julius Agricola, général de l'empereur Vespasien, puis de Domitien, vainc au mont Graupius les derniers peuples hostiles à Rome. Selon son gendre, l'historien Tacite, qui racontera, dans son ouvrage *la Vie d'Agricola*, ses campagnes, ces derniers rebelles sont les Calédoniens, ancêtres des Écossais actuels, qui, malgré leurs divisions, ne seront jamais totalement romanisés. Par ailleurs, Agricola, le premier, a prouvé que l'Angleterre est bien une île, en en faisant le tour en bateau, malgré les légendes effrayantes qui concernent les tribus sauvages du Nord.

Pompéi

En 79 apr. J.-C., Pompéi, ville d'Italie située en Campanie, la province de Naples, est ensevelie sous une pluie de cendres et de pierres, lors d'une éruption du Vésuve.

Cette catastrophe reste à jamais saisissante, car il n'est pas besoin d'imagination pour revivre le drame vécu en moins de trois heures par la population, surprise dans sa vie quotidienne. Ainsi sait-on ce que mangeaient les prêtres d'Isis qui, au moment de l'éruption, prenaient leur repas. En 1863, l'archéologue italien Giuseppe Fiorelli imagine de couler du plâtre dans le moule formé autour des corps par les cendres solidifiées : il en ressort les statues d'individus pris au piège de l'éruption volcanique, il y a dix-neuf siècles.

Une ville en pleine reconstruction

Pompéi était une ville de moyenne importance, comptant environ 20 000 habitants. Habitée au VIIIe siècle av. J.-C. par les Osques (peuple de l'Italie ancienne établi en Campanie), elle subit une présence grecque, puis étrusque, puis à nouveau grecque avant d'être conquise en 424 par les Samnites, un peuple montagnard des Abruzzes. Jusqu'en 90 av. J.-C., elle mène la vie relativement paisible d'une cité fidèle à l'alliance romaine. À cette date, elle s'insurge, comme toute l'Italie, contre les excès du pouvoir romain. Un an plus tard, elle succombe aux armées du général Sylla ; ses murs, bombardés de boulets, gardent encore la trace de cette bataille. Pendant quelques années, la population indigène et les colons implantés par Sylla coexistent puis fusionnent.

La ville est désormais unifiée et dispose de son autonomie municipale. Les élections de juillet 79 ont en effet laissé sur les murs les recommandations de tel ou tel candidat, peintes par leurs partisans. Pour ces magistrats, la grande affaire est de reconstruire la ville, en partie détruite par un tremblement de terre en 62. Les monuments principaux sont encore en chantier, en particulier le forum, centre politique, commercial et religieux de la cité. On y trouve ainsi le temple de la Triade capitoline, le temple des Lares et le temple de Vespasien.

Cette reconstruction préoccupe aussi les particuliers. Beaucoup profitent des destructions pour modifier leur maison ou en refaire la décoration. C'est pourquoi les fouilles de Pompéi et d'Herculanum, également dévastée par l'éruption du 24 août, permettent alors de suivre l'évolution des goûts picturaux pendant deux siècles. Dans certaines pièces, le décor, qui date des années 80 avant notre ère, n'a pu, faute de temps, être modifié. Ailleurs, la décoration, qui remonte aux années précédant l'installation de l'empire, a été conservée, parce qu'elle n'était pas détériorée : c'est ainsi qu'ont été sauvées les extraordinaires fresques de la villa des Mystères et celle de la villa dei Oplonti. Les styles chers aux empereurs romains Auguste et Néron dominent.

Pompéi montre en particulier que les maisons, fermées sur elles-mêmes, étaient de véritables musées, ornés à profusion de fresques empruntées à la mythologie.

La cité des plaisirs

À Pompéi, le monde romain se révèle aimable, familier et même sensuel. La ville a pour protectrice Vénus, déesse de l'Amour et de la Fécondité. Aussi, les amours vénales, comme les amours délicates, avouées par quelques inscriptions, dont l'une fait l'éloge de Poppée, qui deviendra l'épouse de Néron, y sont abondamment représentées. Les fresques célèbrent tous les plaisirs de la vie, parfois simplement figurés par des compotiers transparents remplis de fruits dorés.

L'argent ne manquait pas à Pompéi. La terre campanienne, fertilisée par les laves préhistoriques, est si féconde qu'elle produit en abondance la nourriture et le vin. Bien des commerçants se sont enrichis. Dans l'atrium (cour intérieure) de leurs maisons, ils exposent leur argenterie, patiemment constituée de génération en génération, et ils offrent des bijoux à leurs épouses. Aussi, beaucoup d'hommes et de femmes sont morts en août 79 pour avoir perdu de précieuses minutes à réunir leurs richesses, qu'ils ont dû finalement abandonner dans quelque recoin qu'ils croyaient sûr. Il l'était, en effet, mais pour les archéologues des siècles futurs.

La chronologie de Pline

La chronologie de la catastrophe du 24 août 79, qui a détruit Pompéi, Herculanum et Stabies, est connue grâce aux *Lettres* de l'écrivain latin Pline le Jeune.
10 h. Le sommet du Vésuve explose. Un vent d'est souffle.
10 h 15. Chute des premières pierres ponces sur Pompéi. L'air est empesté de vapeurs sulfureuses brûlantes.
13 h. La nuit est totale. Pompéi est morte sous 2,5 mètres de pierres ponces. Début des pluies de cendres et de lapilli. Une coulée de lave descend sur Herculanum.
20 h. Pompéi gît sous 4 mètres de pierres et de cendres, Herculanum sous 13 mètres de lave. Secousses telluriques et raz de marée pendant toute la nuit.
25 août. 6-7 h. Stabies est engloutie sous les cendres. Pline l'Ancien meurt. Toute la journée, des cendres blanches tombent sur la Campanie. Les secousses continuent pendant la nuit et le jour suivant.
27 août au matin. Tout est fini.

La redécouverte de Pompéi

La redécouverte des villes mortes, d'abord due au hasard et à la cupidité, a lieu au XVIIIe siècle. Dès les premières années commencent des fouilles sauvages qui ont pour but de trouver les objets d'art que les Autrichiens, alors maîtres de l'Italie du

Sud, emportent dans leurs résidences viennoises. À partir de 1738, Charles III d'Espagne commande des recherches, qui sont d'abord menées sans méthode. La villa des Papyrus, rapidement mise au jour, est vidée de ses trésors, dont les 1000 rouleaux de papyrus que contenait la bibliothèque.

L'importance de ces découvertes n'est vraiment soupçonnée en Europe qu'après les travaux de l'archéologue et historien allemand Winckelmann. L'engouement pour le style pompéien est d'autant plus grand que les artistes du XVIIIe siècle ont besoin de renouveler leurs critères esthétiques. Ce style inspire le néoclassicisme (école préconisant les formes d'art imitées ou renouvelées de l'Antiquité classique) et les romantiques. Ainsi, en France, au XIXe siècle, l'écrivain Théophile Gautier évoque Pompéi dans une nouvelle intitulée *Arria Marcella* ; le sujet lui a été suggéré par la découverte, dans la villa de Diomède, du corps d'une jeune fille. Les fouilles continuent cependant d'être menées de façon anarchique. Elles deviennent systématiques dans les années 1860, grâce au roi d'Italie Victor-Emmanuel II. Dès lors commence l'ère scientifique : l'intérêt des chercheurs va autant aux pains carbonisés qui sont encore dans le four du boulanger qu'aux statues et aux peintures. Et il est vrai que la ville, qui est remarquablement conservée, représente un document d'une rare richesse sur la vie romaine au Ier siècle de notre ère.

Après deux siècles de fouilles, on ne connaît vraiment que les deux tiers du site de Pompéi. La ville a été tout d'abord plus pillée que fouillée, mais tout le nord du site, à l'ouest de la Maison des Vettii et dans le quartier de l'amphithéâtre, a été jusqu'à ces dernières années épargné par la pioche. C'est là que des fouilles sont menées aujourd'hui, qui ont permis de mettre au jour de nouvelles peintures, de nouveaux objets, argenterie, monnaies, statues de bronze ; mais, surtout, elles laissent espérer de nouvelles révélations sur la vie au Ier siècle : grâce aux pollens recueillis, on pourra en particulier savoir quelles plantes poussaient dans les jardins.

Le Vésuve

Un redoutable volcan, toujours en activité, dont les nombreuses éruptions bouleversèrent l'Italie du Sud. Constitué de deux volcans coniques, emboîtés l'un dans l'autre, le Vésuve domine de ses 1 281 mètres la plaine de Campanie. Les cendres volcaniques sont très fertiles, c'est ce qui explique que de très fortes densités humaines s'y soient développées, rendant plus tragique chaque réveil du volcan. Vers 800 av. J.-C., le Vésuve a connu une première éruption, du même type que celle de 79. Par la suite, le cratère émit plusieurs éruptions explosives de moindre importance, avant de s'obstruer, au XIIIe siècle. À partir de 1564, la région fut secouée de séismes et une éruption à nouveau semblable à celle de 79 eut lieu en 1631. Depuis, le volcan est toujours en activité, mais il connaît des périodes de latence.

Trajan et Hadrien

Le règne de Domitien, qui est mort assassiné en 96, vient d'illustrer une fois de plus les risques de la succession dynastique. Les sénateurs confient alors le pouvoir à l'un d'entre eux, Nerva, âgé de 70 ans et sans descendance : son règne ne peut qu'être bref et transitoire. De fait, Nerva meurt en 98, mais il a eu le temps d'inventer le principe de l'adoption, qui va assurer à l'Empire près d'un siècle de tranquillité. En 97, il adopte un général de 45 ans, né en Espagne et connu pour ses vertus : Trajan. Ainsi est inaugurée la nouvelle dynastie des Antonins, sous laquelle l'Empire va atteindre son apogée.

La politique intérieure de Trajan

Les monuments que Trajan a fait élever à Rome et dans l'Empire constituent un témoignage sur sa politique : à Bénévent, un arc commémore, plus que ses victoires militaires, son attention aux petits propriétaires terriens, auxquels il accorde des allocations afin d'améliorer leurs conditions de vie et de les encourager à avoir des enfants. Ses mesures sociales, qui tendent aussi à préparer des générations nouvelles de soldats, sont habilement présentées comme des actes de philanthropie.

Comme jadis Octave (devenu empereur sous le surnom d'Auguste, à partir de 27 av. J.-C.), Trajan reçoit un surnom : il est le « Meilleur » (*Optimus*) ; ce titre semble consacrer son efficacité, mais il est aussi l'une des épithètes qui qualifient Jupiter, principale divinité du panthéon romain.

Avec une très grande déférence envers le sénat, Trajan rassemble en fait entre ses mains l'essentiel des pouvoirs. Il donne aussi à sa personne un caractère sacré que n'aurait pas désavoué Domitien : il fait diviniser son père naturel et son père adoptif pour devenir fils de Dieu, comme Auguste.

En revanche, contrairement à ce dernier, Trajan est un homme de guerre, et il veut asseoir davantage son autorité sur les triomphes militaires. Il a surtout besoin de rétablir les finances laissées par Domitien dans un état critique.

Un empereur conquérant

Aux marches de l'Empire, dans la région du Danube, les Daces (peuple indo-européen habitant la Dacie, ancienne région correspondant à la Roumanie actuelle) menacent la tranquillité des frontières.

Cette région avait toujours été une zone de confrontations et de troubles. En 135 av. J.-C., les Scordisques peuple celte, s'étaient taillé une principauté dans la région de Belgrade, et avaient profité de la décadence de la Grèce pour envahir la Thrace ; ils avaient pillé une nouvelle fois Delphes en 114 av. J.-C. Ils représentaient une pièce essentielle dans le puzzle que constituait « l'empire celtique » depuis l'expansion du IIIe siècle. Ils avaient résisté encore un siècle aux assauts des peuples voisins, avant de tomber, au Ier siècle avant notre ère, sous les coups des Daces. À cette date, une civilisation composite s'était développé. Les Daces, ou Gètes, doivent beaucoup aux Scythes et aux Celtes, comme aux colonies grecques de la mer Noire. Ils construisent des forteresses, qui abritent des forgerons, des éleveurs de chevaux, des marchands, enrichis par le commerce du fer, du sel et de l'or. Vers 60 av. J.-C., Burebista fédère les Daces pour fonder un embryon de royaume.

Trajan les soumet par deux campagnes difficiles, menées entre 101 et 106. L'immense butin qu'il rapporte est en partie consacré à la construction d'un nouveau forum, le forum de Trajan, et de marchés. La colonne Trajane, toujours en place, est devenue le symbole de la pérennité romaine ; elle raconte les difficultés et les exploits des guerres daciques, qui y sont figurées par des scènes sculptées.

En 106, l'Arabie est intégrée à l'Empire. Les armées de Trajan annexent en effet le royaume de Nabatène, qui devient province d'Arabie. La capitale. Pétra, n'en sera que plus prospère, grâce à la présence des marchands romains. La ville de Palmyre, annexée en 110, profite de la situation pour s'assurer le monopole du commerce caravanier entre l'Inde et les rivages méditerranéens. L'antique Tadmor se dote d'un temple, de sanctuaires dédiés à Yarhibôl, le Soleil, et Aghbôl, la Lune. Ses souverains, alliés de Rome, se font construire des tombeaux monumentaux ; ils retrouveront au IIe siècle leur indépendance.

Puis Trajan attaque les Parthes en 114 : il envahit une partie de l'Arménie et s'en empare, continue son avancée jusqu'en Babylonie et jusqu'au golfe Persique. Il pense créer une province en Assyrie et en Mésopotamie mais il doit y renoncer, malgré ses victoires sur les Parthes, car, à l'arrière, les Juifs d'Orient se révoltent.

Il est surpris par la mort en Orient, à Sélinonte, alors qu'il a pris le chemin du retour. L'Empire atteint alors sa plus vaste extension et le pouvoir impérial est plus fort que jamais : la succession de Trajan est donc importante. Cependant, celui-ci a omis de désigner son successeur ; il semble que sa femme Plotine, ait intrigué en faveur d'Hadrien, le petit-neveu de Trajan, en signant elle-même la lettre dans laquelle ce dernier adopte Hadrien…

PÉTRA

La ville de Pétra avait été oubliée, quand, en 1812, Burckhardt, Suisse converti à l'islam, la découvrit en se rendant en pèlerinage à La Mecque par le défilé du Sikh, près du village de Ouadi Moussa (le « torrent de Moïse »). La présence de tribus nomades sémitiques est attestée dans la péninsule arabique dès le IXe siècle av. J.-C. On compte quelques Arabes dans les armées de Xerxès et les Grecs décrivent des Arabes « Scéni-

tes », « qui vivent sous la tente », dans le désert, et sont les ancêtres des bédouins actuels. Les Arabes installés dans les oasis subissent davantage les influences extérieures. Tel est le cas de quelques tribus qui, au VIe siècle av. J.-C., chassent les Édomites de ce qui est aujourd'hui la Jordanie et fondent le royaume de Nabatène, entre la mer Morte et le golfe d'Aqaba. Leur capitale est une étape essentielle sur la route qui relie la mer Rouge à la Méditerranée. Les souverains, de la dynastie des Aretas, sont des alliés fidèles de Rome, ils parviennent à se faire désigner comme rois de la Syrie romaine, se proclamant « tyrans des Arabes », jusqu'à ce que leur royaume soit annexé à l'Empire, devenant en 106 apr. J.-C. la *Provincia Arabia*.

Les embarras de Rome

Dans son œuvre, le poète satirique latin Juvénal décrit Rome, sous le règne de Trajan : pour lui, il n'est plus possible d'y être romain, et même d'y survivre...

« Si l'essieu du char qui porte des marbres de Ligurie vient à rompre et que cette masse déséquilibrée se déverse sur les passants, que reste-t-il des corps ? Comment en retrouver les membres et même les os ? Un brave homme passait. Son cadavre disparaît tout entier, tel un souffle. Pendant ce temps, sa maisonnée tranquillement lave déjà les assiettes, souffle sur le feu pour le ranimer. (Tout est prêt pour le bain.) Tandis que ses esclaves s'activent, la victime est déjà assise sur la rive du Styx. C'est la première fois qu'elle est là ; elle a peur du sinistre rocher et elle désespère de pouvoir traverser dans sa barque le fleuve fangeux, car elle n'a pas dans la bouche la pièce de monnaie qui lui assurera le passage. » (*Satires, III.*)

Historiens, poètes et philosophes

Aux début de notre ère, la littérature romaine est aussi bien représentée par des auteurs grecs que par des auteurs latins. Sous les Flaviens, c'est en grec qu'écrit Flavius Josèphe, chroniqueur de la *Guerre des Juifs*, de même qu'Épictète, philosophe stoïcien. L'*Histoire naturelle* de Pline, écrite, elle, en latin, est une véritable encyclopédie, tandis que les *Satires* de Juvénal sont une critique sarcastique de la vie à Rome. Sous les Antonins, les auteurs grecs sont plus nombreux et plus féconds que les latins, les plus célèbres d'entre eux étant le moraliste Plutarque, le « romancier » Lucien et Pausanias, auteur qui a décrit les curiosités de l'Empire. Mais il y a aussi de grands auteurs latins : Tacite, qui fait une critique des sources de l'histoire de Rome ; Suétone, auteurs d'anecdotes (*Vies des douze Césars*) ou bien encore Apulée, (125-170) qui est le plus grand, le plus connu, et presque le seul véritable écrivain latin de l'époque. Mais son talent témoigne surtout de la vitalité des lettres en Afrique. Il trouve son inspiration dans tous les cultes à mystères de Grèce et d'Asie Mineure – on lui doit une touchante Prière à Isis –, se passionne pour la magie, allie à son mysticisme une bonne connaissance de la philosophie néoplatonicienne. Il est proche aussi de Lucien, auteur grec, libre-penseur ironique, et du rhéteur Aelius Aristide. Mais c'est aux écrivains chrétiens de la période suivante, Tertullien, Minucius Felix, que la littérature latine devra sa renaissance.

Représentation de la Terre

Vers 125, le savant alexandrin Ptolémée, connu pour ses travaux mathématiques, fait paraître son ouvrage le plus célèbre, la *Géographie*, où il tente de donner une représentation du monde connu, du nord de l'Europe à la corne de l'Afrique, modèle qui rend compte des observations astronomiques. Il a travaillé à partir des représentations de Marin de Tyr, qui avait inventé un système de projection orthogonale, connu aujourd'hui sous le nom de « système de Mercator ». Le monde occidental avait perdu toute trace des travaux de Ptolémée, qui ne lui sont parvenus qu'à la fin du Moyen Âge, par l'intermédiaire des savants arabes.

Hadrien le successeur

En 117, l'armée, puis le sénat reconnaissent ce dernier comme le nouvel empereur. À 41 ans, Hadrien a fait une belle carrière militaire à la suite de Trajan, et une non moins brillante carrière politique. Mais il n'a pas avec le sénat d'aussi bonnes relations que celles qu'entretenait son prédécesseur, et il accentue l'autoritarisme du pouvoir. Il s'appuie en particulier sur une administration fortement hiérarchisée, en grande partie confiée aux chevaliers et d'où sont de plus en plus exclus les affranchis. Il peut, grâce à elle, intervenir dans tous les rouages de l'État. Les résultats sont spectaculaires : en 131, il codifie le droit en édit perpétuel ; il souhaite une justice égale pour tous et s'intéresse au sort des esclaves, qu'il défend contre leurs maîtres, et à celui des femmes, dont il encourage l'émancipation financière. Il cherche à améliorer le sort des paysans pour obtenir une meilleure production et il permet aux cultivateurs d'acquérir des droits sur les terres en friche, à condition de les cultiver. Il poursuit ainsi, mais avec davantage de volonté, l'œuvre socio-économique de Trajan.

Sous son règne, Rome devient une déesse, dont la statue est abritée dans un temple, où elle est associée à Vénus. Pour rappeler que cette ville est encore celle de Romulus, Hadrien restaure, sur le Palatin, le lieu d'où le fondateur a vu les douze vautours lui donner la mission de fonder la cité. Il fait construire en outre son mausolée (l'actuel château Saint-Ange) et la rotonde du Panthéon. Mais à la ville il préfère ses résidences de campagne, dont son palais appelé la villa Hadriana, à Tivoli.

Grâce à son administration, il peut quitter Rome et entreprendre un grand voyage dans l'Empire : il en inspecte ainsi les provinces et vérifie l'efficacité de ses défenses. Renonçant à l'expansion militaire, ainsi qu'aux dernières conquêtes de

Trajan au-delà de l'Euphrate, qui sont trop difficiles à gérer, il fait évacuer les territoires conquis. En revanche, il précise le dispositif de protection mis en place par les Flaviens, le *limes* : il y fait ajouter, en particulier, le mur qui sépare l'Écosse de la partie de l'Angleterre conquise sous Domitien par le général romain Agricola, le beau-père de l'historien latin Tacite.

À la fin de sa vie, Hadrien prévoit une succession compliquée, dont Auguste avait déjà donné l'exemple. Il adopte un neveu par alliance, le futur Antonin, à la condition que celui-ci adopte lui-même un jeune homme de 17 ans, le futur Marc Aurèle, parent de Trajan, et un enfant de 7 ans, Lucius Verus. Ce dernier choix est si curieux que certains historiens supposent que le père de l'enfant est un fils illégitime d'Hadrien. Celui-ci meurt en 138 ; ses relations avec le sénat sont à ce moment si tendues que son successeur devra imposer sa divinisation.

LA VILLA HADRIANA

Parmi les grands travaux entrepris par Hadrien figurent son mausolée (aujourd'hui le château Saint-Ange), le Panthéon, temple romain qui sert d'église depuis l'époque chrétienne, et la villa de Tivoli appelée « villa Hadriana ». Construite sur les pentes d'une colline, elle forme un ensemble dû aux meilleurs architectes du temps. Les détracteurs d'Hadrien ont souvent dit qu'il avait tenu à faire reproduire à Tivoli les sites les plus célèbres de son Empire, mais il ne s'agit que de noms donnés à des réalisations originales : le Canope, « canal du Nil », est une pièce d'eau ; le Pœcile, portique d'Athènes, une simple colonnade ; le « théâtre maritime » est un pavillon au milieu d'un lac, qu'on pouvait rattacher à la terre par un pont tournant.

• • •

CHAPITRE 4

Teotihuacán (–100 à 400)

Au IIe siècle de notre ère, au cœur d'un pays qui deviendra le Mexique, des hommes élèvent de somptueux monuments à la gloire du Soleil et de la Lune.

Teotihuacán signifie la « cité des dieux ». Ainsi les Aztèques avaient-ils baptisé au XIVe siècle l'immense ville, déjà en ruine au moment de leur domination, qui s'étend à une cinquantaine de kilomètres au nord de Mexico. Au XVIe siècle, quand Hernán Cortés et sa troupe passèrent à proximité, ils ne virent que d'énormes monticules de terre : le site s'était écroulé. Les fouilles, commencées au XIXe siècle, sont encore en cours aujourd'hui. Elles ont mis au jour des traces de civilisation datant de 650 av. J.-C., mais c'est au IIe siècle de notre ère que Teotihuacán a atteint son apogée. Autour des pyramides du Soleil et de la Lune, objets de culte, elle a bâti le plus grand centre cérémoniel de ce qu'on a appelé la période classique de la Méso-Amérique (Mexique et nord de l'Amérique centrale).

Une cité précolombienne

Jalonnée de temples, une vaste avenue rectiligne de 45 mètres de large court au centre de Teotihuacán : c'est l'allée des Morts, rigoureusement orientée nord-sud. D'ailleurs, toutes les constructions du site ont des positions géographiques qui les relient à l'ordre cosmique et, plus particulièrement, au Soleil. Elles sont en effet toutes disposées selon l'axe de la pyramide du Soleil, coïncidant lui-même avec la position de l'astre lors du solstice d'été.

Haute de 63 mètres, la pyramide du Soleil est un monument trapu, érigé sur une gigantesque plate-forme pavée, et reposant sur une base rectangulaire de 222 mètres sur 225. Moins élevée que la pyramide égyptienne de Kheops, elle est toutefois presque aussi large que cette dernière.

À son édification, au Ier siècle av. J.-C., elle devait compter quatre étages. Un temple, dont l'accès était sans doute réservé au grand prêtre, couronnait le sommet, desservi par un large escalier précédé d'un avant-corps à gradins. À l'aide de tunnels forés à travers l'adobe – cette brique sommaire typique de l'architecture d'Amérique –, la terre et la pierre de ses murs, les archéologues ont découvert, au cœur de la pyramide, des tessons de céramique, que l'on peut ranger sans doute parmi les objets les plus anciens retrouvés sur le site.

Plus petite, puisqu'elle ne fait que 43 mètres de haut, la pyramide de la Lune est probablement plus tardive, de même que la citadelle : cet édifice impressionnant est une sorte de forteresse de 400 mètres de large, dont les murs sont en réalité de très vastes plates-formes. Dédiée aux dieux de la Pluie et de la Végétation, elle se compose de quinze bâtiments disposés autour d'une pyramide à six niveaux en escalier, ornée de magnifiques sculptures.

Des masques à crocs alternent avec des serpents à plumes (Quetzalcóatl), tous recouverts de stuc peint. Si les vastes proportions et les formes géométriques de son architecture confèrent à Teotihuacán un aspect grandiose et austère, il faut imaginer que la peinture qui recouvrait les monuments massifs adoucissait quelque peu la sévérité du décor.

La fleur et le jaguar

Parmi les nombreux motifs décoratifs de Teotihuacán, deux semblent avoir bénéficié d'une faveur particulière. La fleur à quatre pétales (*xochitl*) a pu symboliser les quatre parties du monde disposées autour d'un centre, point de passage vers l'au-delà. Il existe même une grotte ayant la forme de cette fleur sous la pyramide du Soleil : creusée par l'homme, la cavité a peut-être été un centre de culte avant la période classique et a pu déterminer la construction ultérieure du monument.

Le jaguar (*ocelotl*) est fréquemment représenté sur les fresques. Les taches de sa robe ont nettement la forme de fleurs à quatre pétales. Pendant la période postclassique, ce félin, appelé Tepeyolotl, incarnait le cœur (*yolotl*) de la montagne (*tepetl*) . Certains historiens n'hésitent donc pas à associer à la fois fleur et jaguar à la grotte sacrée. Tous deux pourraient évoquer la puissance de la terre, d'où sortent et où retournent les hommes.

L'adoration de la nature

Jusqu'à présent, les archéologues n'ont exhumé aucune fortification à Teotihuacán. Par ailleurs, les peintures qui ornent certains monuments ne représentent ni scène sacrificielle sanglante, dont étaient pourtant coutumières les civilisations de cette aire géographique, ni combats. Les fouilles indiquent plutôt que Teotihuacán était la métropole théocratique d'une civilisation pacifique et agricole, dont la religion honorait les forces naturelles : l'eau, la terre, la végétation. Cette civilisation était attentive aux mouvements des étoiles, repères précieux d'une société tirant ses ressources de l'agriculture : en effet, si le site ne recèle ni hiéroglyphes ni traces d'écriture proprement dite, on a en revanche identifié des signes, correspondant à des nombres marquant le temps astral ou à des calculs chronologiques. Teotihuacán a pu être à ses débuts un centre réserve à l'accomplissement d'un cycle de rituels, liés au calendrier des récoltes. Mais, petit à petit, prêtres, gardiens, artisans se sont installés sur place, comme en témoignent les vestiges d'habitations éparpillées sur le site. Les plus riches d'entre elles sont de véritables palais aux murs somptueusement décorés. Comme les pyramides, les demeures étaient construites sur des plates-formes, typiques de ce style architectural.

La déesse de l'eau

Surgie au milieu de temples écroulés, une sculpture monumentale contemple les hommes du haut de ses quatre mètres. On a exhumé cette sculpture en déblayant le patio de la pyramide de la Lune. C'est un énorme bloc de basalte représentant un temple rectangulaire, précédé d'une figure féminine. Sa forme de pilastre laisse supposer qu'elle servait de support architectural à une charpente de bois, toiture courante à Teotihuacán. La statue possède une cavité dans la poitrine ; on pouvait y introduire la pierre symbolisant le cœur, le jade. On a identifié cette caryatide à la déesse aztèque des Eaux, Chalchiuthtlicue, « Celle à la robe de jade », parce qu'elle est vêtue comme elle d'une jupe et d'une cape aux bords ondulés, portant une inscription signifiant « le liquide ».

Un art coloré

Teotihuacán a également laissé une sculpture caractéristique. Les masques, taillés à l'échelle dans la pierre dure – onyx, jade ou basalte –, sont trop pesants pour avoir été portés, même s'ils étaient évidés et percés pour pouvoir être suspendus. Leurs yeux n'étaient d'ailleurs pas creusés mais ornés de fragments de coquille ou d'obsidienne. Parfois incrustés d'une mosaïque faite, notamment, de pyrite, de grenat, de jade, et merveilleusement polis, ils avaient probablement un usage funéraire. De nombreuses figurines en terre cuite moulée représentent des personnages du panthéon de cette religion, et arborent bijoux et coiffures complexes. Par ailleurs, on a retrouvé une grande quantité d'objets en céramique qui permettent de suivre la longue évolution de l'inspiration des artisans : les figures géométriques se transforment au fil du temps en dessins plus figuratifs, de papillons, d'oiseaux, de coquillages, de prêtres ou de dieux. Parmi les plus identifiables de ces objets, il faut citer des récipients à trépied coiffés d'un couvercle conique, enduits de plâtre peint et décorés de scènes proches de celles qui figuraient sur les fresques des palais.

Teotihuacán a disparu vers le VIIe siècle apr. J.-C. : la ville, à moitié détruite par un incendie, a été abandonnée. Les autres civilisations de l'époque classique connaîtront plus tard un sort identique. On n'a pas encore élucidé les raisons de leur extinction.

Le « paradis » de Tepantitla

C'est dans l'un des quartiers « résidentiels » de Teotihuacán que l'on a découvert les plus belles peintures murales du site. La fresque la plus étonnante est sans doute celle qui représente le Tlalocan, le paradis des dieux de la Pluie. Elle est réalisée avec la minutie d'une miniature. La figure centrale est, pour certains historiens, le dieu de la Pluie, bien que, pour d'autres, elle représente plutôt la déesse de l'Amour Xachiquézal. Auréolée de fleurs et de plantes diverses, de fleuves et de sources, elle est entourée de personnages qui courent, chassent les papillons ou se reposent. L'ensemble décrit un univers paisible et heureux. Selon les chroniqueurs espagnols qui ont rapporté les croyances des Aztèques, seuls allaient au Tlalocan ceux qui avaient été frappés par la foudre ou qui s'étaient noyés. On les enterrait en disposant sur leur visage des graines et en glissant entre leurs doigts des branches qui deviendraient fleurs, arbres et fruits dans une vie éternelle.

Rites funéraires des Hopewell

Vers 100 av. J.-C., les Indiens de Norton Mound, dans le Michigan, enterrent leurs morts avec d'importants bagages pour l'au-delà : incisives de castor, pattes de lynx, andouillers de cerf, etc. Ils fument déjà des calumets et en sculptent de superbes, représentant des oiseaux ou d'autres animaux. Maîtrisant désormais le métal, ils fabriquent des plaques de cuivre, qui servent d'ornement.

Le Pérou des Moches

Au Ier siècle de notre ère, après Chavin, et parallèlement à Nazca, une nouvelle culture apparaît sur la côte nord du Pérou. Les Moches développent une civilisation fondée sur la culture du maïs, des cacahuètes, de la patate douce et du poivron, pour lesquels ils utilisent des engrais animaux. Pour irriguer les zones désertiques, ils entreprennent d'énormes travaux. Ils construisent aussi en briques crues d'importants monuments religieux, comme la pyramide du Soleil. Au sommet, une petite construction sert de logement aux prêtres.

Les débuts des Mayas

La plus ancienne date relevée chez les Mayas est peut-être l'an 36 de notre ère. Elle est écrite dans un système hiéroglyphique analogue à celui des Olmèques. Toutefois, la plus ancienne sculpture que l'on ait retrouvée est une stèle datée, grâce à une inscription, de 292. Elle a été retrouvée au Guatemala actuel, à Tikal, la plus grande des villes mayas, qui, occupée dès 600 av. J.-C., a connu son apogée à la période classique (250-950 apr. J.-C.).

• • •

CHAPITRE 5

La paix romaine
(138 à 268)

Au IIe siècle apr. J.-C., 900 ans après la fondation de Rome, l'Empire romain, calme et prospère, semble éternel. À la mort d'Hadrien, le 10 juillet 138, Antonin, âgé de 52 ans, reçoit du sénat le pouvoir impérial et le titre de « Pieux », qui rend ainsi hommage à la piété qu'il manifeste envers Hadrien et l'assimile au fondateur de la puissance romaine, le pieux Énée, prince de Troie.

Les Antonins

Quand, en 148, Rome célèbre le neuf centième anniversaire de sa fondation, l'Empire est à l'apogée de sa puissance et de sa gloire, et les vertus humanistes s'y épanouissent, dans un climat de sensiblerie moralisante, voire larmoyante.

L'empereur est en bons termes avec le sénat – aucun de ses membres n'est mis à mort durant son règne –, il est attentif à toutes les misères, et, quoi qu'il ne quitte pas l'Italie, il entretient avec les peuples frontaliers des relations diplomatiques qui lui permettent d'assurer une paix générale, car il faut compter pour peu les campagnes de Bretagne (154-155), ainsi que les opérations visant à mater les troubles en Égypte (vers 142-144) et en Dacie (vers 156-157). L'insoumission est endémique en Britannia. En 142, le général envoyé par Rome, Loliius Orbicus, vient à grand-peine à bout de la révolte des « Brigantes ». Il fait alors construire un nouveau rempart pour défendre l'extrémité septentrionale de l'Empire, le « mur d'Antonin », au nord du limes d'Hadrien. Mais, dès 185, les légions doivent se replier à cause des incursions calédoniennes. Pour les deux siècles à venir, c'est le mur d'Hadrien qui contiendra les Barbares venus du froid. L'empereur veille surtout à l'administration des provinces, qui ne cessent de s'enrichir, et dont la richesse même accroît celle de Rome.

La ville et les provinces

Sauf pendant de courtes périodes de troubles, le pouvoir impérial est assez fort pour se faire respecter partout, et l'ordre règne sur un immense empire, dont la population est comprise, selon les historiens, entre 50 et 100 millions d'habitants.

Le culte impérial contribue à asseoir le pouvoir central. Nombreux sont les empereurs, morts ou vivants, à être assimilés à des dieux ; sur les places publiques, à chaque carrefour, l'autorité de l'empereur et la puissance de Rome sont matérialisées par l'autel de Rome et d'Auguste, à qui tout bon citoyen se doit de rendre un culte. La bureaucratie impériale est omniprésente, elle est coiffée par des gouverneurs, proconsuls, procurateurs, qui sont censés dépendre du sénat romain dans les provinces dites « sénatoriales », les plus calmes, mais qui relèvent directement de l'empereur dans les régions plus turbulentes ou dans les zones frontières.

Le modèle urbain, lui aussi, s'impose partout, avec la fondation, par les vétérans de la légion, de villes au plan immuable : deux axes principaux, le *cardo* et le *decumanus*, s'y croisent à angle droit. Leur urbanisme en fait des Rome en miniature, avec un ou plusieurs forums, une curie et une basilique pour les magistrats locaux, des arcs de triomphe, des thermes, des bibliothèques, des temples, un théâtre, un amphithéâtre, au moins un aqueduc, des fontaines, et un réseau d'égouts. Ainsi naissent Timgad (*Thamugadi*), dans les sables du Sahara, ou Bath (*Aquae Sulis*), dans les brumes de Grande-Bretagne.

Un réseau de routes en étoile relie à Rome les points les plus éloignés de l'Empire. Dès les débuts de l'expansion, les légionnaires ont assuré leurs conquêtes en construisant les célèbres voies romaines, dont beaucoup existent encore, et qui sont de véritables ouvrages d'art. Elles sont fondées sur un terrassement très savant, et, rectilignes, ne pouvant contourner les obstacles naturels, elles les enjambent sur des viaducs ou passent dessous grâce à des tunnels.

Mais ces routes ont une fonction stratégique et administrative, plus qu'économique. La technique de l'attelage n'est pas très perfectionnée, et, pour acheminer vers Rome les richesses de l'Empire, il faut d'autres moyens de transport.

En 138, l'empereur Antonin décide de relier par une route la ville d'Antinoe, sur le Nil, et la ville de Bérénikè, sur la mer Rouge. Il s'agit d'équiper enfin une Égypte retardée, au moment où le commerce oriental s'intensifie et de se passer désormais des caravanes des Bédouins. L'ivoire est fourni par l'Afrique ainsi que la cannelle, qui transite par la Malaisie ; l'encens vient de l'Arabie, le poivre du pays tamoul.

Riches et pauvres

Ce sont les productions des provinces de l'Empire qui garantissent à Rome sa prospérité, tandis que les richesses des campagnes affluent vers les villes, qui les envoient en Italie. Pour acheminer ces produits, la navigation est essentielle ; le commerce est fluvial ou maritime, à travers la Méditerranée, *mare nostrum*, « notre mer », pour les Romains.

La plus grande partie de ce que produit l'Empire est d'origine agricole. De riches propriétaires possèdent des domaines, les *villae*, souvent administrés par des intendants, et où s'activent parfois des centaines d'esclaves aux fonctions diverses. Dans son *Économie rurale*, l'auteur romain Varron les assimile à de simples machines : « Les outils peuvent être doués de parole, semi-parlants ou muets. À la catégorie parlante appartiennent les esclaves, à la semi-parlante les bœufs, à la muette, les charrettes. » Cependant, la société romaine est loin d'être figée, et certains esclaves, qui ont été affranchis, font fortune. Leur genre « nouveau riche » excite, dès le premier siècle, l'ironie du poète Martial, qui brocarde dans ses écrits leurs bijoux trop clinquants, leurs vêtements voyants et leurs cheveux gominés.

Les surplus dégagés par les *villae* sont vendus dans les villes, où ils sont transformés par d'habiles artisans, dont la spécialité varie selon les régions : céramiques et vins de Grèce, métaux de Gaule, d'Espagne et de Bretagne, tonneaux et savon de Gaule, étoffes de Syrie, blé d'Égypte, de Sicile et d'Afrique du Nord. Certaines provinces, productrices de blé ou de métaux, profitent des courants commerciaux, mais, dans la plupart des régions, le plat pays stagne, alors que les villes se développent, et des provinces sont saignées à blanc par les exigences de la capitale. C'est par la mer et les rivières que sont importés à Rome les produits « exotiques » : esclaves d'Asie Mineure, or du Soudan, ivoires, épices et pierres précieuses de l'Inde, parfums d'Arabie, ambre de la Baltique, animaux sauvages d'Afrique… Ostie, le port de Rome, compte alors plus de 50 000 habitants.

Rome est en effet le plus grand marché de consommation, car c'est là que vivent les plus riches : certaines fortunes dépassent le million de sesterces ; elles appartiennent souvent à des chevaliers, que l'ancienne aristocratie sénatoriale, dont une partie n'a pas su s'adapter aux mutations économiques, regarde avec envie et mépris. Mais ce brassage social n'a vraiment lieu que dans les villes.

L'habitat collectif

Les Romains ont probablement inventé les premiers immeubles divisés en appartements. Si les Romains les plus riches habitent, sur la colline du Palatin, de somptueuses maisons à cour intérieure, la plus grande partie d'entre eux vit dans des immeubles de rapport, les *insulae*, à plusieurs étages, où la vie est souvent difficile, comme l'écrit Juvénal (*Satires*, III) : « Quand le gérant de l'immeuble a bouché la fissure d'une vieille crevasse, il invite les gens à dormir en toute sécurité, alors que le désastre menace… » Pour ces locataires de taudis insalubres et exigus, l'incendie est le plus grand danger : « Déjà le troisième étage est en feu, et toi, tu n'en sais rien. Depuis le rez-de-chaussée, c'est la panique, mais celui qui rôtira, c'est le locataire du dernier étage, qui n'est protégé de la pluie que par les tuiles. »

Du pain et des jeux

En dépit de leur respect apparent pour le labeur du paysan et les peines du soldat, les Romains ont toujours donné du travail une définition négative : *negotium*, l'activité, se définit par l'absence de repos, *otium*. Dans le calendrier, en revanche, les jours néfastes, ceux où toute entreprise peut être vouée à l'échec, sont moins nombreux que les jours fastes, où l'on peut se risquer à travailler. La plèbe romaine peut se conformer à cet idéal, car les tributs qui affluent vers Rome, la richesse des provinces lui assurent une vie de loisirs. Dans ses *Satires*, Juvénal le déplore : « La foule romaine ne s'inquiète plus de rien. Elle qui jadis donnait le pouvoir aux magistrats et aux généraux n'a plus qu'une ambition : du pain et des jeux. »

À Rome comme dans les villes de province, en effet, l'empereur et les grands personnages assurent leur popularité et leur tranquillité en distrayant le peuple par des spectacles coûteux, représentations théâtrales, courses de chevaux, jeux du cirque. Le paysage urbain est marqué de monuments voués aux loisirs et dus à la magnificence des plus riches : forum, portiques, bibliothèques, palestres, gymnases, et surtout les thermes, bains publics luxueux, lieux de convivialité où l'on passe, selon un rituel immuable, d'un bain de vapeur à une piscine d'eau glacée, où l'on se fait masser et où l'on peut même payer un esclave pour se faire gratter le dos.

Depuis longtemps déjà, des hommes libres, mais pauvres, constituent la « clientèle » de riches protecteurs, leurs « patrons », à qui ils assurent, au temps de la République, l'appoint de leurs voix lors des élections. À l'époque impériale, les clients contribuent surtout au « standing » de leurs patrons. Ils se rendent chez lui chaque matin, lui font leur cour, lui rendent de menus services ; en échange, ils sont conviés aux fêtes que donne leur protecteur, dont ils reçoivent quotidiennement un panier de provisions.

Au IIe siècle, cette dépendance s'est étendue à toute une catégorie de population urbaine. En cas de crise, ou pour les plus pauvres, il est régulièrement organisé des distributions gratuites de blé 300 000 personnes en vivent habituellement à Rome, qui dépendront dans les siècles suivants du préfet de l'annone, chargé uniquement de la répartition des bienfaits. Dès l'époque de Trajan, Pline le Jeune condamne cette mendicité déguisée, et stigmatise ces pères de famille qui, les jours de distribution gratuite de nourriture, hissent leurs petits enfants sur leurs épaules au passage du prince, et les poussent à distiller des flatteries, pour en obtenir davantage. Mais stoïciens, moralistes et historiens critiquent en vain des pratiques qui sont devenues le fondement et la garantie de la paix civile. Cette politique qui obère lourdement la trésorerie impériale est certainement à l'origine des problèmes financiers qui assombrissent la fin du IIe siècle.

Autres temps, autres mœurs

Avec les vertus humanistes se développe dans l'Empire une nouvelle tendance à la sensibilité. Au IIe siècle, les empereurs offrent le spectacle d'une vie familiale exemplaire et d'une bonté sans faille. Dans l'art, tout témoigne d'un goût nouveau pour la tendresse familiale, sarcophages et bas-reliefs s'apitoyant à l'envi sur la disparition du défunt, l'affection qu'il suscitait, le désespoir des survivants. Aulu-Gelle fait ainsi l'apologie de l'amour maternel, apostrophant les femmes qui refusent de nourrir elles-mêmes leurs enfants : « Crois-tu que la nature a donné à la femme des mamelles comme de jolies verrues… ? Nombre de femmes monstrueuses s'efforcent de dessécher et de tarir ces sources sacrées du corps… sous prétexte de ne pas gâter les grâces de leur beauté. C'est au fond la même folie qui a fait imaginer les pratiques criminelles qui ont pour but l'avortement… »

Le règne difficile de Marc Aurèle

Si le règne d'Antonin paraît prospère, le tableau tranquille qu'on en fait doit être corrigé au vu des événements dramatiques qui éclatent dès 161. Marc Aurèle devient empereur sans difficulté et obtient du sénat que Lucius Verus, son frère adoptif, lui soit associé comme Auguste. Si la politique intérieure est paisible, c'est de l'extérieur que viennent les dangers. Les Parthes envahissent l'Arménie, et narguent durant cinq ans les légions romaines. Le vainqueur officiel est Lucius Verus, mais la guerre a été gagnée par un usurpateur, Avidius Cassius, dont l'ambition ne connaîtra plus de bornes. À partir de 165, une épidémie de peste, apparue en Orient et transmise par l'armée, ravage l'Empire quinze ans durant. En 167, tandis qu'elle sévit à Rome, les Barbares envahissent la Pannonie et la Dacie. La situation est à peine rétablie que les Marcomans et les Quades s'avancent en Italie du Nord ; ils l'envahissent en 170 et la guerre dure jusqu'en 175. Marc Aurèle doit à ce moment cesser cette lutte pour partir en Orient, où Avidius Cassius s'est proclamé empereur…

À partir de 172, Marc Aurèle a commencé la rédaction de ses *Pensées pour moi-même*, choisissant la voie du stoïcisme, enseigné par Épictète. Trop attentif peut-être à sa gloire personnelle, conscient de la grandeur de sa tâche, il semble effrayé par les lézardes qui craquellent l'édifice qu'il voulait maintenir intact. L'Empire est stupéfait de se découvrir vulnérable.

Des révoltes épisodiques continuent de secouer le Maghreb, malgré les succès militaires répétés des Romains en Maurétanie. En 177, les Berbères passent Gibraltar et ravagent la province de Bétique (l'Espagne). Ils ne seront refoulés que trois ans plus tard, en 180. Une nouvelle incursion aura lieu à l'apogée de l'expansion musulmane, au début du VIIIe siècle de notre ère.

En 177, Marc Aurèle, rompant avec le principe de l'adoption qui avait été si bénéfique aux Antonins, associe au pouvoir impérial son fils Commode, comme César l'avait fait avant lui, en désignant Auguste dans son testament. Avec lui, il reprend la guerre contre les Marcomans. La situation semble rétablie lorsque l'empereur meurt, le 17 mars 180 – il allait avoir 59 ans. À ce moment-là, il avait pris conscience des défauts de son fils Commode, mais il semble bien qu'il ait maintenu son choix pour éviter une querelle de succession.

Le règne de Marc Aurèle, qu'on croyait un âge d'or, ressemble « plutôt à ces couchers de soleil qui, tout en illuminant les sommets des montagnes, annoncent la venue inéluctable de la nuit ».

Le déclin des Parthes

Après une phase de querelles dynastiques, le royaume parthe semble renaître sous Vologèse III (148-192), qui fait valoir les prétentions de la dynastie arsacide sur l'Arménie, devenue un État-tampon entre la Perse et l'Empire romain. Mais les légions de Marc Aurèle envahissent le royaume de Vologèse III, et, battu, il doit abandonner le nord de la Mésopotamie. Son successeur, Vologèse IV, devra même céder à Septime Sévère sa capitale, Ctésiphon, et l'Empire romain s'étendra jusqu'à Ninive.

Les débuts de l'Éthiopie

Le Ier siècle de notre ère voit l'expansion du royaume d'Aksoum, ville du Tigré, au nord de l'Éthiopie. L'Éthiopie antique a bien des noms différents : le « pays des figures brûlées », selon les Grecs, est le « pays de Koush » de la Bible et le « pays de Pount » des Égyptiens. Cinq siècles av. J.-C., il avait connu une invasion de peuples sémitiques. Vers l'an 50 de notre ère, le royaume d'Aksoum naît de la fédération de tribus venues de la péninsule arabique. Des marchands juifs s'y établissent pacifiquement et y tissent des liens avec le monde romain, mais la région sera cependant toujours tiraillée entre Rome et la Perse.

Il y règne une dynastie qui affirme descendre du roi Salomon. Son fondateur légendaire est Ménélik, qui prétend être le fils du roi hébreu et de la reine de Saba. Au nord du royaume, près du lac Tana, la présence de nombreuses communautés juives est attestée dès les premiers siècles de notre ère. Les Falachas (Juifs noirs d'Éthiopie) se sont progressivement mêlés à la population locale mais ils ont gardé leurs rites et leurs croyances.

GALIEN, LE CONTINUATEUR D'HIPPOCRATE

En 201, le monde romain perd un grand savant. Galien, né à Pergame vers 130, a étudié la philosophie, avant de se consacrer à l'étude de la médecine, art qu'il exercera à Rome et à Pergame. Il a disséqué de nombreux animaux, ce qui lui a permis de faire d'importantes découvertes sur le système nerveux et le cœur, faisant ainsi progresser les connaissances anatomiques. En revanche, il est, comme Hippocrate, persuadé que ce sont quatre « humeurs » qui conditionnent les tempéraments humains.

Les jeux du cirque

Construit par Vespasien et inauguré par Titus, l'amphithéâtre flavien, le Colisée, offre 100 000 places. Les jeux étaient à l'origine donnés à titre privé en l'honneur d'un mort. À l'époque impériale, ils sont devenus publics, mais les spectateurs y viennent vêtus de sombre en souvenir du lien ancien avec la mort. Parmi les gladiateurs, on distingue les Samnites, armés d'un bouclier et d'une épée ; les Thraces, portant un bouclier et un poignard ; les mirmillons, portant un casque, et les rétiaires, armés d'un filet et d'un trident. Ils se battent entre eux, jusqu'à la mort, ou bien ils affrontent des bêtes sauvages. Le rituel commence par une parade des gladiateurs, qui s'arrêtent au pied de la loge impériale et prononcent la célèbre formule : « *Ave Caesar, morituri te salutant.* » Les combats se succèdent du matin au soir, avec, à midi, une pause consacrée aux criminels de droit public qu'on fait s'entre-tuer.

Les gladiateurs ont une chance de sauver leur vie, si le peuple y consent. L'empereur, souvent présent, le consulte et suit son avis. Ainsi le peuple de Rome, privé de tout rôle politique, mesure là la force de son pouvoir. Les jeux sont donc une forme de gouvernement. Ils permettent l'expression des pulsions violentes d'une société oisive, à qui il faut, selon le mot méprisant de Juvénal, du pain et des jeux (*panem et circenses*) pour se croire heureuse.

La Gaule romaine

Si la conquête de la Gaule menée par Jules César se termine dans le sang, la nouvelle province ne tarde pas à bénéficier de son intégration à l'Empire romain. Elle devient rapidement un pays prospère, dans lequel s'installent de nombreuses colonies romaines. Une civilisation originale s'épanouit pendant près de trois siècles en Gaule, avant d'être mise en péril par les invasions barbares.

Une province romaine

La Narbonnaise, notre Provence, romanisée depuis longtemps, est administrée par un gouverneur nommé par le sénat, tandis que la Gaule appelée « chevelue » est divisée en trois régions, l'Aquitaine, la Belgique et la Lyonnaise, qui relèvent directement de l'empereur ; celui-ci y est représenté par un légat qui dispose de tous les pouvoirs à l'exception du contrôle des finances, confié à des procurateurs. Cependant, dans chaque région, chacune des 60 cités, les « pays » de la Gaule indépendante, garde son autonomie locale, avec sa législation et ses magistrats particuliers. En 12 av. J.-C. est fondé à Lyon un sanctuaire fédéral, lieu de réunion annuel de tous les notables des Trois Gaules, qui, chaque premier août, y renouvellent leur serment à Rome et à Auguste. Les deux provinces de Germanie s'ajoutent à l'ensemble gaulois, après la conquête de la rive gauche du Rhin.

Les régions les plus romanisées sont la Provence, bien sûr, et l'est du pays, à cause de la présence de nombreuses légions, qui veillent sur la ligne défensive appelée le *limes*. La civilisation gallo-romaine est, jusqu'au IIIe siècle, essentiellement urbaine. Les villes, souvent fondées par les Romains sur les *oppida* de la Gaule indépendante, deviennent des foyers de romanisation. Comme à Rome, la vie de la cité a pour centre le Forum et ses monuments civils et religieux, ses commerces et ses galeries à colonnades, où se presse une foule dense. Des thermes, alimentés par l'eau de monumentaux aqueducs, servent de lieux de rendez-vous. Théâtres, cirques et amphithéâtres reçoivent les milliers de spectateurs venus assister aux courses de chars ou encore aux sanglants combats de gladiateurs.

La plus riche de l'Empire

Grâce à ces cités très actives et à un réseau routier remarquable, le commerce et l'industrie sont florissants. La Gaule est un pays riche en productions agricoles, en cheptel, en mines de fer et en carrières de pierres. L'exploitation de ses richesses naturelles engendre de multiples formes d'artisanat, dont les inscriptions funéraires nous prouvent la diversité. Dès avant la conquête, les salaisons gauloises étaient exportées en Italie, et l'on fabriquait de la cervoise à partir de l'orge. Mais les Romains introduisent la vigne dans la région et les Gaulois prennent vite goût au vin ; leur vignoble ne cesse de se développer malgré les mesures impériales qui tendent à protéger la production italienne. L'ingéniosité des agriculteurs est attestée par un bas-relief de Trèves qui semble représenter une moissonneuse. Parmi les productions les plus réputées de l'industrie gallo-romaine se trouvent les céramiques et les tissus de drap.

À La Gaufresenque, près de Millau, est fabriquée de façon industrielle une poterie dite « sigillée », car marquée de poinçons et de sceaux ; on estime que, en 250 ans, les potiers de la rive gauche du Tarn ont fabriqué plusieurs millions de bols, écuelles, vases, gourdes de céramique ; un autre centre très important se trouve à Lezoux, près de Clermont-Ferrand.

Quant aux tissus gaulois, ils ne tardent pas à être très appréciés pour leur qualité et leur solidité. Martial, écrivain du Ier siècle, en envoie une pièce à un ami, à qui le « produit épais d'une tisseuse des bords de la Seine…, présent grossier », tiendra plus chaud que le lin de Tyr, infiniment plus élégant.

Les Gaulois portent des vêtements cousus, près du corps, plus pratiques que les drapés romains ; les légionnaires adoptent très tôt leurs braies et leurs chaussures de cuir, les marchands orientaux commercialisent dans tout l'Empire leur manteau à capuchon. Des corporations regroupent ces artisans, dont l'ingéniosité et le talent sont reconnus partout : ne leur doit-on pas les plus anciens outils de fer, les techniques d'émaillage du métal, le tonneau, plus pratiqué que l'amphore, pour transporter le vin, et l'invention du savon… ?

Le culte des eaux thermales

Comme leurs ancêtres, les Gallo-Romains sont amateurs de cures thermales, où la dévotion se mêle à la thérapie. Avant la conquête romaine, les sources sont pour les Gaulois des centres cultuels très vénérés et cette dévotion n'est pas interrompue par la romanisation de la province. Beaucoup de ces sources ont des vertus thérapeutiques et continuent à être des lieux de pèlerinage où les noms romains des divinités recouvrent en fait des survivances indigènes. C'est ainsi qu'Apollon, considéré comme guérisseur dans de nombreuses localités, recouvre un dieu celtique des eaux curatives, Borvo, dont le nom se retrouve dans celui de Bourbon-Lancy, Bourbon-l'Archambault ou Bourbon-les-Bains. Des ex-voto, retrouvés près des sources thermales, représentant les parties malades du corps, donnent un panorama complet des affections soignées dans ces centres religieux.

Les universités gauloises

Le succès de la romanisation de la Gaule tient en partie à ses nombreux centres d'enseignement prestigieux. Au lendemain de la conquête des Gaules, les Romains, dont le souci principal est d'éliminer le nationalisme local, donnent la priorité à l'enseignement, jusque-là privilège réservé aux druides. La ville d'Autun, chez les Éduens, dès sa fondation vers 10 av. J.-C., devient le centre de la plus ancienne université gallo-romaine fréquentée par les enfants de la noblesse gauloise, ainsi rapidement romanisés. D'autres universités apparaissent à Lyon, Vienne, Trèves, Toulouse, Arles,

Reims, Limoges. La plus prestigieuse, au IVe siècle, est celle de Bordeaux, dont les professeurs sont renommés jusqu'à Rome. Quant aux étudiants, ils n'ont cessé d'être fort nombreux, regroupés en corporations possédant leurs insignes distinctifs.

Paganisme et christianisme

Le passage des cultes indigènes à la religion romaine se fait sans grande difficulté. Des mythes romains sont adoptés par les Celtes, et, par des correspondances souvent très arbitraires, les divinités celtiques sont assimilées aux dieux du panthéon gréco-romain, à qui l'on donne des attributs gaulois. Cependant, certaines d'entre elles sont réfractaires à toute assimilation, et les Gaulois continuent à honorer les déesses-mères, ou *Matres*, Épona, la divinité amazone, Sucellus, le dieu au maillet, ou Cernunnos, à la tête surmontée de bois de cerfs, ainsi que les « tarasques », dragons effrayants. En revanche, Sirona et Apollon peuvent être associés, Taranis est assimilé à Jupiter, Ésus à Hercule : on célèbre en son honneur des mascarades, qui se poursuivront jusqu'à nos jours dans les fêtes de mi-carême.

D'autres pratiques très anciennes subsistent malgré la disparition des druides, durement persécutés par les Romains : on a retrouvé à Neuvy-en-Sullias un dépôt de statuettes en bronze qui avaient sûrement une fonction cultuelle, et certaines sources devaient avoir gardé leurs pouvoirs guérisseurs, comme en témoignent les nombreux ex-voto de bois qui y ont été jetés, pour demander la guérison d'un membre, d'un foie, d'un œil, de maux de tête, ou pour remercier la divinité du lieu.

Importées par les marchands et les soldats, les divinités orientales s'implantent en Gaule comme à Rome. Sous le règne d'Antonin, un sanctuaire est édifié à Lyon pour Cybèle, et les légions revenues de Syrie vouent un culte fervent à Mithra, dieu perse de la Lumière, de la Justice et de la Bonté ; sa fête est célébrée le 25 décembre, « jour anniversaire du Soleil », par le sacrifice d'un taureau, dont le sang a la vertu de purifier les fidèles. Enfin, le culte impérial est pratiqué dans chaque cité par des prêtres appartenant à l'aristocratie locale.

Dès le IIe siècle, le christianisme est attesté à Lyon et à Vienne dans des communautés originaires d'Asie Mineure. En 177, en Gaule, une persécution décime les Églises de Lyon et de Vienne, avec le consentement de l'empereur Marc Aurèle. Comme d'autres cultes orientaux, le christianisme est venu de Rome, a remonté l'axe commercial Rhône-Saône et pénétré le milieu des marchands hellénisés. La répression est, sans doute, déclenchée par les dénonciations d'une secte concurrente et par l'hostilité des différentes corporations, dans un contexte de crise économique. La célébration, dans cette capitale provinciale, des grandes fêtes du culte impérial oblige le gouverneur à fournir des condamnés pour les jeux de l'amphithéâtre. L'ampleur du « pogrom » s'explique surtout par la conjoncture locale.

Parmi les victimes, on compte des personnages importants, dont l'évêque Pothin, mais c'est le martyre d'une jeune esclave, Blandine, qui frappera les consciences de l'époque. Refusant de renier sa foi, la jeune fille est livrée aux lions, qui refusent de la dévorer. Placée ensuite sur un gril rougi au feu, elle ne brûle pas. La mort vient enfin la délivrer quand, enfermée dans un filet, elle est déchiquetée par des bêtes sauvages.

Après la persécution de 177 à Lyon, Irénée, successeur de l'évêque Pothin, a composé les premiers écrits chrétiens de Gaule.

Une question de date

Polycarpe de Smyrne est-il mort en 155 ou en 177 ? Les affirmations des chroniqueurs contemporains divergent à ce sujet, et leur désaccord peut paraître mineur, mais la question est capitale pour l'Église des Gaules. En effet, si Polycarpe a vécu jusqu'en 177, il a bien connu Irénée, qui a évangélisé la région de Lyon. Or Polycarpe a lui-même bien connu, à Éphèse, saint Jean l'Évangéliste, l'apôtre préféré de Jésus, le plus jeune des douze, qui a vécu plus que centenaire et n'est mort qu'au début du deuxième siècle de notre ère. Grâce à Polycarpe, l'Église des Gaules aurait donc un lien presque direct avec le Christ… Si vraiment Polycarpe a connu Irénée.

L'évangélisation de la Gaule

Mais ce n'est qu'au IIIe siècle que l'évangélisation des grandes villes gauloises devient très active, grâce à des évêques de premier plan, Trophime à Arles, Denis à Lutèce, Saturnin à Toulouse, Martial à Limoges. Les campagnes demeurent païennes et ce n'est qu'au IVe siècle que saint Martin convertira au christianisme les habitants de la campagne, ou *pagani*, mot latin qui signifie à la fois « paysan » et « païen ». La plupart d'entre eux parlent encore gaulois, ce sont des paysans sans terres ou de petits propriétaires qui n'ont guère profité de la richesse et de la culture latines.

Saint Martin, évêque de Tours, fondateur des monastères de Ligugé, puis de Marmoutiers, est originaire de Pannonie, près du Danube. Il est officier de l'armée romaine, lorsqu'un jour il est ému par la détresse d'un mendiant grelottant. N'ayant sur lui que la cape qui recouvre l'uniforme des légionnaires, Martin en donne la moitié au pauvre homme. La nuit suivante, il voit en songe le Christ revêtu du même vêtement, ce qui le décide à quitter l'armée et à rejoindre l'évêque Hilaire de Poitiers.

Né à Poitiers vers 315, Hilaire est connu pour avoir encouragé saint Martin, l'apôtre des Gaules, mais son œuvre principale est sa lutte contre l'hérésie arienne. Il rédige près de douze volumes pour son ouvrage *Sur la Trinité*. À cause de son intransigeance, il est contraint par l'empereur Constance à s'exiler en Phrygie de 356 à 360. Hilaire en profite pour se familiariser avec les écrits des Pères grecs. Il ne renonce à aucune de ses convictions et revient finir ses jours en Poitou, où il meurt vers 367.

Le premier évêque de Paris est mort à l'époque de la persécution de l'empereur Dèce, vers 250. Denis fait partie des sept évêques, qui, comme le rapporte Grégoire de Tours au Ve siècle, sont envoyés évangéliser la Gaule. Selon la tradition, il subit le martyre sur la colline de Montmartre, à quelque distance du centre de Lutèce. Avec ses compagnons, Rustique et Éleuthère, Denis est décapité, mais il ramasse sa tête et parcourt une bonne lieue avant de s'arrêter là où les fidèles l'enterrent et où sera édifiée l'abbaye de Saint-Denis, future nécropole des rois de France.

Les empereurs gaulois

Après les révoltes du Ier siècle, un millier d'hommes suffisent à maintenir l'ordre à Lyon, mais il s'en est fallu de peu que la Gaule n'ébranle définitivement l'ordre romain. En effet, si la révolte des peuples du Sud et du Sud-Est est facilement réprimée en 21, de nouveaux troubles surgissent dans les années qui suivent. Avant même la mort de Néron, en 68, une nouvelle révolte porte au pouvoir Vindex, empereur «libéral», respectueux des pouvoirs des élites locales, tandis que l'armée prend parti pour un pouvoir dictatorial. En 70, une autre révolte allie Gaulois et Germains, sous le commandement de Classicus, Tutor et Civilis, tandis que les notables des cités se prononcent pour la fidélité à Rome. Cette attitude ne se démentira pas sous le régime impérial des Flaviens puis sous celui des Antonins, malgré les incursions barbares.

De par sa situation géographique, la Gaule est une région menacée par les Barbares, qui tentent de franchir la ligne du Rhin. Lorsque, après le règne des Sévères, l'anarchie sévit à l'intérieur de l'Empire, les frontières deviennent particulièrement fragiles. Une nouvelle peuplade germanique, les Alamans, s'installe dans les champs Décumates, multiplie les incursions en Bourgogne, chez les Allobroges, et atteint l'Auvergne. Plus au nord, après la mort de Dèce, les Francs profitent du départ des légions du Rhin pour se répandre en Gaule.

Cette situation catastrophique explique le prestige qu'obtient le général gaulois Postumus en repoussant les envahisseurs, ce qui le fait proclamer empereur par ses soldats en 260. L'Empire gaulois durera quinze ans, avec ses successeurs Victorinus et Tetricus, qui sera finalement soumis par Aurélien à la bataille de Châlons-sur-Marne, en 273. Plus que d'une sécession, il s'agit en réalité d'une sorte de réaction d'autodéfense par laquelle les Barbares sont maintenus hors des frontières de la Gaule.

La Gaule dévastée

Au moment où l'Empire gaulois disparaît, en 275, la plus grande invasion barbare jamais connue en Gaule déferle sur le pays. Plus de 60 cités sont prises et incendiées, les campagnes sont ravagées du *limes* à l'Espagne. La situation n'est rétablie qu'à l'arrivée au pouvoir de l'empereur Probus, qui met sur pied un système de défense efficace et repousse les Germains. Ses victoires entraînent l'installation en Gaule de milliers de captifs, sédentarisés près de la frontière qu'ils ont pour mission de défendre.

L'opulence de la Gaule est alors passée. Des bandes de hors-la-loi, paysans ruinés et prolétaires urbains, les Bagaudes, s'associent pour piller, incendier, rançonner et tuer. C'est l'époque où les villes s'entourent de remparts pour tenir tête aux assaillants de toutes sortes. Le pays est ruiné, seule l'arrivée de la tétrarchie lui permettra de retrouver un calme relatif.

La villa gallo-romaine

D'après les descriptions que des écrivains d'origine gauloise, tels Ausone, Sidoine Apollinaire ou Paulin de Noles, ont laissées de leurs propriétés campagnardes, on sait que celles-ci sont de véritables palais, même si leurs possesseurs les qualifient modestement de « chaumières ». Ces grandes villas sont entourées de domaines agricoles constitués des terres abandonnées par les paysans au moment des premières invasions en Gaule. L'archéologie aérienne et les découvertes sur le terrain permettent de se faire une idée de la taille et du luxe de ces villas. Les bâtiments d'habitation proprement dits sont de somptueuses demeures décorées de revêtements peints, de mosaïques, de statues et d'un mobilier raffiné. Elles sont pourvues du plus grand confort (chauffage central à hypocauste et eau courante distribuée par un château d'eau). À côté de ce palais, autour d'une grande cour, se dressent les bâtiments agricoles, les magasins, les ateliers et toutes les installations permettant la pratique de métiers artisanaux. Car ces grandes villas vivent plus ou moins en autarcie, produisant tout le nécessaire à la famille des propriétaires et au personnel employé pouvant s'élever à 400 ou 500 personnes.

La fin de l'âge d'or

Lorsque Commode, le dernier empereur de la lignée des Antonins, est assassiné, en 192, commence pour le monde romain une grave crise qui culmine au milieu du IIIe siècle. Après avoir vécu deux siècles de paix, l'Empire romain est menacé de toutes parts : à l'intérieur de ses frontières règne l'anarchie, tandis qu'à l'extérieur les Barbares se font toujours plus menaçants.

La dynastie des Sévères

Originaire d'Afrique, Septime Sévère est proclamé empereur en 193. Avec lui, ce sont les provinces et les mœurs les plus étrangères à la romanité qui vont arriver au pouvoir. En effet, un rôle de tout premier plan est joué par les femmes qui entourent le souverain : son épouse, Julia Domnia, fille du grand prêtre syrien d'Émèse, la sœur de celle-ci, Julia Maesa, et ses deux nièces, Julia Soaemias et Julia Mammaea. Par l'intermédiaire de ces quatre princesses orientales, dont l'influence, tant dans le domaine politique que dans ceux de la religion et de la culture, est capitale, l'Empire se transforme.

L'empereur n'est plus le « premier » (*primus*), mais le « seigneur » (*dominus*). C'est, indirectement, par les femmes que se transmet le pouvoir, d'abord de Septime à son fils, Caracalla, puis de celui-ci à ses neveux : Élagabal, grand prêtre du dieu du Soleil, dont les folies outrancières scandalisent les Romains, et enfin Sévère Alexandre, personnage au caractère peu marqué.

Le despotisme impérial

La dictature que Septime Sévère impose aux Romains profite avant tout aux militaires. Le nombre des soldats prétoriens chargés de veiller sur l'empereur, à Rome, est doublé par des hommes originaires du Danube, et, par les trois nouvelles légions formées, l'une – la IIe Parthica – est cantonnée dans les environs proches de Rome, ce qui permet à l'empereur d'avoir à sa disposition des troupes importantes capables d'éliminer un usurpateur éventuel.

Le principe dynastique devient de règle, puisque les successeurs de Septime Sévère, membres de sa famille, sont associés à l'Empire en tant qu'« Augustes ». Ce n'est plus seulement l'empereur qui passe pour être d'origine divine, mais toute sa famille. Celui-ci lui est étroitement associé dans cette mystique du pouvoir impérial, et les impératrices reçoivent les surnoms de « Mère de la patrie », « Mère des militaires » ou « Mère du sénat ».

Ce renforcement du despotisme impérial nuit au sénat, dont les pouvoirs législatif, judiciaire et financier sont peu à peu abolis au profit de l'ordre équestre. C'est à ce dernier aussi que revient un plus grand nombre de fonctions administratives, en particulier dans les provinces. Pour faire face aux nouvelles dépenses causées par l'accroissement du nombre des militaires et des fonctionnaires, la fiscalité se fait plus lourde et Septime Sévère crée un impôt, l'annone militaire, consistant en réquisitions de denrées destinées à l'armée.

Puis, en 212, Caracalla promulgue la Constitution antonine : celle-ci, en donnant le droit de cité à tous les habitants libres de l'Empire, va permettre d'accroître encore les ressources fiscales. Il ne s'agit pas en fait d'une révolution car, dans cet empire largement romanisé, la citoyenneté est facilement distribuée.

Vers le monothéisme

L'époque des Sévères est celle où se réalise définitivement le syncrétisme entre toutes les croyances religieuses, qu'elles soient romaines ou d'origine étrangère. Dans cet univers cosmopolite, les dévotions, les superstitions et les tendances mystiques se mêlent et se confondent.

Les religions dites « orientales » jouent un rôle prépondérant en canalisant la piété des individus : la déesse égyptienne Isis, le dieu perse Mithra et la divinité phrygienne Cybèle assurent aux privilégiés qui ont reçu l'initiation la promesse du salut dans l'au-delà et convient leurs fidèles à participer activement à leur culte en se pliant à des contraintes physiques et spirituelles à valeur purificatrice.

Mithra, le dieu immolant le taureau, est le grand rival du Christ dans l'Empire romain. C'est à la fin du Ier siècle apr. J.-C. que le culte de Mithra, importé d'Orient par les légionnaires, s'implante solidement en Italie. Ce dieu d'origine perse, symbole de la lumière et luttant pour le principe du Bien, est généralement représenté en train d'égorger un taureau, symbole du Mal.

Le mithriacisme, culte à mystères comportant sept degrés d'initiation, connaît un succès considérable dans l'Empire romain, où de nombreux *Mithraea*, sanctuaires voûtés à demi enterrés, ont été découverts. La dévotion à Mithra exige du fidèle de l'énergie, de la probité et du courage.

Ces religions « orientales » qui ont une emprise très forte sur leurs fidèles tendent vers le monothéisme en fusionnant de multiples divinités qui se trouvent alors assimilées à un dieu suprême. Elles ont a la fois favorisé l'épanouissement du christianisme en préparant les esprits à une piété nouvelle et rivalisé avec lui dans tous les milieux sociaux.

Un cas extrême de folie religieuse est fourni par Élagabal, devenu empereur à quatorze ans, grand prêtre du Baal solaire d'Émèse. Il introduit à Rome le culte de son dieu sans le dépouiller de son caractère excessif, qui choque les Romains. De plus, il suscite le scandale en s'exhibant fardé et vêtu à l'orientale, entouré d'eunuques et d'histrions, et se livre à de multiples extravagances bafouant la religion romaine traditionnelle. Il meurt assassiné en 222 par les prétoriens.

Dèce et la religion païenne obligatoire

Le pouvoir impérial tente de mettre un frein à l'essor du christianisme, ressenti comme une menace. D'origine illyrienne et proclamé empereur en 249 par ses soldats, Dèce veut reconstituer l'unité de l'Empire autour de la religion traditionnelle. L'édit qu'il promulgue en 250 contraint tous les habitants du monde romain à assister aux cérémonies sacrées et à montrer ensuite le certificat de présence délivré alors. Tout manquement est puni de mort. Cette mesure à portée politique vise essentiellement les chrétiens qui sont systématiquement persécutés. Beaucoup d'entre eux cèdent et abjurent leur foi. L'édit de Dèce, en provoquant les apostasies, a gravement compromis l'harmonie des communautés chrétiennes.

L'anarchie militaire

De 235, date de la mort de Sévère Alexandre, à 268, fin du règne de Gallien, une période de troubles permanents s'étend sur l'ensemble de l'Empire. Nommés par leurs troupes, les empereurs se succèdent à un rythme rapide, n'exerçant leur pouvoir que quelques années ou quelques mois avant d'être assassinés par un concurrent. Cette instabilité généralisée entraîne des sécessions, l'insécurité, le déclin du commerce et de l'artisanat. Tous ces différents facteurs concourent à mettre en danger l'économie du monde méditerranéen. Par ailleurs une grave et longue épidémie de peste contribue à la dépopulation progressive des villes et des campagnes.

À partir de 249, la peste décime des provinces entières de l'Empire. Le fléau ne s'arrêtera qu'en 251, après avoir éliminé les individus les plus vulnérables : enfants, vieillards, pauvres mal nourris. Le mot « peste » désigne à cette époque les épidémies et les fléaux infectieux en tout genre. Comme à Athènes, au Ve siècle av. J.-C., il ne s'agit peut-être là que d'une épidémie de typhus. La première « vraie » peste, au sens actuel du terme, due sans aucun doute au bacille de Yersin, ne touchera l'Empire romain qu'au VIe siècle.

À ces multiples calamités s'ajoutent les menaces que font peser sur les frontières de l'Empire les peuples barbares. Francs, Alamans, Saxons, Vandales et Goths s'installent sur les rives du Danube et du Rhin ; les Perses ne dissimulent pas leurs visées sur les provinces romaines orientales. L'empereur Valérien associe son fils Gallien au pouvoir et tous deux tentent de repousser l'ennemi : Gallien, à l'ouest, doit faire face aux Francs et aux Goths tandis que Valérien tient tête aux Sassanides, à l'est.

Mais le roi de Perse, Châhpuhr Ier, franchit l'Euphrate et, en 260, fait prisonnier Valérien. La capture et le supplice de l'empereur romain marquent le paroxysme de cette crise qu'une nouvelle dynastie, celle des empereurs illyriens, va s'employer à surmonter à partir de 270.

PLOTIN ET LE NÉOPLATONISME

Un philosophe né en Égypte concilie les thèses platoniciennes et le mysticisme de son époque. Le bouillonnement des idées au IIIe siècle, entretenu par la confrontation des différentes philosophies et religions, a favorisé l'éclosion d'une des œuvres les plus fortes de l'époque. Disciple du platonisme, Plotin (205-270) connaît le succès en enseignant à Rome à la façon de Socrate, ce qui lui vaut la protection de l'empereur Gallien. Son disciple Porphyre, qui recueille son enseignement, édite ses conférences sous le titre d'*Ennéades*. Jugeant comme Platon le monde sensible inférieur à celui des idées, Plotin préconise un détachement complet pour atteindre la communion avec l'Un. Bien que païenne, cette doctrine empreinte de mysticisme a inspiré les Pères de l'Église.

Les coptes

Le mot « copte » veut dire « égyptien » en arabe. Il désignait d'abord la population composite de l'Égypte avant la conquête musulmane. En 255, celle-ci se donne une écriture spécifique, adaptée à ses besoins : l'égyptien s'écrit désormais en caractères grecs, auxquels on a ajouté sept signes spécifiques, hérités des hiéroglyphes. Dès lors, l'écriture, jusque-là apanage d'une catégorie sociale qui pouvait consacrer des années à l'étude, est à la portée du plus grand nombre.

• • •

CHAPITRE 6

L'Extrême-Orient et les Han (–100 à 400)

Le premier empereur chinois, Qin Shi Huangdi, meurt en 210 av. J.-C., après avoir réalisé l'unité de la Chine et fondé l'Empire. Son œuvre de réorganisation, menée à partir des réformes préconisées par les légistes, ne tarde pas à susciter de vives oppositions : un an après sa disparition, de nombreuses rébellions éclatent dans le pays. La guerre civile gagne bientôt toute la Chine.

La Chine des Han

En 207, deux généraux, Xiang Yu, un aristocrate du Chu, et Liu Bang, un ancien général de la région du Jiangsu, se disputent le pouvoir. Le second finit par triompher en 206. Il s'installe à Luoyang puis à Chang'an, près de l'actuelle Xi'an, et fonde la dynastie impériale des Han, du nom d'un pays dont il a été roi. Caractérisée par sa politique d'expansion et de conquêtes, cette nouvelle dynastie, qui va durer quatre siècles, est traditionnellement divisée en deux périodes : celles des Han occidentaux, qui s'étend de 206 av. J.-C. à l'an 9 de notre ère, et celle des Han orientaux, qui va de 23 à 220, les deux périodes étant séparées par la brève usurpation de Wang Mang.

Liu Bang, le fondateur

En 202 av. J.-C., Liu Bang, propriétaire d'imposants domaines agricoles, monte sur le trône, sous le nom de Han Gaozu, et gouverne en utilisant un système qui est assez similaire à celui de Qin Shi Huangdi : son autorité est sans limites, mais il doit l'exercer avec mesure. Dans les décisions quotidiennes, il évite toute forme d'absolutisme trop voyant et il met en place de sages conseillers, dont le rôle dans l'affermissement de la dynastie sera très important. Il recrée une forme de féodalité, mais reste d'une grande prudence dans le choix des fiefs qu'il partage entre ses alliés. Enfin, il a droit à la reconnaissance des lettrés, pour avoir tenté de sauver des livres anciens d'un incendie allumé par Xiang Yu. À sa mort, en 195, l'impératrice Lü réussit à imposer son fils, le faible Hui, contre celui d'une concubine, Ru Yi. Puis elle exerce seule le pouvoir jusqu'en 180 av. J.-C.

Un autre fils de Liu Bang monte alors sur le trône. Il va gouverner de 179 à 157 sous le nom de Wendi. Sous son règne, la plupart des lois sévères édictées par les Qin sont abrogées, et l'influence croissante des confucéens se manifeste dans la remise en honneur de la piété filiale, ou encore dans celle de vieilles pratiques de l'ancienne dynastie des Zhou. Wendi néglige enfin les fastes impériaux hérités des Qin et vit dans la simplicité.

Le plus grand souverain

En 140 avant notre ère, l'empereur Han Wudi monte sur le trône ; il va régner pendant plus de cinquante ans et sa forte personnalité marque l'apogée de cette première période de la dynastie des Han. Monarque autoritaire, il lutte d'abord contre l'aristocratie locale en divisant les grands domaines.

Après le système des apanages, le système judiciaire qu'il met en place n'a rien à envier en sévérité à celui de la tradition légiste. Ce dernier, en vigueur sous les Qin, était déjà applicable à tous et se caractérisait par un code pénal très dur et des peines d'une grande cruauté. Sous Han Wudi, les fonctionnaires eux-mêmes en sont les cibles. Les prisonniers sont employés pour les grands travaux ou encore dans les mines, quand ils ne sont pas enrôlés dans les expéditions militaires lointaines. Les rites sont certes remis en honneur mais, en même temps, des lois dures sont promulguées : dans la politique intérieure menée par Han Wudi, la tradition confucéenne est en réalité manipulée pour servir de paravent à des pratiques légistes ; enfin, l'empereur se comporte comme un véritable autocrate.

À partir de 124, sur l'instigation d'un lettré nommé Dong Zhongshu, il crée l'université impériale. Les « lettrés du vaste savoir » (*boshi*), déjà présents sous les Qin mais privés d'élèves, se rallient désormais à l'empereur et obtiennent à nouveau des responsabilités. Ils sont chargés d'étudier le canon confucéen, d'en fournir une interprétation et de l'enseigner aux futurs lettrés-fonctionnaires qui vont passer le concours de recrutement.

Dong Zhongshu est particulièrement représentatif de l'évolution de la pensée confucéenne sous le règne de Han Wudi. Il intègre dans la théorie du pouvoir les éléments de la cosmologie traditionnelle. Les phénomènes anormaux du monde naturel indiquent alors un affaiblissement des vertus du prince et sont autant d'avertissements du Ciel que les lettrés vont devoir observer et commenter : la critique retrouve ainsi sa légitimité.

L'empereur met également au point un système de greniers publics permettant de régulariser le cours des grains dans tout le pays et de prévenir les famines. Par ailleurs, canaux et routes sont bien entretenus et la durée de transport des marchandises est divisée par deux.

Mais la succession de Han Wudi est mal réglée. À sa mort, en 87 av. J.-C., les clans des différentes épouses impériales se déchirent, entraînant dans leurs luttes les eunuques, puis les fonctionnaires. Ce n'est qu'avec Xuandi – qui monte sur le trône en 48 – que le pouvoir retrouve un peu de stabilité. La conduite de l'empire passe ensuite aux mains de l'impératrice douairière Wang, qui installe à tous les postes clés et met sur le trône de jeunes enfants choisis dans le harem.

L'expansion des Han

Elle se fait essentiellement vers l'ouest et vers le nord, à la fois pour établir les contacts avec l'Occident et pour se défendre contre les Xiongnu.

Ceux-ci sont un groupe de population turco-mongole qui occupe la zone orientale des steppes, alors que, dans la partie occidentale, sont installés des nomades de race iranienne, les Scythes. Dès 165 av. J.-C., les Xiongnu poussent les Yuezhi (peuple d'origine mal déterminée, probablement indo-européenne, vivant dans le nord-ouest de la Chine) au-delà du Gansu. Ces derniers vont s'installer plus loin, entre l'Amou-Daria et le Syr-Daria. Vers le milieu du IIe siècle, les Xiongnu dominent donc l'ensemble de la haute Asie.

La politique de Han Wudi à leur égard est résolument agressive : il cherche à conclure avec les Yuezhi une alliance militaire afin de les prendre à revers. En 138 av. J.-C., Zhang Qian, un chef des gardes du Palais, accompagné d'une petite troupe d'une centaine d'hommes résolus et armés, est envoyé dans ce but chez les Yuezhi. Malheureusement, cet ambassadeur est fait prisonnier par les Xiongnu. Douze ans plus tard, il finit par rencontrer le chef des Yuezhi, mais celui-ci ne manifeste nul empressement à nouer une alliance avec les Chinois contre les Xiongnu. Devenus sédentaires, les Yuezhi sont désormais à l'abri au Pamir, sur le territoire d'un ancien royaume grec – établi lors de la conquête d'Alexandre – et ils ne voient aucun avantage à repartir à l'attaque des Xiongnu. À leur contact, Zhang Qian apprend l'écriture du pays de Anxi (la Perse) et de Tiaozhi, au bord de la mer occidentale. Il entend parler du Lijian, probablement Rome, mais n'y prête guère attention. Outre les missions diplomatiques, Wudi prend l'initiative d'actions militaires qui commencent comme des expéditions punitives à la suite des razzias des Xiongnu, mais se terminent par l'engagement d'effectifs imposants.

L'armée des Han est composée d'un noyau d'hommes de métier, de conscrits – qui peuvent échapper au service moyennant 300 sapèques (ancienne monnaie chinoise) – et surtout de prisonniers auxquels la liberté est offerte en échange de leur enrôlement. Les troupes d'élite sont formées des fils des grandes familles et sont cantonnées autour de la capitale. À côté d'elles, l'armée du Nord, plus importante (30 000 hommes), est répartie dans huit campements. Le reste des troupes est établi aux frontières et dans les principaux défilés. Peu à peu, au contact des Xiongnu, la cavalerie est amenée à jouer un rôle essentiel.

De lointaines conquêtes

L'expansion des Han se poursuit par une série d'offensives victorieuses, non seulement vers la Mongolie et l'Asie centrale, mais aussi vers la Corée et vers les régions encore barbares de la Chine du Sud. Entre 127 et 117 av. J.-C., les généraux Wei Qing et Huo Qubing prennent possession du Gansu au prix de lourdes pertes, en intégrant à l'Empire les hordes Xiongnu qui s'y trouvent. Chaque progression des positions chinoises est soutenue par l'implantation de colons, dont la sécurité est assurée par une commanderie militaire, et qui, volontaires ou non, doivent mettre immédiatement en valeur les terres nouvellement acquises.

En 104, les troupes du général Li Guangli arrivent au Ferghana. Elles ont parcouru près de 3000 kilomètres depuis leur point de départ, et se trouvent ainsi plus éloignées de leur base que les légionnaires de l'Empire romain au temps de son extension maximale. Vaincues, elles battent en retraite et se voient donc obligées de repartir en 102 pour cette lointaine région. Cette seconde expédition, forte de 60 000 hommes, fait victorieusement le siège de la capitale. Le général Li Lang prend des initiatives audacieuses en s'engageant vers le nord, à trente jours de marche au-delà de la Grande Muraille, mais il subit, face aux Xiongnu, un échec militaire cuisant.

Le passage vers l'Occident est maintenu grâce aux missions diplomatiques et à ces offensives militaires. Celles-ci empêchent en même temps toute jonction entre les Xiongnu et les occupants du plateau tibétain. Ces derniers ne représentent pas, du reste, un danger immédiat pour l'Empire.

Vers le sud, six armées mènent à bien la conquête du royaume de Nanyue, tandis que d'autres s'installent au Yunnan dans le royaume de Dian ou poursuivent leur progression dans le nord de l'actuel Viêt Nam. Cette descente au-delà du fleuve Bleu permet aux Han de s'approprier les richesses agricoles qu'offrent ces pays. Mais Han Wudi veut également conquérir le nord-est du territoire ; il installe alors des commanderies militaires dans la plaine mandchoue, dans le bassin du Liaohe et jusque dans le nord de la Corée. Lorsqu'il meurt en 87, il laisse à ses successeurs le plus grand empire chinois.

Les Han orientaux

Au début de notre ère, des calamités naturelles provoquent des révoltes populaires. Le clan de l'impératrice, qui contrôle la cour, appuie la mise en place, en l'an 9, d'une nouvelle dynastie qui prend le nom de Xin.

Son fondateur, Wang Mang, neveu de l'impératrice, évince sans difficulté le dernier empereur-enfant de la lignée des Han. Puis il met en œuvre des réformes généreuses dans leur intention, mais se heurte à la résistance des propriétaires fonciers et à l'apathie des fonctionnaires. De plus, de nouvelles famines s'abattent sur le pays, après que le fleuve Jaune est sorti de son lit. Des paysans du Shandong prennent les armes et, pour se reconnaître, se teignent les sourcils. La révolte des « Sourcils rouges » s'étend rapidement à toute la plaine et atteint le Shaanxi et le Hubei. L'envoi d'armées à leur rencontre ne fait qu'amplifier le mécontentement populaire. En 23, l'usurpateur Wang Mang meurt assassiné dans son palais en flammes.

La même année, un chef d'armée apparenté à la dynastie Han triomphe à la fois des autres prétendants et des Sourcils rouges. Il installe la dynastie des Han orientaux à Luoyang et règne sous le nom de Guang Wudi. Commence alors une période de reconstruction. Mais, progressivement, le pouvoir impérial va à nouveau se désagréger.

L'essor culturel

Sous les premiers Han, la cour impériale, et pendant tout le IIe siècle av. J.-C., les cours princières, sont le centre de l'activité intellectuelle, littéraire, scientifique et artistique. Elles regroupent autour d'elles une population nombreuse de lettrés, de savants et d'artistes. C'est dans ce climat d'effervescence que se développe en particulier une poésie de cour savante, plus propre à la description qu'à l'expression des sentiments, appelée fu. En 110 av. J.-C. est créé, à la cour de l'empereur Wu, un bureau de la Musique qui, par des emprunts aux populations étrangères et aux milieux populaires, renouvelle les formes poétiques traditionnelles. L'influence des apports étrangers est également sensible dans les danses, les jeux et les loisirs : des animaux et des plantes exotiques sont introduits dans les jardins et les parcs ; les chevaux du Ferghana sont croisés avec les petits chevaux mongols. Sur le plan artistique, l'art des Han est essentiellement funéraire : dans les tombes, censées reproduire la demeure du défunt, les substituts en bois, métal ou terre cuite, appelés ming-k'i, remplacent les victimes des sacrifices humains, monde extrêmement vivant de figurines, peintes parfois, jeunes femmes, danseurs, bateleurs, chevaux, attelages, fermes et bateaux miniatures. Ce premier art impérial joue un double rôle : il transmet à la postérité l'héritage du passé et crée des assises solides pour tous les développements artistiques ultérieurs.

Le jade

En Chine, le « jade » a toujours été considéré comme le matériau le plus précieux, et il reste très recherché ; les Chinois lui attribuent toutes les vertus, dont celle de conserver les corps. Ils admirent le jeu de ses veines, ainsi que la grande variété de ses teintes. La légende dit qu'un arc-en-ciel fut transformé en hache de jade pour aider les premiers hommes à lutter contre les bêtes sauvages. C'est donc la pierre du ciel. Le jade, utilisé en Chine dès le néolithique, provient de la région de Khotan, en Asie centrale. En fait, il ne s'agit pas de jadéite mais de néphrite. C'est une pierre très dure, qu'il faut travailler à l'aide de matière abrasive, d'un foret mû par un tour, d'un disque tranchant ou encore d'une pointe de corindon. Après les disques plats et les haches du néolithique apparaissent, sous les Shang, des armes rituelles et des petites pièces d'ornement comme des animaux ou des figures humaines ainsi que des amulettes qui bouchent les orifices corporels des morts (des cylindres, des poissons, des cigales, des hiboux).

L'époque des Zhou voit se développer l'utilisation de pièces symboliques (le Ciel, la Terre, le sceptre) et apparaître les premiers jades cousus sur les linceuls. À l'époque des Han occidentaux, le défunt de sang royal est entièrement revêtu de plaques de jade cousues ensemble par des fils d'or.

Les temples funéraires

Dès le IIe millénaire, les tombes souterraines chinoises étaient recouvertes d'un tumulus sur lequel s'élevait un temple funéraire. L'architecte du grand mausolée du royaume de Zhongshan, dans la province de Hebei, aurait élevé un de ces temples sur chacun des tumulus royaux, au IIIe siècle av. J.-C.

Les archéologues ont découvert de nombreux temples qui datent de l'époque des Han, comme celui de la famille Wu, au Shandong. Les murs sont couverts de bas-reliefs qui racontent des légendes et des épisodes de la dynastie. Les mêmes éléments servent à la décoration des tombeaux. Il faut y ajouter les briques et leurs peintures décrivant la vie quotidienne (chasse ; travaux agricoles, marché, etc.), les fresques murales qui mettent en scène les différentes étapes de l'existence du défunt ainsi que des maquettes d'argile de fermes, de chariots, de bateaux et même de serviteurs.

Le calendrier chinois

Pour les Chinois, les années s'inscrivent dans des cycles de 60 ans, qui ne sont pas définis. Ces années portent toutes le même nom : *jia zi*. Ce calendrier de 60 ans est obtenu par la combinaison de 10 signes célestes (de I à X), dont le premier est *jia*, et de 12 signes terrestres (de 1 à 12), dont le premier est *zi*. Plus prosaïquement, ces derniers sont les 12 mois de l'année auxquels correspondent les animaux du zodiaque : rat, buffle, tigre, lièvre, dragon, serpent, cheval, mouton, singe, coq, chien, porc.

La première des 60 années est : I – 1 *jia zi*, année du rat ; la seconde est II – 2, année du buffle ; la troisième III – 3, année du tigre, etc.

La onzième est I – 11, année du chien ; la douzième, II – 12, année du porc ; la treizième est III – 1, à nouveau année du rat, etc.

SIMA QIAN, LE PREMIER HISTORIEN CHINOIS

Fils du Grand Astrologue de la cour de Han Wudi, Sima Qian (145-86 av. J.-C.) lui succède et achève le *Shiji*, les « Mémoires historiques », au début du Ier siècle avant notre ère. L'histoire de la Chine, des Cinq Hégémons au règne de Han Wudi, y est racontée en 700 000 caractères, répartis en 130 chapitres. Sima Qian a pu voyager à travers son pays, et ses témoignages sur les coutumes sont très bien documentés. Sa vie publique est marquée par le procès fait au général Li Lang, dont il prend la défense. Cette attitude lui vaudra d'être condamné à la castration. Le *Shiji* est la première des 25 histoires dynastiques. Après lui et en s'inspirant du même plan, Ban Gu écrit le *Hanshu*, « Histoire de la dynastie des Han occidentaux ». Les annales principales qui racontent les règnes des souverains sont suivies de tableaux des principaux événements, puis viennent les essais sur des sujets généraux. La fin concerne les biographies des hommes illustres.

La Route de la soie

À la fin du Ier siècle de notre ère s'ouvre, grâce à l'expansion de l'Empire des Han, une route caravanière appelée Route de la soie, qui permet à la Chine d'établir des relations commerciales avec le monde romain et l'Inde.

À cette époque, quatre grands empires dominent le monde entre la péninsule Ibérique et la péninsule corenne ; il s'agit des Empires romain, parthe, kusana et de l'Empire chinois de la dynastie des Han. Mais le plus occidental ignore tout du plus oriental, et il n'est à l'évidence pas dans l'intérêt des deux États situés en Asie orientale de faciliter leurs contacts. Pendant des siècles pourtant, des objets vont circuler d'un bout à l'autre du continent en empruntant à peu près les mêmes itinéraires ; ceux-ci sont dictés, pour la voie maritime, par la pauvreté des techniques de navigation et, pour les voies terrestres, par l'extrême dureté des régions à traverser ou des cols à franchir. À la fin du XIXe siècle, le géographe allemand Ferdinand von Richthofen a l'idée de rassembler ce réseau de communication sous le nom de Route de la soie.

Les Romains découvrent la soie

La puissance évocatrice de l'expression en a fait la fortune : elle allie avec bonheur les notions de distance et de risque avec celles d'intimité, de douceur et de luxe. De fait, la soie n'était pas seule à voyager par ces routes, mais elle représentait un savoir-faire humain différent et inconnu, alors que les épices, les pierres ou les métaux précieux témoignaient simplement d'une plus grande générosité naturelle des contrées qui les produisaient.

L'introduction des « voiles sériques » dans l'Empire romain va cependant provoquer quelques troubles. Le biographe et moraliste grec Plutarque raconte ainsi comment, après une longue journée de bataille contre les Parthes, les troupes du général romain Crassus, bien imprudemment avancées loin de leurs bases, furent terrorisées à la vue des étendards étincelants brandis par leurs ennemis.

En effet, entre 57 et 37 av. J.-C., le règne d'Orodès II sur les Parthes est marqué par des épisodes sanglants. Orodès est assez fort pour s'opposer à l'avance romaine dans la région, et fait battre le général romain Crassus par Surena, qui pénètre en Syrie. Pour les Romains, Surena est le nom du général vainqueur, alors que ce titre désigne le premier dignitaire du royaume parthe arsacide. Le succès de ce Surena lui sera fatal : jaloux de sa victoire, Orodès le fait assassiner.

Des causes avant tout tactiques ou stratégiques expliquent leur défaite, mais cette désastreuse bataille de Carrhes, qui date de 53 av. J.-C., fut, selon l'historien latin Florus, la première occasion qu'eurent les Romains, et avec eux quelques Gaulois enrôlés, de voir de la soie. À peine un siècle plus tard, celle-ci a été adoptée par les élégantes romaines, et Pline note sévèrement qu'« on se met à traverser toute la terre de bout en bout, et cela uniquement pour qu'une dame romaine puisse exhiber ses charmes sous une gaze transparente ». Le philosophe romain Sénèque désapprouve également la vogue de ce nouveau tissu et écrit dans *Des bienfaits* : « Je vois des vêtements de soie, s'il faut appeler vêtements des tissus dans lesquels il n'y a rien qui puisse protéger le corps, ni seulement la pudeur. Une fois qu'elle les a mis, une femme jurera, sans qu'on puisse la croire, qu'elle n'est pas nue : voilà ce que, avec des frais immenses, on fait venir de pays obscurs afin que, même à leurs amants, nos dames ne montrent pas plus d'elles-mêmes dans leurs chambres qu'en public. »

Bien que César ait porté de la soie lors de son triomphe, l'usage de celle-ci fait l'objet d'une réglementation de la part du sénat, qui en interdit le port aux hommes. Les Romains pensent qu'elle provient du pays des Sères, situé au bout du monde, quelque part à la limite orientale des territoires jadis conquis par Alexandre le Grand, un pays où jamais personne n'est allé : en fait, ils sont victimes de l'ignorance dans laquelle les Parthes – qui en assurent le transport – les maintiennent volontairement. Cette ignorance va durer longtemps. Le poète latin Virgile, dans les *Géorgiques*, parle de fines toisons que les Sères enlèvent aux feuilles des arbres. Deux siècles plus tard, le grec Pausanias se rapproche de la vérité lorsqu'il mentionne un petit animal : « Il ressemble aux araignées qui font des toiles sous les arbres… ; les Sères l'élèvent dans des bocaux spéciaux… à cinq ans, ils lui donnent un roseau vert, … jusqu'à en crever et c'est à l'intérieur du cadavre que l'on trouve la majeure partie du fil. » Mais il s'éloigne ensuite de la réalité… À la fin du IVe siècle de notre ère, l'historien Ammien Marcellin revient encore à l'idée d'une écorce qui était cardée. En fait, les Romains de l'Empire ne connaîtront jamais le secret de fabrication de la soie.

Un secret bien gardé

Il faut préciser que les Chinois eux-mêmes le protègent jalousement. Il est interdit de sortir de Chine des œufs ou des cocons, sous peine de mort. Sans doute sur fond de vérité, une légende raconte comment, vers 420 apr. J.-C., une princesse chinoise donnée en mariage à un prince de Khotan, dans le Tarim, ne peut se résoudre à vivre sans soie. Elle dissimule donc dans sa coiffure de jeunes œufs de vers à soie et des graines de mûrier, et installe au palais une magnanerie (lieu où se pratique l'élevage des vers à soie). Des ambassadeurs chinois, surprenant son manège, convainquent le prince qu'il s'agit en fait d'un élevage de serpents venimeux. Celui-ci, furieux, le fait incendier. Mais son épouse réussit quand même à sauver quelques vers et à se fabriquer un vêtement de soie. Le prince, séduit, se met alors à encourager la sériciculture. Les moines de l'Empire romain d'Orient, passés par le Caucase pour éviter la Perse, ont probablement ramené de cette région du Tarim le secret de la soie. En 550, leur empereur Justinien leur a promis en effet une forte récompense en cas de succès. Après trois ou quatre ans, ils reviennent avec des « graines de vers à soie » dissimulées dans le creux de leur bâton de pèlerin.

Ainsi naît la première industrie byzantine de la soie. En France, sa production commence à la fin du XIIIe siècle, soit sept siècles plus tard.

La Route de la soie et le creuset sibérien

Diables aux pieds fourchus dans les livres occidentaux, les Barbares ont laissé une trace écrite de leur existence dans les annales historiques chinoises. Dès le IIIe siècle av. J.-C., le premier empereur de Chine doit élever une muraille pour se protéger des Xianyun. D'où venaient ces nomades ? Probablement de la haute Asie. Sont-ils les ancêtres des Xiongnu qui terrorisaient les populations Han en venant piller les villages ? Quand ils empruntent la Route de la soie, les Xiongnu chassent devant eux les Wusun, qui vont eux-mêmes faire fuir les Yuezhi. En haute Asie, ils ont cédé la place aux Barbares Xianbei qui finissent également par arriver en Chine ; ils s'élancent à leur tour sur la Route de la soie, puis s'arrêtent en Turquie. Ensuite, les Prototurcs (Tujue et Ouïgour) déferlent de haute Asie, suivis par les Mongols-Khitans et, enfin, les Mongols gengiskhanides : il s'agit dans tous les cas de hordes à cheval qui s'abattent sur la Chine avant d'emprunter la Route de la soie.

L'expansion chinoise vers l'ouest

À l'instar des Romains, les Chinois de la dynastie des Han ne savent pas grand-chose du monde méditerranéen. Des raisons plus militaires qu'économiques les poussent vers l'ouest : ils y recherchent à la fois des alliances contre les Barbares (en particulier, les Xiongnu), toujours prompts à ravager leurs frontières du nord et de l'ouest, et des chevaux rapides et résistants, les chevaux du Ferghana (haute vallée du Syr-Daria), qui leur permettent de réagir avec efficacité contre ces mêmes Barbares.

La mission la plus célèbre est celle de Zhang Qian, ambassadeur de l'empereur Han Wudi, chargé à ce titre d'aller conclure une alliance avec les Yuezhi contre les Xiongnu. Parti en 138 av. J.-C. de la frontière occidentale du Gansu et se dirigeant vers le sud-ouest, il traverse le Ferghana et entre dans Kokand (ville de l'actuel Ouzbékistan) ; puis il parvient en Bactriane (partie nord de l'Afghanistan actuel) vers 128, et y trouve des bambous et des vêtements du Sichuan, arrivés là par une voie du Sud. Il repart un an plus tard et rejoint la ville de Chang'an en 126, sans être parvenu cependant à réaliser l'alliance souhaitée.

Pourtant de nombreuses caravanes s'organisent. Partant de Chang'an dans un but commercial, elles se rendent au Ferghana afin de se procurer des chevaux. Des expéditions marchandes se dirige aussi vers le sud-ouest pour trouver cette fameuse route du Sud dont Zhang Qian a fait mention à son retour. Mais aucune d'elles n'y parvient, car elles sont très souvent attaquées par les brigands tibétains qui vont revendre à leur profit sur les marchés asiatiques les étoffes et les bambous de la région du Sichuan.

Les chevaux du Ferghana

À 6000 kilomètres à l'ouest de Chang'an, au Ferghana, l'ambassadeur de l'empereur Han Wudi, Zhang Qian, sera séduit par les chevaux des Wusun. Grand, le poitrail développé, les jambes fines, ces animaux ne ressemblent en rien aux chevaux de la steppe mongole, petits et râblés : ils ont la même allure que des pur-sang, mais ils souffrent d'une maladie de peau bénigne, et leur robe est parsemée de gouttelettes de sang ; ils sont donc appelés « chevaux-qui-suent-le-sang ». Leur rapidité et leur résistance entrent dans la légende : ils sont réputés pouvoir parcourir 1000 lis (500 kilomètres) en une journée. Ils présentent aussi la particularité d'aller naturellement l'amble (allure d'un quadrupède qui se déplace en levant en même temps les deux jambes du même côté). Les empereurs de la dynastie des Han chercheront par tous les moyens à les échanger – contre la précieuse soie – pour pouvoir prendre de vitesse les pilleurs Xiongnu, avant que ceux-ci ne se replient dans la steppe. À cette époque, les chevaux du Ferghana sont assimilés à ces « chevaux célestes » dont les Chinois évoquent l'existence depuis l'Antiquité et qu'ils représentent avec un grand souci de réalisme.

L'ouverture de la Route de la soie

Un siècle et demi plus tard, le général chinois Ban Chao (31-102) va réussir à imposer une véritable *pax sinica* sur toute l'Asie centrale. Après avoir reconquis toutes les oasis, du bassin du Tarim jusqu'à Kashgar, il se donne pour mission de soumettre définitivement les Barbares de l'Ouest, en levant dans les royaumes alliés ou vaincus les troupes qui lui permettront de battre les royaumes rebelles. Il progresse ainsi vers l'ouest : après avoir conclu une alliance avec les Kusana et soumis toutes les oasis, il devient en 91 « gouverneur général des Han en Asie centrale » et réside alors à Kucha.

Ban Chao meurt en 102 ; l'équilibre qu'il a su maintenir par la force en Asie centrale entre les Xiongnu, les Parthes et l'empire naissant des Kusana va se prolonger jusqu'à la révolte des Turbans jaunes (paysans du Shandong), en 184. Parthes et Kusana échangeront avec Luoyang – capitale des Han orientaux – de nombreuses ambassades au cours du IIe siècle.

En fait, pendant que Ban Chao guerroyait, les courants commerciaux se sont établis par la voie maritime de la Route de la soie, et la plus grande partie de la soie importée dans les pays méditerranéens est embarquée dans les ports du nord-ouest de l'Inde. Avec elle voyagent également la cannelle, le poivre, les parfums, les teintures et les produits médicaux.

Si, à travers ces échanges, les régions d'Occident ont principalement reçu la soie, celles d'Extrême-Orient ont, elles, découvert le bouddhisme.

L'introduction du bouddhisme en Chine

La puissance de l'empire Kusana est le fait nouveau le plus marquant de cette période. Une des branches des Yuezhi (peuple indo-européen du nord-ouest de la

Chine) s'est établie, au Ier siècle avant notre ère, dans un ancien royaume grec situé en Bactriane. Après avoir contrôlé le Kharezm, ce nouvel empire, appelé Kusana, prend possession de la Sogdiane, du Cachemire et du Gandhara.

C'est sous l'empereur Kanishka (IIe siècle de notre ère) que le rayonnement et l'influence kusana sont les plus déterminants car, converti au bouddhisme mahayana, ou Grand Véhicule, Kanishka favorise l'implantation de cette religion en Asie centrale. Le panthéon du mahayana est particulièrement riche et ouvert ; il est donc prêt à accueillir d'autres divinités. Les Chinois l'identifieront d'ailleurs au taoïsme, religion fondée au VIe siècle av. J.-C. par le philosophe Laozi, auteur du *Daodejing* : ils sont ainsi persuadés que les *sutra* (préceptes) bouddhiques ne sont en fait rien d'autre que les stances du *Daodejing* développées et commentées pour être comprises par les Indiens.

En 65 apr. J.-C., les missionnaires bouddhistes viennent convertir la Chine. Ils répondent à l'invitation de l'empereur Mingdi, qui fait construire à leur intention le monastère du Cheval-Blanc, à Luoyang. Inversement, des Chinois entreprennent le voyage vers l'Inde pour se rendre aux sources du bouddhisme : ils y étudient le sanskrit, pour comprendre les textes sacrés. Munis de manuscrits religieux et d'objets rituels apportés d'Inde, les moines missionnaires convertissent les populations des oasis d'Asie centrale et fondent des monastères à Yarkand, Khotan, Kachgar, Tachkent…

La Route de la soie a ainsi permis au bouddhisme de se développer dans tout le monde asiatique, alors même que son influence diminuait dans son pays d'origine.

LES GROTTES PEINTES DE DUNHUANG

Oasis située dans le Gansu, Dunhuang est sous l'empereur Han Wudi, une commanderie militaire, qui devient, au IVe siècle de notre ère, un grand sanctuaire bouddhique. Les falaises sont creusées de grottes à la dévotion du Bouddha. Le fidèle y apprend la doctrine bouddhique, celle du Grand Véhicule (*mahayana*), en méditant sur les peintures rupestres des murs. Des scènes illustrent les *jakata* (ensemble de contes bouddhiques indiens racontant les vies antérieures du Bouddha) ou les *sutra* (les préceptes sanskrits) ; d'autres montrent des caravaniers ou des donateurs. Les étrangers y sont représentés avec une barbe noire et un long nez. Le monde des Occidentaux est resté, dans la tradition populaire asiatique, celui des gens à peau rose, au long nez et au système pileux développé ; celui des Asiatiques, peu fourni, explique pourquoi certains vieux Chinois cultivent avec amour les quelques poils très longs de leur barbe blanche…

Le *jakata* de la tigresse affamée

Le *jakata* (conte bouddhique indien) du prince Mahasattva qui orne les murs de la grotte 428 se lit comme une bande dessinée. Le jeune prince, prenant congé de son père, part à la chasse avec ses deux frères. Ils traversent à cheval un décor de montagnes très boisées et giboyeuses. Pendant que ses frères poursuivent leur chemin, Mahasattva découvre une tigresse si maigre qu'elle ne peut plus nourrir ses petits ; aussitôt, il se déshabille et s'étend devant elle, mais la tigresse efflanquée n'a même plus la force de le déchiqueter. Le prince grimpe alors sur un escarpement rocheux et se jette dans le vide : l'animal peut enfin le dévorer. Ses frères, découvrant la vérité, dressent un stupa à Mahasattva et prient. Puis ils sautent à cheval pour aller prévenir leur père dans son palais. Dans la dernière scène, Mahasattva apparaît en Bouddha assis en lotus sur un trône, au milieu d'un jardin merveilleux.

La soie

D'après la légende, une chenille divine offrit au Souverain Jaune, au retour d'une grande victoire, un rouleau d'étoffe qu'elle avait tissé. Inconnue jusqu'alors, l'étoffe était légère comme les nuages et lisse comme l'eau. Leizu, son épouse, trouva le moyen de reproduire ce tissu merveilleux en élevant les vers à soie, qu'elle nourrissait de tendres feuilles de mûrier, arbre sur lequel vivait la chenille divine.

La fabrication de la soie remonte en fait au néolithique. La femelle du bombyx du mûrier (type de papillon qui a pour chenille le ver à soie) pond, vers la fin du mois de juin, de 500 à 600 œufs. En avril, la larve se transforme en chenille, très vorace de feuilles fraîches.

Avant de devenir papillon, la chenille, grâce à sa salive, s'enferme dans un cocon ovoïde. La sécrétion, composée de deux filaments continus et collés l'un à l'autre par la séricine, ou « grès », constitue la soie. Au bout de trois semaines, le papillon ramollit l'extrémité du cocon avec sa salive, écarte les filaments et sort. Mais il faut éviter cette dernière étape, qui est nuisible à la qualité du fil. La chrysalide est donc ébouillantée avant sa sortie du cocon. Le dévidage de chaque cocon produit deux ou trois kilomètres de filament blanc, dont seuls 400 à 1 200 mètres sont tissables.

Progrès techniques et scientifiques en Chine

En 85, le savant astronome Foungan propose à l'empereur un objet tout à fait extraordinaire. Il s'agit de la première sphère armillaire écliptique. Différents cercles sont emboîtés de manière à traduire la complexité du système solaire en représentant les trajectoires des différents astres connus et de leurs satellites, le globe terrestre étant, bien entendu, placé au centre de l'assemblage.

C'est également en Chine, en l'an 105, qu'est inventé un nouveau support pour l'écriture : le papier. Le premier à le fabriquer a été un eunuque, T'sai-Louen, qui a utilisé pour cela un mélange de déchets de soie et de chiffons de chanvre, imbibés d'eau, puis séchés et lissés. Si, dans le monde gréco-romain, on connaissait le papyrus, puis le parchemin, les Chinois, eux, n'avaient que des supports rigides pour y graver des inscriptions : lamelles d'os, écailles de tortue. Désormais, l'accès aux écrits des sages sera plus facile. La calligraphie, art majeur au même titre que la peinture, connaîtra un essor important, de même que le corps de fonctionnaires-lettrés.

L'Asie du Sud-Est

L'Asie du Sud-Est n'entre dans l'histoire qu'avec les premières incursions étrangères, mais elle a connu une longue et riche préhistoire. Au IIIe siècle de notre ère, des civilisations brillantes sont marquées par les influences de l'Inde et de la Chine.

Baignée par la mer de chine et l'océan Indien, riche en ressources naturelles, l'Asie du Sud-Est a toujours été ouverte aux influences. Cette péninsule comprend les États actuels de Birmanie, de Thaïlande, du Laos, du Cambodge et du Viêt Nam, et son histoire proprement dite ne commence que lorsque les chroniqueurs chinois évoquent les luttes et les échanges qui mettent l'Empire du Milieu en contact avec le Viêt Nam.

Une longue préhistoire

L'Asie du Sud-Est a été peuplée dès le début de l'ère quaternaire, et ses habitants devaient être assez semblables au sinanthrope de Pékin et au pithécanthrope de Java.

C'est dans le delta du Sông Koi, ou fleuve Rouge, que naquit, 10 000 ans av. J.-C., la civilisation dite « hoabinhienne », du nom des grottes où furent trouvés les premiers vestiges. Le site était idéal : les forêts avoisinantes, riches de plantes et de gibier, fournissaient la nourriture, de spacieuses cavernes faisaient office d'abris, et les ruisseaux offraient l'eau, indispensable à la survie. Si les hommes ne connaissaient pas encore la céramique, ils étaient en revanche passés maîtres dans l'art d'utiliser les ressources de la nature : de noix de coco ou de calebasses, ils faisaient des récipients ; avec le bambou, ils fabriquaient pieux, flèches et couteaux. Le site de Bac Son témoigne lui aussi de l'ingéniosité de ces hommes préhistoriques : pour rendre étanches des paniers de bambou tressé, ils les enduisirent d'argile et peu à peu découvrirent la poterie (vers 6000 av. J.-C.), qu'ils décorèrent de motifs géométriques. Les Hoabinhiens n'avaient pas encore domestiqué les animaux mais, apparemment, des chiens vivaient déjà parmi eux.

Devenus agriculteurs et éleveurs, ils vécurent ensuite dans des maisons en bois et en bambou. Pour la culture du riz, déjà bien répandue, ils utilisaient la méthode du brûlis dans la montagne et celle des champs inondés dans les deltas. Les morts, accompagnés de tout un mobilier funéraire, étaient enfouis dans les fissures des rochers calcaires.

La culture de Dông Son

Dans la vallée du fleuve Rouge, la civilisation du bronze, née en Asie du Sud-Est au milieu du IIe millénaire, connaît son apogée vers 500 avant notre ère. La culture de « Dông Son », appelée ainsi du nom du site le plus riche, est caractérisée par des tombes au riche mobilier, situées au pied d'habitations sur pilotis. Les habitants de la péninsule savaient alors couler les métaux dans des moules en grès pour confectionner haches, serpes ou socs de charrue et pour réaliser des objets moins usuels : statuettes, cloches et tambours. Ces derniers, richement décorés, sont une source de renseignements précieux sur la vie de l'époque : les hommes habitaient des huttes sur pilotis ; guerriers, ils partaient au combat sur leurs jonques de bois, équipés de haches, de javelots et de flèches. La riziculture et la vannerie étaient en plein essor. Enfin, divers objets chinois prouvent que les échanges avec l'Empire du Milieu se multipliaient. Outre des tambours de bronze richement décorés, les tombes contiennent des poignards, des hallebardes, des bijoux de pierre, parfois réparés d'un fil de bronze, des crachoirs pour les mâcheurs de béthel et de petites sculptures très ouvragées.

Les débuts de l'histoire

En ce qui concerne la Birmanie des premiers siècles de notre ère, on sait seulement que deux royaumes indianisés coexistaient dans la vallée de l'Irrawaddy, le plus grand fleuve du pays. Il faut attendre le XIVe siècle et la rédaction des annales tenues par des bonzes pour connaître l'histoire du Laos.

En revanche, on est mieux informé sur le Viêt-nam. Le royaume de Van Lang aurait été fondé dès 2000 av. J.-C. par les quinze tribus des Lac Viêt, agriculteurs fixés dans les plaines et les régions littorales. Les rois légendaires qui dominent ce pays sont les Hung. Ils gouvernent par l'intermédiaire de chefs civils, les lac-hau, et de chefs militaires, les lac-tuong. Dans les régions montagneuses vit un autre peuple, les Âu Viêt. À la fin du IIIe siècle av. J.-C., son roi, Thuc Phan, défait le dernier souverain Hung et unifie les deux territoires. Il fonde le royaume d'Âu Lac et prend le nom d'An Zuong. Entouré d'une cour et d'une armée puissante, le roi vit dans sa capitale de Cô Loa (à 20 kilomètres de l'actuelle Hanoi) : c'est une véritable forteresse, ceinturée par trois séries de remparts disposés en colimaçon, protégée par de profonds fossés et défendue par d'impressionnantes tours de garde.

Une mosaïque de peuples

Le peuplement de l'Asie du Sud-Est se caractérise par une succession de vagues de migrants. Ces migrants sont de types ethniques, de cultures et de langues différents. Les autochtones du Laos voient ainsi arriver des Chams puis des Khmers et, enfin, des Thaïs. Les tribus kha sont les descendantes des premiers habitants. Le peuple lao, lui, n'apparaît qu'au IVe millénaire av. J.-C., aux environs du mont Altaï, en Mongolie. Les premiers habitants de la Birmanie sont des Môns-Khmers, originaires d'Asie centrale. Une deuxième vague migratoire arrive par la voie du Tibet : celle des Tibéto-Birmans. Les Thaïs, venus du fleuve Bleu, complètent cette mosaïque de peuples aux XIIIe et XIVe siècles av. J.-C. Au Viêt Nam cohabitent des Khmers, très indianisés, des Kinhs, inspirés par le modèle chinois, et quantité de populations proto-indochinoises vivant de l'exploitation des forêts.

Les apports de l'Inde et de la Chine

Le début de notre ère voit de profonds changements. L'Asie du Sud-Est commerce avec la Chine et l'Inde, dont elle adopte les valeurs : le bouddhisme et l'hindouisme, la conception du pouvoir royal et des lois, certains principes architecturaux. Le sud de la péninsule est marqué par l'Inde : le sanskrit s'y répand et exerce un rôle important dans l'élaboration des langues locales.

Vers 50 apr. J.-C., un aventurier de Kaundinya, brahmane indien, aurait réussi à s'imposer parmi les habitants du delta du Mékong. Il fonde la dynastie des « rois de la montagne » en souvenir du mont Mérou qui, pour les Indiens, est le point de rencontre du Ciel et de la Terre. Le nom chinois de ce territoire est Funan. Trois siècles plus tard, alors que les Indo-Scythes sont expulsés des rives du Gange, l'un de leurs chefs se fait reconnaître roi du Funan par l'empereur de Chine. L'indianisation du pays connaît son apogée au IVe siècle. Pendant près de 300 ans, le Funan va dominer les voies maritimes, de la péninsule malaise au Mékong.

Le site archéologique d'Oc-èo est une des rares grandes cités anciennes d'Asie du Sud-Est dont il reste des vestiges. Situé dans la région du Transbassac, à l'extrême sud de la péninsule indochinoise – l'actuel Cambodge –, il illustre le développement des villes et celui d'un commerce transasiatique entre la Chine et la Méditerranée orientale dans le royaume du Funan, au Ier millénaire. La cité commerçante était vraisemblablement reliée à un port, en activité des débuts de l'ère chrétienne aux VIIe-VIIIe siècles. Elle fut détruite brutalement par une catastrophe naturelle.

Les maisons étaient construites sur pilotis de bois et couvertes de tuiles. Plus que par son architecture, c'est par le trésor qu'elle renferme que la cité intéresse les archéologues. Les objets découverts sont souvent d'origine étrangère. On y trouve ainsi une chevalière en or avec une inscription en sanskrit, un morceau de miroir chinois en bronze, un cabochon en pâte de verre bleu représentant un souverain de l'Iran sassanide ou des médailles en or à l'effigie d'Antonin le Pieux…

L'influence chinoise s'exerce au nord de l'Indochine. Les principautés locales doivent verser des tributs aux souverains chinois.

Au Ier siècle av. J.-C., le nord du Viêt Nam devient même une province chinoise. Entre 120 et 105, les armées han pénètrent jusque dans le bassin du fleuve Rouge et en annexent les territoires. Cependant, en 40 apr. J.-C., les populations se rebellent contre la tyrannie du gouverneur chinois Su Ding. Les insurgés sont menés par deux femmes, les sœurs Trung, qui, agissant au nom d'une noblesse indigène bafouée par le pouvoir chinois, soulèvent plusieurs provinces de l'ancien royaume du Nam Viêt. Leur victoire oblige Su Ding à se réfugier en Chine. Avec l'appui du peuple et de l'aristocratie, les sœurs Trung se font proclamer reines. Toutefois les Chinois ne tardent pas à réagir : le général Ma Yuan est envoyé pour soumettre à nouveau le pays. Cette fois, les révoltés sont défaits en 43.

En 192 apr. J.-C., l'empire chinois han crée sur une partie de la côte orientale de l'actuel Viêt Nam la « sous-préfecture » du Siang-lin.

Celle-ci étant fréquemment envahie par les Barbares – les indigènes –, les Chinois décident de l'évacuer. Un fonctionnaire indigène, K'iu-lien, en profite pour se proclamer roi et déclarer l'indépendance de ce nouveau royaume du Lin-Yi en 192.

Ce territoire est peu à peu absorbé par des princes chams de la région du Quang-nam. Ainsi apparaîtra vers le VIIe siècle le royaume du Champa.

Voyage au « pays de l'or »

La demande des Romains en produits exotiques pousse les marchands indiens à étendre leur négoce vers l'Asie du Sud-Est. C'est par ce nom explicite que les habiles commerçants indiens appellent la région. Ils ont des bateaux assez résistants pour ne pas avoir à suivre les côtes, mais ils doivent attendre les vents de mousson pour naviguer à l'aller ou au retour. C'est pourquoi le voyage prend parfois plus d'un an. Il leur arrive souvent de créer des comptoirs sur les côtes qu'ils abordent et, partant sans femme, de se marier avec des indigènes quand ils restent sur place. Les légendes locales font de ces mariages mixtes l'origine de bien des royaumes indianisés : c'est grâce à l'une de ces unions qu'aurait été créé le puissant royaume du Funan. Le site d'Oc-èo, au Cambodge, est un exemple de cité commerçante du Ier millénaire : on y trouve des vestiges indigènes, indiens et romains.

L'art vietnamien

Les Han chinois, présents en Asie du Sud-Est dès le IIe siècle av. J.-C., ne bouleversent pas les institutions locales et ne demandent aux populations qu'un tribut périodique, mais ils vont profondément influencer la civilisation vietnamienne. Dans le domaine de l'art, la culture dôngsonienne, autochtone et aux affinités indonésiennes, laisse la place à un art sinisé. Les traditions locales ne disparaissent cependant pas totalement. On peut se faire une idée de cette évolution grâce aux objets découverts dans les nombreux tombeaux de brique mis au jour dans le delta du Tonkin et dans celui du Thanhhoa. Ces objets sont ornés de motifs géométriques variés, dont des spirales en S rappelant celles qui ornent les tambours de bronze de Dông Son. D'autres motifs, ceux en croix à fleurons, les dragons…, sont inspirés de l'art chinois. Certaines des briques portent des caractères chinois. Les céramiques conservées à l'intérieur sont de même d'inspiration locale ou chinoise. Les miroirs, décorés de motifs géométriques, de feuilles, de fleurs et d'animaux, rappellent des objets chinois similaires.

L'architecture fournit aussi un témoignage de ces influences. Les modèles de maisons en réduction, exhumés des tombeaux, reproduisent la demeure du défunt et doivent, avec le reste du mobilier, lui permettre de continuer son existence dans l'au-delà.

Désordres en Chine

Le pouvoir des derniers Han s'effrite dès le IIe siècle, la Chine étant en proie aux rébellions. Les plus connues sont celles « des Cinq Boisseaux de Riz », dans le Sichuan, et « des Turbans (ou Bonnets) jaunes », en Chine orientale. Les Taiping, Turbans jaunes, regroupent, en 184, jusqu'à 360 000 rebelles. Pour lutter contre eux, les généraux lèvent leurs propres armées, indépendantes de l'empereur, forces centrifuges dans l'Empire du Milieu. C'est le général Cao Cao qui réprime, en 196, la révolte des Taiping, avant de s'emparer illégalement du pouvoir. Au XIXe siècle, de nouveaux rebelles, hostiles au pouvoir étranger, prendront aussi ce nom.

Les cours chinoises adoptent, à partir de 260, une nouvelle boisson, le thé, venu des pays barbares. Les feuilles du théier contiennent un alcaloïde, du même type que la caféine, qui stimule la réflexion et permet à l'homme de rester plus longtemps éveillé. Les lettrés, nombreux à Luoyang, capitale de Cao Cao et de ses fils, en font une grande consommation. Très vite, la nouvelle boisson se répand dans le peuple, à qui elle devient aussi indispensable que le riz.

La dynastie issue du général Cao Cao s'établit au nord de la Chine dans la principauté de Wei. Mais une nouvelle dynastie, celle des Xi Jin (des Jin occidentaux), s'empare de Luoyang, capitale de Wei. Son fondateur rétablit à son profit l'unité de l'empire et met fin à la période des Trois Royaumes. Mais il ne s'agit que d'un intermède, car le pouvoir est incapable de résister aux assauts des Barbares du Nord, qui, sous les ordres du Xiongnu Lieou-t'song. « l'Attila de la Chine », prennent Luoyang en 316. Après cette victoire des Barbares, seul le Sichuan, au sud du pays, reste indépendant. La masse des réfugiés venus du Nord assure la sinisation totale du pays. Dans la partie septentrionale, pourtant, l'empereur hun Hou-Kien (357-383) met des bornes à l'anarchie, en battant le général barbare Mou-Jong et en se rendant maître du bassin du Tarim en 382, après avoir conquis, en 373, le Sichuan. En 383, il est une nouvelle fois victorieux, mais sa défaite devant les Tsin (Jin), va arrêter son expansion vers le Sud.

Le Yamato, ancêtre du Japon

Après une période mal connue, les récits chinois et une inscription coréenne évoquent les relations du continent avec un État qui se donnait le nom de Yamato.

Ancêtre du Japon, le Yamato était situé sur Honshu, la plus grande des îles japonaises. Dès le début de son histoire, ce pays possède un retard de plusieurs siècles sur le continent, mais il le rattrape rapidement grâce à sa grande faculté d'assimilation. Cependant, ses origines restent obscures : qu'en est-il de sa population lorsqu'un petit chef de Kyushu, la plus méridionale des îles de l'archipel, envoie un tribut en Chine, chez les Han, vers 57 ? Elle était sans doute composite, mais il est probable qu'elle parlait déjà des idiomes ancêtres du japonais actuel.

Les plus anciennes civilisations

L'origine des Japonais, que l'idéologie nationaliste d'avant-guerre attribuait à une souche unique, reste en fait très obscure. Il est vrai que l'immigration en provenance du continent, c'est-à-dire de la Corée et de la Chine, est très faible depuis le VIIIe siècle. L'étude de l'anthropologie préhistorique, du folklore, des mythes, de la langue, des objets tirés des fouilles ne donne pas de résultats bien nets ; d'après ceux-ci, cependant, l'Asie du Nord, la Sibérie, les îles du Sud ainsi que la Chine du Sud auraient contribué au peuplement de l'archipel.

L'homme vit dans l'archipel japonais depuis au moins 30 000 ans. Les plus anciens habitants subsistaient grâce à la chasse, à la pêche et à la cueillette. Ils ont laissé diverses traces : fonds de cabanes, amas de coquillages, statuettes de terre, poteries, d'abord simples puis à décor cordé (ayant la forme d'un cœur schématisé). Certaines dateraient de 10 000 ans av. J.-C. Vers le IVe siècle avant notre ère, la culture du riz (variété originaire de la Chine du Sud) a commencé à se développer, ainsi que, progressivement, l'usage du bronze, du fer et du cheval. La période qui sépare le IIIe siècle avant notre ère du IIIe siècle après notre ère est appelée époque Yayoi ; elle est caractérisée par la naissance de petits pays, par une poterie fine à décor incisé plus simple que celui de l'époque précédente, par un outillage, souvent de bois, plus abondant et perfectionné, et par la présence d'objets de fer et de bronze. Ces derniers paraissent avoir eu une fonction rituelle et protectrice. Un document chinois, intitulé « Relation sur les Barbares de l'Est », extrait de la *Monographie relative aux Wei*, donne les seuls renseignements connus sur le Japon du début du IIIe siècle. Ceux-ci proviennent vraisemblablement des commanderies chinoises de Corée. Les Chinois appellent les habitants de l'archipel *Wa* ou *Wo*. Ce texte fournit aussi des indications sur les cultures (riz, chanvre) et sur les mœurs (le sens de la hiérarchie est déjà présent).

Les rois du Yamato

Le premier contact de l'archipel japonais avec la Chine eut sans doute lieu par l'intermédiaire des commanderies chinoises, installées en Corée. Les sources chinoises mentionnent un cachet donné à un chef de l'archipel en 57, et un second remis à la reine Himiko au début du IIIe siècle. Puis, dès la fin du IVe siècle, le Yamato entretient des relations avec d'autres États. Amicales avec l'État de Kudara (au sud-ouest de la Corée), elles sont quelquefois conflictuelles, notamment avec celui de Kokuri (région du Yalou, fleuve séparant la Chine et la Corée du Nord). Ces souverains tirent avantage de leurs relations avec ce pays, qui leur procure des scribes et des artisans, pour prendre l'ascendant sur les rois locaux. Des inscriptions trouvées sur des épées, à Kyushu et dans l'Est, semblent prouver que, dès la seconde moitié du Ve siècle, des chefs de ces régions reconnaissent la suzeraineté des souverains du Yamato. L'autorité de ces derniers est également confortée, vers cette époque, par la mise en ordre de récits faisant d'eux les descendants de divinités fondatrices, et en particulier de la déesse solaire Amaterasu. Les témoignages les plus sûrs et les plus saisissants laissés par le Japon, du IVe au VIe siècle, sont des tertres en trou de serrure appelés les « Grandes Tombes ». Ces élévations de terre pouvaient atteindre de grandes dimensions : 600 mètres de long, fossé compris. Elles étaient en effet souvent entourées d'eau, eau qui figurait la séparation entre les vivants et le mort, mais servait également de réservoir pour l'irrigation. Ces tertres étaient entourés et surmontés de figures de terre qui restituaient l'aspect des guerriers, des joueuses d'instruments de musique, des maisons, des bateaux et des animaux, en particulier des chevaux, comme si le chef restait accompagné de son peuple. Dans la chambre funéraire, ornée de motifs géométriques et, plus tard, au VIIe siècle, de peintures murales, étaient déposés des miroirs, des épées et des pièces de l'équipement du cavalier, comme en Corée. Ce fait a donné naissance à l'hypothèse de la venue de Corée d'une tribu de cavaliers qui aurait fondé l'État du Yamato. Mais les premières grandes tombes sont antérieures au dépôt de ce type d'objets.

Au cours du Ve siècle, plusieurs ambassades de chefs du Yamato se rendent en Chine ; elles s'interrompent au cours du VIe siècle mais reprennent en 600.

L'introduction du bouddhisme

L'aube du VIe siècle verra le début de la dynastie régnante ; cependant, l'événement le plus marquant de cette époque au Japon sera l'implantation du bouddhisme :

vers 538, le roi de Kudara envoie statues et sutra (textes bouddhiques) à celui du Yamato, avec le conseil d'adopter ce puissant moyen de protection des États qu'est la nouvelle religion.

Il n'y avait pas d'incompatibilité radicale entre les cultes locaux déjà pratiqués et le bouddhisme – la suite de l'histoire du Japon l'a bien prouvé –, mais peut-être une certaine méfiance à l'égard de nouveautés continentales qui pouvaient diminuer le prestige des dieux traditionnels du pays ; il existait surtout une forte opposition, à la cour, entre les familles remplissant des fonctions guerrières ou rituelles au service du souverain et la famille des Soga, grands protecteurs des immigrés et de l'embryon d'administration fiscale. Le bouddhisme est d'abord admis comme culte privé puis, après des épisodes de conflits et de rejet violent, les Soga parviennent à mettre sur le trône une femme, Suiko-tenno, la première impératrice japonaise, qui règne de 592 à 628 ; dès lors, le bouddhisme prend statut de religion officielle soutenue par l'État, qu'il protège par ses rites et des cérémonies.

Tout au long du VIIe siècle, la cour marquera sa volonté de rattraper son retard sur le continent, et donc d'emprunter à la Chine, modèle de civilisation, mais avec choix et esprit critique. La reprise des ambassades, en 600, permettra d'envoyer des étudiants ; la venue de moines bouddhistes, souvent coréens, fournira des maîtres, même dans les matières autres que la religion. Au début du siècle, le prince Shotoku, grand protecteur du bouddhisme, introduit un système de rangs fondés sur le mérite, et écrit, à l'usage des serviteurs de la cour, une suite de conseils moraux dite « Constitution en dix-sept articles ». En 645, à l'époque de la « Grande Réforme », le futur empereur Tenchi pose les bases, au moins théoriques, du futur système administratif, que son successeur Temmu et l'épouse de ce dernier, Jito-tenno, renforceront et organiseront ensuite de façon concrète.

La grande réforme

En 645, il existe au Japon une aristocratie de naissance, les *uji*, une population de paysans et, en faible nombre, des artisans. La réforme de 645 aurait consisté en la suppression de ces distinctions : tous les hommes et toutes les terres, dûment enregistrés, passent sous le contrôle direct de la cour. Les textes, conservés dans les *Chroniques du Japon* (*Nihon shoki*, 720), furent-ils alors appliqués en leur entier et partout ? Ils expriment en tout cas le sens général du futur Régime des codes, qui a donné aux membres des grands clans, les *uji*, un niveau de revenus équivalent, en les intégrant, à une place éminente, dans une structure administrative calquée sur celle qui existait en Chine.

• • •

CHAPITRE 7

Les empires perse et indien (– 100 à 400)

La désintégration de l'empire Maurya, entre 200 av. J.-C. et 300 apr. J.-C., permet à de nombreux territoires de se déclarer autonomes. Le nord-ouest du pays vont ainsi s'épanouir des royaumes indo-grecs, dont le puissant royaume de Bactriane, qui conquiert Kaboul et le Pendjab. Mais aucun de ces pays ne peut résister aux attaques des tribus nomades venues d'Asie centrale. L'Inde voit émerger une dynastie fondée par des hommes venus du nord-ouest de la Chine : la civilisation qui naît alors est l'une des plus brillantes qu'ait connues le pays.

L'Empire kusana

L'empereur chinois Shi Huangdi est à l'origine de ces migrations : en faisant construire une grande muraille de 5 000 kilomètres entre la Chine et la Mongolie, il protège son pays des « Barbares » des steppes. L'accès aux richesses de l'Empire du Milieu étant bloqué, ceux-ci se tournent alors vers l'ouest. Après les Sakas – ou Scythes –, ce sont bientôt les Kusanas qui s'attaquent au sous-continent indien.

Les Kusanas sont cinq tribus Yuezhi, originaires du nord-ouest de la Chine, plus précisément de l'actuel Gansu, ou Kan-Sou, qui a donné Kouchan. Réunis par l'un de leurs chefs, Kujula Khadphises, les Yuezhi traversent les montagnes vers le Cachemire et l'Afghanistan. À la génération suivante, Wima, le fils de Kujula Khadphises, est déjà indianisé : au lieu des *denarii* – pièces imitées des monnaies romaines, communes dans toute l'Asie centrale –, il émet des pièces d'or. Après lui, Khadphises II stabilise et étend la domination des Yuezhi au nord-ouest de l'Inde.

L'expansion politique et commerciale

Le successeur des conquérants Yuezhi, Kanishka, se trouve vite à la tête d'un royaume florissant. C'est avec lui que commence vraiment la période kusana en Inde du Nord, une époque essentielle pour le développement culturel du sous-continent. Kanishka accède au trône vers 144 apr. J.-C. Après avoir combattu, avec succès semble-t-il, les Parthes et les Chinois, il conquiert les oasis chinoises de Kachgar, Yarkand et Khotan. Son empire est immense : il s'étend de Sanchi, au sud, au Turkestan actuel, au nord, et de Bénarès, à l'est, au Gujarat, à l'ouest. Il contrôle aussi des portions de l'Asie centrale. La capitale de tous ces territoires est Purushapura, près de l'actuelle Peshawar et Mathura fait fonction de seconde capitale du royaume.

L'Empire kusana inaugure une ère nouvelle dans l'histoire de l'Inde : des liens étroits sont noués avec l'Asie centrale et avec la Chine. Ainsi, les annales chinoises parlent d'un roi kusana qui aurait demandé une princesse han en mariage ; ce même roi aurait d'ailleurs été défait en Asie centrale par le général chinois Pan Ch'ao. Les relations entre l'Inde et la Chine sont à la fois politiques et commerciales : désormais, la soie et le bambou chinois arrivent facilement en Inde, permettant aux Indiens de devenir les intermédiaires privilégiés d'un commerce sino-romain très lucratif, les Romains raffolant des denrées exotiques telles que la soie et les épices. C'est une période de forte expansion pour la communauté marchande indienne.

L'émergence de la communauté marchande

Ouverts au monde qui les entoure et conscients de la valeur des productions indiennes, Sakas et Kusanas donnent un élan remarquable au commerce. Les Indiens contrôlent un marché immense, qui s'étend de la Méditerranée à la Chine. En Éthiopie, ils échangent la mousseline contre de l'ivoire et de l'or. Ils vont jusqu'à Socotora, au large du Yémen, vendre esclaves, riz et tissus, et acheter des carapaces de tortues. Mais leurs cargaisons sont riches de bien d'autres produits encore : vins italiens, bambous chinois, sculptures grecques et toutes sortes d'épices et d'herbes médicinales. Les immenses profits des marchands sont réinvestis dans des œuvres pieuses, et leur prospérité entraîne ainsi celle des religions qu'ils patronnent, le jaïnisme et le bouddhisme.

Un âge d'or culturel

Mais le lien entre les deux grandes puissances est aussi culturel. Les modes vestimentaires indiennes évoluent : l'élite kusana adopte le pantalon, le manteau long matelassé et les bottes portés en Asie centrale. Cependant, ces changements sont limités à l'extrême nord du sous-continent, car ces vêtements sont peu adaptés au climat chaud de l'Inde. Ailleurs, on continue à se draper dans des étoffes de coton. La religion est le domaine privilégié des contacts : arrivés en Inde, les Kusanas se convertissent au bouddhisme, qu'ils propagent très vite en Asie centrale et en Chine. Kanishka serait l'un des grands diffuseurs du bouddhisme. Le quatrième conseil bouddhiste se tient pendant son règne. Les moines, réunis sous la présidence de Vasumitra, préparent alors une version autorisée des Écritures bouddhistes. Ils décident surtout d'accélérer l'élan missionnaire. C'est sous l'impulsion du roi, disent-ils, que des missions sont envoyées en direction de l'Asie centrale et de la Chine.

L'essor du commerce entre les deux régions de l'Asie ne peut qu'accélérer ce mouvement, car les marchands sont nombreux à adhérer au bouddhisme. La religion connaît alors de profondes transformations : parce qu'il se répand dans toute l'Asie, le bouddhisme reçoit l'influence d'autres systèmes de pensée, grec, persan ou encore tibétain. Avec ces nouvelles idées, les querelles doctrinales deviennent plus aiguës. La rupture entre deux tendances, l'une élitiste et l'autre ouverte aux hommes du commun, aboutit, peu après le déclin des Kusanas, à la constitution de deux sectes différentes au sein du bouddhisme.

La nouvelle religion connaît un tel succès en Asie centrale que, dès le IIIe siècle apr. J.-C., des bouddhistes chinois viennent y faire des études. La doctrine bouddhiste se répand en Mongolie, en Corée et au Japon.

L'art gréco-bouddhique

La rencontre de l'Asie et de la Méditerranée donne naissance à un art hybride qui s'épanouit dans le nord de l'Inde. Il trouve son accomplissement entre le Ier siècle av. J.-C. et le Ve apr. J.-C., dans la région du Gandhara. Celle-ci est située au carrefour des civilisations qui influencent alors l'histoire de l'Inde : perse, grecque, romaine, scythe et kusana. Les techniques de ce nouvel art restent locales, puisqu'elles emploient la terre cuite et le stuc, et les motifs sont toujours indiens : statues du Bouddha, stupas (tumulus édifiés autour d'une relique sacrée). Cependant, la référence à des modèles esthétiques gréco-romains est permanente. Ainsi, la mère du Bouddha a des traits grecs ; les vêtements des personnages sont drapés à la romaine, même si la moustache et le turban rappellent leur appartenance au monde indien. Enfin, la grande nouveauté est la représentation anthropomorphe du Bouddha. Auparavant figuré par des symboles, comme la roue, il prend à cette époque les traits d'Apollon.

La fin d'un Empire

Kanishka serait mort en Asie centrale au cours d'un combat. Après lui, la dynastie s'essouffle. Elle perdure encore pendant plus de cent ans avec les règnes de Vasiska, Huviska et Vasudeva, mais le pouvoir de ces souverains s'affaiblit inexorablement. Les bouleversements que connaît la Perse en 226 apr. J.-C. leur portent un coup fatal : le Sassanide Ardeshir évince les Parthes et établit sa domination en Perse. Son successeur conquiert Peshawar et Taxila et réduit les Kusanas à de simples vassaux de l'empereur sassanide. Évincés du pouvoir, ces derniers continuent cependant à régner sur la région de Kaboul et au Pendjab pendant un certain temps. Ils sont connus alors sous le nom de « Kusanas tardifs ». Quant à la dynastie sassanide, elle maintiendra sa domination jusqu'à la conquête arabe (651 apr. J.-C.) sur un empire s'étendant de la Mésopotamie à l'Indus.

La grande épopée du *Mahabharata*

Encore joué de nos jours dans tous les pays influencés par la civilisation indienne, le *Mahabharata* est un récit d'aventures héroïques. On ne peut l'attribuer à un seul auteur, car il a été et est toujours soumis à l'imagination des conteurs. 200 000 vers répartis en dix-huit livres racontent la guerre civile qui oppose, près de Delhi, deux lignées cousines, les Kaurava et les Pandava, descendants du roi Shantanu, de la dynastie de la Lune. L'un des Kaurava, Daryodhan, réussit à envoyer les cinq frères Pandava en exil. Ceux-ci partent donc et fondent une nouvelle capitale, Indraprastha. Cependant, passionnés de jeu et invités à une partie de dés truquée par le perfide Daryodhan, les Pandava subissent une défaite cinglante. Ils perdent tout ce qu'ils ont : leur trône, leur épouse (les cinq frères, en effet, avaient épousé la même femme), et sont condamnés à un nouvel exil de treize ans. Au bout de ce terme, ils viennent réclamer leurs droits, que les Kaurava refusent de reconnaître : la bataille est inévitable. Elle dure dix-huit jours. Avec l'aide du dieu Krisna et grâce à l'habileté du héros, Arjuna, les Pandava en sortent vainqueurs. L'épopée doit certes beaucoup à l'imagination, mais elle illustre aussi les rivalités familiales pour le pouvoir. L'ensemble donne de précieux renseignements sur tous les aspects de la vie en Inde.

La Perse des Sassanides

Au début du IIIe siècle de notre ère, après les dynasties étrangères des Séleucides et des Parthes, de multiples royautés, de puissance inégale, se sont constituées au sein de l'Empire parthe. La plus importante est celle d'Istakhr, cité proche de Persépolis et berceau de l'ancienne dynastie. Batailleuse et volontaire, cette royauté éclipse bientôt toutes les autres. Bientôt l'Iran passe aux mains de nouveaux maîtres désireux de restaurer la puissance de l'ancien Empire perse.

Une dynastie nationale

Se sentant les véritables détenteurs de l'héritage achéménide face aux Parthes favorables aux Grecs et qu'ils considèrent comme des étrangers, les rois d'Istakhr vont plus loin que ne l'avait fait Mithridate dans leur volonté de restaurer l'ancien empire. Assurant descendre de Darios, ils se disent « fratadara », prêtres ou gardiens du Feu ; sur leurs monnaies, ils marquent leur différence, face à leur suzerain, en se faisant représenter devant un autel ou un temple du Feu, surmonté d'un buste d'Ahura-Mazda ailé, et rédigent leurs légendes non pas en grec mais en araméen. Le grand prêtre Sassan donne son nom à cette nouvelle lignée des rois : les Sassanides.

Petit-fils de Sassan, Ardeshir se fait proclamer roi de Perside et étend son pouvoir sur Ispahan et Kerman. En 224 apr. J.-C., il affronte son suzerain parthe, Artaban IV, et le tue de sa propre main. Deux ans plus tard, Ardeshir se présente à Ctésiphon, la capitale de l'Empire parthe, et s'y fait couronner roi. Il règne jusqu'en 241, chasse la dynastie étrangère et restaure la souveraineté iranienne sur le pays. La lignée sassanide est marquée du sceau de la religiosité et du conservatisme : dans la lutte contre les Parthes, imprégnés d'hellénisme, la revendication d'une unité nationale est sans conteste l'atout majeur des Sassanides.

Un nouveau prophète

Né dans le royaume parthe vers 216, Mani prêche dans l'Orient romain et l'Empire perse une doctrine qui doit beaucoup à la religion d'Ahura-Mazda. Cependant, après avoir été quelque temps toléré, le manichéisme vaudra à son fondateur d'être mis à mort en 277, sur les instances des mazdéens. La nouvelle religion emprunte à toutes les croyances et religions connues à l'époque, du christianisme au bouddhisme, mais elle doit l'essentiel de ses principes aux gnostiques. Mani voit le monde comme le théâtre du combat de l'Esprit, de la lumière, qui tente de se dégager des ténèbres de la matière.

Des rois conquérants

Les conquêtes et l'extension territoriale apparaissent comme la suite logique de ces revendications nationales : pour restaurer l'unité de l'Empire perse, il faut reprendre les territoires arrachés aux ancêtres par les étrangers.

À l'est, les Sassanides récupèrent les terres du royaume de Bactriane, qui s'était formé vers le milieu du IIIe siècle av. J.-C., et s'étendent aux dépens de l'empire des Kusanas, installés dans le nord-ouest de l'Inde sur d'anciennes dominations iraniennes.

La défense du Nord, menacé par des incursions de nomades, conduit les Sassanides à réclamer l'aide matérielle d'Antioche, la nouvelle Rome orientale, qui aurait elle aussi à subir ces hordes sauvages si celles-ci arrivaient à passer les frontières. Mais, à l'ouest, où aucun péril extérieur n'apparaît, cette entraide entre Sassanides et Romains fait place à des luttes incessantes. La puissance militaire romaine s'oppose fortement à l'avancée des troupes ennemies : les frontières de l'Iran ne passeront jamais longtemps la ligne de l'Euphrate.

Dans leurs tentatives vers l'Occident, les Sassanides connaissent des revers mais aussi des succès retentissants. Chahpuhr Ier, fils et successeur d'Ardeshir, s'empare d'Antioche en 260 et fait prisonnier l'empereur Valérien, qu'il emmène en captivité en Iran. Les affrontements avec Rome éclatent également à propos de la question arménienne, car les deux puissances convoitent le riche royaume qui passe alternativement de l'un à l'autre, pour rester en définitive sous domination iranienne.

Un péril constant

Sous Chahpuhr II (309-379) apparaît le danger qui menacera l'Empire pendant toute sa durée : les Huns Blancs, nommés « Chionites-Hephthalites ». La politique sassanide à l'égard de ces derniers fluctue au gré des règnes et des besoins de l'Empire. Ainsi, Chahpuhr II remporte sans doute sur eux un succès, puisqu'ils lui fournissent des auxiliaires dans ses campagnes de l'Ouest. Mais, dès lors, ils s'établissent en tant que « confédérés » dans l'ancien territoire kusana, redevenant une menace pour l'Empire.

Les relations des Huns avec Bahram V ont dû être orageuses : le roi sassanide les défie et offre la tête de leur chef au temple du Feu. Plus tard, Kavad Ier, dont le règne est interrompu à diverses reprises par des luttes dynastiques, récupère son trône grâce à l'armée que lui prête le roi des Huns.

Romains et Perses

En 348, les Romains célèbrent la victoire de Singara sur Chahpuhr II. En réalité, le sort des armes a été indécis, et tous les empereurs d'Orient devront affronter les souverains iraniens. C'est contre Chahpuhr que lutteront Constance, puis Julien, tué au combat en 363, et enfin Jovien, qui finit par lui concéder les cinq satrapies (provinces) de Mésopotamie, annexées par Rome et la suzeraineté sur la Mésopotamie. En vertu des accords conclus, la paix doit régner pour trente ans entre Rome et la Perse.

Des rois religieux et politiques

Adorateurs du dieu Ahura-Mazda, les rois sassanides doivent soutenir la concurrence des chrétiens et des juifs. C'est en 324, pendant le règne de Chahpuhr II, que le christianisme devient la religion officielle de l'Empire romain. Dès lors, la lutte contre Rome et contre le christianisme ne sont plus qu'un seul et même combat. Pour faire face aux religions de la Bible, les mazdéens organisent une hiérarchie ecclésiastique stricte et affermissent l'orthodoxie de leur religion. Celle-ci repose sur l'Avesta, recueil des textes sacrés de la religion mazdéenne. Malgré un clergé puissant, certains rois sassanides, tels Khosro II et Ohrmizd IV, se montrent très modérés dans leur politique religieuse, comprenant qu'il n'est pas dans leur intérêt de provoquer la révolte des chrétiens et des juifs. Cependant, des persécutions réapparaîtront sporadiquement.

L'art de la guerre

Pour mener à bien sa politique de conquêtes, le roi sassanide s'appuie sur une cavalerie lourde cuirassée que fournit la noblesse iranienne, et qui est protégée par la cavalerie légère des archers de la petite noblesse et suivie des éléphants que les Parthes utilisent depuis peu à des fins militaires. L'arrière-garde est formée par la masse des paysans, qui, en raison de leur ignorance des techniques de combat, ne représentent pas un effectif de grande valeur. Les formations auxiliaires sont constituées par des peuples vassaux et guerriers, dont les Kusanas, les Huns Blancs et les Arméniens, à la cavalerie très réputée.

La poliorcétique – c'est-à-dire l'art d'assiéger les villes – est très développée chez les Sassanides, dont les techniques valent celles des Romains. La défense des frontières est assurée par des colonies militaires, derrière lesquelles stationnent les corps de l'armée régulière sassanide.

Les crises internes

En même temps que du royaume, la dynastie sassanide a hérité de l'administration intérieure de celui-ci, fondée sur la division en provinces, ou satrapies, que gouvernent de hauts fonctionnaires issus soit de la famille royale, soit de grandes familles nobles et militaires. Comme autrefois, cette organisation est fragile du fait de la structure sociale du pays, dont le caractère dominant est l'antagonisme entre la noblesse et l'autorité du Roi des rois. Pour amoindrir ce danger, les Sassanides tentent de restreindre l'étendue du pouvoir des satrapes en leur opposant une nouvelle classe, « les grands et les nobles ». Cette volonté de bâillonner la vieille noblesse est parfois poussée à son paroxysme, et on voit certains souverains se laisser gagner par des courants de pensée proprement révolutionnaires. L'un de ces courants, le mazdakisme, est à l'origine de la plus grande crise qu'ait connue le pays. Kavad est alors roi et, pour des raisons obscures, il prête l'oreille à la doctrine du réformateur religieux Mazdak : la propriété privée doit être abolie, car elle est la cause essentielle de toute haine, la famille doit disparaître et tous les biens seront mis en commun. Ces vues radicales ont un grand succès chez les pauvres, qui en profitent pour se soulever et mener des luttes sanglantes contre le clergé et la noblesse. Mais le mouvement est enrayé par une réaction collective des riches, qui se liguent pour détrôner le roi. Kavad parvient à récupérer son trône avec l'aide des Huns, mais il revient guéri de ses illusions égalitaires.

À la suite de cet épisode est mise en place une administration fortement centralisée et stable, qui permet de contenir les ambitions des nobles et des pauvres. Paradoxalement, l'Iran égalitaire a donc préparé l'avènement d'un État fort et centralisateur, soutenu par une Église mazdéenne définitivement établie et hautement contrôlée par un clergé nombreux et puissant.

Feux et société

Érigé sur un autel où chacun peut venir le vénérer, le Feu fait l'objet d'une adoration particulière. Les classes sociales sont représentées par leurs feux respectifs. Les feux Farnbag, Goushnap et Burzen-Mihr correspondent aux trois classes instituées par les trois fils de Zarathushtra : les prêtres, les guerriers et les agriculteurs. Le Feu Burzen-Mihr n'a jamais eu le rang des autres, car les paysans, qui vivent en servage, ne sont pas détenteurs de souveraineté dans cette société très hiérarchisée. Dans les villes, commerçants et artisans sont relativement faibles, et une barrière infranchissable les sépare des nobles, qui détiennent les terres et partagent leur existence entre la guerre, la chasse et les banquets.

À la cour, les courtisans sont groupés en trois classes : les chevaliers et fils de roi, l'entourage du roi et de ses intimes, les jongleurs et bouffons. L'étiquette est strictement observée ; on s'adonne à la musique et à la danse, mais on s'éprend également de science.

La religion mazdéenne

En tant que descendants des prêtres d'Istakhr, les rois sassanides se sentent qualifiés pour restaurer l'antique religion iranienne, quelque temps étouffée par l'hellénisme et les nouvelles religions sémitiques qui se répandent au Proche-Orient : l'orthodoxie mazdéenne doit soutenir la forte concurrence des religions juive et chrétienne.

La cosmologie mazdéenne raconte le duel qui oppose Ohrmazd (Ahura-Mazda), la « Lumière d'en haut », à Ahriman, la « Lumière d'en bas ». Ohrmazd produit le monde matériel en six étapes : le ciel, l'eau, la terre, les plantes, le bœuf et enfin Gayomart, le premier homme, « aussi large que haut ». Ahriman livre assaut à cette création : le cadavre du bœuf donne naissance aux végétaux, et sa semence est recueillie et filtrée dans la Lune pour former les espèces animales ; le cadavre de Gayomart donne naissance aux métaux, et sa semence, recueillie et filtrée dans le Soleil, fait naître le premier couple humain : Mashye et Mashyane. Depuis l'assaut d'Ahriman contre la création, l'homme est mortel. Après la mort, l'âme reste trois jours près du cadavre ; le quatrième, elle quitte ce monde et monte au ciel ou descend en enfer. Une sorte de purgatoire, semblable à celui des chrétiens, accueille ceux dont les mauvaises actions s'équilibrent avec les bonnes. Enfin, une promesse de résurrection dit que les hommes seront rassemblés pour un jugement où chacun subira les conséquences de ses actes.

Dans l'attente de ces temps, le roi se doit au culte. L'acte religieux d'un souverain par excellence est la fondation d'un Feu, c'est-à-dire l'érection d'un sanctuaire du Feu. Ce sanctuaire se présente comme un autel, appelé « Tchahar Taq », surmonté d'une coupole qui repose sur quatre arches : le Feu y est exposé à la vénération de tous. Après la fondation du sanctuaire, le roi doit y nommer un prêtre et le doter des revenus nécessaires à l'entretien du culte. Le Feu est l'objet de deux rites : la purification, au cours de laquelle on transporte la flamme pour la réunir à d'autres, semblables à elle, afin de fonder un Feu supérieur ; la régénération, au cours de laquelle le Feu usé est uni à un Feu supérieur déjà existant, qui lui rendra ses vertus. Les Feux supérieurs sont traités avec un égard particulier : une couronne est suspendue au-dessus d'eux ; ils sont appelés « Rois des Feux » ; leur installation est une intronisation ; ils sont entretenus dans les temples de premier rang.

Un autre Feu jouit d'une importance considérable chez les dieux et les hommes : le Xvarr. C'est une sorte de semence qu'Ohrmazd posséda le premier « afin de créer toutes les créatures ». Fluide vital émanant du Soleil, il se transmet ensuite à l'eau, aux plantes, aux animaux et aux hommes pour culminer dans le roi. Il se manifeste en auréole, rappelant celle des saints du bouddhisme, du christianisme et, plus tard de l'islam.

Autre composante du culte sassanide, le sacrifice des animaux est réglementé par des textes qui indiquent précisement à quelle divinité revient chaque partie de la victime ; on s'appuie également sur l'enseignement du grand réformateur Zarathushtra (VIe siècle av. J.-C.), qui préconisait de tuer l'animal à coups de bâton avant de l'immoler.

Le déclin du VIIe siècle

Contrairement à leurs prédécesseurs parthes, les Sassanides rétablissent réellement l'Empire iranien, en s'appuyant sur un pouvoir central vigoureux, doté d'une armée entraînée. La noblesse est tenue en respect. L'administration permet de réaliser des travaux d'irrigation et d'industrialisation d'une telle ampleur que l'Empire est économiquement très puissant. Le royaume atteint sa plus grande extension sous Khosro II, dont le règne se situe à la charnière des VIe et VIIe siècles. Mais le déclin apparaît déjà à cette époque. Les guerres contre l'empereur byzantin Héraclius Ier (622) épuisent l'empire. Et, lorsque l'Islam déferle sur le Proche-Orient, la dynastie sassanide est trop faible pour lui résister : en 642, les Arabes remportent la bataille de Nehavend, qui donne le coup de grâce au royaume. Le dernier roi, Yazdkard III, est assassiné en 651, alors qu'il s'enfuyait vers l'est.

Les souverains sassanides

Les Iraniens sont le seul peuple islamisé qui ait gardé de son passé une conscience claire, refusant d'y voir une longue période d'obscurité avant les révélations du Coran. Certes, la Perse antique est un pays de tradition orale, et il existe peu de textes contemporains des Sassanides en langue pahlavi, mis à part quelques inscriptions et les livres zoroastriens mais le *Livre des rois, Shah Nameh*, rédigé par Firdoussi au Xe siècle, sans cesse copié et réédité, témoigne du souci constant d'exalter les héros nationaux et d'affirmer la continuité entre les Achéménides, les Sassanides et les dynasties musulmanes indépendantes. Ainsi tous les jeunes Iraniens ont-ils entendu parler des hauts faits d'Ardeshir, qui tua de ses mains le dernier roi parthe, Artaban IV, et des exploits de Chahpuhr, vainqueur de l'empereur romain Valérien et constructeur de Bichapour, le « Versailles perse ». Les rois les plus populaires vécurent aux VIe et VIIe siècles : Khosro Ier Anushirvan, « à l'âme immortelle » (531-579), type du roi juste et magnanime dans la tradition arabo-persane, et son petit-fils Khosro II Abarvez, « le Victorieux » (591-628), proche de l'empereur Maurice de Byzance, et dont le goût du luxe et les folles dépenses furent peut-être à l'origine de l'affaiblissement de l'empire, qui tomba sans vraie résistance devant les Arabes musulmans, dès 636.

L'iconographie religieuse

Sous les Sassanides, ce sont les couronnes des rois et les reliefs rupestres qui révèlent quels dieux sont vénérés. Les quatre grands dieux de l'empire sont Ohrmazd, Mithra, Varharan et Anahita. Chaque roi a une couronne différente : Bahram Ier a une couronne à pointes ou à rayons, qui rappelle peut-être Mithra ; son successeur, Bahram II, inaugure la paire d'ailes de faucon ou la tête de sanglier, symboles du dieu Varharan, dieu de la Victoire. Narseh porte une couronne évoquant Anahita, la grande déesse du sanctuaire d'Istakhr, berceau de la dynastie. Sur les monnaies, le motif constant est l'autel du Feu, les dieux n'apparaissant qu'à de rares exceptions. Ainsi, certaines monnaies de Khosro II portent au revers un autel du Feu, surmonté d'une tête féminine, auréolée de rayons : il s'agit sans doute d'Anahita.

L'Empire gupta

À la fin de l'ère Maurya, vers 185 av. J.-C., de nombreux royaumes de l'Inde du Nord avaient cherché à reconstituer un empire. Le règne des Gupta, dès 320 apr. J.-C., apparaît comme l'accomplissement de ces ambitions.

La période Gupta, qui s'étend du IVe siècle au VIe siècle de notre ère, est souvent décrite comme la période « classique » de l'Inde ancienne. C'est en effet un âge d'or pour les groupes dominants de la société de l'Inde du Nord, même si l'Inde du Sud n'a pas encore atteint sa maturité et si la paix que sut imposer la dynastie des Gupta fut de courte durée.

Les conquêtes des Gupta

Les Gupta seraient, à l'origine, de riches propriétaires terriens de l'État du Magadha, dans l'Inde du Nord-Est. Le fondateur de la dynastie, Candragupta Ier, épouse Kumar Devi, une princesse Lichchhavi, issue d'une famille royale bien établie. Ce mariage permet aux Gupta d'entrer dans le cercle des grandes familles du Magadha Candragupta Ier accède au trône de cet État vers 319-320 apr. J.-C. Son fils, Samudragupta, lui succède en 335. Il a l'ambition de créer un royaume s'étendant à tout le sous-continent indien. À partir de sa capitale, Pataliputra, il reconstitue l'empire d'Açoka Maurya. Selon les annales de l'époque, son autorité s'étend de l'Assam, à l'extrémité orientale de l'Inde, à Sri Lanka, île située au sud-est du pays. Les rois du Sud lui sont assujettis ; les chefs tribaux de l'Inde du Centre et du Deccan doivent lui verser un tribut, de même que ceux de l'Est et du Bengale. Il soumet les neuf rois de l'Aryavarta et la moitié ouest de la plaine du Gange. Au nord, les petits royaumes du Népal, ainsi que le Pendjab, sont sous sa domination. Les sources de l'époque exagèrent sans conteste la puissance des Gupta, mais cette suite de conquêtes n'en demeure pas moins impressionnante. Et, s'ils n'ont jamais réussi à contrôler ces territoires à partir d'un gouvernement centralisé, ils ont sans doute réellement poussé leurs incursions et leurs ambitions politiques dans tout le sous-continent indien.

Quarante ans de règne permettent à Samudragupta de planifier ses conquêtes. Pour proclamer son autorité, il organise un rite du cheval appelé « Ashvamedha », très populaire dans l'Inde ancienne : les participants laissent un cheval choisi avec soin se promener librement, et le souverain revendique ensuite comme siens tous les territoires parcourus par l'animal.

Candragupta II, le plus célèbre souverain

Selon la légende, Ramagupta, le fils aîné de Samudragupta, lui succède. Vaincu par les Saka (Scythes de l'Inde), il accepte de leur donner sa femme, Dhruvadevi. Mais

Candragupta II, sans doute son jeune frère, intervient : indigné par la faiblesse de Rama, il se déguise en femme, tue le souverain des Saka, puis son frère aîné, et épouse la veuve de celui-ci. Il prend ensuite la tête de l'empire Gupta.

Si son origine reste obscure, il est en revanche certain que le plus illustre des empereurs de la dynastie Gupta a battu les Saka et épousé une reine Dhruvadevi. L'existence de son rival, Ramagupta, est également attestée par des pièces frappées à ce nom. Le début du règne de Candragupta II se situe vers 375. Après sa campagne victorieuse contre les Saka (388-409), il défait le dernier potentat de l'Ouest, Rudrasimha III, et annexe l'Inde occidentale, gagnant ainsi le contrôle des ports qui font le commerce avec la Méditerranée. Il renforce également l'alliance avec le Deccan par un mariage. Après ces premiers succès, Candragupta II prend le titre de Vikramaditya, qui signifie « Soleil de prouesse guerrière ». Son empire s'étend à la quasi-totalité de l'Inde septentrionale. Cependant, son règne est surtout demeuré célèbre pour sa paix et sa prospérité, qui favorisent l'essor de la culture, de la littérature et des arts, ainsi que, pour la tolérance du souverain à l'égard des diverses religions, bouddhisme ou jaïnisme.

Son fils, Kumaragupta, lui succède vers 415 ; il assiste aux premières invasions des Huns, au nord-ouest du pays. Cependant, celles-ci ne deviennent réellement menaçantes que sous le règne de son successeur, Skandagupta (455-467). Ce dernier tente de résister aux envahisseurs, mais il est en proie à de graves difficultés intérieures : il doit combattre les ambitions de ses frères, et en particulier celles de l'héritier légitime, Puragupta. Si la dynastie continue à exister, la dignité impériale s'éteint avec ce dernier.

L'effondrement de l'Empire

Les campagnes de Samudragupta, le fils du fondateur de la dynastie, menées entre 335 et 375, ont ébranlé de nombreuses petites souverainetés. Vers 450, certaines, comme les républiques tribales du Pendjab, se trouvent affaiblies. Or elles constituaient jusqu'alors, l'un des plus forts remparts contre les invasions du nord-ouest. Aussi, lorsque les Huns décident de pénétrer en Inde, l'ambition des Gupta révèle ses effets désastreux : aucune résistance efficace n'est opposée aux envahisseurs, qui peuvent pénétrer le pays et s'attaquer à la vallée du Gange.

Ces Huns Hephthalites, ou Huna, qui entrent en Inde vers le milieu du Ve siècle de notre ère sont des Barbares nomades d'Asie centrale ; ils pillent et saccagent tout sur leur passage. Ils gouvernent en vice-rois d'un souverain plus puissant. Leur domaine s'étend de la Perse au Khotan, en Chine, et leur capitale est Bamiyan, en Afghanistan. Le premier roi hun d'importance qui règne en Inde est Toramana. Son fils, Mihirakula, qui lui succède vers 515, représente aux yeux des Indiens le parfait « barbare » : les témoins le dépeignent comme un homme aux manières rudes, un iconoclaste qui prend plaisir à détruire les monastères bouddhistes. Les Gupta lui résistent et parviennent à le refouler vers le Cachemire. C'est là qu'il meurt en 544. Après lui, le pouvoir hun décline en Inde.

Les Huns ont détruit l'espoir de rétablir un empire unique dans ce pays et inauguré une période d'insécurité au nord. Ils mettent fin au règne brillant des Gupta, bien que des successions difficiles, une dépréciation de la monnaie et une indépendance grandissante des vassaux soient aussi à la fois causes et conséquences du déclin. Avec les Huns parviennent en Inde des nomades d'Asie centrale, qui remettent en question l'équilibre de la région. Ils déplacent ainsi les tribus du Rajasthan au nord-ouest et prennent leur place. Nombre de ces Huns vont devenir les ancêtres de familles rajputs (les Rajputs sont un peuple guerrier qui domine le nord-ouest de l'Inde à partir du VIIe siècle). À la fin du VIe siècle, à leur tour harcelés par les Turcs et par les Perses, les Huns cessent leurs attaques. Mais l'Empire gupta est émietté et ses successeurs vont s'épuiser dans des guerres incessantes.

L'Inde du sud

Alors que l'Inde du Nord doit faire face à des dissensions internes et aux attaques des Huns, l'Inde du Sud tend à se stabiliser. La région réalise la synthèse des deux grands courants de civilisation en Inde : les modèles aryen et dravidien. Le système des castes et l'organisation des sacrifices védiques (relatifs aux Veda, textes religieux indiens) sont ainsi empruntés aux Aryens, venus du Nord. La culture indigène, dravidienne, propre à ces peuples du Sud et du Deccan, est illustrée par l'utilisation de leur langue (l'origine de la famille de langues dravidiennes reste mystérieuse, et jusqu'ici aucune parenté n'a été prouvée avec d'autres groupes linguistiques), le tamoul, au lieu du sanskrit. Aux IIIe et IVe siècles émergent des royaumes légendaires qui deviendront des puissances régionales quelques siècles plus tard : les Calukya de Badami, les Pallava de Kanchipuram et les Pandya de Madurai.

Art et littérature sous les Gupta

L'époque Gupta est considérée comme l'âge classique de l'art et de la littérature en Inde. Cette période de paix et de prospérité se traduit dans la sculpture et la peinture de l'époque par une certaine sérénité ; les personnages prennent une attitude méditative, les paupières baissées. Avant les Gupta, l'art indien était très sensuel. Désormais, l'esprit a vaincu le corps. Kalidasa, le plus grand poète sanskrit de l'Inde ancienne, qui vécut sous Candragupta II et Kumaragupta, l'exprime à sa manière : dans son *Messager des nuages*, un poème épique de 121 vers, il décrit les contrées traversées par un nuage qui porte les messages d'amour d'un moine séparé de sa compagne.

LES GROTTES D'AJANTA

Les trente grottes d'Ajanta s'ouvrent à flanc de ravin, au nord-ouest du plateau du Deccan. Découvertes en 1819 par des soldats britanniques, les grottes recèlent des monastères et des sanctuaires édifiés à deux époques différentes. Les premiers furent creusés au Ier siècle avant notre ère. Les seconds illustrent l'apogée des arts indiens, sous l'influence des Gupta. L'architecture des temples (*caitya*) et des monastères (*vihara*) d'Ajanta, comparable à celle de bâtiments construits à l'air libre, présente des thèmes essentiellement bouddhistes, comme, dans la grotte n° 7, le miracle du Bouddha se multipliant un million de fois.

L'érotisme dans la tradition indienne

Selon la tradition indienne, l'homme adulte doit poursuivre trois objectifs pour réaliser une existence exemplaire : le dharma (obtenir du mérite religieux), l'artha (gagner richesse et pouvoir) et le kama (rechercher les plaisirs). Le *Kama-sutra* de Vatsyayana est un manuel de l'art amoureux rédigé vers le Ve siècle en sanskrit. Cette compilation se donne pour but d'instruire celui qui veut être accompli dans tous les domaines. Le traité est divisé en sept chapitres : les questions générales, les embrassements, les types d'union entre l'homme et la femme, le choix d'une épouse, la séduction des épouses d'autrui, le métier de courtisane, les techniques et les instruments de la séduction. Il aborde tous les aspects de la poursuite du plaisir, de l'aménagement de la maison aux bains d'huile parfumée et aux baisers voluptueux. Ce genre de traité a servi de thème d'inspiration aux artistes indiens. Les sculptures de Khajuraho, au Madhya Pradesh, offrent le meilleur exemple de cet art érotique : certaines figurent des créatures de rêve, couvertes de bijoux, à leur toilette ou enlacées avec les dieux. Alors que, à Ajanta, les personnages ne se livrent qu'à d'innocents badinages, ici les *mithuna*, couples d'amoureux, sont unis dans des positions fort compliquées. Diverses théories philosophiques transcendent cependant ces images pour les expliquer comme des représentations de l'union mystique avec la divinité.

• • •

CHAPITRE 8

La chute de l'Empire romain (268-410)

Avec les empereurs illyriens, l'Empire romain retrouve son unité avant d'être réorganisé en tétrarchie par Dioclétien. Le dernier tiers du IIe siècle débute à Rome sous de sombres auspices : après la mort dégradante infligée par les Perses de Chahpuhr à Valérien, le fils de ce dernier, Gallien, entreprend de réformer l'administration et l'armée ; mais son assassinat, en 268, laisse son œuvre inachevée.

La tétrarchie

La nouvelle dynastie impériale est fondée par des « Fils du Danube ». Illyriens de Dalmatie et de Pannonie, hommes rudes, peu habitués aux raffinements de Rome, mais excellents militaires et animés d'un patriotisme ardent. En s'emparant du trône impérial, ils mettent un terme à l'anarchie qui bouleverse le monde romain depuis plus d'un demi-siècle.

Le premier de ces empereurs illyriens, Claude II, dit « le Gothique » à cause de ses victoires sur les Goths, se consacre à la défense de l'Occident contre les Germains. Mais il meurt de la peste en 270, et c'est à ses successeurs, Aurélien et Probus, tous deux originaires de la ville pannonienne de Sirmium, que revient le mérite de la réorganisation de l'empire. Pendant son court règne (270-275), Aurélien combat sur tous les fronts : les Vandales, les Juthunges et les Iazyges sont arrêtés dans leur marche sur l'Italie du Nord ; en Syrie, la reine Zénobie est vaincue, et Palmyre, reconquise ; l'empire éphémère des Gaules est renversé. Ces victoires, qui renforcent toutes les frontières des provinces, valent à Aurélien le surnom de « Restaurateur du monde romain ». L'empereur veut aussi l'unité de ses sujets en cherchant à uniformiser les corporations et les monnaies. C'est autour du culte de *Sol invictus*, « le Soleil invaincu », qu'est entreprise cette réunification du monde romain et, par l'exaltation de ce dieu, la notion de monarchie de droit divin est esquissée.

Célébré le 25 décembre, le Soleil tout-puissant devient, à la fin du IIIe siècle, la divinité principale du paganisme romain. Né en Pannonie d'une mère prêtresse du Soleil, Aurélien fait construire à Rome en 274, avec le butin rapporté de Palmyre, un splendide temple dédié au « Soleil invaincu » (*Sol invictus*) et pourvu d'un clergé particulier. En privilégiant le culte solaire par rapport aux autres cultes officiels, l'empereur a pour but de réaliser l'unité religieuse de ses sujets.

En tant qu'émanation du dieu sur la terre, Aurélien célèbre la dédicace solennelle du temple le 25 décembre 274, date qui devient l'anniversaire de la naissance du Soleil et qui sera par la suite reprise par les chrétiens comme jour de la naissance du Christ.

Victime d'un assassinat en 275, Aurélien est remplacé pendant quelques mois par le vieux sénateur Claudius Tacitus, mais c'est un général brillant et intègre, Probus, qui achève la pacification de l'empire en battant les Barbares sur le Danube et en réprimant durement les soulèvements qui naissent en Égypte et en Asie Mineure.

Le mur d'Aurélien

En 271, Rome cesse d'être ville ouverte pour se protéger derrière un solide rempart. Lorsque Aurélien arrive au pouvoir, en 270, un de ses premiers soucis est de protéger Rome contre d'éventuels envahisseurs. À l'image de nombreuses cités dans l'ensemble de l'Empire, la ville est ceinte d'une muraille de pierres rouges longue de près de 19 kilomètres, d'une hauteur variant de 10 à 19 mètres, selon les endroits, dans laquelle s'ouvrent dix-huit portes. Ces puissantes fortifications remplissent leur fonction jusqu'à la fin de l'empire. Les fragments qui subsistent permettent de retrouver les limites de la cité à l'époque de sa grandeur.

ZÉNOBIE, REINE DE PALMYRE

Aux confins de l'Orient, une femme ambitieuse ose porter atteinte à la puissance romaine. Dans le désert de Syrie, entre Damas et l'Euphrate, s'élève la prospère cité de Palmyre, colonie romaine depuis le début du IIIe siècle. La ville nabatéenne de Palmyre, comme celle de Pétra, a fondé sa fortune sur le commerce caravanier. Après la victoire du Perse Chahpuhr sur Valérien, un aristocrate palmyrien, en 258, son

prince, Odenath, se révolte contre Rome, en profitant de la menace que fait peser sur celle-ci l'étoile montante des Perses sassanides. Un véritable royaume arabe se constitue ainsi aux marges de l'Orient romain, et l'empereur Gallien doit accorder à son « défenseur » le titre d'*imperator*. Lorsqu'il est assassiné, en 267, sa veuve, Zénobie, assure la régence au nom de son fils Vaballath. Elle parvient à étendre l'Empire de Palmyre jusqu'en Cappadoce et en Égypte. Mais la ville doit capituler devant Aurélien, en 272, et la reine Zénobie est emmenée comme captive à Rome où elle doit figurer dans le triomphe célébré par l'empereur romain.

L'œuvre de Dioclétien

Même si leurs règnes respectifs ont été de courte durée, les empereurs illyriens, par leur énergie, ont permis à l'Empire romain de subsister pendant encore un siècle. Carus, le successeur de Probus, proclamé empereur par ses soldats en 282, confère à ses deux fils le titre d'« Auguste », ce qui lui permet de confier à l'un la direction de l'Orient et à l'autre, celle de l'Occident.

Mais c'est l'Illyrien Dioclétien, empereur en 284, qui met définitivement sur pied une organisation décentralisée du pouvoir impérial, rendue indispensable par les menaces extérieures et l'instabilité de la vie politique. Au début de son règne, il commence par s'adjoindre comme César, puis comme Auguste, un officier pannonien, Maximien, qu'il charge de la défense de l'Occident, lui-même se réservant celle de l'Orient. En 293, Maximien nomme à son tour un César, l'Illyrien Constance Chlore, tandis que Dioclétien donne ce titre à Galère. C'est ainsi que s'établit la tétrarchie, ou gouvernement à quatre, dans laquelle deux Césars sont sous la dépendance de deux Augustes. Même si Rome reste en théorie la capitale, ce sont les résidences impériales de Milan, Trèves, Sirmium et Nicomédie qui sont devenues les véritables centres du pouvoir. La mystique impériale se trouve rénovée par les surnoms de Jovius (« Fils de Jupiter ») et d'Herculius (« Fils d'Hercule ») respectivement attribués à Dioclétien et à Maximien, instaurant une hiérarchie d'origine divine entre les deux Augustes.

Marcus Aurelius Valerius Carausius, né en Belgique, fait une brillante carrière dans les légions romaines, réprimant les Bagaudes en Gaule, et traquant les pirates qui infestent la Manche. Quand, en 286, il se proclame empereur en Bretagne et « frère » de Dioclétien, les empereurs de la Tétrarchie acceptent cet état de fait qui assure l'ordre en Bretagne, en Frise et au nord de la Gaule. En 293, Constance Chlore fait cesser ce qu'il considère comme une dissidence. Mais Carausius ne verra pas la fin de son « empire » : il est assassiné par un rival, Allectus, que Constance Chlore vaincra quelques années plus tard.

Une fois le pouvoir consolidé par la création de la tétrarchie, Dioclétien peut entamer une œuvre réformatrice en profondeur. Pour lutter contre l'inflation, un édit tente, sans grand succès, de fixer le maximum légal du prix de vente des marchandises. La pression fiscale s'accroît avec une nouvelle répartition de la charge globale, pour faire face à la défense de l'Empire sur toutes les frontières ; l'enrôlement dans les légions devient obligatoire pour les fils de soldats. Les provinces sont morcelées en 96 parties, regroupées en douze diocèses, eux-mêmes dépendants des quatre préfectures d'Italie, de Gaule, d'Illyrie et d'Orient.

Avant l'intervention au Proche-Orient de l'empereur Dioclétien, les particularismes nationaux et ethniques se déchaînent en Afrique et en Asie Mineure : révolte des Bédouins de Syrie et d'Arabie, usurpation d'Achilleus en Égypte, révolte des nomades du désert, agitation des juifs et des manichéens. Ces troubles font le jeu des Perses sassanides, qui les excitent et les entretiennent en sous-main. Mais la tétrarchie parvient à renforcer le pouvoir impérial et Galère remporte, en 298, la victoire de Nisibis. La Mésopotamie romaine s'étend désormais sur cinq anciennes satrapies perses, au-delà du Tigre.

La « grande persécution »

Très conservateur dans le domaine culturel et religieux, Dioclétien s'en prend à toutes les religions ou doctrines qui pourraient porter atteinte aux antiques croyances de Rome. Le manichéisme, originaire de Perse, est condamné en 297. Mais ce sont surtout les chrétiens qui vont être les victimes de toute une série de mesures répressives. Au IIIe siècle, l'Église regroupe dans toutes les provinces un grand nombre d'individus, et les communautés sont devenues de véritables puissances. Sans doute influencé par de violentes campagnes de propagande antichrétienne, comme celle du philosophe Porphyre, Dioclétien, par quatre édits successifs (303-304), interdit les assemblées chrétiennes, prévoit la destruction des églises et des livres saints, prive les chrétiens de leurs droits civiques et impose à tous l'obligation de sacrifier aux dieux païens. Jusqu'en 311, l'application des édits se fait de façon particulièrement violente, surtout en Orient. Ce sont les dernières grandes persécutions dont sont victimes les chrétiens dans l'Empire romain.

Après avoir accompli en peu de temps une œuvre tout à fait considérable, Dioclétien abdique en 305 et se retire dans le splendide palais qu'il s'est fait construire dans son pays natal, à Salone (aujourd'hui Split, en Croatie). C'est là qu'il meurt, en 313, alors que le système de la tétrarchie, mis en place par lui, est presque complètement ruiné.

Les ancêtres des Écossais

En 296, les Barbares pictes venus des Highlands parviennent à forcer le mur construit par Hadrien de Newcastle à Carlisle. Ce nom semble bien désigner les Calédoniens, décrits par Tacite comme des géants aux longs cheveux roux, une population autochtone longtemps dominée par l'aristocratie guerrière celte. Au nord du mur, dans la région d'Argyll, sont aussi établis les Scots, tribu originaire d'Irlande et qui donnera son nom au pays.

Le triomphe du christianisme

Pour la première fois depuis son apparition, la religion chrétienne se voit étroitement mêlée, au IVe siècle, à la vie politique. Cette alliance entre Église et État est appelée à durer de nombreux siècles.

Le christianisme se développe aux IIe et IIIe siècles, dans l'Empire romain, malgré des poussées de fanatisme local. Les apologistes s'efforcent de concilier la Bible et la philosophie, et de définir la place des chrétiens dans le monde. L'image d'une société nouvelle, fondée sur l'esprit communautaire et sur l'action charitable, répond aux inquiétudes d'une époque troublée. En dépit de l'indéniable succès d'autres religions de salut, comme celle de Mithra, le christianisme touche toutes les catégories de la population : certains évêques sont d'anciens esclaves, d'autres sont des aristocrates.

De la tolérance à l'intolérance

Le contexte change à la fin du IIIe siècle, quand les invasions barbares fragilisent l'Empire. Pour restaurer l'unité morale, certains empereurs (Dèce, Valérien et Galère) ordonnent la poursuite systématique des chrétiens jugés subversifs. Cependant, leurs édits sont très inégalement appliqués, en particulier en Gaule, où Constance Chlore les ignore totalement.

De 305 à 313 alternent persécutions et édits de tolérance, car la clientèle chrétienne devient l'enjeu des luttes pour le pouvoir que se livrent les maîtres d'un Empire divisé en quatre : on assiste au revirement de Galère lui-même, dont le neveu continue pourtant la politique en Orient.

Pour mettre fin aux persécutions, les deux augustes Constantin – le fils de Constance Chlore – et Licinius s'accordent à reconnaître dans tout l'Empire la liberté de conscience et la paix religieuse : c'est ce qu'on appelle l'édit de Milan (13 juin 313).

Quand Constantin veut ensuite éliminer Licinius, il inaugure une politique réellement favorable aux chrétiens. Enfin, devenu seul empereur en 324, il promulgue la liberté de culte et établit entre le paganisme officiel et la religion nouvelle un compromis avantageux pour cette dernière : des entraves sont apportées aux cultes païen et juif ; les biens confisqués sont restitués aux Églises ; les clercs jouissent d'un régime d'exemption.

La conversion de Constantin

Lors de la bataille du pont Milvius au cour de laquelle Constantin vainquit Maxence, un autre prétendant à l'Empire, le Christ apparaît à l'empereur. Cet événement miraculeux le décide à embrasser la religion chrétienne. Originaire d'une famille tolérante pratiquant un syncrétisme solaire, Constantin est lui-même un mystique et un visionnaire. Il affirme très tôt son monothéisme, mais son christianisme reste longtemps ambigu, et le signe mystérieux – le *labarum* – dont il marque son armée en 312, lors de la bataille de Milvius, peut être un symbole aussi bien solaire que chrétien. La conversion de Constantin se fait par étapes, en accord avec ses intérêts politiques, et il ne reçoit le baptême que sur son lit de mort, en 337.

Hélène, mère de Constantin

Hélène, originaire de Drepanum en Bithynie, dans la Turquie actuelle, était probablement serveuse dans une taverne quand elle rencontra l'empereur Constance Chlore, qui en fit sa concubine, en eut un fils, mais ne l'épousa jamais, et la répudia au moment de son mariage avec Théodora, en 289. Chrétienne, elle a sûrement influencé son fils dans un sens favorable au christianisme, mais n'a pas obtenu sa conversion de son vivant.

Quand Constantin devient empereur à la mort de Constance Chlore, il décide de rappeler sa mère à la cour de Nicomédie et lui fait décerner le titre d'*Augusta*. Ainsi, Hélène devient enfin impératrice.

Dès la fin de l'Antiquité, les chrétiens lui vouent une grande dévotion, lui attribuant la découverte des reliques les plus précieuses : en 326, juste avant sa mort, elle accomplit en effet un pèlerinage à Jérusalem et y aurait découvert les restes de la croix du Christ et les instruments de la Passion, qu'elle aurait rapportés à Constantinople.

Martyrs et figures chrétiennes

Du IIe au Ve siècle l'histoire de l'Église chrétienne est pleine de figures de prédicateurs, de religieux zélés qui tentent de convertir les différents territoires de l'Empire, certains, en butte à l'hostilité des potentats locaux, finissant en martyrs…

Ainsi Origène succède à Clément, mort en 203, à la tête de l'école chrétienne d'Alexandre. Mais il semble vite suspect à son évêque, Démétrius, qui lui reproche un certain extrémisme : fils de martyr, il s'est fait émasculer dans sa jeunesse, pour ne pas céder aux tentations, puis a été ordonné prêtre sans avoir le consentement de l'évêque. Érudit, il propose une édition de la Bible où les différentes versions sont présentées en colonnes, et rédige de nombreux traités dont l'Église condamnera certaines propositions. Il meurent des suites des tortures dues aux persécutions menées sous Dèce.

Vers 287, Côme et Damien, savants et experts arabes, sont des médecins réputés qui ont embrassé la foi chrétienne. Comme des centaines de chrétiens syriens, ils subissent la persécution de Dioclétien.

Au Ve siècle, leur culte se répandra dans tout l'Orient chrétien et ils demeureront associés dans les litanies des saints à Félicité et Perpétue. Originaires de Carthage, la servante et la maîtresse moururent, elles, en 203, lors de la persécution mise en œuvre par Septime Sévère.

Arnobe, rhéteur païen, né en Numidie (Tunisie actuelle), se convertit tardivement au christianisme et brûle de convertir ses compatriotes. Il rédige vers 295 un *Adversus nationes, Contre les Païens*, où il utilise l'argument du « pari », comme Pascal quelques siècles plus tard : il faut prendre le risque de renoncer à une vie facile dans ce monde, car, si l'autre monde existe, la récompense est grande, alors que, s'il n'existe pas, la perte n'est pas bien grave.

Frumence, né à Tyr vers 315 et mort à Aksoum vers 380, est tout d'abord esclave à la cour du négus d'Éthiopie où il y mène une brillante carrière. Puis, il est autorisé à se rendre à Alexandrie. Là, il est ordonné prêtre par saint Athanase, qui en fait le premier évêque d'Aksoum, dont il convertit le souverain. Frumence est connu en Éthiopie sous le nom de *Abba Salama* (Père de la paix). Jusqu'au XXe siècle, l'Église éthiopienne recevra ses patriarches de l'Église copte d'Égypte. La conversion du pays sera achevée vers 480 par un groupe de moines syriens, les Neuf Saints.

Père et docteur de l'Église, Ambroise (vers 340-397) est célèbre pour sa fermeté face à l'empereur. Théodose avait en effet publié une loi contre les homosexuels. À Thessalonique, un général de la légion s'en était pris à un cocher de char qui tombait sous le coup de cette loi. La foule ayant saisi ce prétexte pour se révolter, Théodose ordonne le massacre de centaines de citoyens. Saint Ambroise énonce une condamnation publique de cet acte, et, le jour de Noël 390, Théodose doit se soumettre à la pénitence.

L'Église sous le pouvoir de l'empereur

L'Empire devient chrétien en la personne des empereurs. Les successeurs de Constantin, élevés dans la foi chrétienne, sont de plus en plus hostiles au paganisme, à l'exception de Julien, qui tente, de 360 à 363, une éphémère restauration de la tradition païenne.

Pourtant l'Église est déchirée de l'intérieur. En Afrique, la réintégration des *lapsi* – ceux qui ont abjuré pour échapper aux persécutions – pose un problème ; des intégristes, appelés « donatistes », s'élèvent contre la société et le pouvoir civil.

Des traditions différentes opposent l'Église latine d'Occident à l'Église grecque d'Orient, en particulier quand il s'agit de fixer la date de Pâques. La crise la plus grave est provoquée par l'évêque Arius qui, en niant la divinité du Christ, inaugure un siècle de controverses. Une fois l'unité de l'empire rétablie, Constantin juge impératif d'intervenir sur le plan religieux. En 325, il convoque à Nicée, en Asie Mineure, le premier concile « œcuménique », c'est-à-dire « à l'échelle du monde ». Présidé par l'empereur, ce concile condamne Arius, règle la question de Pâques et promulgue un texte qui définit la foi chrétienne, le Symbole de Nicée. Cependant, l'arianisme ne disparaît pas avant le concile de Constantinople.

Il est même soutenu par les empereurs, qui y puisent une confirmation de leur nature quasi divine. Le conflit doctrinal est donc politisé et les tendances de l'Empire à sacraliser le pouvoir s'en trouvent renforcées. À chaque concile, l'empereur se présente comme « l'évêque de l'extérieur ». En face, l'évêque de Rome ne joue qu'un rôle effacé et, à l'exception de Damase (366-384), rares sont les papes de quelque envergure.

La mort du paganisme

La « paix de l'Église » inaugure une période d'assimilation et de pénétration plus que d'expansion. Le triomphe officiel du christianisme marque le paysage urbain par la construction d'églises publiques monumentales qui reprennent la forme de vaisseau à plusieurs nefs des « basiliques » judiciaires. Le baptistère renfermant la cuve où l'on procède à l'immersion se trouve à l'extérieur de l'église. Ces édifices sont souvent financés par l'empereur lui-même.

La culture chrétienne rivalise d'éclat avec la philosophie et la rhétorique classiques. Partout dans l'Empire, d'illustres personnages étudient sans relâche les textes sacrés : ce sont les Pères de l'Église. Du IIe au VIIe siècle, ces penseurs tenteront de fixer la doctrine chrétienne et d'inculquer leurs connaissances à ceux qui ont accès à l'instruction : au IIIe siècle, l'école catéchétique d'Alexandrie devient rapidement célèbre grâce à l'enseignement brillant d'Origène ; au IVe siècle, saint Jérôme traduit la Bible en latin et Eusèbe de Césarée écrit une *Histoire ecclésiastique*. Issus d'un milieu cultivé, la plupart sont évêques et font partie de l'entourage proche de l'empereur. La cour, puis l'aristocratie tout entière sont gagnées par la foi chrétienne. Au IVe siècle, qui voit l'empereur embrasser officiellement la religion nouvelle, les conversions se font en masse. Toutefois, beaucoup d'entre elles relèvent de l'opportunisme : puisque le pouvoir, tant politique qu'intellectuel, est chrétien, autant adopter la même religion que lui.

Parallèlement, les campagnes sont gagnées. Les papyrus l'attestent pour l'Égypte dès le IIIe siècle et, en Gaule, saint Martin organise les premières paroisses rurales au IVe siècle. La fermeture des temples païens est inévitable. Elle se fait peu à peu : Gratien établira la séparation de l'État et du paganisme, entamant une politique répressive par sa loi sur les apostats (381). Théodose interdira les rites païens ; les dernières fêtes païennes auront lieu en Grèce en 394-396.

Les premiers hérétiques

Pour les chrétiens sont hérétiques ceux qui « choisissent » les croyances qui leur conviennent au sein de la doctrine. Ainsi Marcion a-t-il donné naissance à un mouvement le marcionisme – qui préfère le prophétisme à l'enseignement de la hiérarchie, annonçant la venue imminente du Paraclet, l'Esprit saint. Il exalte le martyre, moyen infaillible d'aller au ciel. Cette doctrine séduira le grand théologien Tertullien. Valentin, lui, comme les autres gnostiques, enseigne que la matière est une création des forces du Mal.

Les catacombes

Les catacombes les plus connues sont celles qui ont été utilisées par les premiers chrétiens à Rome. Elles sont des cimetières situés d'abord dans d'anciennes carrières, puis dans des galeries creusées dans le tuf. Toutes les catacombes ne sont pas chrétiennes : anciens cimetières latins, sépultures des fidèles d'un culte oriental ou sépultures juives, mais les hypogées chrétiens sont les plus nombreux. À cause de la doctrine de la résurrection des corps, tous les chrétiens se font en effet inhumer. Par la suite s'est affirmée la volonté de réunir les défunts chrétiens dans un endroit distinct des nécropoles païennes. Ces lieux ont vite pris une valeur mystique, consacrée par la présence des restes de saints personnages, et, surtout, de martyrs, auprès desquels les fidèles souhaitent reposer.

Contrairement à ce qu'on a cru lors de la découverte au XVIe siècle, les catacombes ne sont pas des lieux de culte clandestin, mais ont seulement servi de chapelles annexes puis de lieux de pèlerinage.

Elles étaient parfaitement connues des autorités, et se situaient sur des terrains acquis par des communautés au statut juridique nettement défini. C'est dans les catacombes que s'est développé le premier art chrétien, dans le décor peint ou les bas-reliefs des sarcophages.

L'Empire et la pression barbare

Dès la fin du IVe siècle, alors que les préoccupations religieuses dominent, la ruée des Barbares dans l'Empire romain ne peut plus être contenue : en 410, Alaric Ier, roi des Wisigoths, s'empare de Rome. Après l'abdication de Dioclétien, en 305, des luttes violentes avaient opposé ses successeurs. Constantin cherche d'abord à se concilier Maximien dont il épouse la fille Fausta en 307. En 310, Maximien se suicide. On murmure que cette princesse de 19 ans n'est pas étrangère à la mort subite de son père. Jalouse des succès de son beau-fils Crispus, que Constantin a nommé César, elle est peut-être aussi mécontente d'en avoir été dédaignée. Elle le calomnie alors auprès de Constantin, qui le fait exécuter. Mais Fausta est accusée elle-même d'adultère, et meurt étouffée dans sa salle de bains quelques semaines plus tard.

À la mort de Galère, Constantin s'allie avec Licinius et bat Maxence en 312 au pont Milvius. Son entente avec Licinius prend fin en 324. En 325, Constantin Ier le Grand devient le seul maître de l'Empire, mais l'unité de celui-ci est de nouveau compromise par sa mort, en 337 : ses trois fils et ses deux neveux, sans compter ses demi-frères, entrent en effet en compétition pour lui succéder.

Le monde romain, proche de sa fin, est alors partagé entre deux empires et deux systèmes religieux.

Les derniers conflits religieux

Illustrant une pratique devenue courante dans l'histoire romaine, la succession de Constantin se règle par le meurtre : les trois fils de l'empereur s'entendent pour faire massacrer leurs oncles et leurs cousins et, en septembre 337, ils prennent le titre d'Auguste. Constance II assure la pacification de l'Orient, sur lequel il va régner de 337 à 361. Constantin II domine l'Occident et tient sous sa tutelle son jeune frère Constant, à qui est confiée la Pannonie (région de l'Europe centrale). Mais ce dernier n'accepte pas cette dépendance, et il s'empare de l'Italie après avoir vaincu et tué son aîné à Aquilée, port de Vénétie, en 340. Le monde romain, tout en conservant les mêmes lois et les mêmes institutions sur l'ensemble de son territoire, se trouve donc divisé en deux empires : celui d'Orient, qui a pour capitale Constantinople, et celui d'Occident, dont la capitale est désormais Milan, qui a supplanté Rome.

Mis à part le danger persistant que les envahisseurs barbares font peser sur les frontières, les principaux problèmes, tant à l'est qu'à l'ouest, sont d'ordre religieux. Malgré les progrès du christianisme, la religion païenne reste puissante, car elle est encore largement pratiquée par l'aristocratie romaine ; par ailleurs l'enseignement lui-même dépend d'intellectuels païens. De plus, le christianisme est déchiré par de multiples querelles schismatiques, que des conciles successifs tentent en vain de supprimer. En Orient, Constance, rallié à l'arianisme (hérésie chrétienne issue de la doctrine d'Arius, qui nie la nature divine du Christ), s'en prend avec violence aux différentes manifestations du culte païen et impose par édit impérial son credo arien aux autres formes du christianisme. En revanche, Constant, chrétien de type « nicéen » (c'est-à-dire souscrivant aux principes énoncés en

325 par le concile de Nicée, qui condamna l'arianisme), prend pour cible les chrétiens donatistes (partisans de Donat, évêque de Numidie et fondateur d'une Église schismatique) et les ariens.

Les circoncellions

La misère de l'Empire romain en plein déclin engendre la révolte des plus démunis. Les circoncellions, ou « rôdeurs de celliers », apparaissent en Numidie, en Afrique du Nord, au IVe siècle. Ce sont des ouvriers agricoles, d'anciens petits paysans et des esclaves, réduits à la pauvreté la plus extrême, qui se révoltent contre les autorités. Ils occupent les marchés, s'en prennent aux riches et aux créanciers, et pratiquent le brigandage dans toute la province. La rébellion des circoncellions s'accompagne d'une revendication nationaliste (la plupart de ces « rôdeurs » sont d'origine berbère), ainsi que de fanatisme religieux, car ils se rallient au schisme donatiste à partir de 347. Cette révolte est réprimée avec la plus extrême rigueur, mais le mouvement ne disparaît de manière vraiment définitive qu'avec l'occupation de l'Afrique par les Vandales, de 429 à 439.

Julien l'Apostat

En 350, Constant est victime d'un coup d'État militaire organisé par un officier pannonien Magnence, qui se rend maître de l'Occident. Mais Constance II parvient à vaincre l'usurpateur et devient le seul chef de l'Empire romain. En 355, il nomme comme César son cousin Julien et le charge de défendre la Gaule. Ce dernier remporte en Alsace une victoire sur les Alamans (groupement de tribus germaniques) ; ses soldats, révoltés contre Constance II, le proclament Auguste en 360. La mort empêche Constance II d'affronter Julien, dernier représentant de la famille de Constantin le Grand, qui, à partir de 361, règne sur le monde romain.

Unique rescapé du massacre familial perpétré par les fils de Constantin en 337, Julien, nourri de philosophie et de lettres classiques, est, à l'inverse de ses prédécesseurs, plus attiré par le paganisme que par le christianisme. Très influencé par la philosophie néoplatonicienne et par les thèses de l'un de ses adeptes, Jamblique, c'est un dévot de la Mère des dieux et du Soleil. Il a l'ambition, durant son court règne, de fusionner toutes les croyances pour réaliser l'impossible accord de tous ses sujets, quelle que soit leur confession. Il abolit les décrets contre le paganisme, rouvre les temples abandonnés, donne un souffle nouveau aux antiques cérémonies. Tout en se refusant à persécuter systématiquement les chrétiens et en se plaçant au-dessus des querelles schismatiques qui les divisent, il publie un édit en 362 pour interdire l'enseignement aux professeurs chrétiens, incapables à ses yeux de commenter objectivement les textes mythologiques. Les chrétiens lui ont donné le surnom péjoratif d'« Apostat » (c'est-à-dire coupable d'abandon de la foi et de la vie chrétiennes), et lorsque, en 363, Julien trouve la mort dans une expédition contre les Perses, c'est le paganisme tout entier qui semble subir le châtiment de Dieu.

Le christianisme, nouvelle religion d'État

C'est de nouveau un officier pannonien, Valentinien, que les armées proclament empereur en 364 – un homme hostile aux grandes familles sénatoriales, parmi lesquelles il fait régner la terreur. Il s'adjoint bientôt son frère Valens comme Auguste d'Orient. Tous deux professent la tolérance en matière religieuse. Valens, arien convaincu, se laisse cependant persuader par son entourage de persécuter les autres tendances chrétiennes. Valentinien Ier tient en respect le danger barbare en Occident, mais il meurt subitement au cours d'une campagne en 375. Maladroit et sans énergie, son frère ne parvient pas, en Orient, à repousser les Goths (peuples germains orientaux, venus de Scandinavie), eux-mêmes refoulés par les Huns (peuples asiatiques nomades) ; il les laisse s'établir dans le diocèse de Thrace, région située dans la partie orientale de la péninsule balkanique. Cependant, ces envahisseurs ne s'en tiennent pas à la Thrace, et Valens est vaincu et tué lors de la désastreuse bataille d'Andrinople, en 378, après laquelle les Goths s'installent dans l'ensemble des Balkans.

Valentinien et Valens disparus, Gratien, fils du premier, incapable d'assumer sans aide la charge de l'Empire, nomme Auguste d'Orient le général espagnol Théodose, en 379. L'ascendant de celui-ci sur Gratien est tel qu'il est, en réalité, le seul à gouverner le monde romain. Homme déconcertant et versatile, Théodose est contraint de reconnaître, en 382, l'installation des Goths comme nation indépendante entre le Danube et les Balkans. En Occident, il doit lutter contre les usurpateurs Maxime, puis Eugène : il triomphe du premier en 386 et du second en 394, grâce à son armée déjà composée en grande partie de Goths.

Mais c'est dans le domaine religieux que l'action de Théodose le Grand est capitale. En 380, un édit frappe d'infamie les chrétiens qui ne se rallient pas au credo de Nicée.

À partir de 391, plusieurs lois successives condamnent le paganisme, interdisent les sacrifices et la fréquentation des temples. Les édifices religieux païens sont détruits, les fêtes supprimées, les pratiques privées elles-mêmes font l'objet de poursuites. Le christianisme nicéen devient obligatoire pour tous les habitants de l'Empire, et le pouvoir impérial entre sous la dépendance de l'Église.

La puissance du christianisme

L'empereur Théodose Ier, qui a fait du christianisme la religion d'État, doit s'humilier devant l'évêque de Milan. Un fait divers sanglant témoigne, par ses conséquences, qu'à partir de 390 l'Église chrétienne est devenue suffisamment forte pour apparaître comme une autorité capable de soumettre le pouvoir politique.

À la suite d'une émeute populaire dans le cirque de Thessalonique, capitale de la province de Macédoine, Théodose Ier ordonne de rassembler les habitants de la ville et de les exécuter. Trois mille personnes sont ainsi sauvagement massacrées. Menacé d'excommunication par saint Ambroise, évêque de Milan, l'empereur se soumet et fait pénitence en s'agenouillant publiquement devant le haut dignitaire de l'Église. À la veille de disparaître, le pouvoir romain s'incline ainsi, pour la première fois, devant une autre puissance.

Arbogast, né vers 340 en Aquitaine, est un de ces Barbares qui font carrière dans l'armée romaine. Né franc, il n'en devient pas moins général, et est nommé par Théodose tuteur de Valentinien II, qu'il fait étrangler lorsque celui-ci accède au trône, pour proclamer empereur le rhéteur païen Eugène. Plus que d'une usurpation, il s'agit d'une dernière tentative des tenants du paganisme, qui se termine par leur défaite devant Théodose à la bataille de la Rivière froide en 394, et par le suicide d'Arbogast.

SAINT AUGUSTIN, ÉVÊQUE D'HIPPONE

Ennemi infatigable de toutes les hérésies, saint Augustin (354-430) meurt dans sa ville, assiégée par les Vandales. Le plus grand Père de l'Église latine a mené une vie tumultueuse, à l'image des temps troublés où elle se déroula. Après avoir été attiré par le manichéisme (religion fondée par le Persan Mani), il est touché par la grâce, se fait baptiser par saint Ambroise et devient évêque de la ville africaine d'Hippone, en 396. À la fois polémiste, théologien, philosophe et catéchète, il multiplie les sermons, les exégèses des livres saints, les traités de morale et de vie ascétique pour consolider la doctrine chrétienne. En août 430, alors que, depuis trois mois, les Vandales assiègent Hippone, Augustin meurt en laissant une œuvre de portée universelle.

L'effondrement de l'Empire d'Occident

À la mort de Théodose, en 395, le grand Empire romain progressivement construit au cours des deux premiers siècles de notre ère n'existe plus : l'unité en est définitivement brisée. En effet, deux pôles distincts se sont constitués au fil du temps, symbolisés par deux capitales : Rome, qui n'est guère plus que le vestige de sa splendeur passée, et Constantinople, la ville nouvelle à la gloire montante et championne de la chrétienté. Ce partage se retrouve dans l'exercice du pouvoir (deux Augustes, deux Césars) et dans l'opposition entre deux noblesses, les « clarissimes » de Rome, grands propriétaires fonciers à la fortune considérable, et les « clarissimes » de Constantinople, moins fortunés.

Le contraste entre leur mode d'existence et celui de la bourgeoisie des provinces va grandissant ; la dégradation de la vie municipale est due aux charges, de plus en plus lourdes, qui entravent la liberté des notables. Les membres de l'ordre décurional (c'est-à-dire la bourgeoisie municipale), devenus des curiales (détenteurs du pouvoir local), supportent difficilement la responsabilité fiscale (le paiement des arriérés d'impôts) qui leur est imposée et l'obligation de l'hérédité des fonctions. La société romaine est alors régie par un cloisonnement qui se révèle stérilisant : le fils du boulanger est obligatoirement boulanger, il n'a pas l'autorisation d'exercer une profession différente de celle de son père, selon le principe de l'hérédité des métiers et des charges, qui vaut pour tous les échelons de la société.

La situation est encore plus préoccupante dans les campagnes, davantage exposées aux troubles de l'époque, invasions, guerres civiles, causes de misère et de dépopulation. Les classes les plus riches de l'Empire possèdent de grands domaines fonciers sur lesquels travaillent les *coloni* : ces hommes, en théorie libres, mais attachés à la terre, sont placés sous la dépendance du propriétaire, dans une situation proche de l'esclavage, qui annonce le servage médiéval.

La loi qui attache de père en fils à la terre les colons, soldats-paysans d'origine barbare, ne fait qu'officialiser l'évolution des charges et fonctions vers l'hérédité. Les nécessités de la défense de l'empire accroissent le poids de la fiscalité, basée sur le foncier. Responsables des dettes et obligations de leurs parents, les héritiers sont attachés pour toujours aux terres et métiers de ceux-ci et la société se fige dans des cadres rigides. Les aristocraties locales, responsables de la perception des taxes, voient leurs charges croître ; leur situation devient intenable, entre révoltes populaires et pression administrative.

Lorsque Théodose disparaît, la division de l'ancien monde romain est définitivement consommée, et le souverain laisse l'Empire à ses deux fils : l'aîné, Arcadius, va régner sur l'Orient ; le cadet, Honorius, devient le chef de l'Occident. Mais l'avenir de ce dernier est limité : en 410, les Wisigoths (Goths occidentaux), conduits par leur roi Alaric, s'emparent de Rome, qu'ils mettent à sac.

ALARIC, ROI DES WISIGOTHS

Chrétien bien qu'hérétique (il est arien), fédéré avec Rome, le Wisigoth Alaric profite de la faiblesse de l'Empire romain après la mort de Théodose Ier pour conquérir la Thrace, la Macédoine et la Grèce. En 401, il envahit l'Italie, mais se fait battre à Pollenza et à Vérone (403) par le général mercenaire Stilicon, régent de l'Empire d'Occident. Cependant, la chute de ce dernier permet à Alaric de reprendre l'avantage. Après avoir à deux reprises mis le siège devant Rome, les troupes des Wisigoths pénètrent dans la ville le 24 août 410. Le roi laisse ses hommes piller la cité, tout en interdisant

les violences inutiles. Il meurt quelques mois plus tard dans le détroit de Messine. La légende veut que le cours du fleuve Buzento ait été détourné pour que le corps d'Alaric y soit enseveli.

Les Barbares dans l'Empire

Pour l'histoire traditionnelle, Rome a succombé sous les coups des envahisseurs barbares au Vᵉ siècle, mais il ne s'agit pas d'un raz de marée qui, à une date précise, aurait submergé l'Empire. Dès le IIᵉ siècle, des vagues successives venues du nord de l'Europe, Vandales, Ostrogoths, Wisigoths, Alains, Huns, etc., déferlent sur le monde romain : chaque peuple est poussé à son tour vers l'ouest et vers le sud par un autre peuple en migration. Les épisodes guerriers ont scandé cette pénétration, du IIᵉ au Vᵉ siècle, mais ils masquent le fait que les Barbares ont été très tôt installés dans l'Empire, par la volonté même du pouvoir romain. Des populations entières sont utilisées pour pallier les baisses de la démographie. Les *coloni* des campagnes sont, pour la plupart, d'origine étrangère. À la fin de l'Empire, l'armée romaine est majoritairement composée de Wisigoths, d'Alains et de Francs, dirigés par des généraux romains.

L'Empire d'Occident, après la mort de Théodose, ne peut subsister que grâce à la régence exercée par le général vandale Stilicon. Ces Barbares sont en fait déjà complètement assimilés dans la société romaine : ils y occupent de multiples fonctions et en ont adopté la religion (la plupart des Barbares « fédérés » sont chrétiens). Lorsque Rome disparaît, c'est tout à fait légitimement que les chefs des Wisigoths, des Francs ou des Vandales prennent la suite des empereurs et deviennent les rois des nouveaux États qui s'établissent dans les anciennes provinces occidentales ; des fusions s'y opèrent entre les législations et les coutumes romaines et barbares. Le Vᵉ siècle ne marque donc pas la rupture entre deux époques, mais l'élaboration d'une nouvelle unité du monde occidental. L'Empire romain d'Orient, quant à lui assez peu touché par les vagues d'invasions, va se maintenir pendant presque un millénaire.

GALLA PLACIDIA, UNE REINE WISIGOTHE

Fille du grand empereur Théodose Iᵉʳ, Galla Placidia (390-450) est élevée par le général romain Stilicon, également tuteur de son frère Honorius, empereur d'Occident. Lorsque, en août 410, les Wisigoths et leur roi Alaric s'emparent de Rome, la jeune fille est prise en otage par les vainqueurs. En 413, le successeur d'Alaric, son beau-frère Athaulf, se rapproche des Romains et, pour sceller son alliance avec l'empereur Honorius, épouse Galla Placidia. Le mariage a lieu à Narbonne le 1ᵉʳ janvier 414 lors d'une cérémonie magnifique. Mais le jeune roi wisigoth meurt en 415, et sa veuve est

renvoyée dans son pays. Remariée en 417 avec un général d'Honorius, Constance (le futur Constance III), elle assure pendant douze ans la régence de leur jeune fils Valentinien III. À la fin de sa vie, Galla Placidia se met au service de la religion chrétienne, que son père a définitivement imposée au monde occidental, et consacre sa fortune à des œuvres pieuses. Elle fait en particulier édifier à Ravenne une église dédiée à saint Jean l'Évangéliste et un mausolée décoré de splendides mosaïques. Galla Placidia meurt en 450.

• • •

Annexes

Régimes et dynasties
Bibliographie
Index

Égypte

Pour dater les règnes égyptiens, les historiens modernes ont dû utiliser des documents d'époque, mais aussi les moyens modernes de datation scientifique. Au IIIe siècle av. J.-C., Manéthon, prêtre d'Héliopolis, écrivit une histoire de l'Égypte, qu'il divisa en trois grandes phases et trente dynasties. Parmi celles-ci, certaines sont fictives, d'autres ont régné parallèlement en des endroits différents. Les ancêtres des Égyptiens se sont installés au bord du Nil vers 3500 av. J.-C. La période préhistorique se termine avec les deux premières dynasties, appelées « thinites ». Parmi ces dynasties, le roi Ménès unit la Haute- et la Basse-Égypte. Cette unité, maintenue par les pharaons, a fait la force du pays.

Égypte ancienne

NAGADIEN : VERS 3300

Rois du Nord (Haute-Égypte) et rois du Sud indépendants

ÉPOQUE THINITE (3200-2778 AV. J.-C.)

Ire dynastie (v. 3100-2890)
- NARMER ou MÉNÈS (unifie l'Égypte)
- AHA
- DJER
- DJET ou OUADJI
- DEN ou OUDIMOU
- ANEDJIB ou ADJIB
- SÉMERKHET
- QAA ou KA

IIe dynastie (v. 2890-2686)
- HOTEPSÉKHEMOUI
- NEBRÊ ou RÊNEB
- NÉTÉRIMOU (Nynetjer)
- PERIBSEN
- KHASÉKHEM
- KHASÉKHEMOUI

ANCIEN EMPIRE (2778-2260 AV. J.-C.)

IIIe dynastie (2686-2613)
- DJOSER (première pyramide à degrés)
- SEKHERAKHET
- SANAKHT ou NEBKA
- KHABA
- NERFERKA
- HOU ou HOUNI

IVe dynastie (2723-2563)
- SNEFROU
- KHEOPS (la première grande pyramide)
- DIDOUTRI ou DEDEFRE
- KHEPHREN
- MYKERINUS
- SHEPSEKAF

Ve dynastie (v. 2498-2345)
- OUSERKAF
- SAHOURÊ
- NÉFERIRKARÊ KAKAÏ
- SHEPSESKARÊ ISI
- NÉFEREFRÊ
- NIOUSSERÊ INI
- MENKAOUHOR AKAOUHOR
- DJEDKARÊ IZEZI
- OUNAS

VIe dynastie (v. 2345-2181)
- TÉTI
- OUSERKARÊ
- MÉRIRÊ PÉPI Ier
- MERENRÊ ANTYEMSAF (I)
- NÉFERKARÊ PÉPI II (le plus long règne de l'histoire égyptienne)
- MERENRÊ ANTYEMSAF (II) MENKARÊ

PREMIÈRE PÉRIODE INTERMÉDIAIRE (V. 2260-2160 AV. J.-C.)

VIIe dynastie (v. 2181-2173)

VIIIe dynastie (v. 2173-2160)
- Royautés multiples

IXe et Xe dynasties (2220-2160) [héracléopolitaines]

MOYEN EMPIRE (2160-1785 AV. J.-C.)

XIe dynastie [thébaine] (2160-v. 2000)
- Mentouhotep
- Antef Ier
- Antef II
- Antef III
- Mentouhotep Ier ou Mountouhotep Ier
- Mentouhotep II ou Mountouhotep II
- Mentouhotep III ou Mountouhotep III

XIIe dynastie (v. 1991-1786)
- Amenemhat Ier (pyramide de Licht, sculpture memphite)
- Sesostris Ier
- Amenemhat II
- Sesostris II
- Sesostris III
- Amenemhat III
- Amenemhat IV (réservoir du Fayoum)
- Sebeknefrourê (reine)

DEUXIÈME PÉRIODE INTERMÉDIAIRE (1785-1580 AV. J.-C.)

XIIIe et XIVe dynasties (1785-1730)
- Émiettement du pouvoir

XVe et XVIe dynasties (1730-1580) (Hyksos)
- Capitale à Avaris

XVIIe dynastie (1680-1580)
- Refoule les Hyksos

NOUVEL EMPIRE (1580-1085 AV. J.-C.)

XVIIIe dynastie (1567-1320)
- Ahmès ou Ahmosis (chapelle de la Barque à Karnak)
- Aménophis I
- Thoutmosis Ier (salle hypostyle à Karnak)
- Thoutmosis II
- Hatshepsout (hypogée de Deir el-Bahari)
- Thoutmosis III (tombeaux de la vallée des Rois)
- Aménophis II
- Thoutmosis IV
- Amenophis III (temple de Louqsor)
- Akhenaton ou Aménophis IV (Tell el-Amarna)
- Semenkharê
- Toutankhamon, Ay et Horemheb règnent simultanément (tombeau de Toutankhamon)

XIXe dynastie (1320-1200)
- Ramsès Ier ou Ramesses Ier
- Séti Ier ou Séthos
- Ramsès II (Abou-Simbel)
- Merneptah ou Mineptah
- Amenmès
- Séthi II
- Siptah
- Taousret
- Iarsou

XXe dynastie (1200-1085)
- Sethnakht (Médinet Habou)
- Ramsès III
- Ramsès IV
- Ramsès V
- Ramsès VI
- Ramsès VII
- Ramsès VIII
- Ramsès IX
- Ramsès X
- Ramsès XI

BASSE ÉPOQUE (1085-333 AV. J.-C.)

La période s'étendant de la XXIe à la XXIVe dynastie est parfois appelée «troisième période intermédiaire».

XXIe dynastie (1085-950)

Au sud gouvernent les rois prêtres de Thèbes: au nord, les pharaons ont Tanis pour capitale.

<u>Rois-prêtres</u>
- Heribor
- Piankhi
- Pinedjem Ier
- Masahert
- Menkheperrê
- Nesbenebded
- Pinedjem II

<u>Pharaons</u>
- Smendès
- Aménémès
- Psousennès Ier (tombes de Tanis)
- Aménemopé ou Aménophtis
- Sramon
- Psousennès II

XXIIe dynastie «libyenne», (950-730)

Les XXIIe, XXIIIe, XXIVe et XXVe dynasties sont partiellement parallèles

- Sheshonq Ier (Osorkon Ier)
- Takelot Ier (Osorkon II)
- Sheshonq II (Takelot II)
- Sheshonq III (Pami)
- Sheshonq IV

XXIIIe dynastie (v. 817-730)

- Pédoubastis (Sheshonq V)
- Osorkon III (Takélot III)
- Amonroud ? (Osorkon IV)

XXIVe dynastie (730-715)

Opposition entre les princes memphites

- Tefnakht
- Bakenranef (Bocchoris)

XXVe dynastie, koushite (751-656) [éthiopienne]

- Piankhi (Shabaka)
- Shabataka (Taharga)
- Tanoutamon

XXVIe dynastie, saïte (663-525)

- Psammétique Ier (Néchao - [conquête babylonienne])
- Psammétique II (Apriès)
- Amasis (Psammétique III)

XXVIIe dynastie (525-404) [1re domination perse]

- Cambyse (Darios ou Darius Ier)
- Xerxès Ier (Artaxerxès Ier)
- Darios ou Darius II

XXVIIIe dynastie (404-398)

- Amyrthée (rend son indépendance à l'Égypte)

XXIXe dynastie (398-378)

- Néphéritès Ier (Achoris)
- Psammouthis (Néphéritès II)

XXXe dynastie (378-341)

- Nactanébo Ier (Téos - [débarcadère de Philae])
- Nectanébo II

2e domination perse (341-333)

- Artaxerxès III
- Arsès ou Darsès
- Darios II Codoman

Égypte hellénistique (332-30 av. J.-C.)

DEUXIÈME PÉRIODE INTERMÉDIAIRE (1785-1580 AV. J.-C.)

Domination macédonienne (332-305)

- Alexandre III le Grand (Alexandrie)
- Philippe III de Macédoine (ou Arrhidaios)
- Alexandre IV Aigos

Dynastie des Lagides [domination romaine] (305-30)

- Ptolémée Ier Sôter (temple de Philae)
- Ptolémée II Philadelphe (phare d'Alexandrie)
- Ptolémée III Évergète (temple d'Edfou)
- Ptolémée IV Philopator
- Ptolémée V Épiphane
- Ptolémée VI Philometer
- Ptolémée VII Néos-Philopator
- Ptolémée VIII Évergète II (temple de Jom-Ombo et Dendérah)
- Ptolémée IX Sôter II (Lathyros)
- Ptolémée X Alexandre Ier
- Ptolémée XI Alexandre II (règne vingt jours)
- Ptolémée XII Aulète
- Ptolémée XIII, avec sa sœur Cléopâtre VII
- Ptolémée XIV, second mari de Cléopâtre VII
- Ptolémée XV Césarion (fils de César et de Cléopâtre)

Égypte romaine et byzantine

En 30 av. J.-C., Octave annexe l'Égypte, qui est désormais romaine avant de devenir byzantine en 395.

Chine

Les premières dynasties chinoises n'ont qu'une existence légendaire. Les divergences entre les textes et les témoignages archéologiques expliquent qu'il existe souvent deux dates différentes pour le même fait. De même, il existe toujours deux graphies pour les noms chinois : l'École française d'Extrême-Orient avait mis au point un système de transcription quand, en 1958, les autorités chinoises ont imposé un système de transcription, dit « pinyin », qui est le plus usité aujourd'hui et que nous avons adopté, en indiquant la seconde graphie, si elle est très connue.

LA CHINE ARCHAÏQUE

Xia (Hia)
v. 2000-1770 av. J.-C., ou 1989-1558 (dynastie fondée par Yu le Grand)

Shang (Chang) ou Yin
v. 1766-1050 av. J.-C., ou 1558-1051 (dynastie fondée par Tang le Victorieux)

Zhou (Tchéou)
1025-256 av. J.-C. (dynastie fondée par le roi Wen [Wang], subdivisée en deux ères)
• Zhou occidentaux 1025-771
• Zhou orientaux 771-256 : ère elle-même divisée en période Chunqiu dite «des Printemps et des Automnes», ou «des Cinq Hégémons» (722-481) et en période des «Royaumes combattants» (481-221) [royaumes des Ts'in (Qin) Zhao (Tchao), Yan (Yen), Ts'i (Qi), Lu (Lou), Wei, Han, Chu (Tch'ou) et Qin

LA CHINE IMPÉRIALE

Qin (Ts'in) 221-206 av. J.-C. (dynastie fondée par le roi Zhen appelé aussi Qin Shi Huangdi [221-210])

Han 206 av. J.-C.-220 apr. J.-C. Cette dynastie, fondée par la famille Liu, issue du paysan Liu Bang, appelé aussi « Han gaozu », est divisée en Han antérieurs ou occidentaux (Xi Han) [206 av. J.-C.-9 apr. J.-C.] avant l'usurpation de Wang Mang (9-23) et en Han postérieurs ou orientaux (Dong Han) [23-220]

LE «MOYEN ÂGE» CHINOIS

Époque de morcellement, le «Moyen Âge» chinois est lui-même subdivisé en périodes qui se recoupent partiellement.

Les Trois Royaumes (220-280)
au nord, le royaume de Wei, jusqu'en 265, fondé par Cao Pei, fils de Cao Cao ; à l'ouest, le royaume de Shu Han, jusqu'en 263, fondé par un descendant de la famille Liu ; au sud, le royaume de Wu, jusqu'en 280, fondé par Sun Quan.

Xi Jin (265-316)
dynastie fondée par Sima Yan, descendant des souverains de Wei ; brève et fragile restauration de l'unité chinoise.

Dynasties du Sud et du Nord
(316-589). Invasions au nord, émiettement au sud. Au nord, seize royaumes des Cinq Barbares (Wu Hu) de 304 à 436, puis, à partir de 398, les Pei Wei, d'origine turque, unifient le nord de la Chine. Au sud, dynastie des Dong Jin (Jin orientaux), jusqu'en 419.

Rome

Les origines de Rome remontent au VIIIe siècle av. J.-C. Selon la tradition, la date de 509 marque le début de la République. À partir du IIIe siècle av. J.-C., Rome entreprend de dominer l'Italie, puis le pourtour de la Méditerranée. Les conquêtes modifient profondément le régime. En 27 av. J.-C., la République devient l'Empire. Pour sa défense, l'empereur Dioclétien instaure en 286 la tétrarchie : l'Empire est divisé en deux parties, administrées chacune par un « Auguste », qui adopte un « César ». Le système dure peu, mais l'Empire, chrétien à partir de 313, conserve cette bipartition.

LA MONARCHIE (753-509 AV. J.-C.)

- Romulus (753-717)
- Numa Pompilius (715-673)
- Tullus Hostilius (673-641)
- Ancus Martius (641-616)
- Tarquin l'Ancien (616-578)
- Servius Tullius (578-535)
- Tarquin le Superbe (534-509)

LA RÉPUBLIQUE (509-27 AV. J.-C.)

- institution du consulat (509) [date traditionnelle]
- institution des tribuns de la plèbe (494)
- loi des Douze tables, égalité des citoyens devant la loi (451-450)
- censure de Caton (185-184)
- Réformes démocratiques :
- Tiberius Gracchus, tribun du peuple (152-133)
- Caius Gracchus, tribun du peuple (154-121)
- Marius consul pour la première fois (107)
- Marius réélu consul (104-100)
- Sylla consul, guerre civile entre Marius et Sylla (88)
- dictature de Sylla (82-79)
- révolte de Spartacus (73-71)
- consulat de Crassus et de Pompée (70)
- conjuration de Catilina (63-62)
- premier triumvirat : César, Crassus, Pompée (60)
- César consul (59)
- second consulat de Crassus et Pompée (55)
- mort de Crassus, Pompée consul unique (52)
- guerre civile entre César et Pompée, César dictateur (49)
- mort de Pompée (48)
- César, dictateur pour dix ans (46)
- assassinat de César en plein sénat (44)
- deuxième triumvirat : Octave, Marc Antoine, Lépide (43)
- élimination de Lépide (36)
- défaite de Marc Antoine Octave seul maître du monde romain (31)
- Octave prend le nom d'Auguste (27)

L'EMPIRE (JUSQU'EN 395 APR. J.-C.)

Dynastie julio-claudienne (27 av. J.-C.-69 apr. J.-C.)

- Auguste (–27 à 14)
- Tibère (14-37)
- Caligula (37-41)
- Claude (41-54)
- Néron (54-68)

Crise de 68-69

- Trois empereurs en un an : Galba, Othon, Vitellius

Dynastie flavienne (69-96)

- Vespasien (69-79)
- Titus (79-81)
- Domitien (81-96)

Dynastie des Antonins (96-192)

- Nerva (96-98)
- Trajan (98-117)
- Hadrien (117-138)
- Antonin le Pieux (138-161)
- Marc Aurèle (161-180)
- Commode (180-192)

Époque des Sévères (193-235)

- Pertinax (trois mois de règne en 193)
- Didius Julianus (deux mois de règne en 193)
- Septime Sévère (193-211)
- Caracalla et Geta (211-212)
- Caracalla (212-217)
- Macrin (217-218)
- Elagabal (218-222)
- Sévère Alexandre (222-235)

Période d'anarchie militaire (235-284)

- Maximin Ier (235-238)
- Gordien Ier et Gordien II (238)
- Balbin et Pulpien (238)
- Gordien III, petit-fils de Gordien Ier (238-244)
- Philippe dit l'Arabe (244-249)
- Dèce (249-251)
- Trébonien Galle (251-253)
- Émilien (253)
- Valérien (253-260)
- Gallien, fils de Valérien (260-268)
- Macrien et Quietus (260-261)
- Aureolus (268)

Empereurs illyriens (268-285)

- Claude II dit le Gothique (268-270)
- Aurélien (270-275)
- Tacite (275-276)
- Probus (276-282)
- Carus (282-283)
- Numérien (283 284)
- Carin (283-285)

La tétrarchie (286-310)

- Dioclétien : Auguste de la partie orientale (286-305)
- Maximien : Auguste de la partie orientale (293-305)
- Constance Chlore : Auguste de la partie occidentale (286-305)
- Galère (293-305) : César de la partie orientale
- les Augustes abdiquent, les Césars deviennent Augustes, et désignent deux nouveaux Césars : Maximin II Daïa (308-313) et Sévère (305)
- mort de Constance Chlore (306), guerre entre son fils Constantin Ier et Maxence, fils de Maximien, pour l'Orient

Dynastie constantinienne (306-363)

- Constantin Auguste (307)
- mort de Galère (311) ; son fils adoptif Licinius et Maximin se disputent l'Orient
- victoire de Constantin sur Maxence (312)
- Constantin empereur unique (325)
- mort de Constantin (337), partage de l'Empire entre ses trois fils : Constantin II (Gaule, Espagne, Bretagne), Constance II (Thrace, Orient) et Constant (Italie, Illyrie, Afrique)
- Constant devient maître de tout l'Occident après sa victoire sur Constantin II (340)
- suicide de Constant, usurpation de Magnence (350)
- Constance bat Magnence et reconstitue l'unité de l'Empire (351)
- mort de Constance (361)
- Julien l'Apostat (360-363)
- Jovien (363-364)

Dynastie valentinienne (364-395)

- Valentinien Ier en Orient, son frère Valens en Occident (364)
- mort de Valentinien Ier (375), ses fils se partagent l'Occident : les Gaules, l'Espagne et la Bretagne pour Gratien, l'Italie, l'Illyrie et l'Afrique pour Valentinien II
- mort de Valens (378), Théodose règne en Orient
- l'usurpateur Maxime (383) assassine Gratien
- Théodose (388) bat Maxime et annexe ses États
- mort de Valentinien II (392), l'usurpateur Eugène lui succède
- Théodose (394) bat Eugène, et réunifie l'Empire
- mort de Théodose (395), partage définitif de l'Empire entre ses deux fils
- Grande invasion de la Gaule(406)

Inde

Avant l'arrivée des musulmans en Inde du Nord, à la fin du XIIe siècle, histoire et mythes se confondent. De plus, l'Inde n'a été unifiée que durant de courtes périodes, ce qui explique la multiplicité des familles régnantes. (Les noms de lieux sont indiqués en italique)

vers 560-480 av. J.-C.
- royaume du Magadha, au *Bihar*, fondé par le roi BIMBISĀRA, contemporain de Bouddha.

320-185 : Inde unifiée, sauf le *Deccan*, par la dynastie Maurya.
- CANDRAGUPTA (v. 320-v. 296)
- AÇOKA (v. 269-v. 232)

***Uttar-Pradesh* et *Bihar* :**
dynastie Sunga (v. 185-v. 72)

***Pendjab* et *Rajahstan* :**
dynastie indo-grecque (v. 160-v. 70)

***Bihar* :**
dynastie Kanva (72-19)

***Maharashtra, Andhra, Pradesh* :**
dynastie Satavahana ou Andhra (Ier siècle av. J.-C.-IIIe siècle apr. J.-C.)

***Pendjab* et *Rajashstan* :**
Empire kusana (v. 78-v. 251)
- KANISKA (v. 78-v. 102)
- VASISKA (v. 102-106)
- HUVISKA (v. 106-138)
- VASUDEVA (v. 142-v. 176)

***Inde du Nord* :**
Empire gupta (v. 270 ou 320-551/552)
- CANDRAGUPTA Ier (320-330) ou CANDRAGUPTA II
- SAMUDRAGUPTA (330-375)
- CANDRAGUPTA II (375-414)
- KUMARAGUPTA (415-455)
- SCANDAGUPTA (455-467)

***Pendjab* au VIe siècle :**
indépendance de Puspabhuti, petite dynastie princière

***Tamil-Nadu* :**
dynastie Pallava (début du IVe siècle-v. 890)

Bibliographie

OUVRAGES GÉNÉRAUX

ATLAS, DICTIONNAIRES ET CHRONOLOGIES

- G. Chaliand, J.-P. Rageau, *Atlas des empires, de Babylone à la Russie soviétique*, Payot, 1993.
- J. Delorme, *Chronologie des civilisations*, PUF, 1969.
- G. Duby, *Atlas historique*, Larousse, nouvelle édition, 2000.
- J. Favier (sous la direction de), *Chronique de la France et des Français*, Larousse, 1987.
- J. Favier (sous la direction de), *Chronique de l'humanité*, Larousse, 1986.
- O. de La Brosse, *Chronologie universelle, Église et culture occidentale*, Hachette, 1987.
- M. Mourre, *Dictionnaire encyclopédique d'histoire*, Bordas, nouvelle édition1996.
- C. Renfrew (sous la direction de), *Grand Atlas de l'archéologie*, Larousse, 1990.
- P. Vidal-Naquet, *Atlas historique*, Hachette, 1986.
- P. Vidal-Naquet (sous la direction de), *Histoire de l'humanité*, Hachette, 1986.

HISTOIRE DU MONDE

- A. Châtelet et B.P. Groslier, *Histoire de l'art*, Larousse, nouvelle éd. 1990.
- M. Daumas (sous la direction de), *Histoire générale des techniques*, PUF, 1967.
- G. Duby et M. Perrot (sous la direction de), *Histoire des femmes*, Plon, 1991.
- M. Eliade, *Histoire des religions*, Payot, 1976.
- E.H.J. Gombrich, *Histoire de l'art*, Phaidon, nouvelle éd. 2001.
- R. Grousset et E.G. Léonard, *Histoire universelle*, coll. «La Pléiade», Gallimard, 1958.
- M. Meuleau (sous la direction de), *le Monde et son histoire*, coll. «Bouquins», Laffont, 1990.
- R. Taton (sous la direction de), *Histoire des sciences*, PUF, 1966.

REVUES ET COLLECTIONS

- *Citadelles*, Mazenod.
- *L'Univers des formes*, Gallimard.
- *Découvertes*, Gallimard.
- *Nouvelle Clio*, PUF.
- *Que sais-je?*, PUF.
- *La Vie quotidienne*, Hachette.
- *Peuples et civilisations*, PUF.
- *Histoire générale des civilisations*, PUF.
- Revues mensuelles : *l'Histoire*, *Historia* et *Notre Histoire*.

OUVRAGES THÉMATIQUES

PRÉHISTOIRE, AFRIQUE ET AMÉRIQUE

- Y. Coppens et P. Picq (sous la direction), *Aux origines de l'humanité*, Fayard, 2001.
- C. Duverger, *les Origines des Aztèques*, Le Seuil, 1983.
- J. Guilaine, *la France d'avant la France*, Hachette, 1980.
- J. Guilaine et J. Zammit, *le Sentier de la guerre*, Le Seuil, 2001.
- R. Jousseaume, *Des dolmens pour les morts, les mégalithes à travers le monde*, Hachette, 1985.
- J. Ki-Zerbo, *Histoire de l'Afrique noire*, Hatier, 1978.
- A. Leroi-Gourhan (sous la direction de), *Dictionnaire de la préhistoire*, PUF, 1988.
- J.P. Mohen, *le Monde des mégalithes*, Casterman, 1989.
- P. Rivet, *les Origines de l'homme américain*, Gallimard, 1957.
- V. Kruta, *les Celtes en Occident*, Atlas, 1985.

ÉGYPTE, ORIENT

- *La Bible*, coll. «La Pléiade», Gallimard, 1967.
- D. Arnaud, *Nabuchodonosor II, roi de Babylone*, Fayard, 2004.
- É. Balazs, *la Bureaucratie céleste*, Gallimard, 1987.
- O. Berlev et S. Donadoni, *l'Homme égyptien*, Le Seuil, 1999.
- C. Desroches-Noblecourt, J.-Y. Empereur et A. Forgeau (sous la direction), *Dictionnaire de l'Égypte ancienne*, Universalis-Albin Michel, 2000.
- J. Bottéro, *Initiation à l'Orient ancien*, Le Seuil, 1992.
- G. Roux, *la Mésopotamie*, Le Seuil, 1995.
- P. Vidal-Naquet (sous la direction de), *la Guerre des Juifs, du bon usage de la trahison*, Éditions de Minuit, 1977.
- Collectif, *Atlas du monde biblique*, Larousse, 1989.

CARTHAGE, ETRUSQUES

- S. Lancel, *Carthage*, Fayard, 1992.
- J.-P. Thuillier, *les Etrusques, histoire d'un peuple*, Armand Colin, 2003.

GRÈCE

- M.-C. Amouretti et F. Ruzé, *le Monde grec antique*, Hachette, 1990.
- M. Austin et P. Vidal-Naquet, *Économie et société en Grèce ancienne*, Armand Colin, 1973.
- M. Finley, *le Monde d'Ulysse*, rééd. La Découverte, 1986.
- H.I. Marrou, *Histoire de l'éducation dans l'Antiquité*, Le Seuil, 1981.
- C. Mossé et A. Schnap-Gourbeillon, *Précis d'histoire grecque*, Armand Colin, 1990.
- J.-P. Vernant, *l'Univers, les dieux, les hommes*, Le Seuil, 2002.
- P. Vidal-Naquet, *le Monde d'Homère*, Perrin, 2000.
- Collectif, *Dictionnaire de la civilisation grecque*, Larousse, édition de 1992.

CELTES

- M. Meuleau, *les Celtes en Europe*, Ouest-France, 2004.

ROME

- G. Hacquard, J. Dautry et O. Maisani, *Guide romain antique*, Hachette, 1963.
- M. Le Glay, J.-L. Voisin et Y. Le Bohec, *l'Histoire romaine*, PUF, 1990.
- C. Salles, *l'Antiquité romaine*, Larousse, 2002.
- P. Veyne, *le Pain et le cirque*, Le Seuil, 1976.

GAULE

- J.-L. Brunaux, *les Gaulois*, Les Belles Lettres 2005.
- C. Goudineau, *César et la Gaule*, Le Seuil, 2000.

Index

Imprimé en Espagne par Grupo Unigraf (Madrid)
Dépôt légal : mai 2005
302231/03/11007323-Août 2008